高中学科强基丛书

丛书主编　方鸿辉

数学 （上册）

Mathematics

華東師範大學第二附屬中學　数学教研组

刘初喜　蔡东山　施洪亮　编著

上海教育出版社
SHANGHAI EDUCATIONAL
PUBLISHING HOUSE

图书在版编目（CIP）数据

高中学科强基丛书. 数学 上册 / 刘初喜，蔡东山，施洪亮编著. — 上海：上海教育出版社，2022.11
ISBN 978-7-5720-1735-3

Ⅰ.①高… Ⅱ.①刘… ②蔡… ③施… Ⅲ.①中学数学课 – 高中 – 教学参考资料 Ⅳ.①G634

中国版本图书馆CIP数据核字(2022)第209934号

责任编辑　方鸿辉　徐建飞
特约编辑　王　勤　吴月明
封面设计　陈　芸

高中学科强基丛书（修订版）
方鸿辉　主编

数学（上册）

刘初喜　蔡东山　施洪亮　编著

出版发行　上海教育出版社有限公司
官　　网　www.seph.com.cn
地　　址　上海市闵行区号景路159弄C座
邮　　编　201101
印　　刷　上海昌鑫龙印务有限公司
开　　本　787×1092　1/16　印张 20.25
字　　数　492 千字
版　　次　2022年11月第1版
印　　次　2025年2月第6次印刷
印　　数　25,001—30,000 册
书　　号　ISBN 978-7-5720-1735-3/G·1592
定　　价　56.00 元

如发现质量问题，读者可向本社调换　电话：021-64373213

为民族复兴"强基"

（代序）

2020 年 1 月 15 日，教育部发布了《关于在部分高校开展基础学科招生改革试点工作的意见》，决定自 2020 年起，在部分高校开展基础学科招生改革试点，即考生可在高考前申请参加"强基计划"招生，将考生高考成绩、高校综合考核结果及综合素质评价情况等按比例合成，以精准选拔并培养有志于服务国家重大战略需求，且综合素养优秀或基础学科拔尖的学生，以真正培育一大批日后能为解决科学技术上"卡脖子"项目而攻关的学科人才梯队。

可见，"强基计划"是在实现中华民族伟大复兴的关键时刻，选拔并培养有志于服务国家重大战略需求且综合素养优秀或基础学科拔尖的学生，让他们的创新思想能"捅破天"，日后为高端芯片与软件、智能科技、新材料、先进制造和国家安全等关键领域作出卓越贡献。通过"强基计划"录取学生的高校要制定单独的人才培养方案和激励机制，配备一流的师资，提供一流的学习条件，创造一流的学术环境与氛围，畅通学子们成长发展的通道，以培育一流的拔尖创新人才。

一位教育家曾说："大学关乎天、关乎人。"

所谓"关乎天"就是寻求真理，与自然与社会与人类能和谐相处；"关乎人"则指能用所学到的知识有效地回馈社会，造福全人类。也就是说，无论将来干哪一行，无论"热门"还是"冷门"，都努力成为这个行业的翘楚。这就是每一名参加"强基计划"的学子应有的抱负。

这套"高中学科强基丛书"是由华东师范大学第二附属中学、上海市上海中学等名校名师们以服务国家人才战略目标，为高中菁英同学精心编撰的学科系列读本。从人才培养的连续性和持久性来说，我们理解的"强基"，并不仅仅从高校培养起始，更该着意于同学们的中学阶段。就如同建造雄伟的金字塔，必须将其基础夯实，地基拓宽，这只有从垒塔打桩基起始就着意"强基"，方能矗立千年而不倒。人才造就也同此理。为此，这套供"强基"人才培育用的系列读本旨在夯实学科基础，拓宽学科眼界，能更完备更扎实地体现高中数学、语文、物理、化学、生物、英语等各门学科的基础知识体系。

我们认为：基础知识越扎实的读本越具有普适性。再说，"因材施教"在一定程度上也应该让不同学力的高中同学有机会用到多样的教育读本，否则因不同基础的同学均使用同一套读本终究会呈现既有"吃不了"又有"吃不饱"的现象，其直接的后果是错失培育时机，造成人才资源的极大浪费，也不利于国家人才"强基"战略目标的实现。

"高中学科强基丛书"的主要特色：力求合理构建知识体系，尽可能厚实知识内容，讲解细致精到，并关照思考能力、综合能力、自学能力与其他各种能力的培养，让学有余力的同学们有一套较理想的课外自学读本，以辅助并充实课堂学习。这套系列读本也适当地补充了学科发展的脉络与沿革；不仅讲授知识，也传授方法，并融入人文理念；还专注于同学们学科知识的通透和综合学养的提高，并关照学科间的呼应和通感。对于系统知识传递中所呈现的大量例题，不仅有详细的解题过程，还适时地点拨解题思路，强调逻辑与缜密的思考方法，能起到巩固所学并举一反三之功效，有助于提高学习效率与自习能力。

为了更好地服务于使用本丛书的同学们，我们还请丛书编写者，为各门学科"自己练"的每道习题按学科编配了独立的习题详解读本，并点明了相关问题的解题思路和方法，有助知识脉络的整理归纳和视野的拓宽。有些学科还在每一章的末尾开辟了饶有趣味的"强基园地"，并在相关的习题详解读本中匠心独到地配以"强基拓展题"，有助于同学们更深入、更扎实地把握本章的学科思想与知识架构。由于每一道题目及相关插图在各学科的习题详解读本中仍完整地予以呈现，因此浏览这几本习题详解，对理解相关学科的解题思路和技巧也有裨益。

应该说，"高中学科强基丛书"系列读本的读者对象是很明确的，就是为打算参加"强基计划"的同学们服务的，即让那些逻辑推理能力较强、学科功底较扎实的高中同学能学得更有成效，并有望进入高校育人的"强基计划"之中。当然，对于暂时没有参加"强基计划"打算的同学们，通过本丛书的阅读来拓宽人生的广度、思维的深度，相信也能为未来的前程打下坚实的基础。

这套"高中学科强基丛书"的《数学（上册）》《数学（下册）》及《数学习题详解》是由华东师范大学第二附属中学数学教研组的资深教师刘初喜、蔡东山、施洪亮等撰稿。该校一贯重视数学教育在传授知识的基础上教会同学们运用学到的知识去发现和解决新问题的能力，并注重培养学生的观察力、想象力和创造力。本套读本分为上、下两册，上册9章，下册9章。每一章除了有完整的知识点讲解，还有与这些知识点相关的综合运用的探讨，以及所体现的数学思想方法。教材中细细分析大量有代表性和启发性的例题，每一节后配备了供同学们自行巩固而精心挑选的"基础练习"与"能力提高"的练习题。为方便同学们自学，这些练习题的详解都集中起来，特意编辑了《数学习题详解》。我们要感谢华东师范大学第二附属中学历届保送清华大学和北京大学的部分热心的同学们，他们也曾为此书的撰写与校对，提出了不少很好的建议。

期盼参加"强基计划"的同学们都热切地表示:"强基计划"有着非常强大的导师配置和学术资源,在培养模式上也给予同学们更大的自由度。"强基计划"的实施,是国家为人才的培育与发展开通的良好途径,我们非常期待能用自己的所学为国家和社会作贡献。

各地有抱负的学子也都自信地认为:"强基计划"要培养的是能为打造国之重器服务的人才,现在国家需要这样的人才,为什么那个人不是我呢?

热切期盼同学们的基础扎实再扎实,报国之路宽些再宽些。

方鸿辉

2020 年 10 月

目　　录

第一章 集合与命题
Sets and Proposition

集合论是德国著名数学家康托尔(George Cantor,1845—1918)于 19 世纪末创立的.

17 世纪数学中出现了一门新的分支——微积分.在之后的一两百年中,这一崭新学科获得了飞速发展并结出了丰硕的成果.其推进速度之快使人来不及检查和巩固它的理论基础.19 世纪初,许多迫切问题得到解决后,出现了一场重建数学基础的运动.正是在这场运动中,康托尔探讨了前人从未碰过的实数点集,这是集合论研究的开端.1874 年康托尔提出"集合"的概念,他对集合所下的定义是:把若干确定的有区别的(不论是具体的或抽象的)事物合并起来,看作一个整体,称为集合.其中各事物称为该集合的元素.人们把康托尔于 1873 年 12 月 7 日给戴德金的信中最早提出集合论思想的那一天定为集合论诞生日.

德国数学家希尔伯特(David Hilbert,1862—1943)称康托尔的集合论是"数学精神最令人惊羡的花朵,人类理智活动最漂亮的成果".英国数学家和哲学家罗素(Bertrand Russell,1872—1970)把康托尔的工作描述为"可能是这个时代所能夸耀的最伟大的工作".苏联数学家科尔莫戈洛夫(Andrey Nikolaevich Kolmogorov,1903—1987)则认为:"康托尔的不朽功绩,在于他敢向无穷大冒险迈进."还有不少评论,如:它是对无限最深刻的洞察,它是数学天才的最优秀作品,是人类纯智力活动的最高成就之一.康托尔的无穷集合论是过去两千五百年中对数学的最令人不安的独创性贡献之一,等等.

§1.1 集合及其表示法

在现实生活和数学中,我们经常要把一些确定的对象作为一个整体来考查研究.例如:

(1) 某校高一(1)班全体学生;

(2) 中国运动员在历届夏、冬季奥运会上取得的所有金牌;

(3) 1 ~ 100 之间的所有质数;

(4) 不等式 $2x+3>0$ 的解的全体;

(5) 所有的平行四边形;

(6) 平面上到两个定点的距离相等的点的全体.

我们把能够确切指定的不同对象组成的整体叫作**集合**,简称**集**.集合中的各个对象叫作这个集合的**元素**.

对于一个给定的集合,集合中的元素是确定的,也是各不相同的,而且各元素地位相等,与顺序无关.

我们把含有有限个元素的集合称为**有限集**,含有无限个元素的集合称为**无限集**.

为了研究的需要,我们把不含任何元素的集合叫作**空集**,记作 $\varnothing$.例如,方程 $x^2+1=0$ 的实数解组成的集合就是空集.

集合通常用大写的英文字母表示,如 A,B,C、$\cdots$,元素通常用小写的英文字母表示,如 a,b,c,$\cdots$.

如果 a 是集合 A 的元素,就记作 $a\in A$,读作"a 属于 A";

如果 a 不是集合 A 的元素,就记作 $a\notin A$,读作"a 不属于 A".

数的集合简称**数集**,常用的数集我们一般用特定的字母表示:

全体自然数组成的集合,称为**自然数集**,记作 $\mathbf{N}$;不包括零的自然数(正整数)组成的集合,称为**正整数集**,记作 $\mathbf{N}^*$;全体整数组成的集合,称为**整数集**,记作 $\mathbf{Z}$;全体有理数组成的集合,称为**有理数集**,记作 $\mathbf{Q}$;全体实数组成的集合,称为**实数集**,记作 $\mathbf{R}$.

我们还把正整数集、负整数集、正有理数集、负有理数集、正实数集、负实数集分别表示为 $\mathbf{Z}^+$、$\mathbf{Z}^-$、$\mathbf{Q}^+$、$\mathbf{Q}^-$、$\mathbf{R}^+$、$\mathbf{R}^-$.

集合的表示方法通常有两种,即**列举法**和**描述法**:

把集合中的元素一一列举出来,写在大括号内表示集合的方法称为**列举法**.如: $\{1,3,5,7,9\}$,$\{x^2,3x-2,x+7y^3,x^2-4y^2\}$.

在大括号内,先写出此集合中元素的一般形式,再画一条竖线,在竖线后面写上集合中元素的公共属性,即 $A=\{x\mid x$ 满足性质 $P\}$,这种表示集合的方法称为**描述法**.如:不等式 $2x-3>0$ 的解集可表示为 $\{x\mid 2x-3>0\}$,函数 $y=x+1$ 图像上的点组成的集合可表示为 $\{(x,y)\mid y=x+1\}$.

例 1. 用适当的方法表示下列集合:

(1) 30 的所有正因数组成的集合 A;

(2) 被 5 除余 3 的自然数全体组成的集合 B;

(3) 二次函数 $y=x^2+2x-3$ 图像上的所有点组成的集合 C.

解:(1) 用列举法表示: $A=\{1,2,3,5,6,10,15,30\}$;

(2) 用描述法表示: $B=\{x\mid x=5n+3,n\in\mathbf{N}\}$;

(3) 用描述法表示: $C=\{(x,y)\mid y=x^2+2x-3\}$.

例 2. 设 $M=\{a\mid a=x^2-y^2,x,y\in\mathbf{Z}\}$,求证:

(1) $2k-1\in M$,$(k\in\mathbf{Z})$;

(2) $4k-2\notin M$,$(k\in\mathbf{Z})$;

(3) 若 $p\in M$,$q\in M$,则 $pq\in M$.

证明:(1) 因为 k,$k-1\in\mathbf{Z}$,且 $2k-1=k^2-(k-1)^2$,所以 $2k-1\in M$.

(2) 假设 $4k-2\in M(k\in\mathbf{Z})$,则存在 x,$y\in\mathbf{Z}$,使 $4k-2=x^2-y^2$,

由于 $x-y$ 和 $x+y$ 有相同的奇偶性,所以 $x^2-y^2=(x-y)(x+y)$ 是奇数或 4 的倍数,不可能等于 $4k-2$,假设不成立,所以 $4k-2\notin M$.

(3) 设 $p=x^2-y^2$,$q=a^2-b^2$,$x,y,a,b\in\mathbf{Z}$,则

$$pq = (x^2 - y^2)(a^2 - b^2)$$
$$= x^2 a^2 + y^2 b^2 - x^2 b^2 - y^2 a^2$$
$$= (xa - yb)^2 - (xb - ya)^2 \in M$$

（因为 $xa - yb \in \mathbf{Z}, xb - ya \in \mathbf{Z}$）.

例 3. 若集合 $A = \{x \mid ax^2 - 2x - 1 = 0, x \in \mathbf{R}\}$ 中至多有一个元素，求实数 a 的取值范围.

解： 当 $a = 0$ 时，方程只有一个根 $-\dfrac{1}{2}$，则 $a = 0$ 符合题意；

当 $a \neq 0$ 时，则关于 x 的方程是一元二次方程，由于集合 A 中至多有一个元素，则一元二次方程 $ax^2 - 2x - 1 = 0$ 有两个相等的实数根或没有实数根，所以 $\Delta = 4 + 4a \leqslant 0$，解得 $a \leqslant -1$.

综上所得，实数 a 的取值范围是 $\{a \mid a = 0 \text{ 或 } a \leqslant -1\}$.

例 4. 已知 $A = \{(x, y) \mid |x| + |y| \leqslant 2\}, B = \{(x, y) \mid (x - 6)^2 + y^2 \leqslant 4\}$，求 $C = \left\{ (x, y) \middle| x = \dfrac{x_1 + x_2}{2}, y = \dfrac{y_1 + y_2}{2}, (x_1, y_1) \in A, (x_2, y_2) \in B \right\}$ 所表示区域的面积.

解： $\left(x - \dfrac{x_1}{2} - 3 \right)^2 + \left(y - \dfrac{y_1}{2} \right)^2 = \left(\dfrac{x_2}{2} - 3 \right)^2 + \left(\dfrac{y_2}{2} \right)^2 \leqslant 1$ 表示以 $P\left(\dfrac{x_1}{2} + 3, \dfrac{y_1}{2} \right)$ 为圆心，半径为 1 的圆及其内部；而 P 点在 $A' = \{(x, y) \mid |x - 3| + |y| \leqslant 1\}$ 内运动，

由图像可知，面积为 $2 + 4\sqrt{2} + \pi$.

例 5. 已知集合 $A = \{a_1, a_2, \cdots, a_k\} (k \geqslant 2)$，其中 $a_i \in \mathbf{Z} (i = 1, 2, \cdots, k)$，由 A 中的元素构成两个相应的集合：

$S = \{(a, b) \mid a \in A, b \in A, a + b \in A\}, T = \{(a, b) \mid a \in A, b \in A, a - b \in A\}$

其中 (a, b) 是有序数对，集合 S 和 T 中的元素个数分别为 m 和 n. 若对于任意的 $a \in A$，总有 $-a \notin A$，则称集合 A 具有性质 P.

（1）检验集合 $\{0, 1, 2, 3\}$ 与 $\{-1, 2, 3\}$ 是否具有性质 P 并对其中具有性质 P 的集合，写出相应的集合 S 和 T；

（2）对任何具有性质 P 的集合 A，证明：$n \leqslant \dfrac{k(k-1)}{2}$；

（3）判断 m 和 n 的大小关系，并证明你的结论.

解：（1）集合 $\{0, 1, 2, 3\}$ 不具有性质 P.
集合 $\{-1, 2, 3\}$ 具有性质 P，其相应的集合 S 和 T 是
$S = \{(-1, 3), (3, -1)\}, T = \{(2, -1), (2, 3)\}$.

（2）首先，由 A 种元素构成的有序数对 (a_i, a_j) 共有 k^2 个.
因为 $0 \notin A$，所以 $(a_i, a_i) \notin T (i = 1, 2, \cdots, k)$；
又因为当 $a \in A$ 时，$-a \notin A$，所以当 $(a_i, a_j) \in T$ 时，$(a_j, a_i) \notin T (i, j = 1, 2, \cdots, k)$.

从而，集合 T 中元素的个数最多为 $\dfrac{1}{2}(k^2 - k) = \dfrac{k(k-1)}{2}$，即 $n \leqslant \dfrac{k(k-1)}{2}$.

（3）$m = n$，证明如下：
① 对于 $(a, b) \in S$，根据定义，$a \in A, b \in A$，且 $a + b \in A$，从而 $(a + b, b) \in T$.

如果(a,b)与(c,d)是S的不同元素,那么$a=c$与$b=d$中至少有一个不成立,从而$a+b=c+d$与$b=d$中也至少有一个不成立.故$(a+b,b)$与$(c+d,d)$也是T的不同元素.可见,S中元素的个数不多于T中元素的个数,即$m\leqslant n$.

② 对于$(a,b)\in T$,根据定义,$a\in A,b\in A$,且$a-b\in A$,从而$(a-b,b)\in S$.

如果(a,b)与(c,d)是T的不同元素,那么$a=c$与$b=d$中至少有一个不成立,从而$a-b=c-d$与$b=d$中也至少有一个不成立.故$(a-b,b)$与$(c-d,d)$也是S的不同元素.可见,T中元素的个数不多于S中元素的个数,即$n\leqslant m$.

由①②可知,$m=n$.

例6. 已知集合$M=\{1,2,3,\cdots,n\}(n\in\mathbf{N}^*)$,若集合$A=\{a_1,a_2,\cdots,a_m\}\subseteq M(m\in\mathbf{N}^*)$,且对任意的$b\in M$,存在$a_i,a_j\in A(1\leqslant i\leqslant j\leqslant m)$,使得$b=\lambda_1 a_i+\lambda_2 a_j$(其中$\lambda_1,\lambda_2\in\{-1,0,1\}$),则称集合$A$为集合$M$的一个$m$元基底.

（Ⅰ）分别判断下列集合A是否为集合M的一个二元基底,并说明理由;

① $A=\{1,5\},M=\{1,2,3,4,5\}$;

② $A=\{2,3\},M=\{1,2,3,4,5,6\}$.

（Ⅱ）若集合A是集合M的一个m元基底,证明:$m(m+1)\geqslant n$.

（Ⅲ）若集合A为集合$M=\{1,2,3,\cdots,19\}$的一个m元基底,求出m的最小可能值,并写出当m取最小值时M的一个基底A.

解:（Ⅰ）① $A=\{1,5\}$不是$M=\{1,2,3,4,5\}$的一个二元基底.

理由是$3\neq\lambda_1\cdot 1+\lambda_2\cdot 5(\lambda_1,\lambda_2\in\{-1,0,1\})$;

② $A=\{2,3\}$是$M=\{1,2,3,4,5,6\}$的一个二元基底.

理由是$1=-1\times 2+1\times 3,2=1\times 2+0\times 3,3=0\times 2+1\times 3,4=1\times 2+1\times 2,5=1\times 2+1\times 3,6=1\times 3+1\times 3$.

（Ⅱ）不妨设$a_1<a_2<\cdots<a_m$,则

形如$1\cdot a_i+0\cdot a_j(1\leqslant i\leqslant j\leqslant m)$的正整数共有$m$个;

形如$1\cdot a_i+1\cdot a_i(1\leqslant i\leqslant m)$的正整数共有$m$个;

形如$1\cdot a_i+1\cdot a_j(1\leqslant i<j\leqslant m)$的正整数至多有$C_m^2$个;

形如$(-1)\cdot a_i+1\cdot a_j(1\leqslant i<j\leqslant m)$的正整数至多有$C_m^2$个.

又集合$M=\{1,2,3,\cdots,n\}$含n个不同的正整数,A为集合M的一个m元基底.

故$m+m+C_m^2+C_m^2\geqslant n$,即$m(m+1)\geqslant n$.

（Ⅲ）由（Ⅱ）可知$m(m+1)\geqslant 19$,所以$m\geqslant 4$.

当$m=4$时,$m(m+1)-19=1$,即用基底中元素表示出的数最多重复一个.　　　　　（＊）

假设$A=\{a_1,a_2,a_3,a_4\}$为$M=\{1,2,3,\cdots,19\}$的一个4元基底,

不妨设$a_1<a_2<a_3<a_4$,则$a_4\geqslant 10$.

当$a_4=10$时,有$a_3=9$,这时$a_2=8$或7.

如果$a_2=8$,则由$1=10-9,1=9-8,18=9+9,18=10+8$,与结论（＊）矛盾.

如果$a_2=7$,则$a_1=6$或5.易知$A=\{6,7,9,10\}$和$A=\{5,7,9,10\}$都不是$M=\{1,2,$

$3, \cdots, 19\}$ 的 4 元基底,矛盾.

当 $a_4 = 11$ 时,有 $a_3 = 8$,这时 $a_2 = 7, a_1 = 6$,易知 $A = \{6, 7, 8, 11\}$ 不是 $M = \{1, 2, 3, \cdots, 19\}$ 的 4 元基底,矛盾.

当 $a_4 = 12$ 时,有 $a_3 = 7$,这时 $a_2 = 6, a_1 = 5$,易知 $A = \{5, 6, 7, 12\}$ 不是 $M = \{1, 2, 3, \cdots, 19\}$ 的 4 元基底,矛盾.

当 $a_4 = 13$ 时,有 $a_3 = 6, a_2 = 5, a_1 = 4$,易知 $A = \{4, 5, 6, 13\}$ 不是 $M = \{1, 2, 3, \cdots, 19\}$ 的 4 元基底,矛盾.

当 $a_4 = 14$ 时,有 $a_3 = 5, a_2 = 4, a_1 = 3$,易知 $A = \{3, 4, 5, 14\}$ 不是 $M = \{1, 2, 3, \cdots, 19\}$ 的 4 元基底,矛盾.

当 $a_4 = 15$ 时,有 $a_3 = 4, a_2 = 3, a_1 = 2$,易知 $A = \{2, 3, 4, 15\}$ 不是 $M = \{1, 2, 3, \cdots, 19\}$ 的 4 元基底,矛盾.

当 $a_4 = 16$ 时,有 $a_3 = 3, a_2 = 2, a_1 = 1$,易知 $A = \{1, 2, 3, 16\}$ 不是 $M = \{1, 2, 3, \cdots, 19\}$ 的 4 元基底,矛盾.

当 $a_4 \geqslant 17$ 时,A 均不可能是 M 的 4 元基底.

当 $m = 5$ 时,M 的一个基底 $A = \{1, 3, 5, 9, 16\}$,或 $\{3, 7, 8, 9, 10\}$,或 $\{4, 7, 8, 9, 10\}$ 等(只要写出一个即可).

综上,m 的最小可能值为 5.

1. 用描述法表示下列集合:

(1) $\{1, 4, 9, 16, 25, 36, 49\}$;

(2) $\left\{0, \pm\dfrac{1}{2}, \pm\dfrac{2}{5}, \pm\dfrac{3}{10}, \pm\dfrac{4}{17}, \cdots\right\}$.

2. 用列举法表示下列集合:

(1) $\{x \mid x$ 是 20 的正约数$\}$;

(2) $\{x \mid x^2 - 3x - 4 < 0, x \in \mathbf{Z}\}$

3. 设三元素的集合 $\left\{a, \dfrac{b}{a}, 0\right\}$ 也可表示为 $\{a^2, a+b, -1\}$,求 $a^{2010} + b^{2011}$ 的值.

4. 已知集合 $M = \left\{a \mid \dfrac{6}{5-a} \in \mathbf{N}$ 且 $a \in \mathbf{Z}\right\}$,求集合 M.

5. 给定三元集合 $\{1, x, x^2 - x\}$,求实数 x 的取值范围.

6. 若集合 $A = \{x \mid ax^2 + 2x + 1 = 0, a \in \mathbf{R}, x \in \mathbf{R}\}$ 中只有一个元素,求 a.

7. 若集合 $A = \{x, xy, xy - 1\}$,其中 $x \in \mathbf{Z}, y \in \mathbf{Z}$ 且 $y \neq 0$,若 $0 \in A$,求 A 中元素之和.

8. 设集合 $S = \{a_0, a_1, a_2, a_3\}$,在 S 上定义运算为:$a_i \oplus a_j = a_k$,其中 k 为 $i + j$ 被 4 除的余数,$i, j = 0, 1, 2, 3$,则求满足关系式 $(x \oplus x) \oplus a_2 = a_0$ 的 $x(x \in S)$ 的个数.

9. 已知 S 是由实数构成的集合,且满足 (1) $1 \notin S$;(2) 若 $a \in S$,则 $\dfrac{1}{1-a} \in S$.如果 $S \neq \varnothing$,S 中至少含有多少个元素? 说明理由.

10. 若实数 a 为常数,且 $a \in A = \left\{x \mid \dfrac{1}{\sqrt{ax^2 - x + 1}} = 1\right\}$,则 $a =$ _____.

11. 平面点集 $M=\{(x,y)\mid x^2-2x+2\leqslant y\leqslant 6x-x^2-3,$ 且 $x,y\in\mathbf{Z}\}$，求 M 中元素的个数.

12. 定义集合 A,B 的一种运算：$A*B=\{x\mid x=x_1+x_2,x_1\in A,x_2\in B\}$，若 $A=\{1,2,3\},B=\{1,2\}$，则 $A*B$ 中的所有元素之和为_____.

13. 已知集合 A 的元素全为实数，且满足：若 $a\in A$，则 $\dfrac{1+a}{1-a}\in A$.

(1) 若 $a=-3$，求出 A 中其他所有元素；

(2) 0 是不是集合 A 中的元素？请你设计一个实数 $a\in A$，再求出 A 中的所有元素；

(3) 根据(1)(2)，你能得出什么结论？

14. 非空集合 $M\subseteq N$，且同时满足条件"若 $a\in M$，则 $\dfrac{30}{a}\in M$".

(1) 写出所有含有 2 个元素的集合 M；

(2) 只有三个元素的集合 M 是否存在？若存在，写出集合 M，若不存在，请说明理由，并适当改变题目的条件，使满足题意的集合 M 可以只有三个元素；

(3) 用 $s(M)$ 表示集合 M 中所有元素之和，求 $s(M)$ 的最大值；

(4) 你从以上的工作中可以得到哪些一般性的结论(规律)？

15. 集合 $A=\{1,2,3,\cdots,2n,2n+1\}$ 的子集 B 满足：对任意的 $x,y\in B,x+y\notin B$，求集合 B 中元素个数的最大值.

§1.2 集合之间的关系

一般地，对于两个集合 A 与 B，如果集合 A 中任何一个元素都是集合 B 的元素，我们就说集合 A 是集合 B 的**子集**，记作 $A\subseteq B$ 或 $B\supseteq A$，读作"A 包含于 B"或"B 包含 A".

我们规定，空集包含于任何一个集合，即空集是任何集合的子集.

对于两个集合 A 与 B，如果有 $A\subseteq B$，且 $B\supseteq A$，我们称集合 A 与集合 B **相等**，记作 $A=B$，读作"集合 A 等于集合 B". 如对于集合 $A=\{x\mid x=2k+1,k\in\mathbf{Z}\}$ 与 $B=\{x\mid x=2k-1,k\in\mathbf{Z}\}$，则有 $A=B$.

对于两个集合 A 与 B，如果 $A\subseteq B$，并且 B 中至少有一个元素不属于 A，那么称集合 A 是集合 B 的**真子集**，记作 $A\subset B$ 或 $B\supset A$，读作"A 真包含于 B"或"B 真包含 A".

用平面区域来表示集合之间关系的方法叫作集合的**图示法**，如图1-1所示，表示 $A\subseteq B(A\subset B)$ 所用的图叫作**文氏图**.

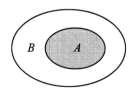

图1-1

例1. 写出集合 $\{0,5,10\}$ 的所有子集和真子集.

解：集合的所有子集为 $\varnothing,\{0\},\{5\},\{10\},\{0,5\},\{0,10\},\{5,10\},\{0,5,10\}$，除了 $\{0,5,10\}$，其余七个子集均为集合 $\{0,5,10\}$ 的真子集.

例2. 设集合 $A=\{x\mid -1\leqslant x\leqslant a\}$，$P=\{y\mid y=x+1,x\in A\}$，$Q=\{y\mid y=x^2,x\in A\}$，

(1) 若 $Q\subseteq P$，求实数 a 的取值范围；

(2) 是否存在实数 a，使得 $P=Q$？并说明理由.

解：(1) $\because$ $P=\{y\mid 0\leqslant y\leqslant a+1\}$.

① 当 $-1 \leqslant a < 0$ 时，$Q = \{y \mid a^2 \leqslant y \leqslant 1\}$，$\because$ $Q \subseteq P$，$\therefore$ $\begin{cases} a^2 \geqslant 0, \\ 1 \leqslant a+1, \end{cases}$ 不合；

② 当 $0 \leqslant a \leqslant 1$ 时，$Q = \{y \mid 0 \leqslant y \leqslant 1\}$，$\because$ $Q \subseteq P$，$\therefore$ $1 \leqslant a+1$，得 $0 \leqslant a \leqslant 1$；

③ 当 $a > 1$ 时，$Q = \{y \mid 0 \leqslant y \leqslant a^2\}$，$\because$ $Q \subseteq P$，$\therefore$ $a^2 \leqslant a+1$，得 $1 < a \leqslant \dfrac{1+\sqrt{5}}{2}$；

故实数 a 的取值范围是：$\left[0, \dfrac{1+\sqrt{5}}{2}\right]$.

(2) 在②中令 $a+1 = 1$ 得 $a = 0$，此时 $P = Q = \{y \mid 0 \leqslant y \leqslant 1\}$；

在③中令 $a+1 = a^2$ 得 $a = \dfrac{1+\sqrt{5}}{2}$，此时 $P = Q = \left\{y \mid 0 \leqslant y \leqslant \dfrac{1+\sqrt{5}}{2}\right\}$；

故存在实数 $a = 0$ 或 $a = \dfrac{1+\sqrt{5}}{2}$ 使得 $P = Q$.

例 3. 已知 $A = \{x \mid x = a + \sqrt{2}b, a \text{、} b \in \mathbf{N}\}$.

(1) 对任意 $x_1, x_2 \in A$，证明：$x_1 + x_2 \in A$，$x_1 \cdot x_2 \in A$；

(2) 若集合 $B = \{x \mid x = \sqrt{2}x_1, x_1 \in A\}$，证明：$B \subset A$；

(3) 若集合 $C = \{x \mid x = x_1 - x_2, x_1, x_2 \in A\}$，当 $x = a + \sqrt{2}b \in C (a \text{、} b$ 互质$)$ 时，必有 $\dfrac{1}{x} \in C$，揭示 $a \text{、} b$ 的关系.

解：(1) 设 $x_1 = a + \sqrt{2}b$，$x_2 = c + \sqrt{2}d$，$a \text{、} b \text{、} c \text{、} d \in \mathbf{N}$.

$\because$ $x_1 + x_2 = (a+c) + \sqrt{2}(b+d)$，$x_1 \cdot x_2 = (ac+2bd) + \sqrt{2}(ad+bc)$，$a+c$、$b+d$、$ac+2bd$、$ad+bc \in \mathbf{N}$，

$\therefore$ $x_1 + x_2 \in A$，$x_1 \cdot x_2 \in A$.

(2) 若 $x_1 \in A$，$x_1 = a + \sqrt{2}b$，$a \text{、} b \in \mathbf{N}$，则 $x = \sqrt{2}x_1 \in B$.

$\because$ $x = \sqrt{2}x_1 = \sqrt{2}(a+\sqrt{2}b) = 2b + \sqrt{2}a \in A$，$\therefore$ $B \subseteq A$.

$\because$ $1 + \sqrt{2} \in A$，$1 + \sqrt{2} \notin B$，$\therefore$ $B \subset A$.

(3) $\because$ $C = \{x \mid x = x_1 - x_2, x_1, x_2 \in A\}$，

$\therefore$ $C = \{x \mid x = a + \sqrt{2}b, a \text{、} b \in \mathbf{Z}\}$.

$\because$ $x = a + \sqrt{2}b \in C$，$\dfrac{1}{x} = \dfrac{1}{a+\sqrt{2}b} = \dfrac{a-\sqrt{2}b}{a^2-2b^2}$，且 $a \text{、} b$ 互质，

$\therefore$ $a^2 - 2b^2 = 1$，或 $a^2 - 2b^2 = -1$.

例 4. 设 A, B 是集合 $\{a_1, a_2, a_3, a_4, a_5\}$ 的两个不同子集，且满足 A 不是 B 的子集，B 也不是 A 的子集，求不同的有序集合对 (A, B) 的组数.

解：集合 $\{a_1, a_2, a_3, a_4, a_5\}$ 有 2^5 个子集，不同的有序集合对 (A, B) 有 $2^5(2^5-1)$ 组.

若 $A \subset B$，并设 B 含有 $k (1 \leqslant k \leqslant 5)$ 个元素，则满足 $A \subsetneqq B$ 的有序集合对 (A, B) 有

$$\sum_{k=1}^{5} C_5^k(2^k-1)=\sum_{k=0}^{5} C_5^k(2^k-1)$$
$$=\sum_{k=0}^{5} C_5^k 2^k-\sum_{k=0}^{5} C_5^k$$
$$=3^5-2^5(\text{组}).$$

同理,满足 $B \subsetneqq A$ 的有序集合对 (A,B) 也有 (3^5-2^5) 组.

所以,满足条件的有序集合对 (A,B) 的组数为 $2^5(2^5-1)-2(3^5-2^5)=570(\text{组})$.

1. 已知集合 $P=\{a,aq,aq^2\}$,$Q=\{a,a+d,a+2d\}$,其中 $a \neq 0$,且 $a \in \mathbf{R}$,若 $P=Q$,则实数 $q=$_____.

2. 已知集合 $M=\{x \mid x^2-3x+2=0\}$,$N=\{x \mid ax+1=0\}$,若 $N \subseteq M$,则由满足条件的实数 a 组成的集合 $P=$_____.

3. 已知 $A=\{x \mid x<2\}$,$B=\{x \mid x \leqslant a\}$,且 $A \subseteq B$,则常数 a 的取值范围是_____.

4. 若非空集合 S 满足 $S \subseteq \{1,2,3,4,5\}$,且若 $a \in S$,则 $6-a \in S$,那么符合要求的集合 S 有_____个.

5. 集合 $P=\{x \mid x^2+x-6=0\}$,$M=\{x \mid mx-1=0\}$,且 $M \subseteq P$,则满足条件的 m 值构成的集合为_____.

6. 已知集合 $A=\{x,xy,x+y\}$,$B=\{0,|x|,y\}$,且 $A=B$,则 $x=$_____,$y=$_____.

7. 集合 $A=\{x-y,x+y,xy\}$,$B=\{x^2+y^2,x^2-y^2,0\}$,且 $A=B$,则 $x+y=$_____.

8. 已知集合 $A=\{x \mid x<0\}$,$B=\left\{z \mid z=\dfrac{m^2x-1}{mx+1},x>2\right\}$,$B \neq \varnothing$,且 $B \subseteq A$,则实数 m 的取值范围是_____.

9. 集合 $M=\{u \mid u=12m+8n+4l,m,l,n \in \mathbf{Z}\}$,集合 $N=\{u \mid u=20p+16q+12r,p,q,r \in \mathbf{Z}\}$,求集合 M 与 N 的关系.

10. 设集合 $M=\{1,2,3,\cdots,2\,010\}$,集合 A 满足:$A \subseteq M$,且当 $x \in A$ 时,$15x \notin A$,则 A 中元素最多有多少个.

11. 设集合 $M=\{1,2,3,4,5,6\}$,$S_1,S_2,\cdots,S_k$ 都是 M 的含两个元素的子集,且满足:对任意的 $S_i=\{a_i,b_i\}$,$S_j=\{a_j,b_j\}(i \neq j,i、j \in \{1,2,3,\cdots,k\})$,都有 $\min\left\{\dfrac{a_i}{b_i},\dfrac{b_i}{a_i}\right\} \neq \min\left\{\dfrac{a_j}{b_j},\dfrac{b_j}{a_j}\right\}(\min\{x,y\}$ 表示两个数 x,y 中的较小者),求 k 的最大值.

12. 对于函数 $f(x)$,若 $f(x)=x$,则称 x 为 $f(x)$ 的"不动点",若 $f(f(x))=x$,则称 x 为 $f(x)$ 的"稳定点",函数 $f(x)$ 的"不动点"和"稳定点"的集合分别记为 A 和 B,即 $A=\{x \mid f(x)=x\}$,$B=\{x \mid f[f(x)]=x\}$.

(1) 求证:$A \subseteq B$,并举例说明 A 可能是 B 的真子集;

(2) 若 $f(x)=ax^2-1(a \in \mathbf{R},x \in \mathbf{R})$,且 $A=B \neq \varnothing$,求实数 a 的取值范围.

§1.3　集合之间的运算

1. 交集

一般地,由集合 A 和集合 B 的所有公共元素组成的集合,叫作 A 与 B 的**交集**.记作 $A \bigcap$

B,读作"A 交 B",即 $A\cap B=\{x\,|\,x\in A$ 且 $x\in B\}$.

用文氏图可以直观地表示 $A\cap B$ 的一般情况(见图 1-2).

由交集运算的定义,容易得到以下一些基本性质:

(1) $A\cap B=B\cap A$;

(2) $A\cap A=A$;

(3) $A\cap\varnothing=\varnothing$;

(4) $A\cap B\subseteq A$,$A\cap B\subseteq B$;

(5) 若 $A\cap B=A$,则 $A\subseteq B$;反之若 $A\subseteq B$,则 $A\cap B=A$.

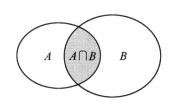

图 1-2

例 1. 已知集合 $A=\{x\in\mathbf{R}\,|\,x^2-4ax+2a+6=0\}$,$B=\{x\in\mathbf{R}\,|\,x<0\}$,若 $A\cap B\neq\varnothing$,求实数 a 的取值范围.

解: $\because A\cap B\neq\varnothing$,$\therefore A$ 中至少含有一个负数,即方程 $x^2-4ax+2a+6=0$ 至少有一个负根.

当方程有两个负根时,$\begin{cases}\Delta=16a^2-4(2a+6)\geqslant 0,\\ 4a<0,\\ 2a+6>0.\end{cases}$

解得:$-3<a\leqslant-1$.

当方程有一个负根与一个正根时,$\begin{cases}\Delta=16a^2-4(2a+6)>0,\\ 2a+6<0.\end{cases}$

解得:$a<-3$.

当方程有一个负根与一个零根时,$\begin{cases}\Delta=16a^2-4(2a+6)>0,\\ 4a<0,\\ 2a+6=0.\end{cases}$

解得:$a=-3$.

综上:$a<-3$ 或 $-3<a\leqslant-1$ 或 $a=-3$,即实数 a 的取值范围为 $(-\infty,-1]$.

2. 并集

一般地,由所有属于集合 A 或者属于集合 B 的元素组成的集合,叫作 A 与 B 的**并集**.记作 $A\cup B$,读作"A 并 B",即 $A\cup B=\{x\,|\,x\in A$ 或 $x\in B\}$.

用文氏图可以直观地表示 $A\cup B$ 的一般情况(见图 1-3).

由并集运算的定义,容易得到以下一些基本性质:

(1) $A\cup B=B\cup A$;

(2) $A\cup A=A$;

(3) $A\cup\varnothing=A$;

(4) $A\subseteq A\cup B$,$B\subseteq A\cup B$;

(5) 若 $A\cup B=B$,则有 $A\subseteq B$;反之若 $A\subseteq B$,则 $A\cup B=B$.

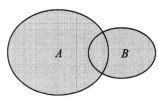

图 1-3

例 2. 已知 $A=\{x\,|\,x^2-mx+m-1=0\}$,$B=\{x\,|\,x^2-(2m-1)x+2m=0\}$,$A\cap B\neq\varnothing$,$A\cup B\subset\mathbf{Z}$,求 m 的值和集合 A、B.

解: $\because A\cap B\neq\varnothing$,$\therefore x=\dfrac{m+1}{m-1}=1+\dfrac{2}{m-1}$.

$\because$　$A\cup B\subset \mathbf{Z}$, $\therefore$　　$m=0$,或 $m=2$(舍),或 $m=3$,或 $m=-1$(舍).

当 $m=0$ 时,$A=\{-1,1\}$,$B=\{-1,0\}$;当 $m=3$ 时,$A=\{1,2\}$,$B=\{2,3\}$.

例 3. $A=\{x\mid x^2-3x+2=0\}$,$B=\{x\mid x^2-ax+a-1=0\}$,$C=\{x\mid x^2-mx+2=0\}$,若 $A\cup B=A$,$A\cap C=C$,求 a,m.

解：依题设,$A=\{1,2\}$,再由 $x^2-ax+a-1=0$ 解得 $x=a-1$ 或 $x=1$,

因为 $A\cup B=A$,所以 $B\subseteq A$,所以 $a-1\in A$,所以 $a-1=1$ 或 2,所以 $a=2$ 或 3.

因为 $A\cap C=C$,所以 $C\subseteq A$,若 $C=\varnothing$,则 $\Delta=m^2-8<0$,即 $-2\sqrt{2}<m<2\sqrt{2}$,若 $C\neq\varnothing$,则 $1\in C$ 或 $2\in C$,解得 $m=3$.

综上所述,$a=2$ 或 $a=3$;$m=3$ 或 $-2\sqrt{2}<m<2\sqrt{2}$.

例 4. 设集合 $A=\{a_1,a_2,a_3,a_4,a_5\}$,$B=\{a_1^2,a_2^2,a_3^2,a_4^2,a_5^2\}$,其中 $a_1,a_2,a_3,a_4,a_5\in \mathbf{N}^*$,$a_1<a_2<a_3<a_4<a_5$,$A\cap B=\{a_1,a_4\}$,$a_1+a_4=10$,若 $A\cup B$ 中所有元素的和为 246,求满足条件的集合 A.

解：因为 $a_1^2=a_1$,所以 $a_1=1$,$a_4=9$.由于 B 中有 9,因此 A 中有 3.

若 $a_3=3$,则 $a_2=2$,于是 $a_5+a_5^2=146$,无正整数解.

若 $a_2=3$,由于 $10\leqslant a_5\leqslant 11$,所以 $a_2^2\neq a_5$,于是 $a_3+a_3^2+a_5+a_5^2=152$.

又因为 $a_3\geqslant 4$,当 $a_5=10$ 时,$a_3=6$;当 $a_5=11$ 时,$a_3=4$,

因此满足条件的 A 共有 2 个,分别为 $\{1,3,4,9,11\}$,$\{1,3,6,9,10\}$.

例 5. 对正整数 n,记 $I_n=\{1,2,\cdots,n\}$,$P_n=\left\{\dfrac{m}{\sqrt{k}}\;\middle|\;m\in I_n,k\in I_n\right\}$.

(1) 求集合 P_7 中元素的个数;

(2) 若 P_n 的子集 A 中任意两个元素之和不是整数的平方,则称 A 为"稀疏集".求 n 的最大值,使 P_n 能分成两个不相交的稀疏集的并.

解：(1) 当 $k=4$ 时,$\left\{\dfrac{m}{\sqrt{k}}\;\middle|\;m\in I_7\right\}$ 中有 3 个数与 I_7 中的 3 个数重复,因此 P_7 中元素的个数为 $7\times 7-3=46$.

(2) 先证：当 $n\geqslant 15$ 时,P_n 不能分成两个不相交的稀疏集的并.若不然,设 A,B 为不相交的稀疏集,使 $A\cup B=P_n\supset I_n$,不妨设 $1\in A$,则因 $1+3=2^2$,故 $3\notin A$,即 $3\in B$.同理 $6\in A$,$10\in B$,又推得 $15\in A$,但 $1+15=4^2$,这与 A 为稀疏集矛盾.

再证 P_{14} 符合要求,当 $k=1$ 时,$\left\{\dfrac{m}{\sqrt{k}}\;\middle|\;m\in I_{14}\right\}=I_{14}$ 可分成两个稀疏集之并,事实上,只要取 $A_1=\{1,2,4,6,9,11,13\}$,$B_1=\{3,5,7,8,10,12,14\}$,则 A_1,B_1 为稀疏集,且 $A_1\cap B_1=I_{14}$.

当 $k=4$ 时,集 $\left\{\dfrac{m}{\sqrt{k}}\;\middle|\;m\in I_{14}\right\}$ 中除整数外剩下的数组成集 $\left\{\dfrac{1}{2},\dfrac{3}{2},\dfrac{5}{2},\cdots,\dfrac{13}{2}\right\}$,可分解为下面两稀疏集的并：$A_2=\left\{\dfrac{1}{2},\dfrac{5}{2},\dfrac{9}{2},\dfrac{11}{2}\right\}$,$B_2=\left\{\dfrac{3}{2},\dfrac{7}{2},\dfrac{13}{2}\right\}$.

当 $k=9$ 时,集 $\left\{\dfrac{m}{\sqrt{k}}\;\middle|\;m\in I_{14}\right\}$ 中除正整数外剩下的数组成集 $\left\{\dfrac{1}{3},\dfrac{2}{3},\dfrac{4}{3},\dfrac{5}{3},\cdots,\dfrac{13}{3},\dfrac{14}{3}\right\}$,可

分解为下面两稀疏集的并: $A_3=\left\{\dfrac{1}{3},\dfrac{4}{3},\dfrac{5}{3},\dfrac{10}{3},\dfrac{13}{3}\right\}$, $B_3=\left\{\dfrac{2}{3},\dfrac{7}{3},\dfrac{8}{3},\dfrac{11}{3},\dfrac{14}{3}\right\}$.

最后，集 $C=\left\{\dfrac{m}{\sqrt{k}}\,\middle|\,m\in I_{14},k\in I_{14},\text{且}\,k\neq1,4,9\right\}$ 中的数的分母均为无理数，它与 P_{14} 中的任何其他数之和都不是整数. 因此，令 $A=A_1\bigcup A_2\bigcup A_3\bigcup C$，$B=B_1\bigcup B_2\bigcup B_3$，则 A 和 B 是不相交的稀疏集，且 $A\bigcup B=P_{14}$.

综上，所求 n 的最大值为 14.

注：对 P_{14} 的分拆方法不是唯一的.

3. 补集

在给定的问题中，若研究的所有集合都是某一给定集合的子集，那么称这个给定的集合为**全集**.

若 A 是全集 U 的子集，由 U 中不属于 A 的元素组成的集合，叫作集合 A 在全集 U 中的**补集**，记作 $\complement_U A$，读作"A 补"，即 $\complement_U A=\{x\,|\,x\in U,x\notin A\}$，或者记作 $\overline{A}$.

用文氏图可以直观地表示 $\complement_U A$ 的一般情况（见图1-4）.

由并集运算的定义，容易得到以下一些基本性质：

(1) $A\bigcap\complement_U A=\varnothing$；

(2) $A\bigcup\complement_U A=U$；

(3) $\complement_U(\complement_U A)=A$.

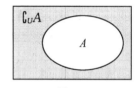

图1-4

例6. 设 $U=\{x\,|\,x<10,x\in\mathbf{N}^*\}$，$A\bigcap B=\{3\}$，$(\complement_U A)\bigcap B=\{4,6,8\}$，$A\bigcap(\complement_U B)=\{1,5\}$，求 $\complement_U(A\bigcap B)$，$A$，$B$.

解： $A\bigcup B$ 中的元素可分为三类：一类属于 A 不属于 B；一类属于 B 不属于 A；一类既属于 A 又属于 B.

由 $(\complement_U A)\bigcap B=\{4,6,8\}$，即 4,6,8 属于 B 不属于 A；

由 $(\complement_U B)\bigcap A=\{1,5\}$，即 1,5 属于 A 不属于 B；

由 $A\bigcap B=\{3\}$，即 3 既属于 A 又属于 B；又 $U=\{x\,|\,x<10,x\in\mathbf{N}^*\}=\{1,2,3,4,5,6,7,8,9\}$，

若 2 属于 A 不属于 B，则与 $(\complement_U B)\bigcap A=\{1,5\}$ 矛盾，若 2 属于 B 不属于 A，则与 $(\complement_U A)\bigcap B=\{4,6,8\}$ 矛盾，而 $2\notin A\bigcap B$，故 2 既不属于 A 也不属于 B，同理 7,9 既不属于 A 也不属于 B.

综上，$\complement_U(A\bigcup B)=\{2,7,9\}$，$A=\{1,3,5\}$，$B=\{3,4,6,8\}$.

例7. 设集合 $A=\{x\,|\,x^2-5x+4>0\}$，$B=\{x\,|\,x^2-2ax+(a+2)=0\}$，若 $A\bigcap B\neq\varnothing$，求实数 a 的取值范围.

解： $\because$ $A=\{x\,|\,x<1\text{ 或 }x>4\}$，$\therefore$ $A\bigcap B\neq\varnothing$ 的意义是方程 $x^2-2ax+(a+2)=0$ 有解，且至少有一解在区间 $(-\infty,1)\bigcup(4,+\infty)$ 内，但直接求解情况比较多，如果考虑"补集"，则解法较简单.

设全集 $U=\{a\,|\,\Delta=(2a)^2-4(a+2)\geqslant0\}=\{a\,|\,a\leqslant-1\text{ 或 }a\geqslant2\}$

且 $P=\{a\,|\,$关于 x 的方程 $x^2-2ax+(a+2)=0$ 的两根都在 $[1,4]$ 内$\}$

记 $f(x)=x^2-2ax+(a+2)$，$\therefore$ 方程 $f(x)=0$ 的两根都在 $[1,4]$ 内

$$\begin{cases} \Delta \geqslant 0, \\ f(1) \geqslant 0, \\ f(4) \geqslant 0, \\ 1 < a < 4 \end{cases} \Leftrightarrow \begin{cases} a \leqslant 1 \text{ 或 } a \geqslant 2, \\ 3 - a \geqslant 0, \\ 18 - 7a \geqslant 0, \\ 1 < a < 4. \end{cases}$$ 解得 $2 \leqslant a \leqslant \dfrac{18}{7}$，故 $P = \left\{ a \,\middle|\, 2 \leqslant a \leqslant \dfrac{18}{7} \right\}$，

因此，所求实数 a 的取值范围是 $C_U P = \left\{ a \,\middle|\, a \leqslant -1 \text{ 或 } a > \dfrac{18}{7} \right\}$.

例 8. 求证：对任意集合 $A \cap B \cap C$，有：

(1) $A \cap (B \cup C) = (A \cap B) \cup (A \cap C)$；

(2) $A \cup (B \cap C) = (A \cup B) \cap (A \cup C)$；

(3) $C_U A \cup C_U B = C_U (A \cap B)$；

(4) $C_U A \cap C_U B = C_U (A \cup B)$.

证明： 这里仅证(1)、(3)，其余由读者自己完成.

(1) 若 $x \in A \cap (B \cup C)$，则 $x \in A$，且 $x \in B$ 或 $x \in C$，所以 $x \in (A \cap B)$ 或 $x \in (A \cap C)$，即 $x \in (A \cap B) \cup (A \cap C)$；反之，$x \in (A \cap B) \cup (A \cap C)$，则 $x \in (A \cap B)$ 或 $x \in (A \cap C)$，即 $x \in A$ 且 $x \in B$ 或 $x \in C$，即 $x \in A$ 且 $x \in (B \cup C)$，即 $x \in A \cap (B \cup C)$.

(3) 若 $x \in C_U A \cup C_U B$，则 $x \in C_U A$ 或 $x \in C_U B$，所以 $x \notin A$ 或 $x \notin B$，所以 $x \notin (A \cap B)$，又 $x \in I$，所以 $x \in C_U (A \cap B)$，即 $C_U A \cup C_U B \subseteq C_U (A \cap B)$，反之也有 $C_U (A \cap B) \subseteq C_U A \cup C_U B$.

说明： 我们把例 8 称为集合的性质.

例 9. 已知数列 $\{a_n\}$ 满足：$a_1 \in \mathbf{N}^*$，$a_1 \leqslant 36$，且 $a_{n+1} = \begin{cases} 2a_n, & a_n \leqslant 18, \\ 2a_n - 36, & a_n > 18 \end{cases}$ $(n = 1, 2, \cdots)$.

记集合 $M = \{a_n \mid n \in \mathbf{N}^*\}$.

(1) 若 $a_1 = 6$，写出集合 M 的所有元素；

(2) 若集合 M 存在一个元素是 3 的倍数，证明：M 的所有元素都是 3 的倍数；

(3) 求集合 M 的元素个数的最大值.

解： (1) $a_1 = 6$，$a_2 = 12$，$a_3 = 24$，$a_4 = 2 \times 24 - 36 = 12$，$\therefore$ $M = \{6, 12, 24\}$.

(2) 因为集合 M 存在一个元素是 3 的倍数，所以不妨设 a_k 是 3 的倍数.

由 $a_{n+1} = \begin{cases} 2a_n, & a_n \leqslant 18, \\ 2a_n - 36, & a_n > 18 \end{cases}$ $(n = 1, 2, \cdots)$.

当 $n \geqslant k$ 时，a_n 都是 3 的倍数.

如果 $k = 1$，则集合 M 的所有元素都是 3 的倍数.

如果 $k > 1$，因为 $a_k = 2a_{k-1}$ 或 $a_k = 2a_{k-1} - 36$，所以 $2a_{k-1}$ 是 3 的倍数，于是 a_{k-1} 是 3 的倍数.

类似可得，a_{k-2}，a_{k-3}，$\cdots a_1$ 都是 3 的倍数.

综上，若集合 M 存在一个元素是 3 的倍数，则 M 的所有元素都是 3 的倍数.

(3) 若 $a_1 = 36$，由 $a_{n+1} = \begin{cases} 2a_n, & a_n \leqslant 18, \\ 2a_n - 36, & a_n > 18 \end{cases}$ $(n = 1, 2, \cdots)$，

可归纳证明 $a_n = 36$ $(n = 1, 2, \cdots)$，$M = \{36\}$.

因为 a_1 是正整数,由 $a_2=\begin{cases}2a_1,a_1\leqslant18,\\2a_1-36,a_1>18.\end{cases}$ 所以 a_2 是 2 的倍数.

从而当 $n\geqslant3$ 时,a_n 是 4 的倍数.

如果 a_1 是 3 的倍数,由(2)知对所有正整数 n,a_n 是 3 的倍数.

因此当 $n\geqslant3$ 时,$a_n\in\{12,24,36\}$.这时 M 的元素个数不超过 5.

如果 a_1 不是 3 的倍数,由(2)知对所有正整数 n,a_n 不是 3 的倍数.

因此当 $n\geqslant3$ 时,$a_n\in\{4,8,16,20,28,32\}$.这时 M 的元素个数不超过 8.

当 $a_1=1$ 时,$M=\{1,2,4,8,16,20,28,32\}$ 有 8 个元素.

综上可知:集合 M 的元素个数的最大值为 8.

例 10. 给定正整数 $n(n\geqslant3)$,集合 $U_n=\{1,2,\cdots,n\}$.若存在集合 A,B,C,同时满足下列条件:

① $U_n=A\cup B\cup C$,且 $A\cap B=B\cap C=A\cap C=\varnothing$;

② 集合 A 中的元素都为奇数,集合 B 中的元素都为偶数,所有能被 3 整除的数都在集合 C 中(集合 C 中还可以包含其他数);

③ 集合 A,B,C 中各元素之和分别记为 S_A,S_B,S_C,有 $S_A=S_B=S_C$;则称集合 U_n 为可分集合.

(1) 已知 U_8 为可分集合,写出相应的一组满足条件的集合 A,B,C;

(2) 证明:若 n 是 3 的倍数,则 U_n 不是可分集合;

(3) 若 U_n 为可分集合且 n 为奇数,求 n 的最小值.

解:(1) 依照题意,可以取 $A=\{5,7\},B=\{4,8\},C=\{1,2,3,6\}$

(2) 假设存在 n 是 3 的倍数且 U_n 是可分集合.

设 $n=3k$,则依照题意 $\{3,6,\cdots,3k\}\subseteq C$,故 $S_C\geqslant3+6+\cdots+3k=\dfrac{3k^2+3k}{2}$,

而这 n 个数的和为 $\dfrac{n(1+n)}{2}$,故 $S_C=\dfrac{1}{3}\cdot\dfrac{n(1+n)}{2}=\dfrac{3k^2+k}{2}<\dfrac{3k^2+3k}{2}$,矛盾,

所以 n 是 3 的倍数时,U_n 一定不是可分集合.

(3) $n=35$.

因为所有元素和为 $\dfrac{n(1+n)}{2}$,又 B 中元素是偶数,所以 $\dfrac{n(1+n)}{2}=3S_B=6m$($m$ 为正整数),

所以 $n(1+n)=12m$,因为 $n,n+1$ 为连续整数,故这两个数一个为奇数,另一个为偶数.

由(2)知道,n 不是 3 的倍数,所以一定有 $n+1$ 是 3 的倍数.

当 n 为奇数时,$n+1$ 为偶数,而 $n(1+n)=12m$,

所以一定有 $n+1$ 既是 3 的倍数,又是 4 的倍数,所以 $n+1=12k$,

所以 $n=12k-1,k\in\mathbf{N}^*$.

定义集合 $D=\{1,5,7,11,\cdots\}$,即集合 D 由集合 U_n 中所有不是 3 的倍数的奇数组成,

定义集合 $E=\{2,4,8,10,\cdots\}$,即集合 E 由集合 U_n 中所有不是 3 的倍数的偶数组成,

根据集合 A,B,C 的性质知道,集合 $A\subseteq D,B\subseteq E$,

此时集合 D,E 中的元素之和都是 $24k^2$,而 $S_A=S_B=S_C=\dfrac{1}{3}\dfrac{n(1+n)}{2}=24k^2-2k$,

此时 U_n 中所有 3 的倍数的和为 $\dfrac{(3+12k-3)(4k-1)}{2}=24k^2-6k$,

$24k^2-(24k^2-2k)=2k$,$(24k^2-2k)-(24k^2-6k)=4k$

显然必须从集合 D,E 中各取出一些元素,这些元素的和都是 $2k$,

所以从集合 $D=\{1,5,7,11,\cdots\}$ 中必须取偶数个元素放到集合 C 中,所以 $2k\geqslant6$,

所以 $k\geqslant3$,此时 $n\geqslant35$,

而令集合 $A=\{7,11,13,17,19,23,25,29,31,35\}$,

集合 $B=\{8,10,14,16,20,22,26,28,32,34\}$,

集合 $C=\{3,6,9,12,15,18,21,24,27,30,33,1,5,2,4\}$,

检验可知,此时 U_{35} 是可分集合,所以 n 的最小值为 35.

 **1.** 分别用集合符号表示图 1-5 的阴影部分.

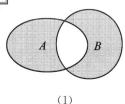
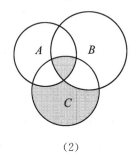

(1)　　　　　　　　　　(2)

图 1-5

2. 设集合 $A=\{(x,y)\,|\,3x-y=7\}$,集合 $B=\{(x,y)\,|\,2x+y=3\}$,求 $A\cap B$.

3. 集合 $A=\{x\,|\,y=2x+1,x\in\mathbf{R}\}$,$B=\{y\,|\,y=-x^2+9,x\in\mathbf{R}\}$,则 $A\cap B=$_____.

4. 设 $B=\{x\,|\,(2a-1)x^2-2x+1=0\}$,$C=\left\{-1,-\dfrac{1}{2},\dfrac{1}{3},1\right\}$,若 $B\subset C$,求实数 a 的所有值.

5. 设全集 $U=R$,集合 $A=\{x\,|\,x^2+ax-12=0\}$,$B=\{x\,|\,x^2+bx+b^2-28=0\}$,若 $A\cap \complement_U B=\{2\}$,求 a、b 的值.

6. 已知 $A=\{(x,y)\,|\,y=a\,|\,x\,|\,\}$,$B=\{(x,y)\,|\,y=x+a\}$,$C=A\cap B$,又 C 为单元素集合,求实数 a 的取值范围.

7. $I=\{1,2,3,4,5,6,7,8,9\}$,$A\subseteq I$,$B\subseteq I$,$A\cap B=\{2\}$,$(\complement_U A)\cap(\complement_U B)=\{1,9\}$,$(\complement_U A)\cap B=\{4,6,8\}$,则 $A\cap(\complement_U B)=$_____.

8. 已知集合 $A=\{x\,|\,10+3x-x^2\geqslant0\}$,$B=\{x\,|\,m+1\leqslant x\leqslant2m-1\}$,当 $A\cap B=\varnothing$ 时,实数 m 的取值范围是_____.

9. 集合 $M=\{m^2,m+1,-3\}$,$N=\{m-3,2m-1,m^2+1\}$,若 $M\cap N=\{-3\}$,则 $m=$_____.

10. 集合 $A=\{a\,|\,a=5x+3,x\in\mathbf{N}^*\}$,$B=\{b\,|\,b=7y+2,y\in\mathbf{N}^*\}$,则 $A\cap B$ 中的最小元素是_____.

11. 设全集 $U=\{(x,y)\mid x,y\in\mathbf{R}\}$,集合 $A=\left\{(x,y)\left|\dfrac{y-3}{x-2}=1,x\in\mathbf{R}\right.\right\}$,

① 若 $B=\{(x,y)\mid y=x+1,x,y\in\mathbf{R}\}$,求 $\complement_U A\cap B$;

② 若 $B=\{(x,y)\mid y\ne x+1,x,y\in\mathbf{R}\}$,求 $\complement_U(A\cup B)$.

12. 某公司有 120 人,其中乘轨道交通上班的 84 人,乘汽车上班的 32 人,两种都乘的 18 人,求:

(1) 只乘轨道交通上班的人数;

(2) 不乘轨道交通上班的人数;

(3) 乘坐交通工具的人数;

(4) 不乘交通工具而步行的人数;

(5) 只乘一种交通工具的人数.

13. 已知 $A=\{(x,y)\mid x=n,y=an+b,n\in\mathbf{Z}\}$,$B=\{(x,y)\mid x=m,y=3m^2+15,m\in\mathbf{Z}\}$,$C=\{(x,y)\mid x^2+y^2\leqslant144\}$,问是否存在实数 a,b,使得① $A\cap B\ne\varnothing$,②$(a,b)\in C$ 同时成立?

14. 设集合 $A=\{x\mid x^2-3x+2=0\}$,$B=\{x\mid x^2+2(a+1)x+(a^2-5)=0\}$,

(1) 若 $A\cap B=\{2\}$,求实数 a 的值;

(2) 若 $A\cup B=A$,求实数 a 的取值范围;

(3) 若 $U=R$,$A\cap\complement_U B=A$,求实数 a 的取值范围.

15. 设集合 $A=\{(x,y)\mid y^2-x-1=0\}$,$B=\{(x,y)\mid 4x^2+2x-2y+5=0\}$,$C=\{(x,y)\mid y=kx+b\}$,问:是否存在 $k,b\in\mathbf{N}$,使得 $(A\cup B)\cap C=\varnothing$,并证明你的结论.

16. 集合 A 和 B 各含有 12 个元素,$A\cap B$ 含有 4 个元素,试求同时满足下列条件的集合 C 的个数:

(1) $C\subseteq A\cup B$ 且 C 中含有 3 个元素;

(2) $C\cap A\ne\varnothing$.

17. 判断以下命题是否正确:设 A,B 是平面上两个点集,$C_r=\{(x,y)\mid x^2+y^2\leqslant r^2\}$,若对任何 $r\geqslant0$,都有 $C_r\cup A\subseteq C_r\cup B$,则必有 $A\subseteq B$,证明你的结论.

§1.4 容斥原理与抽屉原理

在计数时,为了使重叠部分不被重复计算,人们研究出一种新的计数方法,这种方法的基本思想是:先不考虑重叠的情况,把包含于某内容中的所有对象的数目先计算出来,然后再把计数时重复计算的数目排斥出去,使得计算的结果既无遗漏又无重复,这种计数的方法称为**容斥原理**.

容斥原理

用 $|A|$ 表示集合 A 的元素个数,则

(1) $|A\cup B|=|A|+|B|-|A\cap B|$,

(2) $|A\cup B\cup C|=|A|+|B|+|C|-|A\cap B|-|A\cap C|-|B\cap C|+|A\cap B\cap C|$,

(3) 此结论可以推广到 n 个集合的情况,即

$$|A_1 \bigcup A_2 \bigcup \cdots \bigcup A_n| = \sum_{i=1}^{n} |A_i| - \sum_{1 \leqslant i < j \leqslant n} |A_i \bigcap A_j| + \sum_{1 \leqslant i < j < k \leqslant n} |A_i \bigcap A_j \bigcap A_k|$$
$$- \cdots + (-1)^{n+1} |A_1 \bigcap A_2 \bigcap \cdots \bigcap A_n|.$$

例1. 求 $1, 2, 3, \cdots, 100$ 中不能被 $2, 3, 5$ 整除的数的个数.

解： 记 $I = \{1, 2, 3, \cdots, 100\}$，$A = \{x \mid 1 \leqslant x \leqslant 100,$ 且 x 能被 2 整除（记为 $2 \mid x$）$\}$，$B = \{x \mid 1 \leqslant x \leqslant 100, 3 \mid x\}$，$C = \{x \mid 1 \leqslant x \leqslant 100, 5 \mid x\}$，由容斥原理，

$$|A \bigcup B \bigcup C| = |A| + |B| + |C| - |A \cap B| - |B \cap C| - |C \cap A| + |A \cap B \cap C|$$
$$= \left[\frac{100}{2}\right] + \left[\frac{100}{3}\right] + \left[\frac{100}{5}\right] - \left[\frac{100}{6}\right] - \left[\frac{100}{10}\right] - \left[\frac{100}{15}\right] + \left[\frac{100}{30}\right]$$
$$= 74,$$

所以不能被 $2, 3, 5$ 整除的数有 $|I| - |A \bigcup B \bigcup C| = 26$ 个.

说明 $[x]$ 表示不超过 x 的最大整数.如 $[3.14] = 3$，$[-3.14] = -4$.

例2. 图 1-6 为某校对高一年级 100 名同学进行学习兴趣调查统计图，结果有 58 人喜欢语文，有 38 人喜欢数学，有 52 人喜欢外语.而且喜欢语文和数学（但不喜欢外语）的有 6 人，喜欢数学和外语（但不喜欢语文）的有 4 人，三科都喜欢的有 12 人，而且每人至少喜欢一科.问有多少同学只喜欢语文？有多少同学喜欢语文和外语（但不喜欢数学）？

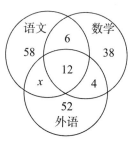

图 1-6

解： 如图 1-6 所示，设喜欢语文和外语（但不喜欢数学）的有 x 人.

于是，喜欢数学和语文的有 $6+12$ 个人，喜欢数学和外语的有 $12+4$ 个人，喜欢语文和外语的有 $12+x$ 个人.

所以 $100 = 58 + 52 + 38 - (6+12) - (12+4) - (12+x) + 12$，

解得 $x = 14$.

即喜欢语文和外语（但不喜欢数学）的有 14 人.

所以，只喜欢语文的同学有 $58 - 6 - 12 - 14 = 26$（人）.

所以，有 26 个同学只喜欢语文，有 14 个同学喜欢语文和外语（但不喜欢数学）.

例3. 某班在体育课上进行了成绩考核，这个班在 100 米自由泳、跳远、铅球三项测试中获得优秀等级的人数分类统计如下：100 米自由泳获得优秀的有 21 人，跳远获得优秀的有 19 人，铅球获得优秀的有 20 人.100 米自由泳和跳远都获得优秀的有 9 人，跳远和铅球都获得优秀的有 7 人，铅球和 100 米自由泳都获得优秀的有 8 人.有 5 人没有获得任何一项优秀.问：这个班有多少个学生？

解： 设三项都获得优秀的有 n 个人，根据容斥原理 2，至少有一项优秀的学生有

$$21 + 19 + 20 - 9 - 7 - 8 + n = 36 + n,$$

所以，这个班的学生有 $36 + n + 5 = 41 + n$ 人.故这个班的学生人数不少于 41 人.

另一方面，由于获得其中两项优秀的人数分别为 9、7、8，所以，获得三项优秀的学生人数不超过 7，即 $n \leqslant 7$，所以，这个班的学生人数不超过 48 人.

综上所述，这个班的学生人数在 41 与 48 之间.所以，学生人数可能的情况是 $41, 42, 43, \cdots, 48$ 人.

抽屉原理

我们知道,三个苹果放进两个抽屉,必有一个抽屉里至少有两个苹果.

抽屉原则的常见形式:

抽屉原理 1 如果把 $n+1$ 件东西任意放入 n 个抽屉,那么必定有一个抽屉里至少有两件东西.

抽屉原理 2 如果把 m 件东西任意放入 n 个抽屉,那么必定有一个抽屉里至少有 k 件东西,这里

$$k=\begin{cases} \dfrac{m}{n}, & \text{当 } m \text{ 是 } n \text{ 的位数时;} \\ \left[\dfrac{m}{n}\right]+1, & \text{当 } m \text{ 不是 } n \text{ 的位数时.} \end{cases}$$

其中 $[x]$ 表示不超过 x 的最大整数,例如 $[3]=3$,$[4.9]=4$,$[-2.6]=-3$,等等.

例 4. 某学校的初三年级的同学要从 8 名候选人中投票选举三好学生,规定每人必须从这 8 名候选人中任意选两名,那么至少有多少人参加投票,才能保证必有不少于 5 名同学投了相同的两个候选人的票?

解: 从 8 个人中任意选 2 人,不同的选法共有 $8\times 7\div 2=28$(种),即有 28 个抽屉.由抽屉原理,当投票的人不少于 $28\times(5-1)+1=113$ 人时,就能保证必有不少于 5 名同学投了相同两个候选人的票.

而当 112 个人投票时,不一定有不少于 5 名同学投了相同两个候选人的票.

所以,至少有 113 人投票时,能保证必有不少于 5 名同学投了相同两个候选人的票.

例 5. 已知 A 与 B 是集合 $M=\{1,2,3,\cdots,100\}$ 的两个子集,满足:A 与 B 的元素个数相同,且为 $A\cap B$ 空集.若 $n\in A$ 时总有 $2n+2\in B$,求集合 $A\cup B$ 的元素个数最大值.

解: 先证 $|A\cup B|\leqslant 66$,只需证 $|A|\leqslant 33$,为此只需证若 A 是 $\{1,2,\cdots,49\}$ 的任一个 34 元子集,则必存在 $n\in A$,使得 $2n+2\in B$.证明如下:

将 $\{1,2,\cdots,49\}$ 分成如下 33 个集合:$\{1,4\}$,$\{3,8\}$,$\{5,12\}$,$\cdots$,$\{23,48\}$ 共 12 个;$\{2,6\}$,$\{10,22\}$,$\{14,30\}$,$\{18,38\}$ 共 4 个;$\{25\}$,$\{27\}$,$\{29\}$,$\cdots$,$\{49\}$ 共 13 个;$\{26\}$,$\{34\}$,$\{42\}$,$\{46\}$ 共 4 个.由于 A 是 $\{1,2,\cdots,49\}$ 的 34 元子集,从而由抽屉原理可知上述 33 个集合中至少有一个 2 元集合中的数均属于 A,即存在 $n\in A$,使得 $2n+2\in B$ 不成立.如取 $A=\{1,3,5,\cdots,23,2,10,14,18,25,27,29,\cdots,49,26,34,42,46\}$,

$B=\{2n+2\mid n\in A\}$,则 A,B 满足题设,且 $|A\cup B|\leqslant 66$.

例 6. 把 $1,2,\cdots,10$ 按任意次序排成一个圆圈.

(1) 证明:一定可以找到三个相邻的数,它们的和不小于 18;

(2) 证明:一定可以找到三个相邻的数,它们的和不大于 15.

解:(1) 设这 10 个数在圆周上排列为 $1,a_1,a_2,\cdots,a_9$ 如图 1-7(a).由于

$$(a_1+a_2+a_3)+(a_4+a_5+a_6)+(a_7+a_8+a_9)=2+3+\cdots+10=54,$$

所以 $a_1+a_2+a_3$、$a_4+a_5+a_6$、$a_7+a_8+a_9$ 这三个数中一定有一个数不小于 $\dfrac{54}{3}=18$.

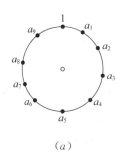　　　　　　　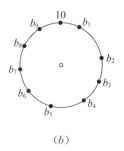

　　　　　　(a)　　　　　　　　　　　　　　(b)

图 1-7

(2) 设这 10 个数在圆周上排列为 $10, b_1, b_2, \cdots, b_9$ 如图 1-7(b).由于

$$(b_1+b_2+b_3)+(b_4+b_5+b_6)+(b_7+b_8+b_9)=1+2+\cdots+9=45,$$

所以,$b_1+b_2+b_3$、$b_4+b_5+b_6$、$b_7+b_8+b_9$ 这三个数中一定有一个数不大于 $\dfrac{45}{3}=15$.

1. 对某学校的 100 名学生进行调查,了解他们喜欢看球赛、看电影和听音乐的情况.其中 58 人喜欢看球赛,38 人喜欢看电影,52 人喜欢听音乐,既喜欢看球赛又喜欢看电影的有 18 人,既喜欢听音乐又喜欢看电影的有 16 人,三种都喜欢的有 12 人,问有多少人只喜欢听音乐?

2. 正方体各面上涂上红色或蓝色的油漆(每面只涂一种色),证明正方体一定有三个面颜色相同.

3. 从自然数 $1,2,3,\cdots,99,100$ 这 100 个数中随意取出 51 个数来,求证:其中一定有两个数,它们中的一个是另一个的倍数.

4. 任意给定 7 个不同的自然数,求证其中必有两个整数,其和或差是 10 的倍数.

5. 在一条笔直的马路旁种树,从起点起,每隔一米种一棵树,如果把三块"爱护树木"的小牌分别挂在三棵树上,那么不管怎样挂,至少有两棵挂牌的树之间的距离是偶数(以米为单位),这是为什么?

6. 以 (x,y,z) 表示三元有序整数组,其中 x,y,z 为整数,试证:在任意七个三元整数组中,至少有两个三元数组,它们的 x,y,z 元中有两对都是奇数或都是偶数.

7. 任选 6 人,试证其中必有 3 人,他们互相认识或都不认识.

8. a,b,c,d 为四个任意给定的整数,求证:以下六个差数 $b-a,c-a,d-a,c-b,d-b,d-c$ 的乘积一定可以被 12 整除.

9. 求证:从任意 n 个自然数 $a_1,a_2,\cdots,a_n$ 中可以找到若干个数,使它们的和是 n 的倍数.

10. 910 瓶红、蓝墨水,排成 130 行,每行 7 瓶,证明:不论怎样排列,红蓝墨水瓶的颜色次序必定出现下述两种情况之一种:

(1) 至少有三行完全相同;

(2) 至少有两组(共四行)每组的两行完全相同.

§1.5 命题的形式及等价关系

1. 命题与推出关系

在初中,我们已经知道,判断真假的语句叫作**命题**.命题通常用陈述句表述.正确的命题叫作**真命题**,错误的命题叫作**假命题**.

一般地,命题是由题设(条件)和结论两部分组成的.题设是已知事项;结论是由已知事项推出的事项.命题常写成"如果……,那么……"的形式.具有这种形式的命题中,用"如果"开始的部分是题设,用"那么"开始的部分是结论.

有些命题,没有写成"如果……,那么……"的形式,题设和结论不明显.对于这样的命题,要经过分析才能找出题设和结论,也可以将它们改写成"如果……,那么……"的形式.

命题的题设(条件)部分,有时也可用"已知……"或者"若……"等形式表述;命题的结论部分,有时也可用"求证……"或"则……"等形式表述.

例1. 判断下列语句是否为命题? 如果是命题,判断它们是真命题还是假命题? 为什么?

(1) 你是个很高的学生吗?

(2) 过直线 AB 外一点作该直线的平行线.

(3) 个位数是 0 的自然数能被 5 整除.

(4) 若 $m<0$,则 $x^2+x-m=0$ 有实根.

(5) 竟然得到 $5>9$ 的结果!

解: (1)、(2)、(5)不是命题,(3)、(4)是命题,其中(4)是假命题.

(1) 语句"你是个很高的学生吗?"是疑问句,不是判断语句,所以它不是命题.

(2) 语句"过直线 AB 外一点作该直线的平行线."是祈使句,不是判断语句,所以它也不是命题.

(3) 此命题为真命题.这是因为个位数是 0 的自然数总可以表示为 $10k(k\in\mathbf{N})$ 的形式,而 $10k=5\cdot 2k$,所以 $10k$ 能被 5 整除.

(4) 取 $m=-2$,$x^2+x+2=0$ 无实根.是假命题.

(5) 语句"竟然推出 $5>9$ 的结果!"是感叹句,不是判断语句,所以它也不是命题.

由例1中(4)可以看到,要确定一个命题是假命题,只要举出一个满足命题的条件,而不满足其结论的例子即可,这在数学中称为"举反例".

要确定一个命题是真命题,就必须作出证明,证明若满足命题的条件就一定能推出命题的结论.

一般地,如果事件 α 成立可以推出事件 β 也成立,那么就说由 α 可以推出 β,并用记号 $\alpha\Rightarrow\beta$ 表示,读作"α 推出 β".换言之,$\alpha\Rightarrow\beta$ 表示以 α 为条件,β 为结论的命题是真命题.

如果事件 α 成立,而事件 β 不能成立,那么就说事件 α 不能推出事件 β 成立,可记作 $\alpha\nRightarrow\beta$.换言之,$\alpha\nRightarrow\beta$ 表示以 α 为条件,β 为结论的命题是一个假命题.

如果 $\alpha\Rightarrow\beta$,并且 $\beta\Rightarrow\alpha$,那么记作 $\alpha\Leftrightarrow\beta$,叫作 α 与 β **等价**.

显然,推出关系满足传递性:$\alpha\Rightarrow\beta$,$\beta\Rightarrow\gamma$,那么 $\alpha\Rightarrow\gamma$.

例2. 命题 P:对任意实数 x 都有 $ax^2+ax+1>0$ 恒成立;命题 Q:关于 x 的方程 $x^2-x+a=0$ 有实数根;如果 P 与 Q 中有且仅有一个为真命题,求实数 a 的取值范围.

解：对任意实数 x 都有 $ax^2+ax+1>0$ 恒成立 $\Leftrightarrow a=0$ 或 $\begin{cases} a>0, \\ \Delta<0 \end{cases} \Leftrightarrow 0 \leqslant a<4$；

关于 x 的方程 $x^2-x+a=0$ 有实数根 $\Leftrightarrow 1-4a \geqslant 0 \Leftrightarrow a \leqslant \dfrac{1}{4}$；

如果 P 正确,且 Q 不正确,有 $0 \leqslant a<4$,且 $a>\dfrac{1}{4}$ $\therefore$ $\dfrac{1}{4}<a<4$；

如果 Q 正确,且 P 不正确,有 $a<0$ 或 $a \geqslant 4$,且 $a \leqslant \dfrac{1}{4}$ $\therefore$ $a<0$.所以实数 a 的取值范围为 $(-\infty,0) \cup \left(\dfrac{1}{4},4\right)$.

2. 四种命题形式

一个命题由条件和结论两部分组成,如果把原命题的条件和结论互换,所得的命题是原命题的**逆命题**,显然它们互为逆命题.例如,命题(1)"对顶角相等"和命题(2)"相等的角是对顶角"互为逆命题.

如果一个命题的条件和结论分别是另一个命题的条件的否定与结论的否定,则称这两个命题为互否命题,其中一个命题是另一个命题的**否命题**.像命题(3)"不是对顶角的角不相等"与命题(1)是互否命题.

如果将一个命题的结论的否定作为条件,而将此命题的条件的否定作为结论所得到的命题叫作原命题的**逆否命题**.如命题(4)"不相等的角不是对顶角"与命题(1)是互为逆否命题.

若 α 为原命题条件,β 为原命题结论,则其四种命题的形式及关系为：

原命题:若 α,则 β；逆命题:若 β,则 α；

否命题:若 $\bar{\alpha}$,则 $\bar{\beta}$；逆否命题:若 $\bar{\beta}$,则 $\bar{\alpha}$.

例 3. 分别写出命题"$x,y \in \mathbf{R}$,若 $x^2+y^2=0$,则 x,y 全为零"的逆命题、否命题和逆否命题,并判断它们的真假.

解：否命题为:$x,y \in \mathbf{R}$,若 $x^2+y^2 \neq 0$,则 x,y 不全为零

逆命题:$x,y \in \mathbf{R}$,若 x,y 全为零,则 $x^2+y^2=0$

逆否命题:$x,y \in \mathbf{R}$,若 x,y 不全为零,则 $x^2+y^2 \neq 0$

其中,原命题,逆否命题,逆命题和否命题均为真命题.

例 4. 已知函数 $f(x)$ 对其定义域内的任意两个数 a,b,当 $a<b$ 时,都有 $f(a)<f(b)$,证明:$f(x)=0$ 至多有一个实根.

证明：假设 $f(x)=0$ 至少有两个不同的实数根 x_1,x_2,不妨假设 $x_1<x_2$,

由方程的定义可知：$\qquad f(x_1)=0, f(x_2)=0$

即 $\qquad\qquad\qquad\qquad f(x_1)=f(x_2)$ ①

由已知 $x_1<x_2$ 时,有 $f(x_1)<f(x_2)$ 这与式①矛盾

因此假设不能成立.故原命题成立.

像这样证明问题的方法称为**反证法**,运用反证法时对结论进行的否定要正确,注意区别命题的否定与否命题.

用反证法证明的步骤一般有：

（1）假设命题的结论不成立，即假设结论的反面成立．

（2）从这个假设出发，通过推理论证，得出矛盾．

（3）由矛盾判定假设不正确，从而肯定命题的结论正确．

反证法的证明思路：

（1）反设（即假设）：对于 p 则 q（原命题）进行反设，即 p 且非 q．

（2）可能出现三种情况：

① 导出非 p 为真——与题设矛盾．

② 导出 q 为真——与反设中"非 q"矛盾．

③ 导出一个恒假命题——与某公理或定理矛盾．

例 5. 设 $0<a,b,c<1$，求证：$(1-a)b,(1-b)c,(1-c)a$ 不同时大于 $\dfrac{1}{4}$．

证明： 用反证法，假设 $\begin{cases}(1-a)b>\dfrac{1}{4},\\[2mm](1-b)c>\dfrac{1}{4},\\[2mm](1-c)a>\dfrac{1}{4}\end{cases}\Rightarrow\begin{cases}\sqrt{(1-a)b}>\dfrac{1}{2},\\[2mm]\sqrt{(1-b)c}>\dfrac{1}{2},\\[2mm]\sqrt{(1-c)a}>\dfrac{1}{2}.\end{cases}$ 相加得：

$$\frac{3}{2}<\sqrt{(1-a)b}+\sqrt{(1-b)c}+\sqrt{(1-c)a}\leqslant\frac{1-a+b}{2}+\frac{1-b+c}{2}+\frac{1-c+a}{2}=\frac{3}{2},$$

左右矛盾，故假设不成立，$\quad\therefore\quad$ $(1-a)b,(1-b)c,(1-c)a$ 不同时大于 $\dfrac{1}{4}$．

3. 等价命题

在前面的讨论中，容易发现命题（2）与命题（3）也是互为逆否命题，而且互为逆否命题的两个命题是同真或同假的．一般地，原命题与它的逆否命题是同真或同假的，即如果 $\alpha\Rightarrow\beta$，那么 $\bar{\beta}\Rightarrow\bar{\alpha}$；如果 $\alpha\not\Rightarrow\beta$，那么 $\bar{\beta}\not\Rightarrow\bar{\alpha}$．见图 1-8．

对于命题 A 与 B 来说，如果有 $A\Rightarrow B$，且 $B\Rightarrow A$，那么命题 A、B 叫作**等价命题**．原命题与其逆否命题就是等价命题．

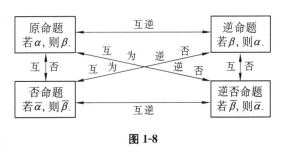

图 1-8

当我们证明某个命题有困难时，就可以尝试用证明它的等价命题或逆否命题来代替证明原命题．

1. 已知命题"两个有理数的和是有理数"为某命题的逆命题．试写出原命题、否命题、逆否命题，并判断这些命题的真假．

2. 写出命题"已知 $a,b\in\mathbf{Z}$，若 a,b 是奇数，则 $a\cdot b$ 是奇数"的逆否命题：_____．

3. 下列四个命题中的真命题是 （ ）．

（A）已知 a、$b\in\mathbf{R}$，若 $a\times b$ 是无理数，则 a,b 都是无理数

（B）已知 a、$b\in\mathbf{R}$，若 $a\times b$ 是有理数，则 a,b 都是有理数

(C) 已知 $a,b \in \mathbf{R}$,若 $a+b$ 是无理数,则 a 是无理数或 b 是无理数

(D) 已知 $a,b \in \mathbf{R}$,若 $a+b$ 是有理数,则 a 是有理数或 b 是有理数

4. 命题"若 p 不正确,则 q 不正确"的逆命题的等价命题是   (   ).

(A) 若 q 不正确,则 p 不正确   (B) 若 q 不正确,则 p 正确

(C) 若 p 正确,则 q 不正确   (D) 若 p 正确,则 q 正确

5. "若 $b^2-4ac<0$,则 $ax^2+bx+c=0$ 没有实根",其否命题是   (   ).

(A) 若 $b^2-4ac>0$,则 $ax^2+bx+c=0$ 没有实根

(B) 若 $b^2-4ac>0$,则 $ax^2+bx+c=0$ 有实根

(C) 若 $b^2-4ac \geqslant 0$,则 $ax^2+bx+c=0$ 有实根

(D) 若 $b^2-4ac \geqslant 0$,则 $ax^2+bx+c=0$ 没有实根

6. 写出命题"各数字之和是 3 的倍数的正整数,能被 3 整除"的逆命题、否命题、逆否命题,并判断其真假.

7. 用反证法证明:不存在整数 m,n,使得 $m^2=n^2+1\,998$.

§1.6 充分条件,必要条件

在日常生活中,我们做事情需要具备一定的条件,有的条件能够保证我们完成这件事,而有的条件虽然不能保证完成这件事,但却是完成它所必不可少的.在数学中,若要得出一个结论,同样需要具备一定的条件.

一般地,如果事件 α 成立,可以推出事件 β 也成立,即 $\alpha \Rightarrow \beta$,那么称 α 是 β 的**充分条件**,β 是 α 的**必要条件**.

关于"α 是 β 的充分条件"的理解是容易的,即为了使 β 成立,具备条件 α 就足够了,"有它即可";而对于"β 是 α 的必要条件"的理解,如果从"若 α,则 β"的等价命题"若 $\bar{\beta}$,则 $\bar{\alpha}$"来看,则更易理解,即若没有条件 β,则事件 α 不能成立,因此对于 α 来说,条件 β 是必定需要的,"非它不行".

以命题"对顶角相等"为例,由于两个角是对顶角就足以保证这两个角相等,因此"两个角是对顶角"是"这两个角相等"的充分条件;而如果两个角不相等,则它们必定不可能是对顶角,所以说,"两个角相等"是"这两个角是对顶角"的必要条件.

如果既有 $\alpha \Rightarrow \beta$,又有 $\beta \Rightarrow \alpha$,即有 $\alpha \Leftrightarrow \beta$,那么 α 既是 β 的充分条件,又是 β 的必要条件,这时我们称 α 是 β 的**充分必要条件**,简称**充要条件**.例如,对于 a,b 为实数,则"$|a|=|b|$"是"$a^2=b^2$"的充要条件.

例 1.(1) 是否存在实数 m,使得 $2x+m<0$ 是 $x^2-2x-3>0$ 的充分条件?

(2) 是否存在实数 m,使得 $2x+m<0$ 是 $x^2-2x-3>0$ 的必要条件?

解:(1) 欲使得 $2x+m<0$ 是 $x^2-2x-3>0$ 的充分条件,则只要 $\left\{x \left| x<-\dfrac{m}{2}\right.\right\} \subseteq \{x|$

$x<-1$ 或 $x>3\}$,则只要 $-\dfrac{m}{2} \leqslant -1$ 即 $m \geqslant 2$,

故实数 $m \geqslant 2$ 时,使 $2x+m<0$ 是 $x^2-2x-3>0$ 的充分条件.

(2) 欲使 $2x+m<0$ 是 $x^2-2x-3>0$ 的必要条件,

则只要 $\left\{ x \mid x < -\dfrac{m}{2} \right\} \supseteq \{x \mid x < -1 \text{ 或 } x > 3\}$，则这是不可能的，

故不存在实数 m 时，使 $2x+m<0$ 是 $x^2-2x-3>0$ 的必要条件.

例 2. 已知 p,q 都是 r 的必要条件，s 是 r 的充分条件，q 是 s 的充分条件，那么

(1) s 是 q 的什么条件？

(2) r 是 q 的什么条件？

(3) p 是 q 的什么条件？

解：如图 1-9 所示，

(1) s 是 q 的充要条件；

(2) r 是 q 的充要条件；

(3) p 是 q 的必要条件.

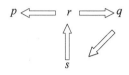

图 1-9

例 3. 已知关于 x 的实系数一元二次方程 $ax^2+bx+c=0$，求满足下列关系的充要条件：

(1) 方程有两个负根；

(2) 方程有一个正根，另一个根为零；

(3) 方程的一个根大于 1，另一个根小于 1；

(4) 方程的两个根都大于 1.

解：(1) $\because$ $\begin{cases} b^2-4ac \geqslant 0, \\ x_1+x_2 = -\dfrac{b}{a} < 0, \\ x_1 x_2 = \dfrac{c}{a} > 0. \end{cases}$ $\therefore$ $b^2-4ac \geqslant 0$，$ab>0$，$ac>0$.

(2) $\because$ $x_1=0$，$\therefore$ $c=0$.

$\because$ $x_2>0, ax_2+b=0$，$\therefore$ $ab<0$.

$\therefore$ $ab<0, c=0$.

(3) $\because$ $(x_1-1)(x_2-1)=x_1x_2-(x_1+x_2)+1=\dfrac{c}{a}+\dfrac{b}{a}+1<0$，

$\therefore$ $a(a+b+c)<0$.

(4) 设 $f(x)=ax^2+bx+c\ (a \neq 0)$.

$\because$ 方程的两个根都大于 1，

$\therefore$ $\begin{cases} b^2-4ac \geqslant 0, \\ af(1)=a(a+b+c)>0, \\ -\dfrac{b}{2a}>1. \end{cases}$

即 $b^2-4ac \geqslant 0$，$-\dfrac{b}{a}>2$，$a(a+b+c)>0$.

例 4. 设 $x,y \in \mathbf{R}$，求证：$|x+y|=|x|+|y|$ 成立的充要条件是 $xy \geqslant 0$.

证明：充分性：如果 $xy=0$，那么，① $x=0, y \neq 0$，② $x \neq 0, y=0$，③ $x=0, y=0$，于是 $|x+y|=|x|+|y|$.

如果 $xy > 0$ 即 $x > 0, y > 0$ 或 $x < 0, y < 0$,

当 $x > 0, y > 0$ 时,$|x+y| = x+y = |x| + |y|$,

当 $x < 0, y < 0$ 时,$|x+y| = -x-y = (-x) + (-y) = |x| + |y|$,

总之,当 $xy \geqslant 0$ 时,$|x+y| = |x| + |y|$.

必要性:由 $|x+y| = |x| + |y|$ 及 $x, y \in \mathbf{R}$,

得 $$(x+y)^2 = (|x| + |y|)^2$$

即 $$x^2 + 2xy + y^2 = x^2 + 2|xy| + y^2,$$

得 $|xy| = xy$ 所以 $xy \geqslant 0$ 故必要性成立,

综上,原命题成立.

例 5. 已知 M 是满足下列条件的集合:① $0 \in M, 1 \in M$;② 若 $x, y \in M$,则 $x-y \in M$;

③ 若 $x \in M$ 且 $x \neq 0$,则 $\dfrac{1}{x} \in M$.

(1) 判断 $\dfrac{1}{3} \in M$ 是否正确,说明理由;

(2) 证明:"$x \in \mathbf{Z}$" 是 "$x \in M$" 的充分条件,其中 $\mathbf{Z}$ 是正整数集;

(3) 命题:若 $x, y \in M$,则 $xy \in M$.判断命题的真假,并说明理由.

解:(1) $\dfrac{1}{3} \in M$ 正确.证明如下:

由①$0 \in M, 1 \in M$,由②知 $0-1 = -1 \in M$,

从而 $1-(-1) = 2 \in M, 2-(-1) = 3 \in M$,

由③知 $\dfrac{1}{3} \in M$;

(2) 由②知:若 $x \in M$,则 $0-x = -x \in M$,故只需证明任意正整数 $x \in M$ 即可.

由(1)知,$2 \in M$,假设正整数 $k \in M$,则 $k-(-1) = k+1 \in M$,

由数学归纳法知:任意正整数 $x \in M$,

即 "$x \in \mathbf{Z}$" 是 "$x \in M$" 的充分条件.

(3) 先证:若 $x \in M$,则 $x^2 \in M$

由②知,若 $x \in M$,$\because \quad 1 \in M$,$\therefore \quad x-1 \in M$,

由③知 $\dfrac{1}{x} \in M$,且 $\dfrac{1}{x-1} \in M$.

于是,$\dfrac{1}{x} - \dfrac{1}{x-1} = \dfrac{1}{-x(x-1)} \in M$,从而 $x-x^2 \in M$.

由②知,$x-(x-x^2) = x^2 \in M$,

再证:若 $x, y \in M$,则 $\dfrac{(x+y)^2}{2} \in M$.

由上述证明可知 $x^2, y^2 \in M$,又 $x, y \in M$,则 $0-y = -y \in M$.

于是,$x-(-y) = x+y \in M$,同理 $x^2 + y^2 \in M$,从而 $(x+y)^2 \in M$.

$\therefore \quad \dfrac{1}{(x+y)^2} \in M$,于是 $\dfrac{1}{(x+y)^2} + \dfrac{1}{(x+y)^2} = \dfrac{2}{(x+y)^2} \in M$,

$$\therefore \frac{(x+y)^2}{2} \in M,同理\frac{x^2+y^2}{2} \in M.$$

$$\therefore \frac{(x+y)^2}{2} - \frac{x^2+y^2}{2} = xy \in M.$$

1. 若 a、b、c 是常数,则函数 $y = ax^2 + bx + c$ 恒大于 0 的充要条件是_____.

2. 若非空集合 $M \subsetneqq N$,则"$a \in M$ 或 $a \in N$"是"$a \in M \cap N$"的_____条件.

3. $a \neq 1$ 且 $b \neq -1$"是"$a + b \neq 0$"   (   ).

(A) 充分不必要条件   (B) 必要不充分条件

(C) 充要条件   (D) 既不充分又不必要条件

4. "三个数 a、b、c 不全为零"的充要条件是   (   ).

(A) a、b、c 都不为零   (B) a、b、c 中至多有一个为零

(C) a、b、c 中只有一个为零   (D) a、b、c 中至少有一个不为零

5. 设 $x, y \in \mathbf{R}$.命题"$x^2 + y^2 > 1$"是命题"$|x| + |y| > 1$"的   (   ).

(A) 充分不必要条件   (B) 必要不充分条件

(C) 充要条件   (D) 既不充分也不必要条件

6. 若 $A = \{y \mid y = x^2 - 4x + 6\}, B = \left\{x \mid \frac{x}{a} > 1\right\}$.试证明"$a > 5$"是"$B \subseteq A$"的一个充分且非必要条件.

7. 已知关于 x 的方程 $(1-a)x^2 + (a+2)x - 4 = 0, a \in \mathbf{R}$,求:

(1) 方程有两个正根的充要条件;

(2) 方程至少有一个正根的充要条件.

8. (1) 已知实数集合 $A = \{x \mid a_1 x = b_1, a_1 b_1 \neq 0\}, B = \{x \mid a_2 x = b_2, a_2 b_2 \neq 0\}$

证明:$A = B$ 的充要条件是 $\frac{a_1}{a_2} = \frac{b_1}{b_2}$;

(2) 试对两个一元二次不等式的解集写出类似的结果,并加以证明.

9. 已知 $a > 0$,函数 $f(x) = ax - bx^2$

(1) 当 $b > 0$ 时,若对任意 $x \in \mathbf{R}$ 都有 $f(x) \leqslant 1$,证明:$a \leqslant 2\sqrt{b}$;

(2) 当 $b > 1$ 时,证明:对任意 $x \in [0,1]$,$|f(x)| \leqslant 1$ 的充要条件是:$b - 1 \leqslant a \leqslant 2\sqrt{b}$;

(3) 当 $0 < b \leqslant 1$ 时,讨论:对任意 $x \in [0,1]$,$|f(x)| \leqslant 1$ 的充要条件.

10. 设定数 A, B, C 使得不等式 $A(x-y)(x-z) + B(y-z)(y-x) + C(z-x)(z-y) \geqslant 0$ 对一切实数 x, y, z 都成立,问 A, B, C 应满足怎样的条件?(要求写出充分必要条件,而且限定用只涉及 A, B, C 的等式或不等式表示条件)

11. 设 p, q 是实数,证明:方程 $x^2 + p|x| = qx - 1$ 有 4 个实根的充要条件是 $p + |q| + 2 < 0$.

§1.7　集合的综合运用

例 1. 已知集合 $A=\{a_1,a_2,a_3,\cdots,a_n\}$,其中 $a_i\in\mathbf{R}(1\leqslant i\leqslant n,n>2)$,$l(A)$ 表示和 a_i+a_j $(1\leqslant i<j\leqslant n)$ 中所有不同值的个数.

(1) 已知集合 $P=\{2,4,6,8\}$,$Q=\{2,4,8,16\}$,分别求 $l(P)$,$l(Q)$;

(2) 若集合 $A=\{2,4,8,\cdots,2^n\}$,求证:$l(A)=\dfrac{n(n-1)}{2}$;

(3) 求 $l(A)$ 的最小值.

解: (1) 由 $2+4=6,2+6=8,2+8=10,4+6=10,4+8=12,6+8=14$,得 $l(P)=5$,由 $2+4=6,2+8=10,2+16=18,4+8=12,4+16=20,8+16=24$,得 $l(Q)=6$.

(2) 因为 $a_i+a_j(1\leqslant i<j\leqslant n)$ 共有 $\dfrac{n(n-1)}{2}$ 项,所以 $l(A)\leqslant\dfrac{n(n-1)}{2}$.

又集合 $A=\{2,4,8,\cdots,2^n\}$,任取 $a_i+a_j,a_k+a_l(1\leqslant i<j\leqslant n,1\leqslant k<l\leqslant n)$,

当 $j\neq l$ 时,不妨设 $j<l$,则 $a_i+a_j<2a_j=2^{j+1}\leqslant a_l<a_k+a_l$,即 $a_i+a_j\neq a_k+a_l$,

当 $j=l,i\neq k$ 时,$a_i+a_j\neq a_k+a_l$.

因此,当且仅当 $i=k,j=l$ 时,$a_i+a_j=a_k+a_l$,

即所有 $a_i+a_j(1\leqslant i<j\leqslant n)$ 的值两两不同,

因此 $l(A)=\dfrac{n(n-1)}{2}$.

(3) 不妨设 $a_1<a_2<a_3<\cdots<a_n$,可得

$a_1+a_2<a_1+a_3<\cdots<a_1+a_n<a_2+a_n<\cdots<a_{n-1}+a_n$,

故 $a_i+a_j(1\leqslant i<j\leqslant n)$ 中至少有 $2n-3$ 个不同的数,即 $l(A)\geqslant 2n-3$,

事实上,设 $a_1,a_2,a_3,\cdots,a_n$ 成等差数列,

考虑 $a_i+a_j(1\leqslant i<j\leqslant n)$,根据等差数列的性质,

当 $i+j\leqslant n$ 时,$a_i+a_j=a_1+a_{i+j-1}$;

当 $i+j>n$ 时,$a_i+a_j=a_{i+j-n}+a_n$;

因此每个和 $a_i+a_j(1\leqslant i<j\leqslant n)$ 等于 $a_1+a_k(2\leqslant k\leqslant n)$ 中的一个,或者等于 $a_l+a_n(2\leqslant l\leqslant n-1)$ 中的一个.

故对这样的集合 A,$l(A)=2n-3$,所以 $l(A)$ 的最小值为 $2n-3$.

例 2. 设 n 为正整数,规定:$f_n(x)=\underbrace{f\{f[\cdots f(x)\cdots]\}}_{n\text{个}f}$,已知 $f(x)=\begin{cases}2(1-x) & (0\leqslant x\leqslant 1),\\ x-1 & (1<x\leqslant 2).\end{cases}$

(1) 解不等式:$f(x)\leqslant x$;

(2) 设集合 $A=\{0,1,2\}$,对任意 $x\in A$,证明:$f_3(x)=x$;

(3) 求 $f_{2010}\left(\dfrac{8}{9}\right)$ 的值;

(4) 若集合 $B=\{x\mid f_{12}(x)=x,x\in[0,2]\}$,证明:$B$ 中至少包含有 8 个元素.

解: (1) ① 当 $0\leqslant x\leqslant 1$ 时,由 $2(1-x)\leqslant x$ 得,$x\geqslant\dfrac{2}{3}$. $\therefore$ $\dfrac{2}{3}\leqslant x\leqslant 1$.

② 当 $1<x\leqslant 2$ 时,因 $x-1\leqslant x$ 恒成立. $\therefore$ $1<x\leqslant 2$.

由①,②得,$f(x)\leqslant x$ 的解集为 $\left\{x\left|\dfrac{2}{3}\leqslant x\leqslant 2\right.\right\}$.

(2) ∵ $f(0)=2,f(1)=0,f(2)=1$,

∴ 当 $x=0$ 时,$f_3(0)=f\{f[f(0)]\}=f[-f(2)]=f(1)=0$;

当 $x=1$ 时,$f_3(1)=f\{f[f(1)]\}=f[f(0)]=f(2)=1$;

当 $x=2$ 时,$f_3(2)=f\{f[f(2)]\}=f[f(1)]=f(0)=2$.

即对任意 $x\in A$,恒有 $f_3(x)=x$.

(3) $f_1\left(\dfrac{8}{9}\right)=2\left(1-\dfrac{8}{9}\right)=\dfrac{2}{9}$,$f_2\left(\dfrac{8}{9}\right)=f\left[f\left(\dfrac{8}{9}\right)\right]=f\left(\dfrac{2}{9}\right)=\dfrac{14}{9}$,$f_3\left(\dfrac{8}{9}\right)=f\left[f_2\left(\dfrac{8}{9}\right)\right]=$

$f\left(\dfrac{14}{9}\right)=\dfrac{14}{9}-1=\dfrac{5}{9}$,$f_4\left(\dfrac{8}{9}\right)=f\left[f_3\left(\dfrac{8}{9}\right)\right]=f\left(\dfrac{5}{9}\right)=2\left(1-\dfrac{5}{9}\right)=\dfrac{8}{9}$,……

一般地,$f_{4k+r}\left(\dfrac{8}{9}\right)=f_r\left(\dfrac{8}{9}\right)(k,r\in\mathbf{N})$. ∴ $f_{2\,010}\left(\dfrac{8}{9}\right)=f_2\left(\dfrac{8}{9}\right)=\dfrac{14}{9}$.

(4) 由(1)知,$f\left(\dfrac{2}{3}\right)=\dfrac{2}{3}$, ∴ $f_n\left(\dfrac{2}{3}\right)=\dfrac{2}{3}$.则 $f_{12}\left(\dfrac{2}{3}\right)=\dfrac{2}{3}$. ∴ $\dfrac{2}{3}\in B$.

由(2)知,对 $x=0$,或1,或2,恒有 $f_3(x)=x$, ∴ $f_{12}(x)=f_{4\times3}(x)=x$.则 $0,1,2\in B$.

由(3)知,对 $x=\dfrac{8}{9},\dfrac{2}{9},\dfrac{14}{9},\dfrac{5}{9}$,恒有 $f_{12}(x)=f_{4\times3}(x)=x$, ∴ $\dfrac{8}{9},\dfrac{2}{9},\dfrac{14}{9},\dfrac{5}{9}\in B$.

综上所述,$\dfrac{2}{3},0,1,2,\dfrac{8}{9},\dfrac{2}{9},\dfrac{14}{9},\dfrac{5}{9}\in B$. ∴ B 中至少含有8个元素(不唯一).

例3. 集合 $\{1,2,\cdots,3n\}$ 可以划分成 n 个互不相交的三元集合 $\{x,y,z\}$,其中 $x+y=3z$,求满足条件的最小正整数 n.

解: 设其中第 i 个三元集为 $\{x_i,y_i,z_i\},i=1,2,\cdots,n$,则 $1+2+\cdots+3n=\displaystyle\sum_{i=1}^{n}4z_i$,所以

$\dfrac{3n(3n+1)}{2}=4\displaystyle\sum_{i=1}^{n}z_i$.当 n 为偶数时,有 $8\mid 3n$,所以 $n\geqslant 8$,当 n 为奇数时,有 $8\mid 3n+1$,所以

$n\geqslant 5$,当 $n=5$ 时,集合 $\{1,11,4\},\{2,13,5\},\{3,15,6\},\{9,12,7\},\{10,14,8\}$ 满足条件,所以 n

的最小值为5.

例4. 已知数集 $A=\{a_1,a_2,\cdots,a_n\}(1=a_1<a_2<\cdots<a_n,n\geqslant 2)$ 具有性质 P:对任意的 k $(2\leqslant k\leqslant n)$,$\exists i,j(1\leqslant i\leqslant j\leqslant n)$,使得 $a_k=a_i+a_j$ 成立.

(1) 分别判断数集 $\{1,3,4\}$ 与 $\{1,2,3,6\}$ 是否具有性质 P,并说明理由;

(2) 求证:$a_n\leqslant 2a_1+a_2+\cdots+a_{n-1}(n\geqslant 2)$;

(3) 若 $a_n=72$,求数集 A 中所有元素的和的最小值.

解: (1) 因为 $3\neq 1+1$,所以 $\{1,3,4\}$ 不具有性质 P.

因为 $2=1\times 2,3=1+2,6=3+3$,所以 $\{1,2,3,6\}$ 具有性质 P.

(2) 因为集合 $A=\{a_1,a_2,\cdots,a_n\}$ 具有性质 P:

即对任意的 $k(2\leqslant k\leqslant n)$,$\exists i,j(1\leqslant i\leqslant j\leqslant n)$,使得 $a_k=a_i+a_j$ 成立,

又因为 $1=a_1<a_2<\cdots<a_n,n\geqslant 2$,所以 $a_i<a_k,a_j<a_k$

所以 $a_i\leqslant a_{k-1},a_j\leqslant a_{k-1}$,所以 $a_k=a_i+a_j\leqslant 2a_{k-1}$

即 $a_n \leqslant 2a_{n-1}, a_{n-1} \leqslant 2a_{n-2}, a_{n-2} \leqslant 2a_{n-3}, \cdots, a_3 \leqslant 2a_2, a_2 \leqslant 2a_1$

将上述不等式相加得

$a_2 + \cdots + a_{n-1} + a_n \leqslant 2(a_1 + a_2 + \cdots + a_{n-1})$

所以 $a_n \leqslant 2a_1 + a_2 + \cdots + a_{n-1}$

（3）最小值为 147.

首先注意到 $a_1 = 1$，根据性质 P，得到 $a_2 = 2a_1 = 2$

所以易知数集 A 的元素都是整数.

构造 $A = \{1, 2, 3, 6, 9, 18, 36, 72\}$ 或者 $A = \{1, 2, 4, 5, 9, 18, 36, 72\}$，这两个集合具有性质 P，此时元素和为 147.

下面，我们证明 147 是最小的和.

假设数集 $A = \{a_1, a_2, \cdots, a_n\}(a_1 < a_2 < \cdots < a_n, n \geqslant 2)$，满足 $S = \sum_{i=1}^{n} a_i \leqslant 147$ 最小（存在性显然，因为满足 $\sum_{i=1}^{n} a_i \leqslant 147$ 的数集 A 只有有限个）.

第一步：首先说明集合 $A = \{a_1, a_2, \cdots, a_n\}(a_1 < a_2 < \cdots < a_n, n \geqslant 2)$ 中至少有 8 个元素：

由（2）可知 $a_2 \leqslant 2a_1, a_3 \leqslant 2a_2 \cdots\cdots$

又 $a_1 = 1$，所以 $a_2 \leqslant 2, a_3 \leqslant 4, a_4 \leqslant 8, a_5 \leqslant 16, a_6 \leqslant 32, a_7 \leqslant 64 < 72$，

所以 $n \geqslant 8$.

第二步：证明 $a_{n-1} = 36, a_{n-2} = 18, a_{n-3} = 9$：

若 $36 \in A$，设 $a_t = 36$，因为 $a_n = 72 = 36 + 36$，为了使得 $S = \sum_{i=1}^{n} a_i$ 最小，在集合 A 中一定不含有元素 a_k，使得 $36 < a_k < 72$，从而 $a_{n-1} = 36$；

假设 $36 \notin A$，根据性质 P，对 $a_n = 72$，有 a_i, a_j，使得 $a_n = 72 = a_i + a_j$

显然 $a_i \neq a_j$，所以 $a_n + a_i + a_j = 144$.

而此时集合 A 中至少还有 5 个不同于 a_n, a_i, a_j 的元素，

从而 $S > (a_n + a_i + a_j) + 5a_1 = 149$，矛盾，

所以 $36 \in A$，进而 $a_t = 36$，且 $a_{n-1} = 36$；

同理可证：$a_{n-2} = 18, a_{n-3} = 9$.

同理可以证明：若 $18 \in A$，则 $a_{n-2} = 18$.

假设 $18 \notin A$.

因为 $a_{n-1} = 36$，根据性质 P，有 a_i, a_j，使得 $a_{n-1} = 36 = a_i + a_j$

显然 $a_i \neq a_j$，所以 $a_n + a_{n-1} + a_i + a_j = 144$，

而此时集合 A 中至少还有 4 个不同于 a_n, a_{n-1}, a_i, a_j 的元素，

从而 $S > a_n + a_{n-1} + a_i + a_j + 4a_1 = 148$，矛盾，

所以 $18 \in A$，且 $a_{n-2} = 18$；

同理可以证明：若 $9 \in A$，则 $a_{n-3} = 9$.

假设 $9 \notin A$.

因为 $a_{n-2} = 18$，根据性质 P，有 a_i, a_j，使得 $a_{n-2} = 18 = a_i + a_j$

显然 $a_i \neq a_j$，所以 $a_n + a_{n-1} + a_{n-2} + a_i + a_j = 144$.

而此时集合 A 中至少还有 3 个不同于 $a_n, a_{n-1}, a_{n-2}, a_i, a_j$ 的元素，

从而 $S > a_n + a_{n-1} + a_{n-2} + a_i + a_j + 3a_1 = 147$，矛盾，

所以 $9 \in A$，且 $a_{n-3} = 9$.

至此，我们得到了 $a_{n-1} = 36, a_{n-2} = 18, a_{n-3} = 9$.

根据性质 P，有 a_i, a_j，使得 $9 = a_i + a_j$.

我们需要考虑如下几种情形：

① $a_i = 8, a_j = 1$，此时集合中至少还需要一个大于等于 4 的元素 a_k，才能得到元素 8，则 $S > 148$；

② $a_i = 7, a_j = 2$，此时集合中至少还需要一个大于 4 的元素 a_k，才能得到元素 7，则 $S > 148$；

③ $a_i = 6, a_j = 3$，此时集合 $A = \{1, 2, 3, 6, 9, 18, 36, 72\}$ 的和最小，为 147；

④ $a_i = 5, a_j = 4$，此时集合 $A = \{1, 2, 4, 5, 9, 18, 36, 72\}$ 的和最小，为 147.

例 5. 已知集合 $A = \{1, 2, 3, \cdots, 2n\}(n \in \mathbf{N}^*)$，对于 A 的一个子集 S，若存在不大于 n 的正整数 m，使得对 S 中的任意一对元素 s_1, s_2，都有 $|s_1 - s_2| \neq m$，则称 S 具有性质 P.

(1) 当 $n = 10$ 时，试判断集合 $B = \{x \in A | x > 9\}$ 和 $C = \{x \in A | x = 3k - 1, k \in \mathbf{N}^*\}$ 是否具有性质 P？并说明理由.

(2) 当 $n = 1\,000$ 时，

① 若集合 S 具有性质 P，那么集合 $T = \{2\,001 - x | x \in S\}$ 是否一定具有性质 P？并说明理由；

② 若集合 S 具有性质 P，求集合 S 中元素个数的最大值.

解：(1) 当 $n = 10$ 时，集合 $A = \{1, 2, 3, \cdots, 19, 20\}$，

$B = \{x \in A | x > 9\} = \{10, 11, 12, \cdots, 19, 20\}$ 不具有性质 P.

因为对任意不大于 10 的正整数 m，

都可以找到该集合中两个元素 $b_1 = 10$ 与 $b_2 = 10 + m$，使得 $|b_1 - b_2| = m$ 成立.

集合 $C = \{x \in A | x = 3k - 1, k \in \mathbf{N}^*\}$ 具有性质 P.

因为可取 $m = 1 < 10$，对于该集合中任意一对元素 $c_1 = 3k_1 - 1, c_2 = 3k_2 - 1, k_1, k_2 \in \mathbf{N}^*$ 都有 $|c_1 - c_2| = 3|k_1 - k_2| \neq 1$.

(2) 当 $n = 1\,000$ 时，则 $A = \{1, 2, 3, \cdots, 1\,999, 2\,000\}$

① 若集合 S 具有性质 P，那么集合 $T = \{2\,001 - x | x \in S\}$ 一定具有性质 P.

首先因为 $T = \{2\,001 - x | x \in S\}$，任取 $t = 2\,001 - x_0 \in T$，其中 $x_0 \in S$，

因为 $S \subseteq A$，所以 $x_0 \in \{1, 2, 3, \cdots, 2\,000\}$，

从而 $1 \leqslant 2\,001 - x_0 \leqslant 2\,000$，即 $t \in A$，所以 $T \subseteq A$.

由 S 具有性质 P，可知存在不大于 $1\,000$ 的正整数 m，

使得对 S 中的任意一对元素 s_1, s_2，都有 $|s_1 - s_2| \neq m$.

对于上述正整数 m，从集合 $T = \{2\,001 - x | x \in S\}$ 中任取一对元素 $t_1 = 2\,001 - x_1, t_2 = 2\,001 - x_2$，其中 $x_1, x_2 \in S$，

则有 $|t_1-t_2|=|x_1-x_2|\neq m$，

所以集合 $T=\{2\,001-x\,|\,x\in S\}$ 具有性质 P.

② 设集合 S 有 k 个元素.由第①问知,若集合 S 具有性质 P,那么集合 $T=\{2\,001-x\,|\,x\in S\}$ 一定具有性质 P.

任给 $x\in S,1\leqslant x\leqslant 2\,000$,则 x 与 $2\,001-x$ 中必有一个不超过 $1\,000$,

所以集合 S 与 T 中必有一个集合中至少存在一半元素不超过 $1\,000$,

不妨设 S 中有 $t\left(t\geqslant\dfrac{k}{2}\right)$ 个元素 $b_1,b_2,\cdots,b_t$ 不超过 $1\,000$.

由集合 S 具有性质 P,可知存在正整数 $m\leqslant 1\,000$,

使得对 S 中任意两个元素 s_1,s_2,都有 $|s_1-s_2|\neq m$,

所以一定有 $b_1+m,b_2+m,\cdots,b_t+m\notin S$.

又 $b_i+m\leqslant 1\,000+1\,000=2\,000$,故 $b_1+m,b_2+m,\cdots,b_t+m\in A$,

即集合 A 中至少有 t 个元素不在子集 S 中,

因此 $k+\dfrac{k}{2}\leqslant k+t\leqslant 2\,000$,所以 $k+\dfrac{k}{2}\leqslant 2\,000$,得 $k\leqslant 1\,333$,

当 $S=\{1,2,\cdots,665,666,1\,334,\cdots,1\,999,2\,000\}$ 时,

取 $m=667$,则易知对集合 S 中任意两个元素 y_1,y_2,

都有 $|y_1-y_2|\neq 667$,即集合 S 具有性质 P,

而此时集合 S 中有 $1\,333$ 个元素.

因此集合 S 元素个数的最大值是 $1\,333$.

1. 已知集合 A,B,C(不必相异)的并集 $A\cup B\cup C=\{1,2,\cdots,n\}$,则满足条件的有序三元组 (A,B,C) 个数是_____.

2. 已知集合 $A=\{(x,y)\,|\,ax+y=1\}$,$B=\{(x,y)\,|\,x+ay=1\}$,$C=\{(x,y)\,|\,x^2+y^2=1\}$,问:

(1) 当 a 取何值时,$(A\cup B)\cap C$ 为恰有 2 个元素的集合? 说明理由.

(2) 若改为 3 个元素集合,结论如何?

3. 求集合 B 和 C,使得 $B\cup C=\{1,2,\cdots,10\}$,$B\cap C=\varnothing$,并且 C 的元素乘积等于 B 的元素和.

4. S 是 Q 的子集且满足:若 $r\in Q$,则 $r\in S,-r\in S,r=0$ 恰有一个成立,并且若 $a\in S$,$b\in S$,则 $ab\in S,a+b\in S$,试确定集合 S.

5. 集合 $S=\{1,2,3,4,5,6,7,8,9,10\}$ 的若干个五元子集满足:S 中的任何两个元素至多出现在两个不同的五元子集中,问:至多有多少个五元子集?

6. S_1,S_2,S_3 是三个非空整数集,已知对于 $1,2,3$ 的任意一个排列 i,j,k,如果 $x\in S_i$,$y\in S_j$,则 $x-y\in S_k$.求证:S_1,S_2,S_3 中必有两个相等.

7. 求证:集合 $\{1,2,\cdots,1\,989\}$ 可以划分为 117 个互不相交的子集 $A_i(i=1,2,\cdots,117)$,使得

(1) 每个 A_i 恰有 17 个元素;

(2) 每个 A_i 中各元素之和相同.

8. 设 $a_1, a_2, \cdots, a_{20}$ 是 20 个两两不同的整数,且集合 $\{a_i + a_j \mid 1 \leqslant i \leqslant j \leqslant 20\}$ 中有 201 个不同的元素,求集合 $\{|a_i - a_j| \mid 1 \leqslant i < j \leqslant 20\}$ 中不同元素个数的最小可能值.

9. 设 $A = \{1, 2, 3, 4, 5, 6\}$, $B = \{7, 8, 9, \cdots, n\}$,在 A 中取三个数,B 中取两个数组成五个元素的集合 A_i,$i = 1, 2, \cdots, 20$,$|A_i \cap A_j| \leqslant 2$,$1 \leqslant i < j \leqslant 20$.求 n 的最小值.

 不 等 式

Inequality

§2.1 不等式的性质

1. 两个实数 a 与 b 之间的大小关系

$$\begin{cases} (1)\ a-b>0 \Leftrightarrow a>b; \\ (2)\ a-b=0 \Leftrightarrow a=b; \\ (3)\ a-b<0 \Leftrightarrow a<b. \end{cases}$$

$$若\ a、b\in \mathbf{R}^+,则 \begin{cases} (4)\ \dfrac{a}{b}>1 \Leftrightarrow a>b; \\ (5)\ \dfrac{a}{b}=1 \Leftrightarrow a=b; \\ (6)\ \dfrac{a}{b}<1 \Leftrightarrow a<b. \end{cases}$$

2. 不等式的性质

(1)（对称性或反身性）$a>b \Leftrightarrow b<a$；

(2)（传递性）$a>b,b>c \Rightarrow a>c$；

(3)（可加性）$a>b \Rightarrow a+c>b+c$，此法则又称为移项法则；

（同向可相加）$a>b,c>d \Rightarrow a+c>b+d$；

(4)（可乘性）$a>b,c>0 \Rightarrow ac>bc$；$a>b,c<0 \Rightarrow ac<bc$；

（正数同向可相乘）$a>b>0,c>d>0 \Rightarrow ac>bd$；

(5)（乘方法则）$a>b>0 \Leftrightarrow a^n>b^n>0(n\in \mathbf{N})$；

(6)（开方法则）$a>b>0 \Leftrightarrow \sqrt[n]{a}>\sqrt[n]{b}>0(n\in \mathbf{N},n\geq 2)$；

(7)（倒数法则）$a>b,ab>0 \Rightarrow \dfrac{1}{a}<\dfrac{1}{b}$.

我们证明性质(4)如果 $a>b$，且 $c>0$，那么 $ac>bc$；如果 $a>b$，且 $c<0$，那么 $ac<bc$.

证明： $ac-bc=(a-b)c$. $\because\ a>b$，$\therefore\ a-b>0$.

根据同号相乘得正，异号相乘得负，得

当 $c>0$ 时，$(a-b)c>0$，即 $ac>bc$；

当 $c<0$ 时，$(a-b)c<0$，即 $ac<bc$.

由性质(4),又可以得到:

推论: 如果 $a>b>0$,且 $c>d>0$,那么 $ac>bd$.(同学们可以自己证明)

很明显,这一推论可以推广到任意有限个两边都是正数的同向不等式两边分别相乘.这就是说,两个或者更多个两边都是正数的同向不等式两边分别相乘,所得不等式与原不等式同向.由此,我们还可以得到:

如果 $a>b>0$,那么 $a^n>b^n(n\in\mathbf{N},n\geq 2)$.

例 1. 设 $f(x)=ax^2+bx$,且 $1\leq f(-1)\leq 2,2\leq f(1)\leq 4$,求 $f(-2)$ 的取值范围.

解: 因为 $1\leq f(-1)=a-b\leq 2,2\leq f(1)=a+b\leq 4$,

所以 $3\leq f(-1)+f(1)=2a\leq 6$,又 $f(-2)=4a-2b=2a-2b+2a$,

所以 $5\leq f(-2)\leq 10$.

例 2. 已知二次函数 $f(x)=ax^2+bx+c$ 的图像过点 $(-1,0)$,问是否存在常数 a,b,c,使不等式 $x\leq f(x)\leq\dfrac{1}{2}(1+x^2)$ 对一切 $x\in\mathbf{R}$ 都成立?

解: 假设存在常数 a,b,c 满足题意,

$\because$　$f(x)$ 的图像过点 $(-1,0)$,　$\therefore$　$f(-1)=a-b+c=0$　　　　　　　　①

又 $\because$　不等式 $x\leq f(x)\leq\dfrac{1}{2}(1+x^2)$ 对一切 $x\in\mathbf{R}$ 都成立,

$\therefore$　当 $x=1$ 时,$1\leq f(1)\leq\dfrac{1}{2}(1+1^2)$,即 $1\leq a+b+c\leq 1$,　$\therefore$　$a+b+c=1$　　②

由①②可得:$a+c=\dfrac{1}{2},b=\dfrac{1}{2}$,　$\therefore$　$f(x)=ax^2+\dfrac{1}{2}x+\left(\dfrac{1}{2}-a\right)$,

由 $x\leq f(x)\leq\dfrac{1}{2}(1+x^2)$ 对一切 $x\in\mathbf{R}$ 都成立得:$x\leq ax^2+\dfrac{1}{2}x+\left(\dfrac{1}{2}-a\right)\leq\dfrac{1}{2}(1+x^2)$

恒成立,

$\therefore$　$\begin{cases}ax^2-\dfrac{1}{2}x+\left(\dfrac{1}{2}-a\right)\geq 0,\\ (2a-1)x^2+x-2a\leq 0\end{cases}$ 的解集为 $\mathbf{R}$,

$\therefore$　$\begin{cases}a>0,\\ \dfrac{1}{4}-4a\left(\dfrac{1}{2}-a\right)\leq 0,\end{cases}$ 且 $\begin{cases}2a-1<0,\\ 1+8a(2a-1)\leq 0,\end{cases}$ 即 $\begin{cases}a>0,\\ (1-4a)^2\leq 0,\end{cases}$ 且 $\begin{cases}a<\dfrac{1}{2},\\ (1-4a)^2\leq 0.\end{cases}$

$\therefore$　$a=\dfrac{1}{4}$,　$\therefore$　$c=\dfrac{1}{4}$,

$\therefore$　存在常数 $a=\dfrac{1}{4},b=\dfrac{1}{2},c=\dfrac{1}{4}$ 使不等式 $x\leq f(x)\leq\dfrac{1}{2}(1+x^2)$ 对一切 $x\in\mathbf{R}$ 都成立.

例 3. 已知 $f(x)=x^2+2(a-2)x+4$,

(1) 如果对一切 $x\in\mathbf{R},f(x)>0$ 恒成立,求实数 a 的取值范围;

(2) 如果对 $x\in[-3,1],f(x)>0$ 恒成立,求实数 a 的取值范围.

解: (1) $\Delta=4(a-2)^2-16<0\Rightarrow 0<a<4$;

(2) $\begin{cases}-(a-2)<-3,\\ f(-3)>0,\end{cases}$ 或 $\begin{cases}-3\leq-(a-2)\leq 1,\\ \Delta<0,\end{cases}$ 或 $\begin{cases}-(a-2)>1,\\ f(1)>0.\end{cases}$

解得 $a\in\varnothing$ 或 $1\leqslant a<4$ 或 $-\dfrac{1}{2}<a<1$，$\therefore$ a 的取值范围为 $\left(-\dfrac{1}{2},4\right)$.

例 4. 已知函数 $f(x)=x^2+ax+b$.

(1) 若对任意的实数 x，都有 $f(x)\geqslant 2x+a$，求 b 的取值范围；

(2) 当 $x\in[-1,1]$ 时，$f(x)$ 的最大值为 M，求证：$M\geqslant b+1$；

(3) 若 $a\in\left(0,\dfrac{1}{2}\right)$，求证：对于任意的 $x\in[-1,1]$，$|f(x)|\leqslant 1$ 的充要条件是 $\dfrac{a^2}{4}-1\leqslant b\leqslant -a$.

(1) **解：** 对任意的 $x\in\mathbf{R}$，都有 $f(x)\geqslant 2x+a\Leftrightarrow$

对任意的 $x\in\mathbf{R}$，$x^2+(a-2)x+(b-a)\geqslant 0\Leftrightarrow\Delta=(a-2)^2-4(b-a)\leqslant 0$

$\Leftrightarrow b\geqslant 1+\dfrac{a^2}{4}\Leftrightarrow b\geqslant 1(\because\ a\in\mathbf{R})$ $\therefore$ $b\in[1,+\infty)$.

(2) **证明：** $\because$ $f(1)=1+a+b\leqslant M$，$f(-1)=1-a+b\leqslant M$，

$\therefore$ $2M\geqslant 2b+2$，即 $M\geqslant b+1$.

(3) **证明：** 由 $0<a<\dfrac{1}{2}$ 得，$-\dfrac{1}{4}<-\dfrac{a}{2}<0$.

$\therefore$ $f(x)$ 在 $\left[-1,-\dfrac{a}{2}\right]$ 上是减函数，在 $\left[-\dfrac{a}{2},1\right]$ 上是增函数.

$\therefore$ 当 $|x|\leqslant 1$ 时，$f(x)$ 在 $x=-\dfrac{a}{2}$ 时取得最小值 $b-\dfrac{a^2}{4}$，在 $x=1$ 时取得最大值 $1+a+b$.

故对任意的 $x\in[-1,1]$，$|f(x)|\leqslant 1\Leftrightarrow\begin{cases}1+a+b\leqslant 1,\\ b-\dfrac{a^2}{4}\geqslant -1\end{cases}\Leftrightarrow\dfrac{a^2}{4}-1\leqslant b\leqslant -a$.

1. 判断下列命题是否成立，并说明理由.

(1) 如果 $a>b$，$c>d$，那么 $a+c>b+d$；

(2) 如果 $a>b$，$c>d$，那么 $a-2c>b-2d$；

(3) 如果 $a>b$，$c>d$，那么 $ac>bd$.

2. 对于实数 a,b,c，判断下列命题的真假：

① 若 $a>b$，则 $ac^2>bc^2$；

② 若 $ac^2>bc^2$，则 $a>b$；

③ 若 $a<b<0$，则 $a^2>ab>b^2$；

④ 若 $a<b<0$，则 $\dfrac{1}{a}<\dfrac{1}{b}$；

⑤ 若 $a<b<0$，则 $\dfrac{b}{a}>\dfrac{a}{b}$；

⑥ 若 $a<b<0$，则 $|a|>|b|$；

⑦ 若 $c>a>b>0$，则 $\dfrac{a}{c-a}>\dfrac{b}{c-b}$；

⑧ 若 $a>b$，$\dfrac{1}{a}>\dfrac{1}{b}$，则 $a>0$，$b<0$.

3. 设 $n>-1$，且 $n\neq 1$，则 n^3+1 与 n^2+n 的大小关系是_____.

4. 比较下列两个数的大小：

(1) $\sqrt{2}-1$ 与 $2-\sqrt{3}$；

(2) $2-\sqrt{3}$ 与 $\sqrt{6}-\sqrt{5}$；

(3) 从以上两小题的结论中，你能否得出更一般的结论？并加以证明.

5. 已知 $f(x)=ax^2-c$，$-4\leqslant f(1)\leqslant-1$，$-1\leqslant f(2)\leqslant 5$，求 $f(3)$ 的取值范围.

6. 若不等式 $(a-2)x^2+2(a-2)x-4<0$ 对一切 $x\in\mathbf{R}$ 成立，求 a 的取值范围.

7. 若关于 x 的方程 $x^2+ax+a^2-1=0$ 有一正根和一负根，求 a 的取值范围.

8. 关于 x 的方程 $m(x-3)+3=m^2x$ 的解为不大于 2 的实数，求 m 的取值范围.

9. 已知 6 枝玫瑰花与 3 枝康乃馨的价格之和大于 24 元，4 枝玫瑰花与 5 枝康乃馨的价格之和小于 22 元，则 2 枝玫瑰花的价格和 3 枝康乃馨的价格比较结果是（　　）.

(A) 2 枝玫瑰花价格高　　　　　　(B) 3 枝康乃馨价格高

(C) 价格相同　　　　　　　　　　(D) 不确定

§2.2　一元二次不等式及其解法

求不等式的解集叫作**解不等式**，如果两个不等式的解集相等，那么这两个不等式就叫作**同解不等式**．一个不等式变形为另一个不等式时，如果这两个不等式是同解不等式，那么这种变形叫作**不等式的同解变形**.

像 $x^2-5x<0$ 这样，只含有一个未知数，并且未知数的最高次数是 2 的不等式，称为**一元二次不等式**.

下面我们来探究一元二次不等式 $x^2-5x<0$ 的解集：

(1) 探究二次方程的根与二次函数的零点的关系

容易知道：二次方程有两个实数根：$x_1=0$，$x_2=5$

二次函数有两个零点：$x_1=0$，$x_2=5$

于是，我们得到：二次方程的根就是二次函数的零点.

(2) 观察图像，获得解集

画出二次函数 $y=x^2-5x$ 的图像，如图 2-1 所示，观察函数图像，可知：

当 $x<0$，或 $x>5$ 时，函数图像位于 x 轴上方，此时，$y>0$，即 $x^2-5x>0$；

当 $0<x<5$ 时，函数图像位于 x 轴下方，此时，$y<0$，即 $x^2-5x<0$；

所以，不等式 $x^2-5x<0$ 的解集是 $\{x\mid 0<x<5\}$.

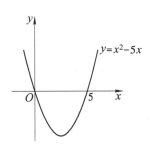

图 2-1

探究一般的一元二次不等式的解法

任意的一元二次不等式,总可以化为以下两种形式:

$$ax^2+bx+c>0,(a>0)\text{或}ax^2+bx+c<0,(a>0).$$

一般地,怎样确定一元二次不等式 $ax^2+bx+c>0$ 与 $ax^2+bx+c<0$ 的解集呢?

从上面的例子出发,可以归纳出确定一元二次不等式的解集,关键要考虑以下两点:

(1) 抛物线 $y=ax^2+bx+c$ 与 x 轴的相关位置的情况,也就是一元二次方程 $ax^2+bx+c=0$ 的根的情况;

(2) 抛物线 $y=ax^2+bx+c$ 的开口方向,也就是 a 的符号.

总结结果:

(1) 抛物线 $y=ax^2+bx+c(a>0)$ 与 x 轴的相关位置,分为三种情况,这可以由一元二次方程 $ax^2+bx+c=0$ 的判别式 $\Delta=b^2-4ac$ 三种取值情况($\Delta>0,\Delta=0,\Delta<0$)来确定.因此,要分两种情况讨论.

(2) $a<0$ 可以转化为 $a>0$,分 $\Delta>0,\Delta=0,\Delta<0$ 三种情况,得到一元二次不等式 $ax^2+bx+c>0$ 与 $ax^2+bx+c<0$ 的解集.

一元二次不等式 $ax^2+bx+c>0$ 或 $ax^2+bx+c<0(a\neq0)$ 的解集:

设相应的一元二次方程 $ax^2+bx+c=0(a\neq0)$ 的两根为 x_1、x_2,且 $x_1\leqslant x_2$,$\Delta=b^2-4ac$,则不等式的解的各种情况如下表:

	$\Delta>0$	$\Delta=0$	$\Delta<0$
二次函数 $y=ax^2+bx+c$ $(a>0)$的图像	$y=ax^2+bx+c$	$y=ax^2+bx+c$	$y=ax^2+bx+c$
一元二次方程 $ax^2+bx+c=0(a>0)$的根	有两相异实根 $x_1,x_2(x_1<x_2)$	有两相等实根 $x_1=x_2=-\dfrac{b}{2a}$	无实根
$ax^2+bx+c>0$ $(a>0)$的解集	$\{x\mid x<x_1 \text{或} x>x_2\}$	$\left\{x\mid x\neq-\dfrac{b}{2a}\right\}$	$\mathbf{R}$
$ax^2+bx+c<0$ $(a>0)$的解集	$\{x\mid x_1<x<x_2\}$	$\varnothing$	$\varnothing$

不等式的解集经常用区间来表示.

区间是指介于某两个实数之间的全体实数.这两个实数叫作区间的端点.

$\forall a,b\in\mathbf{R}$,且 $a<b$.

$\{x\mid a<x<b\}$　称为开区间,记为 (a,b);

$\{x\mid a\leqslant x\leqslant b\}$　称为闭区间,记为 $[a,b]$;

$\{x\,|\,a\leqslant x<b\}$ 称为**左闭右开区间**,记为 $[a,b)$;

$\{x\,|\,a<x\leqslant b\}$ 称为**左开右闭区间**,记为 $(a,b]$.

以上都是有限区间,以下是无限区间:$[a,+\infty)=\{x\,|\,x\geqslant a\}$、$(a,+\infty)=\{x\,|\,x>a\}$、$(-\infty,a]=\{x\,|\,x\leqslant a\}$ $(-\infty,b)=\{x\,|\,x<b\}$、实数集 $\mathbf{R}=(-\infty,+\infty)$,"$-\infty$"读作"**负无穷大**","$+\infty$"读作"**正无穷大**".

区间长度的定义:两端点间的距离(线段的长度)称为**区间的长度**.

例1. 解不等式 $-x^2+2x-3>0$.

解:整理,得 $x^2-2x+3<0$.因为 $\Delta<0$,方程 $x^2-2x+3=0$ 无实数解,

所以不等式 $x^2-2x+3<0$ 的解集是 $\varnothing$.从而,原不等式的解集是 $\varnothing$.

例2. 已知 $A=\{x\,|\,x^2-3x+2\leqslant0\}$,$B=\{x\,|\,x^2-(a+1)x+a\leqslant0\}$,

(1) 若 $A\subset B$,求 a 的取值范围;

(2) 若 $B\subseteq A$,求 a 的取值范围.

解:$A=\{x\,|\,1\leqslant x\leqslant2\}$,

当 $a>1$ 时,$B=\{x\,|\,1\leqslant x\leqslant a\}$;当 $a=1$ 时,$B=\{1\}$;当 $a<1$ 时,$B=\{x\,|\,a\leqslant x\leqslant1\}$.

(1) 若 $A\subset B$,则 $\begin{cases}a>1,\\a>2\end{cases}\Rightarrow a>2$;

(2) 若 $B\subseteq A$,

当 $a=1$ 时,满足题意;当 $a>1$ 时,$a\leqslant2$,此时 $1<a\leqslant2$;当 $a<1$ 时,不合题意.

所以,a 的取值范围为 $[1,2]$.

例3. 已知 a 为实数,关于 x 的二次方程 $7x^2-(a+13)x+(a^2-a-2)=0$ 有两个实根分布在 $(0,1)$,$(1,2)$ 上,求 a 的取值范围.

解:令 $f(x)=7x^2-(a+13)x+(a^2-a-2)$,由二次函数图像知

$\begin{cases}f(0)>0,\\f(1)<0,\\f(2)>0.\end{cases}$ 即 $\begin{cases}a^2-a-2>0,\\a^2-2a-8<0,\\a^2-3a>0.\end{cases}$ 解得 $-2<a<-1$ 或 $3<a<4$.

所以 a 的范围是 $(-2,-1)\bigcup(3,4)$.

例4. 要使满足关于 x 的不等式 $2x^2-9x+a<0$(解集非空)的每一个 x 的值至少满足不等式 $x^2-4x+3<0$ 和 $x^2-6x+8<0$ 中的一个,求实数 a 的取值范围.

解:设 $A=\{x\,|\,x^2-4x+3<0$ 或 $x^2-6x+8<0\}=(1,4)$,令 $f(x)=2x^2-9x+a$,则 $B=\{x\,|\,f(x)<0\}$,依题设得 $B\subseteq A$,于是

$\begin{cases}\Delta=(-9)^2-4\cdot2\cdot a=81-8a>0,\\f(1)=a-7\geqslant0,\\f(4)=a-4\geqslant0\end{cases}\Rightarrow 7\leqslant a<\dfrac{81}{8}.$

例5. 已知对任意实数 x,不等式 $mx^2-(3-m)x+1>0$ 成立或不等式 $mx>0$ 成立,求实数 m 的取值范围.

解:记 $y_1=mx^2-(3-m)x+1$,$y_2=mx$,

① 当 $m=0$ 时,$y_1=-3x+1$,$y_2=0$,显然不符合;

② 当 $m<0$ 时, y_1 的图像是开口向下的抛物线,一定存在 x ,使得 $y_1<0$, $y_2<0$,也不符合;

③ 当 $m>0$ 时,若 $x>0$,则 $y_2>0$;

若 $x\leqslant 0$,则 $y_2\leqslant 0$, $\Rightarrow y_1=mx^2-(3-m)x+1>0$ 恒成立.

考虑其图像在 y 轴上的截距是 1,

$$\therefore \quad \text{对称轴} \frac{3-m}{2m}>0 \text{ 或} \begin{cases} \text{对称轴} \frac{3-m}{2m}\leqslant 0, \\ \Delta=(m-3)^2-4m=m^2-10m+9<0. \end{cases}$$

$\therefore \quad 0<m<3$ 或 $3\leqslant m<9$,

综上: $0<m<9$.

例 6. 已知关于 x 的不等式 $(kx-k^2-4)(x-4)>0$,其中 $k\in \mathbf{R}$.

(1) 当 k 变化时,试求不等式的解集 A ;

(2) 对于不等式的解集 A ,若满足 $A\bigcap \mathbf{Z}=B$ (其中 $\mathbf{Z}$ 为整数集).试探究集合 B 能否为有限集? 若能,求出使得集合 B 中元素个数最少的 k 的所有取值,并用列举法表示集合 B ;若不能,请说明理由.

解:(1)当 $k=0$ 时, $A=(-\infty,4)$;

当 $k>0$ 且 $k\neq 2$ 时, $A=(-\infty,4)\bigcup \left(k+\frac{4}{k},+\infty\right)$;

当 $k=2$ 时, $A=(-\infty,4)\bigcup(4,+\infty)$;(不单独分析 $k=2$ 时的情况解题可以不扣分)

当 $k<0$ 时, $A=\left(k+\frac{4}{k},4\right)$.

(2) 由(1)知:当 $k\geqslant 0$ 时,集合 B 中的元素的个数无限;

当 $k<0$ 时,集合 B 中的元素的个数有限,此时集合 B 为有限集.

因为 $k+\frac{4}{k}\leqslant -4$,当且仅当 $k=-2$ 时取等号,所以当 $k=-2$ 时,集合 B 的元素个数最少.

此时 $A=(-4,4)$,故集合 $B=\{-3,-2,-1,0,1,2,3\}$.

1. 设 a_1,b_1,c_1,a_2,b_2,c_2 均为非零实数,不等式 $a_1x^2+b_1x+c_1>0$, $a_2x^2+b_2x+c_2>0$ 的解集分别是集合 M,N ,则" $\frac{a_1}{a_2}=\frac{b_1}{b_2}=\frac{c_1}{c_2}$ "是" $M=N$ "的充要条件,对吗?

2. 已知不等式 $ax^2+bx+c>0$ 的解集为 $\{x|2<x<4\}$,求不等式 $cx^2+bx+a<0$ 的解集.

3. 不等式 $ax^2+(ab+1)x+b>0$ 的解是 $1<x<2$,求 a,b 的值.

4. 若不等式 $-x^2+kx-4<0$ 的解集为 $\mathbf{R}$,求实数 k 的取值范围.

5. 已知不等式 $ax^2-3x+6>4$ 的解集为 $\{x|x<1$ 或 $x>b\}$.

(1) 求 a 、 b ;

（2）解不等式 $\dfrac{x-c}{ax-b}>0$（c 为常数）.

6. 若关于 m 的不等式 $mx^2-(2m+1)x+m-1\geqslant0$ 的解集为空集,求 m 的取值范围.

7. 已知不等式组 $\begin{cases} x^2-x+a-a^2<0, \\ x+2a>1 \end{cases}$ 的整数解恰好有两个,求 a 的取值范围.

8. 已知 $f(x)=ax^2+bx+c$ 在 $[0,1]$ 上满足 $|f(x)|\leqslant1$,试求 $|a|+|b|+|c|$ 的最大值.

§2.3 分式不等式

像 $\dfrac{16}{x-1}<x-1$ 这样,只含有一个未知数,并且分母含未知数的不等式,称为**分式不等式**.

解分式不等式,关键是将它变为整式不等式去解,其一般特征为:

分式不等式 $\dfrac{f(x)}{g(x)}>0$（或 $\geqslant0$）或 $\dfrac{f(x)}{g(x)}<0$（或 $\leqslant0$）要正确运用以下同解原理.

① $\dfrac{f(x)}{g(x)}>0$（或 <0）与 $f(x)\cdot g(x)>0$（或 <0）同解.

② $\dfrac{f(x)}{g(x)}\geqslant0$（或 $\leqslant0$）与不等式组 $\begin{cases} f(x)\cdot g(x)\geqslant0, \\ g(x)\neq0 \end{cases}$（或 $\begin{cases} f(x)\cdot g(x)\leqslant0, \\ g(x)\neq0 \end{cases}$）同解.

例 1. 解不等式 $\dfrac{x^2-9x+11}{x^2-2x+1}\geqslant7$.

解: 移项,通分得 $\dfrac{-6x^2+5x+4}{x^2-2x+1}\geqslant0$,　∴　$\dfrac{(2x+1)(3x-4)}{(x-1)^2}\leqslant0$.

转化为 $\begin{cases} (2x+1)(3x-4)(x-1)^2\leqslant0, \\ (x-1)^2\neq0. \end{cases}$　∴　$\begin{cases} (2x+1)(3x-4)\leqslant0, \\ x-1\neq0. \end{cases}$

则所求不等式的解集为 $\left\{ x \mid -\dfrac{1}{2}\leqslant x<1 \text{ 或 } 1<x\leqslant\dfrac{4}{3} \right\}$.

例 2. 解关于 x 的不等式 $\dfrac{2x^2+(a-1)x+3}{x^2+ax}>1$.

解: 原不等式等价于 $\dfrac{x^2-x+3}{x^2+ax}>0$,

由于 $x^2-x+3>0$ 对 $x\in\mathbf{R}$ 恒成立,　∴　$x^2+ax>0$,即 $x(x+a)>0$,

当 $a>0$ 时,解集为 $\{x\mid x<-a \text{ 或 } x>0\}$;当 $a=0$ 时,解集为 $\{x\mid x\in\mathbf{R} \text{ 且 } x\neq0\}$;

当 $a<0$ 时,解集为 $\{x\mid x<0 \text{ 或 } x>-a\}$.

例 3. k 为何值时,下式恒成立:$\dfrac{2x^2+2kx+k}{4x^2+6x+3}<1$.

解: 原不等式可化为:$\dfrac{2x^2+(6-2k)x+(3-k)}{4x^2+6x+3}>0$,

而 $4x^2+6x+3>0$ 对 $x\in\mathbf{R}$ 恒成立,　∴　原不等式等价于 $2x^2+(6-2k)x+(3-k)>0$,

由 $\Delta=(6-2k)^2-4\times2\times(3-k)<0$,

得 $k\in(1,3)$.

1. 解下列不等式:

(1) $\dfrac{x^2-3x+2}{x^2-2x-3}<0$;

(2) $\dfrac{x-3}{x-2}\geqslant0$;

(3) $x>\dfrac{1}{x}$;

(4) $\dfrac{(x-2)^2(x+1)^3}{x^2+x+1}>0$;

(5) $\dfrac{15x^2-11x+2}{-2x^2+3x+2}<0$.

2. 已知关于 x 的不等式 $\dfrac{k}{x+a}+\dfrac{x+b}{x+c}<0$ 的解集为 $(-2,-1)\bigcup(2,3)$, 求关于 x 的不等式 $\dfrac{kx}{ax-1}+\dfrac{bx-1}{cx-1}<0$ 的解集.

3. 若 $a>b>c$, a,b,c 为常数, 求关于 x 的不等式 $\dfrac{(x-a)(x-c)}{(x-b)^2}>0$ 的解集.

4. 解不等式 $\dfrac{1}{x+4}+\dfrac{1}{x+5}>\dfrac{1}{x+6}+\dfrac{1}{x+3}$.

5. 若不等式 $\dfrac{x+a}{x^2+4x+3}\geqslant0$ 的解集为 $\{x|-3<x<-1,x\geqslant2\}$, 求实数 a 的值.

6. 若 $m>n>0$, 求关于 x 的不等式 $\dfrac{(mx-n)(x-2)}{x-1}\geqslant0$ 的解集.

7. 不等式 $\dfrac{2x^2+2kx+k}{4x^2+6x+3}<1$ 的解为一切实数, 求实数 k 的取值范围.

§2.4 高次不等式

像 $x^3+3x^2>2x+6$ 这样, 只含有一个未知数, 并且未知数的次数高于两次的不等式称为**高次不等式**.

我们研究 $(x-1)(x+1)(x-2)(x-3)<0$ 的解. 此不等式的左端是关于 x 的高次不等式, 已不能用一元二次不等式解法求解, 首先解方程 $(x-1)(x+1)(x-2)(x-3)=0$ 得 x 的四个解分别为 $1,-1,2,3$. 然后将 x 的取值分成 5 段, 使得四个因式 $x-1,x+1,x-2,x-3$ 的积为负的范围就是所求的解集.

列表如下:

各因式符号＼范围		$x<-1$	$-1<x<1$	$1<x<2$	$2<x<3$	$x>3$
因式	$x+1$	$-$	$+$	$+$	$+$	$+$
	$x-1$	$-$	$-$	$+$	$+$	$+$
	$x-2$	$-$	$-$	$-$	$+$	$+$
	$x-3$	$-$	$-$	$-$	$-$	$+$
积$(x+1)(x-1)(x-2)(x-3)$		$+$	$-$	$+$	$-$	$+$

借助于数轴并根据积的符号法则表示为图 2-2.

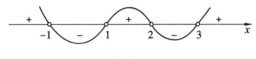

图 2-2

由图可知:原不等式的解集为$(2,3)\bigcup(-1,1)$.

此方法为"数轴标根法",也可以叫"串线法".

高次不等式常常用"数轴标根法"来解.其步骤是:

① 等价变形后的不等式一边是零,一边是各因式的积.(未知数系数一定为正数)

② 把各因式的根标在数轴上.

③ 用曲线穿根,(奇次根穿透,偶次根不穿透)看图像写出解集.

例 1. 解不等式 $x^3+3x^2>2x+6$.

解:原不等式化为　$(x+3)(x+\sqrt{2})(x-\sqrt{2})>0$

∴ 原不等式的解为 $x>\sqrt{2}$ 或 $-3<x<-\sqrt{2}$.

例 2. 解不等式:$\dfrac{x(x+1)^2(x-2)}{(x-3)^3(x-5)}\leqslant 0$.

解:原不等式等价于 $\dfrac{x(x-2)}{(x-3)(x-5)}\leqslant 0$ 或 $x=-1$.标根(见图 2-3):

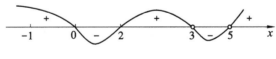

图 2-3

解集为 $[0,2]\bigcup(3,5)\bigcup\{-1\}$.

例 3. 定义区间$(c,d),[c,d),(c,d],[c,d]$的长度均为$d-c$,其中$d>c$.已知实数 $a>b$,求满足$\dfrac{1}{x-a}+\dfrac{1}{x-b}\geqslant 1$ 的 x 构成的区间的长度之和.

解:当 $x>a$ 或 $x<b$ 时,原不等式等价于 $x^2-(a+b+2)x+(a+b)+ab\leqslant 0$.

设 $f(x)=x^2-(a+b+2)x+(a+b)+ab$,则 $f(a)=b-a<0,f(b)=a-b>0$.

设 $f(x)=0$ 的两个根分别为 $x_1,x_2(x_1<x_2)$,则满足 $f(x)\leqslant 0$ 的 x 构成的区间为

$(a,x_2]$,区间的长度为 x_2-a.

当 $b<x<a$ 时,同理可得满足 $f(x)\geqslant0$ 的 x 构成的区间为 $(b,x_1]$,区间的长度为 x_1-b. 由韦达定理,$x_1+x_2=a+b+2$,所以满足条件的 x 构成的区间的长度之和为 $x_2-a+x_1-b=(a+b+2)-a-b=2$.

例 4. 定义区间 (m,n),$[m,n]$,$(m,n]$,$[m,n)$ 的长度均为 $n-m$,其中 $n>m$.

(1) 若关于 x 的不等式 $2ax^2-12x-3>0$ 的解集构成的区间的长度为 $\sqrt{6}$,求实数 a 的值;

(2) 已知 $A=\left\{x\left|\dfrac{7}{x+1}>1\right.\right\}$,$B=\left\{x\left|\begin{cases}x>0, \\ tx+3t>0, \\ tx^2+3tx-4<0\end{cases}\right.\right\}$,若 $A\cap B$ 构成的各区间长度和为 6,求实数 t 的取值范围;

(3) 证明:满足不等式 $\dfrac{1}{x-1}+\dfrac{2}{x-2}+\cdots+\dfrac{200}{x-200}>10$ 的实数 x 的集合 E 可以表述为一些互不相交的开区间之并,试求出这些区间长度的总和.

解: (1) $a=-2$.

(2) $\left(0,\dfrac{2}{27}\right]$.

(3) 考虑函数 $f(x)=\dfrac{1}{x-1}+\dfrac{2}{x-2}+\cdots+\dfrac{200}{x-200}-10$,由于当 $x<1$ 时,$f(x)<0$,故在区间 $(-\infty,1)$ 内,不存在使 $f(x)>0$ 的实数 x;

对于集 $\{1,2,\cdots,200\}$ 中的任一个 k,由于当 $x\to k-0$ 时,$f(x)\to-\infty$,而当 $x\to k+0$ 时,$f(x)\to+\infty$,且当 $x\to+\infty$ 时,$f(x)\to-10$,所以方程 $f(x)=0$ 在区间 $(1,2)$,$(2,3)$,$\cdots$,$(199,200)$,$(200,+\infty)$ 内各有一个解;依次记这 200 个解为 $x_1,x_2,\cdots,x_{200}$,于是函数 $y=f(x)$ 的图像如图 2-4:

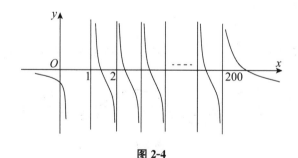

图 2-4

今构作多项式 $p(x)=(x-1)(x-2)\cdots(x-200)\cdot f(x)$,由于 $p(x)$ 是一个 200 次多项式,故方程 $p(x)=0$ 至多有 200 个互异根,显然每个使 $f(x)=0$ 的 x_i 都是 $p(x)=0$ 的根(注意 $x=1,2,\cdots,200$ 都不是 $p(x)=0$ 的根,因为每个 $x=k$ 均使 $f(x)$ 无意义).

因此 $x_1,x_2,\cdots,x_{200}$ 便是 $p(x)=0$ 的全部根.这表明,每个 x_k 是其所在区间 $(k,k+1)$,$(k=1,2,\cdots,199)$ 及 $(200,+\infty)$ 中的唯一根.

从而不等式 $f(x)>0$ 的解集是 $E=(1,x_1)\bigcup(2,x_2)\bigcup\cdots\bigcup(200,x_{200})$,故得所有区间长

度的总和为

$$S = (x_1-1)+(x_2-2)+\cdots+(x_{200}-200)$$

$$= (x_1+x_2+\cdots+x_{200})-(1+2+\cdots+200)=\sum_{i=1}^{200}x_i-10\times2\,010 \qquad ①$$

注意 $p(x)=(x-1)(x-2)\cdots(x-200)\cdot\left(\dfrac{1}{x-1}+\dfrac{2}{x-2}+\cdots+\dfrac{200}{x-200}-10\right)$ 　②

如将 $p(x)$ 展开,其最高项系数为 -10,设

$$p(x)=-10x^{200}+a_1x^{199}+a_2x^{198}+\cdots+a_{199}x+a_{200} \qquad ③$$

又有 $p(x)=-10(x-x_1)(x-x_2)\cdots(x-x_{200})$ 　④

据③④得,$\displaystyle\sum_{i=1}^{200}x_i=\dfrac{1}{10}a_1$(其中 a_1 为 $p(x)$ 的 x^{199} 的系数)

下面由②直接计算 x^{199} 的系数 a_1:

由于在 $p(x)=(x-1)(x-2)\cdots(x-200)\cdot\left(\dfrac{1}{x-1}+\dfrac{2}{x-2}+\cdots+\dfrac{200}{x-200}-10\right)$ 中,x^{199}

的系数是 $10\cdot(1+2+\cdots+200)=10\times20\,100$,$\Big[$ 这是因为,在 $(x-1)(x-2)\cdots(x-200)\cdot$

$\dfrac{k}{x-k}$ 中,x^{199} 的系数为 k,$k=1,2,\cdots,200$.$\Big]$

所以 $p(x)$ 中的 x^{199} 的系数是 $(10+1)\times20\,100$,即 $a_1=11\times20\,100$;

从而 $\displaystyle\sum_{i=1}^{200}x_i=\dfrac{1}{10}a_1=11\times2\,010$.由 ① 得,$S=\displaystyle\sum_{i=1}^{200}x_i-10\times2\,010=2\,010$.

1. 解不等式 $x^3+3x^2>2x+6$.

2. 解不等式 $(x^2-4x-5)(x^2+x+2)<0$.

3. 解不等式 $(x+2)^2(x-1)^3(x+1)(x-2)<0$.

4. 对于一切 $x\in\left[-2,\dfrac{1}{2}\right]$,不等式 $ax^3-x^2+x+1\geqslant0$ 恒成立,求实数 a 的取值范围.

5. 设 $P=x^4+6x^3+11x^2+3x+31$,求使 P 为完全平方数的整数 x 的值.

6. 已知 $x>0,y>0,a=x+y,b=\sqrt{x^2+xy+y^2},c=m\sqrt{xy}$,问是否存在正数 m 使得对于任意正数 x,y 可使 a,b,c 为三边构成三角形? 如果存在,求出 m 的值,如果不存在,请说明理由.

7. 已知函数 $f(x)=\dfrac{x^4+(k^2+2k-4)x^2+4}{x^4+2x^2+4}$ 的最小值是 0,求非零实数 k 的值.

§2.5　无理不等式

像 $3-x\geqslant\sqrt{x-1}$ 这样,只含有一个未知数,并且根号中含未知数的不等式,称为**无理不等式**.解无理不等式,关键是把它同解变形为有理不等式组.无理不等式一般有如下几种形式:

（1）

$$\sqrt{f(x)}>\sqrt{g(x)}\text{型}\Leftrightarrow\begin{cases}f(x)\geqslant 0,\\ g(x)\geqslant 0,\\ f(x)>g(x).\end{cases}\Rightarrow\text{定义域.}$$

例 1. 解不等式 $\sqrt{3x-4}-\sqrt{x-3}>0$.

解：∵ 根式有意义 ∴ 必须有 $\begin{cases}3x-4\geqslant 0\\ x-3\geqslant 0\end{cases}\Rightarrow x\geqslant 3.$

又∵ 原不等式可化为 $\sqrt{3x-4}>\sqrt{x-3}$，

两边平方得：$3x-4>x-3$，解之：$x>\dfrac{1}{2}$.

∴ 原不等式解集为 $\{x\mid x\geqslant 3\}\cap\left\{x\mid x>\dfrac{1}{2}\right\}=\{x\mid x>3\}.$

（2）$\sqrt{f(x)}>g(x)$型$\Leftrightarrow\begin{cases}f(x)\geqslant 0,\\ g(x)\geqslant 0,\\ f(x)>[g(x)]^2\end{cases}$ 或 $\begin{cases}f(x)\geqslant 0,\\ g(x)<0.\end{cases}$

例 2. 解不等式 $\sqrt{-x^2+3x-2}>4-3x$.

解：原不等式等价于下列两个不等式组的解集的并集：

Ⅰ：$\begin{cases}4-3x\geqslant 0,\\ -x^2+3x-2\geqslant 0,\\ -x^2+3x-2>(4-3x)^2;\end{cases}$ Ⅱ：$\begin{cases}-x^2+3x-2\geqslant 0,\\ 4-3x<0.\end{cases}$

解Ⅰ：$\begin{cases}x\leqslant\dfrac{4}{3},\\ 1\leqslant x<2,\\ \dfrac{6}{5}<x<\dfrac{3}{2}\end{cases}\Rightarrow\dfrac{6}{5}<x\leqslant\dfrac{4}{3}.$ 解Ⅱ：$\begin{cases}1\leqslant x<2,\\ x>\dfrac{4}{3}\end{cases}\Rightarrow\dfrac{4}{3}<x\leqslant 2.$

∴ 原不等式的解集为 $\left\{x\mid\dfrac{6}{5}<x\leqslant 2\right\}.$

（3）

$$\sqrt{f(x)}<g(x)\text{型}\Leftrightarrow\begin{cases}f(x)\geqslant 0,\\ g(x)>0,\\ f(x)<[g(x)]^2.\end{cases}$$

例 3. 解不等式 $\sqrt{2x^2-6x+4}<x+2$.

解：原不等式等价于 $\begin{cases}2x^2-6x+4\geqslant 0,\\ x+2>0,\\ 2x^2-6x+4<(x+2)^2.\end{cases}$

$\Rightarrow\begin{cases}x\geqslant 2\ \text{或}\ x\leqslant 1,\\ x>-2,\\ 0<x<10\end{cases}\Rightarrow$ 原不等式解集为 $\{x\mid 2\leqslant x<10\ \text{或}\ 0<x\leqslant 1\}.$

例 4. 求不等式 $\sqrt{4x-2}+2\sqrt{3-x}>\dfrac{2\,012}{2\,011}$ 的解集.

解：设 $y=\sqrt{4x-2}+2\sqrt{3-x}$，由 $\begin{cases}4x-2\geqslant 0,\\3-x\geqslant 0\end{cases}$ 得定义域为 $\left[\dfrac{1}{2},3\right]$.

∵ $y^2=4x-2+4(3-x)+4\sqrt{(4x-2)(3-x)}=10+4\sqrt{-4x^2+14x-6}\geqslant 10$，

∴ $y\geqslant\sqrt{10}>\dfrac{2\,012}{2\,011}$ 即原不等式在定义域内恒成立，故所求解集为 $\left[\dfrac{1}{2},3\right]$.

1. 解下列不等式：

(1) $\sqrt{2x-3}+\sqrt{3x-5}>\sqrt{5x-6}$；

(2) $3x-3+\sqrt{x+3}<3x+\sqrt{x+3}$；

(3) $\sqrt{4-\sqrt{1-x}}>\sqrt{2-x}$；

(4) $(x-1)\sqrt{x^2-x-2}\geqslant 0$.

2. 解不等式 $\sqrt{9-x^2}+\sqrt{6x-x^2}>3$.

3. 解不等式 $\sqrt{2x+1}>\sqrt{x+1}-1$.

4. 解不等式 $\sqrt[3]{2-x}+\sqrt{x-1}>1$.

5. 满足 $3-x\geqslant\sqrt{x-1}$ 的 x 的集合为 A；满足 $x^2-(a+1)x+a\leqslant 0$ 的 x 的集合为 B.

(1) 若 $A\subset B$，求 a 的取值范围；

(2) 若 $A\supseteq B$，求 a 的取值范围；

(3) 若 $A\cap B$ 为仅含一个元素的集合，求 a 的值.

6. 求不等式 $\dfrac{4x^2}{(1-\sqrt{1+2x}\,)^2}<2x+9$ 的解集.

7. 求使关于 x 的不等式 $\sqrt{x-3}+\sqrt{6-x}\geqslant k$ 有解的实数 k 的最大值.

§2.6 绝对值不等式

1. 含有绝对值的不等式有以下两种基本形式：

(1) $|x|<a\,(a>0)\Leftrightarrow-a<x<a\,(|x|\leqslant a\,(a>0)\Leftrightarrow-a\leqslant x\leqslant a)$；

(2) $|x|>a\,(a>0)\Leftrightarrow x>a$ 或 $x<-a\,(|x|\geqslant a\,(a>0)\Leftrightarrow x\geqslant a$ 或 $x\leqslant-a)$.

2. 解绝对值不等式的关键在于去掉绝对值的符号，一般有以下方法：

(1) 定义法；

(2) 零点分段法：通常适用于含有两个及两个以上的绝对值符号的不等式；

(3) 平方法：通常适用于两端均为非负实数时（比如 $|f(x)|<|g(x)|$）；

(4) 图像法或数形结合法.

例 1. 解不等式 $|x^2-5x+5|<1$.

解法一：利用不等式 $|x|<a\,(a>0)$ 的解集是 $\{x|-a<x<a\}$ 和整体的思想 $|f(x)|<1\Leftrightarrow-1<f(x)<1$，因此，这个不等式可化为

$$\begin{cases}x^2-5x+5<1 & \text{①}\\ x^2-5x+5>-1 & \text{②}\end{cases}$$

解不等式①得解集 $\{x\,|\,1<x<4\}$.

解不等式②得解集 $\{x\,|\,x<2$ 或 $x>3\}$.

∴ 原不等式的解集是不等式 ① 和不等式 ② 的解集的交集,即解集为 $\{x\,|\,1<x<2$ 或 $3<x<4\}$.

解法二: 平方去绝对值.原不等式可化为:

$(x^2-5x+6)(x^2-5x+4)<0$,即 $(x-2)(x-3)(x-4)(x-1)<0$.

利用"数轴标根法"(见图 2-5).

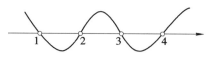

图 2-5

∴ 原不等式的解集是 $\{x\,|\,1<x<2$ 或 $3<x<4\}$.

例 2. 解关于 x 的不等式 $|2x-1|<2m-1(m\in\mathbf{R})$.

解: 若 $2m-1\leqslant0$,即 $m\leqslant-\dfrac{1}{2}$,则 $|2x-1|<2m-1$ 恒不成立,此时原不等式无解;

若 $2m-1>0$,即 $m>\dfrac{1}{2}$,则 $-(2m-1)<2x-1<2m-1$,所以 $1-m<x<m$.

综上,当 $m\leqslant-\dfrac{1}{2}$ 时,原不等式的解集为 $\varnothing$;

当 $m>\dfrac{1}{2}$ 时,原不等式解集为 $\{x\,|\,1-m<x<m\}$.

例 3. 解下列不等式:

(1) $4<|2x-3|\leqslant7$;

(2) $|x-2|<|x+1|$;

(3) $|2x+1|+|x-2|>4$.

解: (1) 原不等式可化为 $4<2x-3\leqslant7$ 或 $-7\leqslant2x-3<-4$,

∴ 原不等式解集为 $\left[-2,-\dfrac{1}{2}\right)\cup\left(\dfrac{7}{2},5\right]$.

(2) 原不等式可化为 $(x-2)^2<(x+1)^2$,即 $x>\dfrac{1}{2}$, ∴ 原不等式解集为 $\left[\dfrac{1}{2},+\infty\right)$.

(3) 当 $x\leqslant-\dfrac{1}{2}$ 时,原不等式可化为 $-2x-1+2-x>4$, ∴ $x<-1$,此时 $x<-1$;

当 $-\dfrac{1}{2}<x<2$ 时,原不等式可化为 $2x+1+2-x>4$, ∴ $x>1$,此时 $1<x<2$;

当 $x\geqslant2$ 时,原不等式可化为 $2x+1+x-2>4$, ∴ $x>\dfrac{5}{3}$,此时 $x\geqslant2$.

综上可得:原不等式的解集为 $(-\infty,-1)\cup(1,+\infty)$.

例 4. 已知集合 $A=\left\{x\,\left|\,\dfrac{2x-1}{x^2+3x+2}\geqslant0\right.\right\}$,$B=\{x\,|\,x^2+(a-5)x-5a<0\}$,$C=(-1,2)$.

(1) 若 $A \cap B = \left\{ x \mid \dfrac{1}{2} \leqslant x < 5 \right\}$, 求 a 的取值范围;

(2) 设函数 $f(x) = ax + 2$, 不等式 $|f(x)| < 6$ 的解集为 C, 求不等式 $\dfrac{x}{f(x)} \leqslant 1$ 的解集.

解: (1) $A = (-2, -1) \cup \left[\dfrac{1}{2}, +\infty \right)$, $B = \{ x \mid (x + a)(x - 5) < 0 \}$.

$\therefore \quad -1 \leqslant -a < \dfrac{1}{2}$, $\therefore \quad a \in \left(-\dfrac{1}{2}, 1 \right]$.

(2) 由题意得, $a = -4$, $\therefore \quad f(x) = -4x + 2$, $\therefore \quad \dfrac{x}{-4x + 2} \leqslant 1$.

不等式的解集为 $\left(-\infty, \dfrac{2}{5} \right] \cup \left(\dfrac{1}{2}, +\infty \right)$.

例 5. 某市生态环境部门对市中心每天的环境污染情况进行调查研究后,发现一天中环境综合污染指数 $f(x)$ 与时刻 x(时)的关系为 $f(x) = \left| \dfrac{x}{x^2 + 1} - a \right| + 2a + \dfrac{3}{4}$, $x \in [0, 24)$, 其中 a 是与气象有关的参数,且 $a \in \left[0, \dfrac{1}{2} \right]$. 若用每天 $f(x)$ 的最大值作为当天的综合污染指数,并记作 $M(a)$.

(1) 令 $t = \dfrac{x}{x^2 + 1}$, $x \in [0, 24)$, 求 t 的取值范围;

(2) 求 $M(a)$ 的表达式,并规定当 $M(a) \leqslant 2$ 时为综合污染指数不超标,求当 a 在什么范围内时,该市市中心的综合污染指数不超标.

解: (1) 当 $x = 0$ 时, $t = 0$;

当 $0 < x < 24$ 时,因为 $x^2 + 1 \geqslant 2x > 0$, 所以 $0 < \dfrac{x}{x^2 + 1} \leqslant \dfrac{1}{2}$,

即 t 的取值范围是 $\left[0, \dfrac{1}{2} \right]$.

(2) 当 $a \in \left[0, \dfrac{1}{2} \right]$ 时,由(1),令 $t = \dfrac{x}{x^2 + 1}$, 则 $t \in \left[0, \dfrac{1}{2} \right]$,

所以 $f(x) = g(t) = |t - a| + 2a + \dfrac{3}{4} = \begin{cases} 3a - t + \dfrac{3}{4}, & 0 \leqslant t \leqslant a, \\ t + a + \dfrac{3}{4}, & a < t \leqslant \dfrac{1}{2}, \end{cases}$

于是, $g(t)$ 在 $t \in [0, a]$ 时是关于 t 的减函数,在 $t \in \left(a, \dfrac{1}{2} \right]$ 时是增函数,

因为 $g(0) = 3a + \dfrac{3}{4}$, $g\left(\dfrac{1}{2} \right) = a + \dfrac{5}{4}$, 由 $g(0) - g\left(\dfrac{1}{2} \right) = 2a - \dfrac{1}{2}$,

所以,当 $0 \leqslant a \leqslant \dfrac{1}{4}$ 时, $M(a) = g\left(\dfrac{1}{2} \right) = a + \dfrac{5}{4}$; 当 $\dfrac{1}{4} < a \leqslant \dfrac{1}{2}$ 时, $M(a) = g(0) = 3a + \dfrac{3}{4}$,

即 $M(a) = \begin{cases} a + \dfrac{5}{4}, & 0 \leqslant a \leqslant \dfrac{1}{4}, \\ 3a + \dfrac{3}{4}, & \dfrac{1}{4} < a \leqslant \dfrac{1}{2}. \end{cases}$

由 $M(a){\leqslant}2$,解得 $0{\leqslant}a{\leqslant}\dfrac{5}{12}$.

所以,当 $a\in\left[0,\dfrac{5}{12}\right]$ 时,综合污染指数不超标.

例6. 设函数 $f(x)=|2x-7|+ax+1(a$ 为实数).

(1) 若 $a=-1$,解不等式 $f(x){\geqslant}0$;

(2) 若当 $\dfrac{x}{1-x}{>}0$ 时,关于 x 的不等式 $f(x){\geqslant}1$ 成立,求 a 的取值范围;

(3) 设 $g(x)=\begin{vmatrix} 2 & x+1 \\ -a & |x-1| \end{vmatrix}$,若存在 x 使不等式 $f(x){\leqslant}g(x)$ 成立,求 a 的取值范围.

解: (1) 由 $f(x){\geqslant}0$ 得 $|2x-7|{\geqslant}x-1$,

解不等式得 $\left\{x\,\middle|\,x{\leqslant}\dfrac{8}{3}\text{或}x{\geqslant}6\right\}$(利用图像求解也可).

(2) 由 $\dfrac{x}{1-x}{>}0$ 解得 $0{<}x{<}1$.

由 $f(x){\geqslant}1$ 得 $|2x-7|+ax{\geqslant}0$,当 $0{<}x{<}1$ 时,该不等式即为 $(a-2)x+7{\geqslant}0$;

当 $a=2$ 时,符合题设条件;

下面讨论 $a{\neq}2$ 的情形,

当 $a{>}2$ 时,符合题设要求;

当 $a{<}2$ 时,$x{\leqslant}\dfrac{7}{2-a}$,由题意得 $\dfrac{7}{2-a}{\geqslant}1$,解得 $2{>}a{\geqslant}-5$;

综上讨论,得实数 a 的取值范围为 $\{a\,|\,a{\geqslant}-5\}$.

(3) 由 $g(x)=\begin{vmatrix} 2 & x+1 \\ -a & |x-1| \end{vmatrix}=2|x-1|+a(x+1)$,

代入 $f(x){\leqslant}g(x)$ 得 $|2x-7|-2|x-1|+1{\leqslant}a$,令 $h(x)=|2x-7|-2|x-1|+1$,

则 $h(x)=\begin{cases} 6, & x{\leqslant}1, \\ -4x+10,1{<}x{\leqslant}\dfrac{7}{2}, \\ -4, & x{>}\dfrac{7}{2}. \end{cases}\quad -4=h\left(\dfrac{7}{2}\right){\leqslant}h(x){\leqslant}h(1)=6,$

$\therefore\ h(x)_{\min}=-4.$

若存在 x 使不等式 $f(x){\leqslant}g(x)$ 成立,则 $h(x)_{\min}{\leqslant}a$,即 $a{\geqslant}-4$.

1. 解不等式 $x-1{<}|x^2+x+1|$.

2. 已知 $A=\{x\,|\,|2x-3|{<}a\}$,$B=\{x\,|\,|x|{\leqslant}10\}$,且 $A{\subset}B$,求实数 a 的取值范围.

3. 求不等式 $|x+2|{>}\dfrac{3x+14}{5}$ 的解集.

4. 求不等式 $|x-1|+|x-5|{<}7$ 的解集.

5. (1) 对任意实数 x,$|x+1|+|x-2|{>}a$ 恒成立,求 a 的取值范围.

（2）对任意实数 x，$|x-1|-|x+3|<a$ 恒成立，求 a 的取值范围.

6. 在一条公路上，每隔 100 km 有个仓库（如图 2-6），共有 5 个仓库. 一号仓库存有 10 t 货物，二号仓库存 20 t，五号仓库存 40 t，其余两个仓库是空的. 现在想把所有的货物放在一个仓库里，如果每吨货物运输 1 km 需要 0.5 元运输费，那么最少要多少运费才行？

图 2-6

7. 若关于 x 的不等式 $|x-4|+|x+3|<a$ 的解集不是空集，求 a 的范围.

§2.7　绝对值不等式的性质

定理： $|a|-|b|\leqslant|a+b|\leqslant|a|+|b|$.

证明： $\because\ \left.\begin{array}{l}-|a|\leqslant a\leqslant|a|\\-|b|\leqslant b\leqslant|b|\end{array}\right\}\Rightarrow-(|a|+|b|)\leqslant a+b\leqslant|a|+|b|$

$$\Rightarrow|a+b|\leqslant|a|+|b| \qquad\qquad ①$$

又 $\because\ a=a+b-b$，$|-b|=|b|$，

由① $|a|=|a+b-b|\leqslant|a+b|+|-b|$，即 $|a|-|b|\leqslant|a+b|$ ②

综合①②：$|a|-|b|\leqslant|a+b|\leqslant|a|+|b|$.

注意：$1°$ 左边可以"加强"同样成立，即 $||a|-|b||\leqslant|a+b|\leqslant|a|+|b|$.

$2°$ 这个不等式俗称"三角不等式"——三角形中两边之和大于第三边，两边之差小于第三边.

$3°\ a$，b 同号时右边取"＝"，a，b 异号时左边取"＝".

推论 1： $|a_1+a_2+\cdots+a_n|\leqslant|a_1|+|a_2|+\cdots+|a_n|$.

推论 2： $|a|-|b|\leqslant|a-b|\leqslant|a|+|b|$.

证明： 在定理中以 $-b$ 代 b 得：$|a|-|-b|\leqslant|a+(-b)|\leqslant|a|+|-b|$，

即 $|a|-|b|\leqslant|a-b|\leqslant|a|+|b|$.

例 1. 设 $|a|<1$，$|b|<1$，求证 $|a+b|+|a-b|<2$.

证明： 当 $(a+b)$ 与 $(a-b)$ 同号时，$|a+b|+|a-b|=|a+b+a-b|=2|a|<2$.

当 $(a+b)$ 与 $(a-b)$ 异号时，$|a+b|+|a-b|=|a+b-(a-b)|=2|b|<2$.

$\therefore\ |a+b|+|a-b|<2$.

例 2. 已知 $f(x)=\sqrt{1+x^2}$，当 $a\neq b$ 时，求证：$|f(a)-f(b)|<|a-b|$.

证明： $|f(a)-f(b)|=|\sqrt{a^2+1}-\sqrt{b^2+1}|=\left|\dfrac{a^2+1-b^2-1}{\sqrt{a^2+1}+\sqrt{b^2+1}}\right|$

$$=\frac{|a^2-b^2|}{\sqrt{a^2+1}+\sqrt{b^2+1}}<\frac{|(a+b)(a-b)|}{\sqrt{a^2}+\sqrt{b^2}}$$

$$=\frac{|a+b|\,|a-b|}{|a|+|b|}\leqslant\frac{(|a|+|b|)\,|a-b|}{|a|+|b|}$$

$$=|a-b|.$$

例 3. 由 $1,2,3,4,5,6,7,8,9,10$ 按任意顺序组成的没有重复数字的数组,记为 $\tau=(x_1,x_2,\cdots,x_{10})$,设 $S(\tau)=\sum\limits_{k=1}^{10}|2x_k-3x_{k+1}|$,其中 $x_{11}=x_1$.

(1) 若 $\tau=(10,9,8,7,6,5,4,3,2,1)$,求 $S(\tau)$ 的值;

(2) 求证:$S(\tau)\geqslant 55$;

(3) 求 $S(\tau)$ 的最大值.

解:(1) $S(\tau)=\sum\limits_{k=1}^{10}|2x_k-3x_{k+1}|=7+6+5+4+3+2+1+0+1+28=57$.

(2) **证明:** 由 $|a|+|b|\geqslant|a+b|$ 及其推广可得,

$$S(\tau)=|2x_1-3x_2|+|2x_2-3x_3|+\cdots+|2x_{10}-3x_{11}|$$
$$\geqslant|2(x_1+x_2+\cdots+x_{10})-3(x_2+x_3+\cdots+x_{11})|$$
$$=|x_1+x_2+\cdots+x_{10}|=\frac{10(1+10)}{2}=55.$$

(3) 数 $10,9,8,7,6,5,4,3,2,1$ 的 2 倍与 3 倍分别如下:

$$20,18,16,14,12,10,8,6,4,2,1$$
$$30,27,24,21,18,15,12,9,6,3,1$$

其中较大的十个数之和与较小的十个数之和的差为 $203-72=131$,所以 $S(\tau)\leqslant 131$.

对于排列 $\tau_0=(1,5,6,7,2,8,3,9,4,10)$,此时 $S(\tau_0)=131$,

所以 $S(\tau)$ 的最大值为 131.

1. $ab>0$,则① $|a+b|>|a|$ ② $|a+b|<|b|$ ③ $|a+b|<|a-b|$ ④ $|a+b|>|a-b|$ 四个式中正确的是 ( ).

(A) ①② (B) ②③ (C) ①④ (D) ②④

2. x 为实数,且 $|x-5|+|x-3|<m$ 有解,则 m 的取值范围是 ( ).

(A) $m>1$ (B) $m\geqslant 1$

(C) $m>2$ (D) $m\geqslant 2$

3. 不等式 $\dfrac{|a+b|}{|a|+|b|}\leqslant 1$ 成立的充要条件是 ( ).

(A) $ab\neq 0$ (B) $a^2+b^2\neq 0$

(C) $ab>0$ (D) $ab<0$

4. 已知 $|a|\neq|b|$,$m=\dfrac{|a|-|b|}{|a-b|}$,$n=\dfrac{|a|+|b|}{|a+b|}$,那么 m,n 之间的大小关系为 ( ).

(A) $m>n$ (B) $m<n$

(C) $m=n$ (D) $m\leqslant n$

5. 已知 $f(x)=x^2+ax+b(a,b\in\mathbf{R})$,求证:$|f(1)|+2|f(2)|+|f(3)|\geqslant 2$.

6. 实数 $x_1,x_2,\cdots,x_{2007}\in\mathbf{R}$,满足 $|x_2-x_1|+|x_3-x_2|+\cdots+|x_{2007}-x_{2006}|=2\,007$,设 $y_k=\dfrac{x_1+x_2+\cdots+x_k}{k}$,$k=1,2,\cdots,2007$,求:$|y_2-y_1|+|y_3-y_2|+\cdots+|y_{2007}-y_{2006}|$ 的最大值.

§2.8　含字母系数的不等式

像 $ax^2-(a+1)x+1<0$ 这样,只含有两个或两个以上的未知数的不等式,称为**含字母系数的不等式**.解不等式时,对字母的取值要进行恰当的分类,分类时要不重、不漏,然后根据分类进行求解.

例 1. 解关于 x 的不等式 $ax^2-(a+1)x+1<0$,其中 $a>0$.

解: 由一元二次方程 $ax^2-(a+1)x+1<0$ 的根为 $x_1=1,x_2=\dfrac{1}{a}$ 知

(1) 当 $\dfrac{1}{a}>1$,即 $0<a<1$ 时二次函数 $y=ax^2-(a+1)x+1$ 的草图为图 2-7:

故原不等式的解为 $\left(1,\dfrac{1}{a}\right)$.

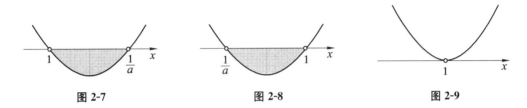

图 2-7　　　　　　图 2-8　　　　　　图 2-9

(2) $0<\dfrac{1}{a}<1$,即 $a>1$ 时二次函数 $y=ax^2-(a+1)x+1$ 的草图为图 2-8:

故原不等式的解为 $\left(\dfrac{1}{a},1\right)$.

(3) $\dfrac{1}{a}=1$,即 $a=1$ 时二次函数 $y=ax^2-(a+1)x+1$ 的草图为图 2-9:

故原不等式的解为 $\varnothing$.

综上,当 $0<a<1$ 时原不等式的解集为 $\left(1,\dfrac{1}{a}\right)$;当 $a>1$ 时原不等式解集为 $\left(\dfrac{1}{a},1\right)$;

当 $a=1$ 时原不等式解集为 $\varnothing$.

例 2. 解关于 x 的不等式 $x^2-x-a(a-1)>0$.

解: 原不等式可以化为:$(x+a-1)(x-a)>0$.

若 $a>-(a-1)$ 即 $a>\dfrac{1}{2}$,则 $x>a$ 或 $x<1-a$.

若 $a=-(a-1)$ 即 $a=\dfrac{1}{2}$,则 $\left(x-\dfrac{1}{2}\right)^2>0\Rightarrow x\neq\dfrac{1}{2},x\in\mathbf{R}$.

若 $a<-(a-1)$ 即 $a<\dfrac{1}{2}$,则 $x<a$ 或 $x>1-a$.

例 3. 关于 x 的不等式 $ax^2+(a-1)x+a-1<0$ 对于 $x\in\mathbf{R}$ 恒成立,求 a 的取值范围.

解: 当 $a>0$ 时不合题意,$a=0$ 也不合题意.必有:

$$\begin{cases}a<0,\\ \Delta=(a-1)^2-4a(a-1)<0\end{cases}\Rightarrow\begin{cases}a<0,\\ 3a^2-2a-1>0\end{cases}\Rightarrow\begin{cases}a<0,\\ (3a+1)(a-1)>0\end{cases}\Rightarrow a<-\dfrac{1}{3}.$$

例 4. 解关于 x 的不等式: $\dfrac{1}{x} > 2a - x$.

解: 由 $\dfrac{1}{x} > 2a - x$,得 $\dfrac{1 - x(2a - x)}{x} > 0$,即 $\dfrac{x^2 - 2ax + 1}{x} > 0$.

当 $-1 < a < 1$ 时,原不等式的解集为 $\{x \mid x > 0\}$;

当 $a = 1$ 时,原不等式的解集为 $\{x \mid x > 0$ 且 $x \neq 1\}$;

当 $a = -1$ 时,原不等式的解集为 $\{x \mid x > 0\}$;

当 $a > 1$ 时,原不等式的解集为 $\{x \mid 0 < x < a - \sqrt{a^2 - 1}$ 或 $x > a + \sqrt{a^2 - 1}\}$;

当 $a < -1$ 时,原不等式的解集为 $\{x \mid a - \sqrt{a^2 - 1} < x < a + \sqrt{a^2 - 1}$ 或 $x > 0\}$;

综上,$x \in \begin{cases} (a - \sqrt{a^2 - 1}, a + \sqrt{a^2 - 1}) \bigcup (0, +\infty), a < -1, \\ (0, +\infty), -1 \leqslant a < 1, \\ (0, 1) \bigcup (1, +\infty), a = 1, \\ (0, a - \sqrt{a^2 - 1}) \bigcup (a + \sqrt{a^2 - 1}, +\infty), a > 1. \end{cases}$

例 5. 解不等式: $\dfrac{a}{x - 2} > 1 - a$.

解: 原不等式可化为: $\dfrac{(a - 1)x + (2 - a)}{x - 2} > 0$,即 $[(a - 1)x + (2 - a)](x - 2) > 0$.

当 $a > 1$ 时,原不等式与 $\left(x - \dfrac{a - 2}{a - 1}\right)(x - 2) > 0$ 同解.

若 $\dfrac{a - 2}{a - 1} \geqslant 2$,即 $0 \leqslant a < 1$ 时,原不等式无解;若 $\dfrac{a - 2}{a - 1} < 2$,即 $a < 0$ 或 $a > 1$,

于是 $a > 1$ 时原不等式的解为 $\left(-\infty, \dfrac{a - 2}{a - 1}\right) \bigcup (2, +\infty)$.

当 $a < 1$ 时,若 $a < 0$,解集为 $\left(\dfrac{a - 2}{a - 1}, 2\right)$;

若 $0 < a < 1$,解集为 $\left(2, \dfrac{a - 2}{a - 1}\right)$.

综上所述:

当 $a > 1$ 时解集为 $\left(-\infty, \dfrac{a - 2}{a - 1}\right) \bigcup (2, +\infty)$;

当 $0 < a < 1$ 时,解集为 $\left(2, \dfrac{a - 2}{a - 1}\right)$;

当 $a = 0$ 时,解集为 $\varnothing$;

当 $a < 0$ 时,解集为 $\left(\dfrac{a - 2}{a - 1}, 2\right)$.

1. 设 $a > 0, b > 0$,解关于 x 的不等式: $|ax - 2| \geqslant bx$.

2. 解关于 x 的不等式 $\dfrac{2x^2 - (a + 1)x + 1}{x(x - 1)} > 1$(其中 $a > 1$).

3. 解关于 x 的不等式: $(m + 1)x^2 - 4x + 1 \leqslant 0 (m \in \mathbf{R})$.

4. 解关于 x 的不等式 $\dfrac{ax-1}{x^2-x-2}>0$.

5. 关于 x 的不等式 $(m+1)x^2-2(m-1)x+3(m-1)<0$ 的解是一切实数,求实数 m 的取值范围.

6. 设 $m\in\mathbf{R},m\neq0$,解关于 x 的不等式 $x^2-\left(m+\dfrac{1}{m}\right)x+m-\dfrac{1}{m}<0$.

7. 设不等式 $(2x-1)>m(x^2-1)$ 对满足 $|m|\leqslant2$ 的一切实数 m 的值都成立,求 x 的取值范围.

8. 若关于 x 的不等式 $|ax+2|<6$ 的解集是 $(-1,2)$,求不等式 $\dfrac{x}{ax+2}\leqslant1$ 的解集.

9. 设不等式 $x^2-2ax+a+2\leqslant0$ 的解集为 M,如果 $M\subseteq[1,4]$,求实数 a 的取值范围.

10. 已知不等式 $xy\leqslant ax^2+2y^2$ 对于 $x\in[1,2],y\in[2,3]$ 恒成立,求 a 的取值范围.

§2.9　基本不等式及其应用

图 2-10 是在北京召开的第 24 届国际数学家大会的会标,会标是根据中国古代数学家赵爽的弦图设计的,颜色的明暗使它看上去像一个风车,代表中国人民热情好客.你能在这个图案中找出一些相等关系或不等关系吗?

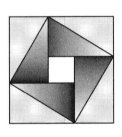

图 2-10

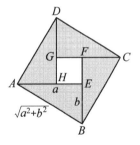

图 2-11

将图中的"风车"抽象成如图 2-11,在正方形 $ABCD$ 中有 4 个全等的直角三角形.设直角三角形的两条直角边长为 a,b.那么正方形的边长为 $\sqrt{a^2+b^2}$.这样,4 个直角三角形的面积的和是 $2ab$,正方形的面积为 a^2+b^2.由于 4 个直角三角形的面积小于正方形的面积,我们就得到了一个不等式:$a^2+b^2\geqslant2ab$.

当直角三角形变为等腰直角三角形,即 $a=b$ 时,正方形 $EFGH$ 缩为一个点,这时有 $a^2+b^2=2ab$.

定理 1(基本不等式 1):

一般的,如果 $a,b\in\mathbf{R}$,那么 $a^2+b^2\geqslant2ab$(当且仅当 $a=b$ 时取"$=$"号)

证明: 因为 $a^2+b^2-2ab=(a-b)^2$,

当 $a\neq b$ 时,$(a-b)^2>0$,当 $a=b$ 时,$(a-b)^2=0$,

所以,$(a-b)^2\geqslant0$,即 $a^2+b^2\geqslant2ab$.

特别的,如果 $a>0,b>0$,可得 $a+b\geqslant2\sqrt{ab}$,

通常我们把上式写作:$\sqrt{ab}\leqslant\dfrac{a+b}{2}(a>0,b>0)$,

在数学中,我们称 $\dfrac{a+b}{2}$ 为 a、b 的算术平均数,称 $\sqrt{ab}$ 为 a、b 的几何平均数.

例 1. 已知 x,y 都是正数,求证:

(1) $\dfrac{y}{x}+\dfrac{x}{y}\geqslant 2$;

(2) $(x+y)(x^2+y^2)(x^3+y^3)\geqslant 8x^3y^3$.

证明:∵ x,y 都是正数 ∴ $\dfrac{x}{y}>0,\dfrac{y}{x}>0,x^2>0,y^2>0,x^3>0,y^3>0$.

(1) $\dfrac{x}{y}+\dfrac{y}{x}\geqslant 2\sqrt{\dfrac{x}{y}\cdot\dfrac{y}{x}}=2$,即 $\dfrac{x}{y}+\dfrac{y}{x}\geqslant 2$.

(2) ∵ $x+y\geqslant 2\sqrt{xy}>0,x^2+y^2\geqslant 2\sqrt{x^2y^2}>0,x^3+y^3\geqslant 2\sqrt{x^3y^3}>0$.

∴ $(x+y)(x^2+y^2)(x^3+y^3)\geqslant 2\sqrt{xy}\cdot 2\sqrt{x^2y^2}\cdot 2\sqrt{x^3y^3}=8x^3y^3$.

即 $(x+y)(x^2+y^2)(x^3+y^3)\geqslant 8x^3y^3$.

说明:在运用定理:$\dfrac{a+b}{2}\geqslant\sqrt{ab}$ 时,注意条件 a、b 均为正数,结合不等式的性质(把握好每条性质成立的条件),进行变形.

例 2. 求方程 $2(a^2+1)(b^2+1)=(a+1)(a+1)(ab+1)$ 的所有实数解 (a,b) 的个数.

解:$a,b\in\mathbf{R}$ 时,有 $2(a^2+1)\geqslant(a+1)^2$,$2(b^2+1)\geqslant(b+1)^2$,$(a^2+1)(b^2+1)\geqslant(ab+1)^2$,

有 $|2(a^2+1)(b^2+1)|\geqslant|(a+1)(b+1)(ab+1)|\geqslant(a+1)(b+1)(ab+1)$,等号当且仅当 $a=b=1$.

例 3. (1) 用篱笆围成一个面积为 $100\ \mathrm{m}^2$ 的矩形菜园,问这个矩形的长、宽各为多少时,所用篱笆最短.最短的篱笆是多少?

(2) 段长为 $36\ \mathrm{m}$ 的篱笆围成一个一边靠墙的矩形菜园,问这个矩形的长、宽各为多少时,菜园的面积最大,最大面积是多少?

解:(1) 设矩形菜园的长为 $x\ \mathrm{m}$,宽为 $y\ \mathrm{m}$,则 $xy=100$,篱笆的长为 $2(x+y)\ \mathrm{m}$.

由 $\dfrac{x+y}{2}\geqslant\sqrt{xy}$,可得 $x+y\geqslant 2\sqrt{100}$,

$2(x+y)\geqslant 40$.等号当且仅当 $x=y$ 时成立,此时 $x=y=10$.

因此,这个矩形的长、宽都为 $10\ \mathrm{m}$ 时,所用的篱笆最短,最短的篱笆是 $40\ \mathrm{m}$.

(2) 设矩形菜园的宽为 $x\ \mathrm{m}$,则长为 $(36-2x)\ \mathrm{m}$,其中 $0<x<18$,

其面积 $S=x(36-2x)=\dfrac{1}{2}\cdot 2x(36-2x)\leqslant\dfrac{1}{2}\left(\dfrac{2x+36-2x}{2}\right)^2=\dfrac{36^2}{8}$.

当且仅当 $2x=36-2x$,即 $x=9$ 时菜园面积最大,即菜园长 $18\ \mathrm{m}$,宽为 $9\ \mathrm{m}$ 时菜园面积最大为 $162\ \mathrm{m}^2$.

归纳:1. 两个正数的和为定值时,它们的积有最大值,即若 $a,b\in\mathbf{R}^+$,且 $a+b=M$,M 为定值,则 $ab \leqslant \dfrac{M^2}{4}$,等号当且仅当 $a=b$ 时成立.

2. 两个正数的积为定值时,它们的和有最小值,即若 $a,b \in \mathbf{R}^+$,且 $ab=P$,P 为定值,则 $a+b \geqslant 2\sqrt{P}$,等号当且仅当 $a=b$ 时成立.

定理 2(基本不等式 2):

如果 $a,b,c \in \mathbf{R}^+$,那么 $a^3+b^3+c^3 \geqslant 3abc$(当且仅当 $a=b=c$ 时取"=")

证明:

$$
\begin{aligned}
\because \quad a^3+b^3+c^3-3abc &= (a+b)^3+c^3-3a^2b-3ab^2-3abc \\
&= (a+b+c)[(a+b)^2-(a+b)c+c^2]-3ab(a+b+c) \\
&= (a+b+c)(a^2+2ab+b^2-ac-bc+c^2-3ab) \\
&= (a+b+c)(a^2+b^2+c^2-ab-bc-ca) \\
&= \frac{1}{2}(a+b+c)[(a-b)^2+(b-c)^2+(c-a)^2]
\end{aligned}
$$

$\because$ $a,b,c \in \mathbf{R}^+$, $\quad \therefore$ 上式 $\geqslant 0$,从而 $a^3+b^3+c^3 \geqslant 3abc$.

推论: 如果 $a,b,c \in \mathbf{R}^+$,那么 $\dfrac{a+b+c}{3} \geqslant \sqrt[3]{abc}$(当且仅当 $a=b=c$ 时取"=")

证明: $(\sqrt[3]{a})^3+(\sqrt[3]{b})^3+(\sqrt[3]{c})^3 \geqslant 3\sqrt[3]{a} \cdot \sqrt[3]{b} \cdot \sqrt[3]{c} \Rightarrow a+b+c \geqslant 3\sqrt[3]{abc}$

$$\Rightarrow \frac{a+b+c}{3} \geqslant \sqrt[3]{abc}.$$

由此推出: $\left(\dfrac{a+b+c}{3}\right)^3 \geqslant abc$.

例 4. 求证:(1) $(a+b+c)\left(\dfrac{1}{a}+\dfrac{1}{b}+\dfrac{1}{c}\right) \geqslant 9$;

(2) $\left(\dfrac{a}{b}+\dfrac{b}{c}+\dfrac{c}{a}\right)\left(\dfrac{b}{a}+\dfrac{c}{b}+\dfrac{a}{c}\right) \geqslant 9$.

证明: (1) $\because$ a,b,c 都是正数,

$\therefore \quad \dfrac{a+b+c}{3} \geqslant \sqrt[3]{abc} > 0$,$\dfrac{1}{a}+\dfrac{1}{b}+\dfrac{1}{c} \geqslant 3 \cdot \dfrac{1}{\sqrt[3]{abc}} > 0$.

$\therefore \quad (a+b+c)\left(\dfrac{1}{a}+\dfrac{1}{b}+\dfrac{1}{c}\right) \geqslant 3\sqrt[3]{abc} \cdot 3\dfrac{1}{\sqrt[3]{abc}} = 9$.

(2) $\because$ a,b,c 都是正数,

$\therefore \quad \dfrac{a}{b}+\dfrac{b}{c}+\dfrac{c}{a} \geqslant 3\sqrt[3]{\dfrac{a}{b} \cdot \dfrac{b}{c} \cdot \dfrac{c}{a}} = 3$, $\qquad \dfrac{b}{a}+\dfrac{c}{b}+\dfrac{a}{c} \geqslant 3\sqrt[3]{\dfrac{b}{a} \cdot \dfrac{c}{b} \cdot \dfrac{a}{c}} = 3$.

$\therefore \quad \left(\dfrac{a}{b}+\dfrac{b}{c}+\dfrac{c}{a}\right)\left(\dfrac{b}{a}+\dfrac{c}{b}+\dfrac{a}{c}\right) \geqslant 9$.

例 5. 一根水平放置的长方体形枕木的安全负荷与它的宽度 a 成正比,与它的厚度 d 的平方成正比,与它的长度 l 的平方成反比,见图 2-12.

(1) 将此枕木翻转 $90°$(即宽度变为了厚度),枕木的安全负荷变大吗?为什么?

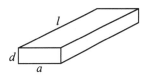

图 2-12

(2) 现有一根横断面为半圆(半圆的半径为 R)的木材,用它来截取成长方体形的枕木,木材长度即为枕木规定的长度,问如何截取,可使安全负荷最大?

解:(1) 由题可设安全负荷 $y_1 = k \cdot \dfrac{ad^2}{l^2}$($k$ 为正常数),则翻转 $90°$ 后,安全负荷

$y_2 = k \cdot \dfrac{da^2}{l^2}$.

因为 $\dfrac{y_1}{y_2} = \dfrac{d}{a}$,所以,当 $0 < d < a$ 时,$y_1 < y_2$,安全负荷变大;

当 $0 < a < d$ 时,$y_1 > y_2$,安全负荷变小.

(2) 如图 2-13,设截取的枕木宽为 a,高为 d,则

$$\left(\frac{a}{2}\right)^2 + d^2 = R^2,$$

即

$$a^2 + 4d^2 = 4R^2.$$

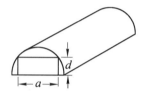

图 2-13

∵ 枕木长度不变,

∴ $u = ad^2$ 最大时,安全负荷最大.

∴ $u = d^2\sqrt{a^2} = d^2\sqrt{4R^2 - 4d^2} = 2\sqrt{d^4(R^2 - d^2)}$

$$= 4\sqrt{\frac{d^2}{2} \cdot \frac{d^2}{2} \cdot (R^2 - d^2)} \leqslant 4\sqrt{\left[\frac{\frac{d^2}{2} + \frac{d^2}{2} + (R^2 - d^2)}{3}\right]^3}$$

$$= \frac{4\sqrt{3}R^3}{9}.$$

当且仅当 $\dfrac{d^2}{2} = R^2 - d^2$,即取 $d = \dfrac{\sqrt{6}}{3}R$,$a = 2\sqrt{R^2 - d^2} = \dfrac{2\sqrt{3}}{3}R$ 时,u 最大,即安全负荷最大.

定理 3(基本不等式 3):

$$\frac{a_1 + a_2 + \cdots + a_n}{n} \geqslant \sqrt[n]{a_1 a_2 \cdots a_n},\ n \in \mathbf{N}^*,\ a_i \in \mathbf{R}^+,\ 1 \leqslant i \leqslant n.$$

这个结论最终可用数学归纳法,二项式定理证明(这里从略).证明涉及到"平均数"的概念.

如果 $a_1, a_2, \cdots, a_n \in \mathbf{R}^+$,$n > 1$ 且 $n \in \mathbf{N}^+$,则:$\dfrac{a_1 + a_2 + \cdots + a_n}{n}$ 叫作这 n 个正数的算术平均数,$\sqrt[n]{a_1 a_2 \cdots a_n}$ 叫作这 n 个正数的几何平均数.

定理 3 的语言表述为:n 个正数的算术平均数不小于它们的几何平均数.

1. 已知 a, b, c 都是正数,求证:$(a+b)(b+c)(c+a) \geqslant 8abc$.

2. 设 $a, b, c \in \mathbf{R}^+$,且 $ab + bc + ca = 108$,求 $\dfrac{ab}{c} + \dfrac{bc}{a} + \dfrac{ca}{b}$ 的最小值.

3. (1) 若 $x > 0$,求 $f(x) = 4x + \dfrac{9}{x}$ 的最小值;

(2) 若 $x<0$,求 $f(x)=4x+\dfrac{9}{x}$ 的最大值.

4. (1) 若 $x\neq 0$,求 $x+\dfrac{1}{x}$ 的取值范围;

(2) 若 $ab=1$,求 $a+b$ 的取值范围;

(3) 若 $x<\dfrac{5}{4}$,求 $4x-2+\dfrac{1}{4x-5}$ 的最大值;

(4) 若 $x>2$,求 $\dfrac{x^2-3x+3}{x-2}$ 的最小值;

(5) 若 $x,y>0$,且 $\dfrac{1}{x}+\dfrac{9}{y}=1$,求 $x+y$ 的最小值;

(6) 若 $x,y>0$,且 $x+y=1$,求 $\dfrac{4}{x}+\dfrac{1}{y}$ 的最小值;

(7) 求 $y=\dfrac{x^2+13}{\sqrt{x^2+4}}$ 和 $y=\dfrac{x^2+5}{\sqrt{x^2+4}}$ 的最小值;

(8) 若 $a,b>0$,且 $ab=a+b+3$,求 ab 的取值范围.

5. 某工厂要建造一个长方体无盖贮水池,其容积为 $4\,800\ \mathrm{m}^3$,深为 $3\ \mathrm{m}$,如果池底每 $1\ \mathrm{m}^2$ 的造价为 150 元,池壁每 $1\ \mathrm{m}^2$ 的造价为 120 元,问怎样设计水池能使总造价最低,最低总造价是多少元?

6. 某房屋开发公司用 100 万元购得一块土地,该地可以建造每层 $1\,000\ \mathrm{m}^2$ 的楼房,楼房的总建筑面积(即各层面积之和)每平方米平均建筑费用与建筑高度有关,楼房每升高一层,整幢楼房每平方米建筑费用提高 5%.已知建筑 5 层楼房时,每平方米建筑费用为 400 元,公司打算造一幢高于 5 层的楼房,为了使该楼房每平方米的平均综合费用最低(综合费用是建筑费用与购地费用之和),公司应把楼层建成几层?

7. 用水清洗一堆蔬菜上残留的农药.对用一定量的水清洗一次的效果作如下假定:用 1 个单位量的水可洗掉蔬菜上残留农药量的 $\dfrac{1}{2}$,用水越多洗掉的农药量也越多,但总还有农药残留在蔬菜上.设用 x 单位量的水清洗一次以后,蔬菜上残留的农药量与本次清洗前残留的农药量之比为函数 $f(x)$.

(1) 试规定 $f(0)$ 的值,并解释其实际意义;

(2) 试根据假定写出函数 $f(x)$ 应该满足的条件和具有的性质;

(3) 设 $f(x)=\dfrac{1}{1+x^2}$,现有 $a(a>0)$ 单位量的水,可以清洗一次,也可以把水平均分成 2 份后清洗两次,试问用哪种方案清洗后蔬菜上残留的农药量比较少? 说明理由.

8. 设 $a_1>-1,a_1\neq\sqrt{2},a_2=1+\dfrac{1}{1+a_1}$.

(1) 证明:$\sqrt{2}$ 介于 a_1,a_2 之间;

(2) a_1,a_2 中哪一个更接近于 $\sqrt{2}$;

(3) 根据以上事实,设计一种求 $\sqrt{2}$ 近似值的方案,并说明理由.

9. 设常数 $a,b \in \mathbf{R}^+$,试探求不等式 $ax^2-(a+b-1)x+b>0$ 对任意 $x>1$ 成立的充要条件.

10. 已知集合 $D=\{(x_1,x_2)|x_1>0,x_2>0,x_1+x_2=k\}$(其中 k 为正常数).

(1) 设 $u=x_1x_2$,求 u 的取值范围;

(2) 求证:当 $k \geqslant 1$ 时不等式 $\left(\dfrac{1}{x_1}-x_1\right)\left(\dfrac{1}{x_2}-x_2\right) \leqslant \left(\dfrac{k}{2}-\dfrac{2}{k}\right)^2$ 对任意 $(x_1,x_2) \in D$ 恒成立;

(3) 求使不等式 $\left(\dfrac{1}{x_1}-x_1\right)\left(\dfrac{1}{x_2}-x_2\right) \geqslant \left(\dfrac{k}{2}-\dfrac{2}{k}\right)^2$ 对任意 $(x_1,x_2) \in D$ 恒成立的 k^2 的范围.

11. 已知 $a,b,c \in \mathbf{R}^+$,且满足 $\dfrac{kabc}{a+b+c} \geqslant (a+b)^2+(a+b+4c)^2$,求 k 的最小值.

§2.10 不等式的证明

证明不等式不但用到不等式的性质,不等式证明的技能、技巧,还要注意到横向结合内容的方方面面.如与数列、三角函数、函数等相结合,解答时需要综合运用这些知识.

不等式的证明,由于题型多变,技巧性强,加上无固定程序可循,因此常有一定的难度,解决这个困难的出路在于深刻理解不等式证明中应用的数学思维方法和数学思想,熟练掌握不等式的性质和一些基本不等式.

不等式的证明常用方法有:**比较法、分析法、综合法、反证法**.

1. 比较法

比较法是证明不等式的常用方法,它有两种基本形式:

(1) 求差比较法,步骤是:作差—变形—判断.

变形方向:变为一个常数;或变为平方和形式;或变为因式之积的形式.

这种比较法是普遍适用的,是无条件的.

它的理论依据是实数大小关系:$\begin{cases} a-b>0 \Leftrightarrow a>b, \\ a-b=0 \Leftrightarrow a=b, \\ a-b<0 \Leftrightarrow a<b. \end{cases}$

应用范围:常用于指(对)数式的比较.

这种比较法是有条件的,这个条件就是"除式"的符号一定.

例 1. 若 $a,b>0,n>1$,则 $a^n+b^n \geqslant a^{n-1}b+ab^{n-1}$.

证明: $(a^n+b^n)-(a^{n-1}b+ab^{n-1})=a^{n-1}(a-b)-b^{n-1}(a-b)$

$$=(a-b)(a^{n-1}-b^{n-1})=A.$$

若 $a>b$,则 $a^{n-1}>b^{n-1}$,则 $A>0$;

若 $a<b$,则 $a^{n-1}<b^{n-1}$,则 $A>0$;

若 $a=b$,则 $A=0$.

$\therefore$ 原不等式成立.

(2) 求商比较法,步骤是:作商—变形—判断.

求商法是依据当 $b>0$，且 $\dfrac{a}{b}>1$ 时，则 $a>b$，反之则亦然．

例2. 已知 $a,b,c\in\mathbf{R}^+$，求证：$2(a^3+b^3+c^3)\geqslant ab^2+a^2b+bc^2+b^2c+ac^2+a^2c$．

证明： 左边－右边 $=a^3+b^3-ab(a+b)+b^3+c^3-bc(b+c)+a^3+c^3-ac(a+c)$

$$=(a+b)(a-b)^2+(b+c)(b-c)^2+a^3+(a+c)(a-c)^2\geqslant 0.$$

$\therefore$ 不等式成立．

例3. 设 a,b,c 为正数，证明 $a^ab^bc^c\geqslant(abc)^{\frac{a+b+c}{3}}$．

证明： 易知上式是轮换的，不妨设 $a\geqslant b\geqslant c$，

上式即 $\qquad\qquad a^{3a}b^{3b}c^{3c}\geqslant(abc)^{a+b+c}$，

$$\frac{a^{2a}b^{2b}c^{2c}}{a^{b+c}b^{a+c}c^{a+b}}=\left(\frac{a}{b}\right)^{a-b}\left(\frac{b}{c}\right)^{b-c}\left(\frac{a}{c}\right)^{a-c}\geqslant 1,$$

$\therefore$ 原不等式成立．

比较法是证明不等式最基本，也是最常用的方法之一，它主要有作差或作商，变形，判断三个步骤．

1. （1）若 $x>1$，求证：$x^3>x+\dfrac{1}{x}-1$；

（2）若 $a,b\in\mathbf{R}$，求证：$a^2+b^2\geqslant ab+a+b-1$；

（3）若 $a<b<0$，求证：$\dfrac{a^2+b^2}{a^2-b^2}<\dfrac{a+b}{a-b}$；

（4）若 $a>0,b>0$，求证：$a^ab^b\geqslant a^bb^a$．

2. 若 $x,y,z\in\mathbf{R}^+$，$a,b,c\in\mathbf{R}^+$，则 $\dfrac{b+c}{a}x^2+\dfrac{c+a}{b}y^2+\dfrac{a+b}{c}z^2\geqslant 2(xy+yz+zx)$．

3. 若 a,b,c 为不全相等的正数，则 $a^2b+ab^2+b^2c+bc^2+a^2c+ac^2>6abc$．

4. 已知 $a,b\in\mathbf{R}^+$，且 $a\neq b$，求证：$(a-b)^2(a^2-ab+b^2)<(a^2-b^2)^2$．

2. 分析法

证明不等式时，有时可以从求证的不等式出发，分析使这个不等式成立的充分条件，把证明不等式转化为判定这些充分条件是否具备的问题，如果能够肯定这些充分条件都已具备，那么就可以断定原不等式成立，这种方法通常叫作**分析法**．分析法也称逆推法．

例4. 求证：$\sqrt{5}+\sqrt{7}>1+\sqrt{15}$．

证明： 要证 $\sqrt{5}+\sqrt{7}>1+\sqrt{15}$，即证 $(\sqrt{5}+\sqrt{7})^2>(1+\sqrt{15})^2$

即 $12+2\sqrt{35}>16+2\sqrt{15}$，即 $\sqrt{35}>2+\sqrt{15}$

即 $35>19+4\sqrt{15}$，即 $4\sqrt{15}<16$

即 $\sqrt{15}<4$，即 $15<16$

由此逆推即得 $\sqrt{5}+\sqrt{7}>1+\sqrt{15}$．

例5. 已知 $n\in\mathbf{N}$，求证：$\dfrac{1}{n+1}\left(1+\dfrac{1}{3}+\dfrac{1}{5}+\cdots+\dfrac{1}{2n-1}\right)\geqslant\dfrac{1}{n}\left(\dfrac{1}{2}+\dfrac{1}{4}+\dfrac{1}{6}+\cdots+\dfrac{1}{2n}\right)$ ①

证明： 要证明不等式①，只需证

$$n\left(1+\frac{1}{3}+\frac{1}{5}+\cdots+\frac{1}{2n-1}\right)\geqslant(n+1)\left(\frac{1}{2}+\frac{1}{4}+\frac{1}{6}+\cdots+\frac{1}{2n}\right) \qquad ②$$

② 式左边即
$$\frac{n}{2}+\frac{n}{2}+n\left(\frac{1}{3}+\frac{1}{5}+\cdots+\frac{1}{2n-1}\right) \qquad ③$$

② 式右边即
$$\left(\frac{1}{2}+\frac{1}{4}+\frac{1}{6}+\cdots+\frac{1}{2n}\right)+n\left(\frac{1}{2}+\frac{1}{4}+\frac{1}{6}+\cdots+\frac{1}{2n}\right) \qquad ④$$

$$=\frac{n}{2}+\left(\frac{1}{2}+\frac{1}{4}+\frac{1}{6}+\cdots+\frac{1}{2n}\right)+n\left(\frac{1}{4}+\frac{1}{6}+\cdots+\frac{1}{2n}\right)$$

比较③和④可知要证②式成立，只需证明

$$\frac{n}{2}\geqslant\left(\frac{1}{2}+\frac{1}{4}+\frac{1}{6}+\cdots+\frac{1}{2n}\right) \qquad ⑤$$

$$\frac{1}{3}+\frac{1}{5}+\cdots+\frac{1}{2n-1}\geqslant\frac{1}{4}+\frac{1}{6}+\cdots+\frac{1}{2n} \qquad ⑥$$

由于⑤⑥两式显然成立，故不等式①成立.

用分析法证明不等式时，应注意每一步推理都要保证能够反推回来.分析法的优点就是比较符合探索题解的思路，缺点就是叙述往往比较冗长.因此，思路一旦打通，可改用综合法解答，它适用于条件简单而求证复杂或从条件无从下手的题.

例6. 有小于1的正数 $x_1,x_2,x_3,\cdots,x_n$，且 $x_1+x_2+x_3+\cdots+x_n=1$.

求证： $\dfrac{1}{x_1-x_1^3}+\dfrac{1}{x_2-x_2^3}+\cdots+\dfrac{1}{x_n-x_n^3}>4$.

证明： 欲证的不等式即 $\dfrac{1}{x_1-x_1^3}+\dfrac{1}{x_2-x_2^3}+\cdots+\dfrac{1}{x_n-x_n^3}>4(x_1+x_2+x_3+\cdots+x_n)$，

也即 $\dfrac{1}{x_1-x_1^3}+\dfrac{1}{x_2-x_2^3}+\cdots+\dfrac{1}{x_n-x_n^3}>4x_1+4x_2+4x_3+\cdots+4x_n$.

下面证明 $\dfrac{1}{x_i-x_i^3}>4x_i(i=1,2,3,\cdots,n)$：因为 $0<x_i<1$，所以 $x_i-x_i^3>0(i=1,2,3,\cdots,n)$

从而：$\dfrac{1}{x_i-x_i^3}\geqslant4x_i\Leftrightarrow4x_i^4-4x_i^2+1\geqslant0\Leftrightarrow(2x_i^2-1)^2\geqslant0(i=1,2,3,\cdots,n)$

当且仅当 $x_i=\dfrac{\sqrt{2}}{2}(i=1,2,3,\cdots,n)$ 时取等号.但当 $x_1=x_2=\dfrac{\sqrt{2}}{2}$ 时，$x_1+x_2=\sqrt{2}\neq1$.

所以，不可能所有的 x_i 都等于 $\dfrac{\sqrt{2}}{2}$，故至少有一个 i，使得 $\dfrac{1}{x_i-x_i^3}>4x_i$.

$$\frac{1}{x_1-x_1^3}+\frac{1}{x_2-x_2^3}+\cdots+\frac{1}{x_n-x_n^3}>4x_1+4x_2+4x_3+\cdots+4x_n$$
$$=4(x_1+x_2+x_3+\cdots+x_n)=4.$$

1. 求证：$\sqrt{3}+\sqrt{7}<2\sqrt{5}$.

2. 设 $x>0,y>0$，证明不等式：$(x^2+y^2)^{\frac{1}{2}}>(x^3+y^3)^{\frac{1}{3}}$.

3. 已知 a,b,c 分别为一个三角形的三边之长，求证：$\dfrac{c}{a+b}+\dfrac{a}{b+c}$

$+\dfrac{b}{c+a}<2.$

4. 若 $x,y,z\in\mathbf{R}^+$,且 $x+y+z=xyz$,证明不等式 $\dfrac{y+z}{x}+\dfrac{z+x}{y}+\dfrac{x+y}{z}\geqslant$

$2\left(\dfrac{1}{x}+\dfrac{1}{y}+\dfrac{1}{z}\right)^2.$

5. 已知 $x,y,z\in\mathbf{R}^+$,且 $x^2+y^2+z^2=1$,求证:$\dfrac{x}{1-x^2}+\dfrac{y}{1-y^2}+\dfrac{z}{1-z^2}\geqslant\dfrac{3\sqrt{3}}{2}.$

6. 已知 $0\leqslant a,b,c\leqslant 1$,求证:$\dfrac{a}{bc+1}+\dfrac{b}{ca+1}+\dfrac{c}{ab+1}\leqslant 2.$

3. 综合法

综合法是"由因导果",即从已知条件出发,依据不等式性质,函数性质或熟知的基本不等式,逐步推导出要证明的不等式.

例 7. 设 $a,b,x,y\in\mathbf{R}$,且 $a^2+b^2=1$,$x^2+y^2=1$,试证:$|ax+by|\leqslant 1.$

证法 1: 用分析法

要证 $|ax+by|\leqslant 1$,只证 $(ax+by)^2\leqslant 1$,

即 $a^2x^2+2abxy+b^2y^2\leqslant(a^2+b^2)(x^2+y^2)$,

即 $b^2x^2-2abxy+a^2y^2\geqslant 0$,

即 $(bx-ay)^2\geqslant 0$,$|ax+by|\leqslant 1$ 成立.

证法 2: 用综合法

$$(ax+by)^2=a^2x^2+2abxy+b^2y^2\leqslant a^2x^2+b^2y^2+b^2x^2+a^2y^2$$
$$=(a^2+b^2)(x^2+y^2)=1$$

$\therefore\quad |ax+by|\leqslant 1.$

例 8. 已知三角形的三边长为 a,b,c,且 $s=\dfrac{a+b+c}{2}$,求证:$(s-a)(s-b)(s-c)\leqslant\dfrac{abc}{8}.$

证明: 由条件得:$s-a>0$,$s-b>0$,$s-c>0$,

$\therefore\quad (s-a)(s-b)\leqslant\left(\dfrac{s-a+s-b}{2}\right)^2=\dfrac{1}{4}(2s-a-b)^2=\dfrac{c^2}{4}.$

同理:$(s-b)(s-c)\leqslant\dfrac{a^2}{4}$,$(s-c)(s-a)\leqslant\dfrac{b^2}{4}.$

三式相乘再开方得 $(s-a)(s-b)(s-c)\leqslant\dfrac{abc}{8}.$

在实际应用中,常常用分析法寻找思路,用综合法表述,即所谓的综合分析法,这样使得叙述不会太过于冗长.

不等式证明的其他方法

在高中数学教学中,不等式的证明始终是一个难点,其原因是证明不等式无固定的程序可行,方法多样,技巧性强.教材中虽然介绍了四种基本方法,但我们在作题过程中所接触到的不等式种类繁多,如数列不等式,绝对值不等式和三角不等式等.这些不等式仅仅利用上述方法是很难适应解题需要的,有些即使能证出,但由于采用传统的证明方法往往是途径曲折,叙述冗长,结果很难令人满意.我们不妨在大家掌握的基础之上另辟蹊径,对于不同的不等式分别施以相应的证法,这往往会达到事半功倍的效果.

1. 放缩法

在证明过程中,根据不等式传递性,常采用舍去一些正项(或负项)而使不等式的各项之和变小(或变大),或把和(或积)里的各项换以较大(或较小)的数,或在分式中扩大(或缩小)分式中的分子(或分母),从而达到证明的目的,常用方法为改变分子(分母)放缩法,拆补法,编组放缩法,寻找"中介量"放缩法.

例 9. 求证：$\dfrac{1}{2} \times \dfrac{3}{4} \times \dfrac{5}{6} \times \cdots \times \dfrac{9\,999}{10\,000} < 0.01$.

证明： 令 $p = \dfrac{1}{2} \times \dfrac{3}{4} \times \dfrac{5}{6} \times \cdots \times \dfrac{9\,999}{10\,000}$，则

$$p^2 = \frac{1}{2^2} \times \frac{3^2}{4^2} \times \frac{5^2}{6^2} \times \cdots \times \frac{9\,999^2}{10\,000^2} < \frac{1}{3 \times 1} \times \frac{3^2}{3 \times 5} \times \cdots \times \frac{9\,999^2}{9\,999 \times 10\,001} = \frac{1}{10\,001} < \frac{1}{10\,000}$$

所以 $p < 0.01$.

例 10. 求证：$\dfrac{1}{2} \times \dfrac{3}{4} \times \dfrac{5}{6} \times \dfrac{7}{8} \times \cdots \times \dfrac{2n-1}{2n} < \dfrac{1}{\sqrt{2n+1}}$.

证明： 令 $p = \dfrac{1}{2} \times \dfrac{3}{4} \times \dfrac{5}{6} \times \dfrac{7}{8} \times \cdots \times \dfrac{2n-1}{2n}$，

$$p^2 = \frac{1}{2^2} \times \frac{3^2}{4^2} \times \frac{5^2}{6^2} \times \frac{7^2}{8^2} \times \cdots \times \frac{(2n-1)^2}{(2n)^2} \leqslant \frac{1}{2} \times \frac{2}{3} \times \frac{3}{4} \times \frac{4}{5} \times \frac{5}{6} \times \cdots \times \frac{2n-1}{2n} \times \frac{2n}{2n+1} = \frac{1}{2n+1}$$

由 $p > 0$，即 $p < \dfrac{1}{\sqrt{2n+1}}$，即原不等式得证.

值得注意的是运用放缩法证明不等式技巧性相当强,它需要恰到好处,不要过头,对于放缩目标可以从欲证的结论考察.

2. 换元法

换元法就是根据题目需要进行一些等量代换,选择适当的辅助参数简化问题的一种方法.

例 11. 设 $a, b \in \mathbf{R}^{+}$，$a + b = 1$，求证：$a^4 + b^4 \geqslant \dfrac{1}{8}$.

证明： 令 $a = \dfrac{1}{2} + t, b = \dfrac{1}{2} - t$，且 $-\dfrac{1}{2} < t < \dfrac{1}{2}$，

则 $a^4 + b^4 = \left(\dfrac{1}{2} + t\right)^4 + \left(\dfrac{1}{2} - t\right)^4 = \dfrac{1}{8} + 3t^2 + 2t^4 \geqslant \dfrac{1}{8}$，即 $a^4 + b^4 \geqslant \dfrac{1}{8}$.

这里采用的是均值换元法.在运用换元法证明不等式时往往会增加一些多余的参数,但必须注明参数的取值范围.

例 12. 设正数 a, b, c 的乘积 $abc = 1$，试证：$\left(a - 1 + \dfrac{1}{b}\right)\left(b - 1 + \dfrac{1}{c}\right)\left(c - 1 + \dfrac{1}{a}\right) \leqslant 1$.

解： 设 $a = \dfrac{x}{y}, b = \dfrac{y}{z}, c = \dfrac{z}{x}$，这里 x, y, z 都是正数,则原需证明的不等式化为

$(x+y-z)(y+z-x)(z+x-y) \leqslant xyz$, 显然 $x+y-z,y+z-x,z+x-y$ 中最多只有一个非负数.

若 $x+y-z,y+z-x,z+x-y$ 中恰有一个非正数,则此时结论显然成立.

若 $x+y-z,y+z-x,z+x-y$ 中有两个非正数,矛盾.

若 $x+y-z,y+z-x,z+x-y$ 均为正数,则 x,y,z 是某三角形的三边长.

$$(x+y-z)(y+z-x) \leqslant \left[\frac{(x+y-z)+(y+z-x)}{2} \right]^2 = y^2$$

同理 $(x+y-z)(x+z-y) \leqslant x^2, (z+y-x)(x+z-y) \leqslant z^2$

故得 $(x+y-z)(y+z-x)(z+x-y) \leqslant xyz$.

3. 判别式法

判别式法是为了根据证明需要,通过构造一元二次方程,利用关于某一变元的二次三项式有实根时的判别式的取值范围来证明不等式.

例 13. 设 $x,y \in \mathbf{R}$,且 $x^2+y^2=1$,求证 $|y-ax| \leqslant \sqrt{1+a^2}$.

证明: 设 $m=y-ax$,则 $y=ax+m$. 代入 $x^2+y^2=1$,得 $x^2+(ax+m)^2=1$,

即 $(1+a^2)x^2+2amx+(m^2-1)=0$. 因为 $x,y \in \mathbf{R}, 1+a^2 \neq 0$,所以 $\triangle \geqslant 0$,

即 $(2am)^2-4(1+a^2)(m^2-1) \geqslant 0$,得 $|m| \leqslant \sqrt{1+a^2}$,故 $|y-ax| \leqslant \sqrt{1+a^2}$.

例 14. 求证:对任何 $x \in \mathbf{R}$,都有 $\frac{1}{3} \leqslant \frac{x^2-2x+4}{x^2+2x+4} \leqslant 3$.

证明: 设 $y=\frac{x^2-2x+4}{x^2+2x+4}$,整理得 $(y-1)x^2+2(y+1)x+4(y-1)=0$.

当 $y=1$ 时,$x=0$;当 $y \neq 1$ 由 $x \in \mathbf{R}$,得 $\triangle=4(y+1)^2-16(y-1)^2 \geqslant 0$,

即 $3y^2-10y+3 \leqslant 0 \Rightarrow \frac{1}{3} \leqslant y \leqslant 3$. 综上可得 $\frac{1}{3} \leqslant \frac{x^2-2x+4}{x^2+2x+4} \leqslant 3$.

4. 分解法

按照一定的法则,把一个数或式分解为几个数或式,使复杂的问题转化为简单易解的基本问题,以便分而治之,各个击破,从而达到证明不等式的目的.

例 15. 当 $n \in \mathbf{N}$ 且 $n \geqslant 2$,求证:$1+\frac{1}{2}+\frac{1}{3}+\cdots+\frac{1}{n} > n(\sqrt[n]{n+1}-1)$.

证明: 因为 $n+1+\frac{1}{2}+\frac{1}{3}+\cdots+\frac{1}{n}=(1+1)+\left(1+\frac{1}{2}\right)+\left(1+\frac{1}{3}\right)+\cdots+\left(1+\frac{1}{n}\right)$

$$=2+\frac{3}{2}+\frac{4}{3}+\cdots+\frac{n+1}{n} > n \times \sqrt[n]{2 \times \frac{3}{2} \times \cdots \times \frac{n+1}{n}}$$

$$=n \times \sqrt[n]{n+1},$$

$\therefore \quad 1+\frac{1}{2}+\frac{1}{3}+\cdots+\frac{1}{n} > n(\sqrt[n]{n+1}-1)$.

1. 求证:$-\frac{1}{2} \leqslant x\sqrt{1-x^2} \leqslant \frac{1}{2}$.

2. 已知 $a、b、c \in \mathbf{R}$,求证:$a^2+b^2+c^2 \geqslant ab+bc+ac$.

3. 已知 x、$y \in \mathbf{R}$,求证:$x^2 + y^2 + 1 \geqslant xy + x + y$.

4. 已知 $a, b, c \in \mathbf{R}$,求证:$a^2 + b^2 + c^2 \geqslant \dfrac{1}{3}(a + b + c)^2$.

5. 已知 $a, b, c \in \mathbf{R}^+$,求证:$\dfrac{bc}{a} + \dfrac{ac}{b} + \dfrac{ab}{c} \geqslant a + b + c$.

6. 设 $a_n = \sqrt{1 \times 2} + \sqrt{2 \times 3} + \cdots + \sqrt{n \times (n+1)}$ $(n \in \mathbf{N})$,求证:$\dfrac{n(n+1)}{2} < a_n < \dfrac{(n+1)^2}{2}$.

§2.11   几个常用的不等式

1. 柯西(Cauchy)不等式

$(a_1 b_1 + a_2 b_2 + \cdots + a_n b_n)^2 \leqslant (a_1^2 + a_2^2 + \cdots + a_n^2)(b_1^2 + b_2^2 + \cdots + b_n^2)$ $(a_i, b_i \in \mathbf{R}, i = 1, 2 \cdots n)$

等号当且仅当 $a_1 = a_2 = \cdots = a_n = 0$ 或 $b_i = k a_i$ 时成立(k 为常数,$i = 1, 2 \cdots n$),现将它的证明介绍如下:

证明:构造二次函数

$$f(x) = (a_1 x + b_1)^2 + (a_2 x + b_2)^2 + \cdots + (a_n x + b_n)^2$$
$$= (a_1^2 + a_2^2 + \cdots + a_n^2)x^2 + 2(a_1 b_1 + a_2 b_2 + \cdots + a_n b_n)x + (b_1^2 + b_2^2 + \cdots + b_n^2).$$

$\because$ $a_1^2 + a_2^2 + \cdots + a_n^2 \geqslant 0$,

又 $\because$ $f(x) \geqslant 0$ 恒成立,

$\therefore$ $\Delta = 4(a_1 b_1 + a_2 b_2 + \cdots + a_n b_n)^2 - 4(a_1^2 + a_2^2 + \cdots + a_n^2)(b_1^2 + b_2^2 + \cdots + b_n^2) \leqslant 0$,

即 $(a_1 b_1 + a_2 b_2 + \cdots + a_n b_n)^2 \leqslant (a_1^2 + a_2^2 + \cdots + a_n^2)(b_1^2 + b_2^2 + \cdots + b_n^2)$.

当且仅当 $a_i x + b_i x = 0 (i = 1, 2 \cdots n)$ 即 $\dfrac{a_1}{b_1} = \dfrac{a_2}{b_2} = \cdots = \dfrac{a_n}{b_n}$ 时等号成立.

2. 平均不等式

设 $a_i \in \mathbf{R}^+ (i = 1, 2, \cdots, n)$,

调和平均值:$H_n = \dfrac{n}{\displaystyle\sum_{i=1}^{n} \dfrac{1}{a_i}}$,几何平均值:$G_n = \sqrt[n]{\displaystyle\prod_{i=1}^{n} a_i}$,

算术平均值:$A_n = \dfrac{\displaystyle\sum_{i=1}^{n} a_i}{n}$,方幂平均值:$Q_n = \sqrt{\dfrac{\displaystyle\sum_{i=1}^{n} a_i^2}{n}}$.

则 $H_n \leqslant G_n \leqslant A_n \leqslant Q_n$.等号成立当且仅当 $a_1 = a_2 = \cdots = a_n$.

注意:运用平均不等式需注意各项均为正数!

3. 排序不等式

若两组实数 $a_1 \leqslant a_2 \leqslant \cdots \leqslant a_n$ 且 $b_1 \leqslant b_2 \leqslant \cdots \leqslant b_n$,则对于 $b_1, b_2, \cdots, b_n$ 的任意排列 $b_{i_1}, b_{i_2}, \cdots, b_{i_n}$,有 $a_1 b_n + a_2 b_{n-1} + \cdots + a_n b_1 \leqslant a_1 b_{i_1} + a_2 b_{i_2} + \cdots + a_n b_{i_n} \leqslant a_1 b_1 + a_2 b_2 + \cdots + a_n b_n$.

4. 琴生不等式

首先来了解凸函数的定义.一般的,设 $f(x)$ 是定义在 (a, b) 内的函数,如果对于定义域内的任意两数 x_1, x_2 都有 $f\left(\dfrac{x_1 + x_2}{2}\right) \leqslant \dfrac{f(x_1) + f(x_2)}{2}$,则称 $f(x)$ 是 (a, b) 内的下凸函数,一

般说的凸函数,也就是下凸函数,例如 $y=x^2$,从图像上即可看出是下凸函数,也不难证明其满足上述不等式.如果对于某一函数上述不等式的等号总是不能成立,则称此函数为严格凸函数.

对于 (a,b) 内的凸函数 $f(x)$,有 $f\left(\dfrac{\sum\limits_{i=1}^{n}x_i}{n}\right)\leqslant\dfrac{\sum\limits_{i=1}^{n}f(x_i)}{n}$.此即常说的琴生不等式.

例1. 已知正数 a,b,c 满足 $a+b+c=1$,证明:$a^3+b^3+c^3\geqslant\dfrac{a^2+b^2+c^2}{3}$.

证明: 利用柯西不等式

$$\begin{aligned}(a^2+b^2+c^2)^2&=(a^{\frac{3}{2}}a^{\frac{1}{2}}+b^{\frac{3}{2}}b^{\frac{1}{2}}+c^{\frac{3}{2}}c^{\frac{1}{2}})^2\\&\leqslant[(a^{\frac{3}{2}})^2+(b^{\frac{3}{2}})^2+(c^{\frac{3}{2}})^2](a+b+c)\\&=(a^3+b^3+c^3)(a+b+c)^2\quad(\because\ \ a+b+c=1).\end{aligned}$$

又因为 $a^2+b^2+c^2\geqslant ab+bc+ca$,在此不等式两边同乘以 2,再加上 $a^2+b^2+c^2$ 得:

$$(a+b+c)^2\leqslant3(a^2+b^2+c^2),$$

$\because$ $(a^2+b^2+c^2)^2\leqslant(a^3+b^3+c^3)\times3(a^2+b^2+c^2)$,

故 $a^3+b^3+c^3\geqslant\dfrac{a^2+b^2+c^2}{3}$.

例2. 设 $x,y,z\in[0,1]$,求 $M=\sqrt{|x-y|}+\sqrt{|y-z|}+\sqrt{|z-x|}$ 的最大值.

解: 不妨设 $0\leqslant x\leqslant y\leqslant z\leqslant1$,则 $M=\sqrt{y-x}+\sqrt{z-y}+\sqrt{z-x}$.

因为 $\sqrt{y-x}+\sqrt{z-y}\leqslant\sqrt{2[(y-x)+(z-y)]}=\sqrt{2(z-x)}$.

所以 $M\leqslant\sqrt{2(z-x)}+\sqrt{z-x}=(\sqrt{2}+1)\sqrt{z-x}\leqslant\sqrt{2}-1$.

当且仅当 $y-x=z-y,x=0,z=1,y=\dfrac{1}{2}$ 时上式等号同时成立.故 $M_{\max}=\sqrt{2}+1$.

例3. 已知 $a,b(a\leqslant b)$ 为正整数,实数 x,y 满足 $x+y=4(\sqrt{x+a}+\sqrt{y+b})$,若 $x+y$ 的最大值为 40,求满足条件的数对 (a,b) 的个数.

解: 因为 $(u+v)^2\leqslant2(u^2+v^2)$,所以 $x+y=4(\sqrt{x+a}+\sqrt{y+b})\leqslant4\sqrt{2(x+a+y+b)}$,

于是有 $(x+y)^2-32(x+y)-32(a+b)\leqslant0$,因此 $x+y\leqslant16+4\sqrt{16+2(a+b)}$.

由于 $16+4\sqrt{16+2(a+b)}=40$,得 $a+b=10$,

其中 $x+y$ 的最大值当 $x=\dfrac{1}{2}(b-a+40)$,$y=\dfrac{1}{2}(a-b+40)$ 时取到.

又因为 $a\leqslant b$,所以满足条件的数对 (a,b) 的数目为 5.

例4. 已知实数 a,b,c,d 满足 $a+b+c+d=3$,$a^2+2b^2+3c^2+6d^2=5$,试求 a 的最值.

解: 由柯西不等式得 $(2b^2+3c^2+6d^2)\left(\dfrac{1}{2}+\dfrac{1}{3}+\dfrac{1}{6}\right)\geqslant(b+c+d)^2$,

即 $2b^2+3c^2+6d^2\geqslant(b+c+d)^2$,由条件可得,$5-a^2\geqslant(3-a)^2$,

解得,$1\leqslant a\leqslant2$ 当且仅当 $\dfrac{\sqrt{2}b}{\sqrt{\dfrac{1}{2}}}=\dfrac{\sqrt{3}c}{\sqrt{\dfrac{1}{3}}}=\dfrac{\sqrt{6}d}{\sqrt{\dfrac{1}{6}}}$ 时等号成立,

代入 $b=1, c=\dfrac{1}{3}, d=\dfrac{1}{6}$ 时, $a_{\max}=2; b=1, c=\dfrac{2}{3}, d=\dfrac{1}{3}$ 时, $a_{\min}=1$.

例 5. $a_1+2a_2+3a_3+4a_4=a_1^2+\dfrac{a_2^2}{2}+\dfrac{a_3^2}{3}+\dfrac{a_4^2}{4}=100$, 求 $a_1+a_2+a_3+a_4$.

解: 由柯西不等式, 得 $\displaystyle\sum_{k=1}^{4}\dfrac{a_k^2}{k}\cdot\sum_{k=1}^{4}k^3\geqslant\left(\sum_{k=1}^{4}\sqrt{\dfrac{a_k^2}{k}}\sqrt{k^3}\right)^2=\left(\sum_{k=1}^{4}ka_k\right)^2$ ①

等号成立当且仅当 $\dfrac{\dfrac{a_k^2}{k}}{k^3}=P\,(k=1,2,3,4)$ ②

由已知, $\displaystyle\sum_{k=1}^{4}ka_k=\sum_{k=1}^{4}\dfrac{a_k^2}{k}=100=\sum_{k=1}^{4}k^3$,

代入 ① 可知, ① 不等式应为等式, 故 ② 成立, 即 $a_k^2=pk^4$. 代入 $\displaystyle\sum_{k=1}^{4}\dfrac{a_k^2}{k}=100$ 解得 $P=1$.

$\therefore\quad 100=\displaystyle\sum_{k=1}^{4}ka_k\leqslant\sum_{k=1}^{4}k|a_k|=\sum_{k=1}^{4}k\sqrt{k^4}=100$, 等号取到当且仅当 $a_k=|a_k|=k^2$.

$\therefore\quad a_1+a_2+a_3+a_4=1^2+2^2+3^2+4^2=30$.

注: 一般地, 若 $\displaystyle\sum_{k=1}^{n}ka_k=\sum_{k=1}^{n}\dfrac{a_k^2}{k}=\dfrac{n^2(n+1)^2}{4}$, 则 $a_1=1^2, a_2=2^2, \cdots, a_n=n^2$.

例 6. 在实数集内解方程 $\begin{cases} x^2+y^2+z^2=\dfrac{9}{4}, \\ -8x+6y-24z=39. \end{cases}$

解: 由柯西不等式, 得

$$(x^2+y^2+z^2)[(-8)^2+6^2+(-24)^2]\geqslant(-8x+6y-24y)^2 \qquad ①$$

$\because\quad (x^2+y^2+z^2)[(-8)^2+6^2+(-24)^2]=\dfrac{9}{4}\times(64+36+4\times144)=39^2$,

又 $\qquad\qquad\qquad (-8x+6y-24y)^2=39^2$,

$$(x^2+y^2+z^2)[(-8)^2+6^2+(-24)^2]=(-8x+6y-24z)^2,$$

即不等式①中只有等号成立

从而由柯西不等式中等号成立的条件, 得 $\dfrac{x}{-8}=\dfrac{y}{6}=\dfrac{z}{-24}$,

将它与 $-8x+6y-24y=39$ 联立, 可得 $x=-\dfrac{6}{13}, y=\dfrac{9}{26}, z=-\dfrac{18}{13}$.

例 7. 已知 $a_1, a_2, \cdots, a_n\in\mathbf{R}^+$, 求证: $\dfrac{a_1^2}{a_2}+\dfrac{a_2^2}{a_3}+\cdots+\dfrac{a_{n-1}^2}{a_n}+\dfrac{a_n^2}{a_1}\geqslant a_1+a_2+\cdots+a_n$.

证明: (证法一) 因为 $\dfrac{a_1^2}{a_2}+a_2\geqslant2a_1, \dfrac{a_2^2}{a_3}+a_3\geqslant2a_2, \cdots, \dfrac{a_{n-1}^2}{a_n}+a_n\geqslant2a_{n-1}, \dfrac{a_n^2}{a_1}+a_1\geqslant2a_n$.

上述不等式相加即得 $\dfrac{a_1^2}{a_2}+\dfrac{a_2^2}{a_3}+\cdots+\dfrac{a_{n-1}^2}{a_n}+\dfrac{a_n^2}{a_1}\geqslant a_1+a_2+\cdots+a_n$.

(证法二) 由柯西不等式

$$\left(\dfrac{a_1^2}{a_2}+\dfrac{a_2^2}{a_3}+\cdots+\dfrac{a_{n-1}^2}{a_n}+\dfrac{a_n^2}{a_1}\right)(a_1+a_2+\cdots+a_n)\geqslant(a_1+a_2+\cdots+a_n)^2,$$

因为 $a_1+a_2+\cdots+a_n>0$，所以 $\dfrac{a_1^2}{a_2}+\dfrac{a_2^2}{a_3}+\cdots+\dfrac{a_{n-1}^2}{a_n}+\dfrac{a_n^2}{a_1}\geqslant a_1+a_2+\cdots+a_n$.

例 8. 设 p 是 $\triangle ABC$ 内的一点，x,y,z 是 p 到三边 a,b,c 的距离，R 是 $\triangle ABC$ 外接圆的半径，证明 $\sqrt{x}+\sqrt{y}+\sqrt{z}\leqslant\dfrac{1}{\sqrt{2R}}\sqrt{a^2+b^2+c^2}$.

证明： 由柯西不等式得，

$$\sqrt{x}+\sqrt{y}+\sqrt{z}=\sqrt{ax}\sqrt{\dfrac{1}{a}}+\sqrt{by}\sqrt{\dfrac{1}{b}}+\sqrt{cz}\sqrt{\dfrac{1}{c}}$$

$$\leqslant\sqrt{ax+by+cz}\cdot\sqrt{\dfrac{1}{a}+\dfrac{1}{b}+\dfrac{1}{c}}\,,$$

记 S 为 $\triangle ABC$ 的面积，则 $ax+by+cz=2S=2\cdot\dfrac{abc}{4R}=\dfrac{abc}{2R}$，

$$\sqrt{x}+\sqrt{y}+\sqrt{z}\leqslant\sqrt{\dfrac{abc}{2R}}\sqrt{\dfrac{ab+bc+ca}{abc}}=\dfrac{1}{\sqrt{2R}}\sqrt{ab+bc+ca}\leqslant\dfrac{1}{\sqrt{2R}}\sqrt{a^2+b^2+c^2}.$$

故不等式成立.

1. 是否存在最小的正整数 t，使得不等式 $(n+t)^{n+t}>(1+n)^3n^nt^t$ 对任何正整数 n 恒成立，证明你的结论.

2. 设 $\triangle ABC$ 三边长分别为 a,b,c，且 $a+b+c=3$. 求 $f(a,b,c)=a^2+b^2+c^2+\dfrac{4}{3}abc$ 的最小值.

3. 设 $\displaystyle\sum_{i=1}^{n}x_i=1,x_i>0$，求证：$\displaystyle n\sum_{i=1}^{n}x_i^2-\sum_{i<j}\dfrac{(x_i-x_j)^2}{x_i+x_j}\leqslant 1$.

4. 已知 x,y,z 均为正数，

(1) 求证：$\dfrac{x}{yz}+\dfrac{y}{zx}+\dfrac{z}{xy}\geqslant\dfrac{1}{x}+\dfrac{1}{y}+\dfrac{1}{z}$；　(2) 若 $x+y+z\geqslant xyz$，求 $u=\dfrac{x}{yz}+\dfrac{y}{zx}+\dfrac{z}{xy}$ 的最小值.

5. 给定两组数 $x_1,x_2,\cdots,x_n$ 和 $y_1,y_2,\cdots,y_n$，

(1) $x_1>x_2>\cdots>x_n>0,y_1>y_2>\cdots>y_n>0$，

(2) $x_1>y_1,x_1+x_2>y_1+y_2,\cdots,x_1+x_2+\cdots+x_n>y_1+y_2+\cdots+y_n>0$.

求证：对于任何自然数 k，都有如下不等式成立：$x_1^k+x_2^k+\cdots+x_n^k>y_1^k+y_2^k+\cdots+y_n^k$.

6. n 为正整数，证明：$n\left[(1+n)^{\frac{1}{n}}-1\right]<1+\dfrac{1}{2}+\dfrac{1}{3}+\cdots+\dfrac{1}{n}<n-(n-1)n^{\frac{-1}{n}}$.

§2.12　不等式的应用

不等式是研究方程、函数的重要工具，运用不等式可以解决函数的有关性质以及讨论方程中根与系数的关系等问题，运用不等式还可以解决一些实际应用问题.

例 1. 已知 $\triangle ABC$ 的三边长分别为 a、b、c，且满足 $abc=2(a-1)(b-1)(c-1)$.

(1) 是否存在边长均为整数的 $\triangle ABC$？若存在，求出三边长；若不存在，说明理由.

(2) 若 $a>1,b>1,c>1$，求出 $\triangle ABC$ 周长的最小值.

解：(1) 不妨设整数 $a \geqslant b \geqslant c$，显然 $c \geqslant 2$．若 $c \geqslant 5$，这时 $\frac{1}{a} \leqslant \frac{1}{b} \leqslant \frac{1}{c} \leqslant \frac{1}{5}$．

由 $abc = 2(a-1)(b-1)(c-1)$，可得 $\frac{1}{2} = \left(1-\frac{1}{a}\right)\left(1-\frac{1}{b}\right)\left(1-\frac{1}{c}\right) \geqslant \left(\frac{4}{5}\right)^3$ 矛盾．

故 c 只可能取 $2,3,4$．

当 $c=2$ 时，$ab = (a-1)(b-1)$，有 $a+b=1$．又 $a \geqslant b \geqslant 2$，故无解．

当 $c=3$ 时，$3ab = 4(a-1)(b-1)$，即 $(a-4)(b-4)=12$

又 $a \geqslant b \geqslant 3$，故 $\begin{cases} a-4=12 \\ b-4=1 \end{cases}$ 或 $\begin{cases} a-4=6 \\ b-4=2 \end{cases}$ 或 $\begin{cases} a-4=4 \\ b-4=3 \end{cases}$，

解得 $\begin{cases} a=16 \\ b=5 \end{cases}$ 或 $\begin{cases} a=10 \\ b=6 \end{cases}$ 或 $\begin{cases} a=8 \\ b=7 \end{cases}$，

能构成三角形的只有 $a=8, b=7, c=3$．

当 $c=4$ 时，同理解得 $a=9, b=4$ 或 $a=6, b=5$．

能构成三角形的只有 $a=6, b=5, c=4$．

故存在三边长均为整数的 $\triangle ABC$，其三边长分别为 $4,5,6$ 或 $3,7,8$．

(2) 由 $abc = 2(a-1)(b-1)(c-1)$，可得

$$\frac{1}{2} = \left(1-\frac{1}{a}\right)\left(1-\frac{1}{b}\right)\left(1-\frac{1}{c}\right) \leqslant \left[\frac{\left(1-\frac{1}{a}\right)+\left(1-\frac{1}{b}\right)+\left(1-\frac{1}{c}\right)}{3}\right]^3.$$

所以，$\frac{1}{a}+\frac{1}{b}+\frac{1}{c} \leqslant 3 - \frac{2}{\sqrt[3]{2}}$．

又 $(a+b+c)\left(\frac{1}{a}+\frac{1}{b}+\frac{1}{c}\right) \geqslant 9$，则有 $a+b+c \geqslant \dfrac{9}{\frac{1}{a}+\frac{1}{b}+\frac{1}{c}} \geqslant \dfrac{9}{3-\frac{2}{\sqrt[3]{2}}} = \dfrac{3\sqrt[3]{2}}{\sqrt[3]{2}-1}$．

故 $\triangle ABC$ 的周长最小值为 $\dfrac{3\sqrt[3]{2}}{\sqrt[3]{2}-1}$，当且仅当 $a=b=c=\dfrac{\sqrt[3]{2}}{\sqrt[3]{2}-1}$ 时，取得此最小值．

例 2. 给出一个不等式 $\dfrac{x^2+1+c}{\sqrt{x^2+c}} \geqslant \dfrac{1+c}{\sqrt{c}}$ $(x \in \mathbf{R})$．经验证：当 $c=1,2,3$ 时，对于 x 取一切实数，不等式都成立．试问：当 c 取任何正数时，不等式对任何实数 x 是否都成立？若能成立，请给出证明；若不成立，请求出 c 的取值范围，使不等式对任何实数 x 都能成立．

解：令 $f(x) = \dfrac{x^2+1+c}{\sqrt{x^2+c}}$，设 $u = \sqrt{x^2+c}$ $(u \geqslant \sqrt{c})$，

则 $f(x) = \dfrac{u^2+1}{u} = u + \dfrac{1}{u}$ $(u \geqslant \sqrt{c})$，

$\therefore$ $f(x) - \dfrac{c+1}{\sqrt{c}} = \left(u+\dfrac{1}{u}\right) - \dfrac{c+1}{\sqrt{c}} = \dfrac{(u-\sqrt{c})(u\sqrt{c}-1)}{u\sqrt{c}}$．

要使不等式成立，即 $f(x) - \dfrac{c+1}{\sqrt{c}} \geqslant 0$．

$\because$ $u \geqslant \sqrt{c} > 0$ $\therefore$ 只须 $u\sqrt{c}-1 \geqslant 0$，

$\therefore$ $u^2 c \geqslant 1, u^2 \geqslant \dfrac{1}{c}$. $\therefore$ $x^2 + c \geqslant \dfrac{1}{c}$, $\therefore$ $x^2 \geqslant c - \dfrac{1}{c}$.

故当 $c = \dfrac{1}{2}$ 时,原不等式不是对一切实数 x 都成立,即原不等式对一切实数 x 不都成立.

要使原不等式对一切实数 x 都成立,即使 $x^2 \geqslant \dfrac{1}{c} - c$ 对一切实数都成立.

$\therefore$ $x^2 \geqslant 0$,故 $\dfrac{1}{c} - c \leqslant 0$, $\therefore$ $c \geqslant 1 (c > 0)$.

$\therefore$ $c \geqslant 1$ 时,原不等式对一切实数 x 都能成立.

例 3. 在交通拥挤及事故多发地段,为确保交通安全,规定在此地段内,车距 d 是车速 V (公里/小时)的平方与车身长 S(米)积的正比例函数,且车距不得小于车身长的一半,现假设车速为 50 公里/小时的时候,车距恰为车身长.(1)试写出 d 关于 V 的分段函数式(其中 S 为常数);(2)问车速多大时,才能使此地段的车流量 $Q = \dfrac{1\,000V}{d+s}$ 最大.

解:(1) 设 $d = KV^2 S$, $\because$ $V = 50$ 时,$d = s$, $\therefore$ $K = \dfrac{1}{2\,500}$, $\therefore$ $d = \dfrac{1}{2\,500} V^2 S$,

又 $d = \dfrac{1}{2} S$ 时,$V = 25\sqrt{2}$, $\therefore$ $d = \begin{cases} \dfrac{1}{2} S & (0 < V \leqslant 25\sqrt{2}), \\ \dfrac{1}{2\,500} V^2 S & (V > 25\sqrt{2}). \end{cases}$

(2) $Q = \begin{cases} \dfrac{2\,000V}{3S} & (0 < V \leqslant 25\sqrt{2}) \qquad \text{①} \\ \dfrac{1\,000V}{S\left(1 + \dfrac{V^2}{2\,500}\right)} & (V > 25\sqrt{2}) \qquad \text{②} \end{cases}$

对于①,$V = 25\sqrt{2}$ 时,$Q_{极大值} = \dfrac{50\,000\sqrt{2}}{3S}$,

对于②,$Q = \dfrac{1\,000}{S\left(\dfrac{1}{V} + \dfrac{V}{2\,500}\right)} \leqslant \dfrac{1\,000}{S \cdot 2\sqrt{\dfrac{1}{V} \cdot \dfrac{V}{2\,500}}} = \dfrac{25\,000}{S}$,

$\therefore$ $V = 50$ 时,$Q_{极大值} = \dfrac{25\,000}{S}$.

$\therefore$ $\dfrac{25\,000}{S} > \dfrac{50\,000\sqrt{2}}{3S}$,

$\therefore$ $V = 50$(公里/小时).

例 4.(1) 已知 $x_1, x_2, x_3 \in \mathbf{R}$,求证:$x_1^2 + x_2^2 + x_3^2 \geqslant \sqrt{2}(x_1 x_2 + x_2 x_3)$,并说明等号成立的条件;

(2) 已知实数 a 使得对于任意实数 x_1、x_2、x_3、x_4,不等式 $x_1^2 + x_2^2 + x_3^2 + x_4^2 \geqslant a(x_1 x_2 + x_2 x_3 + x_3 x_4)$ 都成立,求 a 的最大值.

(1) **证明:** $x_1^2 + x_2^2 + x_3^2 = \left(x_1^2 + \dfrac{x_2^2}{2}\right) + \left(\dfrac{x_2^2}{2} + x_3^2\right)$

$$\geqslant \frac{2}{\sqrt{2}}x_1x_2+\frac{2}{\sqrt{2}}x_2x_3=\sqrt{2}(x_1x_2+x_2x_3).$$

等号当且仅当 $x_1=\dfrac{1}{\sqrt{2}}x_2=x_3$ 时成立.

(2) **解**：设 k 为待定常数，且 $0<k<1$，则

$$x_1^2+x_2^2+x_3^2+x_4^2=(x_1^2+kx_2^2)+(1-k)(x_2^2+x_3^2)+(kx_3^2+x_4^2)$$
$$\geqslant 2\sqrt{k}x_1x_2+2(1-k)x_2x_3+2\sqrt{k}x_3x_4.$$

令 $\sqrt{k}=1-k$，解得 $k=\dfrac{3-\sqrt{5}}{2}$. 从而 $\sqrt{k}=\dfrac{\sqrt{5}-1}{2}$.

∴　不等式 $x_1^2+x_2^2+x_3^2+x_4^2\geqslant(\sqrt{5}-1)(x_1x_2+x_2x_3+x_3x_4).$

对任意实数 x_1、x_2、x_3、x_4 都成立.

另一方面，取 $x_1=\dfrac{\sqrt{5}-1}{2}=x_4, x_2=x_3=1$，由已知不等式得.

∴　$a\leqslant\sqrt{5}-1$. 综上，$a_{\max}=\sqrt{5}-1$.

1. 今有一台坏天平，两臂长不等，其余均精确，有人说要用它称物体的重量，只需将物体放在左右托盘各称一次，则两次称量结果的和的一半就是物体的真实重量，这种说法对吗？并说明你的结论.

2. 已知水渠在过水断面的面积为定值的情况下，过水湿周越小，其流量越大.现有以下两种设计，如图 2-14 的过水断面为等腰 $\triangle ABC$，$AB=BC$，过水湿周 $l_1=AB+BC$.

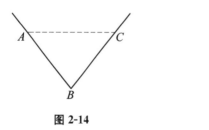

图 2-14

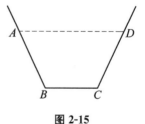

图 2-15

图 2-15 的过水断面为等腰梯形 $ABCD$，$AB=CD$，$AD\parallel BC$，$\angle BAD=60°$，过水湿周 $l_2=AB+BC+CD$.若 $\triangle ABC$ 与梯形 $ABCD$ 的面积都为 S，

（Ⅰ）分别求 l_1 和 l_2 的最小值；

（Ⅱ）为使流量最大，给出最佳设计方案.

3. 设 x,y,a 都是实数，且 $x+y=2a-1$，$x^2+y^2=a^2+2a-3$，求 xy 的最小值及相应的 a 的值.

4. (1) 已知：a,b,x 均是正数，且 $a>b$，求证：$1<\dfrac{a+x}{b+x}<\dfrac{a}{b}$；

(2) 当 a,b,x 均是正数，且 $a<b$，对真分数 $\dfrac{a}{b}$，给出类似上小题的结论，并予以证明；

（3）证明：$\triangle ABC$ 中，$\dfrac{\sin A}{\sin B+\sin C}+\dfrac{\sin B}{\sin C+\sin A}+\dfrac{\sin C}{\sin A+\sin B}<2$；［可直接应用第（1）（2）小题结论］

（4）自己设计一道可直接应用第（1）、（2）小题结论的不等式证明题，并写出证明过程.

5. 设 $\dfrac{3}{2}\leqslant x\leqslant 5$，证明不等式 $2\sqrt{x+1}+\sqrt{2x-3}+\sqrt{15-3x}<2\sqrt{19}$.

6. 设 a,b,c 是大于 1 的整数.求 $u=\dfrac{a+b+c}{2}-\dfrac{[a,b]+[b,c]+[c,a]}{a+b+c}$ 的最小值.其中 $[x,y]$ 表示正整数 x,y 的最小公倍数.

7. 设实数 a,b 满足 $3^a+13^b=17^a,5^a+7^b=11^b$.证明：$a<b$.

§3.1 函数与映射

在初中我们已经学习了函数的概念.它是这样叙述的:

在一个变化过程中有两个变量 x 与 y,如果对于 x 的每一个值,y 都有唯一的值与之对应,那么就说 y 是 x 的**函数**,x 叫作**自变量**.

在学习了集合概念之后我们可以将函数的概念进一步叙述如下:

设 A、B 是非空数集,如果按照某个确定的对应关系 f,使得对于集合 A 中的任意一个数 x,在集合 B 中都有唯一确定的数 y 与之对应,那么就称 $f:A \rightarrow B$ 为集合 A 到集合 B 的一个函数,记作 $y=f(x)$,$x \in A$,其中,x 叫作**自变量**,x 的取值范围 A 叫作**函数的定义域**;与 x 的值相对应的 y 的值叫作**函数值**,函数值的集合 $\{y | y=f(x), x \in A\}$ 叫作**函数的值域**.

一般地,函数的定义域是由问题的实际背景所确定的.如果只给出函数的解析式 $y=f(x)$,而没有指明它的定义域,那么函数的定义域就是指能使这个式子有意义的实数 x 的集合.

如果将函数定义中的两个非空数集扩展到任意元素的非空集合,我们可以得到映射的概念.

对于任意两个集合 A,B,依对应法则 f,若对 A 中的任意一个元素 x,在 B 中都有唯一一个元素与之对应,则称 $f:A \rightarrow B$ 为一个**映射**.记作 $f:A \rightarrow B$,其中 B 称为**像**,A 称为**原像**.

由映射的定义可知函数是特殊的映射.按照映射的定义,下面的对应都是映射.

(1) 集合 $A=\{$中国、美国、俄罗斯$\}$,$B=\{$北京、华盛顿、莫斯科$\}$集合 A 中元素 x 按照对应关系"该国的首都"来对应集合 B 中的元素.

(2) 集合 $A=\{-1,1,2,-2,-3\}$,$B=\{1,4,9\}$集合 A 中元素 x 按照对应关系"取平方"与集合 B 中的元素对应.

(3) 集合 $A=\{P | P$ 为直角坐标系中的点$\}$,$B=\{(x,y) | x \in \mathbf{R}, y \in \mathbf{R}\}$按照建立直角坐标系的方法,使 A 中的点 P 与 B 中的有序数对 (x,y) 对应.

如果 $f:A \rightarrow B$ 是一个映射且对任意 $x,y \in A$,$x \neq y$,都有 $f(x) \neq f(y)$,则称 $f:A \rightarrow B$ 是 A 到 B 上的**单射**.

如果 $f:A \rightarrow B$ 是映射且对任意 $y \in B$,都有一个 $x \in A$ 使得 $f(x)=y$,则称 $f:A \rightarrow B$ 是 A 到 B 上的**满射**.

如果 $f:A\rightarrow B$ 既是单射又是满射,则称 $f:A\rightarrow B$ 是 A 到 B 上的一一**映射**.

如果 $f:A\rightarrow B$ 是从集合 A 到集合 B 上的一一映射,并且对于 B 中每一元素 b,使 b 在 A 中的原像 a 和它对应,这样所得的映射叫作 $f:A\rightarrow B$ 的**逆映射**,记作 $f^{-1}:B\rightarrow A$.

例 1. 求下列函数的定义域:

(1) $y=\dfrac{1}{\sqrt{x-1}}+\sqrt{9-x^2}$;

(2) $f(x)=\dfrac{1}{x+1}+\sqrt{x^2-2x-3}$.

解:(1) 这函数是两项之和,由第一项有: $x-1>0\Rightarrow x>1$,

由第二项有: $9-x^2\geqslant0,\Rightarrow-3\leqslant x\leqslant3$,

取两者之交集即为所求之定义域为 $(1,3]$.

(2) 使分式 $\dfrac{1}{x+1}$ 有意义的实数 x 的集合是 $\{x|x\neq-1,x\in\mathbf{R}\}$,

使根式 $\sqrt{x^2-2x-3}$ 有意义的实数 x 的集合是 $(-\infty,-1]\cup[3,+\infty)$.

所以,这个函数的定义域是 $(-\infty,-1)\cup[3,+\infty)$.

例 2. (1) 已知 $f\left(x+\dfrac{1}{x}\right)=x^3+\dfrac{1}{x^3}$,求 $f(x)$;

(2) 已知 $f(x)$ 是一次函数,且满足 $3f(x+1)-2f(x-1)=2x+17$,求 $f(x)$;

(3) 已知 $f(x)$ 满足 $2f(x)+f\left(\dfrac{1}{x}\right)=3x$,求 $f(x)$.

解:(1) $\because$ $f\left(x+\dfrac{1}{x}\right)=x^3+\dfrac{1}{x^3}=\left(x+\dfrac{1}{x}\right)^3-3\left(x+\dfrac{1}{x}\right)$,

$\therefore$ $f(x)=x^3-3x(x\geqslant2$ 或 $x\leqslant-2)$.

(2) 设 $f(x)=ax+b(a\neq0)$,

则 $3f(x+1)-2f(x-1)=3ax+3a+3b-2ax+2a-2b=ax+b+5a=2x+17$,

$\therefore$ $a=2,b=7$, $\therefore$ $f(x)=2x+7$.

(3) $2f(x)+f\left(\dfrac{1}{x}\right)=3x$ \hfill ①

把①中的 x 换成 $\dfrac{1}{x}$,得 $2f\left(\dfrac{1}{x}\right)+f(x)=\dfrac{3}{x}$ \hfill ②

①$\times2-$②得 $3f(x)=6x-\dfrac{3}{x}$, $\therefore$ $f(x)=2x-\dfrac{1}{x}$. $x\in\mathbf{R},x\neq0$.

注意:求函数解析式,除了对应法则外,还要在对应法则后标注函数定义域.

例 3. 下面三个对应中哪些是从 A 到 B 的映射.

(1) $A=\mathbf{R},B=\{y|y>0\},f:x\rightarrow y=|x|$;

(2) $A=\{x|x\geqslant2,x\in\mathbf{N}^*\},B=\{y|y\geqslant0,y\in\mathbf{N}\},f:x\rightarrow y=x^2-2x+2$;

(3) $A=\{x|x>0\},B=\{y|y\in\mathbf{R}\},f:x\rightarrow y=\pm\sqrt{x}$.

解:由映射定义,上述三个对应中(2)是从 A 到 B 的映射.(1)、(3)不是从 A 到 B 的映射.

例 4. 从集合 A 到集合 B 的映射中,下列说法哪些是正确的? 哪些说法是错误的?

(1) A 中的某一元素 a 的像可能不止一个.

(2) A 中两个不同元素 a_1, a_2 的像必不相同.

(3) B 中某一元素 B 的原像可能不止一个.

(4) B 中两个不同元素的原像可能相同.

(5) B 中的任一元素在 A 中必有原像.

(6) A 中任一元素在 B 中必有唯一的像.

解: 由映射定义,上述结论中(3)、(6)正确,(1)、(2)、(4)、(5)错误.

例 5. 我国是水资源比较贫乏的国家之一,各地采取价格调控等手段来达到节约用水的目的,某地用水收费的方法是:水费＝基本费＋超额费＋定额损耗费.若每月用水量不超过最低限量 a m³ 时,只付基本费 8 元和每月每户的定额损耗费 c 元;若用水量超过 a m³ 时,除了付同上的基本费和定额损耗费外,超过部分每 m³ 付 b 元的超额费.已知每月每户的定额损耗费不超过 5 元.

该市一家庭今年第一季度的用水量和支付费如下表所示:

月份	用水量(m³)	水费(元)
1	9	9
2	15	19
3	22	33

根据上表中的数据,求 a、b、c.

解: 设每月用水量为 x m³,支付费用为 y 元,则有

$$y=\begin{cases} 8+c, & 0<x\leqslant a \quad &①\\ 8+b(x-a)+c, & x>a \quad &② \end{cases}$$

由表知第二、第三月份的水费均大于 13 元,故用水量 15 m³,22 m³ 均大于最低限量 a m³,于是就有 $\begin{cases} 19=8+b(15-a)+c \\ 33=8+b(22-a)+c \end{cases}$,解之得 $b=2$,从而 $2a=c+19$.　③

再考虑一月份的用水量是否超过最低限量 a m³,不妨设 $9>a$,将 $x=9$ 代入②式,得 $9=8+2(9-a)+c$,即 $2a=c+17$,这与③矛盾.　∴　$9\leqslant a$.

从而可知一月份的付款方式应选①式,因此,就有 $8+c=9$,得 $c=1$.

故 $a=10, b=2, c=1$.

例 6. 已知函数 $f(x)=ax^2+2bx+4c(a,b,c\in \mathbf{R}, a\neq 0)$.

(1) 函数 $f(x)$ 的图像与直线 $y=\pm x$ 均无公共点,求证: $4b^2-16ac<-1$;

(2) 若 $b=4, c=\dfrac{3}{4}$ 时,对于给定的负数 a,有一个最大的正数 $M(a)$,使 $x\in [0, M(a)]$ 时,都有 $|f(x)|\leqslant 5$,求 a 为何值时 $M(a)$ 最大? 并求 $M(a)$ 的最大值;

(3) 若 $a>0$ 且 $a+b=1$,又 $|x|\leqslant 2$ 时,恒有 $|f(x)|\leqslant 2$,求 $f(x)$ 的解析式.

解: (1) 函数 $f(x)$ 与直线 $y=x$ 无公共点,即方程 $ax^2+2bx+4c=x$ 无实数解

故 $\Delta=(2b-1)^2-16ac<0$,即 $4b^2-4b+1-16ac<0$.

同理,函数 $f(x)$ 与直线 $y=-x$ 无公共点,即有 $4b^2+4b+1-16ac<0$.

两式相加得 $8b^2+2-32ac<0$,即 $4b^2-16ac<-1$.

(2) $\because\ b=4,c=\dfrac{3}{4}$, $\therefore\ \ f(x)=a\left(x+\dfrac{4}{a}\right)^2+3-\dfrac{16}{a}$,

$\because\ a<0$, $\therefore\ \ f(x)_{\max}=3-\dfrac{16}{a}$.

当 $3-\dfrac{16}{a}>5$,即 $-8<a<0$ 时,$0<M(a)<-\dfrac{4}{a}$.

可见,$M(a)$ 是方程 $f(x)=ax^2+8x+3=5$ 的较小根,由求根公式得

$$M(a)=\dfrac{-8+\sqrt{64+8a}}{2a}.$$

当 $3-\dfrac{16}{a}\leqslant5$,即 $a\leqslant-8$ 时可知 $M(a)>-\dfrac{4}{a}$.

可见,$M(a)$ 是方程 $f(x)=ax^2+8x+3=-5$ 的较大根,由求根公式得

$$M(a)=\dfrac{-8-\sqrt{64-32a}}{2a}.$$

则 $M(a)=\begin{cases}\dfrac{-8+\sqrt{64+8a}}{2a}, & \text{当}-8<a<0\text{ 时.}\\[3mm]\dfrac{-8-\sqrt{64-32a}}{2a}, & \text{当}\ a\leqslant-8\text{ 时.}\end{cases}$

当 $-8<a<0$ 时,$M(a)=\dfrac{-8+\sqrt{64+8a}}{2a}=\dfrac{2}{\sqrt{16+2a}+4}<\dfrac{1}{2}$.

当 $a\leqslant-8$ 时,$M(a)=\dfrac{-8-\sqrt{64-32a}}{2a}=\dfrac{4}{\sqrt{4-2a}-2}\leqslant\dfrac{4}{\sqrt{20}-2}=\dfrac{\sqrt{5}+1}{2}$,

当且仅当 $a=-8$ 时等号成立.

由于 $\dfrac{\sqrt{5}+1}{2}>\dfrac{1}{2}$.因此,当且仅当 $a=-8$ 时,$M(a)$ 的最大值为 $\dfrac{\sqrt{5}+1}{2}$.

(3) $\because\ a+b=1$,又 $|x|\leqslant2$ 时,恒有 $|f(x)|\leqslant2$.

$\therefore\ -2\leqslant f(0)=4c=4a+4b+4c-4(a+b)=f(2)-4\leqslant2-4=-2$.

$\therefore\ 4c=-2$. $\therefore\ c=-\dfrac{1}{2}$.又 $|f(x)|\leqslant2$ $\therefore\ f(x)\geqslant-2=f(0)$.

故 $f(x)$ 在 $x=0$ 处取到最小值,且 $0\in(-2,2)$,从而 $x=0$ 是 $f(x)$ 的对称轴,故 $b=0$, $a=1$.

$\therefore\ f(x)=x^2-2.$

1. 已知集合 $M=\{(x,y)|x+y=1\}$,映射 $f:M\to N$,在 f 作用下点 (x,y) 的象是 $(2^x,2^y)$,则集合 $N=$ ( ).

(A) $\{(x,y)|x+y=2,x>0,y>0\}$

(B) $\{(x,y)|xy=1,x>0,y>0\}$

(C) $\{(x,y)|xy=2,x<0,y<0\}$

(D) $\{(x,y)|xy=2,x>0,y>0\}$

2. 设集合 $M=\{-1,0,1\}$, $N=\{-2,-1,0,1,2\}$, 如果从 M 到 N 的映射 f 满足条件：对 M 中的每个元素 x 与它在 N 中的像 $f(x)$ 的和都为奇数，则映射 f 的个数是　　（　　）.

(A) 8 个 　　　　(B) 12 个 　　　　(C) 16 个 　　　　(D) 18 个

3. 在下列四组函数中，$f(x)$ 与 $g(x)$ 表示同一函数的是　　　　　　　（　　）.

(A) $f(x)=x-1$, $g(x)=\dfrac{x^2-1}{x+1}$

(B) $f(x)=|x+1|$, $g(x)=\begin{cases} x+1, & x\geqslant -1, \\ -x-1, & x<-1. \end{cases}$

(C) $f(x)=x+2,x\in \mathbf{R}$, $g(x)=x+2,x\in \mathbf{Z}$

(D) $f(x)=\sqrt{x^2}$, $g(x)=(\sqrt{x})^2$

4. 若函数 $y=x^2-4x-2$ 的定义域为 $[0,m]$，值域为 $[-6,-2]$，则 m 的取值范围是（　　）.

(A) $(0,4]$ 　　　　(B) $[2,4]$ 　　　　(C) $(0,2]$ 　　　　(D) $(2,4)$

5. 给定映射 $f:(x,y)\to(2x+y,xy)$，求点 $\left(\dfrac{1}{6},-\dfrac{1}{6}\right)$ 的原像.

6. 已知 $X=\{-1,0,1\}$, $Y=\{-2,-1,0,1,2\}$，映射 $f:X\to Y$ 满足：对任意的 $x\in X$，它在 Y 中的像 $f(x)$ 使得 $x+f(x)$ 为偶数，这样的映射有　　　　个.

7. 给定 $A=\{1,2,3\}$, $B=\{-1,0,1\}$ 和映射 $f:X\to Y$，若 f 为单射，则 f 有　　　　个；若 f 为满射，则 f 有　　　　个；满足 $f(f(x))=f(x)$ 的映射有　　　　个.

8. (1) 已知函数 $f(x)$ 的定义域为 $[0,1]$，求 $f(x^2-1)$ 的定义域；

(2) 已知函数 $f(x^2-1)$ 的定义域是 $[-1,1]$，求函数 $f(x)$ 的定义域；

(3) 已知函数 $f(x+3)$ 的定义域为 $[1,3)$，求函数 $f(x-1)$ 的定义域；

(4) 已知函数 $f(x)$ 的定义域是 $[-3,2)$，求函数 $f(1-2x)-f(2x+1)$ 的定义域.

9. 已知 $f(x)$ 是一次函数，且 $f\{f[f(x)]\}=8x+7$. 求 $f(x)$ 的解析式.

10. 求出解析式为 $f(x)=x^2$，值域为 $\{1,4\}$ 的所有函数.

11. f 是集合 $P=\{a,b,c,d,e\}$ 到集合 $Q=\{0,1,2\}$ 的映射，满足 $f(a)+f(b)+f(c)+f(d)+f(e)=5$ 的映射 f 有多少个？

12. 求下列函数的值域

(1) $y=x+\sqrt{2x+1}$.

(2) $y=x+\sqrt{x^2-3x+2}$.

(3) $y=(\sqrt{1+x}+\sqrt{1-x}+2)(\sqrt{1-x^2}+1),x\in[0,1]$.

13. 设 $f(x)$ 在 $[0,1]$ 上有定义，要使函数 $f(x-a)+f(x+a)$ 有定义，则 a 的取值范围为　　　　.

14. 已知函数 $f(x)$ 和 $g(x)$ 的图像关于原点对称，且 $f(x)=x^2+2x$.

(1) 求函数 $g(x)$ 的解析式；

(2) 解不等式 $g(x)\geqslant f(x)-|x-1|$.

15. 函数 $f(x)=\sqrt{1+x}+\sqrt{1-x}$.

(1) 求 $f(x)$ 的值域;

(2) 设 $F(x)=m\sqrt{1-x^2}+f(x)$,记 $F(x)$ 的最大值为 $g(m)$,求 $g(m)$ 的表达式;

(3) 在(2)的条件下,试求满足不等式 $g(-m)>\left(\dfrac{9}{4}\right)^m$ 的实数 m 的取值范围.

16. 已知函数 $f(x)=\left|1-\dfrac{1}{x}\right|$.

(1) 是否存在实数 $a,b(a<b)$,使得函数 $f(x)$ 的定义域和值域都是 $[a,b]$? 若存在,请求出 a,b 的值;若不存在,请说明理由;

(2) 若存在实数 $a,b(a<b)$,使得函数 $f(x)$ 的定义域是 $[a,b]$,值域是 $[ma,mb]$,$m\neq0$,求实数 m 的取值范围.

17. 函数 $f(x)$ 定义在整数集上,且满足 $f(n)=\begin{cases} n-3 & (n\geq1\,000) \\ f[f(n+5)] & (n<1\,000) \end{cases}$,求 $f(100)$ 的值.

18. 已知函数 $f(x)=\dfrac{2x^2+4x+a}{x}$,$x\in[1,+\infty)$.

(1) 当 $a=2$ 时,求函数 $f(x)=\dfrac{2x^2+4x+a}{x}$ 的最小值;

(2) 若对任意 $x\in[1,+\infty)$,$f(x)>0$ 恒成立,试求实数 a 的取值范围.

19. 设 a,b 为常数,$M=\{f(x)\,|\,f(x)=a\cos x+b\sin x\}$;$F$:把平面上任意一点 (a,b) 映射为函数 $a\cos x+b\sin x$.

(1) 证明:不存在两个不同点对应于同一个函数;

(2) 证明:当 $f_0(x)\in M$ 时,$f_1(x)=f_0(x+t)\in M$,这里 t 为常数;

(3) 对于属于 M 的一个固定值 $f_0(x)$,得 $M_1=\{f_0(x+t),t\in \mathbf{R}\}$,在映射 F 的作用下,M_1 作为像,求其原像,并说明它是什么图像.

20. 设 $f(x)=x^2+a$.记 $f^1(x)=f(x)$,$f^n(x)=f(f^{n-1}(x))$,$n=2,3,\cdots$,

$M=\{a\in\mathbf{R}\,|\,n\in\mathbf{N}^*,|f^n(0)|\leq2\}$.

证明:$M=\left[-2,\dfrac{1}{4}\right]$.

§3.2 函数关系的建立

建立函数关系式是表示函数对应关系的一种常用方法,它是独立的、完整地表达函数关系的一种形式,标志着"研究两个非空数集的变量之间的对应关系"的前提条件的确定.在函数关系式建立的后面必须标注函数的定义域,其值域由其定义域和对应法则唯一确定,函数的三要素随之俱全.函数关系式的建立常常与实际问题相关,数学问题源自生活实践,是一个从问题的引入到如何利用数学知识和方法建立数学模型来解决实际问题的全过程.

例 1. 假设国家收购某种农产品的价格是 1.2 元/千克,其中征税标准为每 100 元征 8 元(叫作税率为 8 个百分点,即 8%),计划可收购 m 千克.为了减轻农民负担,决定税率降低 x 个百分点,预计收购可增加 $2x$ 个百分点.

(1) 写出税收 y(元)与 x 的函数关系;

(2) 要使此项税收在税率调节后不低于原计划的 78%,确定 x 的取值范围.

解:(1) 由题知,调节后税率为 $(8-x)\%$,预计可收购 $m(1+2x\%)$ kg,总金额为 $1.2m(1+2x\%)$ 元.

$$\therefore y=1.2m(1+2x\%)(8-x)\%=\frac{3m}{12\,500}(400-42x-x^2)(0<x\leqslant8).$$

(2) $\because$ 原计划税收 $1.2m\cdot8\%$ 元, $\therefore$ $1.2m(1+2x\%)(8-x)\%\geqslant1.2m\cdot8\%\cdot78\%$,

得 $x^2+42x-88\leqslant0,-44\leqslant x\leqslant2$,

又 $\because 0<x\leqslant8$,

$\therefore x$ 的取值范围为 $0<x\leqslant2$.

例 2. 甲厂以 x 千克/时的速度生产某种产品(生产条件要求 $1\leqslant x\leqslant10$),每小时可获得利润是 $100\left(5x+1-\dfrac{3}{x}\right)$ 元.

(1) 要使生产该产品 2 小时获得的利润不低于 3 000 元,求 x 的取值范围;

(2) 要使生产 900 千克该产品获得的利润最大,那么,甲厂应该选取何种生产速度? 并求最大利润.

解:(1) 根据题意,$200\left(5x+1-\dfrac{3}{x}\right)\geqslant3\,000\Rightarrow5x-14-\dfrac{3}{x}\geqslant0$,

又 $1\leqslant x\leqslant10$,可解得 $3\leqslant x\leqslant10$.

(2) 设利润为 y 元,则 $y=\dfrac{900}{x}\cdot100\left(5x+1-\dfrac{3}{x}\right)=9\times10^4\left[-3\left(\dfrac{1}{x}-\dfrac{1}{6}\right)^2+\dfrac{61}{12}\right]$,

故 $x=6$ 时,$y_{\max}=457\,500$ 元.

例 3. 某航天有限公司试制一种仅由金属 A 和金属 B 合成的合金,现已试制出这种合金 400 克,它的体积为 50 立方厘米,已知金属 A 的比重 d 小于每立方厘米 9 克,大于每立方厘米 8.8 克;金属 B 的比重约为每立方厘米 7.2 克.

(1) 试用 d 分别表示出此合金中金属 A、金属 B 克数的函数关系式;

(2) 求已试制的合金中金属 A、金属 B 克数的取值范围.

解:(1) 设此合金中含 A 金属 x 克、B 金属 y 克,则 $\begin{cases}x+y=400,\\\dfrac{x}{d}+\dfrac{y}{7.2}=50.\end{cases}$

解得 $x=\dfrac{40d}{d-7.2}(8.8<d<9)$,$y=\dfrac{360(d-8)}{d-7.2}(8.8<d<9)$.

(2) $\because x=\dfrac{40d}{d-7.2}=40\left(1+\dfrac{7.2}{d-7.2}\right)$ 在 $(8.8,9)$ 上是减函数, $\therefore 200<x<220$.

$y=\dfrac{360(d-8)}{d-7.2}=360\left(1-\dfrac{0.8}{d-7.2}\right)$ 在 $(8.8,9)$ 上是增函数,$180<y<200$.

例 4. 某厂生产一种仪器,由于受生产能力和技术水平的限制,会产生一些次品.根据

经验知道,该厂生产这种仪器,次品率 P 与日产量 x(件)之间大体满足如下关系:

$$P=\begin{cases}\dfrac{1}{96-x} & (1\leqslant x\leqslant c, x\in\mathbf{N}),\\[2mm]\dfrac{2}{3} & (x>c, x\in\mathbf{N})\end{cases}$$
（其中 c 为小于 96 的常数）.

已知每生产一件合格的仪器可以盈利 A 元,但每生产一件次品将亏损 $\dfrac{A}{2}$ 元,故厂方希望定出合适的日产量. $\left(\text{注}:\text{次品率 }P=\dfrac{\text{次品数}}{\text{生产量}},\text{如 }P=0.1 \text{ 表示每生产 }10\text{ 件产品},\text{约有 }1\text{ 件为次品},\text{其余为合格品}.\right)$

（1）试将生产这种仪器每天的盈利额 T(元)表示为日产量 x(件)的函数;

（2）当日产量为多少时,可获得最大利润?

解:（1）当 $x>c, P=\dfrac{2}{3}$,所以,每天的盈利额 $T=\dfrac{1}{3}xA-\dfrac{2}{3}x\cdot\dfrac{A}{2}=0$.

当 $1\leqslant x\leqslant c$ 时,$P=\dfrac{1}{96-x}$.所以,每日生产的合格仪器约有 $\left(1-\dfrac{1}{96-x}\right)x$ 件,次品约有 $\left(\dfrac{1}{96-x}\right)x$ 件,

故每天的盈利额 $P=\left(1-\dfrac{1}{96-x}\right)xA-\left(\dfrac{1}{96-x}\right)x\cdot\dfrac{A}{2}=\left[x-\dfrac{3x}{2(96-x)}\right]A$.

综上,日盈利额 T(元)与日产量 x(件)的函数关系为 $T=\begin{cases}\left[x-\dfrac{3x}{2(96-x)}\right]A & (1\leqslant x\leqslant c),\\[2mm]0 & (x>c).\end{cases}$

（2）由（1）知,当 $x>c$ 时,每天的盈利额为 0,

当 $1\leqslant x\leqslant c$ 时,$T=\left[x-\dfrac{3x}{2(96-x)}\right]A$,令 $96-x=t$,则 $0<(96-c)\leqslant t\leqslant 95$,故

$$T=\left[96-t-\dfrac{3(96-t)}{2t}\right]A=\left(\dfrac{195}{2}-t-\dfrac{144}{t}\right)A\leqslant\left(\dfrac{195}{2}-2\sqrt{t\cdot\dfrac{144}{t}}\right)A=\dfrac{147}{2}A>0.$$

当且仅当 $t=\dfrac{144}{t}$,即 $t=12$(即 $x=84$)时等号成立,

所以,① 当 $c\geqslant 84$ 时,$T_{\max}=\dfrac{147}{2}A$.

② $1\leqslant c<84$ 时,由于 $1\leqslant x\leqslant c$ 得 $12<96-c\leqslant t\leqslant 95$,易证函数 $g(t)=t+\dfrac{144}{t}$ 在 $t\in(12,95)$ 上单调递增.所以,$g(t)\geqslant g(96-c)$.

所以,$T=\left(\dfrac{195}{2}-t-\dfrac{144}{t}\right)A\leqslant\left[\dfrac{195}{2}-(96-c)-\dfrac{144}{96-c}\right]A=\left(\dfrac{189c-2c^2}{192-2c}\right)A>0$,即

$$T_{\max}=\left(\dfrac{189c-2c^2}{192-2c}\right)A\text{(当且仅当 }x=c\text{ 时等号成立)}.$$

综上,若 $84\leqslant c<96$,则当日产量为 84 件时,可获得最大利润,若 $1\leqslant c<84$ 时,则当日产

量为 c 件时,可获得最大利润.

例 5. 已知定义域为 **R** 的函数 $f(x)$ 满足 $f(f(x)-x^2+x)=f(x)-x^2+x$.

（1）若 $f(2)=3$,求 $f(1)$；又若 $f(0)=a$,求 $f(a)$；

（2）设有且仅有一个实数 x_0,使得 $f(x_0)=x_0$,求函数 $f(x)$ 的解析式.

解：（1）因为对任意 $x\in\mathbf{R}$,有 $f(f(x)-x^2+x)=f(x)-x^2+x$,

所以 $f(f(2)-2^2+2)=f(2)-2^2+2$.

又由 $f(2)=3$,得 $f(3-2^2+2)=3-2^2+2$,即 $f(1)=1$.

若 $f(0)=a$,则 $f(a-0^2+0)=a-0^2+0$,即 $f(a)=a$.

（2）因为对任意 $x\in\mathbf{R}$,有 $f(f(x)-x^2+x)=f(x)-x^2+x$.

又因为有且只有一个实数 x_0,使得 $f(x_0)=x_0$.所以对任意 $x\in\mathbf{R}$,有 $f(x)-x^2+x=x_0$.

在上式中令 $x=x_0$,有 $f(x_0)-x_0^2+x_0=x_0$.

又因为 $f(x_0)=x_0$,所以 $x_0-x_0^2=0$,故 $x_0=0$ 或 $x_0=1$.

若 $x_0=0$,则 $f(x)-x^2+x=0$,即 $f(x)=x^2-x$.

但方程 $x_0^2-x_0=x_0,x$ 有两个不同实根,与题设条件矛盾,故 $x_0\neq0$.

若 $x_0=1$,则有 $f(x)-x^2+x=1$,即 $f(x)=x^2-x+1$ 易验证该函数满足题设条件.

综上,所求函数为 $f(x)=x^2-x+1(x\in\mathbf{R})$.

 **基础练习**

1. 某商场在节日期间推出一项促销活动,"满 100 送 30",即当消费额超过 100 元当场抵扣 30 元,例如消费额为 180 元抵扣 30 元,实际支付费用为 150 元；消费额 200 元抵扣 60 元,实际支付费用为 140 元；依次类推.

（1）建立实际支付费用 y 与消费额 x 之间的函数关系；

（2）消费金额不同,实际支付的费用能否相同？

2. 某种衬衫进货价为每件 30 元,若以 40 元一件售出,则每天可以卖出 40 件；若每件提价 1 元,则每天卖出的件数将减少一件.试写出每天出售衬衫的净收入与销售价格之间的函数关系.

3. 投寄本埠平信,每封信不超过 20 克时付邮费 0.6 元,超过 20 克不超过 40 克时付邮费 1.2 元,以此类推,每增加 20 克需增加邮费 0.6 元(重量在 100 克以内),如果某人投一封重量为 72.5 克的信,求他应付的邮费.

4. 如图 3-1 所示,一长方形泳池中相邻的两条泳道 A_1B_1 和 A_2B_2(看成两条互相平行的线段)分别长 90 米,甲在泳道 A_1B_1 上从 A_1 处出发,以 3 米/秒的速度到达 B_1,再以同样的速度返回 A_1 处,然后重复上述过程；乙在泳道 A_2B_2 上从 B_2 处出发,以 2 米/秒的速度到达 A_2,再以同样的速度游回 B_2 处,然后重复上述过程(不考虑每次折返时的减速和转向时间).两人同时开始运动.

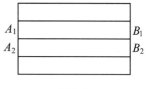

图 3-1

（1）设甲离开池边 B_1 处的距离为 y 米,当时间 $t\in[0,60]$(单位:秒)时,写出 y 关于 t 的函数解析式；

（2）试在直角坐标系中,以 x 轴表示时间 $t\in[0,180]$(单位:秒),y 轴表示离开池边 B_1、B_2 处的距离.画出甲、乙两人各自运动的函数图像(可用实线表示甲的图像,虚线表示乙的图像)；

（3）请根据图像判断从开始运动起到 3 分钟为止，甲乙的相遇次数.

5. 某学校要建造一个面积为 10 000 平方米的运动场.如图 3-2，运动场是由一个矩形 *ABCD* 和分别以 *AD*、*BC* 为直径的两个半圆组成.跑道是一条宽 8 米的塑胶跑道，运动场除跑道外，其他地方均铺设草皮.已知塑胶跑道每平方米造价为 150 元，草皮每平方米造价为 30 元.

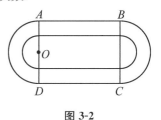

图 3-2

（1）设半圆的半径 $OA = r$（米），试建立塑胶跑道面积 S 与 r 的函数关系 $S(r)$；

（2）由于条件限制，$r \in [30, 40]$，问当 r 取何值时，运动场造价最低？（精确到元）

6. 国际上常用恩格尔系数（记作 n）来衡量一个国家和地区人民生活水平的状况，它的计算公式为：$n = \dfrac{\text{食品消费支出总额}}{\text{消费支出总额}} \times 100\%$，各种类型家庭的 n 如下表所示：

家庭类型	贫困	温饱	小康	富裕	最富裕
n	$n > 60\%$	$50\% < n \leqslant 60\%$	$40\% < n \leqslant 50\%$	$30\% < n \leqslant 40\%$	$n \leqslant 30\%$

根据某市城区家庭抽样调查统计，2003 年初至 2007 年底期间，每户家庭消费支出总额每年平均增加 720 元，其中食品消费支出总额每年平均增加 120 元.

（1）若 2002 年底该市城区家庭刚达到小康，且该年每户家庭消费支出总额 9 600 元，问 2007 年底能否达到富裕？请说明理由；

（2）若消费支出总额 2007 年比 2002 年增加 36%，其中食品消费支出总额增加 12%，问从哪一年底起能达到富裕？请说明理由.

7. 某公司为帮助尚有 26.8 万元无息贷款没有偿还的残疾人商店，借出 20 万元将该商店改建成经营状况良好的某种消费品专卖店，并约定用该店经营的利润逐步偿还债务（所有债务均不计利息）.

已知该种消费品的进价为每件 40 元；该店每月销售量 q（百件）与销售价 p（元/件）之间的关系用图 3-3 中的一条折线（实线）表示；职工每人每月工资为 600 元，该店应交付的其他费用为每月 13 200 元.

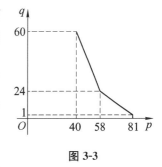

图 3-3

（1）若当销售价 p 为 52 元/件时，该店正好收支平衡，求该店的职工人数；

（2）若该店只安排 40 名职工，则该店最早可在几年后还清所有债务，此时每件消费品的价格定为多少元？

8. 已知每生产一件合格的仪器可以盈利 A 元，但每生产一件次品将亏损 $\dfrac{A}{2}$ 元，故厂方希望定出合适的日产量.

（1）试将生产这种仪器每天的盈利额 T（元）表示为日产量 x（件）的函数；

（2）当日产量为多少时，可获得最大利润？

9. 某医院研究所开发一种新药,如果成人按规定的剂量使用,据监测,服药后每毫升血液中的含药量 y 与时间 t 之间近似满足如图 3-4 所示的曲线.

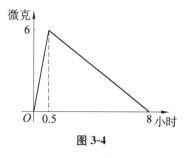

图 3-4

(1) 写出服药后 y 与 t 之间的函数关系式;

(2) 据测定,每毫升血液中含药量不少于 4 微克时治疗疾病有效,假若某病人一天中第一次服药为 7:00,问一天中怎样安排服药时间、次数,效果最佳?

10. 居民自来水收费规定:月总费用＝基本费用 3 元＋保险金 C 元＋超额费(C 为定值且 $C \leqslant 5$ 元);每月每户用量不超出基本限额 A m³ 付基本费 3 元和保险费,超出 A 部分付 B 元/m³,某户近三月费用见表,求 A、B、C.

月序号	用水量(米³)	费用(元)
1	4	4
2	25	14
3	35	19

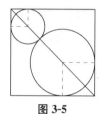

图 3-5

11. 如图 3-5 所示,在单位正方形内作两个互相外切的圆,同时每一个圆又与正方形的两相邻边相切,记其中一个圆的半径为 x,两圆的面积之和为 S,将 S 表示为 x 的函数,求函数 $S = f(x)$ 的解析式及 $f(x)$ 的值域.

§3.3　函数的运算及图像

一般地,已知两个函数 $f(x)(x \in D_1)$,$g(x)(x \in D_2)$,设 $D = D_1 \bigcap D_2$,并且 D 不是空集,那么当 $x \in D$ 时,称 $f(x) + g(x)$ 为函数 $f(x)$ 与 $g(x)$ 的**和**,$f(x) \cdot g(x)$ 为函数的**积**.

例 1. 已知 $f(x) = x$,$g(x) = \dfrac{4}{x}$,求 $P(x) = f(x) + g(x)$,并利用 $f(x)$ 与 $g(x)$ 的图像作出 $P(x)$ 的图像.

解: $f(x)$ 的定义域 $D_1 = R$,$g(x)$ 的定义域 $D_2 = \{x \mid x \neq 0\}$,则 $D_1 \bigcap D_2 = D_2$,即 $P(x) = \left\{ x + \dfrac{4}{x}, x \neq 0 \right\}$.

过 x 轴上不同于原点的任意点 $Q(x_0, 0)$,作垂直于 x 轴的直线 l,交 $y = f(x)$ 的图像于点 $A(x_0, x_0)$,交 $y = g(x)$ 的图像于点 $B\left(x_0 + \dfrac{4}{x_0}\right)$ 则在 l 上取点 $C\left(x_0, x_0 + \dfrac{4}{x_0}\right)$,则点 C 为 $P(x)$ 图像上的点(参见图 3-6).

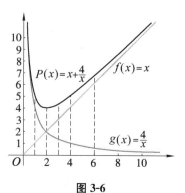

图 3-6

随着点 Q 的位置不同,可以得到 $P(x)$ 图像上不同的点 C,取一定量的点 Q,就可以得到一定数量的点 C,可以用描点法得到 $P(x)$ 的图像,如图 3-6 所示.同理可得全部图像.如图 3-7 所示.

根据函数的解析式利用描点法作出常见函数的图像.函数

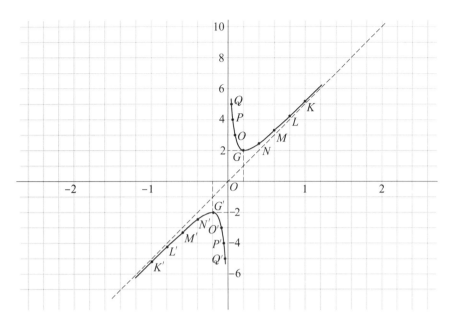

图 3-7

图像可以是一些点、一些线段、一段曲线等.作函数图像的两种方法:

(一) 描点法

若函数性质知之甚少,则在考虑定义域条件下有三个步骤:列表、描点、连线.若函数是由基本初等函数$\left\{\begin{array}{l}\text{一次函数、二次函数、三角函数、指数函数、对数函数、}y=x^{n}\left[n=\dfrac{1}{2},\dfrac{1}{3},-1,3\right.\\\left.\text{等}\right]、y=|x|、y=\dfrac{ax+b}{cx+d}、y=x+\dfrac{a}{x}(a>0)\end{array}\right\}$复合或组合而成的,则考虑结合以下四点描点:

① 确定函数的定义域,② 化简函数解析式,③ 讨论函数的性质(奇偶性、单调性、周期性),④ 画出函数图像(尤其注意的是特殊点、零点、最大值与最小值、与坐标轴的交点、对称轴、中心、渐近线等).

(二) 图像变换法(常用的变换)

1. 平移变换

(1) 水平平移:函数 $y=f(x+a)$ 的图像可以把函数 $y=f(x)$ 的图像沿 x 轴方向向左($a>0$)或向右($a<0$)平移 $|a|$ 个单位即可得到.

(2) 竖直平移:函数 $y=f(x)+a$ 的图像可以把函数 $y=f(x)$ 的图像沿 x 轴方向向上($a>0$)或向下($a<0$)平移 $|a|$ 个单位即可得到.

2. 对称变换

(1) 函数 $y=f(-x)$ 的图像可以将函数 $y=f(x)$ 的图像关于 y 轴对称即可得到.

(2) 函数 $y=-f(x)$ 的图像可以将函数 $y=f(x)$ 的图像关于 x 轴对称即可得到.

(3) 函数 $y=-f(-x)$ 的图像可以将函数 $y=f(x)$ 的图像关于原点对称即可得到.

(4) 函数 $y=f(2m-x)$ 的图像可以将函数 $y=f(x)$ 的图像关于直线 $x=m$ 对称得到.

(5) 函数 $y=2n-f(x)$ 的图像可以将函数 $y=f(x)$ 的图像关于直线 $y=n$ 对称得到.

(6) 函数 $y=2n-f(2m-x)$ 的图像可以将函数 $y=f(x)$ 的图像关于点 (m,n) 对称得到.

3. 翻折变换

(1) 函数 $y=|f(x)|$ 的图像可以将函数 $y=f(x)$ 的图像的 x 轴下方部分沿 x 轴翻折到 x 轴上方,去掉原 x 轴下方部分,并保留 $y=f(x)$ 的 x 轴上方部分即可得到.

(2) 函数 $y=f(|x|)$ 的图像可以将函数 $y=f(x)$ 的图像右边沿 y 轴翻折到 y 轴左边替代原 y 轴左边部分并保留 $y=f(x)$ 在 y 轴右边部分即可得到.

4. 伸缩变换

(1) 函数 $y=af(x)(a>0)$ 的图像可以将函数 $y=f(x)$ 的图像中的每一点横坐标不变纵坐标伸长 $(a>1)$ 或压缩 $(0<a<1)$ 为原来的 a 倍得到 $(a=1$ 时图像不变$)$.

(2) 函数 $y=f(ax)(a>0)$ 的图像可以将函数 $y=f(x)$ 的图像中的每一点纵坐标不变横坐标压缩 $(a>1)$ 或伸长 $(0<a<1)$ 为原来的 $\dfrac{1}{a}$ 倍得到.$(a=1$ 时图像不变$)$.

函数图像形象地显示了函数的性质,为研究数量关系问题提供了"形"的直观性,它是探求解题途径,获得问题结果的重要工具,要重视数形结合解题的思想方法.在解方程和不等式的时候,有时画出函数图像能起到十分快捷的效果.尤其是较为繁琐的问题,抽象的问题,一般性的问题,解决的时候更要充分利用图像的直观性.

我国著名的数学家华罗庚曾说:"数缺形时少直观,形缺数时难入微".

例 2. 已知命题 P:函数 $f(x)=\dfrac{1}{3}(1-x)$ 且 $|f(a)|<2$,

命题 Q:集合 $A=\{x|x^2+(a+2)x+1=0,x\in\mathbf{R}\}$,$B=\{x|x>0\}$ 且 $A\bigcap B=\varnothing$.

(1) 若命题 P,Q 中有且仅有一个为真命题,求实数 a 的取值范围;

(2) 设 P,Q 皆为真命题时,a 的取值范围为集合 S,已知 $T=\left\{y\middle|y=x+\dfrac{m}{x},x\in\mathbf{R},x\neq0\right\}$,若 $C_RT\subseteq S$,求 m 的取值范围.

解: (1) P:$a\in(-5,7)$;Q:$a\in(-4,+\infty)$.

当 P 为真 Q 为假时,$a\in(-5,-4]$;当 Q 为真 P 为假时,$a\in[7,+\infty)$.

所以 $a\in(-5,-4]\bigcup[7,+\infty)$.

(2) $\because$ P,Q 皆为真, $\therefore$ $S=(-4,7)$.

当 $m>0$ 时,$C_RT=(-2\sqrt{m},2\sqrt{m})$. $\because$ $C_RT\subseteq S$, $\therefore$ $m\in(0,4]$.

当 $m=0$ 时,$C_RT=\{0\}$,$C_RT\subseteq S$.

当 $m<0$ 时,$C_RT=\varnothing$,$C_RT\subseteq S$.

$\therefore$ $m\in(-\infty,4]$.

例 3. 试画出下列函数图像

(1) $f(x)=(x-1)^2+1,x\in[1,3)$;

(2) $f(x)=5x,1\leqslant x\leqslant 4,x\in \mathbf{Z}$.

解：由描点法分别获得这两个函数的图像图 3-8 (a)与(b).

函数 $f(x)=(x-1)^2+1,(x\in [1,3))$的图像为函数 $g(x)=(x-1)^2+1,x\in \mathbf{R}$的图像上 $x\in [1,3)$的一段,其中,点$(1,1)$在图像上,用实心点表示,而点$(3,5)$不在图像上,用空心点表示.

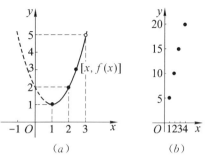

图 3-8

例 4. 说明由函数 $y=2^x$ 的图像经过怎样的图像变换得到函数 $y=2^{-x-3}+1$ 的图像.

解：（方法一）

(1) 将函数 $y=2^x$ 的图像向右平移 3 个单位,得到函数 $y=2^{x-3}$ 的图像;

(2) 作出函数 $y=2^{x-3}$ 的图像关于 y 轴对称的图像,得到函数 $y=2^{-x-3}$ 的图像;

(3) 把函数 $y=2^{-x-3}$ 的图像向上平移 1 个单位,得到函数 $y=2^{-x-3}+1$ 的图像.

（方法二）

(1) 作出函数 $y=2^x$ 的图像关于 y 轴的对称图像,得到 $y=2^{-x}$ 的图像;

(2) 把函数 $y=2^{-x}$ 的图像向左平移 3 个单位,得到 $y=2^{-x-3}$ 的图像;

(3) 把函数 $y=2^{-x-3}$ 的图像向上平移 1 个单位,得到函数 $y=2^{-x-3}+1$ 的图像.

例 5. 二次函数 $f(x)$满足 $f(x+1)-f(x)=2x$,且 $f(0)=1$.

(1) 求 $f(x)$的解析式;

(2) 在区间$[-1,1]$上,$y=f(x)$的图像恒在 $y=2x+m$ 的图像上方,试确定实数 m 的范围.

解：(1) 设 $f(x)=ax^2+bx+c$,由 $f(0)=1$ 得 $c=1$,故 $f(x)=ax^2+bx+1$.

因为 $f(x+1)-f(x)=2x$,所以 $a(x+1)^2+b(x+1)+1-(ax^2+bx+1)=2x$.

即 $2ax+a+b=2x$,所以 $\begin{cases} 2a=2, \\ a+b=0. \end{cases}$

$\therefore \begin{cases} a=1, \\ b=-1. \end{cases}$ 所以 $f(x)=x^2-x+1$.

(2) 由题意得 $x^2-x+1>2x+m$ 在$[-1,1]$上恒成立.即 $x^2-3x+1-m>0$ 在$[-1,1]$上恒成立.

设 $g(x)=x^2-3x+1-m$,其图像的对称轴为直线 $x=\dfrac{3}{2}$,所以 $g(x)$在$[-1,1]$上递减.

故只需 $g(1)>0$,即 $1^2-3\times 1+1-m>0$,解得 $m<-1$.

例 6. 设函数 $f(x)=x+\dfrac{1}{x}(x\in (-\infty,0)\bigcup(0,+\infty))$的图像为 C_1、C_1 关于点 $A(2,1)$ 对称的图像为 C_2,C_2 对应的函数为 $g(x)$,

(1) 求函数 $y=g(x)$的解析式,并确定其定义域.

(2) 若直线 $y=b$ 与 C_2 只有一个交点,求 b 的值,并求出交点的坐标.

解：(1) 设 $p(u,v)$是 $y=x+\dfrac{1}{x}$上任意一点,$\therefore \quad v=u+\dfrac{1}{u}$ ①

设 P 关于 $A(2,1)$ 对称的点为 $Q(x,y)$,

$\therefore \begin{cases} u+x=4, \\ v+y=2 \end{cases} \Rightarrow \begin{cases} u=4-x, \\ v=2-y, \end{cases}$ 代入①得

$$2-y=4-x+\frac{1}{4-x} \Rightarrow y=x-2+\frac{1}{x-4}.$$

$\therefore g(x)=x-2+\dfrac{1}{x-4}\ (x\in(-\infty,4)\bigcup(4,+\infty)).$

(2) 联立 $\begin{cases} y=b, \\ y=x-2+\dfrac{1}{x-4} \end{cases} \Rightarrow x^2-(b+6)x+4b+9=0,$

$\therefore \Delta=(b+6)^2-4\times(4b+9)=b^2-4b=0 \Rightarrow b=0$ 或 $b=4,$

当 $b=0$ 时得交点 $(3,0)$;当 $b=4$ 时得交点 $(5,4)$.

 **基础练习**

1. 已知函数 $y=f(x)$ 的图像如图 3-9 所示,那么,函数 $y=|f(x+1)|$ 的图像是 （　）.

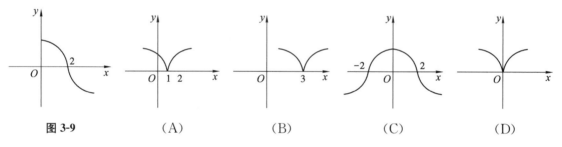

图 3-9　　（A）　　（B）　　（C）　　（D）

图 3-10

2. 甲、乙两人沿同一方向去 B 地,途中都使用两种不同的速度 $v_1,v_2(v_1<v_2)$.甲一半路程使用速度 v_1,另一半路程使用速度 v_2,乙一半时间使用速度 v_1,另一半时间使用速度 v_2,甲、乙两人从 A 地到 B 地的路程与时间的函数图像及关系,有图 3-11 中四个不同的图示分析(其中横轴 t 表示时间,纵轴 s 表示路程),其中正确的图示分析为 （　）.

(A) (1)　　　　(B) (3)　　　　(C) (1)或(4)　　　　(D) (1)或(2)

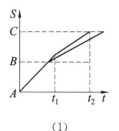
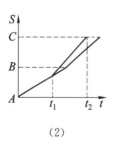
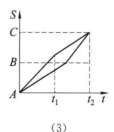
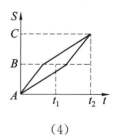

(1)　　　　　　　(2)　　　　　　　(3)　　　　　　　(4)

图 3-11

3. 定义域和值域均为 $[-a,a]$(常数 $a>0$)的函数 $y=f(x)$ 和 $y=g(x)$ 的图像如图 3-12 所示,给出下列四个命题:

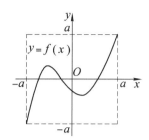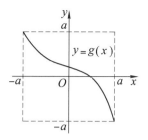

图 3-12

(1) 方程 $f[g(x)]=0$ 有且仅有三个解;

(2) 方程 $g[f(x)]=0$ 有且仅有三个解;

(3) 方程 $f[f(x)]=0$ 有且仅有九个解;

(4) 方程 $g[g(x)]=0$ 有且仅有一个解.

那么,其中正确命题的个数是 ( ).

(A) 1   (B) 2   (C) 3   (D) 4

4. 如图 3-13 所示,向高为 H 的水瓶 A,B,C,D 同时以等速注水,注满为止;

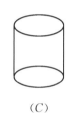

(A)   (B)   (C)   (D)

图 3-13

(1) 若水深 h 与注水时间 t 的函数图像是图 3-14 中的(a),则水瓶的形状是_____;

(2) 若水量 v 与水深 h 的函数图像是图 3-14 中的(b),则水瓶的形状是_____;

(3) 若水深 h 与注水时间 t 的函数图像是图 3-14 中的(c),则水瓶的形状是_____;

(4) 若注水时间 t 与水深 h 的函数图像是图 3-14 中的(d),则水瓶的形状是_____.

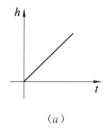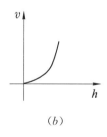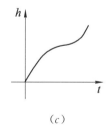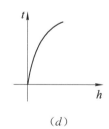

(a) (b) (c) (d)

图 3-14

5. 已知 $f(x)=|x+1|+|x+2|+\cdots+|x+2\,007|+|x-1|+|x-2|+\cdots+|x-2\,007|(x\in\mathbf{R})$,且 $f(a^2-3a+2)=f(a-1)$,则 a 的值有 ( ).

(A) 2 个   (B) 3 个   (C) 4 个   (D) 无数个

6. 已知 $f(x)=\sqrt{x-2}$,$g(x)=\sqrt{2-x}$,求 $f(x)+g(x)$ 和 $f(x)\cdot g(x)$.

7. 根据函数 $f(x)=x$,$g(x)=\dfrac{1}{x}$ 作出下列函数的图像:

① $x+\dfrac{1}{x}$,

② $x-\dfrac{1}{x}$.

8. 已知 $f(x)=|1-2x|$,$x\in[0,1]$,那么方程 $f(f(f(x)))=x$ 的解的个数是＿＿＿＿.

9. 设曲线 C 的方程是 $y=x^3-x$,将 C 沿 x 轴、y 轴正方向分别平移 t、$s(t\neq0)$个单位长度后得到曲线 C_1,

(1) 写出曲线 C_1 的方程;

(2) 证明曲线 C 与 C_1 关于点 $A\left(\dfrac{t}{2},\dfrac{s}{2}\right)$ 对称;

(3) 如果曲线 C 与 C_1 有且仅有一个公共点,证明:$s=\dfrac{t^2}{4}-t$.

10. (1) 试作出函数 $y=x+\dfrac{1}{x}$ 的图像;

(2) 对每一个实数 x,三个数 $-x$,x,$1-x^2$ 中最大者记为 y,试判断 y 是否是 x 的函数?

11. 设函数 $f(x)=|x^2-4x-5|$.

(1) 在区间 $[-2,6]$ 上画出函数 $f(x)$ 的图像;

(2) 设集合 $A=\{x|f(x)\geqslant5\}$,$B=(-\infty,-2]\cup[0,4]\cup[6,+\infty)$.试判断集合 A 和 B 之间的关系,并给出证明;

(3) 当 $k>2$ 时,求证:在区间 $[-1,5]$ 上,$y=kx+3k$ 的图像位于函数 $f(x)$ 图像的上方.

12. 已知集合 $A=\{(x,y)||x|+|y|=a,a>0\}$,$B=\{(x,y)||xy|+1=|x|+|y|\}$.若 $A\cap B$ 是平面上正八边形的顶点所构成的集合,则 a 的值为＿＿＿＿.

13. 记函数 $f(x)$ 的定义域为 $\mathbf{D}$,若存在 $x_0\in\mathbf{D}$,使 $f(x_0)=x_0$ 成立,则称 (x_0,y_0) 为坐标的点为函数 $f(x)$ 图像上的不动点.

(1) 若函数 $f(x)=\dfrac{3x+a}{x+b}$ 图像上有两个关于原点对称的不动点,求 a,b 应满足的条件;

(2) 在(1)的条件下,若 $a=8$,记函数 $f(x)$ 图像上有两个不动点分别为 A_1,A_2,P 为函数 $f(x)$ 图像上的另一点,其纵坐标 $y_p>3$,求点 P 到直线 A_1A_2 距离的最小值及取得最小值时的坐标;

(3) 下述命题:"若定义在 $\mathbf{R}$ 上的奇函数 $f(x)$ 图像上存在有限个不动点,则不动点有奇数个"是否正确? 若正确,给予证明;若不正确,请举一反例.

§3.4　函数的奇偶性和函数的单调性

1. 函数的奇偶性

一般地,对于函数 $f(x)$:

若对于定义域 $\mathbf{D}$ 内任意一个 x,都有 $f(-x)=-f(x)$,那么函数 $f(x)$ 就叫作**奇函数**;

若对于定义域 $\mathbf{D}$ 内任意一个 x,都有 $f(-x)=f(x)$,那么函数 $f(x)$ 就叫作**偶函数**.

奇函数图像关于原点对称,偶函数图像关于 y 轴对称.

判断奇偶性的方法:

(1) 定义法

① 先求出函数的定义域,若函数定义域不关于原点对称,则此函数不具有奇偶性;若函数定义域关于原点对称;

② 再判断 $f(x)$ 与 $f(-x)$ 关系:若 $f(-x)=f(-x)$ 则是偶函数;若 $f(-x)=-f(x)$,则 $f(x)$ 是奇函数.

(2) 图像法

函数图像关于 y 轴对称⇔此函数是偶函数.函数图像关于原点对称⇔函数是奇函数.

注:① 函数的奇偶性是函数整体的性质.

② 奇函数的定义域中含有 0,则 $f(0)=0$.

③ 我们通常利用函数的奇偶性来简化作图的过程.

④ 一个定义在$(-\infty,+\infty)$上的函数 $f(x)$,可以表示为一个偶函数和一个奇函数的和.

(3) 奇偶性的等价形式

对于定义域内的任意一个 x,

$f(-x)=f(x)$⇔$f(-x)-f(x)=0$⇔$f(x)$是偶函数⇔函数图像关于 y 轴对称.

$f(-x)=-f(x)$⇔$f(-x)+f(x)=0$⇔$f(x)$是奇函数⇔函数图像关于原点对称.

推广:① $f(a+x)$是偶函数⇔$f(a+x)=f(a-x)$⇔$f(x)=f(2a-x)$⇔$f(x)$关于 $x=a$ 对称.

② $f(a+x)=f(b-x)$⇔$f(x)$关于 $x=\dfrac{a+b}{2}$对称.

③ $f(a+x)$是奇函数⇔$f(a-x)=-f(a+x)$⇔$f(x)$关于点$(a,0)$成中心对称.

④ $f(x+a)=f(x-a)$⇔$f(x+2a)=f(x)$⇔$f(x)$是周期 $T=2a,(a\neq0)$的周期函数.

2. 函数的单调性

一般地,设函数 $f(x)$的定义域为 **D**,如果对于定义域 **D** 内的某个区间上的任意两个自变量的值 x_1,x_2,

当$x_1<x_2$ 时,如果总有 $f(x_1)<f(x_2)$,那么就称 $f(x)$在这个区间上是**严格单调增函数**;

当$x_1<x_2$ 时,如果总有 $f(x_1)>f(x_2)$,那么就称 $f(x)$在这个区间上是**严格单调减函数**;

当$x_1<x_2$ 时,如果总有 $f(x_1)\leqslant f(x_2)$,那么就称 $f(x)$在这个区间上是**单调增函数**;

当$x_1<x_2$ 时,如果总有 $f(x_1)\geqslant f(x_2)$,那么就称 $f(x)$在这个区间上是**单调减函数**;

"严格增""严格减""增""减"统称为函数的**单调性**.

如果函数 $f(x)$在某个区间 I 上是增(减)函数,那么就称函数 $f(x)$在区间 I 上是**单调函数**,并称区间 I 是 $f(x)$的一个**单调区间**.

结论:奇函数在对称的两个区间上的单调性相同;偶函数在对称的两个区间上单调性相反.

注意:① 函数的单调性与"区间"紧密相关,函数在不同的区间上可有不同的单调性.

② 单调性是函数**局部的性质**(定义域的某个区间上),奇偶性是**整体的性质**(整个定义域上).如:虽然函数 $y=\dfrac{1}{x}$ 在 $(-\infty,0)$ 上单调递减,在 $(0,+\infty)$ 上也单调递减,

但我们不能说:函数 $y=\dfrac{1}{x}$ 在 $(-\infty,0)\bigcup(0,+\infty)$ 上单调递减.

例1. 已知定义域为 **R** 的函数 $f(x)=\dfrac{-2^x+b}{2^{x+1}+a}$ 是奇函数.

(1) 求 a,b 的值;

(2) 若对任意的 $t\in\mathbf{R}$,不等式 $f(t^2-2t)+f(2t^2-k)<0$ 恒成立,求 k 的取值范围.

解:(Ⅰ) 因为 $f(x)$ 是奇函数,所以 $f(0)=0$,即 $\dfrac{b-1}{a+2}=0\Rightarrow b=1$　∴　$f(x)=\dfrac{1-2^x}{a+2^{x+1}}$.

又由 $f(1)=-f(-1)$ 知 $\dfrac{1-2}{a+4}=-\dfrac{1-\frac{1}{2}}{a+1}\Rightarrow a=2.$

(Ⅱ)(解法一) 由(Ⅰ)知 $f(x)=\dfrac{1-2^x}{2+2^{x+1}}=-\dfrac{1}{2}+\dfrac{1}{2^x+1}$,易知 $f(x)$ 在 $(-\infty,+\infty)$ 上为严格减函数.

又因 $f(x)$ 是奇函数,从而

不等式 $f(t^2-2t)+f(2t^2-k)<0$ 等价于 $f(t^2-2t)<-f(2t^2-k)=f(k-2t^2)$,

因 $f(x)$ 为严格减函数,由上式推得:

$t^2-2t>k-2t^2$.即对一切 $t\in\mathbf{R}$ 有:$3t^2-2t-k>0$,

从而判别式 $\Delta=4+12k<0\Rightarrow k<-\dfrac{1}{3}$.

(解法二) 由(Ⅰ)知 $f(x)=\dfrac{1-2^x}{2+2^{x+1}}$.又由题设条件得:

$$\dfrac{1-2^{t^2-2t}}{2+2^{t^2-2t+1}}=\dfrac{1-2^{2t^2-k}}{2+2^{2t^2-k+1}}<0,$$

即　　　　　　　$(2^{2t^2-k+1}+2)(1-2^{t^2-2t})+(2^{t^2-2t+1}+2)(1-2^{2t^2-k})<0,$

整理得 $2^{3t^2-2t-k}>1$,因底数 $2>1$,故:$3t^2-2t-k>0$

上式对一切 $t\in\mathbf{R}$ 均成立,从而判别式 $\Delta=4+12k<0\Rightarrow k<-\dfrac{1}{3}$.

例2. (1) 已知:$f(x)=\dfrac{4x^2-12x-3}{2x+1},x\in[0,1]$,求函数 $f(x)$ 的单调区间和值域;

(2) $a\geqslant1$,函数 $g(x)=x^3-3a^2x-2a,x\in[0,1]$,判断函数 $g(x)$ 的单调性并予以证明;

(3) 当 $a\geqslant1$ 时,上述(1)、(2)小题中的函数 $f(x)$、$g(x)$,若对任意 $x_1\in[0,1]$,总存在 $x_2\in[0,1]$,使得 $g(x_2)=f(x_1)$ 成立,求 a 的取值范围.

解:(1) $y=f(x)=2x+1+\dfrac{4}{2x+1}-8$,设 $t=2x+1,1\leqslant t\leqslant3$,

则 $y=t+\dfrac{4}{t}-8,t\in[1,3]$.

任取 t_1、$t_2 \in [1,3]$，且 $t_1 < t_2$，$f(t_1) - f(t_2) = \dfrac{(t_1 - t_2)(t_1 t_2 - 4)}{t_1 t_2}$，

当 $1 \leqslant t \leqslant 2$，即 $0 \leqslant x \leqslant \dfrac{1}{2}$ 时，$f(x)$ 单调递减；

当 $2 < t \leqslant 3$，即 $\dfrac{1}{2} < x \leqslant 1$ 时，$f(x)$ 单调递增．

由 $f(0) = -3$，$f\left(\dfrac{1}{2}\right) = -4$，$f(1) = -\dfrac{11}{3}$，得 $f(x)$ 的值域为 $[-4, -3]$．

(2) 设 x_1、$x_2 \in [0,1]$，且 $x_1 < x_2$，

则 $g(x_1) - g(x_2) = (x_1 - x_2)(x_1^2 + x_1 x_2 + x_2^2 - 3a^2) > 0$，

所以 $g(x)$ 单调递减．

(3) 由 $g(x)$ 的值域为：$1 - 3a^2 - 2a = g(1) \leqslant g(x) \leqslant g(0) = -2a$，

所以满足题设仅需：$1 - 3a^2 - 2a \leqslant -4 \leqslant -3 \leqslant -2a$，

解得，$1 \leqslant a \leqslant \dfrac{3}{2}$．

例 3. 设 $f(x)$ 是定义在 **R** 上的奇函数，且当 $x \geqslant 0$ 时，$f(x) = x^2$．若对任意的 $x \in [a, a+2]$，不等式 $f(x+a) \geqslant 2f(x)$ 恒成立，求实数 a 的取值范围．

解：由题设知 $f(x) = \begin{cases} x^2 & (x \geqslant 0), \\ -x^2 & (x < 0). \end{cases}$ 则 $2f(x) = f(\sqrt{2}\,x)$．

因此，原不等式等价于 $f(x+a) \geqslant f(\sqrt{2}\,x)$．

因为 $f(x)$ 在 **R** 上是严格增函数，所以 $x + a \geqslant \sqrt{2}\,x$，

即 $a \geqslant (\sqrt{2} - 1)x$．

又 $x \in [a, a+2]$，所以当 $x = a+2$ 时，$(\sqrt{2} - 1)x$ 取得最大值 $(\sqrt{2} - 1)(a+2)$．

因此，$a \geqslant (\sqrt{2} - 1)(a+2)$，解得 $a \geqslant \sqrt{2}$．

故 a 的取值范围是 $[\sqrt{2}, +\infty)$．

例 4. 已知函数 $f(x) = \sqrt{x^2 + 1} - ax$，其中 $a > 0$．

(1) 若 $2f(1) = f(-1)$，求 a 的值；

(2) 证明：当且仅当 $a \geqslant 1$ 时，函数 $f(x)$ 在区间 $[0, +\infty)$ 上为单调函数；

(3) 若函数 $f(x)$ 在区间 $[1, +\infty)$ 上是严格增函数，求 a 的取值范围．

解：(1) 由 $2f(1) = f(-1)$，可得：$2\sqrt{2} - 2a = \sqrt{2} + a$，$a = \dfrac{\sqrt{2}}{3}$

(2) 任取 $0 \leqslant x_1 < x_2$

$$\begin{aligned} f(x_1) - f(x_2) &= \sqrt{x_1^2 + 1} - ax_1 - \sqrt{x_2^2 + 1} + ax_2 \\ &= \sqrt{x_1^2 + 1} - \sqrt{x_2^2 + 1} - a(x_1 - x_2) \\ &= \frac{x_1^2 - x_2^2}{\sqrt{x_1^2 + 1} + \sqrt{x_2^2 + 1}} - a(x_1 - x_2) \\ &= (x_1 - x_2)\left(\frac{x_1 + x_2}{\sqrt{x_1^2 + 1} + \sqrt{x_2^2 + 1}} - a\right). \end{aligned}$$

因为 $0 \leqslant x_1 < \sqrt{x_1^2+1}$, $0 < x_2 < \sqrt{x_2^2+1}$,所以 $0 < \dfrac{x_1+x_2}{\sqrt{x_1^2+1}+\sqrt{x_2^2+1}} < 1$.

若 $a \geqslant 1$,则 $f(x_1)-f(x_2)>0$, $f(x)$ 在 $[0,+\infty)$ 严格递减.

若函数 $f(x)$ 在 $x \in [0,+\infty)$ 为单调函数,则要使得 $\dfrac{x_1+x_2}{\sqrt{x_1^2+1}+\sqrt{x_2^2+1}} - a$ 对于一切满足条件的 x_1 、 x_2 恒为正或恒为负,又 $a>0$,所以必须恒为负,所以 $a \geqslant 1$.

综上所述,当且仅当 $a \geqslant 1$ 时,函数 $f(x)$ 在 $x \in [0,+\infty)$ 为严格减函数.

(3) 任取 $1 \leqslant x_1 < x_2$,

$f(x_1)-f(x_2)=(x_1-x_2)\left(\dfrac{x_1+x_2}{\sqrt{x_1^2+1}+\sqrt{x_2^2+1}} - a \right)$,因为 $f(x)$ 严格递增,

所以 $f(x_1)-f(x_2)<0$,又 $x_1-x_2<0$,那么 $\dfrac{x_1+x_2}{\sqrt{x_1^2+1}+\sqrt{x_2^2+1}} - a > 0$ 恒成立.

$\dfrac{\sqrt{2}}{2} < \dfrac{x_1+x_2}{\sqrt{x_1^2+1}+\sqrt{x_2^2+1}} < 1$,所以 $0 < a \leqslant \dfrac{\sqrt{2}}{2}$.

例 5. 定义在 $(0,+\infty)$ 上的函数 $f(x)$ 满足 $f(xy)=f(x)+f(y)$ 对所有的正数 x 、 y 都成立, $f(2)=-1$,且当 $x>1$, $f(x)<0$.若关于 x 的不等式 $f(kx)-f(x^2-kx+1) \geqslant 1$ 在 $(0,+\infty)$ 上恒成立,求实数 k 的取值范围.

解: 首先证明, $f(x)$ 在 $(0,+\infty)$ 上严格递减;

设 $x_1>x_2>0$,则 $f(x_1)-f(x_2)=f\left(x_2 \cdot \dfrac{x_1}{x_2}\right)-f(x_2)=f\left(\dfrac{x_1}{x_2}\right)$,

∵ $x_1>x_2>0$; ∴ $\dfrac{x_1}{x_2}>1$;又 $x>1$ 时, $f(x)<0$; ∴ $f\left(\dfrac{x_1}{x_2}\right)<0$;

∴ $f(x_1)-f(x_2)<0$; ∴ $f(x_1)<f(x_2)$;

∴ $f(x)$ 在 $(0,+\infty)$ 上严格递减;

∵ $f(2)=-1$, $f(xy)=f(x)+f(y)$;

由 $f(kx)-f(x^2-kx+1) \geqslant 1$ 得 $f(2kx) \geqslant f(x^2-kx+1)$.

又 $f(x)$ 在 $(0,+\infty)$ 上严格递减,

∴ $\begin{cases} 2kx>0, \\ x^2-kx+1>0, \\ 2kx \leqslant x^2-kx+1. \end{cases}$ ∴ $\begin{cases} k>0, \\ k<x+\dfrac{1}{x}, \\ k \leqslant \dfrac{1}{3}\left(x+\dfrac{1}{x}\right). \end{cases}$ ∴ $\begin{cases} k>0, \\ k<2, \\ k \leqslant \dfrac{2}{3}. \end{cases}$ ∴ $0<k \leqslant \dfrac{2}{3}$.

基础练习

1. 已知 $f(x)$ 是偶函数, $x \in \mathbf{R}$,当 $x>0$ 时, $f(x)$ 为严格增函数,若 $x_1<0$, $x_2>0$,且 $|x_1|<|x_2|$,则　　　　　　　　　　　　　　(　).

(A) $f(-x_1)>f(-x_2)$ 　　　　　　　(B) $f(-x_1)<f(-x_2)$

(C) $-f(x_1)>f(-x_2)$ 　　　　　　　(D) $-f(x_1)<f(-x_2)$

2. 判断下列各函数的奇偶性:

(1) $f(x)=(x-1)\sqrt{\dfrac{1+x}{1-x}}$;

(2) $f(x)=\begin{cases} x^2+x & (x<0), \\ -x^2+x & (x>0). \end{cases}$

3. 已知 $f(x)$ 是定义在 $(0,+\infty)$ 上的严格减函数,若 $f(2a^2+a+1)<f(3a^2-4a+1)$ 成立,求 a 的取值范围.

4. 已知定义域为 $(-\infty,0)\bigcup(0,+\infty)$ 的函数 $f(x)$ 是偶函数,并且在 $(-\infty,0)$ 上是严格增函数,若 $f(-3)=0$,求不等式 $\dfrac{x}{f(x)}<0$ 的解集.

5. 已知 $f(x)$ 是 **R** 上的奇函数,且当 $x\in(0,+\infty)$ 时,$f(x)=x(1+\sqrt[3]{x})$,求 $f(x)$ 的解析式.

6. 若 $f(x)$ 为奇函数,且在 $(-\infty,0)$ 上是严格减函数,又 $f(-2)=0$.求 $x\cdot f(x)<0$ 的解集.

7. 设 $a>0$,$f(x)=\dfrac{e^x}{a}+\dfrac{a}{e^x}$ 是 **R** 上的偶函数.

(1) 求 a 的值;

(2) 证明 $f(x)$ 在 $(0,+\infty)$ 上为增函数.

8. 已知函数 $f(x)$ 对一切 $x,y\in\mathbf{R}$,都有 $f(x+y)=f(x)+f(y)$,

(1) 求证:$f(x)$ 是奇函数;

(2) 若 $f(-3)=a$,用 a 表示 $f(12)$.

9. 设 $f(x)$ 是 **R** 上的偶函数,且在区间 $(-\infty,0)$ 上严格递增,若 $f(3a^2+2a+1)>f(2a^2-a+1)$ 成立,求 a 的取值范围.

10. 设函数 $f(x)$ 在 $(-\infty,0)\bigcup(0,+\infty)$ 上是奇函数,又 $f(x)$ 在 $(0,+\infty)$ 上是严格减函数,并且 $f(x)<0$,指出 $F(x)=\dfrac{1}{f(x)}$ 在 $(-\infty,0)$ 上的增减性? 并证明.

11. 已知函数 $y=x+\dfrac{a}{x}$ 有如下性质:如果常数 $a>0$,那么该函数在 $(0,\sqrt{a}]$ 上是严格减函数,在 $[\sqrt{a},+\infty)$ 上是严格增函数.

(1) 如果函数 $y=x+\dfrac{b^2}{x}(x>0)$ 的值域为 $[6,+\infty)$,求 b 的值;

(2) 研究函数 $y=x^2+\dfrac{c}{x^2}$(常数 $c>0$)在定义域内的单调性,并说明理由;

(3) 对函数 $y=x+\dfrac{a}{x}$ 和 $y=x^2+\dfrac{a}{x^2}$(常数 $a>0$)作出推广,使它们都是你所推广的函数的特例.研究推广后的函数的单调性(只须写出结论,不必证明).

12. 定义在 $[-1,1]$ 上的奇函数 $f(x)$ 满足 $f(1)=2$,且当 $a,b\in[-1,1]$,$a+b\neq0$ 时,有 $\dfrac{f(a)+f(b)}{a+b}>0$.

(1) 判定函数 $f(x)$ 在 $[-1,1]$ 的单调性并加以证明;

(2) 若 $\dfrac{1}{2}f(x)\leqslant m^2+2am+1$ 对所有 $x\in[-1,1]$,$a\in[-1,1]$ 恒成立,求 m 的取值

范围.

13. 已知函数 $f(x)=\dfrac{\sqrt{3}x}{a}+\dfrac{\sqrt{3}(a-1)}{x}(a\neq 0$ 且 $a\neq 1)$.

(1) 试就实数 a 的不同取值,写出该函数的严格递增区间;

(2) 已知当 $x>0$ 时,函数在 $(0,\sqrt{6})$ 上严格递减,在 $(\sqrt{6},+\infty)$ 上严格递增,求 a 的值并写出函数的解析式;

(3) 记(2)中的函数的图像为曲线 C,试问是否存在经过原点的直线 l,使得 l 为曲线 C 的对称轴? 若存在,求出 l 的方程;若不存在,请说明理由.

14. 定义在 **D** 上的函数 $f(x)$,如果满足:对任意 $x\in \mathbf{D}$,存在常数 $M>0$,都有 $|f(x)|\leqslant M$ 成立,则称 $f(x)$ 是 **D** 上的有界函数,其中 M 称为函数 $f(x)$ 的上界.

已知函数 $f(x)=1+a\cdot\left(\dfrac{1}{2}\right)^{x}+\left(\dfrac{1}{4}\right)^{x}$;$g(x)=\dfrac{1-m\cdot 2^{x}}{1+m\cdot 2^{x}}$.

(1) 当 $a=1$ 时,求函数 $f(x)$ 在 $(-\infty,0)$ 上的值域,并判断函数 $f(x)$ 在 $(-\infty,0)$ 上是否为有界函数,请说明理由;

(2) 若函数 $f(x)$ 在 $[0,+\infty)$ 上是以 3 为上界的有界函数,求实数 a 的取值范围;

(3) 若 $m>0$,函数 $g(x)$ 在 $[0,1]$ 上的上界是 $T(m)$,求 $T(m)$ 的取值范围.

15. 已知定义在 **R** 上的函数 $f(x)$ 满足:$f(1)=\dfrac{5}{2}$,且对于任意实数 x,y,总有 $f(x)f(y)=f(x+y)+f(x-y)$ 成立.若对于任意非零实数 y,总有 $f(y)>2$.设有理数 x_{1},x_{2} 满足 $|x_{1}|<|x_{2}|$,判断 $f(x_{1})$ 和 $f(x_{2})$ 的大小关系,并证明你的结论.

§3.5 函数的最值

一般地,设函数 $y=f(x)$ 在 x_{0} 处的函数值是 $f(x_{0})$.如果函数定义域内任意 x,不等式 $f(x)\geqslant f(x_{0})$ 都成立,那么 $f(x_{0})$ 叫作函数 $y=f(x)$ 的**最小值**,记作 $y_{\min}=f(x_{0})$;如果函数定义域内任意 x,不等式 $f(x)\leqslant f(x_{0})$ 都成立,那么 $f(x_{0})$ 叫作函数 $y=f(x)$ 的**最大值**,记作 $y_{\max}=f(x_{0})$.函数的最大值和最小值,我们统称为函数的**最值**.

求函数值域(最值)的一般方法:

1. 利用基本初等函数的值域;

2. 配方法(二次函数或可转化为二次函数的函数);

3. 不等式法 $\left[\text{尤其注意形如 }y=x+\dfrac{k}{x}(k>0)\text{型函数}\right]$;

4. 函数的单调性:特别关注 $y=x+\dfrac{k}{x}(k>0)$ 的图像及性质;

5. 部分分式法、判别式法(分式函数);

6. 换元法(无理函数);

7. 数形结合法.

例1. 求下列函数的值域:

(1) $y=3x^{2}-x+2$;   (2) $y=\sqrt{-x^{2}-6x-5}$;

(3) $y=\dfrac{3x+1}{x-2}$;   (4) $y=x+4\sqrt{1-x}$;

(5) $y=|x-1|+|x+4|$;   (6) $y=\dfrac{2x^2-x+2}{x^2+x+1}$;

(7) $y=\dfrac{2x^2-x+1}{2x-1}\left(x>\dfrac{1}{2}\right)$.

解:(1) $\because$ $y=3x^2-x+2=3\left(x-\dfrac{1}{6}\right)^2+\dfrac{23}{12}\geqslant\dfrac{23}{12}$,

$\therefore$ $y=3x^2-x+2$ 的值域为 $\left[\dfrac{23}{12},+\infty\right)$.

(2) 设 $\mu=-x^2-6x-5(\mu\geqslant0)$,则原函数可化为 $y=\sqrt{\mu}$.

又 $\because$ $\mu=-x^2-6x-5=-(x+3)^2+4\leqslant4$,

$\therefore$ $0\leqslant\mu\leqslant4$,故 $\sqrt{\mu}\in[0,2]$,

$\therefore$ $y=\sqrt{-x^2-6x-5}$ 的值域为 $[0,2]$.

(3) $y=\dfrac{3x+1}{x-2}=\dfrac{3(x-2)+7}{x-2}=3+\dfrac{7}{x-2}$,

$\because$ $\dfrac{7}{x-2}\neq0$, $\therefore$ $3+\dfrac{7}{x-2}\neq3$,

$\therefore$ 函数 $y=\dfrac{3x+1}{x-2}$ 的值域为 $\{y\in\mathbf{R}\mid y\neq3\}$.

(4) 设 $t=\sqrt{1-x}\geqslant0$,则 $x=1-t^2$,

$\therefore$ 原函数可化为 $y=1-t^2+4t=-(t-2)^2+5(t\geqslant0)$, $\therefore$ $y\leqslant5$,

$\therefore$ 原函数值域为 $(-\infty,5]$.

(5) **数形结合法**: $y=|x-1|+|x+4|=\begin{cases}-2x-3 & (x\leqslant-4),\\ 5 & (-4<x<1),\\ 2x+3 & (x\geqslant1).\end{cases}$

$\therefore$ $y\geqslant5$, $\therefore$ 函数值域为 $[5,+\infty)$.

(6) **判别式法**: $\because$ $x^2+x+1>0$ 恒成立, $\therefore$ 函数的定义域为 $\mathbf{R}$.

由 $y=\dfrac{2x^2-x+2}{x^2+x+1}$ 得: $(y-2)x^2+(y+1)x+y-2=0$ ①

① 当 $y-2=0$ 即 $y=2$ 时,①即 $3x+0=0$, $\therefore$ $x=0\in\mathbf{R}$

② 当 $y-2\neq0$ 即 $y\neq2$ 时, $\because$ $x\in\mathbf{R}$ 时方程 $(y-2)x^2+(y+1)x+y-2=0$ 恒有实根,

$\therefore$ $\Delta=(y+1)^2-4\times(y-2)^2\geqslant0$, $\therefore$ $1\leqslant y\leqslant5$ 且 $y\neq2$,

$\therefore$ 原函数的值域为 $[1,5]$.

(7) $y=\dfrac{2x^2-x+1}{2x-1}=\dfrac{x(2x-1)+1}{2x-1}=x+\dfrac{1}{2x-1}=x-\dfrac{1}{2}+\dfrac{\dfrac{1}{2}}{x-\dfrac{1}{2}}+\dfrac{1}{2}$,

$\because$ $x > \dfrac{1}{2}$, $\therefore$ $x - \dfrac{1}{2} > 0$,

$\therefore$ $x - \dfrac{1}{2} + \dfrac{\frac{1}{2}}{x - \frac{1}{2}} \geqslant 2\sqrt{\left(x - \dfrac{1}{2}\right)\dfrac{\frac{1}{2}}{\left(x - \frac{1}{2}\right)}} = \sqrt{2}$,

当且仅当 $x - \dfrac{1}{2} = \dfrac{\frac{1}{2}}{x - \frac{1}{2}}$ 时，即 $x = \dfrac{1 + \sqrt{2}}{2}$ 时等号成立.

$\therefore$ $y \geqslant \sqrt{2} + \dfrac{1}{2}$,

$\therefore$ 原函数的值域为 $\left[\sqrt{2} + \dfrac{1}{2}, +\infty\right)$.

注：（1）函数的值域必须重视定义域对值域的限制和影响.

（2）函数的最值问题实质上是函数的值域问题，因此求函数值域的方法，也是求函数的最值的方法，只是答题的方式有所差异.

（3）无论用什么方法求最值，都要检查"等号"是否成立，不等式法及判别式法尤其如此.

例 2. 设 $x, y \in \mathbf{R}^+$，$x + y = c$，c 为常数且 $c \in (0, 2]$，求 $u = \left(x + \dfrac{1}{x}\right)\left(y + \dfrac{1}{y}\right)$ 的最小值.

解： $u = \left(x + \dfrac{1}{x}\right)\left(y + \dfrac{1}{y}\right) = xy + \dfrac{x}{y} + \dfrac{y}{x} + \dfrac{1}{xy}$

$\geqslant xy + \dfrac{1}{xy} + 2 \cdot \sqrt{\dfrac{x}{y} \cdot \dfrac{y}{x}}$

$= xy + \dfrac{1}{xy} + 2$.

令 $xy = t$，则 $0 < t = xy \leqslant \dfrac{(x+y)^2}{4} = \dfrac{c^2}{4}$，设 $f(t) = t + \dfrac{1}{t}$，$0 < t \leqslant \dfrac{c^2}{4}$.

因为 $0 < c \leqslant 2$，所以 $0 < \dfrac{c^2}{4} \leqslant 1$，所以 $f(t)$ 在 $\left(0, \dfrac{c^2}{4}\right]$ 上单调递减.

所以 $f(t)_{\min} = f\left(\dfrac{c^2}{4}\right) = \dfrac{c^2}{4} + \dfrac{4}{c^2}$，所以 $u \geqslant \dfrac{c^2}{4} + \dfrac{4}{c^2} + 2$.

当 $x = y = \dfrac{c}{2}$ 时，等号成立. 所以 u 的最小值为 $\dfrac{c^2}{4} + \dfrac{4}{c^2} + 2$.

例 3. 设 a 为实数，函数 $f(x) = x^2 + |x - a| + 1$，$x \in \mathbf{R}$.

（1）讨论 $f(x)$ 的奇偶性；

（2）求 $f(x)$ 的最小值.

解：（1）当 $a = 0$ 时，$f(-x) = (-x^2) + |-x| + 1 = f(x)$，此时 $f(x)$ 为偶函数；

当 $a \neq 0$ 时，$f(a) = a^2 + 1$，$f(-a) = a^2 + 2|a| + 1$，$\therefore$ $f(-a) \neq f(a)$，$f(-a) \neq -f(a)$，此时函数 $f(x)$ 既不是奇函数也不是偶函数.

（2）① 当 $x \leqslant a$ 时，函数 $f(x) = x^2 - x + a + 1 = \left(x - \dfrac{1}{2}\right)^2 + a + \dfrac{3}{4}$，

若 $a \leqslant \dfrac{1}{2}$，则函数 $f(x)$ 在 $(-\infty, a]$ 上严格递减，

∴ 函数 $f(x)$ 在 $(-\infty, a]$ 上的最小值为 $f(a) = a^2 + 1$；

若 $a > \dfrac{1}{2}$，函数 $f(x)$ 在 $(-\infty, a]$ 上的最小值为 $f\left(\dfrac{1}{2}\right) = \dfrac{3}{4} + a$，且 $f\left(\dfrac{1}{2}\right) \leqslant f(a)$.

② 当 $x \geqslant a$ 时，函数 $f(x) = x^2 + x - a + 1 = \left(x + \dfrac{1}{2}\right)^2 - a + \dfrac{3}{4}$，

若 $a \leqslant -\dfrac{1}{2}$，则函数 $f(x)$ 在 $[a, +\infty)$ 上的最小值为 $f\left(-\dfrac{1}{2}\right) = \dfrac{3}{4} - a$，且 $f\left(-\dfrac{1}{2}\right) \leqslant f(a)$；

若 $a > -\dfrac{1}{2}$，则函数 $f(x)$ 在 $[a, +\infty)$ 上严格递增，

∴ 函数 $f(x)$ 在 $[a, +\infty)$ 上的最小值 $f(a) = a^2 + 1$.

综上，当 $a \leqslant -\dfrac{1}{2}$ 时，函数 $f(x)$ 的最小值是 $\dfrac{3}{4} - a$，

当 $-\dfrac{1}{2} < a \leqslant \dfrac{1}{2}$ 时，函数 $f(x)$ 的最小值是 $a^2 + 1$，

当 $a > \dfrac{1}{2}$ 时，函数 $f(x)$ 的最小值是 $a + \dfrac{3}{4}$.

例 4. 函数 $y = f(x)$ 的定义域为 **R**，若存在常数 $M > 0$，使得 $|f(x)| \geqslant M|x|$ 对一切实数 x 均成立，则称 $f(x)$ 为"圆锥托底型"函数.

(1) 判断函数 $f(x) = 2x$，$g(x) = x^3$ 是否为"圆锥托底型"函数？并说明理由.

(2) 若 $f(x) = x^2 + 1$ 是"圆锥托底型"函数，求出 M 的最大值.

(3) 问实数 k、b 满足什么条件，$f(x) = kx + b$ 是"圆锥托底型"函数.

解：(1) ∵ $|2x| = 2|x| \geqslant 2|x|$，即对于一切实数 x 使得 $|f(x)| \geqslant 2|x|$ 成立，

∴ $f(x) = 2x$"圆锥托底型"函数.

对于 $g(x) = x^3$，如果存在 $M > 0$ 满足 $|x^3| \geqslant M|x|$，

而当 $x = \sqrt{\dfrac{M}{2}}$ 时，由 $\left|\sqrt{\dfrac{M}{2}}\right|^3 \geqslant M\left|\sqrt{\dfrac{M}{2}}\right|$，∴ $\dfrac{M}{2} \geqslant M$，得 $M \leqslant 0$，矛盾，

∴ $g(x) = x^3$ 不是"圆锥托底型"函数.

(2) ∵ $f(x) = x^2 + 1$ 是"圆锥托底型"函数，故存在 $M > 0$，

使得 $|f(x)| = |x^2 + 1| \geqslant M|x|$ 对于任意实数恒成立.

∴ 当 $x \neq 0$ 时，$M \leqslant \left|x + \dfrac{1}{x}\right| = |x| + \dfrac{1}{|x|}$，此时当 $x = \pm 1$ 时，$|x| + \dfrac{1}{|x|}$ 取得最小值 2，

∴ $M \leqslant 2$.

而当 $x = 0$ 时，$|f(0)| = |1| \geqslant M|0| = 0$ 也成立.

∴ M 的最大值等于 2.

(3) ① 当 $b = 0$，$k = 0$ 时，$f(x) = 0$，无论 M 取何正数，取 $x_0 \neq 0$，则有 $|f(x_0)| = 0 < M|x_0|$，$f(x) = 0$ 不是"圆锥托底型"函数.

② 当 $b = 0$，$k \neq 0$ 时，$f(x) = kx$，对于任意 x 有 $|f(x)| = |kx| \geqslant |k||x|$，此时可取 $0 < M \leqslant |k|$ ∴ $f(x) = kx$ 是"圆锥托底型"函数.

③ 当 $b\ne 0,k=0$ 时，$f(x)=b$，无论 M 取何正数，取 $|x_0|>\dfrac{|b|}{M}$，有 $|b|<M|x_0|$，

∴ $f(x)=b$ 不是"圆锥托底型"函数.

④ 当 $b\ne 0,k\ne 0$ 时，$f(x)=kx+b$，无论 M 取何正数，取 $x_0=-\dfrac{b}{k}\ne 0$，有 $|f(x_0)|=0$ $<M\left|-\dfrac{b}{k}\right|=M|x_0|$，∴ $f(x)=kx+b$ 不是"圆锥托底型"函数.

由上可得，仅当 $b=0,k\ne 0$ 时，$f(x)=kx+b$ 是"圆锥托底型"函数.

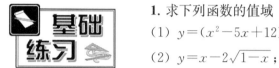

1. 求下列函数的值域

（1）$y=(x^2-5x+12)(x^2-5x+4)+21$；

（2）$y=x-2\sqrt{1-x}$；

（3）$y=x+\sqrt{10x-x^2-23}$；

（4）$f(x)=\sqrt{1+x}+\sqrt{1-x}$；

（5）$y=\dfrac{x^2-3x+4}{x^2+3x+4}$；

（6）$y=\dfrac{-x^2+30x}{x+2}$.

2. 求函数 $f(x)=x+\dfrac{m}{x+3}$，$x\in[0,+\infty)$ 的最小值.

3. 已知函数 $f(x)=\dfrac{ax^2+2ax-3}{x^2+2x+2}$，

（1）若 $a=1$，求函数 $f(x)$ 的值域；

（2）若对于任意的实数 x，$f(x)<0$ 恒成立，求实数 a 的取值范围.

4. 已知 $f(x)$ 的值域是 $\left[\dfrac{3}{8},\dfrac{4}{9}\right]$，试求 $y=f(x)+\sqrt{1-2f(x)}$ 的值域.

5. 若函数 $f(x)=-\dfrac{1}{2}x^2+\dfrac{13}{2}$ 在区间 $[a,b]$ 上的最小值为 $2a$，最大值为 $2b$，求 $[a,b]$.

6. 已知 $a,b(a\leqslant b)$ 为正整数，实数 x,y 满足 $x+y=4(\sqrt{x+a}+\sqrt{y+b})$，若 $x+y$ 的最大值为 40，则满足条件的数对 (a,b) 的个数为_____.

7. 已知函数 $f(x)=2-x^2$，$g(x)=x$. 若 $f(x)\cdot g(x)=\min\{f(x),g(x)\}$，那么 $f(x)\cdot g(x)$ 的最大值是_____.

8. 如图 3-15，在锐角 $\triangle ABC$ 中，$BC=9$，$AH\perp BC$ 于点 H，且 $AH=6$，点 D 为 AB 边上的任意一点，过点 D 作 $DE/\!/BC$，交 AC 于点 E. 设 $\triangle ADE$ 的高 AF 为 $x(0<x<6)$，以 DE 为折线将 $\triangle ADE$ 翻折，所得的 $\triangle A'DE$ 与梯形 $DBCE$ 重叠部分的面积记为 y（点 A 关于 DE 的对称点 A' 落在 AH 所在的直线上）.

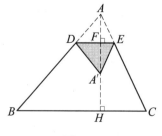

图 3-15

（1）分别求出当 $0<x\leqslant 3$ 与 $3<x<6$ 时，y 与 x 的函数关系式；

（2）当 x 取何值时，y 的值最大？最大值是多少？

9. 已知函数 $f(x)=\dfrac{1}{2^x-1}+a$ 是奇函数.

(1) 求常数 a 的值;

(2) 判断 $f(x)$ 的单调性并证明;

(3) 求函数 $f(x)$ 的值域.

10. 甲、乙两地相距 s 千米,汽车从甲地匀速行驶到乙地,速度不得超过 c 千米/时.已知汽车每小时的运输成本(以元为单位)由可变部分和固定部分组成:可变部分与速度 v(千米/时)的平方成正比,比例系数为 b;固定部分为 a 元.

(1) 把全部运输成本 y(元)表示成 v(千米/时)的函数,并指出它的定义域;

(2) 为使 y 最小,汽车应以多大速度行驶?

11. 要完成一项加工任务,其中包含 $6\,000$ 个 A 零件,$2\,000$ 个 B 零件.该厂有 214 名工人,每名工人加工 5 个 A 零件的时间可以加工 3 个 B 零件.现将工人分成两组,同时开始,分别加工这两种零件.为使该项任务尽快地全部完成,应如何分组?(每名工人只加工一种零件)

12. 求函数 $f(x)=\sqrt{x^4-3x^2-6x+13}-\sqrt{x^4-x^2+1}$ 的最大值.

13. 已知函数 $f(x)=2^x-\dfrac{a}{2^x}$.将 $y=f(x)$ 的图像向右平移两个单位,得到 $y=g(x)$ 图像.

(1) 求函数 $y=g(x)$ 的解析式;

(2) 若函数 $y=h(x)$ 与函数 $y=g(x)$ 图像关于直线 $y=1$ 对称,求函数 $y=h(x)$ 解析式;

(3) 设 $F(x)=\dfrac{1}{a}f(x)+h(x)$,已知 $f(x)$ 的最小值是 m,且 $m>2+\sqrt{7}$,求实数 a 的取值范围.

14. 已知函数 $f(x)=mx^2+(m-3)x+1$ 的图像与 x 轴的交点至少有一个在原点右侧,

(1) 求实数 m 的取值范围;

(2) 令 $t=-m+2$,求 $\left[\dfrac{1}{t}\right]$;(其中 $[t]$ 表示不超过 t 的最大整数);

(3) 对(2)中的 t,求函数 $g(t)=\dfrac{t+\dfrac{1}{t}}{\left[t\right]\left[\dfrac{1}{t}\right]+[t]+\left[\dfrac{1}{t}\right]+1}$ 的值域.

15. 已知函数 $f(x)=ax^2-|x|+2a-1$(a 为实常数).

(1) 若 $a=1$,作函数 $f(x)$ 的图像;

(2) 设 $f(x)$ 在区间 $[1,2]$ 上的最小值为 $g(a)$,求 $g(a)$ 的表达式;

(3) 设 $h(x)=\dfrac{f(x)}{x}$,若函数 $h(x)$ 在区间 $[1,2]$ 上是严格增函数,求实数 a 的取值范围.

16. 已知 $a>0$,函数 $f(x)=x|x-a|+1$($x\in\mathbf{R}$).

(1) 当 $a=1$ 时,求所有使 $f(x)=x$ 成立的 x 的值;

(2) 当 $a\in(0,3)$ 时,求函数 $y=f(x)$ 在闭区间 $[1,2]$ 上的最小值;

(3) 试讨论函数 $y=f(x)$ 的图像与直线 $y=a$ 的交点个数.

17. 设 a 为实数,设函数 $f(x)=a\sqrt{1-x^2}+\sqrt{1+x}+\sqrt{1-x}$ 的最大值为 $g(a)$.

(1) 设 $t=\sqrt{1+x}+\sqrt{1-x}$,求 t 的取值范围,并把 $f(x)$ 表示为 t 的函数 $m(t)$;

(2) 求 $g(a)$.

18. 求函数 $f(x)=\dfrac{x^4+4x^3+17x^2+26x+106}{x^2+2x+7}$ 在区间 $[-1,1]$ 上的值域.

§3.6　函数的周期性

设 $f(x)$ 是定义在数集 M 上的函数,如果存在非零常数 T 具有性质;

对所有的 $x\in M$ 有 $f(x+T)=f(x)$ 成立.则称 $f(x)$ 是数集 M 上的周期函数,常数 T 称为 $f(x)$ 的一个周期.如果在所有正周期中有一个最小的,则称它是函数 $f(x)$ 的最小正周期.

由定义可得:周期函数 $f(x)$ 的周期 T 是与 X 无关的非零常数,且周期函数不一定有最小正周期.

为了拓宽广大读者的视野,本书还提供大学数学教材中对周期函数的定义.请读者分别根据中学数学教材和大学教学教材中对周期函数的定义,思考问题.大学数学教材中对周期函数的定义为:设 $f(x)$ 是定义在数集 M 上的函数,如果存在非零常数 T 具有的性质;对所有的 $x\in M$,有 $x+T\in M$,有 $f(x\pm T)=f(x)$ 成立,则称 $f(x)$ 是数集 M 上的周期函数,常数 T 称为 $f(x)$ 的一个周期.

周期函数性质

(1) 若 $T(\neq 0)$ 是 $f(x)$ 的周期,则 $-T$ 也是 $f(x)$ 的周期.

(2) 若 $T(\neq 0)$ 是 $f(x)$ 的周期,则 nT(n 为任意非零整数)也是 $f(x)$ 的周期.

(3) 若 T_1 与 T_2 都是 $f(x)$ 的周期,则 $T_1\pm T_2$ 也是 $f(x)$ 的周期.

(4) 若 $f(x)$ 有最小正周期 T^*,那么 $f(x)$ 的任何正周期 T 一定是 T^* 的正整数倍.

(5) 周期函数 $f(x)$ 的定义域 M 必定是双方无界的集合.

具有周期性的抽象函数

函数 $y=f(x)$ 满足对定义域内任一实数 x 满足(其中 a 为常数),

① $f(x)=f(x+a)$,则 $y=f(x)$ 是以 $T=a$ 为周期的周期函数;

② $f(x+a)=-f(x)$,则 $f(x)$ 是以 $T=2a$ 为周期的周期函数;

③ $f(x+a)=\pm\dfrac{1}{f(x)}$,则 $f(x)$ 是以 $T=2a$ 为周期的周期函数;

④ $f(x+a)=f(x-a)$,则 $f(x)$ 是以 $T=2a$ 为周期的周期函数;

⑤ $f(x+a)=\dfrac{1-f(x)}{1+f(x)}$,则 $f(x)$ 是以 $T=2a$ 为周期的周期函数.

⑥ $f(x+a)=-\dfrac{1-f(x)}{1+f(x)}$,则 $f(x)$ 是以 $T=4a$ 为周期的周期函数.

⑦ $f(x+a)=\dfrac{1+f(x)}{1-f(x)}$,则 $f(x)$ 是以 $T=4a$ 为周期的周期函数.

例 1. 设函数 $f(x)$ 在 $(-\infty,+\infty)$ 上满足 $f(2-x)=f(2+x)$,$f(7-x)=f(7+x)$,且在闭区间 $[0,7]$ 上,只有 $f(1)=f(3)=0$.

(1) 试判断函数 $y=f(x)$ 的奇偶性;

(2) 试求方程 $f(x)=0$ 在闭区间 $[-2\,005,2\,005]$ 上的根的个数,并证明你的结论.

解：(1) 由 $f(2-x)=f(2+x)$,$f(7-x)=f(7+x)$ 得函数 $y=f(x)$ 的对称轴为 $x=2$,$x=7$.由前面的知识可知函数的一个周期为 $T=10$.

因为函数 $y=f(x)$ 在 $[0,7]$ 上只有 $f(1)=f(3)=0$,

可知 $f(0)\neq0$,$f(7)\neq0$.

又 $f(3)=0$,且 $f(3)=f(3-10)=f(-7)$　∴　$f(-7)=0$.

而 $f(7)\neq0$ 且 $-f(7)\neq0$,则 $f(-7)\neq f(7)$,$f(-7)\neq-f(7)$.

因此,函数 $y=f(x)$ 既不是奇函数,也不是偶函数.

(2) 由 $f(3)=f(1)=0$,可得 $f(11)=f(13)=f(-7)=f(-9)=0$.

故函数 $y=f(x)$ 在 $[0,10]$ 和 $[-10,0]$ 上均有两个解,满足 $f(x)=0$;从而可知函数 $y=f(x)$ 在 $[0,2\,005]$ 上有 402 个解,在 $[-2\,005,0]$ 上有 400 个解.所以,函数 $y=f(x)$ 在 $[-2\,005,2\,005]$ 上共有 802 个解.

例 2. 若函数 $y=f(x)(x\in\mathbf{R})$ 的图像关于两点 $A(a,y_0)$ 和 $B(b,y_0)(n>a)$ 皆对称,$y=f(x)$ 是以 $2(b-a)$ 为周期的周期函数.

证明：据条件对 $x\in\mathbf{R}$ 有 $f(a+x)+f(a-x)=2y_0$,$f(b+x)+f(b-x)=2y_0$.

$$
\begin{aligned}
f[x+2(b-a)]&=f[b+(x+b-2a)]\\
&=2y_0-f[b-(x+b-2a)]\\
&=2y_0-f(2a-x)\\
&=2y_0-f[a+(a-x)]\\
&=2y_0-\{2y_0-f[a-(a-x)]\}\\
&=f(x).
\end{aligned}
$$

∴　函数 $y=f(x)$ 是以 $2(b-a)$ 为周期的周期函数.

例 3. 设函数 $y=f(x)$,$x\in\mathbf{R}$.

(1) 若函数 $y=f(x)$ 为偶函数并且图像关于直线 $x=a(a\neq0)$ 对称,求证:函数 $y=f(x)$ 为周期函数.

(2) 若函数 $y=f(x)$ 为奇函数并且图像关于直线 $x=a(a\neq0)$ 对称,求证:函数 $y=f(x)$ 是以 $4a$ 为周期的函数.

(3) 请对(2)中求证的命题进行推广,写出一个真命题,并予以证明.

解：(1) 由图像关于 $x=a$ 对称得 $f(2a-x)=f(x)$,即 $f(2a+x)=f(-x)$.

因为 $f(x)$ 为偶函数,所以 $f(-x)=f(x)$,从而 $f(2a+x)=f(x)$,所以 $f(x)$ 是以 $2a$ 为周期的函数.

(2) 若 $f(x)$ 为奇函数,则图像关于原点对称,$f(-x)=-f(x)$,

由条件得 $f(2a-x)=f(x)$,故 $f(2a+x)=f(-x)=-f(x)$,

所以 $f(4a+x)=f(x)$,$f(x)$ 是以 $4a$ 为周期的函数.

(3) 推广:若函数 $y=f(x)$ 图像关于点 (m,n) 对称且关于直线 $x=a(a\neq0$ 且 $a\neq m)$ 对称,则函数 $f(x)$ 是以 $4(m-a)$ 为周期的周期函数.

证明：由条件图像关于点 (m,n) 对称,故 $2n-f(x)=f(2m-x)$,又图像关于直线 $x=a$

$(a\neq0)$对称,$f(2a-x)=f(x)$,所以$2n-f(2a-x)=f(2m-x)$,即$2n-f(x)=f(2m-2a+x)$.

当$a=m$时,$f(x)=n$为常值函数,是周期函数.

当$a\neq m$时,由$2n-f(x)=f(2m-2a+x)$得
$$2n-f(2m-2a+x)=f(4m-4a+x)$$
∴　$2n-(2n-f(x))=f(4m-4a+x)$,因此$f[4(m-a)+x]=f(x)$,

所以$f(x)$是以$4(m-a)$为周期的函数.

例 4. 定义在 **R** 上的函数 $f(x)$ 满足:对任意的实数 x,存在非零常数 t,都有 $f(x+t)=-tf(x)$ 成立.

(1) 若函数 $f(x)=kx+3$,求实数 k 和 t 的值;

(2) 当 $t=2$ 时,若 $x\in[0,2]$,$f(x)=x(2-x)$,求函数 $f(x)$ 在闭区间 $[-2,6]$ 上的值域;

(3) 设函数 $f(x)$ 的值域为 $[-a,a]$,证明:函数 $f(x)$ 为周期函数.

解:(1) 由 $f(x+t)=-tf(x)$ 得,$k(x+t)+3=-t(kx+3)$ 对 $x\in$ **R** 恒成立,

即 $(k+kt)x+(k+3)t+3=0$ 对 $x\in$ **R** 恒成立,则 $\begin{cases}k(t+1)=0,\\(k+3)t+3=0,\\t\neq0,\end{cases}$ 即 $\begin{cases}k=0,\\t=-1.\end{cases}$

(2) 当 $x\in[0,2]$ 时,$f(x)=x(2-x)=1-(x-1)^2\in[0,1]$,

当 $x\in[-2,0]$ 时,即 $x+2\in[0,2]$,

由 $f(x+2)=-2f(x)$ 得 $f(x)=-\dfrac{1}{2}f(x+2)$,则 $f(x)\in\left[-\dfrac{1}{2},0\right]$,

当 $x\in[2,4]$ 时,即 $x-2\in[0,2]$,

由 $f(x+2)=-2f(x)$ 得 $f(x)=-2f(x-2)$,则 $f(x)\in[-2,0]$,

当 $x\in[4,6]$ 时,即 $x-2\in[2,4]$,

由 $f(x)=-2f(x-2)$ 得 $f(x)\in[0,4]$,

综上得函数 $f(x)$ 在闭区间 $[0,6]$ 上的值域为 $[-2,4]$.

(3) (证法一) 由函数 $f(x)$ 的值域为 $[-a,a]$ 得,$f(x+t)$ 的取值集合也为 $[-a,a]$,

当 $t>0$ 时,$f(x+t)=-tf(x)\in[-ta,ta]$,则 $\begin{cases}-ta=-a,\\ta=a,\end{cases}$ 即 $t=1$.

由 $f(x+1)=-f(x)$ 得 $f(x+2)=-f(x+1)=f(x)$,

则函数 $f(x)$ 是以 2 为周期的函数.

当 $t<0$ 时,$f(x+t)=-tf(x)\in[ta,-ta]$,则 $\begin{cases}-ta=a,\\ta=-a,\end{cases}$ 即 $t=-1$.

即 $f(x-1)=f(x)$,则函数 $f(x)$ 是以 1 为周期的函数.

故满足条件的函数 $f(x)$ 为周期函数.

(证法二) 由函数 $f(x)$ 的值域为 $[-a,a]$ 得,必存在 $x_0\in$ **R**,使得 $f(x_0)=a$,

当 $|t|>1$ 时,对 $t>1$,有 $f(x_0+t)=-tf(x_0)=-ta<-a$,

对 $t<-1$,有 $f(x_0+t)=-tf(x_0)=-ta>a$,则 $|t|>1$ 不可能;

当 $0 < |t| < 1$ 时,即 $\left|\dfrac{1}{t}\right| > 1$,$f(x_0) = -\dfrac{1}{t}f(x_0 + t)$,

由 $f(x)$ 的值域为 $[-a,a]$ 得,必存在 $x_0 \in \mathbf{R}$,使得 $f(x_0 + t) = a$,

仿上证法同样得 $0 < |t| < 1$ 也不可能,则必有 $|t| = 1$,以下同证法一.

1. 已知 $f(x)$ 是定义在 $\mathbf{R}$ 上的偶函数,并且满足 $f(x+2) = -\dfrac{1}{f(x)}$,当 $2 \leqslant x \leqslant 3$ 时 $f(x) = x$,求 $f(105.5)$ 的值.

2. 已知定义在 $\mathbf{R}$ 上的奇函数 $f(x)$ 满足 $f(x+2) = -f(x)$,求 $f(6)$ 的值.

3. 已知 $f(x)$ 是定义在 $\mathbf{R}$ 上的函数,$f(1) = 1$ 且对任意 $x \in \mathbf{R}$ 都有 $f(x+5) \geqslant f(x) + 5$,$f(x+1) \leqslant f(x) + 1$.若 $g(x) = f(x) + 1 - x$,则 $g(2\,002) = $ _____.

4. 已知函数 $f(x)$ 的图像关于点 $\left(-\dfrac{3}{4}, 0\right)$ 对称,且满足 $f(x) = -f\left(x + \dfrac{3}{2}\right)$,又 $f(-1) = 1$,$f(0) = -2$,求 $f(1) + f(2) + f(3) + \cdots + f(2\,006)$ 的值.

5. 设 $f(x)$ 是定义在 $\mathbf{R}$ 上的奇函数,且 $y = f(x)$ 的图像关于直线 $x = \dfrac{1}{2}$ 对称,求 $f(1) + f(2) + f(3) + f(4) + f(5)$ 的值.

6. 实数 $a > 0$,$y = f(x)$ 是定义在全体实数集 $\mathbf{R}$ 上的实值函数,对每一个实数 x,有 $f(x+a) = \dfrac{1}{2} + \sqrt{f(x) - [f(x)]^2}$,证明:$y = f(x)$ 是周期函数.

7. 设 $f(x)(x \in \mathbf{R})$ 对任意 $x \in \mathbf{R}$,有 $f(x + 1\,989) = f(x + 1\,988) + f(x + 1\,990)$,试证,函数 $y = f(x)$ 为周期函数.

8. 设 n 为正整数,规定:$f_n(x) = \underbrace{f\{f(\cdots f(x) \cdots)\}}_{n个f}$,已知 $f(x) = \begin{cases} 2(1-x) & (0 \leqslant x \leqslant 1), \\ x - 1 & (1 < x \leqslant 2). \end{cases}$

(1) 解不等式:$f(x) \leqslant x$;

(2) 设集合 $A = \{0, 1, 2\}$,对任意 $x \in A$,证明:$f_3(x) = x$;

(3) 求 $f_{2\,006}\left(\dfrac{8}{9}\right)$ 的值;

(4) 若集合 $B = \{x \mid f_{12}(x) = x, x \in [0, 2]\}$,证明:$B$ 中至少包含有 8 个元素.

9. 设 $f(x)$ 是定义在 $\mathbf{R}$ 上以 2 为周期的函数,对 $k \in \mathbf{Z}$,用 I_k 表示区间 $(2k-1, 2k+1)$,已知当 $x \in I_0$ 时,$f(x) = x^2$.

(1) 求 $f(x)$ 在 I_k 上的解析表达式;

(2) 对自然数 k,求集合 $M_k = \{a \mid$ 使方程 $f(x) = ax$ 在 I_k 上有两个不相等的实根$\}$.

10. 设 $f(x)$ 是定义在 $(-\infty, +\infty)$ 上以 2 为周期的函数,且是偶函数,在 $[0,1]$ 上,$f(x) = -2(x-1)^2 + 4$,

(1) 求当 $x \in [1, 2]$ 时的 $f(x)$ 的解析式;

(2) 若函数 $f(x)$ 的图形与过定点 $A(0, 2)$ 的直线在 $x \in [0, +\infty)$ 上有 4 个不同的交点,求此直线斜率的取值范围.

11. 设 $f(x)=|1-2x|, x\in[0,1]$, 记 $f_1(x)=f(x), f_2(x)=f[f_1(x)]$,

$f_3(x)=f[f_2(x)],\cdots,f_{n+1}(x)=f[f_n(x)]$, 试求方程 $f_n(x)=\dfrac{1}{2}x$ 在 $[0,1]$ 上有几个根?

12. 函数 f 定义在实数集上, 且对一切实数 x 满足等式: $f(2+x)=f(2-x)$ 和 $f(7+x)=f(7-x)$. 设 $x=0$ 是 $f(x)=0$ 的一个根, 记 $f(x)=0$ 在区间 $-1\,000\leqslant x\leqslant 1\,000$ 中的根的个数为 N. 求 N 的最小值.

13. 对于实数 x, 当且仅当 $n\leqslant x<n+1(n\in\mathbf{N}^*)$ 时, 规定 $[x]=n$,

(1) 求不等式 $4[x]^2-36[x]+45<0$ 的解;

(2) 某学校数学课外活动小组, 在坐标纸上某沙漠设计植树方案如下: 第 k 棵树种植在点 $P_k(x_k,y_k)$ 处, 其中 $x_1=1,y_1=1$, 当 $k\geqslant 2$ 时,

$$\begin{cases} x_k=x_{k-1}+1-5\left[\dfrac{k-1}{5}\right]+5\left[\dfrac{k-2}{5}\right], \\ y_k=y_{k-1}+\left[\dfrac{k-1}{5}\right]-\left[\dfrac{k-2}{5}\right]. \end{cases}$$

求 $2\,008$ 棵树种植点的坐标.

14. 设 f 是一个从实数集 $\mathbf{R}$ 映射到自身的函数, 并且对任何 $x\in\mathbf{R}$ 均有 $|f(x)|\leqslant 1$, 以及 $f\left(x+\dfrac{13}{42}\right)+f(x)=f\left(x+\dfrac{1}{6}\right)+f\left(\dfrac{1}{7}\right)$.

证明: f 是周期函数, 即存在一个非零实数 c, 使得对任何 $x\in\mathbf{R}$, 成立 $f(x+c)=f(x)$.

§3.7 简单的函数方程

一般含有未知函数的等式叫作**函数方程**. 如 $f(x+1)=x$, $f(-x)=f(x)$, $f(-x)=-f(x)$, $f(x+2)=f(x)$ 等, 其中 $f(x)$ 是未知函数. 能使函数方程成立的函数叫作**函数方程的解**. 如 $f(x)=x-1$、偶函数、奇函数、周期函数分别是上述各方程的解. 求函数方程的解或证明函数方程无解的过程叫**解函数方程**.

函数方程的解法

1. 代换法(或换元法)

把函数方程中的自变量适当地以别的自变量代换(代换时应注意使函数的定义域不会发生变化), 得到一个新的函数方程, 然后设法求得未知函数

例 1. 设 $ab\neq 0, a^2\neq b^2$, 求 $af(x)+bf\left(\dfrac{1}{x}\right)=cx$ 的解.

解: 分别用 $x=\dfrac{1}{t}, x=t$ 代入已知方程, 得

$$af\left(\dfrac{1}{t}\right)+bf(t)=\dfrac{c}{t} \tag{①}$$

$$af(t)+bf\left(\dfrac{1}{t}\right)=ct \tag{②}$$

由①, ②组成方程组, 解得 $f(t)=\dfrac{c(at^2-b)}{(a^2-b^2)t}$.

即 $f(x)=\dfrac{c(ax^2-b)}{(a^2-b^2)x}(x\in\mathbf{R},x\neq0).$

2. 待定系数法

当函数方程中的未知数是多项式时,可用此法经比较系数而得

例 2. 已知 $f_1(x)=f(x)$ 是一次函数,$f_n(x)=f(f_{n-1}(x))$ 且 $f_{10}(x)=1\,024x+1\,023.$ 求 $f(x).$

解: 设 $f(x)=ax+b,a\neq0$ 则

$$f_2(x)=f[f(x)]=a(ax+b)+b=a^2x+b(a+1),$$
$$f_3(x)=f\{f[f(x)]\}=a[a^2x+b(a+1)]+b=a^3x+b(a^2+a+1),$$

依次类推有:$f_{10}(x)=a^{10}x+b(a^9+a^8+\cdots+a+1)=a^{10}x+\dfrac{b(1-a^{10})}{1-a}(a=1$ 时不成立$).$

由题设知:$a^{10}=1\,024$ 且 $\dfrac{b(1-a^{10})}{1-a}=1\,023,$

$\therefore\quad a=2,b=1$ 或 $a=-2,b=-3.$

$\therefore\quad f(x)=2x+1$ 或 $f(x)=-2x-3.$

例 3. 已知 $f(1)=\dfrac{1}{5}$ 且当 $n>1$ 时有 $\dfrac{f(n-1)}{f(n)}=\dfrac{2nf(n-1)+1}{1-2f(n)}.$ 求 $f(n)(n\in\mathbf{N}^*)$

解: 把已知等式(递推公式)进行整理,得

$$f(n-1)-f(n)=2(n+1)f(n)f(n-1).$$

$\therefore\quad \dfrac{1}{f(n)}-\dfrac{1}{f(n-1)}=2(n+1).$

把 n 依次用 $2,3,\cdots,n$ 代换,得:

$$\dfrac{1}{f(2)}-\dfrac{1}{f(1)}=2\times3,$$
$$\dfrac{1}{f(3)}-\dfrac{1}{f(2)}=2\times4,$$
$$\cdots\cdots$$
$$\dfrac{1}{f(n)}-\dfrac{1}{f(n-1)}=2(n+1).$$

上述 $(n-1)$ 个等式相加,得

$$\dfrac{1}{f(n)}-\dfrac{1}{f(1)}=2[3+4+\cdots+(n+1)]=(n-1)(n+4).$$

$\therefore\quad \dfrac{1}{f(n)}=\dfrac{1}{f(1)}+(n-1)(n+4)=n^2+3n+1.$

$\therefore\quad f(n)=\dfrac{1}{n^2+3n+1}.$

例 4. 设函数 $f(x)$ 的定义域关于原点对称,且满足① $f(x_1-x_2)=\dfrac{f(x_1)f(x_2)+1}{f(x_2)-f(x_1)},$ ②存在正常数 a,使 $f(a)=1.$ 求证:

(1) $f(x)$ 为奇函数;

(2) $f(x)$ 为周期函数,且一个周期为 $4a$.

证明: (1) 令 $x=x_1-x_2$,

则 $f(-x)=f(x_2-x_1)$

$$=\frac{f(x_2)\cdot f(x_1)+1}{f(x_1)-f(x_2)}$$

$$=-\frac{f(x_1)\cdot f(x_2)+1}{f(x_2)-f(x_1)}$$

$$=-f(x_1-x_2)$$

$$=-f(x).$$

∴ $f(x)$ 为奇函数.

(2) ∵ $f(x+a)=f[x-(-a)]=\dfrac{f(-a)f(x)+1}{f(-a)-f(x)}=\dfrac{-f(a)f(x)+1}{-f(a)-f(x)}=\dfrac{f(x)-1}{f(x)+1}$,

∴ $f(x+2a)=\dfrac{f(x+a)-1}{f(x+a)+1}=\dfrac{\dfrac{f(x)-1}{f(x)+1}-1}{\dfrac{f(x)-1}{f(x)+1}+1}=-\dfrac{1}{f(x)}.$

∴ $f(x+4a)=-\dfrac{1}{f(x+2a)}=-\dfrac{1}{-\dfrac{1}{f(x)}}=f(x).$

∴ $f(x)$ 是以 $4a$ 为周期的周期函数.

例 5. 若函数 $f(x)$ 满足:对于任意正数 s,t,都有 $f(s)>0,f(t)>0$,且 $f(s)+f(t)<f(s+t)$,则称函数 $f(x)$ 为"L 函数".

(1) 试判断函数 $f_1(x)=x^2$ 与 $f_2(x)=x^{\frac{1}{2}}$ 是否是"L 函数";

(2) 若函数 $g(x)=3^x-1+a(3^{-x}-1)$ 为"L 函数",求实数 a 的取值范围;

(3) 若函数 $f(x)$ 为"L 函数",且 $f(1)=1$,求证:对任意 $x\in(2^{k-1},2^k)(k\in\mathbf{N}^*)$,都有 $f(x)-f\left(\dfrac{1}{x}\right)>\dfrac{x}{2}-\dfrac{2}{x}$.

解: (1) 对于函数 $f_1(x)=x^2$,当 $t>0,s>0$ 时,$f_1(t)=t^2>0,f_1(s)=s^2>0$,

又 $f_1(t)+f_1(s)-f_1(t+s)=t^2+s^2-(t+s)^2=-2ts<0$,所以 $f_1(s)+f_1(t)<f_1(s+t)$,

故 $f_1(x)=x^2$ 是"L 函数".

对于函数 $f_2(x)=\sqrt{x}$,当 $t=s=1$ 时,$f_2(t)+f_2(s)=2>\sqrt{2}=f_2(t+s)$,

故 $f_2(x)=\sqrt{x}$ 不是"L 函数".

(2) 当 $t>0,s>0$ 时,由 $g(x)=3^x-1+a(3^{-x}-1)$ 是"L 函数",

可知 $g(t)=3^t-1+a(3^{-t}-1)>0$,即 $(3^t-1)(3^t-a)>0$ 对一切正数 t 恒成立,

又 $3^t-1>0$,可得 $a<3^t$ 对一切正数 t 恒成立,所以 $a\leqslant 1$.

由 $g(t)+g(s)<g(t+s)$,可得 $3^{s+t}-3^s-3^t+1+a(3^{-s-t}-3^{-s}-3^{-t}+1)>0$,

故 $(3^s-1)(3^t-1)(3^{s+t}+a)>0$,又 $(3^t-1)(3^s-1)>0$,故 $3^{s+t}+a>0$,

由 $3^{s+t}+a>0$ 对一切正数 s,t 恒成立,可得 $a+1\geqslant 0$,即 $a\geqslant -1$.

综上可知,a 的取值范围是 $[-1,1]$.

（3）由函数 $f(x)$ 为"L 函数"，可知对于任意正数 s,t，

都有 $f(s)>0,f(t)>0$，且 $f(s)+f(t)<f(s+t)$，

令 $s=t$，可知 $f(2s)>2f(s)$，即 $\dfrac{f(2s)}{f(s)}>2$，

故对于正整数 k 与正数 s，都有

$$\frac{f(2^k s)}{f(s)}=\frac{f(2^k s)}{f(2^{k-1} s)}\cdot\frac{f(2^{k-1} s)}{f(2^{k-2} s)}\cdot\cdots\cdot\frac{f(2s)}{f(s)}>2^k,$$

对任意 $x\in(2^{k-1},2^k)(k\in\mathbf{N}^*)$，可得 $\dfrac{1}{x}\in(2^{-k},2^{1-k})$，又 $f(1)=1$，

所以 $f(x)>f(x-2^{k-1})+f(2^{k-1})>f(2^{k-1})\geqslant 2^{k-1}f(1)=\dfrac{2^k}{2}>\dfrac{x}{2}$，

同理 $f\left(\dfrac{1}{x}\right)<f(2^{1-k})-f\left(2^{1-k}-\dfrac{1}{x}\right)<f(2^{1-k})\leqslant 2^{1-k}f(1)=2^{1-k}<\dfrac{2}{x}$，

故 $f(x)-f\left(\dfrac{1}{x}\right)>\dfrac{x}{2}-\dfrac{2}{x}$.

1. 求下列函数方程的解：

（1）$2f(1-x)+1=xf(x)$；

（2）$xf(x)+2f\left(\dfrac{x-1}{x+1}\right)=1$；

（3）$f\left(\dfrac{x+1}{x}\right)=\dfrac{x^2+1}{x}+\dfrac{1}{x}$；

（4）$3f(x)+f\left(\dfrac{1}{x}\right)=3x$.

2. 设函数 $f:R\rightarrow R$，满足 $f(0)=1$，且对任意 $x,y\in\mathbf{R}$，都有 $f(xy+1)=f(x)f(y)-f(y)-x+2$，求 $f(x)$.

3. 已知函数 $f(x)$ 定义域为 $(0,+\infty)$ 且严格递增，满足 $f(4)=1,f(xy)=f(x)+f(y)$.

（1）证明：$f(1)=0$；

（2）求 $f(16)$；

（3）若 $f(x)+f(x-3)\leqslant 1$，求 x 的范围；

（4）试证 $f(x^n)=nf(x)(n\in\mathbf{N})$.

4. 已知集合 M 是满足下列性质的函数 $f(x)$ 的全体：若存在非零常数 k，对任意 $x\in\mathbf{D}$，等式 $f(kx)=\dfrac{k}{2}+f(x)$ 恒成立.

（1）判断一次函数 $f(x)=ax+b(a\neq 0)$ 是否属于集合 M；

（2）证明 $f(x)=\log_2 x$ 属于集合 M，并找到一个常数 k；

（3）已知函数 $y=\log_a x(a>1)$ 与 $y=x$ 的图像有公共点，试证明：$f(x)=\log_a x\in M$.

5. 设函数 $y=f(x)$ 的定义域为 $\mathbf{R}$，当 $x<0$ 时，$f(x)>1$，且对任意的实数 $x,y\in\mathbf{R}$，有 $f(x+y)=f(x)f(y)$ 成立.证明 $f(x)$ 在 $\mathbf{R}$ 上为严格减函数.

6. 已知 $f(x)$ 是定义在 $\mathbf{R}$ 上的函数，且对任意的 $x,y\in\mathbf{R}$，有 $f(x)+f(y)=2f\left(\dfrac{x+y}{2}\right)$，

规定 $f(0) > 0, f\left(\dfrac{x-y}{2}\right)$ 成立,又知 $f\left(\dfrac{\pi}{4}\right) = 0$,但 $f(x)$ 不恒为 0,且 $f(0) > 0$,证明:$f(x)$ 为周期函数.

7. 设 $f(x)$ 定义在正整数集上,且 $f(1) = 1, f(x+y) = f(x) + f(y) + xy$.求 $f(x)$.

8. 函数 $f(x)$ 对一切实数 x, y 均有 $f(x+y) - f(y) = (x+2y+1)x$ 成立,且 $f(1) = 0$,

(1) 求 $f(0)$ 的值;

(2) 对任意的 $x_1 \in \left(0, \dfrac{1}{2}\right), x_2 \in \left(0, \dfrac{1}{2}\right)$,都有 $f(x_1) + 2 < \log_a x_2$ 成立时,求 a 的取值范围.

9. 设集合 $P = \{f(x) \mid f(u-v)f(u+v) = f^2(u) - f^2(v), u \in \mathbf{R}, v \in \mathbf{R}\}$

(1) 试判断 $f_1(x) = \begin{cases} 1 & (x \geqslant 0), \\ -1 & (x < 0), \end{cases} f_2(x) = \sin x$,是否属于集合 P?

(2) 若 $f(x) = kx + b$ $(k, b$ 为常数$, k \neq 0)$ 属于 P,试寻找其充要条件.

(3) 根据对第(1),(2)小题的研究,请你对属于集合 P 的函数从函数性质方面提出一个有价值的结论,说明理由;若 $f(x) = ax^2 + bx + c$ $(a, b, c \in \mathbf{R}, a \neq 0)$,判断 $f(x)$ 与集合 P 的关系.

10. 对每一实数对 (x, y),函数 $f(t)$ 满足 $f(x+y) = f(x) + f(y) + f(xy) + 1$.若 $f(-2) = -2$,试求满足 $f(a) = a$ 的所有整数 $a = $ _____.

11. 定义在 $\mathbf{R}$ 上的函数 $f(x)$ 满足:对任意实数 m, n,总有 $f(m+n) = f(m) \cdot f(n)$,且当 $x > 0$ 时,$0 < f(x) < 1$.

(1) 试求 $f(0)$ 的值;

(2) 判断 $f(x)$ 的单调性并证明你的结论;

(3) 设 $A = \{(x, y) \mid f(x^2) \cdot f(y^2) > f(1)\}, B = \{(x, y) \mid f(ax - y + \sqrt{2}) = 1, a \in \mathbf{R}\}$,若 $A \cap B = \varnothing$,试确定 a 的取值范围;

(4) 试举出一个满足条件的函数 $f(x)$.

12. 已知定义在 $\mathbf{R}$ 上的函数 $f(x)$ 满足:

(1) 值域为 $(-1, 1)$,且当 $x > 0$ 时,$-1 < f(x) < 0$;

(2) 对于定义域内任意的实数 x, y,均满足:$f(m+n) = \dfrac{f(m) + f(n)}{1 + f(m)f(n)}$,试回答下列问题:

① 试求 $f(0)$ 的值;

② 判断并证明函数 $f(x)$ 的单调性;

③ 若函数 $f(x)$ 存在反函数 $g(x)$.求证:$g\left(\dfrac{1}{5}\right) + g\left(\dfrac{1}{11}\right) + \cdots + g\left(\dfrac{1}{n^2 + 3n + 1}\right) > g\left(\dfrac{1}{2}\right)$.

13. 设 $f(x)$ 是定义在 $\mathbf{D}$ 上的函数,若对任何实数 $\alpha \in (0, 1)$ 以及 $\mathbf{D}$ 中的任意两数 x_1, x_2,恒有 $f(\alpha x_1 + (1-\alpha)x_2) \leqslant \alpha f(x_1) + (1-\alpha)f(x_2)$,则称 $f(x)$ 为定义在 $\mathbf{D}$ 上的 C 函数.

(1) 试判断函数 $f_1(x) = x^2, f_2(x) = \dfrac{1}{x}$ $(x < 0)$ 中哪些是各自定义域上的 C 函数,并说明理由.

(2) 已知 $f(x)$ 是 $\mathbf{R}$ 上的 C 函数,m 是给定的正整数,设 $a_n = f(n), n = 0, 1, 2, \cdots, m$,且 $a_0 = 0, a_m = 2m$,记 $S_f = a_1 + a_2 + \cdots + a_m$.对于满足条件的任意函数 $f(x)$,试求 S_f 的最大值.

(3) 若 $f(x)$ 是定义域为 $\mathbf{R}$ 的函数,且最小正周期为 T,试证明 $f(x)$ 不是 $\mathbf{R}$ 上的 C 函数.

第四章 幂函数、指数函数、对数函数
Power Function. Exponential and Logarithmic Functions

§4.1 幂函数

一般地,函数 $y = x^k$(k 为常数,$k \in \mathbf{R}$)叫作**幂函数**.

下面分别研究函数 $y = x^{\frac{1}{2}}, y = x^{\frac{1}{3}}, y = x^2, y = x^3$ 的定义域、值域、奇偶性、单调性并用描点法作出它们的图像.

(1) 因为 $y = x^{\frac{1}{2}} = \sqrt{x}$,$y = x^{\frac{1}{3}} = \sqrt[3]{x}$,$y = x^2$,$y = x^3$,所以这四个函数的定义域分别是:$x \in [0, +\infty)$,$x \in \mathbf{R}$,$x \in \mathbf{R}$,$x \in \mathbf{R}$.

(2) 它们的值域分别是:$y \in [0, +\infty)$,$y \in \mathbf{R}$,$y \in [0, +\infty)$,$y \in \mathbf{R}$.

(3) 因为函数 $y = x^{\frac{1}{2}}$ 的定义域关于原点不对称,所以它既不是奇函数,也不是偶函数;

函数 $y = x^{\frac{1}{3}}$ 是奇函数;

函数 $y = x^2$ 是偶函数;

函数 $y = x^3$ 是奇函数.

(4) 函数 $y = x^{\frac{1}{2}} = \sqrt{x}$,在区间 $[0, +\infty)$ 上是严格增函数;

函数 $y = x^{\frac{1}{3}}$,在 $(-\infty, +\infty)$ 上是严格增函数;

函数 $y = x^2$,在 $(-\infty, 0]$ 上是严格减函数,在 $[0, +\infty)$ 上是严格增函数;

函数 $y = x^3$,在 $(-\infty, +\infty)$ 上是严格增函数.

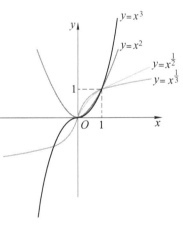

(5) 通过列表、描点、连线等过程可以画出的它们的图像如图 4-1 所示.

图 4-1

根据几类幂函数的图像特点,可以得到幂函数的性质:

性质 1 对于幂函数 $y = x^k$($k \in \mathbf{R}$),

当 $k > 0$ 时,函数 $y = x^k$ 的图像经过点 $(0,0)$,$(1,1)$;在第一象限内严格递增.

当 $k < 0$ 时,函数 $y = x^k$ 的图像经过点 $(1,1)$;在第一象限内严格递减.

性质 2 对于幂函数 $y = x^k$($k \in \mathbf{Q}$),设 $k = \dfrac{q}{p}$($p, q \in \mathbf{N}^*$ 且 p, q 互为质数),

(1) 当 p 为奇数,q 为偶数时,函数 $y = x^{\frac{q}{p}}$ 分布在第一、第二象限,图像关于 y 轴对称,是偶函数；

（2）当 p 为奇数，q 为奇数时，函数 $y=x^{\frac{q}{p}}$ 分布在第一、第三象限，图像关于原点对称，是奇函数；

（3）当 p 为偶数，q 为奇数时，函数 $y=x^{\frac{q}{p}}$ 分布在第一象限，图像既不关于原点对称，又不关于 y 轴对称，既不是奇函数，也不是偶函数.

例 1. 已知函数 $y=x^{n^2-2n-3}(n\in\mathbf{Z})$ 的图像与两坐标轴都无公共点，且其图像关于 y 轴对称，求 n 的值，并画出函数的图像.

解： 因为图像与 y 轴无公共点，故 $n^2-2n-3\leqslant 0$，又图像关于 y 轴对称，则 n^2-2n-3 为偶数，由 $n^2-2n-3\leqslant 0$，得 $-1\leqslant n\leqslant 3$，又因为 $n\in\mathbf{Z}$，所以 $n=0,\pm 1,2,3$.

当 $n=0$ 时，$n^2-2n-3=-3$ 不是偶数；

当 $n=1$ 时，$n^2-2n-3=-4$ 为偶数；

当 $n=-1$ 时，$n^2-2n-3=0$ 为偶数；

当 $n=2$ 时，$n^2-2n-3=-3$ 不是偶数；

当 $n=3$ 时，$n^2-2n-3=0$ 为偶数；

所以 n 为 $-1,1$ 或 3.

此时，幂函数的解析为 $y=x^0(x\neq 0)$ 或 $y=x^{-4}$，其图像如图 4-2 所示.

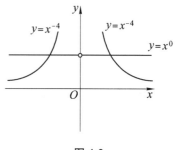

图 4-2

例 2. 解不等式：$(2a+1)^{-\frac{2}{3}}<(a-3)^{-\frac{2}{3}}$.

解： $\dfrac{1}{\sqrt[3]{(2a+1)^2}}<\dfrac{1}{\sqrt[3]{(a-3)^2}}\Rightarrow(2a+1)^2>(a-3)^2,a\neq-\dfrac{1}{2}$ 且 $a\neq 3$.

化简得 $3a^2+10a-8>0$，解得 $a<-4$ 或 $a>\dfrac{2}{3}$.

综上得 $a\in(-\infty,-4)\cup\left(\dfrac{2}{3},3\right)\cup(3,+\infty)$.

例 3. 若 $(m+1)^{-1}<(3-2m)^{-1}$，试求实数 m 的取值范围.

解：（1）$\begin{cases}m+1>0,\\ 3-2m>0,\\ m+1>3-2m,\end{cases}$　解得 $\dfrac{2}{3}<m<\dfrac{3}{2}$；

（2）$\begin{cases}m+1<0,\\ 3-2m<0,\\ m+1>3-2m,\end{cases}$　此时无解；

（3）$\begin{cases}m+1<0,\\ 3-2m>0,\end{cases}$ 解得 $m<-1$.

综上可得 $m\in(-\infty,-1)\cup\left(\dfrac{2}{3},\dfrac{3}{2}\right)$.

例 4. 已知函数 $f(x)=x^2$，设函数 $g(x)=-qf[f(x)]+(2q-1)f(x)+1$，问是否存在实数 $q(q<0)$，使得 $g(x)$ 在区间 $(-\infty,-4]$ 上是严格减函数，且在区间 $(-4,0)$ 上是严格增函数？若存在，请求出 q 的值；若不存在，请说明理由.

解：∵ $f(x) = x^2$，则 $g(x) = -qx^4 + (2q-1)x^2 + 1$.

假设存在实数 q $(q < 0)$，使得 $g(x)$ 满足题设条件，

设 $x_1 < x_2$，则

$$g(x_1) - g(x_2) = -qx_1^4 + (2q-1)x_1^2 + qx_2^4 - (2q-1)x_2^2$$
$$= (x_1 + x_2)(x_2 - x_1)[q(x_1^2 + x_2^2) - (2q-1)].$$

若 $x_1, x_2 \in (-\infty, -4]$，易知 $x_1 + x_2 < 0$，$x_2 - x_1 > 0$，要使 $g(x)$ 在 $(-\infty, -4]$ 上是严格减函数，则应有 $q(x_1^2 + x_2^2) - (2q-1) < 0$ 恒成立.

∵ $x_1 < -4$，$x_2 \leqslant -4$，∴ $x_1^2 + x_2^2 > 32$.而 $q < 0$，∴ $q(x_1^2 + x_2^2) < 32q$.

从而要使 $q(x_1^2 + x_2^2) < 2q - 1$ 恒成立，则有 $2q - 1 \geqslant 32q$，即 $q \leqslant -\dfrac{1}{30}$.

若 $x_1, x_2 \in (-4, 0)$，易知 $(x_1 + x_2)(x_2 - x_1) < 0$，要使 $f(x)$ 在 $(-4, 0)$ 上是严格增函数，则应有 $q(x_1^2 + x_2^2) - (2q-1) > 0$ 恒成立.

∵ $-4 < x_1 < 0$，$-4 < x_2 < 0$，∴ $x_1^2 + x_2^2 < 32$，而 $q < 0$，∴ $q(x_1^2 + x_2^2) > 32q$.

要使 $q(x_1^2 + x_2^2) > 2q - 1$ 恒成立，则必有 $2q - 1 \leqslant 32q$，即 $q \geqslant -\dfrac{1}{30}$.

综上可知，存在实数 $q = -\dfrac{1}{30}$，使得 $g(x)$ 在 $(-\infty, -4]$ 上是严格减函数，且在 $(-4, 0)$ 上是严格增函数.

1. 研究下列函数的性质，并作出其图像.

(1) $y = x^{-\frac{1}{6}}$；

(2) $y = x^{-\frac{4}{3}}$.

2. 设 $\alpha \in \left\{-2, -1, -\dfrac{1}{2}, -\dfrac{1}{3}, \dfrac{1}{2}, 1, 2, 3\right\}$，已知幂函数 $y = x^\alpha$ 为偶函数，且在 $(0, +\infty)$ 上递减，试确定满足条件的幂函数，并作出它们的大致图像.

3. 已知 $f(x) = (m^3 + 3m^2 - 4m - 11)x^m$，$(x \neq 0)$ 是幂函数，其图像分布在第一、第三象限，求 $f(x)$ 的解析式.

4. 已知函数 $f(x) = x^{-2m^2 + m + 3}$ $(m \in \mathbf{Z})$ 为偶函数，且 $f(3) < f(5)$，求 m 的值，并确定 $f(x)$ 的解析式.

5. 若 $(m+1)^3 < (3-2m)^3$，试求实数 m 的取值范围.

6. 若 $(m+1)^{\frac{1}{2}} < (3-2m)^{\frac{1}{2}}$，试求实数 m 的取值范围.

7. 若 $(m+1)^4 < (3-2m)^4$，试求实数 m 的取值范围.

8. 讨论函数 $y = (k^2 + k)x^{k^2 - 2k - 1}$ 在 $x > 0$ 时随着 x 的增大其函数值的变化情况.

9. 已知幂函数 $f(x) = x^{m^2 - 2m - 3}$ $(m \in \mathbf{Z})$ 为偶函数，且在区间 $(0, +\infty)$ 上是减函数，求 $f(x)$ 的解析式，并讨论函数 $g(x) = a\sqrt{f(x)} - \dfrac{b}{xf(x)}$ 的奇偶性.

10. 已知函数 $f(x) = x^{-k^2 + k + 2}$ $(k \in \mathbf{Z})$，且 $f(2) < f(3)$.

(1) 求 k 的值;

(2) 试判断是否存在正数 p,使函数 $g(x)=1-p \cdot f(x)+(2p-1)x$ 在区间 $[-1,2]$ 上的值域为 $\left[-4, \dfrac{17}{8}\right]$;若存在,求出 p 的值;若不存在,说明理由.

11. 设函数 $f(x)=a|x|+\dfrac{b}{x}$(a,b 为常数),且:

(1) $f(-2)=0$;

(2) $f(x)$ 有两个严格递增区间,写出一个同时满足上述两个条件的有序数对 (a,b).

12. 已知函数 $y=x+\dfrac{a}{x}$ 有如下性质:如果常数 $a>0$,那么该函数在区间 $(0,\sqrt{a}]$ 上是减函数,在区间 $[\sqrt{a},+\infty)$ 上是增函数.

(1) 如果函数 $y=x+\dfrac{2^{b}}{x}$($x>0$)的值域为 $[6,+\infty)$,求实数 b 的值;

(2) 研究函数 $y=x^{2}+\dfrac{c}{x^{2}}$(常数 $c>0$)在定义域内的单调性,并说明理由;

(3) 对函数 $y=x+\dfrac{a}{x}$ 和 $y=x^{2}+\dfrac{a}{x^{2}}$(常数 $a>0$)作出推广,使它们都是你所推广的函数的特例.研究推广后的函数的单调性.

§4.2　指数函数

一般地,函数 $y=a^{x}$($a>0$,且 $a\neq1$)叫作**指数函数**,其中 x 是自变量,函数的定义域是 **R**.指数从有理数推广到实数后,可以证明指数的运算法则仍然成立.即
$$a^{m} \cdot a^{n}=a^{m+n}(a>0,m、n\in\mathbf{R});$$
$$(a^{m})^{n}=a^{mn}(a>0,m、n\in\mathbf{R});$$
$$(a \cdot b)^{n}=a^{n} \cdot b^{n}(a>0,b>0,n\in\mathbf{R}).$$
指数函数的定义:$y=a^{x}$($a>0$ 且 $a\neq1$),其定义域是实数集 **R**.

运用计算器,通过列表、描点、连线等步骤,我们可以得到如下两个函数 $y=2^{x}$ 和 $y=\left(\dfrac{1}{2}\right)^{x}$ 的图像和性质.列表画图(见图 4-3,图 4-4).

x	...	-3	-2	-1	0	1	2	3	...
$y=2^{x}$	...	$\dfrac{1}{8}$	$\dfrac{1}{4}$	$\dfrac{1}{2}$	1	2	4	8	...
$y=\left(\dfrac{1}{2}\right)^{x}$	...	8	4	2	1	$\dfrac{1}{2}$	$\dfrac{1}{4}$	$\dfrac{1}{8}$	...

观察两个函数图像,发现了它们的相同点和不同点了吗? 有哪些相同点? 哪些不同点?

1. 两个函数图像的相同点:都位于 x 轴的上方,都过 $(0,1)$ 点.

2. 两个函数的不同点:函数 $y=2^{x}$ 的图像是上升的;函数 $y=\left(\dfrac{1}{2}\right)^{x}$ 的图像是下降的.

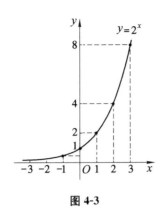

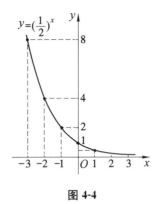

图 4-3　　　　　　　　　　　　　　图 4-4

3. 两个函数的性质:定义域均为 **R**,函数值都大于 $0,2^0=\left(\dfrac{1}{2}\right)^0=1$,函数 $y=2^x$ 是 **R** 上的增函数,函数 $y=\left(\dfrac{1}{2}\right)^x$ 是 **R** 上的减函数.

指数函数的图像和性质(见下表)

指数函数	$y=a^x,(a>1)$	$y=a^x,(0<a<1)$
图像	$y=a^x(a>1)$	$y=a^x(0<a<1)$
性质	(1) 定义域:**R**; (2) 值域:$(0,+\infty)$,即图像都在 x 轴上方; (3) 恒过点$(0,1)$	
	(4) 在 **R** 上是严格增函数	(4) 在 **R** 上是严格减函数
函数值分布	(5) 当 $x>0$ 时 $y>1$;当 $x<0$ 时 $0<y<1$	(5) 当 $x>0$ 时 $0<y<1$;当 $x<0$ 时 $y>1$
(6) $y=a^x$ 与 $y=a^{-x}$ 关于 y 轴对称;(7) x 轴是渐近线,即图像向左、右无限延伸.		

例 1. 已知函数 $y=a^x(a>0,$ 且 $a\neq1)$ 在区间 $[1,2]$ 上的最大值比最小值大 $\dfrac{a}{3}$,求实数 a 的值.

解: 当 $a>1$ 时,函数 $y=a^x$ 在区间 $[1,2]$ 内严格递增,所以 $f(x)_{\max}=f(2)=a^2$,

$f(x)_{\min}=f(1)=a$,由题意得 $a^2-a=\dfrac{a}{3}$,可解得 $a=\dfrac{4}{3}$;

当 $0<a<1$ 时,函数 $y=a^x$ 在 $[1,2]$ 内严格递减,所以 $f(x)_{\min}=f(2)=a^2$,

$f(x)_{\max}=f(1)=a,a-a^2=\dfrac{a}{3}$,可解得 $a=\dfrac{2}{3}$.

综上可知：$a=\dfrac{4}{3}$ 或 $\dfrac{2}{3}$.

例 2. 已知定义域为 **R** 的函数 $f(x)=\dfrac{-2^x+b}{2^{x+1}+2}$ 是奇函数.

（1）求 b 的值；

（2）判断函数 $f(x)$ 的单调性；

（3）若对任意的 $t\in\mathbf{R}$,不等式 $f(t^2-2t)+f(2t^2-k)<0$ 恒成立,求 k 的取值范围.

解：（1）因为 $f(x)$ 是奇函数,所以 $f(0)=0$,即 $\dfrac{b-1}{2+2}=0\Rightarrow b=1$, $\therefore$ $f(x)=\dfrac{1-2^x}{2+2^{x+1}}$.

（2）由（1）知 $f(x)=\dfrac{1-2^x}{2+2^{x+1}}=-\dfrac{1}{2}+\dfrac{1}{2^x+1}$,

设 $x_1<x_2$,则 $f(x_1)-f(x_2)=\dfrac{1}{2^{x_1}+1}-\dfrac{1}{2^{x_2}+1}=\dfrac{2^{x_2}-2^{x_1}}{(2^{x_1}+1)(2^{x_2}+1)}$,

因为函数 $y=2^x$ 在 **R** 上是严格增函数且 $x_1<x_2$ $\therefore$ $2^{x_2}-2^{x_1}>0$.

又 $(2^{x_1}+1)(2^{x_2}+1)>0$, $\therefore$ $f(x_1)-f(x_2)>0$,即 $f(x_1)>f(x_2)$.

$\therefore$ $f(x)$在$(-\infty,+\infty)$上为严格减函数.

（3）因 $f(x)$是奇函数,从而不等式：$f(t^2-2t)+f(2t^2-k)<0$,

等价于 $f(t^2-2t)<-f(2t^2-k)=f(k-2t^2)$,

因 $f(x)$为严格减函数,由上式推得：$t^2-2t>k-2t^2$.即对一切 $t\in\mathbf{R}$,$3t^2-2t-k>0$ 恒成立,

从而判别式 $\Delta=4+12k<0\Rightarrow k<-\dfrac{1}{3}$.

例 3. 已知函数 $f(x)=a^x+\dfrac{x-2}{x+1}\ (a>1)$.

求证：（1）函数 $f(x)$ 在$(-1,+\infty)$上为严格增函数；

（2）方程 $f(x)=0$ 没有负数根.

证明：（1）设 $-1<x_1<x_2$,

则
$$f(x_1)-f(x_2)=a^{x_1}+\dfrac{x_1-2}{x_1+1}-a^{x_2}-\dfrac{x_2-2}{x_2+1}$$
$$=a^{x_1}-a^{x_2}+\dfrac{x_1-2}{x_1+1}-\dfrac{x_2-2}{x_2+1}$$
$$=a^{x_1}-a^{x_2}+\dfrac{3(x_1-x_2)}{(x_1+1)(x_2+1)}.$$

$\because$ $-1<x_1<x_2$,

$\therefore$ $x_1+1>0,x_2+1>0,x_1-x_2<0$,

$\therefore$ $\dfrac{3(x_1-x_2)}{(x_1+1)(x_2+1)}<0$;

$\because$ $-1<x_1<x_2$,且 $a>1$,

$\therefore$ $a^{x_1}<a^{x_2}$,

$\therefore$ $a^{x_1}-a^{x_2}<0$,

$\therefore\ f(x_1)-f(x_2)<0$，即 $f(x_1)<f(x_2)$，

$\therefore$ 函数 $f(x)$ 在 $(-1,+\infty)$ 上为严格增函数；

(2) 假设 x_0 是方程 $f(x)=0$ 的负数根，且 $x_0\neq-1$，则 $a^{x_0}+\dfrac{x_0-2}{x_0+1}=0$，

即
$$a^{x_0}=\frac{2-x_0}{x_0+1}=\frac{3-(x_0+1)}{x_0+1}=\frac{3}{x_0+1}-1 \qquad ①$$

当 $-1<x_0<0$ 时，$0<x_0+1<1$，

$\therefore\ \dfrac{3}{x_0+1}>3$，$\therefore\ \dfrac{3}{x_0+1}-1>2$，

而由 $a>1$ 知 $a^{x_0}<1$，

$\therefore$ ①式不成立；

当 $x_0<-1$ 时，$x_0+1<0$，

$\therefore\ \dfrac{3}{x_0+1}<0$，$\therefore\ \dfrac{3}{x_0+1}-1<-1$，

而 $a^{x_0}>0$，$\therefore$ ①式不成立.

综上所述，方程 $f(x)=0$ 没有负数根.

例 4. 已知函数 $f(x)=\dfrac{m\cdot4^x+1}{2^x}$ 是偶函数.

(1) 求实数 m 的值；

(2) 若关于 x 的不等式 $2k\cdot f(x)>3k^2+1$ 在 $(-\infty,0)$ 上恒成立，求实数 k 的取值范围.

解：(1) 因为函数 $f(x)=\dfrac{m\cdot4^x+1}{2^x}$ 是定义域为 **R** 的偶函数，所以有 $f(-x)=f(x)$，

即 $\dfrac{m\cdot4^{-x}+1}{2^{-x}}=\dfrac{m\cdot4^x+1}{2^x}$，即 $\dfrac{m+4^x}{2^x}=\dfrac{m\cdot4^x+1}{2^x}$，故 $m=1$.

(2) $f(x)=\dfrac{4^x+1}{2^x}>0$，$3k^2+1>0$，且 $2k\cdot f(x)>3k^2+1$ 在 $(-\infty,0)$ 上恒成立，

故原不等式等价于 $\dfrac{2k}{3k^2+1}>\dfrac{1}{f(x)}$ 在 $(-\infty,0)$ 上恒成立，

又 $x\in(-\infty,0)$，所以 $f(x)\in(2,+\infty)$，所以 $\dfrac{1}{f(x)}\in\left(0,\dfrac{1}{2}\right)$，

从而 $\dfrac{2k}{3k^2+1}\geqslant\dfrac{1}{2}$，因此，$k\in\left[\dfrac{1}{3},1\right]$.

例 5. 设函数 $g(x)=3^x$，$h(x)=9^x$.

(1) 令 $p(x)=\dfrac{g(x)}{g(x)+\sqrt{3}}$，$q(x)=\dfrac{3}{h(x)+3}$，求证：

$$p\left(\frac{1}{2\,014}\right)+p\left(\frac{2}{2\,014}\right)+\cdots+p\left(\frac{2\,012}{2\,014}\right)+p\left(\frac{2\,013}{2\,014}\right)$$
$$=q\left(\frac{1}{2\,014}\right)+q\left(\frac{2}{2\,014}\right)+\cdots+q\left(\frac{2\,012}{2\,014}\right)+q\left(\frac{2\,013}{2\,014}\right);$$

(2) 若 $f(x)=\dfrac{g(x+1)+a}{g(x)+b}$ 是实数集 $\mathbf{R}$ 上的奇函数,且 $f(h(x)-1)+f(2-k\cdot g(x))$ >0 对任意实数 x 恒成立,求实数 k 的取值范围.

解: (1) $p\left(\dfrac{1\,007}{2\,014}\right)=p\left(\dfrac{1}{2}\right)=\dfrac{\sqrt{3}}{2\sqrt{3}}=\dfrac{1}{2}$,$q\left(\dfrac{1\,007}{2\,014}\right)=q\left(\dfrac{1}{2}\right)=\dfrac{3}{6}=\dfrac{1}{2}$.

因为 $p(x)+p(1-x)=\dfrac{3^x}{3^x+\sqrt{3}}+\dfrac{3^{1-x}}{3^{1-x}+\sqrt{3}}=\dfrac{3^x}{3^x+\sqrt{3}}+\dfrac{\sqrt{3}}{3^x+\sqrt{3}}=1$,

$q(x)+q(1-x)=\dfrac{9^x}{9^x+3}+\dfrac{9^{1-x}}{9^{1-x}+3}=\dfrac{9^x}{9^x+3}+\dfrac{3}{9^x+3}=1$

所以,$p\left(\dfrac{1}{2\,014}\right)+p\left(\dfrac{2}{2\,014}\right)+\cdots+p\left(\dfrac{2\,013}{2\,014}\right)=1\,006+\dfrac{1}{2}$,

$q\left(\dfrac{1}{2\,014}\right)+q\left(\dfrac{2}{2\,014}\right)+\cdots+q\left(\dfrac{2\,013}{2\,014}\right)=1\,006+\dfrac{1}{2}$.

$p\left(\dfrac{1}{2\,014}\right)+p\left(\dfrac{2}{2\,014}\right)+\cdots+p\left(\dfrac{2\,013}{2\,014}\right)=q\left(\dfrac{1}{2\,014}\right)+q\left(\dfrac{2}{2\,014}\right)+\cdots+q\left(\dfrac{2\,013}{2\,014}\right)$.

(2) 因为 $f(x)=\dfrac{g(x+1)+a}{g(x)+b}$ 是实数集上的奇函数,所以 $a=-3,b=1$.

$f(x)=3\left(1-\dfrac{2}{3^x+1}\right)$,$f(x)$ 在实数集上严格递增.

由 $f(h(x)-1)+f(2-k\cdot g(x))>0$ 得 $f(h(x)-1)>-f(2-k\cdot g(x))$,又因为 $f(x)$ 是实数集上的奇函数,

所以,$f(h(x)-1)>f(k\cdot g(x)-2)$,

又因为 $f(x)$ 在实数集上严格递增,所以 $h(x)-1>k\cdot g(x)-2$,

即 $3^{2x}-1>k\cdot 3^x-2$ 对任意的 $x\in\mathbf{R}$ 都成立,

即 $k<3^x+\dfrac{1}{3^x}$ 对任意的 $x\in\mathbf{R}$ 都成立,则 $k<2$.

例 6. 已知:函数 $g(x)=ax^2-2ax+1+b(a\neq0,b<1)$,在区间 $[2,3]$ 上有最大值 4,最小值 1,设函数 $f(x)=\dfrac{g(x)}{x}$.

(1) 求 a、b 的值及函数 $f(x)$ 的解析式;

(2) 若不等式 $f(2^x)-k\cdot 2^x\geqslant0$ 在 $x\in[-1,1]$ 时恒成立,求实数 k 的取值范围;

(3) 如果关于 x 的方程 $f(|2^x-1|)+t\cdot\left(\dfrac{4}{|2^x-1|}-3\right)=0$ 有三个相异的实数根,求实数 t 的取值范围.

解: (1) $g(x)=ax^2-2ax+1+b$,由题意得:

$1°\begin{cases}a>0,\\ g(2)=1+b=1,\\ g(3)=3a+b+1=4,\end{cases}$ 得 $\begin{cases}a=1,\\ b=0,\end{cases}$ 或 $2°\begin{cases}a<0,\\ g(2)=1+b=4,\\ g(3)=3a+b+1=1,\end{cases}$ 得 $\begin{cases}a=-1,\\ b=3>1.\end{cases}$ (舍去)

$\therefore\quad a=1,b=0$.

$g(x)=x^2-2x+1, f(x)=x+\dfrac{1}{x}-2.$

(2) 不等式 $f(2^x)-k \cdot 2^x \geqslant 0$,即 $2^x+\dfrac{1}{2^x}-2 \geqslant k \cdot 2^x$, $\therefore$ $k \leqslant \left(\dfrac{1}{2^x}\right)^2-2 \cdot \left(\dfrac{1}{2^x}\right)+1.$

设 $t=\dfrac{1}{2^x} \in \left[\dfrac{1}{2}, 2\right]$, $\therefore$ $k \leqslant (t-1)^2$, $\because$ $(t-1)^2_{\min}=0$, $\therefore$ $k \leqslant 0.$

(3) $f(|2^x-1|)+t \cdot \left(\dfrac{4}{|2^x-1|}-3\right)=0$,即 $|2^x-1|+\dfrac{1}{|2^x-1|}+\dfrac{4t}{|2^x-1|}-3t-2=0.$

令 $u=|2^x-1|>0$,则 $u^2-(3t+2)u+(4t+1)=0$ ①

记方程①的根为 u_1、u_2,当 $0<u_1<1 \leqslant u_2$ 时,原方程有三个相异实根,

记 $\varphi(u)=u^2-(3t+2)u+(4t+1)$,由题设可知,

$$\begin{cases} \varphi(0)=4t+1>0, \\ \varphi(1)=t<0, \end{cases} \quad 或 \quad \begin{cases} \varphi(0)=4t+1>0, \\ \varphi(1)=t=0, \\ 0<\dfrac{3t+2}{2}<1. \end{cases}$$

$\therefore$ $-\dfrac{1}{4}<t<0$ 时满足题设.

例 7. 已知函数 $F(x)=e^x$ 满足 $F(x)=g(x)+h(x)$,且 $g(x), h(x)$ 分别是定义在 **R** 上的偶函数和奇函数,

(1) 求函数 $h(x)$ 的反函数;

(2) 已知 $\varphi(x)=g(x-1)$,若函数 $\varphi(x)$ 在 $[-1,3]$ 上满足 $\varphi(2a+1)>\varphi\left(-\dfrac{a}{2}\right)$,求实数 a 的取值范围;

(3) 若对于任意 $x \in (0,2]$ 不等式 $g(2x)-ah(x) \geqslant 0$ 恒成立,求实数 a 的取值范围.

解: (1) 根据函数奇偶性得:$\begin{cases} g(x)+h(x)=e^x, \\ e^{-x}=g(-x)+h(-x)=g(x)-h(x). \end{cases}$

求出 $g(x)=\dfrac{e^x+e^{-x}}{2}, h(x)=\dfrac{e^x-e^{-x}}{2}.$

$h(x)$ 的值域为 **R**,由 $2y=e^x-e^{-x}$ 得 $e^{2x}-2ye^x-1=0$, $\therefore$ $e^x=y+\sqrt{y^2+1}$(负值已舍).

$\therefore$ $h^{-1}(x)=\ln(x+\sqrt{x^2+1}), x \in \mathbf{R}.$

(2) $\because$ $\varphi(x)=g(x-1)$, $\therefore$ 函数 $\varphi(x)$ 在 $[-1,3]$ 上满足 $\varphi(2a+1)>\varphi\left(-\dfrac{a}{2}\right)$,

可转化为函数 $g(x)$ 在 $[-2,2]$ 上满足 $g(2a)>g\left(-\dfrac{a}{2}-1\right).$

由 $g(x)=\dfrac{e^x+e^{-x}}{2}$ 在 $[0,+\infty)$ 上严格递增且为偶函数得

$$\begin{cases} |2a|>\left|-\dfrac{a}{2}-1\right|, \\ -2 \leqslant 2a \leqslant 2, \\ -2 \leqslant -\dfrac{a}{2}-1 \leqslant 2. \end{cases}$$

所以，$a \in \left[-1, -\dfrac{2}{5}\right) \cup \left(\dfrac{2}{3}, 1\right]$.

（3）由 $g(2x) - ah(x) \geqslant 0$ 得 $\dfrac{e^{2x} + e^{-2x}}{2} - a\dfrac{e^x - e^{-x}}{2} \geqslant 0$,

设 $t = e^x - e^{-x}$, $\because$ $x \in (0, 2]$ $\therefore$ $t \in (0, e^2 - e^{-2}]$

则不等式转化为 $t^2 + 2 - at \geqslant 0$, $\therefore$ $a \leqslant t + \dfrac{2}{t}$,

$\because$ $t + \dfrac{2}{t} \geqslant 2\sqrt{2}$，当且仅当 $t = \sqrt{2} \in (0, e^2 - e^{-2}]$ 取等号，

所以 $a \leqslant 2\sqrt{2}$.

1. 利用指数函数的性质，比较下列各组中两个数的大小：

（1）$3^{\sqrt{2}}$ 和 $3^{1.414}$；

（2）$0.7^{-\frac{2}{3}}$ 和 $0.7^{-\frac{3}{4}}$；

（3）$\dfrac{2^{2\,007} + 1}{2^{2\,008} + 1}$ 和 $\dfrac{2^{2\,008} + 1}{2^{2\,009} + 1}$.

2. 若函数 $f(x) = 2^{-|x-1|} - m$ 的图像与 x 轴有交点，则实数 m 的取值范围是 _____.

3. 设 $f(x) = \dfrac{4^x}{4^x + 2}$，求出 $f\left(\dfrac{1}{1\,001}\right) + f\left(\dfrac{2}{1\,001}\right) + \cdots + f\left(\dfrac{1\,000}{1\,001}\right)$ 的值.

4. 某工厂今年 1 月、2 月、3 月生产某产品分别为 1 万件、1.2 件、1.3 万件，为了估测以后每个月的产量，以这三个月的产品数量为依据，用一个函数模拟该产品的月产量 y 与月份数 x 的关系，模拟函数可以选用二次函数或函数 $y = ab^x + c$（其中 a、b、c 为常数），已知四月份该产品的产量为 1.37 万件，请问用以上哪个函数作为模拟函数较好？请说明理由.

5. 比较 $m^a + m^{-a}$ 与 $m^b + m^{-b}$ $(a > b > 0, m > 0$ 且 $m \neq 1)$ 的大小.

6. 设 $f(x) = \dfrac{10^x - 10^{-x}}{10^x + 10^{-x}}$.

（1）证明 $f(x)$ 在 $(-\infty, +\infty)$ 上是严格增函数；

（2）求 $f(x)$ 值域.

7. 设函数 $f(x) = 2^{|x+1| - |x-1|}$，求使 $f(x) \geqslant 2\sqrt{2}x$ 的 x 取值范围.

8.（1）求函数 $f(x) = 4^{-x} + \left(\dfrac{1}{2}\right)^x + 1$ $(x \geqslant 0)$ 的值域；

（2）如果函数 $f(x) = 4^{-x} - \left(\dfrac{1}{2}\right)^{|x|} + a - 1$ 有两个不同的零点，求实数 a 的取值范围.

（3）已知函数 $f(x) = \begin{cases} (2a-1)x + 7a - 2 & (x < 1), \\ a^x & (x \geqslant 1) \end{cases}$ 在 $(-\infty, +\infty)$ 上严格递减，求实数 a 的取值范围.

9. 已知函数 $f(x) = \dfrac{|a-1|}{a^2 - 9}(a^x - a^{-x})$ $(a > 0, a \neq 1)$ 在 $(-\infty, +\infty)$ 上是严格增函数，求实数 a 的取值范围.

能力提高

10. 设 $f(x)=\dfrac{e^x-e^{-x}}{2},g(x)=\dfrac{e^x+e^x}{2}$;

（1）求证：$f(2x)=2f(x)\cdot g(x)$ 且 $f(2x)$ 是奇函数；

（2）求证：$g(2x)=2g^2(x)-1=2f^2(x)+1=f^2(x)+g^2(x)$ 且 $g(2x)$ 是偶函数.

11. 设 $0\leqslant x\leqslant 2$,求函数 $y=4^{x-\frac{1}{2}}-a\cdot 2^x+\dfrac{a^2}{2}+1$ 的最大值和最小值.

12. 定义在 **R** 上的增函数 $y=f(x)$ 对任意 $x,y\in\mathbf{R}$ 都有 $f(x+y)=f(x)+f(y)$

（1）求 $f(0)$;

（2）求证 $f(x)$ 为奇函数；

（3）若 $f(k\cdot 3^x)+f(3^x-9^x-2)<0$ 对任意 $x\in\mathbf{R}$ 恒成立,求实数 k 的取值范围.

13. 已知集合 M 是满足下列性质的函数 $f(x)$ 的全体:存在非零常数 T,对任意 $x\in\mathbf{R}$,有 $f(x+T)=Tf(x)$ 成立.

（1）函数 $f(x)=x$ 是否属于集合 M? 说明理由；

（2）设函数 $f(x)=a^x(a>0,a\neq 1)$ 的图像与 $y=x$ 的图像有公共点,证明：$f(x)=a^x\in M$;

（3）若函数 $f(x)=\sin kx\in M$,求实数 k 的取值范围.

14. 已知函数 $y=x+\dfrac{a}{x}$ 有如下性质:如果常数 $a>0$,那么该函数在 $(0,\sqrt{a}\,]$ 上是严格减函数,在 $[\sqrt{a}\,,+\infty)$ 上是严格增函数.

（1）如果函数 $y=x+\dfrac{2^b}{x}(x>0)$ 在 $(0,4]$ 上是严格减函数,在 $[4,+\infty)$ 上是严格增函数,求 b 的值；

（2）设常数 $c\in[1,4]$,求函数 $f(x)=x+\dfrac{c}{x}(1\leqslant x\leqslant 2)$ 的最大值和最小值；

（3）当 n 是正整数时,研究函数 $g(x)=x^n+\dfrac{c}{x^n}(c>0)$ 的单调性,并说明理由.

15. 若 $f_1(x)=3^{|x-p_1|},f_2(x)=2\cdot 3^{|x-p_2|},x\in\mathbf{R},p_1,p_2$ 为常数,且
$$f(x)=\begin{cases}f_1(x),f_1(x)\leqslant f_2(x),\\ f_2(x),f_1(x)>f_2(x).\end{cases}$$

（1）求 $f(x)=f_1(x)$ 对所有实数 x 成立的充要条件(用 p_1,p_2 表示)；

（2）设 a,b 为两实数,$a<b$ 且 $p_1,p_2\in(a,b)$,若 $f(a)=f(b)$.求证：$f(x)$ 在区间 $[a,b]$ 上的严格增区间的长度和为 $\dfrac{b-a}{2}$(闭区间 $[m,n]$ 的长度定义为 $n-m$).

§4.3　对数概念及其运算

一般地,如果 $a(a>0,a\neq 1)$ 的 b 次幂等于 N,就是 $a^b=N$,那么数 b 叫作以 a 为底 N 的**对数**,记作 $\log_a N=b$,其中 a 叫作对数的**底数**,N 叫作**真数**.

例如，由 $3^2=9$，得到以 3 为底 9 的对数为 2，记作 $\log_3 9=2$，由定义可知负数和零没有对数.事实上，因为 $a>0$，所以不论 b 是什么实数，都有 $a^b>0$，这就是说，不论 b 是什么数，N 永远是正数，**故负数和零没有对数**.

根据对数定义，我们可以得到 $\log_a 1=0$，$\log_a a=1\ (a>0，且\ a\neq 1)$.

通常我们把以 10 为底的对数叫作**常用对数**，并简记作 lg，即 $\log_{10} N=\lg N$；以无理数 $e=2.718\ 28\cdots$ 为底的对数叫作**自然对数**，并简记作 ln，即 $\log_e N=\ln N$.

例 1. 将下列指数式写成对数式：

(1) $5^4=625$；

(2) $2^{-6}=\dfrac{1}{64}$；

(3) $3^a=27$；

(4) $\left(\dfrac{1}{3}\right)^m=5.73$.

解：(1) $\log_5 625=4$；

(2) $\log_2 \dfrac{1}{64}=-6$；

(3) $\log_3 27=a$；

(4) $\log_{\frac{1}{3}} 5.73=m$.

例 2. 将下列对数式写成指数式：

(1) $\log_{\frac{1}{2}} 16=-4$；

(2) $\log_2 128=7$；

(3) $\lg 0.01=-2$；

(4) $\ln 10=2.303$.

解：(1) $\left(\dfrac{1}{2}\right)^{-4}=16$；

(2) $2^7=128$；

(3) $10^{-2}=0.01$；

(4) $e^{2.303}=10$.

我们学过有理数指数幂的运算性质，如 $a^m \cdot a^n=a^{m+n}\ (a>0，a\neq 1，且\ m,n\in\mathbf{Q})$，利用这个性质和对数的定义，我们可以推出**对数的运算性质**：

令 $\log_a M=b_1，\log_a N=b_2$，则根据对数的定义得：$a^{b_1}=M，a^{b_2}=N$.

又因为 $M \cdot N=a^{b_1} \cdot a^{b_2}=a^{b_1+b_2}$，所以，$b_1+b_2=\log_a(M \cdot N)$，即

$$\log_a(M \cdot N)=\log_a M+\log_a N.$$

类似的，我们可以得到对数的其他几个运算性质：

(1) $\log_a \dfrac{M}{N}=\log_a M-\log_a N\ (a>0，a\neq 1；M，N\ 为正数)$；

(2) $\log_a M^n=n\log_a M\ (a>0，a\neq 1；n\in\mathbf{R}，M，N\ 为正数)$；

(3) $\log_a b=\dfrac{\log_c b}{\log_c a}$ （**换底公式**）$(a>0，a\neq 1；c>0，c\neq 1，b>0)$.

下面，不妨对换底公式作一简单证明.

证明：设 $\log_a N=x$，则 $a^x=N$.

两边取以 m 为底的对数：$\log_m a^x=\log_m N \Rightarrow x\log_m a=\log_m N$，

从而得：$x=\dfrac{\log_m N}{\log_m a}$，$\quad\therefore\quad \log_a N=\dfrac{\log_m N}{\log_m a}$　（获证）.

(4) $\log_a b=\dfrac{1}{\log_b a}\ (a>0，a\neq 1；b>0，b\neq 1)$；

(5) $\log_{a^n} M=\dfrac{1}{n}\log_a M\ (a>0，a\neq 1；n\in\mathbf{R}，n\neq 0，M>0)$；

(6) $a^{\log_a N} = N\ (a>0, a \neq 1; N>0)$.

对于一个正数的常用对数值,可以写成一个整数与一个正的纯小数(或 0)之和,如:

$$\lg 2\,000 = \lg 2 \times 10^3 = 3 + \lg 2 = 3 + 0.301\,0;$$

$$\lg 0.000\,03 = \lg 3 \times 10^{-5} = -5 + \lg 3 = -5 + 0.477\,1;$$

$$\lg 10\,000 = \lg 10^4 = 4 + 0;$$

即正数 x 的常用对数 $\lg x$ 可以写成:$\lg x = M + m$(其中 M 为整数,$0 \leqslant m < 1$);

那么,M 称为对数 $\lg x$ 的首数,m 称为对数 $\lg x$ 的尾数;如果某正数 x 的常用对数 $\lg x = -2.123\,4$,则将 $\lg x$ 写成:$\lg x = \overline{3} + 0.876\,6 = \overline{3}.876\,6$,则 $\lg x$ 的首数是 -3,尾数是 $0.876\,6$.

例 3. 计算:(1) $\log_9 27$;　　(2) $\log_{\sqrt[4]{3}} 81$;　　(3) $\log_{(2+\sqrt{3})}(2-\sqrt{3})$;　　(4) $\log_{\sqrt[3]{5^4}} 625$.

解: (1) $\log_9 27 = \log_9 3^3 = \log_9 9^{\frac{3}{2}} = \dfrac{3}{2}$.

(2) $\log_{\sqrt[4]{3}} 81 = \log_{\sqrt[4]{3}}(\sqrt[4]{3})^{16} = 16$.

(3) $\log_{(2+\sqrt{3})}(2-\sqrt{3}) = \log_{(2+\sqrt{3})}(2+\sqrt{3})^{-1} = -1$.

(4) $\log_{\sqrt[3]{5^4}} 625 = \log_{\sqrt[3]{5^4}}(\sqrt[3]{5^4})^3 = 3$.

例 4. 设 a、b、c 为正数,且满足 $a^2 + b^2 = c^2$.

(1) 求证:$\log_2\left(1 + \dfrac{b+c}{a}\right) + \log_2\left(1 + \dfrac{a-c}{b}\right) = 1$;

(2) 若 $\log_4\left(1 + \dfrac{b+c}{a}\right) = 1$,$\log_8(a+b-c) = \dfrac{2}{3}$,求 a、b、c 的值.

(1) **证明:** 左边 $= \log_2 \dfrac{a+b+c}{a} + \log_2 \dfrac{a+b-c}{b} = \log_2\left(\dfrac{a+b+c}{a} \cdot \dfrac{a+b-c}{b}\right)$

$$= \log_2 \dfrac{(a+b)^2 - c^2}{ab} = \log_2 \dfrac{a^2 + 2ab + b^2 - c^2}{ab}$$

$$= \log_2 \dfrac{2ab + c^2 - c^2}{ab} = \log_2 2 = 1.$$

(2) **解:** 由 $\log_4\left(1 + \dfrac{b+c}{a}\right) = 1$ 得 $1 + \dfrac{b+c}{a} = 4$,

$\therefore$　$-3a + b + c = 0$　　　　　　　　　　　　　　　　　　　①

由 $\log_8(a+b-c) = \dfrac{2}{3}$ 得 $a + b - c = 8^{\frac{2}{3}} = 4$　　　　　②

由①+②得 $b - a = 2$　　　　　　　　　　　　　　　　　　　③

由①得 $c = 3a - b$,代入 $a^2 + b^2 = c^2$ 得 $2a(4a - 3b) = 0$,

$\because$　$a > 0$,

$\therefore$　$4a - 3b = 0$　　　　　　　　　　　　　　　　　　　　　④

由③④解得 $a = 6$,$b = 8$,从而 $c = 10$.

例 5. 已知 $a > 0$,$b > 0$,$\log_9 a = \log_{12} b = \log_{16}(a+b)$,求 $\dfrac{b}{a}$.

解: 设 $\log_9 a = \log_{12} b = \log_{16}(a+b) = k$,则 $a = 9^k$,$b = 12^k$,$\left(\dfrac{b}{a}\right)^k = \dfrac{12^k}{9^k} = \left(\dfrac{4}{3}\right)^k$.

又 $a+b=16^k$，所以 $9^k+12^k=16^k$，两边同时除以 12^k，得 $\left(\dfrac{3}{4}\right)^k+1=\left(\dfrac{4}{3}\right)^k$.

解方程得 $\left(\dfrac{4}{3}\right)^k=\dfrac{\sqrt{5}+1}{2}$，所以 $\dfrac{b}{a}=\left(\dfrac{4}{3}\right)^k=\dfrac{\sqrt{5}+1}{2}$.

例 6. 求方程 $\log_{12}(\sqrt{x}+\sqrt[4]{x})=\dfrac{1}{2}\log_9 x$ 的解.

解： 令 $t=\dfrac{1}{2}\log_9 x$，则 $x=9^{2t}$.

原方程化为 $\log_{12}(9^t+3^t)=t$，即 $9^t+3^t=12^t$.

$\left(\dfrac{3}{4}\right)^t+\left(\dfrac{1}{4}\right)^t=1$，构造函数 $f(t)=\left(\dfrac{3}{4}\right)^t+\left(\dfrac{1}{4}\right)^t$，$f(t)$ 在 **R** 上是严格减函数.

当 $t>1$ 时，$f(t)<f(1)=1$.

当 $t<1$ 时，$f(t)>f(1)=1$.

∴ 当 $t<1$ 或 $t>1$ 时，$f(t)\neq1$，而 $t=1$ 时，$f(t)=1$，此时 $x=9^{2t}=9^2=81$.

经检验，$x=81$ 是原方程的解.

例 7. 20 世纪 30 年代，里克特（C.F.Richter）制订了一种表明地震能量大小的尺度，就是使用测震仪衡量地震能量的等级，地震能量越大，测震仪记录的地震曲线的振幅就越大. 这就是我们常说的里氏震级 M，其计算公式为 $M=\lg A-\lg A_0$. 其中，A 是被测地震的最大振幅，A_0 是"标准地震"的振幅（使用标准地震振幅是为了修正测震仪距实际震中的距离造成的偏差）.

（1）假设在一次地震中，一个距离震中 100 千米的测震仪记录的地震最大振幅是 20，此时标准地震的振幅是 0.001，计算这次地震的震级（精确到 0.1）；

（2）5 级地震给人的震感已比较明显，计算 7.6 级地震的最大振幅是 5 级地震的最大振幅的多少倍（精确到 1）.

解：（1）$M=\lg 20-\lg 0.001=\lg\dfrac{20}{0.001}=\lg 20\,000=\lg 2+\lg 10^4\approx4.3$.

因此，这是一次约为里氏 4.3 级的地震.

（2）由 $M=\lg A-\lg A_0$ 可得 $M=\lg\dfrac{A}{A_0}\Leftrightarrow\dfrac{A}{A_0}=10^M\Leftrightarrow A=A_0\cdot10^M$.

当 $M=7.6$ 时，地震的最大振幅为 $A_1=A_0\cdot10^{7.6}$；

当 $M=5$ 时，地震的最大振幅为 $A_2=A_0\cdot10^5$.

所以，两次地震的最大振幅之比是 $\dfrac{A_1}{A_2}=\dfrac{A_0\cdot10^{7.6}}{A_0\cdot10^5}=10^{7.6-5}=10^{2.6}\approx398$.

答：7.6 级地震的最大振幅大约是 5 级地震的最大振幅的 398 倍.

可以看到，虽然 7.6 级地震和 5 级地震仅相差 2.6 级，但 7.6 级地震的最大振幅却是 5 级地震最大振幅的 398 倍. 所以，7.6 级地震的破坏性远远大于 5 级地震的破坏.

例 8. 已知 $0.301\,029<\lg 2<0.301\,030$，$0.477\,120<\lg 3<0.477\,121$，求 $2\,000^{1979}$ 的首位数字.

解： $\lg 2\,000^{1979}=1\,979\lg 2\,000=1\,979(3+\lg 2)$.

∴ $6\,532.736\,391<\lg 2\,000^{1979}<6\,532.738\,37$. 故 $2\,000^{1979}$ 为 6\,533 位数，由

$\lg 5 = 1 - \lg 2, \lg 6 = \lg 2 + \lg 3,$ 得

$\left. \begin{array}{l} 0.698\,970 < \lg 5 < 0.698\,971 \\ 0.778\,149 < \lg 6 < 0.778\,151 \end{array} \right\} \Rightarrow \lg 5 < 0.736\,391 < 0.738\,37 < \lg 6.$

说明 $2\,000^{1\,979}$ 的首位数字是 5.

1. 把下列各题的指数式写成对数式:

(1) $4^2 = 16$;　　　　　　　(2) $3^0 = 1$;

(3) $4^x = 2$;　　　　　　　(4) $2^x = 0.5$.

2. 把下列各题的对数式写成指数式:

(1) $x = \log_5 27$;　　　　　　　(2) $x = \log_8 7$;

(3) $x = \log_4 3$;　　　　　　　(4) $x = \log_7 \dfrac{1}{3}$.

3. 计算下列各题:

(1) $2 \cdot \lg^2 \sqrt{2} + \lg \sqrt{2} \cdot \lg 5 + \sqrt{\lg^2 \sqrt{2} - \lg 2 + 1}$;

(2) $\lg 5(\lg 8 + \lg 1\,000) + (\lg 2^{\sqrt{3}})^2 + \lg \dfrac{1}{6} + \lg 0.06$;

(3) $\log_6^2 3 + \dfrac{\log_6 18}{\log_2 6}$;

(4) $7^{\lg 30} \cdot \left(\dfrac{1}{3}\right)^{\lg 0.7}$;

(5) $a^{\log_m b} \cdot b^{\log_m \frac{1}{a}}$;

(6) $\dfrac{\lg \sqrt{27} + \lg 8 - 3\lg \sqrt{10}}{\lg 1.2}$.

4. (1) 已知 $\log_5 3 = a$, $\log_5 4 = b$, 试用 a、b 表示 $\log_{25} 12$;

(2) 已知 $\log_{12} 27 = a$, 求 $\log_6 16$.

(3) 已知 $\log_{18} 9 = a$, $18^b = 5$, 求 $\log_{36} 45$.

5. 设 $x, y, z \in (0, +\infty)$ 且 $3^x = 4^y = 6^z$,

(1) 求证:$\dfrac{1}{x} + \dfrac{1}{2y} = \dfrac{1}{z}$;

(2) 比较 $3x, 4y, 6z$ 的大小.

6. 用 $\log_a x, \log_a y, \log_a z$ 表示下列各式:

(1) $\log_a \dfrac{xy}{z}$;

(2) $\log_a \dfrac{x^2 \sqrt{y}}{\sqrt[3]{z}}$.

7. 求解下列各题:

(1) 已知 $\lg 2 = a$, $10^b = 3$, 试用 a, b 表示 $\log_{24} 15$;

(2) 已知 $\log_3 5 = a$, $\log_5 7 = b$, 试用 a, b 表示 $\log_{75} 63$;

(3) 已知 $2^{6a} = 3^{3b} = 6^{2c}$, 试建立 a、b、c 间的关系式.

8. 我们都处于有声世界里，不同场合，人们对音量会有不同的要求，音量大小的单位是分贝（dB），对于一个强度为 I 的声波，分贝的定义是：$y=10\lg\dfrac{I}{I_0}$. 这里 I_0 是人耳能听到的声音的最低声波强度，$I_0=10^{-12}$ w/m²，当 $I=I_0$ 时，$y=0$，即 dB$=0$.

（1）如果 $I=1$ w/m²，求相应的分贝值；

（2）70 dB 时声音强度 I 是 60 dB 时声音强度 I' 的多少倍？

9. 科学研究表明，宇宙射线在大气中能够产生放射性碳 14. 碳 14 的衰变极有规律，其精确性可以称为自然界的"标准时钟". 动植物在生长过程中衰变的碳 14，可以通过与大气的相互作用得到补充，所以活着的动植物每克组织中的碳 14 含量保持不变. 死亡后的动植物，停止了与外界环境的相互作用，机体中原有的碳 14 按确定的规律衰减，我们已经知道其"半衰期"为 5 730 年. 湖南长沙马王堆汉墓女尸出土时碳 14 的残余量约占原始含量的 76.7%，试推算马王堆古墓的年代.

10. 设 $x>1$，$y>1$，且 $2\log_x y-2\log_y x+3=0$，求 $T=x^2-4y^2$ 的最小值.

11.（1）设 a，b，c 都是正数，且 $3^a=4^b=6^c$，求 $\dfrac{-2ab+2bc+ac}{abc}$ 的值；

（2）已知 a，b，$c>0$，且 a，b，$c\neq 1$，求：$a^{\log_b c}+b^{\log_c a}+c^{\log_a b}-a^{\log_c b}-b^{\log_a c}-c^{\log_b a}$ 的值；

（3）设 $f(x)=ax^{2009}+b\sqrt[2007]{x}+2008$，若 $f(\log_{20}\log_{207}209)=2010$，求 $f(\log_{20}\log_{209}207)$ 的值.

12. 解方程组：$\begin{cases}x^{x+y}=y^{12},\\ y^{x+y}=x^3\end{cases}$（其中 x，$y\in \mathbf{R}^+$）.

13. 对于正整数 a，b，$c(a\leqslant b\leqslant c)$ 和实数 x，y，z，w，若 $a^x=b^y=c^z=70^w$，且 $\dfrac{1}{x}+\dfrac{1}{y}+\dfrac{1}{z}=\dfrac{1}{w}$，求证：$a+b=c$.

14.（1）拉普拉斯称赞对数是一项"使天文学家寿命倍增"的发明. 对数可以将大数之间的乘除运算简化为加减运算，请证明：$\log_a(x\cdot y)=\log_a x+\log_a y(a>0，a\neq 1，x，y>0)$.

（2）2017 年 5 月 23 日至 27 日，围棋世界冠军柯洁与 DeepMind 公司开发的程序"AlphaGo"进行三局人机对弈，以复杂的围棋来测试人工智能. 围棋复杂度的上限约为 $M=3^{361}$，而根据有关资料，可观测宇宙中普通物质的原子总数约为 $N=10^{80}$. 甲、乙两个同学都估算了 $\dfrac{M}{N}$ 的近似值，甲认为是 10^{73}，乙认为是 10^{93}.

现有两种定义：

（Ⅰ）若实数 x，y 满足 $|x-m|>|y-m|$，则称 y 比 x 接近 m.

（Ⅱ）若实数 x，y，m 且 $x=10^s$，$y=10^t$，$m=10^u$，满足 $|s-u|>|t-u|$，则称 y 比 x 接近 m.

请你任选取其中一种定义来判断哪个同学的近似值更接近 $\dfrac{M}{N}$，并说明理由.

§4.4　反函数

一般地,对于函数 $y=f(x)$,设它的定义域为 $\mathbf{D}$,值域为 A.如果对 A 中的任意一个值 y,在 $\mathbf{D}$ 中总有唯一确定的 x 值与它对应,且满足 $x=\varphi(y)$,这样得到的 x 关于 y 的函数: $x=\varphi(y)$($x\in\mathbf{D}$,$y\in A$)叫作函数 $y=f(x)$ 的**反函数**,常常将 $x=\varphi(y)$ 记作 $x=f^{-1}(y)$ ($x\in\mathbf{D}$, $y\in A$).在习惯上,自变量常用 x 表示,而函数用 y 表示,所以把它改写为: $y=f^{-1}(x)$ ($x\in A$, $y\in\mathbf{D}$).

例如函数 $y=3x$ 的反函数是 $y=\dfrac{x}{3}$,函数 $y=2x-1$ 的反函数是 $y=\dfrac{x+1}{2}$.

从反函数的概念可知:如果函数 $y=f(x)$ 有反函数 $y=f^{-1}(x)$,那么函数 $y=f^{-1}(x)$ 的反函数就是 $y=f(x)$.这就是说,函数 $y=f(x)$ 与 $y=f^{-1}(x)$ 互为反函数.

结论 1. 函数 $y=f(x)$ 的定义域是它的反函数 $y=f^{-1}(x)$ 的值域;函数 $y=f(x)$ 的值域是它的反函数 $y=f^{-1}(x)$ 的定义域(见下表).

	函数 $y=f(x)$	反函数 $y=f^{-1}(x)$
定义域	D	A
值域	A	D

反函数的定义域不能由其解析式来确定,而应是原函数的值域.

结论 2. 函数 $y=f(x)$ 与反函数 $y=f^{-1}(x)$ 的图像在同一坐标系关于直线 $y=x$ 对称;

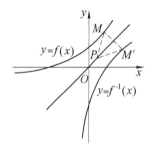

图 4-5

证明: 设 $M(a,b)$ 是 $y=f(x)$ 的图像上的任意一点,

则当 $x=a$ 时,$f(x)$ 有唯一的值 $f(a)=b$.

∵　$y=f(x)$ 有反函数 $y=f^{-1}(x)$,

∴　当 $x=b$ 时,$f^{-1}(x)$ 有唯一的值 $f^{-1}(b)=a$,

即点 $M'(b,a)$ 在反函数 $y=f^{-1}(x)$ 的图像上(见图 4-5).

若 $a=b$,则 M,M' 是直线 $y=x$ 上的同一个点,它们关于直线 $y=x$ 对称.

若 $a\neq b$,在直线 $y=x$ 上任意取一点 $P(c,c)$,联接 PM,PM',MM'.

由两点间的距离公式得:

$$|PM|=\sqrt{(a-c)^2+(b-c)^2}\,,\quad |PM'|=\sqrt{(b-c)^2+(a-c)^2}\,,$$

∴　$|PM|=|PM'|$

∴　直线 $y=x$ 是线段 MM' 的垂直平分线,

∴　点 M,M' 关于直线 $y=x$ 对称.

∵　点 M 是 $y=f(x)$ 的图像上的任意一点,

∴　$y=f(x)$ 图像上任意一点关于直线 $y=x$ 的对称点都在它的反函数 $y=f^{-1}(x)$ 的图像上,由 $y=f(x)$ 与 $y=f^{-1}(x)$ 互为反函数可知,函数 $y=f^{-1}(x)$ 图像上任意一点关于直线 $y=x$ 的对称点也都在它的反函数 $y=f(x)$ 的图像上,

∴　函数 $y=f(x)$ 与 $y=f^{-1}(x)$ 的图像关于直线 $y=x$ 对称.

(反之,若两个函数的图像关于直线 $y=x$ 对称,则两者互为反函数.特殊地,函数 $f(x)$ 的反函数是它本身$\Leftrightarrow f(x)$ 的图像关于直线 $y=x$ 对称).

例1. 求函数 $y=-\sqrt{1-x^2}(-1\leqslant x\leqslant 0)$ 的反函数.

解: 由 $y=-\sqrt{1-x^2}$ 知 $y^2=1-x^2(-1\leqslant y\leqslant 0)$,则 $x^2=1-y^2$,

由于 $-1\leqslant x\leqslant 0$,所以 $x=-\sqrt{1-y^2}(-1\leqslant y\leqslant 0)$,

所以反函数为 $y=-\sqrt{1-x^2}(-1\leqslant x\leqslant 0)$.

解析: 由反函数的定义,求反函数的定义,一般应分以下步骤:

(1) 由已知解析式 $y=f(x)$ 反求出 $x=\Phi(y)$;

(2) 交换 $x=\Phi(y)$ 中 x、y 的位置;

(3) 求出反函数的定义域(一般可通过求原函数的值域的方法求反函数的定义域).

例2. 求函数 $y=\begin{cases}x^2 & (x<0),\\ -\dfrac{1}{2}x & (x\geqslant 0)\end{cases}$ 的反函数.

解: 由 $y=x^2$,得 $x=-\sqrt{y}$,即 $y=x^2(x<0)$ 的反函数为 $y=-\sqrt{x}(x>0)$;

由 $y=-\dfrac{1}{2}x(x\geqslant 0)$ 的反函数为 $y=-2x(x\leqslant 0)$.因此原函数的反函数为

$y=\begin{cases}-2x & (x\leqslant 0),\\ -\sqrt{x} & (x>0).\end{cases}$

例3. 函数 $y=\dfrac{1-ax}{1+ax}\left(x\neq -\dfrac{1}{a},x\in\mathbf{R}\right)$ 的图像关于 $y=x$ 对称,求 a 的值.

解: 由 $y=\dfrac{1-ax}{1+ax}\left(x\neq -\dfrac{1}{a},x\in\mathbf{R}\right)$ 得 $x=\dfrac{1-y}{a(y+1)}(y\neq -1)$,

$\therefore f^{-1}(x)=\dfrac{1-x}{a(x+1)}(x\neq -1)$,

由题知:$f(x)=f^{-1}(x)$,$\dfrac{1-x}{a(x+1)}=\dfrac{1-ax}{1+ax}$,$\therefore a=1$.

例4. 设常数 $a\geqslant 0$,函数 $f(x)=\dfrac{2^x+a}{2^x-a}$.

(1) 若 $a=4$,求函数 $y=f(x)$ 的反函数 $y=f^{-1}(x)$;

(2) 根据 a 的不同取值,讨论函数 $y=f(x)$ 的奇偶性,并说明理由.

解: (1) 由题得,$f(x)=\dfrac{2^x+4}{2^x-4}=1+\dfrac{8}{2^x-4}\in(-\infty,-1)\cup(1,+\infty)$.

$\therefore f^{-1}(x)=2+\log_2\left(\dfrac{x+1}{x-1}\right),x\in(-\infty,-1)\cup(1,+\infty)$.

$\because f(x)=\dfrac{2^x+a}{2^x-a}$ 且 $a\geqslant 0$ $\therefore$ ① 当 $a=0$ 时,$f(x)=1,x\in\mathbf{R}$,

$\therefore$ 对任意的 $x\in\mathbf{R}$ 都有 $f(x)=f(-x)$,$\therefore y=f(x)$ 为偶函数.

② 当 $a=1$ 时,$f(x)=\dfrac{2^x+1}{2^x-1},x\neq 0,f(-x)=\dfrac{2^{-x}+1}{2^{-x}-1}=\dfrac{1+2^x}{1-2^x}$,

∴ 对任意的 $x \neq 0$ 且 $x \in \mathbf{R}$ 都有 $f(x) = -f(-x)$，∴ $y = f(x)$ 为奇函数.

③ 当 $a \neq 0$ 且 $a \neq 1$ 时，定义域为 $\{x \mid x \neq \log_2 a, x \in \mathbf{R}\}$，

∴ 定义域不关于原点对称，∴ $y = f(x)$ 为非奇非偶函数.

例 5. 我们知道：函数 $y = f(x)$ 如果存在反函数 $y = f^{-1}(x)$，则 $y = f(x)$ 的图像与 $y = f^{-1}(x)$ 图像关于直线 $y = x$ 对称.若 $y = f(x)$ 的图像与 $y = f^{-1}(x)$ 的图像有公共点，其公共点却不一定都在直线 $y = x$ 上；例如函数 $f(x) = \dfrac{1}{x}$.若函数 $y = f(x)$ 在其定义域上是严格增函数，且 $y = f(x)$ 的图像与其反函数 $y = f^{-1}(x)$ 的图像有公共点，证明这些公共点都在直线 $y = x$ 上.

证明： 设点 $M(x_0, y_0)$ 是函数 $y = f(x)$ 的图像与其反函数 $y = f^{-1}(x)$ 的图像的公共点，则有：$y_0 = f(x_0)$，$y_0 = f^{-1}(x_0)$，据反函数的意义有：$x_0 = f(y_0)$.

所以，$y_0 = f(x_0)$ 且同时有 $x_0 = f(y_0)$.

若 $x_0 < y_0$，因为函数 $y = f(x)$ 是其定义域上是严格增函数，所以 $f(x_0) < f(y_0)$，

即 $y_0 < x_0$ 与 $x_0 < y_0$ 矛盾，这说明 $x_0 < y_0$ 是错误的.

若 $x_0 > y_0$，因为函数 $y = f(x)$ 是其定义域上是严格增函数，所以 $f(x_0) > f(y_0)$，

即 $y_0 > x_0$ 与 $x_0 > y_0$ 矛盾，这说明 $x_0 > y_0$ 也是错误的.

所以 $x_0 = y_0$，即函数 $y = f(x)$ 的图像与其反函数 $y = f^{-1}(x)$ 的图像有公共点在直线 $y = x$ 上.

1. 求下列函数的反函数：

(1) $y = 5x - 3$；

(2) $y = x^2 - 2 \ (x \leqslant 0)$；

(3) $y = 2x^3$；

(4) $y = \dfrac{2x + 3}{x - 2} \ (x \in \mathbf{R}$ 且 $x \neq 2)$.

2. 若函数 $y = f(x)$ 存在反函数，则下列命题中不正确的是 （　　）.

(A) 函数 $y = f(x)$ 与函数 $x = f(y)$ 的图像关于直线 $y = x$ 对称

(B) 若 $y = f(x)$ 是奇函数，则 $y = f^{-1}(x)$ 也是奇函数

(C) 若 $y = f(x)$ 在其定义域 $[a, b]$ 上是严格增函数，则 $y = f^{-1}(x)$ 在 $[a, b]$ 上也是严格增函数

(D) 函数 $y = f(x)$ 与 $x = f^{-1}(y)$ 的图像重合

3. 函数 $f(x) = x^2 - 2ax - 3$ 在区间 $[1, 2]$ 上存在反函数的充要条件是 （　　）.

(A) $a \in (-\infty, 1]$ 　　　　　　　　(B) $a \in [2, +\infty)$

(C) $a \in [1, 2]$ 　　　　　　　　　　(D) $a \in (-\infty, 1] \cup [2, +\infty)$

4. 已知 $f(x) = \dfrac{2x + 3}{x - 1}$，函数 $y = g(x)$ 的图像与 $y = f^{-1}(x + 1)$ 的图像关于直线 $y = x$ 对称，则 $g(11) = \underline{\qquad}$.

5. 若点 $\left(2, \dfrac{1}{4}\right)$ 既在 $y = 2^{ax+b}$ 的图像上，又在它的反函数图像上，则 $a = \underline{\qquad\qquad}$；

$b=$ _____.

6. 若函数 $f(x)=\dfrac{x}{x+2}$ 的反函数是 $f^{-1}(x)$,则 $f^{-1}\left(\dfrac{1}{2}\right)=$ _____.

7. 若定义在 **R** 上的函数 $y=f(x+1)$ 的反函数是 $y=f^{-1}(x-1)$,且 $f(0)=1$,则 $f(2\,008)=$ _____.

8. 已知函数 $y=f(x)$(定义域为 **D**,值域为 A)有反函数 $y=f^{-1}(x)$,则方程 $f(x)=0$ 有解 $x=a$,且 $f(x)>x(x\in\mathbf{D})$ 的充要条件是 $y=f^{-1}(x)$ 满足:_____.

9. 设函数 $f(x)=\dfrac{1-2x}{1+x}$,又函数 $g(x)$ 与 $y=f^{-1}(x+1)$ 的图像关于 $y=x$ 对称,求 $g(2)$ 的值.

10. 若点 $(2,1)$ 既在函数 $f(x)=\sqrt{mx+n}$ 的图像上,又在它的反函数的图像上,求实数 m,n 的值.

11. (1) 设函数 $y=f(x)$(定义域为 **D**,值域为 A)的反函数是 $y=f^{-1}(x)$,且函数 $y=f(x)$ 在 **D** 上严格递增,证明函数 $y=f^{-1}(x)$ 在 A 上也是严格增函数.

(2) 设函数 $y=f(x)$ 是 **D** 上的奇函数,证明 $y=f^{-1}(x)$ 也是 A 上的奇函数.

12. 已知函数 $f(x)=\left(\dfrac{x+1}{x}\right)^2(x>0)$,

(1) 求函数 $f(x)$ 的反函数 $f^{-1}(x)$;

(2) 若 $x\geqslant 2$ 时,不等式 $(x-1)\cdot f^{-1}(x)>a(a-\sqrt{x})$ 恒成立,试求实数 a 的取值范围.

13. $f(x)=x^{\frac{1}{2}}-x^{-\frac{1}{2}}$.

(1) 证明函数 $f(x)$ 有反函数,并求出反函数.

(2) 反函数的图像是否经过 $(0,1)$ 点? 反函数的图像与 $y=x$ 有无交点?

(3) 设反函数为 $y=f^{-1}(x)$,求不等式 $f^{-1}(x)\leqslant 0$ 的解集.

14. 已知函数 $y=f(x)$ 的反函数.定义:若对给定的实数 $a(a\neq 0)$,函数 $y=f(x+a)$ 与 $y=f^{-1}(x+a)$ 互为反函数,则称 $y=f(x)$ 满足"a 和性质";若函数 $y=f(ax)$ 与 $y=f^{-1}(ax)$ 互为反函数,则称 $y=f(x)$ 满足"a 积性质".

(1) 判断函数 $g(x)=x^2+1$ $(x>0)$ 是否满足"1 和性质",并说明理由;

(2) 求所有满足"2 和性质"的一次函数;

(3) 设函数 $y=f(x)$ $(x>0)$ 对任何 $a>0$,满足"a 积性质".求 $y=f(x)$ 的表达式.

§4.5 对数函数

一般地,函数 $y=\log_a x$ $(a>0$,且 $a\neq 1)$ 就是指数函数 $y=a^x$ $(a>0$,且 $a\neq 1)$ 的反函数.因为 $y=a^x$ 的值域是 $(0,+\infty)$,所以,函数 $y=\log_a x$ 的定义域是 $(0,+\infty)$.函数 $y=\log_a x$ $(a>0$,且 $a\neq 1)$ 叫作**对数函数**,其中 x 是自变量,定义域是 $(0,+\infty)$.

下面研究对数函数 $y=\log_a x$ $(a>0$,且 $a\neq 1)$ 的图像和性质.

因为对数函数 $y=\log_a x$ 与指数函数 $y=a^x$ 互为反函数,所以 $y=\log_a x$ 的图像与指数函

数 $y=a^x$ 的图像关于直线 $y=x$ 对称.因此只要作出指数函数 $y=a^x$ 关于直线 $y=x$ 对称的图像,就可以得到 $y=\log_a x$ 的图像和性质.

对数函数的图像和性质(见下表):

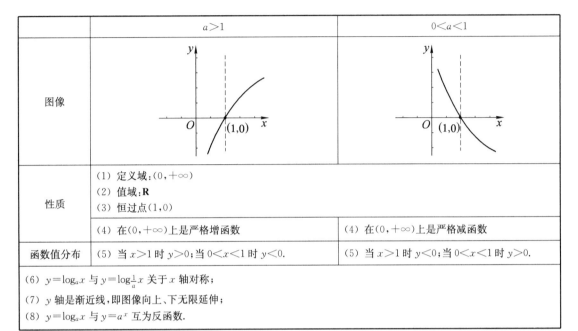

	$a>1$	$0<a<1$
图像		
性质	(1) 定义域:$(0,+\infty)$ (2) 值域:**R** (3) 恒过点$(1,0)$	
	(4) 在$(0,+\infty)$上是严格增函数	(4) 在$(0,+\infty)$上是严格减函数
函数值分布	(5) 当 $x>1$ 时 $y>0$;当 $0<x<1$ 时 $y<0$.	(5) 当 $x>1$ 时 $y<0$;当 $0<x<1$ 时 $y>0$.
(6) $y=\log_a x$ 与 $y=\log_{\frac{1}{a}} x$ 关于 x 轴对称; (7) y 轴是渐近线,即图像向上、下无限延伸; (8) $y=\log_a x$ 与 $y=a^x$ 互为反函数.		

例 1. 求下列函数的定义域:

(1) $y=\sqrt{\log_2(x+2)}$;

(2) $y=\log_3 \dfrac{|x|}{x+2}$;

(3) $f(x)=\dfrac{1}{x}\ln(\sqrt{x^2-3x+2}+\sqrt{-x^2-3x+4})$;

(4) $y=\dfrac{1}{\log_2(-x^2+4x-3)}$.

解:(1) 要使函数有意义,须使 $\log_2(x+2)\geqslant 0$,即 $\log_2(x+2)\geqslant \log_2 1$,因为函数 $y=\log_2 x$ 为增函数,所以 $x+2\geqslant 1$,

∴ $x\geqslant -1$,所以函数的定义域为 $\{x|x\geqslant -1\}$.

(2) 因为 $\dfrac{|x|}{x+2}>0$,即 $\begin{cases} x\neq 0, \\ x>-2, \end{cases}$ 所以函数 $y=\log_3 \dfrac{|x|}{x+2}$ 的定义域是 $(-2,0)\bigcup(0,+\infty)$.

(3) y 由 $\begin{cases} x\neq 0, \\ x^2-3x+2\geqslant 0, \\ -x^2-3x+4\geqslant 0 \end{cases}$ 得:$-4\leqslant x<0$ 或 $0<x\leqslant 1$.又因为 $x\neq 1$,故定义域是 $[-4,0)\bigcup(0,1)$.

(4) 因为 $\log_2(-x^2+4x-3)\neq 0$,所以 $\begin{cases} -x^2+4x-3>0, \\ -x^2+4x-3\neq 1, \end{cases}$ 所以有 $\begin{cases} (x-1)(x-3)<0, \\ (x-2)^2\neq 0, \end{cases}$

从而有函数 $y = \dfrac{1}{\log_2(-x^2+4x-3)}$ 的定义域是 $(1,2) \cup (2,3)$.

例 2. (1) 若 $a^2 > b > a > 1$,则 $\log_b \dfrac{b}{a}$,$\log_b a$,$\log_a b$ 从小到大依次为＿＿＿＿＿＿＿＿;

(2) 若 $2^x = 3^y = 5^z$,且 x,y,z 都是正数,则 $2x,3y,5z$ 从小到大依次为＿＿＿＿＿.

解: (1) 由 $a^2 > b > a > 1$ 得 $\dfrac{b}{a} < a$,故 $\log_b \dfrac{b}{a} < \log_b a < 1 < \log_a b$.

(2) 令 $2^x = 3^y = 5^z = t$,则 $t > 1$,$x = \dfrac{\lg t}{\lg 2}$,$y = \dfrac{\lg t}{\lg 3}$,$z = \dfrac{\lg t}{\lg 5}$,

∴ $2x - 3y = \dfrac{2\lg t}{\lg 2} - \dfrac{3\lg t}{\lg 3} = \dfrac{\lg t \cdot (\lg 9 - \lg 8)}{\lg 2 \cdot \lg 3} > 0$,

∴ $2x > 3y$;

同理可得:$2x - 5z < 0$,

∴ $2x < 5z$,

∴ $3y < 2x < 5z$.

例 3. 函数 $y = \log_a(x^2 - ax + 2)$ 在 $[2, +\infty)$ 恒为正,求实数 a 的取值范围.

解: 首先,由于 $x^2 - ax + 2$ 取值可以正无穷大,可知 $a > 1$.

所以只要 $x^2 - ax + 2$ 在 $[2, +\infty)$ 恒大于 1,即 $x^2 - ax + 2 > 1$ 在 $[2, +\infty)$ 上恒成立.

转化为:$x^2 + 1 > ax$ 在 $[2, +\infty)$ 上恒成立.

即 $a < x + \dfrac{1}{x}$ 在 $[2, +\infty)$ 上恒成立.则 $a < \left(x + \dfrac{1}{x}\right)_{\min}$.

因为 $y = x + \dfrac{1}{x}$ 在 $[2, +\infty)$ 上严格递增,则 $\left(x + \dfrac{1}{x}\right)_{\min} = \dfrac{5}{2}$.则 $1 < a < \dfrac{5}{2}$.

例 4. 已知集合 M 是满足下列性质的函数 $f(x)$ 的全体:

在定义域 $(0, +\infty)$ 内存在 x_0,使得 $f(x_0 + 1) \leqslant f(x_0) + f(1)$ 成立.

(1) 函数 $f(x) = x^2 - 2x - 3$ 是否是集合 M 的元素? 若是,求出所有 x_0 组成的集合;若不是,请说明理由;

(2) 设函数 $g(x) = \lg \dfrac{a}{x^2+1} \in M$,求实数 a 的取值范围.

解: (1) $f(x) = x^2 - 2x - 3 \notin M$,理由如下:

对一切 $x \in (0, +\infty)$,

$\qquad f(x+1) - f(x) - f(1)$

$= [(x+1)^2 - 2(x+1) - 3] - [x^2 - 2x - 3] - (-4)$

$= 2x + 3 > 0$.

所以:不存在 $x_0 \in (0, +\infty)$,使得:$f(x_0 + 1) \leqslant f(x_0) + f(1)$.

(2) 首先 $x_0 > 0$,$a > 0$.

由题意,知 $\lg \dfrac{a}{(x_0+1)^2+1} \leqslant \lg \dfrac{a}{x_0^2+1} + \lg \dfrac{a}{2}$,即 $\dfrac{a}{(x_0+1)^2+1} \leqslant \dfrac{a}{x_0^2+1} \cdot \dfrac{a}{2}$,

得 $(a-2)x_0^2 + 2ax_0 + 2a - 2 \geqslant 0$,

$1^0 a = 2$ 时，$4x_0 + 2 \geqslant 0$ 符合题意；

$2^0 a > 2$ 时，符合题意；

$3^0 \begin{cases} 0 < a < 2, \\ \Delta = 4a^2 - 4(a-2)(2a-2) \geqslant 0 \end{cases}$，得 $3 - \sqrt{5} \leqslant a < 2$.

综上可知，$a \geqslant 3 - \sqrt{5}$.

例5. 已知函数 $f(x) = \lg \dfrac{2x}{ax+b}$，$f(1) = 0$，当 $x > 0$ 时，恒有 $f(x) - f\left(\dfrac{1}{x}\right) = \lg x$.

(1) 求 $f(x)$ 的表达式；

(2) 设不等式 $f(x) \leqslant \lg t$ 的解集为 A，且 $A \subseteq (0,4]$，求实数 t 的取值范围；

(3) 若方程 $f(x) = \lg(8x+m)$ 的解集为 $\varnothing$，求实数 m 的取值范围.

解： (1) $\because$　当 $x > 0$ 时，$f(x) - f\left(\dfrac{1}{x}\right) = \lg x$ 恒成立.

$\therefore$　$\lg \dfrac{2x}{ax+b} - \lg \dfrac{2}{bx+a} = \lg x$，即 $(a-b)x^2 - (a-b)x = 0$ 恒成立，$\therefore$　$a = b$.

又 $f(1) = 0$，即 $a+b = 2$，从而 $a = b = 1$，$\therefore$　$f(x) = \lg \dfrac{2x}{1+x}$.

(2) 由不等式 $f(x) \leqslant \lg t$，即 $\lg \dfrac{2x}{1+x} \leqslant \lg t \Rightarrow \dfrac{(2-t)x-t}{1+x} \leqslant 0$ 且 $\dfrac{2x}{1+x} > 0$

$\Rightarrow \begin{cases} \left(-\infty, \dfrac{t}{2-t}\right] \cup (0, +\infty) & (t > 2), \\ (0, +\infty) & (t = 2), \\ \left(0, \dfrac{t}{2-t}\right] & (0 < t < 2). \end{cases}$

由于解集 $A \subseteq (0,4]$，故 $0 < t < 2$，所以 $A = \left(0, \dfrac{t}{2-t}\right] \subseteq (0,4]$，

即 $\dfrac{t}{2-t} \leqslant 4 \Rightarrow t \leqslant \dfrac{8}{5}$，

又因为 $0 < t < 2$，所以实数 t 的取值范围是 $\left(0, \dfrac{8}{5}\right]$.

(3) （解法一）

由 $\lg \dfrac{2x}{1+x} = \lg(8x+m) \Rightarrow \begin{cases} \dfrac{2x}{1+x} = 8x+m, \\ \dfrac{2x}{1+x} > 0 \end{cases} \Rightarrow \begin{cases} 8x^2 + (6+m)x + m = 0, \\ x < -1 \text{ 或 } x > 0. \end{cases}$

方程的解集为 $\varnothing$，故有两种情况：

① 方程 $8x^2 + (6+m)x + m = 0$ 无解，即 $\Delta < 0$，得 $2 < m < 18$.

② 方程 $8x^2 + (6+m)x + m = 0$ 有解，两根均在 $[-1,0]$ 内，$g(x) = 8x^2 + (6+m)x + m$.

则 $\begin{cases} \Delta \geqslant 0, \\ g(-1) \geqslant 0, \\ g(0) \geqslant 0, \\ -1 \leqslant \dfrac{-6-m}{16} \leqslant 0 \end{cases} \Rightarrow \begin{cases} m \leqslant 2 \text{ 或 } m \geqslant 18, \\ -6 \leqslant m \leqslant 10 \end{cases} \Rightarrow 0 \leqslant m \leqslant 2.$

综合①②得实数 m 的取值范围是 $0 \leqslant m < 18$.

(解法二) 若方程有解,

则由 $\lg \dfrac{2x}{1+x} = \lg(8x+m) \Rightarrow \begin{cases} \dfrac{2x}{1+x} = 8x+m, \\ \dfrac{2x}{1+x} > 0 \end{cases} \Rightarrow \begin{cases} m = \dfrac{2x}{1+x} - 8x, \\ x < -1 \ \text{或} \ x > 0. \end{cases}$

由 $g(x) = \dfrac{2x}{1+x} - 8x = 10 - \left[\dfrac{2}{1+x} + 8(x+1)\right]$.

当 $x < -1$,则 $g(x) \geqslant 10 + 2\sqrt{\dfrac{2}{1+x} \cdot 8(x+1)} = 18$,当且仅当 $x = -\dfrac{3}{2}$ 时取到 18.

当 $x > 0$,则 $g(x)$ 是严格减函数,所以 $g(x) < g(0) = 0$.

即 $g(x)$ 在 $(-\infty, -1) \bigcup (0, +\infty)$ 上的值域为 $(-\infty, 0) \bigcup [18, +\infty)$.

故当方程无解时,m 的取值范围是 $[0, 18)$.

例 6. 设 $f(x) = \dfrac{a^x + 1}{1 - a^x}(a > 0, a \neq 1)$,

(1) 求 $f(x)$ 的反函数 $f^{-1}(x)$;

(2) 讨论 $f^{-1}(x)$ 在 $(1, +\infty)$ 上的单调性,并加以证明;

(3) 令 $g(x) = 1 + \log_a x$,当 $[m, n] \subseteq (1, +\infty)(m < n)$ 时,$f^{-1}(x)$ 在 $[m, n]$ 上的值域是 $[g(n), g(m)]$,求 a 的取值范围.

解: (1) $f^{-1}(x) = \log_a \dfrac{x-1}{x+1}$,$(x > 1$ 或 $x < -1)$.

(2) 设 $1 < x_1 < x_2$,$\because \ \dfrac{x_1 - 1}{x_1 + 1} - \dfrac{x_2 - 1}{x_2 + 1} = \dfrac{2(x_1 - x_2)}{(x_1 + 1)(x_2 + 1)} < 0$,

$\therefore \ 0 < a < 1$ 时,$f^{-1}(x_1) > f^{-1}(x_2)$,$\therefore \ f^{-1}(x)$ 在 $(1, +\infty)$ 上是严格减函数;

$a > 1$ 时,$f^{-1}(x_1) < f^{-1}(x_2)$,$\therefore \ f^{-1}(x)$ 在 $(1, +\infty)$ 上是严格增函数.

(3) 当 $0 < a < 1$ 时,$\because \ f^{-1}(x)$ 在 $(1, +\infty)$ 上是严格减函数,

$\therefore \begin{cases} f^{-1}(m) = g(m), \\ f^{-1}(n) = g(n). \end{cases}$ 由 $\log_a \dfrac{x-1}{x+1} = 1 + \log_a x$ 得 $\dfrac{x-1}{x+1} = ax$,即 $ax^2 + (a-1)x + 1 = 0$.

可知方程的两个根均大于 1,即 $\begin{cases} \Delta > 0 \\ f(1) > 0 \\ \dfrac{1-a}{2a} > 1 \end{cases} \Rightarrow 0 < a < 3 - 2\sqrt{2}$.

当 $a > 1$ 时,$\because \ f^{-1}(x)$ 在 $(1, +\infty)$ 上是严格增函数,

$\therefore \begin{cases} f^{-1}(m) = g(n), \\ f^{-1}(n) = g(m) \end{cases} \Rightarrow \begin{cases} m - 1 = amn + an, \\ n - 1 = amn + am \end{cases} \Rightarrow a = -1(舍去)$.

综上,得 $0 < a < 3 - 2\sqrt{2}$.

例 7. 对于函数 $f_1(x), f_2(x), h(x)$,如果存在实数 a, b 使得 $h(x) = af_1(x) + bf_2(x)$,那么称 $h(x)$ 为 $f_1(x), f_2(x)$ 的生成函数.

(1) 下面给出两组函数,$h(x)$ 是否分别为 $f_1(x), f_2(x)$ 的生成函数? 并说明理由;

第一组：$f_1(x)=\lg\dfrac{x}{10}$，$f_2(x)=\lg10x$，$h(x)=\lg x$；

第二组：$f_1(x)=x^2-x$，$f_2(x)=x^2+x+1$，$h(x)=x^2-x+1$.

(2) 设 $f_1(x)=\log_2 x$，$f_2(x)=\log_{\frac{1}{2}}x$，$a=2,b=1$，生成函数 $h(x)$.若不等式 $3h^2(x)+2h(x)+t<0$ 在 $x\in[2,4]$ 上有解,求实数 t 的取值范围.

(3) 设 $f_1(x)=x(x>0)$，$f_2(x)=\dfrac{1}{x}(x>0)$，取 $a>0,b>0$，生成函数 $h(x)$图像的最低点坐标为$(2,8)$.若对于任意正实数 x_1,x_2 且 $x_1+x_2=1$.试问是否存在最大的常数 m，使 $h(x_1)h(x_2)\geqslant m$ 恒成立? 如果存在,求出这个 m 的值;如果不存在,请说明理由.

解：(1) ① $a\lg\dfrac{x}{10}+b\lg10x=\lg x$

∵ $\begin{cases}a+b=1,\\a-b=0.\end{cases}$

∴ $a=\dfrac{1}{2},b=\dfrac{1}{2}$.

所以 $h(x)$是 $f_1(x),f_2(x)$的生成函数.

② 设 $a(x^2+x)+b(x^2+x+1)=x^2-x+1$，即$(a+b)x^2+(a+b)x+b=x^2-x+1$,则 $\begin{cases}a+b=1,\\a+b=-1,\\b=1.\end{cases}$ 该方程组无解.所以 $h(x)$不是 $f_1(x),f_2(x)$的生成函数.

(2) $h(x)=2f_1(x)+f_2(x)=2\log_2 x+\log_{\frac{1}{2}}x=\log_2 x$，

若不等式 $3h^2(x)+2h(x)+t<0$ 在 $x\in[2,4]$ 上有解,

$3h^2(x)+2h(x)+t<0$,

即 $t<-3h^2(x)-2h(x)=-3\log_2^2 x-2\log_2 x$.

设 $s=\log_2 x$,则 $s\in[1,2]$，$y=-3\log_2^2 x-2\log_2 x=-3s^2-2s$,

$y_{\max}=-5$,故,$t<-5$.

(3) 由题意,得 $h(x)=ax+\dfrac{b}{x}(x>0)$,则 $h(x)=ax+\dfrac{b}{x}\geqslant2\sqrt{ab}$，

$\begin{cases}2a+\dfrac{b}{2}=8,\\2\sqrt{ab}=8.\end{cases}$ 解得 $\begin{cases}a=2,\\b=8.\end{cases}$ 所以 $h(x)=2x+\dfrac{8}{x}(x>0)$.

假设存在最大的常数 m，使 $h(x_1)h(x_2)\geqslant m$ 恒成立.

于是,设 $u=h(x_1)h(x_2)$

$=4\left(x_1+\dfrac{4}{x_1}\right)\left(x_2+\dfrac{4}{x_2}\right)$

$=4x_1x_2+\dfrac{64}{x_1x_2}+16\left(\dfrac{x_1}{x_2}+\dfrac{x_2}{x_1}\right)$

$=4x_1x_2+\dfrac{64}{x_1x_2}+16\cdot\dfrac{x_1^2+x_2^2}{x_1x_2}$

$$=4x_1x_2+\frac{64}{x_1x_2}+16\cdot\frac{(x_1+x_2)^2-2x_1x_2}{x_1x_2}$$

$$=4x_1x_2+\frac{80}{x_1x_2}-32.$$

令 $t=x_1x_2$,则 $t=x_1x_2\leqslant\left(\dfrac{x_1+x_2}{2}\right)^2=\dfrac{1}{4}$,即 $t\in\left(0,\dfrac{1}{4}\right]$.

设 $u=4t+\dfrac{80}{t}-32$ 在 $t\in\left(0,\dfrac{1}{4}\right]$ 上严格递减,

$u\geqslant u\left(\dfrac{1}{4}\right)=289$,故存在最大的常数 $m=289$.

1. 求下列函数的定义域:

(1) $y=\log_2(x-1)^2$;　　　　　　　(2) $y=\sqrt{\log_{\frac{1}{2}}(x^2-1)}$;

(3) $y=\log_a\dfrac{1-x}{1+x}$;　　　　　　　(4) $y=\sqrt{\log_{\frac{1}{3}}(x^2-2x-3)}$;

(5) $y=\dfrac{\sqrt{4-x^2}}{\lg|x-1|}$;　　　　　　　(6) $y=\log_{(x-2)}x+\log_2(16-2^x)$.

2. 求下列函数的值域:

(1) $y=\log_{\frac{1}{2}}(x^2-6x+17)$;　　　　　(2) $y=\log_{\frac{1}{3}}(-x^2+4x+5)$.

3. 利用对数函数的性质,比较下列各题中两个值的大小:

(1) $\log_{0.1}4$ 和 $\log_{0.1}\pi$;

(2) $\log_m\dfrac{2}{3}$ 和 $\log_m\dfrac{3}{4}$,其中 $m>0,m\neq1$;

(3) $\log_a3$ 和 $\log_b3$,其中 $0<a<b<1$.

4. 函数 $y=\log_a(x^2-ax+2)$ 在 $[2,+\infty)$ 恒为正,求实数 a 的范围.

5. 设 $f(x)=x^3+\log_2(x+\sqrt{x^2+1})$,则对任意实数 $a,b,a+b\geqslant0$ 是 $f(a)+f(b)\geqslant0$ 的什么条件?

6. 已知函数 $f(x)=\dfrac{e^x-e^{-x}}{e^x+e^{-x}}$ 的反函数是 $f^{-1}(x)$,且 $\dfrac{|f^{-1}(-0.8)|}{|f^{-1}(0.6)|}=k$,求 k 的范围.

7. 已知函数 $f(x)=\dfrac{1}{1-x}+\lg\dfrac{1+x}{1-x}$,

(1) 求函数 $f(x)$ 的定义域,并判断它的单调性(不用证明);

(2) 若 $f(x)$ 的反函数为 $f^{-1}(x)$,证明方程 $f^{-1}(x)=0$ 有解,且有唯一解;

(3) 解关于 x 的不等式 $f[x(x+1)]>1$.

8. (1) 已知 $y=\log_a(4-ax)$ 在区间 $[0,2)$ 上是严格减函数,求实数 a 的取值范围;

(2) 函数 $f(x)=\log_a|ax^2-x|,(a>0,a\neq1)$ 在区间 $[3,4]$ 上是严格增函数,求实数 a 的取值范围;

(3) 如果不等式 $x^2-\log_ax<0$ 在区间 $\left(0,\dfrac{1}{2}\right]$ 上恒成立,求实数 a 的取值范围.

9. 若函数 $y=\log_a(x^2-3ax+a)$ 的值域为 **R**,求实数 a 的取值范围.

10. 已知函数 $f(x)=\log_a\dfrac{1-mx}{x-1}$ 是奇函数 $(a>0,a\neq1)$.

（1）求出实数 m 的值；

（2）根据（1）的结果，判断 $f(x)$ 在 $(1,+\infty)$ 上的单调性（不必证明）；

（3）如果当 $x\in(r,a-2)$ 时，$f(x)$ 的值域恰为 $(1,+\infty)$，求 a 和 r 的值.

11. 设函数 $f(x)=\log_2\dfrac{x+1}{x-1}+\log_2(x-1)+\log_2(p-x)$，

（1）求函数的定义域；

（2）问 $f(x)$ 是否存在最大值与最小值？如果存在，请把它写出来；如果不存在，请说明理由.

12. 已知 $f(x)=\log_4(4x+1)+kx(k\in\mathbf{R})$ 是偶函数.

（1）求 k 的值；

（2）证明：对任意实数 b，函数 $y=f(x)$ 的图像与直线 $y=\dfrac{1}{2}x+b$ 最多只有一个交点；

（3）设 $g(x)=\log_4\left(a\cdot2^x-\dfrac{4}{3}a\right)$，若函数 $f(x)$ 与 $g(x)$ 的图像有且只有一个公共点，求实数 a 的取值范围.

13. 已知 $f(x)=\log_2 x$，当点 $M(x,y)$ 在 $y=f(x)$ 的图像上运动时，点 $N(x-2,ny)$ 在函数 $y=g_n(x)$ 的图像上运动 $(n\in\mathbf{N})$.

（1）求 $y=g_n(x)$ 的表达式.

（2）设 $H_n(x)=\left(\dfrac{1}{2}\right)^{g_n(x)}$，函数 $F(x)=H_1(x)-g_1(x)\ (0<a\leqslant x\leqslant b)$ 的值域为 $\left[\log_2\dfrac{\sqrt[5]{2}}{b+2},\log_2\dfrac{\sqrt[4]{2}}{a+2}\right]$，求实数 a、b 的值.

14. 设 $f(x)=\lg\dfrac{1+2^x+\cdots+(n-1)^x+a\cdot n^x}{n}$，$a\in\mathbf{R}$，$n\in\mathbf{N}$ 且 $n\geqslant2$. 若 $f(x)$ 当 $x\in(-\infty,1)$ 有意义，求 a 的取值范围.

15. 已知 $f(x)=\dfrac{a\,2^x-1}{2^x+1}\ (a\in\mathbf{R})$，是 $\mathbf{R}$ 上的奇函数.

（1）求 a 的值；

（2）求 $f(x)$ 的反函数；

（3）对任意的 $k\in(0,+\infty)$ 解不等式 $f^{-1}(x)>\log_2\dfrac{1+x}{k}$.

16. 已知 $f(x)=\log_a(x+\sqrt{x^2+1})$，其中 $a>1$.

（1）试求 $f(x)$ 的定义域和值域；求出 $f(x)$ 的反函数 $f^{-1}(x)$；

（2）求出 $f(x)$ 的反函数 $f^{-1}(x)$；

（3）判断函数 $f^{-1}(x)$ 的奇偶性和单调性；

（4）若实数 m 满足 $f^{-1}(1-m)+f^{-1}(1-m^2)<0$，求 m 的取值范围.

17. 已知函数 $f(x)=\log_a(x+\sqrt{x^2-2})(a>0,a\neq1)$.

(1) 求反函数 $f^{-1}(x)$,并求出其定义域;

(2) 设 $P(n) = \dfrac{\sqrt{2}}{2} f^{-1}(n + \log_a \sqrt{2})$,如果 $P(n) < \dfrac{3^n + 3^{-n}}{2}$ $(n \in \mathbf{N})$,求 a 的取值范围.

§4.6　指数方程和指数不等式

一般的,我们把指数里含有未知数的方程叫作**指数方程**,求未知数 x 值的过程叫作**解指数方程**.

一般的,我们把指数里含有未知数的不等式叫作**指数不等式**,求未知数 x 值的过程叫作**解指数不等式**.

例 1. 解下列方程:

(1) $9^x - 4 \cdot 3^x - 45 = 0$;

(2) $9^x + 4^x = \dfrac{5}{2} \cdot 6^x$;

(3) $9^x + 9^{-x} - 4(3^x + 3^{-x}) + 5 = 0$.

解: (1) 原方程可化为 $(3^x)^2 - 4 \cdot 3^x - 45 = 0$.

设 $3^x = t (t > 0)$,得 $t^2 - 4t - 45 = 0$.

解得 $t_1 = 9, t_2 = -5$(舍去),所以有 $3^x = 9$,得 $x = 2$.

所以,原方程的解是 $x = 2$.

(2) 原方程可化为 $2 \cdot 3^{2x} - 5 \cdot 3^x \cdot 2^x + 2 \cdot 2^{2x} = 0$.

两边各项同除以 2^{2x} 得 $2 \cdot \left(\dfrac{3}{2}\right)^{2x} - 5 \left(\dfrac{3}{2}\right)^x + 2 = 0$.

令 $\left(\dfrac{3}{2}\right)^x = t (t > 0)$,

则方程可化为 $2t^2 - 5t + 2 = 0$,解得 $t_1 = 2, t_2 = \dfrac{1}{2}$.

所以原方程的解是 $x_1 = \log_{\frac{3}{2}} 2, x_2 = -\log_{\frac{3}{2}} 2$.

(3) 设 $3^x + 3^{-x} = t (t \geqslant 2)$,则 $9^x + 9^{-x} = t^2 - 2$.于是,原方程可化为 $t^2 - 4t + 3 = 0$,

解得 $t_1 = 1$(舍去),$t_2 = 3$,所以有 $3^x + 3^{-x} = 3$,化简为 $(3^x)^2 - 3 \cdot 3^x + 1 = 0$,

解方程得 $3^x = \dfrac{3 \pm \sqrt{5}}{2}$.

所以,原方程的解是 $x_1 = \log_3 \dfrac{3 - \sqrt{5}}{2}, x_2 = \log_3 \dfrac{3 + \sqrt{5}}{2}$.

例 2. 已知关于 x 的方程 $2^x = \dfrac{a+1}{2-a}$,在下列情况中分别求实数 a 的取值范围:

(1) 方程没有实数解;

(2) 方程只有正实数解;

(3) 方程有负数解.

解: (1) 因为对一切 $x \in \mathbf{R}$ 有 $2^x > 0$,所以 $\dfrac{a+1}{2-a} \leqslant 0$,可以解得 $a \leqslant -1$ 或 $a > 2$;

(2) 根据指数函数的性质, 当 $x>0$ 时, $2^x>1$, 所以 $\dfrac{a+1}{2-a}>1$, 可以解得 $\dfrac{1}{2}<a<2$;

(3) 因为函数 $y=2^x$ 在 $(-\infty,+\infty)$ 上严格递增, 所以, 函数 $y=2^x$ 的图像与常数函数 $y=\dfrac{a+1}{2-a}$ 的图像最多只有一个交点. 因此, 方程 $2^x=\dfrac{a+1}{2-a}$ 的负数解便是唯一解,

当 $x<0$ 时, $0<2^x<1$,

所以 $0<\dfrac{a+1}{2-a}<1$, 即 $\dfrac{a+1}{2-a}>0$ 且 $\dfrac{a+1}{2-a}<1$, 可以解得 $-1<a<\dfrac{1}{2}$.

例 3. 解方程: $3^x+4^x+5^x=6^x$.

解: 方程可化为 $\left(\dfrac{1}{2}\right)^x+\left(\dfrac{2}{3}\right)^x+\left(\dfrac{5}{6}\right)^x=1$.

设 $f(x)=\left(\dfrac{1}{2}\right)^x+\left(\dfrac{2}{3}\right)^x+\left(\dfrac{5}{6}\right)^x$,

则 $f(x)$ 在 $(-\infty,+\infty)$ 上是严格减函数,

因为 $f(3)=1$, 所以方程只有一个解 $x=3$.

例 4. 关于 x 的不等式 $2\cdot3^{2x}-3^x+a^2-a-3>0$, 当 $0\leqslant x\leqslant1$ 时恒成立, 求实数 a 的取值范围.

解: 设 $t=3^x$, 则 $t\in[1,3]$, 原不等式可化为 $a^2-a-3>-2t^2+t, t\in[1,3]$.

等价于 a^2-a-3 大于 $f(t)=-2t^2+t$ 在 $[1,3]$ 上的最大值.

$\therefore$ a 的取值范围是 $(-\infty,-1)\bigcup(2,+\infty)$.

例 5. 设函数 $f(x)=2^{|x+1|-|x-1|}$, 求使 $f(x)\geqslant2\sqrt{2}$ 的 x 的取值范围.

解: 由于 $y=2^x$ 是严格增函数, $f(x)\geqslant2\sqrt{2}$ 等价于 $|x+1|-|x-1|\geqslant\dfrac{3}{2}$ ①

(1) 当 $x\geqslant1$ 时, $|x+1|-|x-1|=2$,

$\therefore$ ①式恒成立.

(2) 当 $-1<x<1$ 时, $|x+1|-|x-1|=2x$, ①式化为 $2x\geqslant\dfrac{3}{2}$, 即 $\dfrac{3}{4}\leqslant x<1$.

(3) 当 $x\leqslant-1$ 时, $|x+1|-|x-1|=-2$, ①式无解.

综上 x 的取值范围是 $\left[\dfrac{3}{4},+\infty\right)$.

1. 解下列方程:

(1) $\dfrac{3^x+1}{9^x-1}=\dfrac{1}{3-3^{1-x}}$;

(2) $3\cdot16^x+36^x=2\cdot81^x$;

(3) $\left(\sqrt{5+2\sqrt{6}}\right)^x+\left(\sqrt{5-2\sqrt{6}}\right)^x=10$;

(4) $\sqrt[x]{9}-\sqrt[x]{6}=\sqrt[x]{4}$;

(5) $4^{x+\sqrt{x^2-2}}-5\cdot2^{x-1+\sqrt{x^2-2}}=6$;

(6) $(2x-1)^{x^2}=(2x-1)^{x-2}$.

2. 解下列不等式:

(1) $\left(\dfrac{1}{3}\right)^{x^2-8}>3^{-2x}$; (2) $\dfrac{1}{4^x-1}>\dfrac{1}{2^x-3}$;

(3) $2^{x^2}-2^{2-x}>3^{-x^2}-3^{x-2}$.

3. 已知关于 x 的方程 $2a^{2x-2}-9a^{x-1}+4=0$ 有一根是 2.

(1) 求实数 a 的值;

(2) 若 $0<a<1$,求不等式 $2a^{2x-2}-9a^{x-1}+4<0$ 的解集.

4. 设 $a>0,a\neq1$,求证:关于 x 的方程 $a^x+a^{-x}=2a$ 的根不在区间 $[0,1]$ 内.

5. 若 $x\in(-\infty,-1]$,不等式 $(m-m^2)4^x+2^x+1>0$ 恒成立,则实数 m 的取值范围是_____.

6. 设方程 $2^x\cdot|\log_2 x|=1$ 的两根为 $x_1,x_2(x_1<x_2)$,则 (   ).

(A) $x_1<0,x_2>0$ (B) $0<x_1<1,x_2>2$

(C) $x_1x_2>1$ (D) $0<x_1x_2<1$

7. 设 $t=\left(\dfrac{1}{2}\right)^x+\left(\dfrac{2}{3}\right)^x+\left(\dfrac{5}{6}\right)^x$,则关于 x 的方程 $(t-1)(t-2)(t-3)=0$ 的所有实数解之和为_____.

§4.7   对数方程和对数不等式

一般地,对数符号后面含有未知数的方程叫作**对数方程**.

一般地,对数符号后面含有未知数的不等式叫作**对数不等式**.

例 1. 解方程:$\log_3(3^x-1)\cdot\log_3\left(3^{x-1}-\dfrac{1}{3}\right)=2$.

解:原方程可化为:$\log_3(3^x-1)\cdot\log_3\left[\dfrac{1}{3}(3^x-1)\right]=2$.

令 $\log_3(3^x-1)=t,t\in\mathbf{R}$,则原方程可化为:$t^2-t-2=0$,解得 $t_1=2,t_2=-1$,所以 $\log_3(3^x-1)=2$ 或 $\log_3(3^x-1)=-1$,即有 $3^x=10$ 或 $3^x=\dfrac{4}{3}$,解得:$x=\log_3 10$ 或 $x=\log_3\dfrac{4}{3}$.

所以原方程的解为:$x=\log_3 10$ 或 $x=\log_3\dfrac{4}{3}$.

例 2. 当实数 a 取何值时,方程 $\lg(x-1)+\lg(3-x)=\lg(1-ax)$ 有一个实数解、两个实数解、没有实数解?

解:(解法一) 原方程可化为:$(x-1)\cdot(3-x)=1-ax$ $(1<x<3)$,

即 $x^2-(a+4)x+4=0,(1<x<3)$.

令 $f(x)=x^2-(a+4)x+4$,由题意可知,

(1) 原方程有一个解等价于:$f(1)f(3)\leqslant0$ 或 $\Delta=(a+4)^2-16=0$ 且 $1<\dfrac{a+4}{2}<3$,

解上述不等式组可得:$\dfrac{1}{3}\leqslant a\leqslant1$ 或 $a=0$,经检验 $a=1$ 不符合题意,

所以当 $\dfrac{1}{3}\leqslant a<1$ 或 $a=0$ 时,原方程只有一个解.

(2) 原方程有两个解等价于：$\begin{cases} \Delta>0, \\ f(1)>0, \\ f(3)>0, \\ 1<\dfrac{a+4}{2}<3. \end{cases}$ 解此不等式组可得：$0<a<\dfrac{1}{3}$，

所以当 $0<a<\dfrac{1}{3}$ 时，原方程有两个解.

(3) 由(1)(2)可知，当 $a<0$ 或 $a\geqslant1$ 时，原方程没有实数解.

（解法二）原方程可化为：$(x-1)\cdot(3-x)=1-ax\ (1<x<3)$，即 $a=x+\dfrac{4}{x}-4,(1<x<3)$.

令 $y=x+\dfrac{4}{x}-4,(1<x<3),y=a,$

分别作出上述两个函数的图像，根据图像交点的个数即可得出结论.

例 3. 解不等式：$\log_{\frac{1}{2}}(x^2-x-2)>\log_{\frac{1}{2}}(x-1)-1$.

解：原不等式变形为 $\log_{\frac{1}{2}}(x^2-x-2)>\log_{\frac{1}{2}}(2x-2)$.所以，原不等式

$\Leftrightarrow\begin{cases} x^2-x-2>0, \\ x-1>0, \\ x^2-x-2<2x-2 \end{cases}\Leftrightarrow\begin{cases} (x-2)(x+1)>0, \\ x-1>0, \\ x^2-3x<0 \end{cases}\Leftrightarrow\begin{cases} x>2, \\ 0<x<3 \end{cases}\Leftrightarrow 2<x<3.$

故原不等式的解集为 $\{x\,|\,2<x<3\}$.

例 4. 解不等式 $\sqrt{3-\log_{\frac{1}{2}}x}>\log_{\frac{1}{2}}x-1$.

解：原不等式等价于（Ⅰ）$\begin{cases} x>0, \\ 3-\log_{\frac{1}{2}}x\geqslant0, \\ \log_{\frac{1}{2}}x-1<0, \end{cases}$ 或（Ⅱ）$\begin{cases} x>0, \\ 3-\log_{\frac{1}{2}}x\geqslant0, \\ \log_{\frac{1}{2}}x-1\geqslant0, \\ 3-\log_{\frac{1}{2}}x\geqslant(\log_{\frac{1}{2}}x-1)^2. \end{cases}$

解（Ⅰ）得 $\begin{cases} x>0, \\ \log_{\frac{1}{2}}x<1. \end{cases}$ $\therefore$ $x>\dfrac{1}{2}.$

解（Ⅱ）得 $\begin{cases} x>0, \\ 1<\log_{\frac{1}{2}}x<2. \end{cases}$ $\therefore$ $\dfrac{1}{4}<x\leqslant\dfrac{1}{2}.$

故原不等式的解集为 $\left\{x\,\middle|\,x>\dfrac{1}{4}\right\}.$

例 5. 已知函数 $f(x)=\log_a(1+x)-\log_a(1-x)\ (a>0\ 且\ a\neq1)$，

(1) 讨论 $f(x)$ 的奇偶性与单调性；

(2) 若不等式 $|f(x)|<2$ 的解集为 $\left\{x\,\middle|\,-\dfrac{1}{2}<x<\dfrac{1}{2}\right\}$，求 a 的值；

(3) 求 $f(x)$ 的反函数 $f^{-1}(x)$；

(4) 若 $f^{-1}(1)=\dfrac{1}{3}$，解关于 x 的不等式 $f^{-1}(x)<m(m\in\mathbf{R})$.

解：(1) $\because$ $\begin{cases} 1+x>0, \\ 1-x>0. \end{cases}$ $\therefore$ $f(x)$ 定义域为 $x\in(-1,1)$；$f(x)$ 为奇函数；

① 当 $a>1$ 时,在定义域内为严格增函数;

② 当 $0<a<1$ 时,在定义域内为严格减函数.

(2) ① 当 $a>1$ 时, $\because$ $f(x)$在定义域内为严格增函数且为奇函数,

$\therefore$ 命题$\Leftrightarrow f\left(\dfrac{1}{2}\right)=1$,得 $\log_a 3=2$, $\therefore$ $a=\sqrt{3}$;

② 当 $0<a<1$ 时, $\because$ $f(x)$在定义域内为严格减函数且为奇函数,

$\therefore$ 命题$\Leftrightarrow f\left(-\dfrac{1}{2}\right)=1$,得 $\log_a\dfrac{1}{3}=2$, $\therefore$ $a=\dfrac{\sqrt{3}}{3}$.

(3) $\because$ $y=\log_a\dfrac{1+x}{1-x}\Rightarrow a^y=\dfrac{1+x}{1-x}\Rightarrow a^y-1=x(a^y+1)\Rightarrow x=\dfrac{e^y-1}{e^y+1}$,

$\therefore$ $f^{-1}(x)=\dfrac{a^x-1}{a^x+1}$ $(x\in\mathbf{R})$.

(4) $\because$ $f^{-1}(1)=\dfrac{1}{3}$, $\therefore$ $\dfrac{1}{3}=\dfrac{a-1}{a+1}\Rightarrow a=2$,

$\therefore$ $f^{-1}(x)=\dfrac{2^x-1}{2^x+1}<m$,$\Rightarrow 2^x(1-m)<1+m$;

① 当 $m\geqslant 1$ 时,不等式解集为 $x\in\mathbf{R}$;

② 当 $-1<m<1$ 时,得 $2^x<\dfrac{1+m}{1-m}$,不等式的解集为 $\left\{x\left|x<\log_2\dfrac{1+m}{1-m}\right.\right\}$;

③ 当 $m\leqslant -1$ 时,$x\in\varnothing$.

例6. 解不等式 $\log_2(x^{12}+3x^{10}+5x^8+3x^6+1)<1+\log_2(x^4+1)$.

解: 由 $1+\log_2(x^4+1)=\log_2(2x^4+2)$,且 $\log_2 y$ 在$(0,+\infty)$上为严格增函数,故原不等式等价于

$$x^{12}+3x^{10}+5x^8+3x^6+1<2x^4+2.$$

即

$$x^{12}+3x^{10}+5x^8+3x^6-2x^4-1<0.$$

分组分解 $x^{12}+x^{10}-x^8$

$\qquad +2x^{10}+2x^8-2x^6$

$\qquad\qquad +4x^8+4x^6-4x^4$

$\qquad\qquad\qquad +x^6+x^4-x^2$

$\qquad\qquad\qquad\qquad +x^4+x^2-1<0,$

$\qquad (x^8+2x^6+4x^4+x^2+1)(x^4+x^2-1)<0,$

所以 $\qquad x^4+x^2-1>0$,$\left(x^2-\dfrac{-1-\sqrt{5}}{2}\right)\left(x^2-\dfrac{-1+\sqrt{5}}{2}\right)<0.$

所以 $0\leqslant x^2<\dfrac{-1+\sqrt{5}}{2}$,即 $-\sqrt{\dfrac{-1+\sqrt{5}}{2}}<x<\sqrt{\dfrac{-1+\sqrt{5}}{2}}$.

故原不等式解集为 $\left(-\sqrt{\dfrac{\sqrt{5}-1}{2}},\sqrt{\dfrac{\sqrt{5}-1}{2}}\right)$.

例7. 已知函数 $f(x)=|\log_2(x-1)|$,若实数 a,b $(1<a<b)$ 满足 $f(a)=f\left(\dfrac{b}{b-1}\right)$,

$f(b)=2f\left(\dfrac{a+b}{2}\right)$,求证:$4<b<3+\sqrt{2}$.

证明: $f(a)=\left|\log_2(a-1)\right|$, $f\left(\dfrac{b}{b-1}\right)=\left|\log_2\dfrac{1}{b-1}\right|$, 由 $f(a)=f\left(\dfrac{b}{b-1}\right)$, 得 $(a-1)(b-1)=1$ 或 $a-1=b-1$(舍).

又因为 $b>a>1$, 所以 $0<a-1<1$, $b-1>1$. 所以 $f(b)=\left|\log_2(b-1)\right|=\log_2(b-1)$,

$$
\begin{aligned}
f\left(\dfrac{a+b}{2}\right) &=\left|\log_2\left(\dfrac{a+b}{2}-1\right)\right| \\
&=\left|\log_2\dfrac{1}{2}\left[(a-1)+(b-1)\right]\right| \\
&=\left|\log_2\dfrac{1}{2}\left[(b-1)+\dfrac{1}{b-1}\right]\right| \\
&=\log_2\dfrac{1}{2}\left(b-1+\dfrac{1}{b-1}\right).
\end{aligned}
$$

令 $t=b-1(t>1)$, 则 $t=\dfrac{1}{4}\left(t+\dfrac{1}{t}\right)^2$, 所以 $t^4-4t^3-2t^2+1=0$,

$(t-1)(t^3-3t^2-t-1)=0$, 所以 $t^3-3t^2-t-1=0$.

$t^3-3t^2=t+1>t-3$, 所以 $(t-3)(t^2-1)>0$, 因为 $t^2-1>0$, 所以 $t>3$.

又 $t^3=3t^2+t+1<3t^2+t+\sqrt{2}$, 所以 $(t-2-\sqrt{2})\left[t^2+(\sqrt{2}-1)t+\sqrt{2}-1\right]<0$,

所以 $t<2+\sqrt{2}$, $4<b<3+\sqrt{2}$.

1. 解下列方程:

(1) $\log_3^2 x+\log_{\frac{1}{3}}x^2-3=0$;

(2) $\log_4(2^x+6)=x$;

(3) $\log_4(12-2^{x+1})=x+\dfrac{1}{2}$;

(4) $(\sqrt{x})^{\log_5 x-1}=5$;

(5) $10^{\lg^2 x}+x^{\lg x}=20$;

(6) $\log_2(2^{-x}-1)\cdot\log_{\frac{1}{2}}(2^{-x+1}-2)=-2$.

2. 解下列不等式:

(1) $\left|\dfrac{1}{\log_{\frac{1}{2}}x}+2\right|>\dfrac{3}{2}$;

(2) $1-\log_x 2+\log_{x^2}9-\log_{x^2}64<0$;

(3) $\sqrt{\log_2 x-1}+\dfrac{1}{2}\log_{\frac{1}{2}}x^3+2>0$;

(4) $\log_x(2x^2+x-1)>\log_x 2-1$.

3. 若函数 $f(x)=\lg(ax^2-4x+a-3)$ 的值域为 **R**,则实数 a 的取值范围是_____.

4. 求函数 $f(x)=\log_{\frac{1}{3}}(x^2-5x+6)$ 的单调递增区间.

5. 已知 a,b 是方程 $\log_{3x}3+\log_{27}(3x)=-\dfrac{4}{3}$ 的两个根,求 $a+b$ 的值.

6. 如果 $x>0, y>0, \log_x y + \log_y x = \dfrac{10}{3}, xy=144$，求 $x+y$ 的值.

7. 设集合 $A=\left\{x \mid \log_{\frac{1}{2}}(3-x) \geqslant -2\right\}, B=\left\{x \mid \dfrac{2a}{x-a}>1\right\}$，若 $A \cap B \neq \varnothing$，求实数 a 的取值范围.

8. 已知 $4^x - 9 \cdot 2^{x+1} + 32 \leqslant 0$，求函数 $y=\log_{\frac{1}{2}} \dfrac{x}{2} \cdot \log_{\frac{1}{2}} \dfrac{x}{8}$ 的最大、最小值.

9. 设有关于 x 的不等式 $\lg(|x+3|+|x-7|)>a$.

(1) 当 $a=1$ 时，解此不等式；

(2) 当 a 为何值时，此不等式的解集是 **R**.

10. 已知 α 是函数 $f(x)=x \log_a x - 2\,008, (a>1)$ 的一个零点，β 是函数 $g(x)=xa^x - 2\,008$ 的一个零点，求 $\alpha\beta$ 的值.

11. 函数 $f(x)$ 的定义域为 **D**，若满足①$f(x)$ 在 **D** 内是严格单调函数，②存在 $[m,n] \subseteq \mathbf{D}$，使 $f(x)$ 在 $[m,n]$ 上的值域为 $\left[\dfrac{1}{2}m, \dfrac{1}{2}n\right]$，那么就称 $y=f(x)$ 为"好函数".现有 $f(x)=\log_a(a^x+k), (a>0, a\neq 1)$ 是"好函数"，求 k 的取值范围.

12. 已知 $a>0, a\neq 1$，试求使方程 $\log_a(x-ak)=\log_a^2(x^2-a^2)$ 有解的 k 的取值范围.

13. 若 $\log_4(x+2y)=\log_4(x-2y)=1$，则 $|x|-|y|$ 的最小值是_____.

14. 已知函数 $f(x)=\log_a \dfrac{1-m(x-2)}{x-3} \ (a>0, a\neq 1)$，对定义域内的任意 x 都有 $f(2-x)+f(2+x)=0$ 成立.

(1) 求实数 m 的值；

(2) 若当 $x \in (b,a)$ 时，$f(x)$ 的取值范围恰为 $(1,+\infty)$，求实数 a, b 的值.

15. 设 $a, b, c \in (1,+\infty)$，证明：$2\left(\dfrac{\log_b a}{a+b}+\dfrac{\log_c b}{b+c}+\dfrac{\log_a c}{c+a}\right) \geqslant \dfrac{9}{a+b+c}$.

§4.8　函数的应用

函数的应用主要指利用函数的性质和图像解决函数中的某些问题，如定义域、值域、最大值和最小值；或利用函数的奇偶性、单调性、周期性和对称性求参数的取值范围，函数解析式；或通过建立函数模型解决人们经济生活和生产生活中某些实际的问题；利用函数理论解决数学、物理、化学、生物或工程等学科中的相关问题.

在解决本章的问题中，我们需要使用一些方法和手段，如**换元法、配方法、待定系数法、判别式法**等；在学习函数的过程中，要总结一些重要的数学思想方法，如方程和函数的思想、分类讨论的思想、等价转化的思想、数形结合的思想等，我们不但要了解这些基本的数学思想和方法，我们更要注重它们的深刻含义和解题背景，有机地将数学问题和方法结合，真正提升对数学本质的理解.

例 1. 已知函数 $f(x)=\dfrac{2x^2+bx+c}{x^2+1} \ (b<0)$ 的值域为 $[1,3]$.

(1) 求实数 b, c 的值；

(2) 判断函数 $F(x)=\lg f(x)$ 在 $[-1,1]$ 上的单调性；

(3) 若 $t\in\mathbf{R}$，求证：$\lg\dfrac{7}{5}\leqslant F\left(\left|t-\dfrac{1}{6}\right|-\left|t+\dfrac{1}{6}\right|\right)\leqslant\lg\dfrac{13}{5}$.

解：(1) 由 $y=\dfrac{2x^2+bx+c}{x^2+1}$ 知 $x\in\mathbf{R}$，变形为 $(2-y)x^2+bx+c-y=0$，

当 $2-y\neq0$ 时，由于 $x\in\mathbf{R}$ 得 $\Delta=b^2-4(2-y)(c-y)\geqslant0$，

即 $4y^2-4(2+c)+8c-b^2\leqslant0$，由题意知 $1\leqslant y\leqslant3$，

由韦达定理得 $\begin{cases}2+c=1+3\\\dfrac{8c-b^2}{4}=3\end{cases}$，又 $b<0$，　$\therefore$　$\begin{cases}c=2\\b=-2\end{cases}$.

(2) $f(x)=\dfrac{2x^2-2x+2}{x^2+1}$.

设 $-1\leqslant x_1\leqslant x_2\leqslant1$，则

$$
\begin{aligned}
f(x_1)-f(x_2)&=\frac{2x_1^2-2x_1+2}{x_1^2+1}-\frac{2x_2^2-2x_2+2}{x_2^2+1}\\
&=\left(2-\frac{2x_1}{x_1^2+1}\right)-\left(2-\frac{2x_2}{x_2^2+1}\right)\\
&=\frac{2x_2}{x_2^2+1}-\frac{2x_1}{x_1^2+1}\\
&=\frac{2(x_2-x_1)(1-x_1x_2)}{(x_1^2+1)(x_2^2+1)}.
\end{aligned}
$$

$\because$　$-1\leqslant x_1\leqslant x_2\leqslant1$，　$\therefore$　$x_2-x_1>0,1-x_1x_2>0$，

又 $(x_1^2+1)(x_2^2+1)>0$，

$\therefore$　$f(x_1)-f(x_2)>0$，　$\therefore$　$f(x)$ 在 $[-1,1]$ 上为严格减函数

$\because$　$\lg x$ 在定义域上是严格增函数

$\therefore$　$F(x)=\lg f(x)$ 在 $[-1,1]$ 上也为严格减函数.

(3) $\left|\left|t-\dfrac{1}{6}\right|-\left|t+\dfrac{1}{6}\right|\right|\leqslant\left|t-\dfrac{1}{6}-t-\dfrac{1}{6}\right|=\dfrac{1}{3}$

$\therefore$　$-\dfrac{1}{3}\leqslant\left|t-\dfrac{1}{6}\right|-\left|t+\dfrac{1}{6}\right|\leqslant\dfrac{1}{3}$.

又 $F(x)$ 在 $[-1,1]$ 上为严格减函数，

$\therefore$　$\lg\dfrac{7}{5}=F\left(\dfrac{1}{3}\right)\leqslant F\left(\left|t-\dfrac{1}{6}\right|-\left|t+\dfrac{1}{6}\right|\right)\leqslant F\left(-\dfrac{1}{3}\right)=\lg\dfrac{13}{5}$.

$\therefore$　$\lg\dfrac{7}{5}\leqslant F\left(\left|t-\dfrac{1}{6}\right|-\left|t+\dfrac{1}{6}\right|\right)\leqslant\lg\dfrac{13}{5}$.

例 2. 记函数 $f(x)=f_1(x)$，$f(f(x))=f_2(x)$，它们定义域的交集为 $\mathbf{D}$，若对任意的 $x\in\mathbf{D}$，$f_2(x)=x$，则称 $f(x)$ 是集合 M 的元素.

(1) 判断函数 $f(x)=-x+1$，$g(x)=2x-1$ 是否是 M 的元素；

(2) 设函数 $f(x)=\log_a(1-a^x)$，求 $f(x)$ 的反函数 $f^{-1}(x)$，并判断 $f(x)$ 是否是 M 的元素；

(3) 若 $f(x) \neq x$,写出 $f(x) \in M$ 的条件,并写出两个不同于(1)、(2)中的函数.

解:(1) ∵ 对任意 $x \in \mathbf{R}$,$f(f(x)) = -(-x+1)+1 = x$,

∴ $f(x) = -x+1 \in M$.

∵ $g(g(x)) = 2(2x-1)-1 = 4x-3$ 不恒等于 x,

∴ $g(x) \notin M$.

(2) 设 $y = \log_a(1-a^x)$.

① $a > 1$ 时,由 $0 < 1-a^x < 1$ 解得:$x < 0, y < 0$.

由 $y = \log_a(1-a^x)$,解得其反函数为 $y = \log_a(1-a^x)$,$(x < 0)$.

② $0 < a < 1$ 时,由 $0 < 1-a^x < 1$ 解得:$x > 0, y > 0$.

解得函数 $y = \log_a(1-a^x)$ 的反函数为 $y = \log_a(1-a^x)$,$(x > 0)$.

∵ $f(f(x)) = \log_a(1-a^{\log_a(1-a^x)}) = \log_a(1-1+a^x) = x$,

∴ $f(x) = \log_a(1-a^x) \in M$.

(3) $f(x) \neq x$,$f(x) \in M$ 的条件是:$f(x)$ 存在反函数 $f^{-1}(x)$,且 $f^{-1}(x) = f(x)$,函数 $f(x)$ 可以是:

$$f(x) = \frac{-bx+c}{ax+b} \ (ab \neq 0, ac \neq -b^2); \qquad f(x) = \frac{k}{x} \ (k \neq 0);$$

$$f(x) = \sqrt{a-x^2} \ (a > 0, x \in [0, \sqrt{a}]); \qquad f(x) = \log_a \frac{1-a^x}{1+a^x} \ (a > 0, a \neq 1).$$

例 3. 设函数 $f(x) = (x-a)^2$,$g(x) = x$,$x \in \mathbf{R}$,a 为实常数.

(1) 设 $F(x) = \dfrac{f(x)}{g(x)}$,$x \neq 0$,若函数 $F(x)$ 在区间 $[2, +\infty)$ 上是增函数,求实数 a 的取值范围;

(2) 设关于 x 的方程 $f(x) = |x-1|$ 在 $\mathbf{R}$ 上恰好有三个不相等的实数解,求 a 的值所组成的集合.

解:(1) $F(x) = \dfrac{x^2-2ax+a^2}{x} = x + \dfrac{a^2}{x} - 2a$,任取 $x_1, x_2 \in [2, +\infty)$,且 $x_1 < x_2$,

则 $F(x_2) - F(x_1) = x_2 - x_1 + a^2 \left(\dfrac{1}{x_2} - \dfrac{1}{x_1} \right) = (x_2 - x_1) \cdot \dfrac{x_1 x_2 - a^2}{x_1 x_2} > 0$,

由已知 $x_1 \geqslant 2, x_2 \geqslant 2$ 且 $x_1 < x_2$,

∴ $x_2 - x_1 > 0, x_1 x_2 > 4$,

所以,要使 $F(x_2) - F(x_1) > 0$,当且仅当 $a^2 \leqslant 4$,

所以,实数 a 的取值范围是 $[-2, 2]$.

(2) 原方程为 $(x-a)^2 = |x-1|$.

① 当 $a = 1$ 时,原方程有 $0, 1, 2$ 三个解;

② 当 $0 < a < 1$ 时,原方程在 $x < 1$ 时有两个不相等的实数解,要使原方程在 $x > 1$ 时恰有一个解,当且仅当方程 $(x-a)^2 = x-1$ 的判别式等于 0,即 $(2a+1)^2 - 4(a^2+1) = 0$,

解得 $a = \dfrac{3}{4}$;

③ 当 $a > 1$ 时,原方程在 $x > 1$ 时有两个不相等的实数解,要原方程在 $x < 1$ 时恰有一个

解,当且仅当方程$(x-a)^2=1-x$的判别式等于0,即$(2a-1)^2-4(a^2-1)=0$,

解得$a=\dfrac{5}{4}$.

综上,a的值所组成的集合为$\left\{\dfrac{3}{4},1,\dfrac{5}{4}\right\}$.

例 4. 若函数$f(x)$对定义域中任一x均满足$f(x)+f(2a-x)=2b$,则函数$y=f(x)$的图像关于点(a,b)对称.

(1) 已知函数$f(x)=\dfrac{x^2+mx+m}{x}$的图像关于点$(0,1)$对称,求实数m的值;

(2) 已知函数$g(x)$在$(-\infty,0)\bigcup(0,+\infty)$上的图像关于点$(0,1)$对称,且当$x\in(0,+\infty)$时,$g(x)=x^2+ax+1$,求函数$g(x)$在$x\in(-\infty,0)$上的解析式;

(3) 在(1)、(2)的条件下,若对实数$x<0$及$t>0$,恒有$g(x)<f(t)$,求实数a的取值范围.

解: (1) 由题设可得$f(x)+f(-x)=2$,解得$m=1$.

(2) 当$x<0$时,$g(x)=2-g(-x)=-x^2+ax+1$.

(3) 由(1)得$f(t)=t+\dfrac{1}{t}+1\ (t>0)$,其最小值为$f(1)=3$,

$$g(x)=-x^2+ax+1=-\left(x-\dfrac{a}{2}\right)^2+1+\dfrac{a^2}{4},$$

① 当$\dfrac{a}{2}<0$,即$a<0$时,$g(x)_{\max}=1+\dfrac{a^2}{4}<3$,得$a\in(-2\sqrt{2},0)$,

② 当$\dfrac{a}{2}\geqslant0$,即$a\geqslant0$时,$g(x)_{\max}<1<3$,得$a\in[0,+\infty)$,

由①、②得$a\in(-2\sqrt{2},+\infty)$.

例 5. 集合A是由适合以下性质的函数$f(x)$构成的:对于任意的$u,v\in(-1,1)$,且$u\neq v$,都有$|f(u)-f(v)|\leqslant3|u-v|$.

(1) 分别判断函数$f_1(x)=\sqrt{1+x^2}$及$f_2(x)=\log_2(x+1)$是否在集合A中,并说明理由;

(2) 设函数$f(x)=ax^2+bx$,且$f(x)\in A$,试求$|2a+b|$的取值范围;

(3) 在(2)的条件下,若$f(2)=6$,且对于满足(2)的每个实数a,存在最小的实数m,使得当$x\in[m,2]$时,$|f(x)|\leqslant6$恒成立,试求用a表示m的表达式.

解: (1) $f_1(x)\in A$;$f_2(x)\notin A$.证明:任取$u,v\in(-1,1)$,且$u\neq v$,则

$$|f_1(u)-f_1(v)|=|\sqrt{1+u^2}-\sqrt{1+v^2}|=\dfrac{|u^2-v^2|}{|\sqrt{1+u^2}+\sqrt{1+v^2}|}$$

$$=\dfrac{|u+v|\times|u-v|}{|\sqrt{1+u^2}+\sqrt{1+v^2}|},$$

因为$|u|<\sqrt{1+u^2}$,$|v|<\sqrt{1+v^2}$,$|u+v|\leqslant|u|+|v|$.

所以,$\dfrac{|u+v|\times|u-v|}{|\sqrt{1+u^2}+\sqrt{1+v^2}|}<1$,

所以，$|f_1(u)-f_1(v)|<|u-v|<3|u-v|$，也即：$f_1(x)\in A$；

对于 $f_2(x)=\log_2(x+1)$，只需取 $u=-1+2^{-5}$，$v=-1+2^{-1}$，则 $|u-v|<1$，

而 $|f_2(u)-f_2(v)|=4>3|u-v|$，所以，$f_2(x)\notin A$.

（2）因为 $f(x)=ax^2+bx$ 属于集合 A，所以，任取 $u,v\in(-1,1)$，且 $u\neq v$，则

$$3|u-v|\geqslant|f(u)-f(v)|=|(u-v)(au+av+b)|$$

也即：$|au+av+b|\leqslant3$ ①

设 $t=u+v$，则上式化为：$|at+b|\leqslant3$ ②

因为 $u,v\in(-1,1)$，所以 $-2<t<2$.

①式对任意的 $u,v\in(-1,1)$，恒成立，即②式对 $t\in(-2,2)$ 恒成立，

可以证明 $|2a|+|b|\leqslant3$. 所以，$|2a+b|\leqslant3$，即 $2a+b\in[-3,3]$.

（3）由 $f(2)=6$ 可知：$2a+b=3$.

又由（2）可知：$-3\leqslant2a-b\leqslant3$，所以，$0\leqslant a\leqslant\dfrac{3}{2}$.

（ⅰ）当 $a=0$ 时，$f(x)=3x$ 为严格递增函数，

令 $f(x)=-6$ 得 $x=-2$. 所以 $m=-2$.

（ⅱ）当 $a>0$ 时，$f(x)=ax^2+(3-2a)x=a\left(x+\dfrac{3-2a}{2a}\right)^2-\dfrac{(3-2a)^2}{4a}$，

此时，$-\dfrac{3-2a}{2a}=1-\dfrac{3}{2a}\leqslant0$，且当 $x\in\mathbf{R}$ 时，$f(x)$ 的最小值为 $f\left(-\dfrac{3-2a}{2a}\right)=-\dfrac{(3-2a)^2}{4a}$.

若 $-\dfrac{(3-2a)^2}{4a}<-6$，即 $\dfrac{9-6\sqrt{2}}{2}\leqslant a\leqslant\dfrac{3}{2}$ 时，m 为方程 $f(x)=6$ 的较小根.

所以，$m=-\dfrac{3}{a}$.

若 $-\dfrac{(3-2a)^2}{4a}<-6$，即 $0<a<\dfrac{9-6\sqrt{2}}{2}$ 时，由于 $f(x)$ 在 $\left[-\dfrac{3-2a}{2a},+\infty\right)$ 上严格递增，所以，m 为方程 $f(x)=-6$ 的较大根，所以，$m=\dfrac{2a-3+\sqrt{4a^2-36a+9}}{2a}$.

综上可知：$m=\begin{cases}-2, & a=0,\\ \dfrac{2a-3+\sqrt{4a^2-36a+9}}{2a}, & 0<a<\dfrac{9-6\sqrt{2}}{2},\\ -\dfrac{3}{a}, & \dfrac{9-6\sqrt{2}}{2}\leqslant a\leqslant\dfrac{3}{2}.\end{cases}$

例 6. 已知定义域为 $[0,1]$ 的函数 $f(x)$ 同时满足以下三个条件：①对任意的 $x\in[0,1]$，总有 $f(x)\geqslant0$；②$f(1)=1$；③若 $x_1\geqslant0$，$x_2\geqslant0$，且 $x_1+x_2\leqslant1$，则有 $f(x_1+x_2)\geqslant f(x_1)+f(x_2)$ 成立，并且称 $f(x)$ 为"友谊函数".

（1）若已知 $f(x)$ 为"友谊函数"，求 $f(0)$ 的值.

（2）函数 $g(x)=2^x-1$ 在区间 $[0,1]$ 上是否为"友谊函数"？并给出理由.

（3）已知 $f(x)$ 为"友谊函数"，假定存在 $x_0\in[0,1]$，使得 $f(x_0)\in[0,1]$ 且 $f[f(x_0)]=x_0$，证明：$f(x_0)=x_0$.

解：(1) 取 $x_1 = x_2 = 0$ 得 $f(0) \geqslant f(0) + f(0) \Rightarrow f(0) \leqslant 0$，又由 $f(0) \geqslant 0$，得 $f(0) = 0$.

(2) 显然 $g(x) = 2^x - 1$ 在 $[0,1]$ 上满足① $g(x) \geqslant 0$；② $g(1) = 1$.

若 $x_1 \geqslant 0$，$x_2 \geqslant 0$，且 $x_1 + x_2 \leqslant 1$，则有

$$g(x_1 + x_2) - [g(x_1) + g(x_2)] = 2^{x_1 + x_2} - 1 - [(2^{x_1} - 1) + (2^{x_2} - 1)]$$
$$= (2^{x_2} - 1)(2^{x_1} - 1) \geqslant 0.$$

故 $g(x) = 2^x - 1$ 满足条件①、②、③，所以 $g(x) = 2^x - 1$ 为"友谊函数".

(3) 由③知任给 $x_2, x_1 \in [0,1]$ 其中 $x_2 > x_1$，且有 $x_2 + x_1 \leqslant 1$，不妨设 $x_2 = x_1 + \Delta x$ $(\Delta x > 0)$，则必有：$0 < \Delta x < 1$，所以：

$$f(x_2) - f(x_1) = f(x_1 + \Delta x) - f(x_1) \geqslant f(x_1) + f(\Delta x) - f(x_1) = f(\Delta x) \geqslant 0.$$

所以 $f(x_2) \geqslant f(x_1)$. 依题意必有 $f(x_0) = x_0$.

下面用反证法证明：假设 $f(x_0) \neq x_0$，则有 $x_0 < f(x_0)$ 或 $x_0 > f(x_0)$.

(1) 若 $x_0 < f(x_0)$，则 $f(x_0) \leqslant f[f(x_0)] = x_0$，这与 $x_0 < f(x_0)$ 矛盾；

(2) 若 $x_0 > f(x_0)$，则 $f(x_0) \geqslant f[f(x_0)] = x_0$，这与 $x_0 > f(x_0)$ 矛盾；

故由上述(1)、(2)证明知假设不成立，则必有 $f(x_0) = x_0$，证毕.

例 7. 已知函数 $f(x) = \begin{cases} |x + a|, & x \geqslant 0, \\ 2^x, & x < 0. \end{cases}$ 其中 $a \in \mathbf{R}$.

(1) 若 $a = -1$，解不等式 $f(x) \geqslant \dfrac{1}{4}$；

(2) 设 $a > 0$，$g(x) = \log_2 f\left(\dfrac{1}{x}\right)$，若对任意的 $t \in \left[\dfrac{1}{2}, 2\right]$，函数 $g(x)$ 在区间 $[t, t+2]$ 上的最大值和最小值的差不超过 1，求实数 a 的取值范围；

(3) 已知函数 $y = f(x)$ 存在反函数，其反函数记为 $y = f^{-1}(x)$. 若关于 x 的不等式：$f^{-1}(4 - a) \leqslant f(x) + |2x - a^2|$ 在 $x \in [0, +\infty)$ 上恒成立，求实数 a 的取值范围.

解：(1) $a = -1$ 时，$f(x) = \begin{cases} |x - 1|, & x \geqslant 0, \\ 2^x, & x < 0. \end{cases}$

当 $x \geqslant 0$ 时，$f(x) = |x - 1| \geqslant \dfrac{1}{4}$，$x \geqslant \dfrac{5}{4}$ 或 $x \leqslant \dfrac{3}{4}$，$\therefore$ $x \in \left[0, \dfrac{3}{4}\right] \cup \left[\dfrac{5}{4}, +\infty\right)$；

当 $x < 0$ 时，$f(x) = 2^x \geqslant \dfrac{1}{4}$，$x \geqslant -2$，$\therefore$ $x \in [-2, 0)$.

综上，$x \in \left[-2, \dfrac{3}{4}\right] \cup \left[\dfrac{5}{4}, +\infty\right)$.

(2) $\because$ $a > 0$，$x \in [t, t+2]$，$\therefore$ $g(x) = \log_2 f\left(\dfrac{1}{x}\right) = \log_2\left(\dfrac{1}{x} + a\right)$ 严格递减，

$g(x)_{\max} - g(x)_{\min} = g(t) - g(t+2) = \log_2\left(\dfrac{1}{t} + a\right) - \log_2\left(\dfrac{1}{t+2} + a\right) \leqslant 1$，

$\dfrac{1}{t} + a \leqslant 2\left(\dfrac{1}{t+2} + a\right)$，$a \geqslant \dfrac{1}{t} - \dfrac{2}{t+2} = \dfrac{2-t}{t(t+2)}$ 在 $t \in \left[\dfrac{1}{2}, 2\right]$ 上恒成立.

令 $m = 2 - t \in \left[0, \dfrac{3}{2}\right]$，$\dfrac{2-t}{t(t+2)} = h(m) = \dfrac{m}{(2-m)(4-m)} = \dfrac{m}{m^2 - 6m + 8}$，

当 $m=0$ 时,$h(m)=0$,

当 $m\in\left(0,\dfrac{3}{2}\right]$ 时,$h(m)=\dfrac{1}{m+\dfrac{8}{m}-6}$,

$\because$ $m+\dfrac{8}{m}-6$ 在 $\left(0,\dfrac{3}{2}\right]$ 上严格递减,$\therefore$ $m+\dfrac{8}{m}-6\geqslant\dfrac{3}{2}+\dfrac{16}{3}-6=\dfrac{5}{6}$,$h(m)\in\left(0,\dfrac{6}{5}\right]$,

综上,$a\geqslant\dfrac{6}{5}$.

(3) 若 $a<0$,则 $f(0)=f(-2a)=|a|$;若 $a=0$,则 $f(-1)=f\left(\dfrac{1}{2}\right)=\dfrac{1}{2}$;

若 $0<a<1$,则 $f(0)=f(\log_2 a)=a$,$\therefore$ $a<1$ 时,$f(x)$ 没有反函数.

当 $a\geqslant 1$ 时,$f(x)=\begin{cases}x+a,&x\geqslant 0,\\2^x,&x<0\end{cases}$ 为严格增函数,存在反函数,

且 $f(x)$ 的值域为 $(0,1)\cup[a,+\infty)$.

令 $F(x)=f(x)+|2x-a^2|$,$x\in[0,+\infty)$,

则 $F(x)=x+a+|2x-a^2|=\begin{cases}3x-a^2+a,&x\geqslant\dfrac{a^2}{2},\\-x+a^2+a,&x<\dfrac{a^2}{2}.\end{cases}$

$x=\dfrac{a^2}{2}$,$F(x)_{\min}=\dfrac{a^2}{2}+a$,所以 $f^{-1}(4-a)\leqslant\dfrac{a^2}{2}+a$,

因为 $f(x)$ 是增函数,所以 $f^{-1}(x)$ 也是增函数,

$\begin{cases}4-a\leqslant f\left(\dfrac{a^2}{2}+a\right)=\dfrac{a^2}{2}+2a,a^2+6a-8\geqslant 0,a\geqslant-3+\sqrt{17},\text{或}\ a\leqslant-3-\sqrt{17},\\4-a\in(0,1)\cup[a,+\infty),a\in(3,4)\cup(-\infty,2],\\a\geqslant 1.\end{cases}$

综上,$a\in[\sqrt{17}-3,2]\cup(3,4)$.

 基础练习

1. 若 $n-m$ 表示 $[m,n]$ $(m<n)$ 的区间长度.函数 $f(x)=\sqrt{a-x}+\sqrt{x}$ $(a>0)$ 的值域区间长度为 $2(\sqrt{2}-1)$,则实数 a 的值为_____.

2. 设定义域、值域均为 **R** 的函数 $y=f(x)$ 的反函数为 $y=f^{-1}(x)$,若 $f(x)+f(1-x)=2$ 对一切 $x\in\mathbf{R}$ 成立,则 $f^{-1}(x-2)+f^{-1}(4-x)$ 的值为_____.

3. 设正数 x,y 满足 $x+4y=40$,则 $\lg x+\lg y$ 的最大值是_____.

4. 函数 $f(x)=\dfrac{\sqrt{a^2-x^2}}{|x+b|+|x-c|}$ $(0<a<b<c)$ 的图像关于直线_____对称.

5. 方程 $f(x-3)+f(2-x)=0$ $(x\in\mathbf{R})$ 恰有七个解,则这七个解的和为_____.

6. 对 $x\in\mathbf{R}$,函数 $y=\sqrt{x^2+x+1}-\sqrt{x^2-x+1}$ 的值域为_____.

7. 某同学研究函数 $f(x)=x^2+\lg(x+\sqrt{x^2+1})$ 得到下面的结论:①$f(x)$ 的定义域为 **R**;②$f(x)$ 的值域为 $[0,+\infty)$;③$f(x)$ 是偶函数;④$f(x)$ 在 $(0,+\infty)$ 上是严格增函数;⑤$f(x)$ 在区间 $[-1,1]$ 上的最大值和最小值之和为 2.上述结论中正确的是_____.

8. 给出下列四个命题：

① 函数 $f(x)=x|x|+bx+c$ 为奇函数的充要条件是 $c=0$；

② 函数 $y=2^{-x}(x>0)$ 的反函数是 $y=-\log_2 x\ (0<x<1)$；

③ 设 $f(x)=-\dfrac{2x}{x+1}$，则函数 $f(x)$ 在其定义域上是严格减函数；

④ 若函数 $y=f(x-1)$ 是偶函数，则函数 $y=f(x)$ 的图像关于直线 $x=0$ 对称.其中所有正确命题的序号是_____.

9. 设 x,y 满足方程 $4x^2+y^2+8x=12$，求 x^2+y^2 的最值.

10. 已知 $f(x)=2+\log_2 x\ (1\leqslant x\leqslant 9)$，求函数 $g(x)=f^2(x)+f(x^2)$ 的最大值与最小值.

11. 已知 $y=\log_3 \dfrac{mx^2+8x+n}{x^2+1}$ 的定义域为 **R**，值域为 $[0,2]$，求实数 m,n 的值.

12. 已知函数 $y=f(x)$ 是定义在 **R** 上的周期函数，周期 $T=5$，函数 $y=f(x)(-1\leqslant x\leqslant 1)$ 是奇函数.又知 $y=f(x)$ 在 $[0,1]$ 上是一次函数，在 $[1,4]$ 上是二次函数，且在 $x=2$ 时函数取得最小值 -5.

(1) 证明：$f(1)+f(4)=0$.

(2) 求 $y=f(x),x\in[1,4]$ 的解析式.

(3) 求 $y=f(x)$ 在 $[4,9]$ 上的解析式.

13. 是否存在实数 a，使函数 $f(x)=\log_2(x+\sqrt{x^2+2})-a$ 为奇函数，同时使函数 $g(x)=x\left(\dfrac{1}{a^x-1}+a\right)$ 为偶函数，证明你的结论.

14. 设定义在 **R** 上的偶函数 $f(x)$ 又是周期为 4 的周期函数，且当 $x\in[-2,0]$ 时 $f(x)$ 为严格增函数，若 $f(-2)\geqslant 0$，求证：当 $x\in[4,6]$ 时，$|f(x)|$ 为严格减函数.

15. 已知 $f(x)=2^x-1$ 的反函数为 $f^{-1}(x)$，$g(x)=\log_4(3x+1)$.

(1) 若 $f^{-1}(x)\leqslant g(x)$，求 x 的取值范围 D.

(2) 设函数 $H(x)=g(x)-\dfrac{1}{2}f^{-1}(x)$，当 $x\in D$ 时，求函数 $H(x)$ 的值域.

16. 设函数 $f(x)=2^x+a\cdot 2^{-x}-1(a$ 为实数$)$.

(1) 若 $a<0$，用函数单调性定义证明：$y=f(x)$ 在 $(-\infty,+\infty)$ 上是严格增函数；

(2) 若 $a=0$，$y=g(x)$ 的图像与 $y=f(x)$ 的图像关于直线 $y=x$ 对称，求函数 $y=g(x)$ 的解析式.

17. 篮球比赛时，运动员的进攻成功率主要受投篮命中率和进攻时被对方球员防守的被拦截率所制约：进攻成功率＝投篮命中率－被拦截率，某校队队员在距篮 10 米（即到篮球筐圆心在地面上射影的距离，下同）以内的投篮命中率有如下变化：距篮 1 米以内（不含 1 米）为 100%，以后每远离球篮 1 米，命中率下降 10%；同时，该队员在距篮 x 米处进攻的被拦截率为 $\dfrac{90\%}{[x]+1}$（$[x]$ 表示不大于实数 x 的最大整数）；

(1) 请用 $[x]$ 描述该队员距篮 x 米处的投篮命中率；

(2) 若不计其他因素的影响,当该队员在比赛时,他在三分线处(距篮大约 6.2 米)的进攻成功率为多少?

(3) 若不计其他因素的影响,当该队员在比赛时,他在距篮几米处的进攻成功率最大? 最大进攻成功率为多少?

18. 设 $f(x)$ 是定义在 $[-1,1]$ 上的偶函数,$g(x)$ 与 $f(x)$ 的图像关于直线 $x-1=0$ 对称. 且当 $x \in [2,3]$ 时,$g(x) = 2a \cdot (x-2) - 4(x-2)^3$($a$ 为实数),

(1) 求函数 $f(x)$ 的表达式;

(2) 在 $a \in (2,6]$ 或 $(6, +\infty)$ 的情况下,分别讨论函数 $f(x)$ 的最大值,并指出 a 为何值时,$f(x)$ 的图像的最高点恰好落在直线 $y=12$ 上.

19. 若函数 $f_A(x)$ 的定义域为 $A=[a,b)$,且 $f_A(x) = \left(\dfrac{x}{a} + \dfrac{b}{x} - 1\right)^2 - \dfrac{2b}{a} + 1$,其中 a、b 为任意正实数,且 $a < b$.

(1) 求函数 $f_A(x)$ 的最小值、最大值;

(2) 若 $x_1 \in I_k = [k^2, (k+1)^2)$,$x_2 \in I_{k+1} = [(k+1)^2, (k+2)^2)$,其中 k 是正整数,对一切正整数 k 不等式 $f_{I_k}(x_1) + f_{I_{k+1}}(x_2) < m$ 都有解,求 m 的取值范围.

(3) 若对任意 $x_1, x_2, x_3 \in A$,都有 $\sqrt{f_A(x_1)}$,$\sqrt{f_A(x_2)}$,$\sqrt{f_A(x_3)}$ 为三边长构成三角形,求 $\dfrac{b}{a}$ 的取值范围.

20. 对于定义在区间 $[m,n]$ 上的两个函数 $f(x)$ 和 $g(x)$,如果对任意的 $x \in [m,n]$,均有不等式 $|f(x) - g(x)| \leqslant 1$ 成立,则称函数 $f(x)$ 与 $g(x)$ 在 $[m,n]$ 上是"友好"的,否则称"不友好"的.现在有两个函数 $f(x) = \log_a(x - 3a)$ 与 $g(x) = \log_a \dfrac{1}{x-a}$($a > 0, a \neq 1$),给定区间 $[a+2, a+3]$.

(1) 若 $f(x)$ 与 $g(x)$ 在区间 $[a+2, a+3]$ 上都有意义,求 a 的取值范围;

(2) 讨论函数 $f(x)$ 与 $g(x)$ 在区间 $[a+2, a+3]$ 上是否"友好".

21. 已知函数 $y = f(x)$,$x \in \mathbf{R}$ 满足 $f(x+1) = af(x)$,a 是不为 0 的实常数.

(1) 若函数 $y = f(x)$,$x \in \mathbf{R}$ 是周期函数,写出符合条件 a 的值;

(2) 若当 $0 \leqslant x \leqslant 1$ 时,$f(x) = x(1-x)$,且函数 $y = f(x)$ 在区间 $[0, +\infty)$ 上的值域是闭区间,求 a 的取值范围;

(3) 若当 $0 \leqslant x \leqslant 1$ 时,$f(x) = 3^x + 3^{-x}$,试研究函数 $y = f(x)$ 在区间 $[0, +\infty)$ 上是否可能是单调函数? 若可能,求出 a 的取值范围;若不可能,请说明理由.

22. 已知 α、β 是关于 x 的二次方程 $2x^2 - tx - 2 = 0$ 的两个根,且 $\alpha < \beta$,若函数 $f(x) = \dfrac{4x - t}{x^2 + 1}$.

(1) 求 $\dfrac{f(\alpha) - f(\beta)}{\alpha - \beta}$ 的值;

(2) 对任意的正数 λ_1、λ_2,求证:$\left| f\left(\dfrac{\lambda_1 \alpha + \lambda_2 \beta}{\lambda_1 + \lambda_2}\right) - f\left(\dfrac{\lambda_1 \beta + \lambda_2 \alpha}{\lambda_1 + \lambda_2}\right) \right| < 2|\alpha - \beta|$.

三角比

Trigonometric Ratio

§5.1 任意角及其度量

角可以看作是平面内由一条射线绕着它的端点从初始位置旋转到终止位置所形成的图形.射线的初始位置叫作角的始边,射线的终止位置叫作角的终边,射线的端点叫作角的顶点.为了实际需要,我们规定:按逆时针方向旋转所形成的角为**正角**,其度量值为正的;按顺时针方向旋转形成的角为**负角**,其度量值为负的;当一条射线没有旋转时,我们也认为形成了一个角,这个角称为**零角**,其度量值为 $0°$.

为了需要,我们常在直角坐标系中研究角,使角的顶点与坐标原点重合,角的始边在 x 轴的正半轴上,这时角的终边在第几象限,这个角就是第几象限的角,或者说这个角属于第几象限.

例如:$30°$ 与 $390°$ 都是第一象限角并且终边也相同,$120°$ 与 $-240°$ 都是第二象限角并且终边也相同.

当角的终边落在坐标轴上时,就认为这角不属于任何象限,称其为轴间角或象限间角,如 $180°$,$-360°$ 等.

把所有与角 α 有重合终边的角,即与角 α 终边相同的角(包括角 α 本身)作为一个集合,记作:$\{\beta|\beta=\alpha+k\cdot360°,k\in\mathbf{Z}\}$.称此集合为与角 α 终边相同的角的集合.

在平面几何里,我们把周角分成 360 等分,每一份叫作 1 度的角,这种用"度"作为单位来度量角的单位制叫作**角度制**.由于 $1°$ 的圆心角所对的弧长为 $\dfrac{2\pi r}{360}=\dfrac{\pi}{180}r$,因此 $x°$ 的圆心角所对的弧长为 $l=\dfrac{\pi x}{180}r$,由此得到 $\dfrac{l}{r}=\dfrac{\pi x}{180}$,说明 $\dfrac{l}{r}$ 仅与角的大小 x 有关,即对于不同半径的圆来说,比值 $\dfrac{l}{r}$ 恒不变.因此我们可以用圆弧的长与圆半径的比值来表示这个圆弧所对的圆心角大小,特别把弧长等于半径的弧所对的圆心角叫作 1 **弧度**的角,用符号 rad 表示,读作弧度,用"弧度"作为单位来度量角的单位制叫作**弧度制**.

一般地,如果一个半径为 r 的圆的圆心角 α 所对的弧长为 l,那么 l 所含半径的倍数,就是角 α 的弧度数,即已知弧长 l 和半径 r,则 $|\alpha|=\dfrac{l}{r}$,其中 α 的正负由角 α 终边的旋转方向决定;零角的弧度数为零.

1 弧度的弧长 l 等于半径的长度 r,相当于圆周长 $2\pi r$ 的 $\dfrac{1}{2\pi}$,所以 1 弧度相当于 $360°$ 的 $\dfrac{1}{2\pi}$,即 1 弧度 $=\dfrac{360°}{2\pi}=\dfrac{180°}{\pi}\approx 57°18'$.

反之,$1°$ 是圆周角的 $\dfrac{1}{360}$,也就是 2π 弧度的 $\dfrac{1}{360}$,即 $1°=\dfrac{周角}{360}=\dfrac{1}{360}\cdot\dfrac{2\pi r}{r}=\dfrac{\pi}{180}$(弧度)$\approx 0.017\,45$(弧度).

例 1. 化 $84°$ 为弧度,并将 $\dfrac{7}{5}\pi$ 弧度化为度.

解: $84°=\dfrac{\pi}{180}\times 84$ 弧度 $=\dfrac{7}{15}\pi$ 弧度.

$\dfrac{7}{5}\pi$ 弧度 $=\dfrac{180°}{\pi}\times\dfrac{7}{5}\pi=252°$.

例 2. (1) 设扇形的圆心角为 $\alpha(0<\alpha<2\pi)$,半径为 r,弧长为 l,面积为 S.

求证: ① $l=r\alpha$;② $S=\dfrac{1}{2}\alpha r^2$;③ $S=\dfrac{1}{2}lr$.

(2) 若一扇形的周长为 20 cm,求扇形的圆心角 α 等于多少弧度时,这个扇形的面积最大,并求此扇形的最大面积.

解: (1) 因为半径为 r、圆心角为 $n°$ 的扇形的弧长公式和面积公式分别为 $l=\dfrac{n\pi r}{180}$ 和 $S=\dfrac{n\pi r^2}{360}$,将 $n°$ 转化成弧度得 $\alpha=\dfrac{n\pi}{180}\Rightarrow l=\alpha r$,$S=\dfrac{1}{2}\alpha r^2\Rightarrow S=\dfrac{1}{2}lr$.

(2) 设扇形的半径为 r cm,则弧长为 $l=(20-2r)$ cm,扇形的面积 $S=\dfrac{1}{2}(20-2r)r=-(r-5)^2+25,(0<r<10)$.

当 $r=5$(cm)时,$l=10$(cm),$\alpha=\dfrac{l}{r}=2$(弧度).

所以当 $\alpha=2$ 弧度时,$S_{\max}=25$ cm^2.

例 3. 已知 α 为第一象限的角,确定角 $\dfrac{\alpha}{2}$ 所在的象限.

解: 角 α 的一般形式: $2k\pi<\alpha<2k\pi+\dfrac{\pi}{2}(k\in\mathbf{Z})$,两边同时除以 2,

得 $k\pi<\dfrac{\alpha}{2}<k\pi+\dfrac{\pi}{4}(k\in\mathbf{Z})$.

(1) 当 k 为奇数时,设 $k=2m+1(m\in\mathbf{Z})$,则 $(2m+1)\pi<\dfrac{\alpha}{2}<(2m+1)\pi+\dfrac{\pi}{4}(m\in\mathbf{Z})$,此时角 α 是第三象限的角;

(2) 当 k 为偶数时,设 $k=2m(m\in\mathbf{Z})$,则 $2m\pi<\dfrac{\alpha}{2}<2m\pi+\dfrac{\pi}{4}(m\in\mathbf{Z})$,此时角 α 是第一象限的角.

综上,角 α 是第一或第三象限的角.

例 4. 某公司承建扇环面形状的花坛如图 5-1 所示,该扇环面花坛是由以点 O 为圆心的两个同心圆弧 AD、弧 BC 以及两条线段 AB 和 CD 围成的封闭图形.花坛设计周长为 30 米,其中大圆弧 AD 所在圆的半径为 10 米.设小圆弧 BC 所在圆的半径为 x 米($0 < x < 10$),圆心角为 θ 弧度.

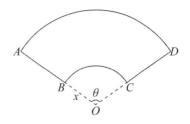

图 5-1

(1) 求 θ 关于 x 的函数关系式;

(2) 在对花坛的边缘进行装饰时,已知两条线段的装饰费用为 4 元/米,两条弧线部分的装饰费用为 9 元/米.设花坛的面积与装饰总费用的比为 y,当 x 为何值时,y 取得最大值?

解:(1) 设扇环的圆心角为 θ(弧度),则 $30 = \theta(10+x) + 2(10-x)$,

所以 $\theta = \dfrac{10+2x}{10+x}$.

(2) 花坛的面积为

$\dfrac{1}{2}\theta(10^2 - x^2) = (5+x)(10-x) = -x^2 + 5x + 50 \ (0 < x < 10)$.

装饰总费用为 $9\theta(10+x) + 8(10-x) = 170 + 10x$,

所以花坛的面积与装饰总费用的比 $y = \dfrac{-x^2+5x+50}{170+10x} = -\dfrac{x^2-5x-50}{10(17+x)}$,

令 $t = 17+x$,则 $y = \dfrac{39}{10} - \dfrac{1}{10}\left(t + \dfrac{324}{t}\right) \leqslant \dfrac{3}{10}$,当且仅当 $t = 18$ 时取等号,

此时 $x = 1$,$\theta = \dfrac{12}{11}$.

答:当 $x = 1$ 时,花坛的面积与装饰总费用的比最大.

1. 把下列各角的度数化为弧度数:

(1) $70°$;　　　(2) $-135°$;　　　(3) $315°$;　　　(4) $123.5°$.

2. 把下列各角的弧度数化成度数:

(1) $-\dfrac{4}{3}\pi$;　　(2) -3;　　(3) $\dfrac{\pi}{15}$.

3. 设集合 $A = \{\alpha \mid \alpha \text{ 为锐角}\}$,$B = \{\alpha \mid \alpha \text{ 为第一象限角}\}$,$C = \{\alpha \mid \alpha \text{ 为小于 } 90° \text{ 的角}\}$,则 (　　).

(A) $A \subset C \subset B$　　　(B) $A \subset B, C \subset B$　　　(C) $A = B = C$　　　(D) $A \subset B, A \subset C$

4. 已知扇形弧长为 30 cm,半径为 20 cm,求扇形的面积.

5. 已知地球半径为 6 400 km,地面上一段弧所对的球心角为 $1'$,求该弧的弧长.

6. 下列命题中,正确的是 (　　).

(A) 终边相同的角是相等的角

(B) 终边在第二象限的角是钝角

(C) 若角 α 的终边在第一象限,则 $\dfrac{\alpha}{2}$ 的终边也一定在第一象限

(D) 终边落在坐标轴上的所有角可表示为 $\dfrac{k\pi}{2}$,$k \in \mathbf{Z}$

7. 写出与下列各角终边相同的最小正角与最大负角：

(1) 1 140°；　　　　(2) −1 290°；　　　　(3) 2 002°.

8. 在弧度制下，写出下面处在标准位置的终边相同的角的集合：

(1) $-\dfrac{\pi}{7}$；

(2) 第二象限的角；

(3) 角 α 的终边落在左半平面上.

9. 已知 α 为第三象限的角，确定角 $\dfrac{\alpha}{2}$ 所在的象限，并画出其变化区域.

10. 已知扇形的圆心角为 $\dfrac{\pi}{3}$，半径为 R，圆 C 与扇形的两条半径及扇形的弧都相切，求圆 C 中圆心角为 $\dfrac{\pi}{3}$ 的扇形与原扇形的面积之比.

§5.2　任意角的三角比

随着角的概念推广到任意角，需要定义任意角的三角比.我们在直角坐标系中角的终边上任意一点的坐标来定义任意角的三角比.设 $P(x,y)$ 是角 α 终边上任意一点（不重合于角的顶点），则 P 到坐标原点 O 的距离为 $r=|OP|=\sqrt{x^2+y^2}$.定义：

正弦：$\sin\alpha=\dfrac{y}{r}$，余弦：$\cos\alpha=\dfrac{x}{r}$，正切：$\tan\alpha=\dfrac{y}{x}$，余切：$\cot\alpha=\dfrac{x}{y}$，正割：$\sec\alpha=\dfrac{r}{x}$，余割：$\csc\alpha=\dfrac{r}{y}$.

显然，当角 α 的终边落在 y 轴上时有 $x=0$，所以 $\tan\alpha$ 和 $\sec\alpha$ 不存在；当角 α 的终边落在 x 轴上时有 $y=0$，所以 $\cot\alpha$ 和 $\csc\alpha$ 不存在；角 α 的终边无论落在什么位置，因为点 P 不是角的顶点，所以 $r=|OP|>0$，所以 $\sin\alpha$ 和 $\cos\alpha$ 总是存在的.显然任意角的三角比仅与角的终边位置有关，而与终边上所取的点 P 的位置无关.

特别当 α 为锐角时，由任意角三角比定义所得的结果与初中学过的由锐角三角定义所得的结果是一致的.例如：$\sin\alpha=\dfrac{y}{r}$ 中，y 就是角 α 的对边，r 就是直角三角形的斜边，而 $\sin\alpha=\dfrac{\text{对边}}{\text{斜边}}$，所以，任意角的三角比的定义是锐角三角比定义的一般情形，而锐角三角比的定义是任意角三角定义的特殊情形.

另外，必须注意：对于终边相同的角，它们的大小往往是不同的，但是它们所对应的三角比是相等的.

在引进弧度制时我们看到，在半径为 r 的圆中，角 α 的弧度数与圆半径的大小无关，不妨设 $r=1$.在平面直角坐标系中，称以原点 O 为圆心，以 1 为半径的圆为**单位圆**.把点 $P(x,y)$ 看作角 α 的终边与单位圆的交点，过点 P 做 x 轴垂线，垂足为 M.当有向线段 OM 与 x 轴正方向同向时，OM 的方向为正向，且有正值 x；当有向线段 OM 与 x 轴正方向反向时，OM 的方向为负向，且有负值 x，其中 x 为点 P 的横坐标，因此有 $\cos\alpha=OM=x$.同理，当有向线段 MP 与 y

轴正方向同向时,MP 的方向为正向,且有正值 y,当线段 MP 与 y 轴正方向反向时,MP 的方向为负向,且有负值 y,其中 y 为点 P 的纵坐标,因此有 $\sin\alpha = MP = y$.

所以单位圆上点 P 的坐标总可以表示成$(\cos\alpha,\sin\alpha)$.

如何用有向线段表示角 α 的正切呢? 过点 $A(1,0)$作单位圆的切线,这条切线显然平行于 y 轴,设它与角 α 的终边(当 α 为第一、四象限时)或其反向延长线(当 α 为第二,三象限时)相交于点 T,根据三角比的定义与相似三角形的知识,我们有 $\tan\alpha = \dfrac{AT}{OA} = \dfrac{MP}{OM} = \dfrac{y}{x}$.

我们称这三条与单位圆有关的线段 MP、OM、AT 为角 α 的**正弦线、余弦线、正切线**.这些有向线段通称为**三角函数线**.

例 1. 已知角 α 的终边上一点 $P(-3,2)$,$(t<0)$.求 α 角的六个三角比的值.

解:由于 $x=3$,$y=-2$,所以

$$r = \sqrt{3^2 + (-2)^2} = \sqrt{13}.$$

所以

$$\sin\alpha = \frac{y}{r} = -\frac{2}{13}\sqrt{13}, \quad \cos\alpha = \frac{x}{r} = \frac{3}{13}\sqrt{13}.$$

$$\tan\alpha = \frac{y}{x} = -\frac{2}{3}, \quad \cot\alpha = \frac{x}{y} = -\frac{3}{2},$$

$$\sec\alpha = \frac{r}{x} = -\frac{\sqrt{13}}{3}, \quad \csc\alpha = \frac{r}{y} = -\frac{\sqrt{13}}{2}.$$

例 2. 确定下列三角函数值的符号:

(1) $\sin(-70°)$; (2) $\cos(-700°)$;

(3) $\tan(830°25')$; (4) $\cot\dfrac{16\pi}{7}$.

解:(1) $-70°$是第四象限的角,而正弦在第四象限为负值,所以 $\sin(-70°)<0$.

(2) $-700° = (-360°\times2) + 20°$,它是第一象限角,而余弦在第一象限为正值,所以$\cos(-700°)>0$.

(3) $830°25' = (360°\times2) + 110°25'$,它是第二象限角,而正切在第二象限为负值,所以 $\tan(830°25')<0$.

(4) $\dfrac{16\pi}{7} = 2\pi + \dfrac{2\pi}{7}$,$\dfrac{2\pi}{7}$ 为第一象限角,而余切在第一象限为正值,所以 $\cot\dfrac{16\pi}{7}>0$.

1. 若 $-\dfrac{\pi}{2}<\alpha<0$,则点$(\cot\alpha,\cos\alpha)$必在   (   ).

(A) 第一象限 (B) 第二象限

(C) 第三象限 (D) 第四象限

2. 确定下列各角的正弦、余弦、正切的符号:

(1) $850°$; (2) $-380°$; (3) $\dfrac{55\pi}{6}$.

3. 如果(1) $\dfrac{\cos x}{\sin x}<0$；(2) $\dfrac{\cot x}{\csc x}<0$；(3) $\sin x\cos x<0$.试分别确定角 x 的终边所在的象限.

4. 若 P 点的坐标为 $(-3,y)$，$|OP|=5$（指 OP 的长度），试求出 y 值，并写出终边都过 P 的角的三角函数值.

5. (1) $\sin\left(-\dfrac{23\pi}{6}\right)+\cos\dfrac{13\pi}{7}\cdot\tan 4\pi-\cos\dfrac{13\pi}{3}$ 的值为_____；

(2) $\dfrac{\sin 780°+\tan 405°\tan(-330°)}{\cot(-690°)-\cos 390°\cos(-300°)}=$ _____.

6. 角 α 为何值时，下面式子无意义：

(1) $\cos\alpha+\dfrac{1}{\sin\alpha}$；   (2) $\cos\alpha+\sec\alpha$；

(3) $\tan\alpha+\cot\alpha$；   (4) $\dfrac{1}{\sin\alpha\cos\alpha}$.

7. 方程 $\dfrac{x^2}{\sin\sqrt{2}-\sin\sqrt{3}}+\dfrac{y^2}{\cos\sqrt{2}-\cos\sqrt{3}}=1$ 表示的曲线是   (   ).

（A）焦点在 x 轴上的椭圆

（B）焦点在 x 轴上的双曲线

（C）焦点在 y 轴上的椭圆

（D）焦点在 y 轴上的双曲线

8. 已知 $f(\alpha)=\dfrac{\sin\alpha}{|\sin\alpha|}+\dfrac{|\cos\alpha|}{\cos\alpha}+\dfrac{\tan\alpha}{|\tan\alpha|}+\dfrac{|\cot\alpha|}{\cot\alpha}$，求 $f(\alpha)$ 的值的集合.

9. 已知实数 α 满足 $|\cos\alpha-\cos\beta|=|\cos\alpha|+|\cos\beta|$，且 $\alpha\in\left(\dfrac{\pi}{2},\pi\right)$，化简 $\sqrt{(\cos\alpha-\cos\beta)^2}$.

10. 已知角 α 的终边经过 $(m-n,2\sqrt{mn})(n>m>0)$，问 α 是第几象限的角？并求 α 的六个三角比的值.

11. 用三角比的定义证明：$(\sin\alpha+\tan\alpha)(\cos\alpha+\cot\alpha)=(1+\sin\alpha)(1+\cos\alpha)$.

§5.3 同角三角比的关系和诱导公式

我们知道，角 α 的六个三角比都是用其终边上一点的坐标来定义的，从中可以发现六个三角比之间存在着一定的关系：

(1) 倒数关系：$\sin\alpha\cdot\csc\alpha=1$， $\cos\alpha\cdot\sec\alpha=1$， $\tan\alpha\cdot\cot\alpha=1$.

(2) 商数关系：$\tan\alpha=\dfrac{\sin\alpha}{\cos\alpha}$， $\cot\alpha=\dfrac{\cos\alpha}{\sin\alpha}$.

(3) 平方关系：$\sin^2\alpha+\cos^2\alpha=1$， $1+\tan^2\alpha=\sec^2\alpha$， $1+\cot^2\alpha=\csc^2\alpha$.

以上这些关系式都是恒等式，即当 α 取使关系式的两边都有意义的任意值时，关系式两边的值都相等.

当知道了角 α 的一个三角比，可由上面的同角三角比的关系求出角 α 的其他三角比，同样当知道了角 α 的一个三角比，能否求出与角 α 有特殊关联的角的三角比呢？如 $2k\pi\pm\alpha,\pi\pm\alpha$,

$-\alpha,\dfrac{\pi}{2}\pm\alpha,\dfrac{3}{2}\pi\pm\alpha,(k\in\mathbf{Z})$等.这就是诱导公式要解决的问题:

(1) $2k\pi+\alpha$(以下$k\in\mathbf{Z}$)的诱导公式:

$\sin(2k\pi+\alpha)=\sin\alpha$, $\cos(2k\pi+\alpha)=\cos\alpha$, $\tan(2k\pi+\alpha)=\tan\alpha$, $\cot(2k\pi+\alpha)=\cot\alpha$

这组诱导公式可根椐终边重合的角的同名三角比相等(都存在)来证明.

(2) $-\alpha$ 的诱导公式:

   $\sin(-\alpha)=-\sin\alpha$, $\cos(-\alpha)=\cos\alpha$, $\tan(-\alpha)=-\tan\alpha$, $\cot(-\alpha)=-\cot\alpha$.

证明:因为角α和$-\alpha$的终边关于x轴对称,在角α的终边上取一点P,使$|OP|=1$,则点P的坐标为$(\cos\alpha,\sin\alpha)$,点P关于x轴的对称点$P'(\cos\alpha,-\sin\alpha)$一定在角$-\alpha$的终边上,且$|OP'|=1$,所以点$P'$的坐标又可表示为$P'(\cos(-\alpha),\sin(-\alpha))$,因此有 $\sin(-\alpha)=-\sin\alpha,\cos(-\alpha)=\cos\alpha$,再由商数关系得 $\tan(-\alpha)=-\tan\alpha,-\cot(-\alpha)=-\cot\alpha$.

(3) $\pi+\alpha$ 的诱导公式:

   $\sin(\pi+\alpha)=-\sin\alpha$, $\cos(\pi+\alpha)=-\cos\alpha$, $\tan(\pi+\alpha)=\tan\alpha$, $\cot(\pi+\alpha)=\cot\alpha$.

证明:将角α的终边绕着原点O按逆时针方向旋转π弧度,得到角$\pi+\alpha$的终边,显然角α和角$\pi+\alpha$终边关于原点对称.在角α的终边上取一点P,使$|OP|=1$,则点P的坐标为$(\cos\alpha,\sin\alpha)$,因为点P关于原点的对称点P'在角$\pi+\alpha$的终边上,所以点P'的坐标为$(-\cos\alpha,-\sin\alpha)$,也可以是$(\cos(\pi+\alpha),\sin(\pi+\alpha))$,所以 $\sin(\pi+\alpha)=-\sin\alpha,\cos(\pi+\alpha)=-\cos\alpha$,再由商数关系得 $\tan(\pi+\alpha)=\tan\alpha,\cot(\pi+\alpha)=\cot\alpha$.

(4) $\pi-\alpha$ 的诱导公式.

证明:只须把上一组诱导公式中的α换成$-\alpha$就可获证.

例1. 已知 $\sin\theta=m$,求θ的其余五个三角比的值.

解:(1) 当θ的终边在x轴上时 $\cot\theta,\csc\theta$ 不存在,$\tan\theta=0$.

当θ的终边在x轴正半轴时,$\cos\theta=1,\sec\theta=1$.

当θ的终边在x轴负半轴时,$\cos\theta=-1,\sec\theta=-1$.

(2) 当θ的终边在y轴上时,$\tan\theta,\sec\theta$ 不存在,$\cot\theta=0,\cos\theta=0,\csc\theta=\dfrac{1}{m}$.

(3) 当θ的终边在第一、四象限时,

$$\cos\theta=\sqrt{1-m^2},\tan\theta=\dfrac{m}{\sqrt{1-m^2}},$$

$$\sec\theta=\dfrac{1}{\sqrt{1-m^2}},\csc\theta=\dfrac{1}{m},\cot\theta=\dfrac{\sqrt{1-m^2}}{m}.$$

(4) 当θ的终边在第二、三象限时,

$$\cos\theta=-\sqrt{1-m^2},\tan\theta=-\dfrac{m}{\sqrt{1-m^2}},$$

$$\sec\theta=\dfrac{-1}{\sqrt{1-m^2}},\csc\theta=\dfrac{1}{m},\cot\theta=-\dfrac{\sqrt{1-m^2}}{m}$$

例 2. 化简 $\dfrac{\cos(90°+\alpha)\cdot\csc(270°+\alpha)\cdot\tan(180°-\alpha)}{\sec(360°-\alpha)\cdot\sin(180°+\alpha)\cdot\cot(90°-\alpha)}$.

解： 原式 $=\dfrac{(-\sin\alpha)\cdot(-\sec\alpha)\cdot(-\tan\alpha)}{\sec\alpha\cdot(-\sin\alpha)\cdot\tan\alpha}=1$.

例 3. 化简：$\sin^3\alpha(1+\cot\alpha)+\cos^3\alpha(1+\tan\alpha)$.

解： $\sin^3\alpha(1+\cot\alpha)+\cos^3\alpha(1+\tan\alpha)$

$=\sin^3\alpha\left(1+\dfrac{\cos\alpha}{\sin\alpha}\right)+\cos^3\alpha\left(1+\dfrac{\sin\alpha}{\cos\alpha}\right)$

$=\sin^3\alpha\,\dfrac{\cos\alpha+\sin\alpha}{\sin\alpha}+\cos^3\alpha\,\dfrac{\sin\alpha+\cos\alpha}{\cos\alpha}$

$=\sin^2\alpha(\cos\alpha+\sin\alpha)+\cos^2\alpha(\cos\alpha+\sin\alpha)$

$=(\cos\alpha+\sin\alpha)(\sin^2\alpha+\cos^2\alpha)$

$=\cos\alpha+\sin\alpha.$

例 4. 证明：$\cos\alpha(2\sec\alpha+\tan\alpha)(\sec\alpha-2\tan\alpha)=2\cos\alpha-3\tan\alpha$.

证明： 左边 $=\cos\alpha\left(\dfrac{2}{\cos\alpha}+\dfrac{\sin\alpha}{\cos\alpha}\right)\left(\dfrac{1}{\cos\alpha}-\dfrac{2\sin\alpha}{\cos\alpha}\right)$

$=\dfrac{1}{\cos\alpha}(2+\sin\alpha)(1-2\sin\alpha)$

$=\dfrac{1}{\cos\alpha}(2-3\sin\alpha-2\sin^2\alpha)$

$=\dfrac{1}{\cos\alpha}(2\cos^2\alpha-3\sin\alpha)$

$=2\cos\alpha-3\tan\alpha=$ 右边.

一般来说,三角恒等式的证明都是从最复杂处开始,从复杂往简单一边证明.

"化弦法",即把非正弦和非余弦的函数都化为正弦和余弦的方法,在三角变换中有着广泛的应用.

例 5. 求下列各三角函数值：

(1) $\cos\dfrac{17\pi}{4}$；　　　　　　(2) $\sin(-1\,480°10')$.

解： (1) $\cos\dfrac{17\pi}{4}=\cos\left(4\pi+\dfrac{\pi}{4}\right)=\cos\dfrac{\pi}{4}=\dfrac{\sqrt{2}}{2}$.

(2) $\sin(-1\,480°10')=-\sin(360°\times4+40°10')=-\sin40°10'=-0.645\,1$.

1. 已知 $\cos\alpha=-\dfrac{9}{41}$,$90°<\alpha<180°$,计算：$\sin\alpha,\tan\alpha,\cot\alpha,\sec\alpha,\csc\alpha$.

2. 求下列各三角比的值：

(1) $\sin1\,110°$；　　　　(2) $\sec\dfrac{11}{6}\pi$；　　　　(3) $\cot(-75°)$.

3. 已知 $\tan\beta=-2$,求值：

(1) $\dfrac{3\sin\beta-2\cos\beta}{2\sin\beta+\cos\beta}$；　　　　　　(2) $\dfrac{3\sin^3\beta+\cos\beta}{4\cos^3\beta-\sin^2\beta\cos\beta}$.

4. 证明：$\dfrac{1-2\sin2x\cos2x}{\cos^22x-\sin^22x}=\dfrac{1-\tan2x}{1+\tan2x}$.

5. 计算：

(1) $\sin^2(42°+\alpha)+\cot(25°+\beta)\cdot\cot(\beta-65°)+\sin^2(48°-\alpha)=$ _____.

(2) $\tan\dfrac{\pi}{5}+\tan\dfrac{2\pi}{5}+\tan\dfrac{3\pi}{5}+\tan\dfrac{4\pi}{5}=$ _____.

6. 证明下列三角恒等式：

(1) $\csc^6\alpha-\cot^6\alpha=1+3\csc^2\alpha\cot^2\alpha$;

(2) $\dfrac{\tan\alpha\cdot\sin\alpha}{\tan\alpha-\sin\alpha}=\dfrac{\tan\alpha+\sin\alpha}{\tan\alpha\cdot\sin\alpha}$;

(3) $\dfrac{1+\sec\alpha+\tan\alpha}{1+\sec\alpha-\tan\alpha}=\dfrac{1+\sin\alpha}{\cos\alpha}$;

(4) $\dfrac{\cos\alpha}{1+\sin\alpha}-\dfrac{\sin\alpha}{1+\cos\alpha}=\dfrac{2(\cos\alpha-\sin\alpha)}{1+\sin\alpha+\cos\alpha}$.

7. 设 $\tan\theta=\sqrt{\dfrac{1-a}{a}}$ $(0<a<1)$，化简 $\dfrac{\sin^2\theta}{a+\cos\theta}+\dfrac{\sin^2\theta}{a-\cos\theta}$.

8. 化简 $\sin(-\alpha-5\pi)\cdot\cos\left(\alpha-\dfrac{\pi}{2}\right)-\tan\left(\alpha-\dfrac{3\pi}{2}\right)\cdot\tan(2\pi-\alpha)$.

9. (1) 已知关于 x 的一元二次方程 $x^2-(\tan\alpha+\cot\alpha)x+1=0$ 的一个实根是 $2+\sqrt{3}$，求 $\sin\alpha\cdot\cos\alpha$;

(2) 是否存在 $\alpha\in\left(0,\dfrac{\pi}{2}\right)$，使得关于 x 的方程 $x^2-4x\cos\alpha+2=0$ 和 $x^2-4x\sin\alpha-2=0$ 有一个实数解相等？如果存在，求出 α；如果不存在，说明理由.

10. 已知函数 $y=|\sin x+\cos x+\tan x+\cot x+\sec x+\csc x|$，求函数的最小值.

§5.4 两角和与差的余弦、正弦和正切

在三角比的计算和化简中，常要用角 α，β 的三角比来表示角 $\alpha+\beta$ 或角 $\alpha-\beta$ 的三角比.设 α 和 β 是两个任意角，把它们的顶点都置于平面垂直坐标系的原点，始边都与 x 轴的正方向重合，它们的终边 OA，OB 分别与单位圆相交于 A，B 两点，则 A、B 的坐标分别是 $(\cos\alpha,\sin\alpha)$、$(\cos\beta,\sin\beta)$.若把角的终边 OA、OB 都绕原点 O 旋转 $-\beta$ 角，分别转到 OA' 和 OB' 的位置.由于 OA' 转过了 $-\beta$ 角，所以 $\angle B'OA'=\alpha-\beta$，点 A' 的坐标是 $(\cos(\alpha-\beta),\sin(\alpha-\beta))$，点 B' 的坐标是 $(1,0)$.

由两点间的距离公式知

$$|AB|^2=(\cos\alpha-\cos\beta)^2+(\sin\alpha-\sin\beta)^2=2-2(\cos\alpha\cos\beta+\sin\alpha\sin\beta).$$

又有 $|A'B'|^2=[\cos(\alpha-\beta)-1]^2+\sin^2(\alpha-\beta)=2-2\cos(\alpha-\beta)$.

由 $|AB|=|A'B'|$ 得到 $\cos(\alpha-\beta)=\cos\alpha\cos\beta+\sin\alpha\sin\beta$，此等式对任意角 α 和 β 都成立，这个公式叫作**两角差的余弦公式**.

若在此公式中用 $-\beta$ 代替 β，可得**两角和的余弦公式**.

$$\cos(\alpha+\beta)=\cos\alpha\cos\beta-\sin\alpha\sin\beta.$$

因为

$$\sin(\alpha+\beta)=\cos\left[\frac{\pi}{2}-(\alpha+\beta)\right]$$

$$=\cos\left[\left(\frac{\pi}{2}-\alpha\right)-\beta\right]$$

$$=\cos\left(\frac{\pi}{2}-\alpha\right)\cos\beta+\sin\left(\frac{\pi}{2}-\alpha\right)\sin\beta$$

$$=\sin\alpha\cos\beta+\cos\alpha\sin\beta,$$

即 $\sin(\alpha+\beta)=\sin\alpha\cos\beta+\cos\alpha\sin\beta$,这个恒等式叫作**两角和的正弦公式**.再在此公式中用$-\beta$代替β可得**两角差的正弦公式**.

因为 $\tan(\alpha+\beta)=\dfrac{\sin(\alpha+\beta)}{\cos(\alpha+\beta)}=\dfrac{\sin\alpha\cos\beta+\cos\alpha\sin\beta}{\cos\alpha\cos\beta-\sin\alpha\sin\beta}=\dfrac{\tan\alpha+\tan\beta}{1-\tan\alpha\tan\beta}$.

同理,$\tan(\alpha-\beta)=\dfrac{\tan\alpha-\tan\beta}{1+\tan\alpha\tan\beta}$.

这两个公式分别叫作**两角和与两角差的正切公式**.

由以上公式可知:

A:$\sin\left(\dfrac{\pi}{2}-\alpha\right)=\cos\alpha$; $\cos\left(\dfrac{\pi}{2}-\alpha\right)=\sin\alpha$;

$\tan\left(\dfrac{\pi}{2}-\alpha\right)=\cot\alpha$; $\cot\left(\dfrac{\pi}{2}-\alpha\right)=\tan\alpha$.

B:$\sin\left(\dfrac{\pi}{2}+\alpha\right)=\cos\alpha$; $\cos\left(\dfrac{\pi}{2}+\alpha\right)=-\sin\alpha$;

$\tan\left(\dfrac{\pi}{2}+\alpha\right)=-\cot\alpha$; $\cot\left(\dfrac{\pi}{2}+\alpha\right)=-\tan\alpha$.

C:$\sin\left(\dfrac{3\pi}{2}-\alpha\right)=-\cos\alpha$; $\cos\left(\dfrac{3\pi}{2}-\alpha\right)=-\sin\alpha$;

$\tan\left(\dfrac{3\pi}{2}-\alpha\right)=\cot\alpha$; $\cot\left(\dfrac{3\pi}{2}-\alpha\right)=\tan\alpha$.

D:$\sin\left(\dfrac{3\pi}{2}+\alpha\right)=-\cos\alpha$; $\cos\left(\dfrac{3\pi}{2}+\alpha\right)=\sin\alpha$;

$\tan\left(\dfrac{3\pi}{2}+\alpha\right)=-\cot\alpha$; $\cot\left(\dfrac{3\pi}{2}+\alpha\right)=-\tan\alpha$.

以上四组公式都是**任意角三角比的诱导公式**.

例 1. 不查表,求 $75°$,$15°$的正弦、余弦、正切值.

解:$\sin75°=\sin(45°+30°)$

$$=\sin45°\cos30°+\cos45°\sin30°$$

$$=\frac{\sqrt{2}}{2}\cdot\frac{\sqrt{3}}{2}+\frac{\sqrt{2}}{2}\cdot\frac{1}{2}=\frac{\sqrt{6}+\sqrt{2}}{4}.$$

$\cos75°=\cos(45°+30°)$

$$=\cos45°\cos30°-\sin45°\sin30°$$

$$=\frac{\sqrt{2}}{2}\cdot\frac{\sqrt{3}}{2}-\frac{\sqrt{2}}{2}\cdot\frac{1}{2}=\frac{\sqrt{6}-\sqrt{2}}{4}.$$

$$\tan 75° = \frac{\sin 75°}{\cos 75°} = \frac{\sqrt{6}-\sqrt{2}}{\sqrt{6}+\sqrt{2}} = 2+\sqrt{3}.$$

$$\sin 15° = \sin(90°-75°) = \cos 75° = \frac{\sqrt{6}-\sqrt{2}}{4}.$$

$$\cos 15° = \cos(90°-75°) = \sin 75° = \frac{\sqrt{6}+\sqrt{2}}{4}.$$

$$\tan 15° = \frac{\sin 15°}{\cos 15°} = \frac{\sqrt{6}+\sqrt{2}}{\sqrt{6}-\sqrt{2}} = 2-\sqrt{3}.$$

例 2. 已知 $\cos\alpha = \frac{1}{7}$, $\cos(\alpha+\beta) = -\frac{11}{14}$, $0°<\alpha<90°$, $0°<\beta<90°$, 求 $\sin\beta$.

解： $\sin\beta = \sin[(\alpha+\beta)-\alpha]$

$$= \sin(\alpha+\beta)\cos\alpha - \cos(\alpha+\beta)\sin\alpha$$

因为 $\cos\alpha = \frac{1}{7}$, $0°<\alpha<90°$, 所以 $\sin\alpha = \frac{4\sqrt{3}}{7}$.

又因为 $\cos(\alpha+\beta) = -\frac{11}{14}<0$, 且 $0°<\alpha+\beta<180°$, 所以 $\alpha+\beta$ 是第二象限角, $\sin(\alpha+\beta) = \sqrt{1-\cos^2(\alpha+\beta)} = \frac{5\sqrt{3}}{14}$.

于是
$$\sin\beta = \frac{5\sqrt{3}}{14} \cdot \frac{1}{7} - \left(-\frac{11}{14}\right) \cdot \frac{4\sqrt{3}}{7}$$

$$= \frac{5\sqrt{3}+44\sqrt{3}}{98} = \frac{49\sqrt{3}}{98} = \frac{\sqrt{3}}{2}.$$

例 3. 计算 $\frac{1+\tan 15°}{1-\tan 15°}$ 的值.

解： 因为 $\tan 45° = 1$, 所以

$$\frac{1+\tan 15°}{1-\tan 15°} = \frac{\tan 45°+\tan 15°}{1-\tan 45°\tan 15°}$$

$$= \tan(45°+15°)$$

$$= \tan 60° = \sqrt{3}.$$

例 4. 已知：$\sin\alpha + \sin\beta = \frac{3}{5}$, $\cos\alpha + \cos\beta = \frac{4}{5}$, 求 $\cos(\alpha-\beta)$ 的值.

解： 由 $\sin\alpha + \sin\beta = \frac{3}{5}$, $\cos\alpha + \cos\beta = \frac{4}{5}$,

两式平方相加，有 $\quad 2+2(\cos\alpha\cos\beta + \sin\alpha\sin\beta) = 1$,

故 $\quad\quad\quad\quad\quad\quad\quad\quad \cos(\alpha-\beta) = -\frac{1}{2}.$

说明： 对于上面的几组公式，应做到正、逆方向都能使用.

例 5. 已知锐角 α, β, γ 满足 $\sin\alpha + \sin\gamma = \sin\beta$, $\cos\alpha - \cos\gamma = \cos\beta$, 求 $\alpha-\beta$.

解： 由条件：$\quad\quad\quad\quad\quad\quad \sin\alpha - \sin\beta = -\sin\gamma$ ①

$$\cos\alpha-\cos\beta=\cos\gamma \qquad\qquad ②$$

求两式的平方和得：

$$2-2(\sin\alpha\sin\beta+\cos\alpha\cos\beta)=1\Rightarrow\cos(\alpha-\beta)=\frac{1}{2},$$

又因为 $\sin\alpha-\sin\beta=-\sin\gamma$ 且 γ 为锐角，所以 $\sin\alpha-\sin\beta<0$，又 α,β 均为锐角，所以 $\alpha<\beta$，所以 $\alpha-\beta=-\frac{\pi}{3}$.

例 6. 把下列各式化成一个角的正弦形式：

(1) $\frac{\sqrt{3}}{2}\sin x+\frac{1}{2}\cos x$；

(2) $a\sin x+b\cos x$ (a,b 都不为零).

解： (1) $\frac{\sqrt{3}}{2}\sin x+\frac{1}{2}\cos x=\cos\frac{\pi}{6}\sin x+\sin\frac{\pi}{6}\cos x=\sin\left(x+\frac{\pi}{6}\right)$.

(2) $a\sin x+b\cos x=\sqrt{a^2+b^2}\left(\frac{a}{\sqrt{a^2+b^2}}\sin x+\frac{b}{\sqrt{a^2+b^2}}\cos x\right)$,

令 $\frac{a}{\sqrt{a^2+b^2}}=\cos\theta$，$\frac{b}{\sqrt{a^2+b^2}}=\sin\theta$,

所以 $\qquad a\sin x+b\cos x=\sqrt{a^2+b^2}(\sin x\cos\theta+\cos x\sin\beta)$
$$=\sqrt{a^2+b^2}\sin(x+\theta).$$

注： (1) 上面小题中引入的 θ 称为辅助角，$a\sin x+b\cos x=\sqrt{a^2+b^2}\sin(x+\theta)$ 称为辅助角公式.

(2) 化 $a\sin x+b\cos x$ 为一个角的正弦形式的一般步骤是：

① $a\sin x+b\cos x=\sqrt{a^2+b^2}\left(\frac{a}{\sqrt{a^2+b^2}}\sin x+\frac{b}{\sqrt{a^2+b^2}}\cos x\right)$,

② 引入辅助角 θ，使得

$$\begin{cases}\cos\theta=\dfrac{a}{\sqrt{a^2+b^2}},\\[2mm]\sin\theta=\dfrac{b}{\sqrt{a^2+b^2}}.\end{cases}$$

③ 应用公式 $\qquad a\sin x+b\cos x$
$$=\sqrt{a^2+b^2}(\sin x\cos\theta+\cos x\sin\theta)$$
$$=\sqrt{a^2+b^2}\sin(x+\theta).$$

运用例 6 的结论可以解决许多问题，请看下例：

例 7. 求 $y=\sin\left(\frac{\pi}{3}-2\theta\right)+\cos\left(\frac{\pi}{3}+2\theta\right)$ 的最大值和周期.

解： $y=\sin\left(\frac{\pi}{3}-2\theta\right)+\cos\left(\frac{\pi}{3}+2\theta\right)$

$$= \left(\sin\frac{\pi}{3}\cos2\theta - \cos\frac{\pi}{3}\sin2\theta \right) + \left(\cos\frac{\pi}{3}\cos2\theta - \sin\frac{\pi}{3}\sin2\theta \right)$$

$$= \frac{1+\sqrt{3}}{2}(\cos2\theta - \sin2\theta)$$

$$= -\frac{\sqrt{6}+\sqrt{2}}{2}\sin\left(2\theta - \frac{\pi}{4}\right).$$

当 $2\theta - \dfrac{\pi}{4} = 2k\pi - \dfrac{\pi}{2}$,即 $\theta = k\pi - \dfrac{\pi}{8}(k \in \mathbf{Z})$ 时,

$y_{\max} = \dfrac{\sqrt{6}+\sqrt{2}}{2}$,$T = \dfrac{2\pi}{2} = \pi$.即函数的最大值是 $\dfrac{\sqrt{6}+\sqrt{2}}{2}$,周期是 π.

例 8. 在 $\triangle ABC$ 中,已知 $y = 2 + \cos C\cos(A-B) - \cos^2 C$.

(1) 若任意交换 A,B,C 的位置,y 的值是否会发生变化? 试证明你的结论;

(2) 求 y 的最大值.

解:(1) $y = 2 + \cos(A+B)\cdot\cos(A-B) - \cos^2 C$

$\qquad = 2 - \cos^2 A\cos^2 B + \sin^2 A\sin^2 B - \cos^2 C$

$\qquad = 2 - (1-\sin^2 A)(1-\sin^2 B) + \sin^2 A\sin^2 B - \cos^2 C$

$\qquad = \sin^2 A + \sin^2 B + \sin^2 C$

∴ y 的值不会随 A、B、C 的位置的改变而改变.

(2) 显然三个内角至少有一个为锐角,不妨设角 C 为锐角,则

$$\cos C > 0, \cos(A-B) \leqslant 1,$$

∴ $y \leqslant 2 + \cos C - \cos^2 C = -\left(\cos C - \dfrac{1}{2}\right)^2 + \dfrac{9}{4}$,

所以,当且仅当 $A = B = C = \dfrac{\pi}{3}$,即 $\cos C = \dfrac{1}{2}$ 时,y 取得最大值 $\dfrac{9}{4}$.

1. 不查表,求下列三角比的值:

(1) $\sin105°$;　　　　　　　　(2) $\sin\left(-\dfrac{12}{5}\pi\right)$;

(3) $\cos165°$;　　　　　　　　(4) $\tan105°$.

2. 在 $\triangle ABC$ 中,若 $\sin A\cos\left(\dfrac{\pi}{2}-B\right) = 1 - \sin\left(\dfrac{\pi}{2}-A\right)\cos B$,则这个三角形是　　　　(　　).

(A) 锐角三角形　　　　　　　　(B) 直角三角形

(C) 钝角三角形　　　　　　　　(D) 等腰三角形

3. 不查表,求下列各式的值:

(1) $\sin10°\cos20° + \cos10°\sin20°$;　　(2) $\cos110°\cos50° + \sin110°\sin50°$;

(3) $\dfrac{\tan22° + \tan23°}{1 - \tan22°\tan23°}$;　　　　　　(4) $\dfrac{\tan15° + \dfrac{\sqrt{3}}{3}}{1 - \tan15°\dfrac{\sqrt{3}}{3}}$.

4. 已知 $\tan\alpha = 2$,$\tan\beta = 3$,且 α,β 都是锐角,求证:$\alpha + \beta = \dfrac{3\pi}{4}$.

5. 已知 $5\sin\beta = \sin(2\alpha+\beta)$,求 $\dfrac{\tan(\alpha+\beta)}{\tan\alpha}$ 的值.

6. 求 $\tan20° + \tan40° + \sqrt{3}\tan20° \cdot \tan40°$ 的值.

7. 求证:$\dfrac{\sin(2\alpha-\beta)}{\sin\alpha} - 2\cos(\alpha-\beta) = -\sin\beta \cdot \csc\alpha$.

8. (1) 求函数 $y = \dfrac{\sin x\cos x}{1+\sin x+\cos x}$ 的最大值;

(2) 求函数 $y = \sin x + \cos x + \sin x\cos x$ 的值域;

(3) $a \in \mathbf{Z}$,求 $y = (\sin x+a)(\cos x+a)$ 的最小值.

9. 证明不等式:$1 \leqslant \sqrt{\sin x} + \sqrt{\cos x} \leqslant 2^{\frac{3}{4}}$.

10. (1) 已知 $\tan\alpha,\tan\beta$ 是关于 x 的方程 $x^2+px+q=0$ 的两个实根,求 $\dfrac{\sin(\alpha+\beta)}{\cos(\alpha-\beta)}$.

(2) 已知 $\tan\alpha,\tan\beta$ 是关于 x 的方程 $mx^2-2x\sqrt{7m-3}+2m=0$ 的两个实根,求 $\tan(\alpha+\beta)$ 的取值范围.

11. 已知不等式 $\sqrt{2}(2a+3)\cos\left(\theta-\dfrac{\pi}{4}\right) + \dfrac{6}{\sin\theta+\cos\theta} - 2\sin2\theta < 3a+6$ 对于 $\theta \in \left[0,\dfrac{\pi}{2}\right]$ 恒成立,求 a 的取值范围.

12. 求出使方程 $(|a|-1)\cos2x+(1-|a-2|)\sin2x+(1-|2-a|)\cos x+(1-|a|)\sin x=0$ 在 $(-\pi,\pi)$ 上有奇数个解的一切 a 的值.

§5.5 二倍角与半角的正弦、余弦和正切

在两角和的三角比公式中,令 $\alpha=\beta$,就可得到两角和的正弦、余弦和正切的二倍角公式

$$\sin2\alpha = 2\sin\alpha\cos\alpha, \quad \cos2\alpha = \cos^2\alpha-\sin^2\alpha, \quad \tan2\alpha = \dfrac{2\tan\alpha}{1-\tan^2\alpha}.$$

由于 $\sin^2\alpha+\cos^2\alpha=1$,因此二倍角的余弦公式还可以表示为

$$\cos2\alpha = 2\cos^2\alpha-1 = 1-2\sin^2\alpha.$$

由二倍角的余弦公式 $\cos2\alpha = 2\cos^2\alpha-1 = 1-2\sin^2\alpha$ 中,如果将角 2α 看作是角 β,那么倍角公式就可化为 $\cos\beta = 2\cos^2\dfrac{\beta}{2}-1$ 或 $\cos\beta = 1-2\sin^2\dfrac{\beta}{2}$,由此可以得到

$$\cos\dfrac{\beta}{2} = \pm\sqrt{\dfrac{1+\cos\beta}{2}}, \quad \sin\dfrac{\beta}{2} = \pm\sqrt{\dfrac{1-\cos\beta}{2}}.$$

以上两式相除又可得到 $\tan\dfrac{\beta}{2} = \pm\sqrt{\dfrac{1-\cos\beta}{1+\cos\beta}}$.

以上三个恒等式分别叫作**半角的余弦**,**正弦和正切公式**.

在半角公式中根号前的"$\pm$"号,是由角 $\dfrac{\beta}{2}$ 的终边在直角坐标系中的象限确定.

由于 $\tan\dfrac{\beta}{2} = \dfrac{\sin\dfrac{\beta}{2}}{\cos\dfrac{\beta}{2}} = \dfrac{\sin\dfrac{\beta}{2} \cdot 2\cos\dfrac{\beta}{2}}{\cos\dfrac{\beta}{2} \cdot 2\cos\dfrac{\beta}{2}} = \dfrac{\sin\beta}{1+\cos\beta}$

即 $\tan\dfrac{\beta}{2}=\dfrac{\sin\beta}{1+\cos\beta}$ 成立,

同理也有 $\tan\dfrac{\beta}{2}=\dfrac{1-\cos\beta}{\sin\beta}$.

因此半角的正切公式有三种不同的表达形式,即

$$\tan\frac{\beta}{2}=\pm\sqrt{\frac{1-\cos\beta}{1+\cos\beta}}=\frac{\sin\beta}{1+\cos\beta}=\frac{1-\cos\beta}{\sin\beta}.$$

又因为

$$\sin\alpha=2\sin\frac{\alpha}{2}\cos\frac{\alpha}{2}=\frac{2\sin\frac{\alpha}{2}\cos\frac{\alpha}{2}}{\sin^2\frac{\alpha}{2}+\cos^2\frac{\alpha}{2}}=\frac{2\tan\frac{\alpha}{2}}{1+\tan^2\frac{\alpha}{2}},$$

同理,$\cos\alpha=\dfrac{1-\tan^2\frac{\alpha}{2}}{1+\tan^2\frac{\alpha}{2}}$ 和 $\tan\alpha=\dfrac{2\tan\frac{\alpha}{2}}{1-\tan^2\frac{\alpha}{2}}$.

以上三个公式叫作**万能公式**.它们右边都是关于 $\tan\dfrac{\alpha}{2}$ 的代数式,应用它,就可以将角 α 的任意一种三角函数化为以 $\tan\dfrac{\alpha}{2}$ 为变量的有理函数,这往往对问题的解决是有益的.

例1. 化简:$\sin50°(1+\sqrt{3}\tan10°)$.

解: 原式 $=\sin50°\left(1+\dfrac{\sqrt{3}\sin10°}{\cos10°}\right)$

$$=\sin50°\frac{2\left(\frac{1}{2}\cos10°+\frac{\sqrt{3}}{2}\sin10°\right)}{\cos10°}$$

$$=2\sin50°\frac{\sin30°\cos10°+\cos30°\sin10°}{\cos10°}$$

$$=2\sin50°\frac{\sin40°}{\cos10°}=2\cos40°\frac{\sin40°}{\cos10°}$$

$$=\frac{\sin80°}{\cos10°}=\frac{\cos10°}{\cos10°}=1.$$

例2. 若锐角 α 满足 $\dfrac{1}{\sqrt{\tan\frac{\alpha}{2}}}=\sqrt{2\sqrt{3}}\sqrt{\tan10°}+\sqrt{\tan\dfrac{\alpha}{2}}$,求角 α 的度数.

解: $\because\ \sqrt{2\sqrt{3}}\cdot\sqrt{\tan10°}=\sqrt{\tan\dfrac{\alpha}{2}-\dfrac{1}{\sqrt{\tan\frac{\alpha}{2}}}}$, $\therefore\ 2\sqrt{3}\tan10°=\tan\dfrac{\alpha}{2}+\dfrac{1}{\tan\frac{\alpha}{2}}-2.$

$\therefore\ \dfrac{1}{\sin\alpha}=\dfrac{\tan^2\frac{\alpha}{2}+1}{2\tan\frac{\alpha}{2}}=\sqrt{3}\tan10°+1=\dfrac{\cos10°+\sqrt{3}\sin10°}{\cos10°}$

$$= \frac{2\sin 40°}{\cos 10°} = \frac{\sin 80°}{\cos 10° \cos 40°} = \frac{1}{\cos 40°},$$

$\therefore \ \sin\alpha = \cos 40° = \sin 50°, \quad \therefore \quad \alpha = 50°.$

例 3. 求证: $\sin 3\alpha = 3\sin\alpha - 4\sin^3\alpha$.

证明: $\sin 3\alpha = \sin(\alpha + 2\alpha)$

$\qquad\qquad = \sin\alpha\cos 2\alpha + \cos\alpha\sin 2\alpha$

$\qquad\qquad = \sin\alpha(1 - 2\sin^2\alpha) + \cos\alpha \cdot 2\sin\alpha\cos\alpha$

$\qquad\qquad = \sin\alpha(1 - 2\sin^2\alpha) + (1 - \sin^2\alpha) \cdot 2\sin\alpha$

$\qquad\qquad = \sin\alpha - 2\sin^3\alpha + 2\sin\alpha - 2\sin^3\alpha$

$\qquad\qquad = 3\sin\alpha - 4\sin^3\alpha.$

说明: 例 3 又叫作**三倍角公式**,同理可证明: $\cos 3\alpha = 4\cos^3\alpha - 3\cos\alpha$.(课后不妨练习)

例 4. 不查表求值 $\sin 10° \cdot \sin 30° \cdot \sin 50° \cdot \sin 70°$.

解: 原式 $= \cos 80° \cdot \cos 60° \cdot \cos 40° \cdot \cos 20°$

$\qquad = \dfrac{1}{2} \cdot \dfrac{\sin 20°}{\sin 20°} \cdot \cos 20° \cdot \cos 40° \cdot \cos 80°$

$\qquad = \dfrac{1}{4} \cdot \dfrac{\sin 40°}{\sin 20°} \cdot \cos 40° \cdot \cos 80°$

$\qquad = \dfrac{1}{8} \cdot \dfrac{\sin 80°}{\sin 20°} \cdot \cos 80° = \dfrac{1}{16} \cdot \dfrac{\sin 160°}{\sin 20°} = \dfrac{1}{16}.$

例 5. 求 $\sin 18°$ 和 $\cos 36°$ 的值.

解: $\sin 36° = \cos 54°, \sin 2 \times 18° = \cos 3 \times 18°.$

$2\sin 18° \cdot \cos 18° = 4\cos^3 18° - 3\cos 18°,$

由于 $\cos 18° \neq 0$,则

$\qquad\qquad 2\sin 18° = 4\cos^2 18° - 3, \quad 4\sin^2 18° + 2\sin 18° - 1 = 0.$

解得 $\sin 18° = \dfrac{\sqrt{5} - 1}{4}.$(舍去负根),

$$\cos 36° = 1 - 2\sin^2 18° = 1 - 2 \times \left(\frac{\sqrt{5} - 1}{4}\right)^2 = \frac{\sqrt{5} + 1}{4}.$$

例 6. 已知 A, B, C 为锐角三角形的三个内角,求证:

$$\sin A + \sin B + \sin C + \tan A + \tan B + \tan C > 2\pi.$$

证明: $\sin A + \tan A = \dfrac{2\tan\dfrac{A}{2}}{1 + \tan^2\dfrac{A}{2}} + \dfrac{2\tan\dfrac{A}{2}}{1 - \tan^2\dfrac{A}{2}}$

$$= 2\tan\frac{A}{2}\left(\frac{1}{1 + \tan^2\dfrac{A}{2}} + \frac{1}{1 - \tan^2\dfrac{A}{2}}\right) = \frac{4\tan\dfrac{A}{2}}{1 - \tan^4\dfrac{A}{2}}.$$

因为 $0° < A < 90°, 0° < \dfrac{A}{2} < 45°, 0 < \tan\dfrac{A}{2} < 1,$

所以，
$$\frac{4\tan\frac{A}{2}}{1-\tan^4\frac{A}{2}}>4\tan\frac{A}{2}.$$

又因为 $\frac{A}{2}$ 为锐角，$\tan\frac{A}{2}>\frac{A}{2}$. 于是

$$\sin A+\tan A>4\cdot\frac{A}{2}=2A.$$

同理
$$\sin B+\tan B>4\cdot\frac{B}{2}=2B.$$

$$\sin C+\tan C>4\cdot\frac{C}{2}=2C.$$

相加后，即证得原不等式成立.

1. 已知 $\sin\alpha=\frac{5}{13},\alpha\in\left(\frac{\pi}{2},\pi\right)$，求 $\sin2\alpha,\cos2\alpha,\tan2\alpha$.

2. 求证：$[\sin\theta(1+\sin\theta)+\cos\theta(1+\cos\theta)]\cdot[\sin\theta(1-\sin\theta)+\cos\theta(1-\cos\theta)]=\sin2\theta$.

3. 求下列各式的值：

(1) $\cos^2 15°-\frac{1}{2}$;

(2) $\frac{1-\tan^2 75°}{1+\tan^2 75°}$;

(3) $\cos^2\frac{\pi}{8}-\sin^2\frac{\pi}{8}$;

(4) $\frac{\tan\frac{\pi}{8}}{1-\tan^2\frac{\pi}{8}}$;

(5) $\sin15°\cdot\cos15°$.

4. 若 $\frac{3\pi}{2}<\alpha<2\pi$，化简 $\sqrt{\frac{1}{2}+\frac{1}{2}\sqrt{\frac{1}{2}+\frac{1}{2}\cos2\alpha}}=$ _____.

5. 设 n 为正整数，求证：$\cos\frac{x}{2}\cdot\cos\frac{x}{4}\cdot\cdots\cdot\cos\frac{x}{2^n}=\frac{\sin x}{2^n\sin\frac{x}{2^n}}$.

6. 求证三倍角公式：$\cos3\alpha=4\cos^3\alpha-3\cos\alpha$.

7. 试用万能公式求函数 $y=\frac{\sin x+1}{\cos x+2}$ 的值域.

8. 设 $f(x)=\sin^4 x-\sin x\cos x+\cos^4 x$，求 $f(x)$ 的值域.

9. 已知 $a\sin x+b\cos x=0,A\sin2x+B\cos2x=C(a,b$ 是不同时为 0 的实数)，求证：$2abA+(b^2-a^2)B+(a^2+b^2)C=0$.

10. 设 $0<\theta<\pi$，求 $\sin\frac{\theta}{2}(1+\cos\theta)$ 的最大值.

11. 在 $\triangle ABC$ 中，

(1) 若 $\sin\left(B+\frac{C}{2}\right)=\frac{4}{5}$，求 $\cos(A-B)$ 的值；

（2）若 $\sin A \sin B = \cos^2 \dfrac{C}{2}$，判别$\triangle ABC$ 的形状.

12. 已知 $\tan\alpha \cdot \tan\beta = \dfrac{\sqrt{3}}{3}$，求$(2-\cos 2\alpha)(2-\cos 2\beta)$的值.

13. 当$\theta \in [0, 2\pi]$时，求$f = |\sin^2\theta\{\sin^3(2\theta) \cdot \sin^3(4\theta) \cdot \cdots \cdot \sin^3(2^{n-1}\theta)\}\sin(2^n\theta)|$的最大值.

§5.6　三角比的积化和差与和差化积

1. 三角比的积化和差

我们知道两角和与两角差的正弦公式为：

$$\sin(\alpha+\beta) = \sin\alpha\cos\beta + \cos\alpha\sin\beta \qquad ①$$

$$\sin(\alpha-\beta) = \sin\alpha\cos\beta - \cos\alpha\sin\beta \qquad ②$$

①＋②$\Rightarrow \sin(\alpha+\beta) + \sin(\alpha-\beta) = 2\sin\alpha\cos\beta$ ③

①－②$\Rightarrow \sin(\alpha+\beta) - \sin(\alpha-\beta) = 2\cos\alpha\sin\beta$ ④

由此可得

$$\sin\alpha\cos\beta = \dfrac{1}{2}\big[\sin(\alpha+\beta) + \sin(\alpha-\beta)\big].$$

$$\cos\alpha\sin\beta = \dfrac{1}{2}\big[\sin(\alpha+\beta) - \sin(\alpha-\beta)\big].$$

同理由两角和与两角差的余弦公式可得到：

$$\cos\alpha\cos\beta = \dfrac{1}{2}\big[\cos(\alpha+\beta) + \cos(\alpha-\beta)\big].$$

$$\sin\alpha\sin\beta = -\dfrac{1}{2}\big[\cos(\alpha+\beta) - \cos(\alpha-\beta)\big].$$

以上四个恒等式都是将三角比的乘积形式转化成三角比的和差形式，我们称这一组恒等式为**三角比的积化和差公式**.

2. 三角比的和差化积

在上面的等式③和④中令$\alpha+\beta = A$，$\alpha-\beta = B$，则有$\alpha = \dfrac{A+B}{2}$，$\beta = \dfrac{A-B}{2}$.

代入③、④可得

$$\sin A + \sin B = 2\sin\dfrac{A+B}{2}\cos\dfrac{A-B}{2},$$

$$\sin A - \sin B = 2\cos\dfrac{A+B}{2}\sin\dfrac{A-B}{2},$$

类似地可知：

$$\cos A + \cos B = 2\cos\dfrac{A+B}{2}\cos\dfrac{A-B}{2},$$

$$\cos A - \cos B = -2\sin\dfrac{A+B}{2}\sin\dfrac{A-B}{2}.$$

这四个恒等式都是将三角比的和差形式转化为乘积形式，我们称这一组恒等式为**三角比的和差化积公式**.

例 1. 求 $\sin^2 20° + \cos^2 50° + \sin 20° \cdot \cos 50°$ 的值.

解： 原式 $= \dfrac{1-\cos 40°}{2} + \dfrac{1+\cos 100°}{2} + \dfrac{1}{2}(\sin 70° - \sin 30°)$

$\qquad = 1 - \dfrac{1}{4} + \dfrac{\cos 100° - \cos 40°}{2} + \dfrac{1}{2}\sin 70°$

$\qquad = \dfrac{3}{4} + \dfrac{1}{2} \times (-2)\sin 30° \cdot \sin 70° + \dfrac{1}{2}\sin 70°$

$\qquad = \dfrac{3}{4}.$

例 2. 求 $\sin^4 10° + \sin^4 50° + \sin^4 70°$ 值.

解： 原式 $= \left(\dfrac{1-\cos 20°}{2}\right)^2 + \left(\dfrac{1-\cos 100°}{2}\right)^2 + \left(\dfrac{1-\cos 140°}{2}\right)^2$

$\qquad = \dfrac{3}{4} - \dfrac{1}{2}(\cos 20° + \cos 100° + \cos 140°) + \dfrac{1}{4}(\cos^2 20° + \cos^2 100° + \cos^2 140°)$

$\qquad = \dfrac{3}{4} - \dfrac{1}{2}(2\cos 60° \cdot \cos 40° + \cos 140°) + \dfrac{1}{8}(3 + \cos 40° + \cos 160° + \cos 80°)$

$\qquad = \dfrac{3}{4} - \dfrac{1}{2}(\cos 40° - \cos 40°) + \dfrac{1}{8}(3 + 2\cos 60° \cdot \cos 100° + \cos 80°)$

$\qquad = \dfrac{3}{4} + \dfrac{1}{8}(3 + \cos 100° - \cos 100°) = \dfrac{9}{8}.$

例 3. 已知 $\sin\alpha + \sin\beta = \dfrac{1}{4}$，$\cos\alpha + \cos\beta = \dfrac{1}{3}$，求 $\tan(\alpha+\beta)$ 的值.

解： 由已知 $\qquad\qquad \sin\alpha + \sin\beta = \dfrac{1}{4}$，$\cos\alpha + \cos\beta = \dfrac{1}{3}$，

得 $\qquad\qquad\qquad\qquad 2\sin\dfrac{\alpha+\beta}{2} \cdot \cos\dfrac{\alpha-\beta}{2} = \dfrac{1}{4}$ ①

$\qquad\qquad\qquad\qquad\quad 2\cos\dfrac{\alpha+\beta}{2} \cdot \cos\dfrac{\alpha-\beta}{2} = \dfrac{1}{3}$ ②

①式除以②式得

$$\tan\dfrac{\alpha+\beta}{2} = \dfrac{3}{4},$$

所以， $\qquad\qquad \tan(\alpha+\beta) = \dfrac{2\tan\dfrac{\alpha+\beta}{2}}{1-\tan^2\dfrac{\alpha+\beta}{2}} = \dfrac{2\times\dfrac{3}{4}}{1-\left(\dfrac{3}{4}\right)^2} = \dfrac{24}{7}.$

例 4. 当 $d \neq 2\pi k$ $(k \in \mathbf{Z})$ 时，求证：

$$\sin\theta + \sin(\theta+d) + \sin(\theta+2d) + \cdots + \sin[\theta+(n-1)d] = \dfrac{\sin\dfrac{nd}{2}\sin\left(\theta+\dfrac{n-1}{2}d\right)}{\sin\dfrac{\alpha}{2}}.$$

证明： 因为 $\sin\dfrac{d}{2}\sin\theta = \dfrac{1}{2}\left[\cos\left(\dfrac{d}{2}-\theta\right) - \cos\left(\dfrac{d}{2}+\theta\right)\right]$.

$$\sin\frac{d}{2}\sin(\theta+d)=\frac{1}{2}\left[\cos\left(\frac{d}{2}+\theta\right)-\cos\left(\frac{3d}{2}+\theta\right)\right].$$

$$\sin\frac{d}{2}\sin(\theta+2d)=\frac{1}{2}\left[\cos\left(\frac{3d}{2}+\theta\right)-\cos\left(\frac{5d}{2}+\theta\right)\right].$$

......

$$\sin\frac{d}{2}\sin[\theta+(n-1)d]=\frac{1}{2}\left[\cos\left(\frac{2n-3}{2}d+\theta\right)-\cos\left(\frac{2n-1}{2}d+\theta\right)\right].$$

上述各式相加得

$$\sin\frac{d}{2}\{\sin\theta+\sin(\theta+d)+\sin(\theta+2d)+\cdots+\sin[\theta+(n-1)d]\}$$

$$=\frac{1}{2}\left[\cos\left(\frac{d}{2}-\theta\right)-\cos\left(\frac{2n-1}{2}d+\theta\right)\right]$$

$$=\sin\frac{nd}{2}\sin\left(\theta+\frac{n-1}{2}d\right).$$

所以 $$\sin\theta\{\sin\theta+\sin(\theta+d)+\sin(\theta+2d)+\cdots+\sin[\theta+(n-1)d]\}$$

$$=\frac{1}{2}\left[\cos\left(\frac{d}{2}-\theta\right)-\cos\left(\frac{2n-1}{2}d+\theta\right)\right]$$

$$=\sin\frac{nd}{2}\sin\left(\theta+\frac{n-1}{2}d\right).$$

所以 $$\sin\theta+\sin(\theta+d)+\sin(\theta+2d)+\cdots+\sin[\theta+(n-1)d]$$

$$=\frac{\sin\dfrac{nd}{2}\sin\left(\theta+\dfrac{n-1}{2}d\right)}{\sin\dfrac{d}{2}}.$$

注：本题所使用的方法与结论对求若干成等差数列的角的正弦值之和有很大的帮助.

例 5. 求函数 $y=\dfrac{\sin3x\sin^3x+\cos3x\cos^3x}{\cos^22x}+\sin2x$ 的最小值.

解：因为 $$\sin3x\sin^3x+\cos3x\cos^3x$$

$$=(\sin3x\sin x)\sin^2x+(\cos3x\cos x)\cos^2x$$

$$=\frac{1}{2}\left[(\cos2x-\cos4x)\sin^2x+(\cos2x+\cos4x)\cos^2x\right]$$

$$=\frac{1}{2}\left[(\sin^2x+\cos^2x)\cos2x+(\cos^2x-\sin^2x)\cos4x\right]$$

$$=\frac{1}{2}(\cos2x+\cos2x\cdot\cos4x)$$

$$=\frac{1}{2}\cos2x(1+\cos4x)=\cos^32x,$$

所以 $$y=\frac{\cos^32x}{\cos^22x}+\sin2x$$

$$=\cos2x+\sin2x$$

$$=\sqrt{2}\sin\left(2x+\frac{\pi}{4}\right).$$

当 $\sin\left(2x+\dfrac{\pi}{4}\right)=-1$ 时，y 取最小值 $-\sqrt{2}$.

例 6. 求证：(1) $\sin3\theta=4\sin\theta\cdot\sin(60°-\theta)\cdot\sin(60°+\theta)$；

(2) $\cos3\theta=4\cos\theta\cdot\cos(60°-\theta)\cdot\cos(60°+\theta)$；

(3) $\tan3\theta=4\tan\theta\cdot\tan(60°-\theta)\cdot\tan(60°+\theta)$.

此处只证明(1)，其余留做习题(见"基础练习"1).

证明： $4\sin\theta\cdot\sin(60°-\theta)\cdot\sin(60°+\theta)$

$$=-2\sin\theta(\cos120°-\cos2\theta)$$

$$=2\sin\theta\left(\frac{1}{2}+\cos2\theta\right)$$

$$=2\sin\theta\left(\frac{3}{2}-2\sin^2\theta\right)$$

$$=3\sin\theta-4\sin^3\theta$$

$$=\sin3\theta.$$

注： 此题的三个结论极具"对称性"的美感，尽管不是特别常用的结论，但在特定的情形中常有妙用，仍希望读者能够记住.

例 7. 若两个互不相等的锐角 α,β 满足 $\begin{cases}x\sin\beta+y\cos\alpha=\sin\alpha\\x\sin\alpha+y\cos\beta=\sin\beta\end{cases}$，其中 $\alpha+\beta\neq\dfrac{\pi}{2}$，且 $x,y\in\mathbf{R}$，求 $f(x,y)=x^2-y^2$ 的最大值与最小值之和.

解： $x=\dfrac{\sin\beta\cos\alpha-\sin\alpha\cos\beta}{\sin\alpha\cos\alpha-\sin\beta\cos\beta}=\dfrac{2\sin(\beta-\alpha)}{\sin2\alpha-\sin2\beta}=\dfrac{2\sin(\beta-\alpha)}{2\cos(\alpha+\beta)\sin(\alpha-\beta)}$

$$=-\frac{1}{\cos(\alpha+\beta)}=-\sec(\alpha+\beta).$$

$\therefore\quad y=\dfrac{\sin^2\alpha-\sin^2\beta}{\sin\alpha\cos\alpha-\sin\beta\cos\beta}=\dfrac{\cos2\beta-\cos2\alpha}{\sin2\alpha-\sin2\beta}=\dfrac{\sin(\alpha+\beta)\sin(\alpha-\beta)}{\sin(\alpha-\beta)\cos(\alpha+\beta)}=\tan(\alpha+\beta).$

$\therefore\quad x^2-y^2=\sec^2(\alpha+\beta)-\tan^2(\alpha+\beta)=1.$

所以最大值与最小值之和为 2.

1. 求证：(1) $\cos3\theta=4\cos\theta\cdot\cos(60°-\theta)\cdot\cos(60°+\theta)$；

(2) $\tan3\theta=4\tan\theta\cdot\tan(60°-\theta)\cdot\tan(60°+\theta)$.

2. 求 $\sin^2 20°+\cos^2 80°+\sqrt{3}\sin20°\cdot\cos80°$ 的值.

3. 求证：$\tan\dfrac{3}{2}x-\tan\dfrac{1}{2}x=\dfrac{2\sin x}{\cos x+\cos2x}$.

4. 已知 $\sin\alpha+\cos\beta=\dfrac{3}{5}$，$\cos\alpha+\sin\beta=\dfrac{4}{5}$，求 $\cos\alpha\cdot\sin\beta$ 的值.

5. 求值 $\dfrac{\sin7°+\sin8°\cdot\cos15°}{\cos7°-\sin8°\cdot\sin15°}$.

6. 已知函数 $f(x)=\tan\theta$，$x\in\left(0,\dfrac{\pi}{2}\right)$，若 $x_1,x_2\in\left(0,\dfrac{\pi}{2}\right)$ 且 $x_1\neq x_2$，求证：$\dfrac{1}{2}\left[f(x_1)+f(x_2)\right]>f\left(\dfrac{x_1+x_2}{2}\right)$.

7. 在△ABC 中,(1) 求证:$\sin A+\sin B+\sin C=4\cos\dfrac{A}{2}\cos\dfrac{B}{2}\cos\dfrac{C}{2}$;

(2) 求证:$\cos A+\cos B+\cos C=1+4\sin\dfrac{A}{2}\sin\dfrac{B}{2}\sin\dfrac{C}{2}$;

(3) 求证:$\cot\dfrac{A}{2}+\cot\dfrac{B}{2}+\cot\dfrac{C}{2}=\cot\dfrac{A}{2}\cdot\cot\dfrac{B}{2}\cdot\cot\dfrac{C}{2}$.

8. 设 $A+B+C=k\pi$,求证:$\tan A+\tan B+\tan C=\tan A\tan B\tan C$.

9. 在△ABC 中,求证下列恒等式:

(1) $\cos^2 A+\cos^2 B+\cos^2 C=1-2\cos A\cos B\cos C$;

(2) $\sin^2\dfrac{A}{2}+\sin^2\dfrac{B}{2}+\sin^2\dfrac{C}{2}=1-2\sin\dfrac{A}{2}\sin\dfrac{B}{2}\sin\dfrac{C}{2}$.

10. 求 $\sin 6°\cdot\sin 42°\cdot\sin 66°\cdot\sin 78°$的值.

11. 已知 $\cos(\alpha+\beta)\sin(\alpha-\beta)+\dfrac{1}{2}\sin\alpha\cos\alpha=0$,且 $3\sin^2\alpha+2\sin^2\beta=1$,$\alpha,\beta\in\left(0,\dfrac{\pi}{2}\right)$,
求$\sin(\alpha+\beta)$的值.

§5.7　正弦定理、余弦定理和解斜三角形

三角形有三个角和三条边这六元素,我们经常会遇到已知其中的三个元素去求另外三个元素这样的问题,当三角形是直角三角形时,这一问题在初中已经解决,但实际生活中,更多的是遇到解斜三角形的问题.

建立以△ABC 的顶点 A 为坐标原点,AB 所在直线为 x 轴的直角坐标系,设 a、b、c 分别是∠A,∠B,∠C 所对的边长,CD 为 AB 边上的高,则点 B,C 的坐标分别是(C,0)、(bcosA,bsinA),且 $CD=b\sin A$.所以 $S_{ABC}=\dfrac{1}{2}AB\cdot CD=\dfrac{1}{2}ab\sin C$.

同理 $S_{\triangle ABC}=\dfrac{1}{2}ac\sin B=\dfrac{1}{2}ab\sin C$.

即三角形的面积等于任意两边与它的夹角正弦值乘积的一半.因此有:

$$\dfrac{1}{2}ab\sin C=\dfrac{1}{2}ac\sin B=\dfrac{1}{2}bc\sin A\Rightarrow\dfrac{\sin A}{a}=\dfrac{\sin B}{b}=\dfrac{\sin C}{c}\Rightarrow\dfrac{a}{\sin A}=\dfrac{b}{\sin B}=\dfrac{c}{\sin C}.$$

上述表明:在三角形中,各边与它所对角的正弦的比相等.此结论叫作**正弦定理**.

若△ABC 的外接圆直径为 2R,因为三角形内角和等于180°,因此三个内角中一定存在两个锐角,不妨设∠A 为锐角.过 B 作直径 BD,连接 CD,可知△BCD 为直角三角形(如图 5-1),且

$$\angle D=\angle A,BD=2R,BC=a,$$

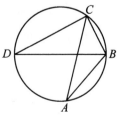

图 5-2

于是 $a=BC=BD\sin A=2R\sin A$,即$\dfrac{a}{\sin A}=2R$.由正弦定理得:

$$\dfrac{a}{\sin A}=\dfrac{b}{\sin B}=\dfrac{c}{\sin C}=2R.$$

此结论叫作**扩充了的正弦定理**.

同样在以上直角坐标系中,由两点间距离公式得:

$$a^2 = (b\cos A - c)^2 + b^2\sin^2 A$$
$$= b^2\cos^2 A - 2bc\cos A + c^2 + b^2\sin^2 A$$
$$= b^2 - 2bc\cos A + c^2.$$

即 $$a^2 = b^2 + c^2 - 2bc\cos A.$$

同理可得: $$b^2 = a^2 + c^2 - 2ac\cos B,$$
$$c^2 = a^2 + b^2 - 2ab\cos C.$$

即三角形的一边的平方等于其他两边的平方和减去这两边与它的夹角的余弦值乘积的两倍.此结论叫作**余弦定理**.

余弦定理也可以写成下面的形式:

$$\cos A = \frac{b^2 + c^2 - a^2}{2bc}; \cos B = \frac{a^2 + c^2 - b^2}{2ac}; \cos C = \frac{a^2 + b^2 - c^2}{2ab}.$$

例 1. 在 $\triangle ABC$ 中,已知 $a=8, b=7, B=60°$,求 c.

解: 由正弦定理 $\dfrac{a}{\sin A} = \dfrac{b}{\sin B} = \dfrac{c}{\sin C}$,得 $\dfrac{8}{\sin A} = \dfrac{7}{\sin 60°} = \dfrac{c}{\sin(A+60°)}$,

得 $\sin A = \dfrac{4\sqrt{3}}{7}$,所以 $\cos A = \pm\dfrac{1}{7}$, $c = \dfrac{7\left(\frac{1}{2}\sin A + \frac{\sqrt{3}}{2}\cos A\right)}{\frac{\sqrt{3}}{2}}$,解得 $c=3$ 或 5.

另解: 由余弦定理得:

$$b^2 = c^2 + a^2 - 2ca\cos B \Rightarrow 7^2 = c^2 + 8^2 - 2\times 8c\cos 60° \Rightarrow c^2 - 8c + 15 = 0 \Rightarrow c=3 \text{ 或 } 5.$$

例 2. 记 $\triangle ABC$ 的三边长为 a, b, c, p 为其半周长,求证:$(a+b)\cos C + (a+c)\cos B + (b+c)\cos A = 2p$.

证明: 过 $\triangle ABC$ 的顶点 A 作 BC 边上的高 AD, D 为垂足,则 $BC = BD + DC = c\cos B + b\cos C$,即 $$a = c\cos B + b\cos C,$$

同理, $$b = c\cos A + a\cos C,$$
$$c = b\cos A + a\cos B.$$

这三个式子相加,即得要证的结论.

例 3. 在 $\triangle ABC$ 中,a, b, c 分别是角 A, B, C 的对边,设 $a+c=2b$, $A-C=\dfrac{\pi}{3}$,求 $\sin B$ 的值.

解: 由正弦定理和已知条件 $a+c=2b$,得

$$\sin A + \sin C = 2\sin B.$$

由和差化积公式得

由 $A+B+C=\pi$,得 $$\sin\frac{A+C}{2} = \cos\frac{B}{2}.$$

又 $A-C=\dfrac{\pi}{3}$,得 $$\frac{\sqrt{3}}{2}\cos\frac{B}{2} = \sin B.$$

$$\therefore \quad \frac{\sqrt{3}}{2}\cos\frac{B}{2}=2\sin\frac{B}{2}\cos\frac{B}{2}.$$

$$\because \quad 0<\frac{B}{2}<\frac{\pi}{2},\cos\frac{B}{2}\neq0,$$

$$\therefore \quad \sin\frac{B}{2}=\frac{\sqrt{3}}{4}.$$

从而 $\cos\frac{B}{2}=\sqrt{1-\sin^2\frac{B}{2}}=\frac{\sqrt{13}}{4}$,

$$\therefore \quad \sin B=\frac{\sqrt{3}}{2}\cdot\frac{\sqrt{13}}{4}=\frac{\sqrt{39}}{8}.$$

例 4. 已知 $\triangle ABC$ 中,$AB=AC=5$,$5\cos A-\cos B-\cos C=\frac{1}{5}$.

(1) 求 $\cos B$ 的值;

(2) 若点 D,E 分别在边 AB,BC 上,且直线 DE 平分 $\triangle ABC$ 的面积,求线段 DE 的最小值.

解:(1) 因为 $AB=AC$,所以 $B=C$,$A=\pi-B-C=\pi-2B$.

所以原方程变形为 $5\cos2B+2\cos B+\frac{1}{5}=0$,

化简得:$25\cos^2B+\cos B-12=0\Rightarrow(5\cos B+4)(5\cos B-3)=0$.

因为 B 为锐角,故 $\cos B=\frac{3}{5}$.

(2) 因为 $b=c=5$,故 $25=a^2+25-2\times5\cdot a\cdot\frac{3}{5}\Rightarrow a^2-6a=0$,

所以 $a=6$,$S_{\triangle ABC}=\frac{1}{2}ac\sin B=\frac{1}{2}\times5\times6\times\frac{4}{5}=12$.

设 $BD=x$,$BE=y$,则 $S_{\triangle BDE}=\frac{1}{2}\times x\times y\times\frac{4}{5}=6\Rightarrow xy=15$,

$DE^2=x^2+y^2-2xy\cdot\frac{3}{5}=x^2+y^2-18\geq2xy-18=12.$

等号成立时 $x=y=\sqrt{15}$ 满足题意,故线段 DE 的最小值为 $2\sqrt{3}$.

例 5. 渔船甲在海中某岛 A 南偏西 $50°$方向,与岛相距 12 海里 B 处,看到渔船乙刚从岛向北偏西 $10°$的方向航行,速度为 10 海里/小时.问渔船甲需用多大速度朝什么方向(精确到分)航行,经过 2 小时能追上渔船乙?

解:设渔船甲的速度为 v 海里/小时.据题意,得 $AB=12$,$AC=20$,$\angle BAC=120°$,
在 $\triangle ABC$ 中,$BC^2=AB^2+AC^2-2AB\cdot AC\cdot\cos\angle BAC$.

$4v^2=12^2+20^2+2\times12\times20\times\frac{1}{2}=784$,得 $v=14$,$BC=28$,因为 $\frac{AC}{\sin B}=\frac{BC}{\sin A}$,

故 $\sin B=\frac{5}{14}\sqrt{3}$,$\angle B=38°13'$,$50°-38°13'=11°47'$,

所以渔船甲需用 14 海里/小时的速度朝北偏西 $11°47'$方向航行,经过 2 小时可追上渔船乙.

例 6. $\triangle ABC$ 内接于单位圆,三个内角 A、B、C 的平分线延长后分别交此圆于 A_1、B_1、C_1.

求 $\dfrac{AA_1 \cdot \cos \dfrac{A}{2} + BB_1 \cdot \cos \dfrac{B}{2} + CC_1 \cdot \cos \dfrac{C}{2}}{\sin A + \sin B + \sin C}$ 的值.

解: 如图 5-3,连 BA_1,则

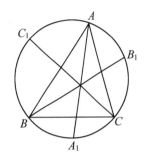

$$AA_1 = 2\sin\left(B + \frac{A}{2}\right) = 2\sin\left(\frac{A+B+C}{2} + \frac{B}{2} - \frac{C}{2}\right) = 2\cos\left(\frac{B}{2} - \frac{C}{2}\right).$$

$\therefore \quad AA_1 \cos \dfrac{A}{2} = 2\cos\left(\dfrac{B}{2} - \dfrac{C}{2}\right)\cos\dfrac{A}{2}$

$$= \cos\frac{A+B-C}{2} + \cos\frac{A+C-B}{2}$$

$$= \cos\left(\frac{\pi}{2} - C\right) + \cos\left(\frac{\pi}{2} - B\right)$$

$$= \sin C + \sin B,$$

图 5-3

同理 $\therefore \quad BB_1 \cos \dfrac{B}{2} = \sin A + \sin C, CC_1 \cos \dfrac{C}{2} = \sin A + \sin B,$

$\therefore \quad AA_1 \cos \dfrac{A}{2} + BB_1 \cos \dfrac{B}{2} + CC_1 \cos \dfrac{C}{2} = 2(\sin A + \sin B + \sin C),$

$\therefore \quad$ 原式 $= \dfrac{2(\sin A + \sin B + \sin C)}{\sin A + \sin B + \sin C} = 2.$

例 7. 凸四边形就是没有内角角度大于 $180°$ 的四边形.如图 5-4 所示,在凸四边形 $ABCD$ 中,$AB = 1, BC = \sqrt{3}, AC \perp CD$, $AC = CD$.当 $\angle ABC$ 变化时,对角线 BD 的最大值为_____.

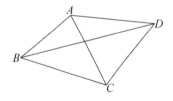

解: 设 $AC = CD = x$,在 $\triangle ABC$ 中,

$$AC^2 = AB^2 + BC^2 - 2AB \cdot BC \cdot \cos \angle ABC,$$

$\therefore \quad x^2 = 1 + 3 - 2\sqrt{3}\cos\angle ABC,$

图 5-4

$\therefore \quad \dfrac{AC}{\sin \angle ABC} = \dfrac{AB}{\sin \angle ACB}, \quad \therefore \quad \sin\angle ACB = \dfrac{\sin\angle ABC}{x}.$

在 $\triangle BCD$ 中,

$$BD = \sqrt{3^2 + x^2 - 2\sqrt{3}\,x\cos\left(\frac{\pi}{2} + \angle ACB\right)} = \sqrt{3^2 + x^2 + 2\sqrt{3}\,x\sin\angle ACB}$$

$$= \sqrt{3 + 1 + 3 - 2\sqrt{3}\cos\angle ABC + 2\sqrt{3}\sin\angle ABC} = \sqrt{7 - 2\sqrt{6}\sin\left(\angle ABC - \frac{\pi}{4}\right)},$$

$\therefore \quad \angle ABC \in (0, \pi), \quad \therefore \quad \sin\left(\angle ABC - \dfrac{\pi}{4}\right)$ 可以取到最大值 1,

$\therefore \quad |BD|_{\max} = \sqrt{7 + 2\sqrt{6}} = \sqrt{6} + 1.$

1. 判别下列△ABC 的形状:

(1) $\sin A : \sin B : \sin C = 2 : 3 : 4$;

(2) $a\cos A = b\cos B$;

(3) $b = a\sin C, c = a\sin(90° - B)(B < 90°)$;

(4) $A = 60°, a = 1, b + c = 2$.

2. 在△ABC 中,求证:

(1) $a(\sin B - \sin C) + b(\sin C - \sin A) + c(\sin A - \sin B) = 0$;

(2) $\sin^2 A + \sin^2 B + \cos^2 C + 2\sin A\sin B\cos(A+B) = 1$;

(3) $(a^2 - b^2 - c^2)\tan A + (a^2 - b^2 + c^2)\tan B = 0$;

(4) $\dfrac{a - c\cos B}{b - c\cos A} = \dfrac{\sin B}{\sin A}$.

3. 在△ABC 中,a、b、c 为三边,判别下列命题的真假.

(1) $a > b$ 的充要条件是 $\sin A > \sin B$;

(2) $a > b$ 的充要条件是 $\cos A < \cos B$;

(3) $a > b$ 的充要条件是 $\tan A > \tan B$;

(4) $a > b$ 的充要条件是 $\cot A < \cot B$.

4. 在锐角△ABC 中,已知$\angle B = 60°$.且$\sqrt{(1+\cos 2A)(1+\cos 2C)} = \dfrac{\sqrt{3}-1}{2}$,求$\angle A$,$\angle C$ 的值.

5. 某货轮在 A 处看灯塔 S 在北偏东 $30°$ 方向,它以每小时 36 海里的速度向正北方向航行,经过 40 分钟航行到 B 处,看灯塔 S 在北偏东 $75°$ 方向.求此时货轮到灯塔 S 的距离.

6. 已知 △ABC 的三个内角 A,B,C 成等差数列,且 $\dfrac{1}{\cos A} + \dfrac{1}{\cos C} = -\dfrac{\sqrt{2}}{\cos B}$,试求 $\cos\dfrac{A-C}{2}$ 的值.

7. 在△ABC 中,如果 $a^2 + b^2 = 6c^2$,求$(\cot A + \cot B)\tan C$ 的值.

8. 已知在△ABC 中,$A < B < C$,$a = \cos B$,$b = \cos A$,$c = \sin C$.

(1) 求△ABC 的外接圆半径和角 C 的值;

(2) 求 $a + b + c$ 的取值范围.

9. 已知锐角△ABC 中,$\sin(A+B) = \dfrac{3}{5}$,$\sin(A-B) = \dfrac{1}{5}$,若 $AB = 12$,求△ABC 的面积.

§5.8　三角比的应用

三角函数的应用主要表现在代数、平面几何、复数、立体几何及实际应用等方面.在复数方面,其三角形式更离不开三角函数,这一主题我们将在复数这一章中专门论述.这里,我们主要讲的是它在代数、几何、立体几何及实际活动等方面的应用.

三角函数在代数中的应用,主要有利用三角函数证明代数等式及不等式问题.

例 1. 已知 $|a| \leqslant 1, |b| \leqslant 1$,求证:$|ab + \sqrt{(1-a^2)(1-b^2)}| \leqslant 1$.

证明: 由于 $|a| \leqslant 1, |b| \leqslant 1$,于是可设 $a = \cos\alpha, b = \cos\beta$,其中 $0 \leqslant \alpha \leqslant \pi, 0 \leqslant \beta \leqslant \pi$,则

$$|ab + \sqrt{(1-a^2)(1-b^2)}| = |\cos\alpha\cos\beta + \sqrt{\sin^2\alpha\sin^2\beta}|$$
$$= |\cos\alpha\cos\beta + \sin\alpha\sin\beta|$$
$$= |\cos(\alpha - \beta)| \leqslant 1.$$

例 2. 求函数 $f(x) = x(1 + \sqrt{1-x^2})$ 最大值.

解: 令 $x = \sin\theta, \theta \in \left[-\dfrac{\pi}{2}, \dfrac{\pi}{2}\right]$,则 $f = \sin\theta(1 + \cos\theta)$.

$$f^2 = \sin^2\theta(1 + \cos\theta)^2 = (1 - \cos\theta)(1 + \cos\theta)^3$$
$$= \frac{1}{3}(3 - 3\cos\theta)(1 + \cos\theta)^3 \leqslant \frac{1}{3}\left(\frac{6}{4}\right)^4.$$

$\therefore \quad f \leqslant \dfrac{3}{4}\sqrt{3}$.

例 3. 求函数 $f(x) = \dfrac{x - x^3}{1 + 2x^2 + x^4}$ 的值域.

解: $f(x) = \dfrac{x}{1 + x^2} \cdot \dfrac{1 - x^2}{1 + x^2}$,令 $x = \tan\alpha$,则 $f = \dfrac{1}{2}\sin 2\alpha \cdot \cos 2\alpha = \dfrac{1}{4}\sin 4\alpha$,

由此,$-\dfrac{1}{4} \leqslant f \leqslant \dfrac{1}{4}$,当 $x = -\tan\dfrac{\pi}{8}, \tan\dfrac{\pi}{8}$ 时两边分别取得等号.

例 4. 求函数 $y = x + 4 + \sqrt{5 - x^2}$ 的最大值与最小值.

解: 由于 $|x^2| \leqslant 5, |x| \leqslant \sqrt{5}$,可设 $x = \sqrt{5}\cos\alpha$,其中 $0 \leqslant \alpha \leqslant \pi$.则有

$$y = x + 4 + \sqrt{5 - x^2} = \sqrt{5}\cos\alpha + 4 + \sqrt{5 - 5\cos^2\alpha}$$
$$= \sqrt{5}\cos\alpha + 4 + \sqrt{5}|\sin\alpha| = \sqrt{5}(\cos\alpha + \sin\alpha) + 4$$
$$= \sqrt{10}\sin\left(\alpha + \frac{\pi}{4}\right) + 4.$$

因 $\dfrac{\pi}{4} \leqslant \alpha + \dfrac{\pi}{4} \leqslant \dfrac{5}{4}\pi$,故当 $\alpha = \dfrac{\pi}{4}$,即 $x = \dfrac{\sqrt{2}}{2}$ 时,函数 y 有最大值是 $\sqrt{10} + 4$;当 $\alpha = \pi$,即 $x = -\sqrt{5}$ 时,y 有最小值 $4 - \sqrt{5}$.

思考: 本题在设 $x = \sqrt{5}\cos\alpha$ 后,为什么要令 $0 \leqslant \alpha \leqslant \pi$?若忽视 α 的变化范围,常会将函数的最小值错解成 $4 - \sqrt{10}$.

例 5. 设 a, b, c, d 为正实数,并且 $\dfrac{a^2}{1 + a^2} + \dfrac{b^2}{1 + b^2} + \dfrac{c^2}{1 + c^2} + \dfrac{d^2}{1 + d^2} = 1$,求证:$abcd \leqslant \dfrac{1}{9}$.

证明: 作三角代换,设 $a = \tan\alpha_1, b = \tan\alpha_2, c = \tan\alpha_3, d = \tan\alpha_4$,这里 $\alpha_i \in \left(0, \dfrac{\pi}{2}\right), i = 1, 2, 3, 4$.

$$\sin^2\alpha_1 + \sin^2\alpha_2 + \sin^2\alpha_3 + \sin^2\alpha_4 = 1. \qquad\qquad ①$$

利用平均数不等式及①式,可知

$$3\sqrt[3]{\sin^2\alpha_2 \cdot \sin^2\alpha_3 \cdot \sin^2\alpha_4} \leqslant \sin^2\alpha_2 + \sin^2\alpha_3 + \sin^2\alpha_4 = \cos^2\alpha_1.$$

类似地还有另外三个不等式,于是累乘就有

$$3^4 \prod_{i=1}^{4} \sin^2 \alpha_i \leqslant \prod_{i=1}^{4} \cos^2 \alpha_i,$$

进而 $(\prod_{i=1}^{4} \tan \alpha_i)^2 \leqslant \dfrac{1}{3^4}$,即得 $abcd \leqslant \dfrac{1}{9}$.

例 6. 如图 5-5,铁路线上 AB 段长 100 千米,工厂 C 到铁路的距离 CA 为 20 千米,现在要在 AB 上某点 D 处,向 C 修一条公路,已知铁路每吨千米和公路每吨千米运费之比为 $3:5$,为了使原料从供应站 B 运到工厂 C 的运费最省,D 点应选在何处?

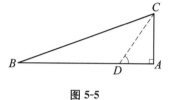

图 5-5

解: 设铁路每吨千米运费为 $3k$(千元),公路每吨千米运费为 $5k$(千元),设 $\angle ADC = \alpha$,总运费为 y 千元.

则

$$y = 5k \cdot \frac{20}{\sin \alpha} + 3k \cdot (100 - 20 \cdot \cot \alpha)$$

$$= 20k \cdot \frac{5 - 3\cos \alpha}{\sin \alpha} + 300k$$

令 $y' = \dfrac{5 - 3\cos \alpha}{\sin \alpha}$,则 $y' \sin \alpha + 3\cos \alpha = 5$,

故 $\sqrt{y'^2 + 9} \sin(\alpha + \varphi) = 5$,这里 $\tan \varphi = \dfrac{3}{y'}$,

由于 $\sin(\alpha + \varphi) \leqslant 1$,于是 $\sqrt{y'^2 + 9} \geqslant 5$,即 $y' \geqslant 4$,且当 $\cot \alpha = \dfrac{3}{4}$ 时,y' 有最小值 4.

故当 $AD = 15$ 千米时,y 有最小值.

答: 为使运费最省,D 应选在离 A 15 千米处.

说明: 此题若用 $AD = x$ 为参数,读者自己去尝试一下,比上述方法要复杂些,但也能够解决问题.

例 7. (爱尔多士-莫德尔不等式)设 P 为 $\triangle ABC$ 内部或边界上一点,P 到三边 BC,AC,AB 的距离分别为 PD,PE,PF.求证:$PA + PB + PC \geqslant 2(PD + PE + PF)$,并且当且仅当 $\triangle ABC$ 为正三角形,且 P 为其中心时等号成立.

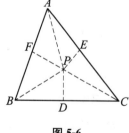

图 5-6

证明: 如图 5-6 所示,为方便起见,设 $PD = p$,$PE = q$,$PF = r$.

注意到 $PD \perp BC$,$PE \perp AC$,所以 P,E,C,D 四点共圆,PC 为该圆的一条直径.于是,$DE = PC \cdot \sin C$.

另一方面,由余弦定理,及 $\angle DPE = 180° - \angle C = \angle A + \angle B$ 知,

$$DE = \sqrt{p^2 + q^2 - 2pq \cdot \cos \angle (A + B)}$$

$$= \sqrt{p^2 - 2pq \cdot (\cos A \cos B - \sin A \sin B) + q^2}$$

$$= \sqrt{(p \sin B + q \sin A)^2 + (p \cos B - q \cos A)^2}$$

$$\geqslant p \sin B + q \sin A.$$

于是,我们有 $PC = \dfrac{DE}{\sin C} \geqslant \dfrac{p \sin B + q \sin A}{\sin C}$.

同理,有 $PA \geqslant \dfrac{r\sin B + q\sin C}{\sin A}$, $PB \geqslant \dfrac{r\sin A + p\sin C}{\sin B}$.

所以, $PA + PB + PC \geqslant p\left(\dfrac{\sin B}{\sin C} + \dfrac{\sin C}{\sin B}\right) + q\left(\dfrac{\sin A}{\sin C} + \dfrac{\sin C}{\sin A}\right) + r\left(\dfrac{\sin B}{\sin A} + \dfrac{\sin A}{\sin B}\right)$

$$\geqslant 2p + 2q + 2r = 2(PD + PE + PF).$$

所以,原不等式成立,当且仅当 $\sin A = \sin B = \sin C$,且 $p = q = r$ 时等号成立,即 $\triangle ABC$ 为正三角形,且 P 为其中心.

注: Erdos-Modell 不等式是非常精彩的一个几何结论,除了三角函数,它还有一些其他的证明方法,欢迎有兴趣的读者自己尝试着证明一下.

1. 已知 a 为实数,函数 $f(\theta) = \sin\theta + a + 3$,$g(\theta) = \dfrac{3(a-1)}{\sin\theta + 1}$ $(\theta \in \mathbf{R})$.

(1) 若 $f(\theta) = \cos\theta$,试求 a 的取值范围;

(2) 若 $a > 1$,求函数 $f(\theta) + g(\theta)$ 的最小值.

2. 已知数列 $\{a_n\}$,满足 $a_1 = \sqrt{2}$,$a_n = \sqrt{2 - \sqrt{4 - a_{n-1}^2}}$ $(n = 2, 3, \cdots)$,求:

(1) 数列 $\{a_n\}$ 的通项;

(2) 设 $b_n = 2^n a_n$,$n = 1, 2, \cdots$,求证:$b_n < 4$.

3. 已知 $a_0 = 1$,$a_n = \dfrac{\sqrt{1 + a_{n-1}^2} - 1}{a_{n-1}}$ $(n \in \mathbf{N}^*)$,求证:$a_n > \dfrac{\pi}{2^{n+2}}$.

4. 已知锐角三角形 ABC,角 A、B 满足 $A = 2B$.

(1) 三边长为连续整数时,求 $\triangle ABC$ 三边的长;

(2) 三边长为连续整数时,求 $\triangle ABC$ 的面积 S.

5. 一个圆锥的外接球体积为 972π,且内切球表面积为圆锥的侧面积和底面面积的等差中项,求这个圆锥的体积.(提示:可设圆锥的顶角为 2α.)

6. 已知 $\triangle ABC$ 的 $\angle A$,$\angle B$,$\angle C$ 的对边分别为 a, b, c,且 $a^4 + b^4 + c^4 = 2c^2(a^2 + b^2)$.

(1) 求 $\angle C$;

(2) 若 c 为最小边,求 $\dfrac{b}{a}$ 的取值范围;

(3) 若 c 为最大边,求 $\dfrac{a+b}{c}$ 的取值范围.

7. 一个函数 $f(x)$,如果对任意一个三角形,只要它的三边长 a, b, c 都在 $f(x)$ 的定义域内,就有 $f(a)$,$f(b)$,$f(c)$ 也是某个三角形的三边长,则称 $f(x)$ 为"保三角形函数".

(1) 判断 $f_1(x) = \sqrt{x}$,$f_2(x) = x$,$f_3(x) = x^2$ 中,哪些是"保三角形函数",哪些不是,并说明理由;

(2) 如果 $g(x)$ 是定义在 $\mathbf{R}$ 上的周期函数,且值域为 $(0, +\infty)$,证明 $g(x)$ 不是"三角形函数";

(3) 若函数 $F(x) = \sin x$,$x \in (0, A)$ 是"保三角形函数",求 A 的最大值 $\bigg($ 可以利用公式

$\sin x + \sin y = 2\sin\dfrac{x+y}{2}\cos\dfrac{x-y}{2}\bigg)$.

第六章　三角函数
Trigonometric Function

§6.1　正弦函数和余弦函数的性质与图像

每一个实数 x 都有唯一确定的角与之对应,而这个角又可以与它的三角比 $\sin x$(或 $\cos x$)对应,即每个实数 x 都可以与唯一确定的值 $\sin x$(或 $\cos x$)对应.按这样的对应法则建立起来的函数,表示为 $y=\sin x$(或 $y=\cos x$),称作自变量为 x 的**正弦函数**(或**余弦函数**).$y=\sin x$ 和 $y=\cos x$ 的定义域都是 $\mathbf{R}$,值域都是 $[-1,1]$.

$y=\sin x\,(x\in\mathbf{R})$,$y=\cos x\,(x\in\mathbf{R})$ 的性质

1. 奇偶性

∵　根据诱导公式,对 $\forall x\in\mathbf{R}$,有 $\sin(-x)=-\sin x$,$\cos(-x)=\cos x$,

∴　$y=\sin x\,(x\in\mathbf{R})$ 是奇函数,$y=\cos x\,(x\in\mathbf{R})$ 是偶函数.

2. 周期性

对于 $\sin(2k\pi+x)=\sin x\,(k\in\mathbf{Z})$,当 $k\neq0$ 时,$2k\pi$ 是 $f(x)=\sin x$ 的周期,2π 是不是 $f(x)=\sin x$ 的最小正周期呢?

假设存在 T,满足 $0<T<2\pi$,且是函数 $f(x)=\sin x$ 的周期,即 $f(x+T)=f(x)$,

令 $x=\dfrac{\pi}{2}$,得 $1=\sin\dfrac{\pi}{2}=\sin\left(T+\dfrac{\pi}{2}\right)=\cos T$,与 $0<T<2\pi$ 时,$\cos T<1$ 矛盾.

3. 函数图像

若把角 x 的顶点置于坐标系 uOv 的原点,角 x 的始边与 Ou 轴重合,终边与单位圆的交点为 $P(u,v)$,则 $\sin x=v$,$\cos x=u$.

当 x 在区间 $[0,2\pi)$ 上连续变化的时候,都有单位圆上点 $P(u,v)$ 与之对应.相应地在坐标系 xOy 中,描绘出点 $Q(x,v)$ 和点 $R(x,u)$.点 Q 便勾画出正弦函数 $y=\sin x$ 一个周期的图像(见图 6-1),点 R 便勾画出余弦函数 $y=\cos x$ 一个周期的图像(见图 6-2).然后再利用函数的周期性将图像向左右延伸,便得到正弦函数和余弦函数的图像(见图 6-3).

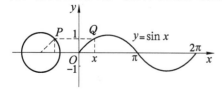

图 6-1

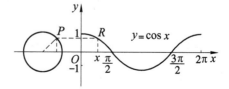

图 6-2

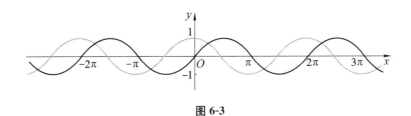

图 6-3

4. 单调性

∵ 当 $x \in \left[-\dfrac{\pi}{2}, \dfrac{\pi}{2}\right]$ 时,角 x 的始边与单位圆的交点的纵坐标随 x 的递增而递增,

∴ 函数 $y = \sin x$ 在 $\left[-\dfrac{\pi}{2}, \dfrac{\pi}{2}\right]$ 上单调递增.

∵ 当 $x \in \left[\dfrac{\pi}{2}, \dfrac{3\pi}{2}\right]$ 时,角 x 的始边与单位圆的交点的纵坐标随 x 的递增而递减,

∴ 函数 $y = \sin x$ 在 $\left[\dfrac{\pi}{2}, \dfrac{3\pi}{2}\right]$ 上单调递减.

同理可得,函数 $y = \cos x$ 在 $[0, \pi]$ 上单调递减,在 $[\pi, 2\pi]$ 上单调递增.

拓展: 函数 $y = \sin x$ 在 $\left[2k\pi - \dfrac{\pi}{2}, 2k\pi + \dfrac{\pi}{2}\right]$ 上单调递增,在 $\left[2k\pi + \dfrac{\pi}{2}, 2k\pi + \dfrac{3\pi}{2}\right]$ 上单调递减,其中 $k \in \mathbf{Z}$.

函数 $y = \cos x$ 在 $[2k\pi, 2k\pi + \pi]$ 上单调减,在 $[2k\pi + \pi, 2k\pi + 2\pi]$ 上单调增,其中 $k \in \mathbf{Z}$.

说明: 若 $y = f(x)$ 是定义在实数集 $\mathbf{R}$ 上的周期函数,最小正周期是 T,$[a, b]$ 是 $y = f(x)$ 的单调区间,则对任意整数 k,$[kT + a, kT + b]$ 均是 $y = f(x)$ 的单调区间.

5. 最值

回顾: 函数 $y = \sin x$ 在 $\left[2k\pi - \dfrac{\pi}{2}, 2k\pi + \dfrac{\pi}{2}\right]$ 上单调递增,在 $\left[2k\pi + \dfrac{\pi}{2}, 2k\pi + \dfrac{3\pi}{2}\right]$ 上单调递减,其中 $k \in \mathbf{Z}$.

函数 $y = \cos x$ 在 $[2k\pi, 2k\pi + \pi]$ 上单调递减,在 $[2k\pi + \pi, 2k\pi + 2\pi]$ 上单调递增,其中 $k \in \mathbf{Z}$.

结论: 当 $x = 2k\pi + \dfrac{\pi}{2} (k \in \mathbf{Z})$ 时,函数 $y = \sin x$ 取最大值 1;

当 $x = 2k\pi - \dfrac{\pi}{2} (k \in \mathbf{Z})$ 时,函数 $y = \sin x$ 取最小值 -1.

当 $x = 2k\pi (k \in \mathbf{Z})$ 时,函数 $y = \cos x$ 取最大值 1;

当 $x = 2k\pi + \pi (k \in \mathbf{Z})$ 时,函数 $y = \cos x$ 取最小值 -1.

例 1. 求证:$f(x) = |\sin x|$ 是偶函数.

证明: ∵ 对 $\forall x \in \mathbf{R}$,有 $f(-x) = |\sin(-x)| = |\sin x| = f(x)$,

∴ $f(x) = |\sin x|$ 是偶函数.

例 2. 研究函数 $f(x) = \sin x + \cos x$ 的奇偶性.

解: ∵ $f\left(-\dfrac{\pi}{4}\right) = \sin\left(-\dfrac{\pi}{4}\right) + \cos\left(-\dfrac{\pi}{4}\right) = 0$,$f\left(\dfrac{\pi}{4}\right) = \sin\left(\dfrac{\pi}{4}\right) + \cos\left(\dfrac{\pi}{4}\right) = \sqrt{2}$,

∴ $f(x) = \sin x + \cos x$ 既不是奇函数,也不是偶函数.

另解:若 $f(-x)=f(x)$,即 $\sin(-x)+\cos(-x)=\sin x+\cos x$,

则 $\sin x=0$,即 $x=k\pi,k\in\mathbf{Z}$.

若 $f(-x)=-f(x)$,即 $\sin(-x)+\cos(-x)=-\sin x-\cos x$,

则 $\cos x=0$,即 $x=k\pi+\dfrac{\pi}{2},k\in\mathbf{Z}$.

∴ $f(x)=\sin x+\cos x$ 既不是奇函数,也不是偶函数.

说明: 对于 $f(x)=\sin x+\cos x$,虽然有无数多个实数 x,满足 $f(-x)=f(x)$,但是 $f(x)$ 并不是偶函数.同理 $f(x)$ 也不是奇函数.函数的奇偶性是函数的整体性质.

若 $f(x)$ 是奇函数,则 $f(-x)=-f(x)$ 对于定义域内的每一个 x 恒成立;

若 $f(x)$ 是偶函数,则 $f(-x)=f(x)$ 对于定义域内的每一个 x 恒成立.

例 3. 已知 A、ω、φ 都是常数,且 $A>0,\omega>0$,求证:函数 $f(x)=A\sin(\omega x+\varphi)$ 的最小正周期是 $\dfrac{2\pi}{\omega}$.

解: ∵   对于任何实数 x,

$$f\left(x+\dfrac{2\pi}{\omega}\right)=A\sin\left[\omega\left(x+\dfrac{2\pi}{\omega}\right)+\varphi\right]=A\sin(\omega x+2\pi+\varphi)=A\sin(\omega x+\varphi)=f(x),$$

∴ $\dfrac{2\pi}{\omega}$ 是函数 $f(x)=A\sin(\omega x+\varphi)$ 的周期.

可以证明 $\dfrac{2\pi}{\omega}$ 是函数 $f(x)=A\sin(\omega x+\varphi)$ 的最小正周期.

例 4. 作出函数 $y=\sin x+\cos x$ 在 $[0,2\pi]$ 上的图像.

解: $y=\sin x+\cos x=\sqrt{2}\sin\left(x+\dfrac{\pi}{4}\right)$.

列表:

x	0	$\dfrac{\pi}{4}$	$\dfrac{3\pi}{4}$	$\dfrac{5\pi}{4}$	$\dfrac{7\pi}{4}$	2π
$\sin x+\cos x$	1	$\sqrt{2}$	0	$-\sqrt{2}$	0	1

描点作图,请见图 6-4.

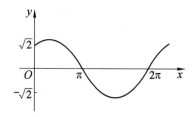

图 6-4

例 5. 求函数 $y=\sin x+\cos x$ 的单调递增区间.

解: $y=\sin x+\cos x=\sqrt{2}\sin\left(x+\dfrac{\pi}{4}\right)$.

$$\because \quad 2k\pi - \frac{\pi}{2} \leqslant x + \frac{\pi}{4} \leqslant 2k\pi + \frac{\pi}{2}, k \in \mathbf{Z}, \quad \therefore \quad 2k\pi - \frac{3\pi}{4} \leqslant x \leqslant 2k\pi + \frac{\pi}{4}, k \in \mathbf{Z}.$$

$\therefore$ 函数 $y = \sin x + \cos x$ 的单调递增区间是 $\left[2k\pi - \frac{3\pi}{4}, 2k\pi + \frac{\pi}{4}\right] (k \in \mathbf{Z})$.

例6. 求函数 $y = 2\cos\left(3x - \frac{\pi}{3}\right)$ 的单调递减区间.

解： $\because \quad 2k\pi \leqslant 3x - \frac{\pi}{3} \leqslant 2k\pi + \pi, k \in \mathbf{Z}, \quad \therefore \quad \frac{2k\pi}{3} + \frac{\pi}{9} \leqslant x \leqslant \frac{2k\pi}{3} + \frac{4\pi}{9}, k \in \mathbf{Z}.$

$\therefore$ 函数 $y = 2\cos\left(3x - \frac{\pi}{3}\right)$ 的单调递减区间是 $\left[\frac{2k\pi}{3} + \frac{\pi}{9}, \frac{2k\pi}{3} + \frac{4\pi}{9}\right] (k \in \mathbf{Z})$

例7. 求下列函数的最值：

(1) $y = \sin 2x + \cos^2 x$；

(2) $y = a\sin^2 x + b\cos^2 x (a \neq b)$；

(3) $y = 3\sin(2x + 10°) + 5\sin(2x + 70°)$；

(4) $y = \sin^6 x + \cos^6 x$.

解： (1) $\because \quad y = \sin 2x + \cos^2 x = \sin 2x + \frac{1}{2} + \frac{1}{2}\cos 2x = \frac{\sqrt{5}}{2}\sin(2x + \varphi) + \frac{1}{2}$,

$\therefore \quad y_{\max} = \frac{\sqrt{5} + 1}{2}, y_{\min} = -\frac{\sqrt{5} - 1}{2}$.

(2) $\because \quad y = a\sin^2 x + b\cos^2 x = (a - b)\sin^2 x + b$,

$\therefore$ 若 $a > b$，则 $\sin^2 x = 1$ 时，$y_{\max} = a$；$\sin^2 x = 0$ 时，$y_{\min} = b$.

若 $a < b$，则 $\sin^2 x = 0$ 时，$y_{\max} = b$；$\sin^2 x = 1$ 时，$y_{\min} = a$.

$\therefore \quad y_{\max} = \max\{a, b\}, y_{\min} = \min\{a, b\}$.

另解： $\because \quad y = a\sin^2 x + b\cos^2 x = a\frac{1 - \cos 2x}{2} + b\frac{1 + \cos 2x}{2} = \frac{b - a}{2}\cos 2x + \frac{a + b}{2}$,

$\therefore$ 若 $a > b$，则 $\cos 2x = -1$ 时，$y_{\max} = a$；$\cos 2x = 1$ 时，$y_{\min} = b$.

若 $a < b$，则 $\cos 2x = 1$ 时，$y_{\max} = b$；$\cos 2x = -1$ 时，$y_{\min} = a$.

$\therefore \quad y_{\max} = \max\{a, b\}, y_{\min} = \min\{a, b\}$.

(3) $\because \quad y = 3\sin(2x + 10°) + 5\sin(2x + 70°)$

$= 3\cos 10° \sin 2x + 3\sin 10° \cos 2x + 5\cos 70° \sin 2x + 5\sin 70° \cos 2x$

$= (3\cos 10° + 5\cos 70°)\sin 2x + (3\sin 10° + 5\sin 70°)\cos 2x$

$= 7\sin(2x + \varphi)$, 其中 $\tan\varphi = \frac{3\sin 10° + 5\sin 70°}{3\cos 10° + 5\cos 70°}$,

$\therefore \quad y_{\max} = 7, y_{\min} = -7$.

(4) $\because \quad y = \sin^6 x + \cos^6 x = \sin^4 x - \sin^2 x \cos^2 x + \cos^4 x$

$= (\sin^2 x + \cos^2 x)^2 - 3\sin^2 x \cos^2 x = 1 - \frac{3}{4}\sin^2 2x$,

$\therefore \quad y_{\max} = 1, y_{\min} = \frac{1}{4}$.

说明： 在求函数的最值过程中，始终要贯彻"统一名称统一角"的观点.

例 8. 对于函数 $f(x)=\begin{cases}\sin\pi x, x\in[0,2],\\\dfrac{1}{2}f(x-2), x\in(2,+\infty)\end{cases}$，下列 5 个结论正确的是_____.

(1) 任取 $x_1, x_2\in[0,+\infty)$，都有 $|f(x_1)-f(x_2)|\leqslant 2$；

(2) 函数 $y=f(x)$ 在 $[4,5]$ 上单调递增；

(3) $f(x)=2kf(x+2k)(k\in\mathbf{N}^*)$，对一切 $x\in[0,+\infty)$ 恒成立；

(4) 函数 $y=f(x)-\ln(x-1)$ 有三个零点；

(5) 若关于 x 的方程 $f(x)=m(m<0)$ 有且只有两个不同的实根 x_1, x_2，则 $x_1+x_2=3$.

解: 由题意,得 $f(x)=\begin{cases}\sin\pi x, x\in[0,2],\\\dfrac{1}{2}f(x-2), x\in(2,+\infty)\end{cases}$ 的图像如图 6-5 所示,

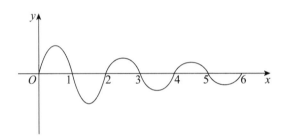

图 6-5

由图像 $f(x)_{\max}=1, f(x)_{\min}=-1$,则任取 $x_1, x_2\in[0,+\infty)$,都有
$|f(x_1)-f(x_2)|\leqslant|f(x)_{\max}-f(x)_{\min}|=2$,故(1)正确;函数 $y=f(x)$ 在 $[4,5]$ 上先增后减,故(2)错误;

当 $x\in[0,2]$ 时,$f(x+2k)=\dfrac{1}{2}f(x+2k-2)=\dfrac{1}{2^2}f(x+2k-4)=\cdots=\dfrac{1}{2^k}f(x)$,即
$f(x)=2^k f(x+2k), x\in\mathbf{N}^*$,故(3)错误;

在同一坐标系中作出 $f(x)$ 和 $y=\ln(x-1)$ 的图像,可知两函数图像有三个不同公共点,
即函数 $y=f(x)-\ln(x-1)$ 有三个零点(见图 6-6),故(4)正确;

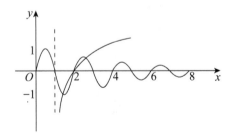

图 6-6

在同一坐标系中作出 $f(x)$ 和 $y=m$ 的图像,由图像可知当且仅当 $-1<m<-\dfrac{1}{2}$ 时,关于
x 的方程 $f(x)=m(m<0)$ 有且只有两个不同的实根 x_1, x_2,且 x_1, x_2 关于 $x=\dfrac{3}{2}$ 对称(见图
6-7),即 $x_1+x_2=3$;故(5)正确;故填(1)(4)(5).

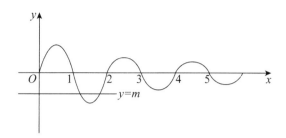

图 6-7

例 9. 已知函数 $f(x) = 2\sin\left(2\omega x + \dfrac{\pi}{6}\right)(\omega > 0)$ 且最小正周期为 π.

(1) 写出 $y = f(x)$ 的解析式，并求函数的最大值及此时的 x 的取值；

(2) 若函数 $y = f(x)$ 在 $[x_1, x_2]$ 和 $[x_3, x_4]$ 上单调递增，在 $[x_2, x_3]$ 上单调递减，且 $x_4 - x_3 = x_2 - x_1 = \dfrac{2}{3}(x_3 - x_2)$，求 x_1 的所有可能值.

解： (1) 易知 $f(x) = 2\sin\left(2x + \dfrac{\pi}{6}\right)$，

∴ 当 $2x + \dfrac{\pi}{6} = 2k\pi + \dfrac{\pi}{2}(k \in \mathbf{Z})$，即 $x = k\pi + \dfrac{\pi}{6}(k \in \mathbf{Z})$ 时，$y_{\max} = 2$.

(2) ∵ $f(x)$ 在 $[x_1, x_2]$ 和 $[x_3, x_4]$ 上单调递增，在 $[x_2, x_3]$ 上单调递减，

∴ $x_3 - x_2 = \dfrac{\pi}{2}$，且 $2x_2 + \dfrac{\pi}{6} = 2k\pi + \dfrac{\pi}{2}(k \in \mathbf{Z})$，即 $x_2 = k\pi + \dfrac{\pi}{6}(k \in \mathbf{Z})$.

而 $x_2 - x_1 = \dfrac{2}{3}(x_3 - x_2)$，

∴ $x_1 = x_2 - \dfrac{2}{3}(x_3 - x_2) = k\pi + \dfrac{\pi}{6} - \dfrac{2}{3} \times \dfrac{\pi}{2} = k\pi - \dfrac{\pi}{6}(k \in \mathbf{Z})$.

即 x_1 的所有可能值为 $x_1 = k\pi - \dfrac{\pi}{6}(k \in \mathbf{Z})$.

1. 判断下列函数的奇偶性，并求最小正周期：

(1) $f(x) = \sin x + \sin 2x$；

(2) $f(x) = x\sin x$；

(3) $f(x) = \pi\sin\pi x$；

(4) $f(x) = \sin^2 x + \sin 2x$；

(5) $f(x) = \cos\left(x + \dfrac{\pi}{3}\right) + \cos\left(x - \dfrac{\pi}{3}\right)$；

(6) $f(x) = \sin^2 x + 2\sin x\cos x + 3\cos^2 x$；

(7) $f(x) = \sin^6 x + \cos^6 x$；

(8) $f(x) = a\sin^2 x + b\cos^2 x (a^2 + b^2 \neq 0)$.

2. 用五点法分别作出下列各函数的图像，并说明这些函数的图像和 $y = \sin x$ 图像的区别.

(1) $y = 2\sin x - 1$；

(2) $y = 2\sin\dfrac{1}{2}x$.

3. 观察正弦曲线和余弦曲线,写出满足下列条件的区间:

(1) $\sin x > 0$;

(2) $\cos x < 0$;

(3) $\sin x > \dfrac{1}{2}$;

(4) $\cos x < -\dfrac{\sqrt{2}}{2}$.

4. 求下列函数的单调区间:

(1) $y = -3\cos\left(2x - \dfrac{\pi}{7}\right)$;

(2) $y = -2\sin\left(\dfrac{\pi}{4} - 3x\right)$;

(3) $y = \left(\dfrac{1}{3}\right)^{\lg\cos x}$.

5. 求下列函数的最值及取得相应最值的 x 值.

(1) $y = 3 - 2\sin\left(x - \dfrac{\pi}{3}\right)$;

(2) $y = 3\cos^2 x - 4\sin x - 2$;

(3) $y = 2\sin^2 x - 3\sin x + 1, x \in \left[\dfrac{\pi}{3}, \dfrac{2}{3}\pi\right]$.

6. 确定函数 $y = \log_{\frac{1}{3}}\left[\sqrt{2}\sin\left(x - \dfrac{1}{4}\right)\right]$ 的定义域、值域、单调区间、奇偶性、周期性.

7. 设 $\alpha, \beta, \gamma \in \left(0, \dfrac{\pi}{2}\right)$,满足:$\cos\alpha = \alpha$,$\cos(\sin\beta) = \beta$,$\sin(\cos\gamma) = \gamma$,则 α, β, γ 的大小关系为_____.

8. 求下列函数的周期:

(1) $y = \sin 3x + \cos x$;

(2) $y = \dfrac{1 + \sin x + \cos x}{1 + \sin x - \cos x} + \dfrac{1 + \sin x - \cos x}{1 + \sin x + \cos x}$;

(3) $y = 2\cos(3x - 2) + 5$.

9. 求 $y = \sin\left(2x + \dfrac{5}{2}\pi\right)$ 的图像的对称轴方程.

10. (1) 求函数 $f(x) = a\sin x - \sin^2 x$ 的最大值 $g(a)$;

(2) 若函数 $f(x) = \cos^2 x - a\sin x + b$ 的最大值为 0,最小值为 -4,实数 $a > 0$,求 a, b 的值.

§6.2 正切函数的性质与图像

定义 对于 $\forall x \in \left\{x \mid x \neq k\pi + \dfrac{\pi}{2}, k \in \mathbf{Z}\right\}$ 都有唯一确定的值 $\tan x$ 与之对应,按照此对应法则建立的函数 $y = \tan x$,叫作**正切函数**.

正切函数的性质

1. 周期性

$\because \quad \forall x \in \left\{ x \,\middle|\, x \neq k\pi + \dfrac{\pi}{2}, k \in \mathbf{Z} \right\}$，有 $\tan(k\pi + x) = \tan x$，$k \in \mathbf{Z}$，

$\therefore \quad y = \tan x$ 是周期函数.可以证明函数 $y = \tan x$ 的最小正周期是 π(见图 6-8).

2. 奇偶性

$\because \quad \forall x \in \left\{ x \,\middle|\, x \neq k\pi + \dfrac{\pi}{2}, k \in \mathbf{Z} \right\}$，有 $\tan(-x) = -\tan x$，

$\therefore \quad y = \tan x$ 是奇函数.

3. 单调性

$\forall x_1 、 x_2 \in \left[0, \dfrac{\pi}{2} \right)$，且 $x_1 < x_2$，$\tan x_1 - \tan x_2 = \dfrac{\sin(x_1 - x_2)}{\cos x_1 \cos x_2}$

$\because \quad -\dfrac{\pi}{2} < x_1 - x_2 < 0$，$\quad \therefore \quad \sin(x_1 - x_2) < 0$.

$\because \quad \cos x_1 > 0, \cos x_2 > 0$，$\quad \therefore \quad \tan x_1 - \tan x_2 = \dfrac{\sin(x_1 - x_2)}{\cos x_1 \cos x_2} > 0$，

即 $y = \tan x$ 在 $\left[0, \dfrac{\pi}{2} \right)$ 上单调递增.

$\because \quad y = \tan x$ 是奇函数，$\quad \therefore \quad y = \tan x$ 在 $\left(-\dfrac{\pi}{2}, \dfrac{\pi}{2} \right)$ 上单调递增.

$\because \quad y = \tan x$ 是周期为 π 的函数，

$\therefore \quad$ 函数 $y = \tan x$ 的单调递增区间是 $\left(k\pi - \dfrac{\pi}{2}, k\pi + \dfrac{\pi}{2} \right)(k \in \mathbf{Z})$.

4. 值域

$\because \quad y = \tan x$ 在 $\left(-\dfrac{\pi}{2}, \dfrac{\pi}{2} \right)$ 上单调递增，$\quad \therefore \quad$ 函数 $y = \tan x$ 的值域是 $\mathbf{R}$.

正切函数 $y = \tan x$ 在 $\left(-\dfrac{\pi}{2}, \dfrac{\pi}{2} \right)$ 的图像如图 6-9 所示：

利用正切函数的周期性,得到正切函数的图像.

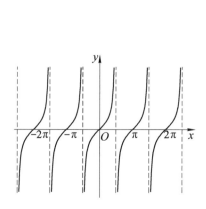

图 6-8

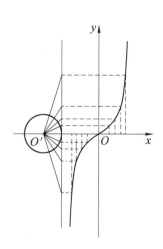

图 6-9

例 1. 判断函数 $f(x)=\lg\dfrac{\tan x+1}{\tan x-1}$ 的奇偶性.

解： 函数的定义域应满足 $\dfrac{\tan x+1}{\tan x-1}>0$，即 $\tan x<-1$，或 $\tan x>1$.

于是定义域是 $\left(k\pi-\dfrac{\pi}{2},k\pi-\dfrac{\pi}{4}\right)\cup\left(k\pi+\dfrac{\pi}{4},k\pi+\dfrac{\pi}{2}\right)(k\in\mathbf{Z})$，定义域是关于原点对称的.

$f(-x)=\lg\dfrac{\tan(-x)+1}{\tan(-x)-1}=\lg\dfrac{1-\tan x}{-\tan x-1}=\lg\left(\dfrac{1+\tan x}{\tan x-1}\right)^{-1}=-\lg\dfrac{\tan x+1}{\tan x-1}=-f(x).$

所以，$y=\lg\dfrac{\tan x+1}{\tan x-1}$ 是奇函数.

例 2. 解不等式：$\tan 2x\leqslant-1$.

解： 在 $\left(-\dfrac{\pi}{2},\dfrac{\pi}{2}\right)$ 内，$\tan\left(-\dfrac{\pi}{4}\right)=-1$.

∴　不等式 $\tan 2x\leqslant-1$ 的解集由不等式 $k\pi-\dfrac{\pi}{2}<2x\leqslant k\pi-\dfrac{\pi}{4}(k\in\mathbf{Z})$ 确定，

解得 $\dfrac{k\pi}{2}-\dfrac{\pi}{4}<x\leqslant\dfrac{k\pi}{2}-\dfrac{\pi}{8}(k\in\mathbf{Z})$，

∴　不等式 $\tan 2x\leqslant-1$ 的解集为 $\left\{x\left|\dfrac{k\pi}{2}-\dfrac{\pi}{4}<x\leqslant\dfrac{k\pi}{2}-\dfrac{\pi}{8},k\in\mathbf{Z}\right.\right\}$.

1. 有人说："正切函数在整个定义域内是单调递增的函数."这句话对吗？为什么？

2. 求下列函数的周期：

（1）$y=\tan(ax+b)(a\neq0)$；

（2）$y=\tan x-\cot x$.

3. 求函数 $y=\dfrac{1}{1+\tan 2x}$ 的定义域.

4. 求函数 $y=\dfrac{\tan^2 x-\tan x+1}{\tan^2 x+\tan x+1}$ 的最大值、最小值，并求函数取得最大值或最小值时自变量 x 的集合.

5. 求下列函数的最大值和最小值：

（1）$y=\dfrac{\sin x-2}{\sin x-3},(x\in\mathbf{R})$；

（2）$y=\dfrac{\sin x-2}{\cos x-3},(x\in\mathbf{R})$.

6. 求函数 $y=\dfrac{\sin x\cos x}{\sin x+\cos x}\left(x\in\left[0,\dfrac{\pi}{2}\right]\right)$ 的最值.

7. 根据条件比较大小：

（1）已知 $\dfrac{\pi}{3}<\theta<\dfrac{\pi}{2}$，比较 $\sin\theta,\cot\theta,\cos\theta$ 的大小；

（2）已知 $0<\theta<\dfrac{\pi}{4}$，比较 $\sin\theta,\sin(\sin\theta),\sin(\tan\theta)$ 的大小；

（3）已知 $0<\theta<\dfrac{\pi}{2}$，比较 $\cos\theta,\cos(\sin\theta),\sin(\cos\theta)$ 的大小.

§6.3　函数 $y=A\sin(\omega x+\varphi)+d$ 的图像与性质

例 1. 对下列函数与函数 $y=\sin x\,(x\in\mathbf{R})$ 进行比较研究（最好利用几何画板进行动态的研究）：

（1）$y=A\sin x\,(x\in\mathbf{R},A>0,A\neq1)$；

（2）$y=\sin\omega x\,(x\in\mathbf{R},\omega>0,\omega\neq1)$；

（3）$y=\sin(x+\varphi)\,(x\in\mathbf{R},\varphi\in\mathbf{R},\varphi\neq0)$；

（4）$y=\sin x+d\,(x\in\mathbf{R},d\in\mathbf{R},d\neq0)$；

（5）$y=A\sin(\omega x+\varphi)+d\,(x\in\mathbf{R},A>0,A\neq1,\omega>0,\omega\neq1,\varphi\in\mathbf{R},\varphi\neq0,d\in\mathbf{R},d\neq0)$.

解：（1）函数 $y=A\sin x$ 与 $y=\sin x$ 都是奇函数，具有相同的周期和单调区间，但值域不同.当 $A>1$ 时，函数 $y=A\sin x$ 的图像可以看成由函数 $y=\sin x$ 的图像纵向拉伸得到；当 $0<A<1$ 时，函数 $y=A\sin x$ 的图像可以看成由函数 $y=\sin x$ 的图像纵向压缩得到（见图 6-10）.

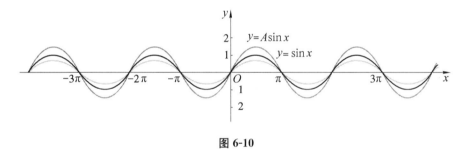

图 6-10

（2）函数 $y=\sin\omega x$ 与 $y=\sin x$ 都是奇函数，值域相同，但函数 $y=\sin\omega x$ 与 $y=\sin x$ 的周期和单调区间都不同.当 $\omega>1$ 时，函数 $y=\sin\omega x$ 的图像可以看成由函数 $y=\sin x$ 的图像横向压缩得到；当 $0<\omega<1$ 时，函数 $y=\sin\omega x$ 的图像可以看成由函数 $y=\sin x$ 的图像横向拉伸得到（见图 6-11）.

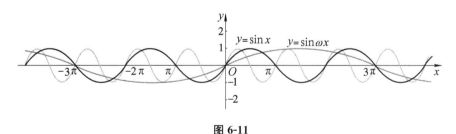

图 6-11

（3）当 $\varphi=k\pi\,(k\in\mathbf{Z}^-\bigcup\mathbf{Z}^+)$ 时，函数 $y=\sin(x+\varphi)$ 是奇函数；当 $\varphi=k\pi+\dfrac{\pi}{2}\,(k\in\mathbf{Z})$ 时，函数 $y=\sin(x+\varphi)$ 是偶函数；函数 $y=\sin(x+\varphi)$ 与 $y=\sin x$ 具有相同的周期和值域；当 $\varphi=2k\pi\,(k\in\mathbf{Z}^-\bigcup\mathbf{Z}^+)$ 时，函数 $y=\sin(x+\varphi)$ 与 $y=\sin x$ 具有相同的单调区间.当 $\varphi>0$ 时，函数 $y=\sin(x+\varphi)$ 的图像可以看成由函数 $y=\sin x$ 的图像向左平移得到；当 $\varphi<0$ 时，函数 $y=\sin(x+\varphi)$ 的图像可以看成由函数 $y=\sin x$ 的图像向右平移得到（见图 6-12）.

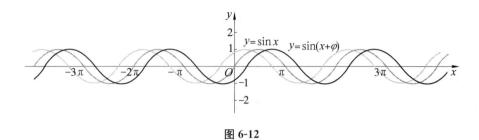

图 6-12

（4）函数 $y=\sin x+d$ 既不是奇函数，也不是偶函数；函数 $y=\sin x+d$ 与 $y=\sin x$ 具有相同的周期和单调区间，但值域不同.当 $d>0$ 时，函数 $y=\sin x+d$ 的图像可以看成由函数 $y=\sin x$ 的图像向上平移得到；当 $d<0$ 时，函数 $y=\sin x+d$ 的图像可以看成由函数 $y=\sin x$ 的图像向下平移得到（见图 6-13）.

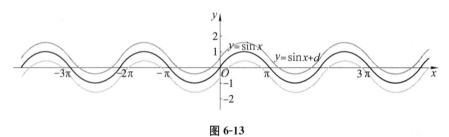

图 6-13

（5）函数 $y=A\sin(\omega x+\varphi)+d$ 的图像可以由函数 $y=\sin x$ 的图像经过一系列的变换得到.第一把函数 $y=\sin x$ 的图像进行纵向的变化，让函数 $y=\sin x$ 的图像上点的横坐标保持不变，让点的纵坐标变为原来的 A 倍，得到函数 $y=A\sin x$ 的图像（见图 6-14）.

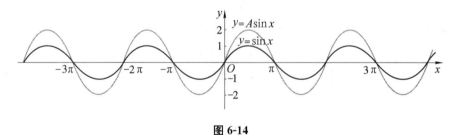

图 6-14

第二把函数 $y=A\sin x$ 的图像进行横向的变化，让函数 $y=A\sin x$ 的图像上点的纵坐标保持不变，让点的横坐标变为原来的 $\dfrac{1}{\omega}$ 倍，得到函数 $y=A\sin\omega x$ 的图像（见图 6-15）.

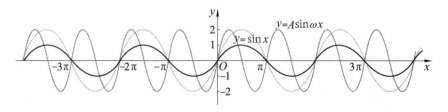

图 6-15

第三把函数 $y=A\sin\omega x$ 的图像进行横向平移，让函数 $y=A\sin\omega x$ 的图像上点的纵坐标保持不变,让点的横坐标 x 变为 $x-\dfrac{\varphi}{\omega}$,得到函数 $y=A\sin(\omega x+\varphi)$ 的图像(见图 6-16).

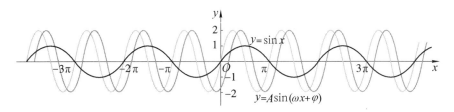

图 6-16

第四把函数 $y=A\sin(\omega x+\varphi)$ 的图像进行纵向平移,让函数 $y=A\sin(\omega x+\varphi)$ 的图像上点的横坐标保持不变,让点的纵坐标 y 变为 $y+d$,得到函数 $y=A\sin(\omega x+\varphi)+d$ 的图像(见图 6-17).

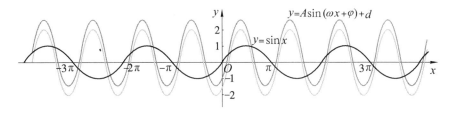

图 6-17

也可以设 $u=\omega x+\varphi,y=A\sin u+d,x=\dfrac{u-\varphi}{\omega}$.令 u 分别取 0、$\dfrac{\pi}{2}$、π、$\dfrac{3\pi}{2}$、2π,相应地得到以 (x,y) 为坐标的 5 个点,通过描点作出函数一个周期的图像,再利用函数的周期把图像进行拓展.

思考: A、ω、φ、d 在函数的变换中各自扮演了什么角色?

横向变换和纵向变换在运算方面有什么特点?

总结: A 在纵向改变波的形状($A>1$ 时,作拉伸变换;$0<A<1$ 时,作收缩变换).

ω 在横向改变波的形状($\omega>1$ 时,作收缩变换;$0<\omega<1$ 时,作拉伸变换).

φ 不改变波的形状,只进行横向的平移($\varphi>0$ 时,向左移;$\varphi<0$ 时,向右移).

d 不改变波的形状,只进行纵向的平移($d>0$ 时,向上移;$d<0$ 时,向下移).

横向变换涉及的是除法运算和减法运算;纵向变换涉及的是乘法运算和加法运算.

正数 A 叫作正弦曲线的**振幅**,$f=\dfrac{1}{T}=\dfrac{\omega}{2\pi}$ 叫作正弦曲线的**频率**,φ 叫作正弦曲线的**初相**.

例 2. 已知函数 $y=A\sin(\omega x+\varphi)$ 在一个周期内的图像的最高点的坐标为 $\left(\dfrac{5\pi}{24},2\right)$,最低点的坐标为 $\left(\dfrac{11\pi}{24},-2\right)$.

(1) 求此函数的解析式;

(2) 求此函数的单调增区间.

解:(1)$\because$ 一个周期内的图像的最高点的坐标为 $\left(\dfrac{5\pi}{24},2\right)$,最低点的坐标为 $\left(\dfrac{11\pi}{24},-2\right)$,

$$\therefore\ 2A=2-(-2)=4,\frac{1}{2}T=\frac{11\pi}{24}-\frac{5\pi}{24}=\frac{\pi}{4}.$$

$$\therefore\ A=2,\omega=\frac{2\pi}{T}=4.设\ y=2\sin(4x+\varphi).$$

$$\because\ x=\frac{5\pi}{24},y=2,\quad\therefore\ 2\sin\left(\frac{5\pi}{6}+\varphi\right)=2.$$

取 $\varphi=-\frac{\pi}{3}$,　$\therefore\ y=2\sin\left(4x-\frac{\pi}{3}\right).$

(2) $2k\pi-\frac{\pi}{2}\leqslant4x-\frac{\pi}{3}\leqslant2k\pi+\frac{\pi}{2}(k\in\mathbf{Z})\Rightarrow2k\pi-\frac{\pi}{6}\leqslant4x\leqslant2k\pi+\frac{5\pi}{6}(k\in\mathbf{Z})$

$$\Rightarrow\frac{k\pi}{2}-\frac{\pi}{24}\leqslant x\leqslant\frac{k\pi}{2}+\frac{5\pi}{24}(k\in\mathbf{Z}).$$

$\therefore$ 函数 $y=2\sin\left(4x-\frac{\pi}{3}\right)$ 的单调增区间是 $\left[\frac{k\pi}{2}-\frac{\pi}{24},\frac{k\pi}{2}+\frac{5\pi}{24}\right](k\in\mathbf{Z}).$

例 3. 作出函数 $y=3\sin\left(2x+\frac{\pi}{3}\right)-1$ 在一个周期内的图像.

解: 令 $u=2x+\frac{\pi}{3}$,解得 $x=\frac{1}{2}u-\frac{\pi}{6}$,$y=3\sin u-1$.分别令 $u=0$、$\frac{\pi}{2}$、π、$\frac{3\pi}{2}$、2π,得下表:

u	0	$\frac{\pi}{2}$	π	$\frac{3\pi}{2}$	2π
x	$-\frac{\pi}{6}$	$\frac{\pi}{12}$	$\frac{\pi}{3}$	$\frac{7\pi}{12}$	$\frac{5\pi}{6}$
y	-1	2	-1	-4	-1

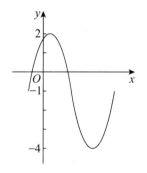

图 6-18

将五个点 $\left(-\frac{\pi}{6},-1\right)$,$\left(\frac{\pi}{12},2\right)$,$\left(\frac{\pi}{3},-1\right)$,$\left(-\frac{7\pi}{12},-4\right)$,$\left(\frac{5\pi}{6},-1\right)$ 画在坐标平面上,然后用光滑曲线连接这五个点,就得到函数一个周期的图像.利用函数的周期性向两端延伸就得到函数的图像如图 6-18 所示.

例 4. 已知 $f(x)=\sin(\omega x+\varphi)(\omega>0,0\leqslant\varphi\leqslant\pi)$ 是 **R** 上的偶函数,其图像关于点 $M\left(\frac{3\pi}{4},0\right)$ 对称,且在区间 $\left[0,\frac{\pi}{2}\right]$ 上是单调函数,求 φ 和 ω 的值.

解: 由 $f(x)$ 是偶函数,所以 $f(-x)=f(x)$,所以 $\sin(\omega x+\varphi)=\sin(-\omega x+\varphi)$,所以 $\cos\varphi\sin\omega x=0$,对任意 $x\in\mathbf{R}$ 成立.

又 $0\leqslant\varphi\leqslant\pi$,解得 $\varphi=\frac{\pi}{2}$,

因为 $f(x)$ 图像关于 $M\left(\frac{3\pi}{4},0\right)$ 对称,所以 $f\left(\frac{3}{4}\pi-x\right)+f\left(\frac{3}{4}\pi+x\right)=0.$

取 $x=0$，得 $f\left(\dfrac{3}{4}\pi\right)=0$，所以 $\sin\left(\dfrac{3\pi}{4}\omega+\dfrac{\pi}{2}\right)=0$.

所以 $\dfrac{3\pi}{4}\omega=k\pi+\dfrac{\pi}{2}(k\in\mathbf{Z})$，即 $\omega=\dfrac{2}{3}(2k+1)(k\in\mathbf{Z})$.

又 $\omega>0$，取 $k=0$ 时，此时 $f(x)=\sin\left(2x+\dfrac{\pi}{2}\right)$ 在 $\left[0,\dfrac{\pi}{2}\right]$ 上是减函数；

取 $k=1$ 时，$\omega=2$，此时 $f(x)=\sin\left(2x+\dfrac{\pi}{2}\right)$ 在 $\left[0,\dfrac{\pi}{2}\right]$ 上是减函数；

取 $k=2$ 时，$\omega\geqslant\dfrac{10}{3}$，此时 $f(x)=\sin\left(\omega x+\dfrac{\pi}{2}\right)$ 在 $\left[0,\dfrac{\pi}{2}\right]$ 上不是单调函数，

综上，$\varphi=\dfrac{\pi}{2}$，$\omega=\dfrac{2}{3}$ 或 2.

例 5. 已知函数 $f(x)=2\sin(\omega x)$，其中常数 $\omega>0$.

(1) 若 $y=f(x)$ 在 $\left[-\dfrac{\pi}{4},\dfrac{2\pi}{3}\right]$ 上单调递增，求 ω 的取值范围；

(2) 令 $\omega=2$，将函数 $y=f(x)$ 的图像向左平移 $\dfrac{\pi}{6}$ 个单位，再向上平移 1 个单位，得到函数 $y=g(x)$ 的图像. 区间 $[a,b](a,b\in\mathbf{R}$，且 $a<b)$ 满足：$y=g(x)$ 在 $[a,b]$ 上至少含有 30 个零点. 在所有满足上述条件的 $[a,b]$ 中，求 $b-a$ 的最小值.

解：(1) 因为函数 $y=f(x)$ 在 $\left[-\dfrac{\pi}{4},\dfrac{2\pi}{3}\right]$ 上单调递增，且 $\omega>0$，

所以 $\dfrac{\pi}{2\omega}\geqslant\dfrac{2\pi}{3}$，且 $-\dfrac{\pi}{2\omega}\leqslant-\dfrac{\pi}{4}$，所以 $0<\omega\leqslant\dfrac{3}{4}$.

(2) $f(x)=2\sin2x$，

将 $y=f(x)$ 的图像向左平移 $\dfrac{\pi}{6}$ 个单位，再向上平移 1 个单位后得到 $y=2\sin2\left(x+\dfrac{\pi}{6}\right)+1$ 的图像，所以 $g(x)=2\sin2\left(x+\dfrac{\pi}{6}\right)+1$.

令 $g(x)=0$，得 $x=k\pi+\dfrac{5\pi}{12}$ 或 $x=k\pi+\dfrac{3\pi}{4}(k\in\mathbf{Z})$，

所以两个相邻零点之间的距离为 $\dfrac{\pi}{3}$ 或 $\dfrac{2\pi}{3}$.

若 $b-a$ 最小，则 a 和 b 都是零点，

此时在区间 $[a,\pi+a],[a,2\pi+a],\cdots,[a,m\pi+a](m\in\mathbf{N}^*)$ 上分别恰有 $3,5,\cdots,2m+1$ 个零点，所以在区间 $[a,14\pi+a]$ 上恰有 29 个零点，

从而在区间 $(14\pi+a,b]$ 上至少有一零点，

所以 $b-a-14\pi\geqslant\dfrac{\pi}{3}$.

另一方面，在区间 $\left[\dfrac{5\pi}{12},14\pi+\dfrac{\pi}{3}+\dfrac{5\pi}{12}\right]$ 上恰有 30 个零点，

因此, $b-a$ 的最小值为 $14\pi+\dfrac{\pi}{3}=\dfrac{43}{3}\pi$.

例 6. 如图 6-19 所示, 甲、乙两个企业的用电负荷量 y 关于投产持续时间 t（单位：小时）的关系 $y=f(t)$ 均近似地满足函数 $f(t)=A\sin(\omega t+\varphi)+b\,(A>0,\omega>0,0<\varphi<\pi)$.

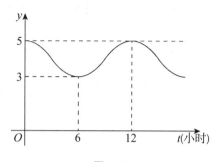

图 6-19

(1) 根据图像, 求函数 $f(t)$ 的解析式；

(2) 为使任意时刻两企业用电负荷量之和不超过 9, 现采用错峰用电的方式, 让企业乙比企业甲推迟 $m\,(m>0)$ 小时投产, 求 m 的最小值.

解：(1) 由图 6-19 可得：$\begin{cases} A+b=5 \\ -A+b=3 \end{cases}$, 解得 $A=1,b=4$.

周期 $T=12$，$\therefore$ $\omega=\dfrac{2\pi}{12}=\dfrac{\pi}{6}$，$\therefore$ $f(t)=\sin\left(\dfrac{\pi}{6}t+\varphi\right)+4$.

又 $\because$ $y=f(t)$ 过点 $(0,5)$，$\therefore$ $\sin\varphi=1$, 且 $0<\varphi<\pi$，$\therefore$ $\varphi=\dfrac{\pi}{2}$，

$\therefore$ $f(t)=\sin\left(\dfrac{\pi}{6}t+\dfrac{\pi}{2}\right)+4\,(t\geqslant0)$.

(2) 设乙投产持续时间为 t 小时, 则甲的投产持续时间为 $(t+m)$ 小时,

由诱导公式, 企业乙用电负荷量随持续时间 t 变化的关系式为：$f(t)=\cos\dfrac{\pi}{6}t+4$；

同理, 企业甲用电负荷量变化关系式为：$f(t+m)=\cos\dfrac{\pi}{6}(t+m)+4$；

两企业用电负荷量之和 $f(t+m)+f(t)=\cos\dfrac{\pi}{6}(t+m)+\cos\dfrac{\pi}{6}t+8\,(t\geqslant0)$；

依题意, 有 $f(t+m)+f(t)=\cos\dfrac{\pi}{6}(t+m)+\cos\dfrac{\pi}{6}t+8\leqslant9$ 恒成立,

即 $\cos\dfrac{\pi}{6}(t+m)+\cos\dfrac{\pi}{6}t\leqslant1$ 恒成立,

展开有：$\left(\cos\dfrac{\pi}{6}m+1\right)\cos\dfrac{\pi}{6}t-\sin\dfrac{\pi}{6}m\sin\dfrac{\pi}{6}t\leqslant1$ 恒成立,

$\because$ $\left(\cos\dfrac{\pi}{6}m+1\right)\cos\dfrac{\pi}{6}t-\sin\dfrac{\pi}{6}m\sin\dfrac{\pi}{6}t=\sqrt{\left(\cos\dfrac{\pi}{6}m+1\right)^2+\sin^2\dfrac{\pi}{6}m}\cos\left(\dfrac{\pi}{6}t+\varphi\right)$

$$\left(\text{其中}\cos\varphi=\frac{\cos\frac{\pi}{6}m+1}{\sqrt{\left(\cos\frac{\pi}{6}m+1\right)^2+\sin^2\frac{\pi}{6}m}};\sin\varphi=\frac{\sin\frac{\pi}{6}m}{\sqrt{\left(\cos\frac{\pi}{6}m+1\right)^2+\sin^2\frac{\pi}{6}m}}\right);$$

$$\therefore\ \sqrt{\left(\cos\frac{\pi}{6}m+1\right)^2+\sin^2\frac{\pi}{6}m}\leqslant1,$$

整理得到:$\cos\dfrac{\pi}{6}m\leqslant-\dfrac{1}{2}$,

依据余弦函数图像得:$\dfrac{2\pi}{3}+2k\pi\leqslant\dfrac{\pi}{6}m\leqslant\dfrac{4\pi}{3}+2k\pi,(k\in\mathbf{Z})$,

即 $12k+4\leqslant m\leqslant12k+8$,取 $k=0$ 得:$4\leqslant m\leqslant8$.

$\therefore\ m$ 的最小值为 4.

1. 经过怎样的图形变换,函数 $y=\sin x$ 的图像可以变换成为函数 $y=2\sin(2x+6)+2$ 的图像? 反之,函数 $y=2\sin(2x+6)+2$ 的图像经过怎样的变换可以成为函数 $y=\sin x$ 的图像?

2. 利用五点法作出下列函数在长度为一个周期的闭区间上的图像:

(1) $y=3\sin\left(x+\dfrac{\pi}{3}\right)$;

(2) $y=\sin\left(\dfrac{1}{2}x+\dfrac{\pi}{8}\right)$;

(3) $y=\pi\sin\left(2x-\dfrac{\pi}{4}\right)$;

(4) $y=2\sin\left(\dfrac{1}{2}x-\dfrac{\pi}{6}\right)+1$.

3. 已知函数 $y=\sin x+a\cos x$ 的图像关于 $x=\dfrac{5\pi}{3}$ 对称,则函数 $y=a\sin x+\cos x$ 的图像的一条对称轴是 ( ).

(A) $x=\dfrac{\pi}{3}$ (B) $x=\dfrac{2\pi}{3}$

(C) $x=\dfrac{11\pi}{6}$ (D) $x=\pi$

4. 求函数 $y=2\sin\left(\dfrac{\pi}{3}-2x\right)$ 的单调递增区间.

5. 已知函数 $y=A\sin(\omega x+\varphi)+C,\left(A>0,\omega>0,|\varphi|<\dfrac{\pi}{2}\right)$ 在同一周期中的最高点坐标为 $(2,2)$,最低点坐标为 $(8,-4)$,求 A,ω,φ,C.

6. 简谐振动 $x_1=A\sin\left(\omega t+\dfrac{\pi}{3}\right)$ 和 $x_2=B\sin\left(\omega t-\dfrac{\pi}{6}\right)$ 叠加后得到的合振动是 $x=$_____.

7. 已知函数 $y = 2\sin\left(2x - \dfrac{\pi}{3}\right) + 1$.

(1) 求以 $x = 2\pi$ 为对称轴的该函数图像的对称图像的函数表达式;

(2) 求以 $\left(\dfrac{\pi}{2}, 0\right)$ 为对称中心的该函数图像的对称图像的函数表达式.

8. 已知函数 $f(x) = a\sin\omega x + b\cos\omega x (a, b, \omega \in \mathbf{R}, 且 \omega > 0)$ 的部分图像如图 6-20 所示.

(1) 求 a, b, ω 的值;

(2) 若方程

$3[f(x)]^2 - f(x) + m = 0$ 在 $x \in \left(-\dfrac{\pi}{3}, \dfrac{2\pi}{3}\right)$ 内有两个不同的解,求实数 m 的取值范围.

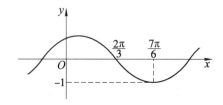

图 6-20

9. 在平面直角坐标系 xOy 中,求函数 $f(x) = a\sin ax + \cos ax (a > 0)$ 在一个最小正周期长的区间上的图像与函数 $g(x) = \sqrt{a^2 + 1}$ 的图像所围成的封闭图形的面积.

10. 已知奇函数 $f(x)$ 在 $(-\infty, 0) \bigcup (0, +\infty)$ 上有意义,且在 $(0, +\infty)$ 上是减函数,$f(1) = 0$,又有函数 $g(\theta) = \sin^2\theta + m\cos\theta - 2m, \theta \in \left[0, \dfrac{\pi}{2}\right]$,若集合 $M = \{m \mid g(\theta) < 0\}$,集合 $N = \{m \mid f(g(\theta)) > 0\}$.

(1) 求 $f(x) > 0$ 的解集;

(2) 求 $M \bigcap N$.

§6.4　反三角函数

三角函数解决知道角求三角函数值的问题,例如 $\sin\dfrac{\pi}{6} = \dfrac{1}{2}$,$\cos\dfrac{5\pi}{6} = -\dfrac{\sqrt{3}}{2}$,这类问题称作**"知角求值"**问题.在科学研究和生产实践中还会遇到大量的知道三角函数值,需要求角的问题,例如知道 $\sin x = \dfrac{1}{2}$,$\cos x = -\dfrac{\sqrt{3}}{2}$,$x$ 是什么? 这类题称作**"知值求角"**问题.那么我们如何来解决这类问题呢?

"知角求值"与"知值求角"是关系十分密切的问题,类似的情形我们在数学学习中是否遇到过呢? 是什么问题呢? 本质是函数与反函数的问题.

那么我们如何来解决三角函数的反函数问题呢? 首先回顾一下反函数的定义.

若确定函数 $y = f(x)$ 的映射是一一映射,则 $y = f(x)$ 存在反函数.

三角函数在定义域内是否是一一对应的呢？我们知道三角函数都是周期函数,因此定义三角函数的映射不是一一对应的,从而三角函数不存在反函数.

那么我们如何解决"知值求角"的问题呢？目前的焦点是如何摆脱不是"一一映射"的困扰.是什么因素造成了正弦函数 $y=\sin x$ 无法构成一一映射呢？

是正弦函数的对应法则？还是函数的定义域？决定因素是**定义域**！

那么,我们是否有可能选择自变量的取值范围,使定义在此范围上的函数 $y=\sin x$ 具有一一映射的特点？

现在看看我们该做些什么.我们要寻找这样的集合 A,使得对于每一个正弦值(落在区间 $[-1,1]$ 内),在集合 A 中有且只有唯一的 x 与之对应.

我们可以先考虑寻找的集合 A 具有这样的特点:对于每一个正弦值,都在集合 A 存在弧度数为 x 的角与之对应.

其次是关注这样的 x 是否唯一.若不唯一,则调整集合 A,使之满足要求.

让读者寻找集合 A,然后分析讨论.

满足条件的集合是 $\left(k\pi-\dfrac{\pi}{2},k\pi+\dfrac{\pi}{2}\right)(k\in\mathbf{Z})$.

对于每一个整数 k,函数 $y=\sin x\left[x\in\left(k\pi-\dfrac{\pi}{2},k\pi+\dfrac{\pi}{2}\right)\right]$ 都有反函数.

在三角问题的研究中使用频率最高的是锐角,因此我们在确定反正弦函数时,就锁定了函数 $y=\sin x\left[x\in\left(-\dfrac{\pi}{2},\dfrac{\pi}{2}\right)\right]$.

定义：把函数 $y=\sin x\left[x\in\left(-\dfrac{\pi}{2},\dfrac{\pi}{2}\right)\right]$ 的反函数,叫作**反正弦函数**,记为

$y=\arcsin x,x\in(-1,1)$.

对定义的理解

(1) $\arcsin x$ 表示一个区间 $\left(-\dfrac{\pi}{2},\dfrac{\pi}{2}\right)$ 内的角；

(2) 这个角的正弦值为 x；

总之 $\arcsin x$ 是一个落在区间 $\left(-\dfrac{\pi}{2},\dfrac{\pi}{2}\right)$ 内正弦值是 x 的角.

由反正弦函数的定义有

$\sin(\arcsin x)=x(-1\leqslant x\leqslant1)$；

$\arcsin(\sin y)=y\left(-\dfrac{\pi}{2}\leqslant x\leqslant\dfrac{\pi}{2}\right)$.

根据前面有关反函数的知识可知:互为反函数的图像关于直线 $y=x$ 对称,于是函数 $y=\arcsin x,x\in(-1,1)$ 的图像与函数 $y=\sin x\left[x\in\left(-\dfrac{\pi}{2},\dfrac{\pi}{2}\right)\right]$ 的图像关于直线 $y=x$ 对称(见图 6-21).

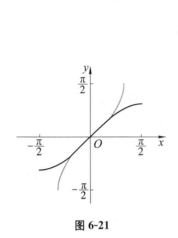

图 6-21   图 6-22

反正弦函数的主要性质

(1) 定义域与值域 $y=\arcsin x$ 的定义域是 $(-1,1)$,值域是 $\left(-\dfrac{\pi}{2},\dfrac{\pi}{2}\right)$,且在 $x=-1$ 时取到最小值 $-\dfrac{\pi}{2}$,$x=1$ 时取到最大值 $\dfrac{\pi}{2}$.

(2) 单调性   由于正弦函数 $y=\sin x$ 在 $\left(-\dfrac{\pi}{2},\dfrac{\pi}{2}\right)$ 上单调递增,故其反函数 $y=\arcsin x$ 在 $(-1,1)$ 上也是单调递增的.

(3) 奇偶性   由 $y=\arcsin x$,$x\in(-1,1)$ 的图像知,它的图像关于原点对称,它是一个奇函数,且有 $\arcsin(-x)=-\arcsin x$.

类似的,根据余弦函数、正切函数、余切函数的类似性质,我们可以定义它们的性质分别如下:

定义:余弦函数 $y=\cos x$ 在区间 $(0,\pi)$ 上的反函数,叫作**反余弦函数**,记作 $y=\arccos x$,它的定义域是 $(-1,1)$,值域是 $(0,\pi)$.

对定义的理解

(1) $\arccos x$ 表示一个区间 $(0,\pi)$ 内的角;

(2) 这个角的余弦值为 x;

总之 $\arccos x$ 是一个落在区间 $(0,\pi)$ 内正弦值是 x 的角.

由反余弦函数的定义有

$\cos(\arccos x)=x(-1\leqslant x\leqslant1)$;

$\arccos(\cos x)=x(0\leqslant x\leqslant\pi)$.

反余弦函数的图像如图所示.

反余弦函数的主要性质

(1) 定义域与值域 $y=\arccos x$ 的定义域是 $(-1,1)$,值域是 $(0,\pi)$,且在 $x=-1$ 时取到最大值 π,$x=1$ 时取到最小值 0.

(2) 单调性   由于余弦函数 $y=\cos x$ 在 $(0,\pi)$ 上单调递减,故其反函数 $y=\arccos x$ 在 $(-1,1)$ 上也是单调递减的.

（3）**奇偶性** 由 $y=\arccos x$，$x\in(-1,1)$ 的图像知，它的图像既不关于原点对称，也不关于 y 轴对称，它是一个非奇非偶函数.可以证明 $\arccos(-x)=\pi-\arccos x$.

反正弦函数和反余弦函数之间有个重要关系：

例 1. 求证 $\arcsin x+\arccos x=\dfrac{\pi}{2}$，$x\in(-1,1)$.

证：$\sin(\arcsin x)=x$，

$$\sin\left(\dfrac{\pi}{2}-\arccos x\right)=\cos(\arccos x)=x.$$

又由于 $\arcsin x\in\left(-\dfrac{\pi}{2},\dfrac{\pi}{2}\right)$，$\arccos x\in(0,\pi)$，$\dfrac{\pi}{2}-\arccos x\in\left(-\dfrac{\pi}{2},\dfrac{\pi}{2}\right)$，

所以 $\arcsin x=\dfrac{\pi}{2}-\arccos x$，即 $\quad\arcsin x+\arccos x=\dfrac{\pi}{2}$，$x\in(-1,1)$.

一般说来，要证明两个角 $\alpha=\beta$ 的方法是：先证明这两个角的同一个三角函数值相等，比如 $\sin\alpha=\sin\beta$；再证明这两个角在同一个单调区间内.

定义：正切函数 $y=\tan x$ 在区间 $\left(-\dfrac{\pi}{2},\dfrac{\pi}{2}\right)$ 内的反函数，叫作**反正切函数**，记作 $y=\arctan x$，它的定义域是 **R**，值域是 $\left(-\dfrac{\pi}{2},\dfrac{\pi}{2}\right)$.

对定义的理解

（1）$\arctan x$ 表示一个区间 $\left(-\dfrac{\pi}{2},\dfrac{\pi}{2}\right)$ 内的角；（2）这个角的正切值为 x；

总之 $\arctan x$ 是一个落在区间 $\left(-\dfrac{\pi}{2},\dfrac{\pi}{2}\right)$ 内正切值是 x 的角，见图 6-23.

由反正切函数的定义有

$\tan(\arctan x)=x\ (-\infty<x<+\infty)$；

$\arctan(\tan y)=y\left(-\dfrac{\pi}{2}<y<\dfrac{\pi}{2}\right)$.

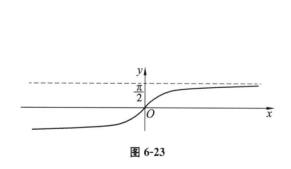

图 6-23

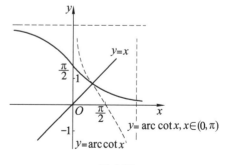

图 6-24

定义：余切函数 $y=\cot x$ 在区间 $(0,\pi)$ 内的反函数，叫作**反余切函数**，记作 $y=\text{arccot}\,x$，它的定义域是 **R**，值域是 $(0,\pi)$.

对定义的理解

（1）$\text{arccot}\,x$ 表示一个区间 $(0,\pi)$ 内的角；

(2) 这个角的余切值为 x;

总之,$\text{arccot}x$ 是一个落在区间 $(0,\pi)$ 内余切值是 x 的角.

由反正切函数的定义有

$$\cot(\text{arccot}x)=x(-\infty<x<+\infty);$$

$$\text{arccot}(\cot y)=y(0<y<\pi).$$

反正切、反余切函数的性质

(1) **定义域与值域** $y=\arctan x$ 的定义域是 $(-\infty,+\infty)$,值域是 $\left(-\dfrac{\pi}{2},\dfrac{\pi}{2}\right)$;

$y=\text{arccot}x$ 的定义域是 $(-\infty,+\infty)$,值域是 $(0,\pi)$.

(2) **单调性** $y=\arctan x$ 是 $(-\infty,+\infty)$ 上的增函数;$y=\text{arccot}x$ 是 $(-\infty,+\infty)$ 上的减函数.

(3) **奇偶性** $y=\arctan x$ 是一个奇函数,对任意 $x\in\mathbf{R}$ 有 $\arctan(-x)=-\arctan x$;

$y=\text{arccot}x$ 是一个非奇非偶函数,且对任意 $x\in\mathbf{R}$ 有 $\text{arccot}(-x)=\pi-\text{arccot}x$.

反正切、反余切函数之间有个重要的关系式:

$$\arctan x+\text{arccot}x=\dfrac{\pi}{2},x\in\mathbf{R}.$$

例 2. 求下列各式的值:

(1) $\arccos\left(-\dfrac{1}{2}\right)$;

(2) $\arcsin\left(-\dfrac{\sqrt{3}}{2}\right)$;

(3) $\arctan\left[\tan\left(-\dfrac{5}{4}\right)\right]$;

(4) $\arctan(\tan 4)$;

解:(1) 因为 $\cos\dfrac{2\pi}{3}=-\dfrac{1}{2}$,且 $0<\dfrac{2\pi}{3}<\pi$,由定义知 $\arccos\left(-\dfrac{1}{2}\right)=\dfrac{2\pi}{3}$;

(2) 因为 $\sin\left(-\dfrac{\pi}{3}\right)=-\dfrac{\sqrt{3}}{2}$,且 $-\dfrac{\pi}{2}<x<\dfrac{\pi}{2}$,于是由定义有 $\arcsin\left(-\dfrac{\sqrt{3}}{2}\right)=-\dfrac{\pi}{3}$;

(3) 因为 $\tan\left(-\dfrac{5}{4}\pi\right)=\tan\left(-\pi-\dfrac{\pi}{4}\right)=\tan\left(-\dfrac{\pi}{4}\right)=-1$,

所以 $\arctan\left[\tan\left(-\dfrac{5}{4}\right)\right]=\arctan(-1)=-\dfrac{\pi}{4}$.

(4) 因为 $\tan 4=\tan(4-\pi)$,且 $-\dfrac{\pi}{2}<4-\pi<\dfrac{\pi}{2}$,所以

$$\arctan(\tan 4)=\arctan[\tan(4-\pi)]=4-\pi.$$

例 3. 求值:

(1) $\sin\left(\arccos\dfrac{1}{3}\right)$;

(2) $\cos\left(\dfrac{1}{2}\arcsin\dfrac{4}{5}\right)$;

（3）$\tan\left(\arcsin\dfrac{1}{2}-\arccos\dfrac{3}{5}\right)$.

解：（1）设 $\alpha=\arccos\dfrac{1}{3}$，则 $\cos\alpha=\dfrac{1}{3}$，且 $\alpha\in\left(0,\dfrac{\pi}{2}\right)$，于是

$$\sin\left(\arccos\dfrac{1}{3}\right)=\sin\alpha=\sqrt{1-\cos^2\alpha}=\dfrac{2\sqrt{2}}{3};$$

（2）设 $\alpha=\arcsin\dfrac{4}{5}$，则 $\sin\alpha=\dfrac{4}{5}$，且 $\alpha\in\left(0,\dfrac{\pi}{2}\right)$，于是

$$\cos\alpha=\sqrt{1-\sin^2\alpha}=\dfrac{3}{5},$$

所以，$\cos\left(\dfrac{1}{2}\arcsin\dfrac{4}{5}\right)=\cos\dfrac{\alpha}{2}=\sqrt{\dfrac{1+\cos\alpha}{2}}=\dfrac{2\sqrt{5}}{5};$

（3）设 $\alpha=\arcsin\dfrac{1}{2}$，$\beta=\arccos\dfrac{3}{5}$，则 $\sin\alpha=\dfrac{1}{2}$，$\cos\beta=\dfrac{3}{5}$，于是 $\cos\alpha=\sqrt{1-\dfrac{1}{4}}=\dfrac{\sqrt{3}}{2}$，

$\sin\beta=\sqrt{1-\left(\dfrac{3}{5}\right)^2}=\dfrac{4}{5}$，$\tan\alpha=\dfrac{\sqrt{3}}{3}$，$\tan\beta=\dfrac{4}{3}$.

$$\tan(\alpha-\beta)=\dfrac{\tan\alpha-\tan\beta}{1+\tan\alpha\cdot\tan\beta}=\dfrac{\dfrac{\sqrt{3}}{3}-\dfrac{4}{3}}{1+\dfrac{\sqrt{3}}{3}\cdot\dfrac{4}{3}}=\dfrac{3\sqrt{3}-12}{9+4\sqrt{3}}=-\dfrac{48-25\sqrt{3}}{11}.$$

例 4. 求值：

（1）$\arcsin\left(\sin\dfrac{\pi}{4}\right)$；

（2）$\arcsin\left(\sin\dfrac{3\pi}{4}\right)$.

解：（1）$\arcsin\left(\sin\dfrac{\pi}{4}\right)=\arcsin\dfrac{\sqrt{2}}{2}=\dfrac{\pi}{4}$；

（2）$\arcsin\left(\sin\dfrac{3\pi}{4}\right)=\arcsin\left(\dfrac{\sqrt{2}}{2}\right)=\dfrac{\pi}{4}$.

例 5. 比较下列各组数的大小：

（1）$\arcsin\dfrac{2}{3}$ 与 $\arcsin\dfrac{4}{7}$；

（2）$\operatorname{arccot}1.3$ 与 $\operatorname{arccot}1.31$；

（3）$\arcsin\dfrac{2}{3}$ 与 $\operatorname{arccot}\dfrac{2}{3}$；

（4）$\arctan\dfrac{1}{3}$ 与 $\operatorname{arccot}2$.

解：（1）由于 $\arcsin x$ 是一个单调递增的函数，且 $\dfrac{2}{3}>\dfrac{4}{7}$，于是 $\arcsin\dfrac{2}{3}>\arcsin\dfrac{4}{7}$；

（2）由于 $\operatorname{arccot}x$ 是一个单调递减的函数，$1.3<1.31$，于是 $\operatorname{arccot}1.3>\operatorname{arccot}1.31$；

（3）设 $\alpha=\operatorname{arccot}\dfrac{2}{3}$，则 $\cot\alpha=\dfrac{2}{3}$，且 $\alpha\in\left(0,\dfrac{\pi}{2}\right)$，于是

$\sin\alpha=\dfrac{1}{\csc\alpha}=\dfrac{1}{\sqrt{1+\cot^2\alpha}}=\dfrac{1}{\sqrt{1+\left(\dfrac{2}{3}\right)^2}}=\dfrac{3}{\sqrt{13}}$，所以 $\alpha=\arcsin\dfrac{3}{\sqrt{13}}$. 又 $\dfrac{2}{3}<\dfrac{3}{\sqrt{13}}$，故

$\arcsin\dfrac{2}{3}<\operatorname{arccot}\dfrac{2}{3}$.

（4）设 $\alpha=\operatorname{arccot}2$，则 $\cot\alpha=2,\tan\alpha=\dfrac{1}{2}$，于是 $\operatorname{arccot}2=\arctan\dfrac{1}{2}$，故 $\arctan\dfrac{1}{3}<\operatorname{arccot}2$.

例 6. 已知 $\arcsin(\sin\alpha+\sin\beta)+\arcsin(\sin\alpha-\sin\beta)=\dfrac{\pi}{2}$，求 $\sin^2\alpha+\sin^2\beta$ 的值.

解： $\because\ \arcsin(\sin\alpha+\sin\beta)+\arcsin(\sin\alpha-\sin\beta)=\dfrac{\pi}{2}$，

$\therefore\ \arcsin(\sin\alpha+\sin\beta)$ 与 $\arcsin(\sin\alpha-\sin\beta)$ 互余.

$\because\ \sin[\arcsin(\sin\alpha+\sin\beta)]=\cos[\arcsin(\sin\alpha-\sin\beta)]$，

$\therefore\ \sin\alpha+\sin\beta=\sqrt{1-(\sin\alpha-\sin\beta)^2}$.

化简，得 $\sin^2\alpha+\sin^2\beta=\dfrac{1}{2}$.

例 7. 用反正弦函数值的形式表示下列各式中的 x：

（1）$\sin x=\dfrac{3}{5},x\in\left[-\dfrac{\pi}{2},\dfrac{\pi}{2}\right]$；

（2）$\sin x=\dfrac{3}{5},x\in[0,\pi]$；

（3）$\sin x=-\dfrac{3}{5},x\in[\pi,2\pi]$.

解：（1）$x=\arcsin\dfrac{3}{5}$；

（2）$x=\arcsin\dfrac{3}{5}$，或 $x=\pi-\arcsin\dfrac{3}{5}$；

（3）$x=\pi+\arcsin\dfrac{3}{5}$，或 $x=2\pi-\arcsin\dfrac{3}{5}$.

例 8. 比较 $\arcsin a$ 与 $\arcsin a^2(|a|\leqslant1)$ 的大小.

解： 当 $a=0$，或 $a=1$ 时，$a=a^2\Rightarrow\arcsin a=\arcsin a^2$；

当 $a\in[-1,0)$ 时，$a<a^2\Rightarrow\arcsin a<\arcsin a^2$；

当 $a\in(0,1)$ 时，$a>a^2\Rightarrow\arcsin a>\arcsin a^2$.

例 9. 设函数 $f(x)=\arcsin\left(\dfrac{\sin x-\cos x}{\sin x+\cos x}\right)$.

（1）求 $f(x)$ 的定义域、值域；

（2）讨论 $f(x)$ 的奇偶性、周期性；

（3）求 $f(x)$ 的单调增区间.

解：（1）由 $\left|\dfrac{\sin x-\cos x}{\sin x+\cos x}\right|\leqslant 1\Rightarrow\sin 2x\geqslant 0\Rightarrow k\pi\leqslant x\leqslant k\pi+\dfrac{\pi}{2}(k\in\mathbf{Z})$，

故函数的定义域为 $\mathbf{D}=\left\{x\left|k\pi\leqslant x\leqslant k\pi+\dfrac{\pi}{2},k\in\mathbf{Z}\right.\right\}$，函数的值域为 $\left[-\dfrac{\pi}{2},\dfrac{\pi}{2}\right]$.

（2）由（1）知函数的定义域 $\mathbf{D}$ 不关于原点对称，故 $f(x)$ 为非奇非偶函数.

记 $\varphi(x)=\dfrac{\sin x-\cos x}{\sin x+\cos x},x\in\mathbf{D}$，则 $\varphi(\pi+x)=\varphi(x)\Rightarrow f(\pi+x)=f(x)$.

故 $f(x)$ 是周期为 $T=\pi$ 函数.

（3）因 $y=\arcsin u$ 在 $[-1,1]$ 上是增函数，又 $u=\varphi(x)=\dfrac{\sin x-\cos x}{\sin x+\cos x}=\tan\left(x-\dfrac{\pi}{4}\right)$ 在区

间 $\left[k\pi,k\pi+\dfrac{\pi}{2}\right](k\in\mathbf{Z})$ 上是增函数，故 $f(x)$ 的增区间为 $\left[k\pi,k\pi+\dfrac{\pi}{2}\right](k\in\mathbf{Z})$.

1. 求下列反正弦函数的值：

（1）$\arcsin\dfrac{1}{2}$；

（2）$\arcsin\dfrac{\sqrt{3}}{2}$；

（3）$\arcsin 0$；

（4）$\arcsin 1$；

（5）$\arcsin\left(-\dfrac{\sqrt{2}}{2}\right)$；

（6）$\arcsin(-1)$.

2. 求下列函数的定义域和值域：

（1）$y=\arccos(\log_{\frac{1}{2}}x)$；

（2）$y=\log_{\frac{1}{2}}(\arccos x)$；

（3）$y=\arccos(\arcsin x)$；

（4）$y=\arcsin(\arccos x)$.

3. 求值：

（1）$\sin\left(\arctan\dfrac{4}{3}\right)$；

（2）$\tan\left[\arccos\left(-\dfrac{12}{13}\right)\right]$；

（3）$\cos\left(2\arctan\dfrac{3}{4}\right)$；

（4）$\arcsin(\sin 6)$；

（5）$\arctan\dfrac{1}{7}+2\arctan\dfrac{1}{3}$；

（6）$\arctan\left(\tan\dfrac{4\pi}{5}\right)$；

（7） $\arctan x + \arctan \dfrac{1}{x}$；

（8） $\arcsin(\sin\sqrt{10}) - \arccos(\cos\sqrt{10})$.

4. 求下列函数的反函数：

（1） $y = \sin x \left(x \in \left[\dfrac{\pi}{2}, \dfrac{3\pi}{2} \right] \right)$；

（2） $y = \sqrt{\sin x} \left(x \in \left[0, \dfrac{\pi}{2} \right] \right)$；

（3） $y = \lg(\sin x) \left(x \in \left(0, \dfrac{\pi}{2} \right] \right)$；

（4） $y = \lg(\arcsin x)(x \in (0,1])$.

5. 用反正切函数值的形式表示下列各式中的 x：

（1） $\tan x = \dfrac{4}{3}, x \in \left(-\dfrac{\pi}{2}, \dfrac{\pi}{2} \right)$；

（2） $\tan x = \dfrac{12}{5}, x \in \left(\pi, \dfrac{3\pi}{2} \right)$；

（3） $\tan x = -\dfrac{24}{7}, x \in (-2\pi, 0)$.

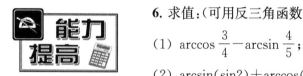

6. 求值：（可用反三角函数表示）：

（1） $\arccos \dfrac{3}{4} - \arcsin \dfrac{4}{5}$；

（2） $\arcsin(\sin 2) + \arccos(\cos 4)$；

（3） $\arcsin \dfrac{3}{5} + \arcsin \dfrac{15}{17}$.

7. 当 $x \in [-1,1]$ 时，比较 $\arcsin x$ 与 $\arccos x$ 的大小.

§6.5 最简三角方程

含有对未知数的三角运算及反三角运算的方程，叫作**三角方程**.

使三角方程成为恒等式的所有数值的集合，称作三角方程的**解集**.

形如 $\sin x = a$，$\cos x = a$，$\tan x = a$ 的方程，称作**最简三角方程**.

例 1. 解最简三角方程 $\sin x = a$.

解：当 $|a| > 1$ 时，方程 $\sin x = a$ 无解.

当 $a = 1$ 时，　∵　方程 $\sin x = 1$ 在 $\left[-\dfrac{\pi}{2}, \dfrac{3\pi}{2} \right)$ 内有唯一解 $x = \dfrac{\pi}{2}$，

∴　方程 $\sin x = 1$ 的解是 $x = 2k\pi + \dfrac{\pi}{2}, k \in \mathbf{Z}$.

当 $a = -1$ 时，　∵　方程 $\sin x = 1$ 在 $\left[-\dfrac{\pi}{2}, \dfrac{3\pi}{2} \right)$ 内有唯一解 $x = -\dfrac{\pi}{2}$，

∴　方程 $\sin x = -1$ 的解是 $x = 2k\pi - \dfrac{\pi}{2}, k \in \mathbf{Z}$.

当 $|a|<1$ 时，$\because$ 方程 $\sin x=a$ 在 $\left[-\dfrac{\pi}{2},\dfrac{\pi}{2}\right)$ 内有唯一解 $x=\arcsin a$，

在 $\left[\dfrac{\pi}{2},\dfrac{3\pi}{2}\right)$ 内有唯一解 $x=\pi-\arcsin a$，

$\therefore$ 方程 $\sin x=a$ 在 $\left[-\dfrac{\pi}{2},\dfrac{3\pi}{2}\right)$ 内有两个解 $x=\arcsin a$，$x=\pi-\arcsin a$.

$\therefore$ 方程 $\sin x=a$ 的解是 $x=k\pi+(-1)^{k}\arcsin a$，$k\in\mathbf{Z}$.

例 2. 解最简三角方程 $\cos x=a$.

解：当 $|a|>1$ 时，方程 $\cos x=a$ 无解.

当 $a=1$ 时，$\because$ 方程 $\cos x=1$ 在 $(-\pi,\pi]$ 内有唯一解 $x=0$，

$\therefore$ 方程 $\cos x=1$ 的解是 $x=2k\pi$，$k\in\mathbf{Z}$.

当 $a=-1$ 时，$\because$ 方程 $\cos x=-1$ 在 $(-\pi,\pi]$ 内有唯一解 $x=\pi$，

$\therefore$ 方程 $\cos x=-1$ 的解是 $x=2k\pi+\pi$，$k\in\mathbf{Z}$.

当 $|a|<1$ 时，$\because$ 方程 $\cos x=a$ 在 $(0,\pi)$ 内有唯一解 $x=\arccos a$，

在 $(-\pi,0]$ 内有唯一解 $x=-\arcsin a$，

$\therefore$ 方程 $\cos x=a$ 在 $(-\pi,\pi]$ 内有两个解 $x=\arccos a$，$x=-\arcsin a$.

$\therefore$ 方程 $\cos x=a$ 的解是 $x=2k\pi\pm\arccos a$，$k\in\mathbf{Z}$.

例 3. 解最简三角方程 $\tan x=a$.

解：$\because$ 方程 $\tan x=a$ 在 $\left(-\dfrac{\pi}{2},\dfrac{\pi}{2}\right)$ 内有唯一解 $x=\arctan a$，

$\therefore$ 方程 $\tan x=a$ 的解是 $x=k\pi+\arctan a$，$k\in\mathbf{Z}$.

例 4.（1）已知 $\cot x=2$，且 $x\in(0,\pi)$，求 x；

（2）已知 $\cot x=2$，且 $x\in\mathbf{R}$，求 x.

解：（1）由余切函数在开区间 $(0,\pi)$ 上是减函数，可知符合条件的角 x 有且只有一个. 由反余切函数的定义可知 $x=\operatorname{arccot}2$；

（2）由余切函数的周期性，可知当

$$x=\operatorname{arccot}2+k\pi(k\in\mathbf{Z})\text{时},\cot x=2,$$

因此所求的角 x 的集合是

$$\{x\mid x=\operatorname{arccot}2+k\pi,k\in\mathbf{Z}\}$$

一般来说，适合 $\cot x=a$ 的角 x 的集合是 $\{x\mid x=\operatorname{arccot}a+k\pi,k\in\mathbf{Z}\}$.

例 5. 求下列三角方程的解集：

（1）$2\sin 2x+1=0$；

（2）$3\cos 3x+1=0$；

（3）$\tan^{2}x-3\tan x+2=0$；

（4）$\sin x+\cos x=1$；

（5）$3\sin x+4\cos x=5$；

（6）$6\sin^{2}x-11\sin x\cos x+4\cos^{2}x=0$.

解：（1）$\because$ $2\sin 2x+1=0$，$\therefore$ $\sin 2x=-\dfrac{1}{2}$.

∴ 方程 $2\sin2x+1=0$ 的解集是 $\left\{x\,\middle|\,x=\dfrac{k\pi}{2}-(-1)^k\dfrac{\pi}{12},k\in\mathbf{Z}\right\}$.

(2) ∵ $3\cos3x+1=0$, ∴ $\sin3x=-\dfrac{1}{3}$.

∴ 方程 $3\cos3x+1=0$ 的解集是 $\left\{x\,\middle|\,x=\dfrac{2k\pi}{3}\pm\dfrac{1}{3}\arccos\left(-\dfrac{1}{3}\right),k\in\mathbf{Z}\right\}$.

(3) ∵ $\tan^2x-3\tan x+2=0$, ∴ $\tan x=1$ 或 $\tan x=2$.

∴ 方程 $\tan^2x-3\tan x+2=0$ 的解集是 $\left\{x\,\middle|\,x=k\pi+\dfrac{\pi}{4},\text{或 }x=\arctan2,k\in\mathbf{Z}\right\}$.

(4) ∵ $\sin x+\cos x=\sqrt{2}\sin\left(x+\dfrac{\pi}{4}\right)=1$,

∴ $\sin\left(x+\dfrac{\pi}{4}\right)=\dfrac{\sqrt{2}}{2},x+\dfrac{\pi}{4}=k\pi+(-1)^k+\dfrac{\pi}{4}$.

∴ 方程 $\sin x+\cos x=1$ 的解集是 $\left\{x\,\middle|\,x=2k\pi\text{ 或 }x=2k\pi+\dfrac{\pi}{2},k\in\mathbf{Z}\right\}$.

(5) ∵ $3\sin x+4\cos x=5\sin(x+\varphi)=5$,其中 $\tan\varphi=\dfrac{4}{3}$.

∴ $x=2k\pi+\dfrac{\pi}{2}-\arctan\dfrac{4}{3}=2k\pi+\arctan\dfrac{3}{4},k\in\mathbf{Z}.$

∴ 方程 $3\sin x+4\cos x=5$ 的解集是 $\left\{x\,\middle|\,x=2k\pi+\arctan\dfrac{3}{4},k\in\mathbf{Z}\right\}$.

(6) ∵ $\cos x\neq0,6\tan^2x-11\tan x+4=0$, ∴ $\tan x=\dfrac{1}{2}$ 或 $\tan x=\dfrac{4}{3}$.

∴ 方程 $6\sin^2x-11\sin x\cos x+4\cos^2x=0$ 的解集是

$\left\{x\,\middle|\,x=k\pi+\arctan\dfrac{1}{2}\text{ 或 }x=k\pi+\arctan\dfrac{4}{3},k\in\mathbf{Z}\right\}$.

1. 求下列三角方程的解集:

(1) $4\sin^2\left(x+\dfrac{\pi}{6}\right)=3$;

(2) $8\cot x+3\sin x=0$;

(3) $\cos7x=\cos x$;

(4) $\tan4x=\tan2x$;

(5) $\sin2x\cos5x=\sin x\cos6x$;

(6) $\cot x=\dfrac{3\cos x}{1+\sin x}$;

(7) $\sin x-\cos x+\sin2x=1$;

(8) $2\cos^2x-\sin x\cos x=\dfrac{1}{2}$;

(9) $81^{\sin^2x}+81^{\cos^2x}=30$;

(10) $\sin(\pi\cos x)=\cos(\pi\sin x)$.

2. 解下列三角方程：

（1） $2\sin 2x - 2(\sqrt{3}\sin x - \sqrt{2}\cos x) - \sqrt{6} = 0$；

（2） $\sin x\cos x + \sin x + \cos x = 1$；

（3） $|\sin x| + |\cos x| = \sqrt{2}$；

（4） $m\sin x = (m-1)\cos\dfrac{1}{2}x$，其中 m 是非零常数；

（5） $\tan\left(\dfrac{3\pi}{2} - x\right) = 3\tan x$；

（6） $\tan\left(x + \dfrac{\pi}{4}\right) + \tan\left(x - \dfrac{\pi}{4}\right) = 2\cot x$；

（7） $\sin(\pi\arctan x) = \cos(\pi\arctan x)$；

（8） $\tan(\pi\tan x) = \cot(\pi\cot x)$.

3. 解方程：

（1） $2\sin^2 x + \sqrt{3}\cos x + 1 = 0$；

（2） $\sin 2x - 2\sin x + \cos x - 1 = 0$；

（3） $3\sin 2x - 8\sin^2 x - 1 = 0$；

（4） $2\sin 2x - 3\cos 2x + 1 = 0$；

（5） $\sin^2 x - 7\sin x\cos x + 6\cos^2 x = 0$.

4. 试求方程 $\sqrt{x}\sin(x^2) - 2 = 0$ 在区间 $[0,20]$ 内有多少个实根？

§6.6 三角函数综合练习

例1. 已知集合 $M = \{f(x) \mid f(x) + f(x+2) = f(x+1), x\in\mathbf{R}\}$，$g(x) = \sin\dfrac{\pi x}{3}$.

（1）判断 $g(x)$ 与 M 的关系，并说明理由；

（2） M 中的元素是否都是周期函数，证明结论；

（3） M 中的元素是否都是奇函数，证明结论.

解：（1） $\because\ g(x) + g(x+2) = \sin\dfrac{\pi x}{3} + \sin\left(\dfrac{\pi x}{3} + \dfrac{2\pi}{3}\right) = 2\sin\dfrac{\pi}{3}(x+1)\cos\dfrac{\pi}{3}$

$$= \sin\dfrac{\pi}{3}(x+1) = g(x+1)\quad\therefore\ g(x)\in M$$

（2）因 $g(x)$ 是周期为 6 的周期函数，猜测 $f(x)$ 也是周期为 6 的周期函数.

由 $f(x) + f(x+2) = f(x+1)$，得 $f(x+1) + f(x+3) = f(x+2)$，

$\therefore\ f(x) + f(x+2) + f(x+1) + f(x+3) = f(x+1) + f(x+2)$.

$\therefore\ f(x) + f(x+3) = 0$，$\therefore\ f(x+3) = -f(x)$.

$\therefore\ f(x+6) = f(x)$，是周期函数.

（3）考察函数 $f(x) = \cos\dfrac{\pi x}{3}$.

则 $f(x) + f(x+2) = \cos\dfrac{\pi x}{3} + \cos\dfrac{\pi(x+2)}{3} = 2\cos\dfrac{\pi(x+1)}{3}\cdot\cos\dfrac{\pi}{3}$

$$=\cos\frac{\pi(x+1)}{3}=f(x+1).$$

且 $f(x)=\cos\frac{\pi x}{3}$.不是奇函数.故 M 中函数不一定都是奇函数.

例 2. 已知 $x,y\in[0,2\,004\pi)$ 且 $|\sin x-\sin y|+|\cos x-\cos y|+\cos x\cos y\leqslant0$,求满足上述条件的不同数对 (x,y) 的个数.

解: 由已知,$\cos x\cos y\leqslant0$,有 $|\cos x-\cos y|=|\cos x|+|\cos y|$,故

$$|\sin x-\sin y|+|\cos x|+|\cos y|+\cos x\cos y\leqslant0 \qquad\qquad\text{①}$$

因此,

$$|\cos x|+|\cos y|+\cos x\cos y\leqslant0 \qquad\qquad\text{②}$$

若 $\cos x=0$ 时,则 $\cos y=0$;若 $\cos y=0$ 时,则 $\cos x=0$;

若 $\cos x\neq0,\cos y\neq0$,则 $\cos x\cos y<0$.此时不妨设 $\cos x>0,\cos y<0$.

由于 $\cos y\cos x\geqslant\cos y\Leftrightarrow\cos x\leqslant1$,从而

$0\geqslant|\cos x|+|\cos y|+\cos x\cos y\geqslant|\cos x|+|\cos y|+\cos y\geqslant|\cos x|>0$ 矛盾!

解上知:$\cos x=\cos y=0$.

再由①知:$\sin x=\sin y$.因此,当 $x=\frac{\pi}{2}$ 时,y 可取 $\frac{\pi}{2},2\pi+\frac{\pi}{2},\cdots,2\,002\pi+\frac{\pi}{2}$,实数对 (x,y) 共计 $1\,002$ 个.

当 $x=\frac{3\pi}{2}$ 时,y 可取 $\frac{3\pi}{2},2\pi+\frac{3\pi}{2},\cdots,2\,002\pi+\frac{3\pi}{2}$,实数对 (x,y) 共计 $1\,002$ 个.

类似地,讨论 $x=2\pi+\frac{3\pi}{2},4\pi+\frac{3\pi}{2},\cdots,2\,002\pi+\frac{3\pi}{2}$.故

满足条件的不同数对 (x,y) 的个数为 $2\times1\,002^2$ 个.($2\times1\,002^2=2\,008\,008$ 个).

例 3. 在 $\triangle ABC$ 中,AP 平分 $\angle BAC$,AP 交 BC 于 P,BQ 平分 $\angle ABC$,BQ 交 CA 于 Q,已知 $\angle BAC=30°$,且 $AB+BP=AQ+QB$,求 $\triangle ABC$ 各内角的度数的可能值.

解: 设 $\triangle ABC$ 三边长为 a,b,c,考虑到 $S_{\triangle ABC}=S_{\triangle ABQ}+S_{\triangle BCQ}$,

$\therefore\quad\frac{1}{2}ab\sin B=\frac{1}{2}c\cdot BQ\sin\frac{B}{2}+\frac{1}{2}a\cdot BQ\sin\frac{B}{2}$,

$\therefore\quad BQ=\frac{ac\sin B}{(a+c)\sin\frac{B}{2}}=\frac{2ac}{a+c}\cos\frac{B}{2}$,又 BQ 平分 $\angle ABC$,

$\therefore\quad\frac{AQ}{QC}=\frac{c}{a},\frac{AQ}{AQ+QC}=\frac{c}{a+c}$,$\quad\therefore\quad AQ=\frac{bc}{a+c}$,同理 $BP=\frac{ac}{b+c}$.

又由余弦定理知,$b^2=a^2+c^2-2ac\cos B$,$(a+c)^2-b^2=4\cos^2\frac{B}{2}ac$,

$\therefore\quad AB+BP=AQ+QB\Leftrightarrow c+\frac{ac}{b+c}=\frac{bc}{a+c}+\frac{2ac}{a+c}\cos\frac{B}{2}$,

$\Leftrightarrow\cos\frac{B}{2}=\frac{(a+c)^2-b^2+ab}{2a(b+c)}=\frac{4ac\cos^2\frac{B}{2}+ab}{2a(b+c)}$,

$\therefore\quad 4c\cos^2\frac{B}{2}-2(b+c)\cos\frac{B}{2}+b=0$,解之得:$\cos\frac{B}{2}=\frac{b}{2c}$ 或 $\cos\frac{B}{2}=\frac{1}{2}$,

$$\therefore \quad \cos\frac{B}{2}=\frac{\sin B}{2\sin C}\text{或}B=\frac{2}{3}\pi,$$

$$\therefore \quad \sin\frac{B}{2}=\sin C\text{或}B=\frac{2}{3}\pi,B=2C\text{或}B=\frac{2}{3}\pi.$$

若 $B=2C$ 时，$A=30°,B=100°,C=50°$;

若 $B=120°$ 时，$A=30°,B=120°,C=30°$.

例 4. 已知点 P 是 $\triangle ABC$ 内一点，使得 $\angle PAB=\angle PBC=\angle PCA$，求证：

$$\cot\angle PAB=\cot A+\cot B+\cot C.$$

解： 作 $\triangle BPC$ 的外接圆圆 O，延长 AP 交圆 O 于点 T.

则 $\angle PTC=\angle PBC=\angle BAP$，$\therefore \quad AB/\!/TC$.

如图 6-25 所示，作 $BB_1\perp TC$，垂足是 B_1；作 $CC_1\perp AB$，垂足是 C_1. 作 $AA_1\perp TC$，垂足是 A_1；设 $AA_1=BB_1=CC_1=h$.

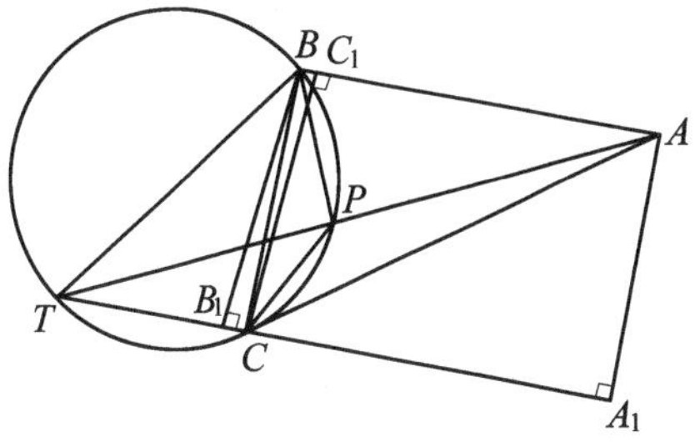

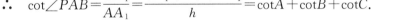

$$\cot B=\cot\angle CBC_1=\frac{BC_1}{h},$$

$$\cot A=\cot\angle ACA_1=\frac{CA_1}{h},\text{由于}$$

$\angle PTC=\angle ACP$，$\therefore \quad AC$ 是圆 O 切线，

$$\therefore \quad \angle ACB=\angle BTB_1.$$

$$\therefore \quad \cot C=\cot\angle BTB_1=\frac{TB_1}{h}.$$

图 6-25

$$\therefore \quad \cot\angle PAB=\frac{TA_1}{AA_1}=\frac{CA_1+BC+TB_1}{h}=\cot A+\cot B+\cot C.$$

例 5. 已知函数 $f(x)=\sin kx\,\sin^k x+\cos kx\,\cos^k x-\cos^k 2x$，（其中 k 为常数，$x\in\mathbf{R}$）

(1) 当 $k=1$ 时，求函数 $f(x)$ 的单调递增区间；

(2) 当 $k=1$ 时，求函数 $g(x)=\dfrac{f(x)}{a+f^2(x)}$ 在 $\left(0,\dfrac{\pi}{3}\right]$ 上的最大值（其中常数 $a>0$）；

(3) 是否存在 $k\in\mathbf{N}^*$，使得函数 $f(x)$ 为一常函数，若存在，求出所有 k 的值，并加以证明，若不存在，请说明理由.

解： (1) $f(x)=\sin x\sin x+\cos x\cos x-\cos 2x=1-\cos 2x=2\sin^2 x$.

由 $k\pi\leqslant x\leqslant k\pi+\dfrac{\pi}{2}\Rightarrow x\in\left[k\pi,k\pi+\dfrac{\pi}{2}\right],k\in\mathbf{Z}$.

(2) $g(x)=\dfrac{f(x)}{a+f^2(x)}=\dfrac{2\sin^2 x}{a+4\sin^4 x}$，令 $t=2\sin^2 x\in\left(0,\dfrac{3}{2}\right]$，于是，原函数等于 $\dfrac{1}{\dfrac{a}{t}+t}$.

当 $a\in\left(0,\dfrac{9}{4}\right]$ 时，则当 $t=\sqrt{a}$ 时，最大值为 $\dfrac{1}{2\sqrt{a}}$.

当 $a>\dfrac{9}{4}$ 时，则当 $t=\dfrac{3}{2}$ 时，最大值为 $\dfrac{6}{4a+9}$.

（3）假设函数 $f(x)$ 为常函数，令 $x=0$，则原式 $=0$；

令 $x=\dfrac{\pi}{2}$，则原式 $=\sin\dfrac{k\pi}{2}-(-1)^k=0\Rightarrow k=4n-1$（$n$ 为正整数）；

令 $x=\dfrac{\pi}{k}$，则原式

$-\cos^k\dfrac{\pi}{k}-\cos^k\dfrac{2\pi}{k}=0\Rightarrow\cos\dfrac{\pi}{k}=-\cos\dfrac{2\pi}{k}\Rightarrow\dfrac{3}{k}=2m+1\Rightarrow k=\dfrac{3}{2m+1}(m\in\mathbf{Z}).$

综上，$k=3$ 时，原式为

$\sin3x\,\sin^3x+\cos3x\,\cos^3x-\cos^3 2x$

$=\sin3x\sin x\,\sin^2x+\cos3x\cos x\,\cos^2x-\cos^3 2x$

$=\sin3x\sin x(1-\cos^2x)+\cos3x\cos x(1-\sin^2x)-\cos^3 2x$

$=\sin3x\sin x+\cos3x\cos x-\sin3x\sin x\,\cos^2x-\cos3x\cos x\,\sin^2x-\cos^3 2x$

$=\cos2x-\sin x\cos x(\sin3x\cos x+\cos3x\sin x)-\cos^3 2x$

$=\cos2x-\sin x\cos x\sin4x-\cos^3 2x$

$=\cos2x-\sin^2 2x\cos2x-\cos^3 2x$

$=\cos2x(1-\sin^2 2x)-\cos^3 2x=\cos^3 2x-\cos^3 2x=0.$

一、选择题

1. 若 $\sin^3\theta-\cos^3\theta\geqslant\cos\theta-\sin\theta,0\leqslant\theta<2\pi$，则角 θ 的取值范围是（　　）.

(A) $\left[0,\dfrac{\pi}{4}\right]$　(B) $\left[\dfrac{\pi}{4},\pi\right]$　(C) $\left[\dfrac{\pi}{4},\dfrac{5\pi}{4}\right]$　(D) $\left[\dfrac{\pi}{4},\dfrac{3\pi}{2}\right)$

2. 若三角形的三条高线长分别为 $12,15,20$，则此三角形的形状为　　（　　）.

(A) 锐角三角形　　(B) 直角三角形　　(C) 钝角三角形　　(D) 形状不确定

3. 设 $f_1(x)=\sqrt{2}$，$f_2(x)=\sin x+\cos\sqrt{2}\,x$，$f_3(x)=\sin\dfrac{x}{\sqrt{2}}+\cos\sqrt{2}\,x$，$f_4(x)=\sin x^2$，上述函数中，周期函数的个数是　　　　　　　　　　　　　　　　（　　）.

(A) 1　　　　　　(B) 2　　　　　　(C) 3　　　　　　(D) 4

4. 若 $\sin x+\sin y=1$，则 $\cos x+\cos y$ 的取值范围是　　　　　　　（　　）.

(A) $[-2,2]$　　　(B) $[-1,1]$　　　(C) $[0,\sqrt{3}]$　　　(D) $[-\sqrt{3},\sqrt{3}]$

二、填空题

5. 方程 $\sin x=\lg|x|$ 有_____个解.

6. 在 $\mathrm{Rt}\triangle ABC$ 中，c,r,S 分别表示它的斜边长，内切圆半径和面积，则 $\dfrac{cr}{S}$ 的取值范围是_____.

7. 已知 $A(2\cos\alpha,\sqrt{3}\sin\alpha)$，$B(2\cos\beta,\sqrt{3}\sin\beta)$，$C(-1,0)$ 是平面上三个不同的点，且满足关系式 $\overrightarrow{CA}=\lambda\overrightarrow{BC}$，则实数 λ 的取值范围是_____.

8. 设 $\cos2\theta=\dfrac{\sqrt{2}}{3}$，则 $\cos^4\theta+\sin^4\theta$ 的值是_____.

9. 已知 $\sin\theta+\cos\theta=\dfrac{\sqrt{2}}{5}\left(\dfrac{\pi}{2}<\theta<\pi\right)$，则 $\tan\theta-\cot\theta=$_____.

10. 已知函数 $f(x)=a\sin\omega x+b\cos\omega x(a,b,\omega\in\mathbf{R}$,且 $\omega>0)$ 的部分图像如图 6-26 所示. 则 a,b,ω 的值分别为 _____.

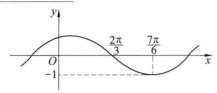

图 6-26

11. 设 $a_i\in\mathbf{R}^+(i=1,2,\cdots n),\alpha,\beta,\gamma\in\mathbf{R}$,且 $\alpha+\beta+\gamma=0$,则对任意 $x\in\mathbf{R}$,

$$\sum_{i=1}^{n}\left(\frac{1}{1+a_i^{\alpha x}+a_i^{(\alpha+\beta)x}}+\frac{1}{1+a_i^{\beta x}+a_i^{(\beta+\gamma)x}}+\frac{1}{1+a_i^{\gamma x}+a_i^{(\alpha+\gamma)x}}\right)=\text{_____}.$$

12. 方程 $\sin 2x-12(\sin x-\cos x)+12=0$ 的解集为 _____.

三、解答题

13. 已知函数 $y=\sin x+\sqrt{1+\cos^2 x}$,求函数的最大值与最小值.

14. 设 $0<\theta<\pi$,求 $\sin\dfrac{\theta}{2}(1+\cos\theta)$ 的最大值.

15. 已知 $\tan\theta=\sqrt{\dfrac{1-a}{a}}\left(\dfrac{1}{3}<a<1\right)$.求 $\mu=\dfrac{\sin^2 2\theta}{a-\cos 2\theta}+\dfrac{\sin^2 2\theta}{a+\cos 2\theta}$ 的最小值.

16. 设 $f(x)=\sin(x_1+\alpha_1)+\dfrac{1}{1\times 2}\sin(x+\alpha_2)+\dfrac{1}{2\times 3}\sin(x+\alpha_3)+\cdots+\dfrac{1}{(n-1)n}\sin(x+\alpha_n)$,
其中 $n\in\mathbf{N},\alpha_1、\alpha_2、\alpha_3\in\mathbf{R}$.

求证:(1) $f(x)$ 不恒等于零;

(2) 若 $f(x_1)=f(x_2)=0$,则 $x_1-x_2=m\pi,(m\in\mathbf{Z})$.

17. 在 $\triangle ABC$ 中,$\angle A、\angle B、\angle C$ 所对的边为 a,b,c,若 $\dfrac{\cos A}{25}=\dfrac{\cos B}{33}=\dfrac{\cos C}{39}=k$,求 $a:b:c$.

18. 如图 6-27,要计算西湖岸边两景点 B 与 C 的距离,由于地形的限制,需要在岸上选取 A 和 D 两点,现测得 $AD\perp CD,AD=10$ km,$AB=14$ km,$\angle BDA=60°$,$\angle BCD=135°$,求两景点 B 与 C 的距离(精确到 0.1 km).(参考数据:$\sqrt{2}=1.414,\sqrt{3}=1.732,\sqrt{5}=2.236$).

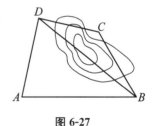

图 6-27

19. 已知 α,β 为锐角,且 $x\left(\alpha+\beta-\dfrac{\pi}{2}\right)>0$,求证:

$$\left(\dfrac{\cos\alpha}{\sin\beta}\right)^x+\left(\dfrac{\cos\beta}{\sin\alpha}\right)^x<2.$$

20. 设 α,β,γ 满足 $0<\alpha<\beta<\gamma<2\pi$,若对于任意 $x\in\mathbf{R}$,$\cos(x+\alpha)+\cos(x+\beta)+\cos(x+\gamma)=0$,求 $\gamma-\alpha$.

21. 将函数 $f(x)=\sin\dfrac{3}{4}x\cdot\sin\dfrac{3}{4}(x+2\pi)\cdot\sin\dfrac{3}{2}(x+3\pi)$ 在区间 $(0,+\infty)$ 内的全部最值点按从小到大的顺序排成数列 $\{a_n\}$ $(n=1,2,3,\cdots)$.

(1) 求数列 $\{a_n\}$ 的通项公式;

(2) 设 $b_n = \sin a_n \sin a_{n+1} \sin a_{n+2}$,求证: $b_n = \dfrac{(-1)^{n-1}}{4}(n=1,2,3,\cdots)$.

22. 设函数 $f_n(\theta) = \sin^n\theta + (-1)^n\cos^n\theta$, $0 \leqslant \theta \leqslant \dfrac{\pi}{4}$,其中 n 为正整数.

(1) 判断函数 $f_1(\theta)$,$f_3(\theta)$ 的单调性,并就 $f_1(\theta)$ 的情形证明你的结论;

(2) 证明: $2f_6(\theta) - f_4(\theta) = (\cos^4\theta - \sin^4\theta)(\cos^2\theta - \sin^2\theta)$;

(3) 对于任意给定的正整数 n,求函数 $f_n(\theta)$ 的最大值和最小值.

23. 在 $\triangle ABC$ 中,已知 $y = 2 + \cos C\cos(A-B) - \cos^2 C$.

(1) 若任意交换 A,B,C 的位置,y 的值是否会发生变化?试证明你的结论;

(2) 求 y 的最大值.

24. 已知函数 $f(x)$ 的定义域为 **R**,对任意的 x_1,x_2 都满足 $f(x_1+x_2) = f(x_1) + f(x_2)$,当 $x < 0$ 时,$f(x) < 0$.

(1) 判断并证明 $f(x)$ 的单调性和奇偶性;

(2) 是否存在这样的实数 m,当 $\theta \in \left[0, \dfrac{\pi}{2}\right]$ 时,使下列不等式

$$f\left[\sin 2\theta - (2+m)(\sin\theta + \cos\theta) - \dfrac{4}{\sin\theta + \cos\theta}\right] + f(3+2m) > 0$$ 对所有 θ 恒成立,如存在,

求出 m 的取值范围;若不存在,说明理由.

第七章 平 面 向 量
Plane Vector

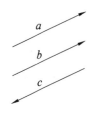

§7.1　向量的概念和线性运算

1. 向量的概念及表示

现实生活中,有些量在有了测定单位之后只需用一个实数就可以表示,只有大小,没有方向.例如温度,时间,面积,这些只需用一个实数就可以表示的量叫作**标量**.还有些量不能只用一个实数表示,例如位移,力,速度等,它们是既有大小又有方向的量,这些既有大小又有方向的量称作**向量**.向量既有大小又有方向,因此向量不能单纯地比较大小.

数学中常用平面内带有箭头的线段来表示平面向量.以线段的长短来表示向量的大小;以箭头所指的方向(即从始点到终点的方向)来表示向量的方向.一般地,以点 P 为始点,点 Q 为终点的向量记作 $\overrightarrow{PQ}$.为书写简便,在不强调向量的起点与终点时,向量也可以用一个小写的字母并在上面画一个小箭头来表示,如 $\vec{a}$.$\overrightarrow{PQ}$ 的大小则称作 $\overrightarrow{PQ}$ **的模**,记作 $|\overrightarrow{PQ}|$,类似地,$\vec{a}$ 的模记作 $|\vec{a}|$.

(1) **零向量**:长度为 0 的向量称作零向量,记作 $\vec{0}$;$\vec{0}$ 的方向是任意的.

(2) **单位向量**:长度为 1 的向量称作单位向量.

(3) **平行向量**:方向相同或相反的向量称作平行向量(也叫共线向量).

(4) **相等向量**:长度相等且方向相同的向量称作相等向量.

(5) **负向量**:与 $\vec{a}$ 的模相等,方向相反的向量称作 $\vec{a}$ 的负向量,记作 $-\vec{a}$.我们规定 $\vec{0}$ 的相反向量仍是零向量.易知对任意向量 $\vec{a}$ 有 $-(-\vec{a})=\vec{a}$.

向量共线与表示它们的有向线段共线不同:向量共线时表示向量的有向线段可以是平行的,不一定在一条直线上;而有向线段共线则线段必须在同一条直线上.规定 $\vec{0}$ 与任一向量平行.

图 7-1 三个向量 $\vec{a}$、$\vec{b}$、$\vec{c}$ 所在的直线平行,易知这三个向量平行,记作 $\vec{a}\parallel\vec{b}\parallel\vec{c}$,我们也可以称这三个向量共线.

例1. 如图 7-2,$A_1,A_2,\cdots,A_8$ 是 $\odot O$ 上的八个等分点,则在以 A_1,$A_2,\cdots,A_8$ 及圆心 O 九个点中任意两点为起点与终点的向量中,模等于半径的向量有多少? 模等于半径 $\sqrt{2}$ 倍的向量有多少个?

解:(1) 模等于半径的向量只有两类,一类是 $\overrightarrow{OA_i}(i=1,2,\cdots,8)$ 共 8

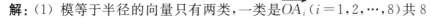

图 7-1

个;另一类是 $\overrightarrow{A_iO}(i=1,2\cdots8)$ 也有 8 个.两类合计共 16 个.

(2) 以 $A_1,A_2,\cdots,A_8$ 为顶点的 $\odot O$ 的内接正方形有两个,一个是正方形 $A_1A_3A_5A_7$;另一个是正方形 $A_2A_4A_6A_8$.在题中所述的向量中,只有这两个正方形的边(看成有向线段,每一边对应两个向量)的长度为半径的 $\sqrt{2}$ 倍.所以模为半径 $\sqrt{2}$ 倍的向量共有 $4\times2\times2=16$ 个.

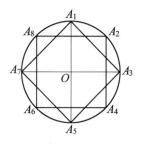

注意:(1) 在模等于半径的向量个数的计算中,要计算 $\overrightarrow{OA_i}$ 与 $\overrightarrow{A_iO}(i=1,2,\cdots,8)$ 两类.一般地我们易想到 $\overrightarrow{OA_i}(i=1,2,\cdots,8)$ 这 8 个,而易遗漏 $\overrightarrow{A_iO}(i=1,2,\cdots,8)$ 这 8 个.

图 7-2

(2) 圆内接正方形的一边对应了长为 $\sqrt{2}$ 的两个向量,例如边 A_1A_3 对应向量 $\overrightarrow{A_1A_3}$ 与 $\overrightarrow{A_3A_1}$,因此与(1)一样,在解题过程中主要要防止漏算.认为满足条件的向量个数为 8 是不完整的.

例 2. 在平面中下列各种情形中,各向量终点的集合分别构成什么图形?

(1) 把所有单位向量的起点平移到同一点 O;

(2) 把平行于直线 l 的所有单位向量的起点平移到直线 l 上的 P 点;

(3) 把平行于直线 l 的所有向量的起点平移到直线 l 上的点 P.

解:(1) 以点 O 为圆心,1 为半径的圆.

(2) 直线 l 上与点 P 的距离为 1 个长度单位的两个点.

(3) 直线 l.

例 3. 判断下列命题的真假:

① 直角坐标系中坐标轴的非负半轴都是向量;

② 两个向量平行是两个向量相等的必要条件;

③ 向量 $\overrightarrow{AB}$ 与 $\overrightarrow{CD}$ 是共线向量,则 A、B、C、D 必在同一直线上;

④ 向量 $\vec{a}$ 与向量 $\vec{b}$ 平行,则 $\vec{a}$ 与 $\vec{b}$ 的方向相同或相反;

⑤ 四边形 $ABCD$ 是平行四边形的充要条件是 $\overrightarrow{AB}=\overrightarrow{DC}$.

解:① 直角坐标系中坐标轴的非负半轴,虽有方向之别,但无大小之分,故命题是错误的.

② 由于两个向量相等,必知这两个向量的方向与长度均一致,故这两个向量一定平行,所以,此命题正确;

③ 不正确. ∵ $\overrightarrow{AB}$ 与 $\overrightarrow{CD}$ 共线,可以有 AB 与 CD 平行;

④ 不正确.如果其中有一个是零向量,则其方向就不确定;

⑤ 正确.此命题相当于平面几何中的命题:四边形 $ABCD$ 是平行四边形的充要条件是有一组对边平行且相等.

1. 下列各量中是向量的有_____.

(A) 动能　　(B) 重量　　(C) 质量　　(D) 长度

(E) 作用力与反作用力　　　　(F) 温度

2. 判断下列命题是否正确,若不正确,请简述理由.

① 向量 $\overrightarrow{AB}$ 与 $\overrightarrow{CD}$ 共线向量,则 A,B,C,D 四点必在一直线上;

② 单位向量都相等;

③ 任一向量与它的相反向量不相等；

④ 共线的向量，若起点不同，则终点一定不同．

3. 回答下列问题，并说明理由．

（1）平行向量的方向一定相同吗？

（2）共线向量一定相等吗？

（3）相等向量一定共线吗？不相等的向量一定不共线吗？

4. 命题"若 $a \mathbin{/\mkern-5mu/} b$，$b \mathbin{/\mkern-5mu/} c$，则 $a \mathbin{/\mkern-5mu/} c$．" （ ）．

（A）总成立

（B）当 $a \neq 0$ 时成立

（C）当 $b \neq 0$ 时成立

（D）当 $c \neq 0$ 时成立

2. 向量的加法和减法

两个向量可以求和．一般地，对于两个互不平行的向量 $\vec{a}$、$\vec{b}$，以 A 为共同起点平移向量，有 $\overrightarrow{AB} = \vec{a}$，$\overrightarrow{AD} = \vec{b}$，则以 $\overrightarrow{AB}$、$\overrightarrow{AD}$ 为邻边的平行四边形 $ABCD$ 的对角线 $\overrightarrow{AC} = \vec{c}$ 叫作 $\vec{a}$ 和 $\vec{b}$ 这两个向量的和，即 $\vec{a} + \vec{b} = \vec{c}$．求两个向量和的运算叫作**向量的加法**．上述求两个向量的和的方法称为**向量平行四边形法则**，见图 7-3.

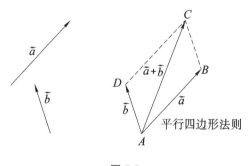

平行四边形法则

图 7-3

又 $\because$ $\overrightarrow{AD} = \overrightarrow{BC}$ $\therefore$ $\overrightarrow{AB} + \overrightarrow{BC} = \overrightarrow{AC}$

由此发现，当第二个向量的始点与第一个向量的终点重合时，这两个向量的和向量即为第一个向量的始点指向第二个向量终点的向量．此法则称为**向量加法三角形法则**，见图 7-4.

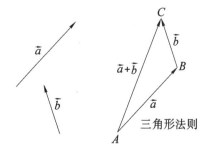

三角形法则

图 7-4

特殊地，求两个平行向量的和，也可以用三角形法则进行（如图 7-5）：

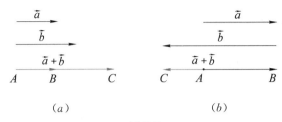

图 7-5

显然,对于任何 $\vec{a}$,有 $\vec{a}+\vec{0}=\vec{a}$;$\vec{a}+(-\vec{a})=\vec{0}$.

对于零向量与任一向量 $\vec{a}$,有 $\vec{a}+\vec{0}=\vec{0}+\vec{a}=\vec{a}$

向量的加法具有与实数加法类似的运算性质,向量加法满足**交换律**与**结合律**:

交换律: $\vec{a}+\vec{b}=\vec{b}+\vec{a}$.

结合律: $(\vec{a}+\vec{b})+\vec{c}=\vec{a}+(\vec{b}+\vec{c})$.

与实数的减法相类似,我们把向量的减法定义为加法的逆运算.

若向量 $\vec{a}$ 与 $\vec{b}$ 的和为向量 $\vec{c}$,则向量 $\vec{b}$ 叫作向量 $\vec{c}$ 与 $\vec{a}$ 的**差**,记作 $\vec{b}=\vec{c}-\vec{a}$.求向量差的运算叫作**向量的减法**.由向量加法的三角形法则以及向量减法的定义.我们可得向量减法的三角形法则作法:在平面内取一点 O,作 $\overrightarrow{OA}=\vec{a}$,$\overrightarrow{OB}=\vec{b}$,则 $\overrightarrow{BA}=\vec{a}-\vec{b}$,即 $\vec{a}-\vec{b}$ 可以表示为从向量 $\vec{b}$ 的终点指向向量 $\vec{a}$ 的终点的向量.注意差向量的"箭头"指向被减向量,见图 7-6.

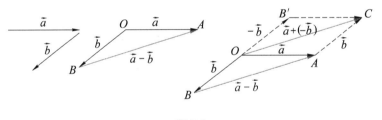

图 7-6

此外,我们可以先做向量 $\vec{b}$ 的负向量 $\overrightarrow{OB'}=-\vec{b}$,可根据向量加法的平行四边形法则得 $\overrightarrow{OC}=\vec{a}+(-\vec{b})$.易知向量 $\overrightarrow{OC}=\overrightarrow{BA}$,因此,$\vec{a}+(-\vec{b})=\vec{a}-\vec{b}$.

例 1. 如图 7-7 所示,已知向量 $\vec{a}$,$\vec{b}$,$\vec{c}$,求作和向量 $\vec{a}+\vec{b}+\vec{c}$.

分析: 求作三个向量的和的问题,首先求作其中任两个向量的和,因为这两个向量的和仍为一个向量,然后再求这个向量与另一个向量的和.即先作 $\vec{a}+\vec{b}$,再作 $(\vec{a}+\vec{b})+\vec{c}$.

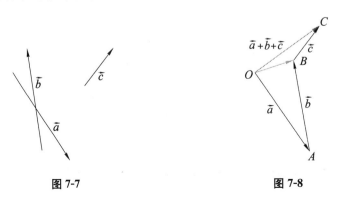

图 7-7   图 7-8

解：如图 7-8 所示，首先在平面内任取一点 O，作向量 $\overrightarrow{OA}=\vec{a}$，再作向量 $\overrightarrow{AB}=\vec{b}$，则得向量 $\overrightarrow{OB}=\vec{a}+\vec{b}$，然后作向量 $\overrightarrow{BC}=\vec{c}$，则向量 $\overrightarrow{OC}=\vec{a}+\vec{b}+\vec{c}$ 即为所求.

例 2. 化简下列各式：

(1) $\overrightarrow{AB}+\overrightarrow{CA}+\overrightarrow{BC}$；

(2) $-\overrightarrow{OE}+\overrightarrow{OF}-\overrightarrow{OD}-\overrightarrow{DO}$.

解：(1) 原式 $=\overrightarrow{AB}+\overrightarrow{BC}+\overrightarrow{CA}=(\overrightarrow{AB}+\overrightarrow{BC})+\overrightarrow{CA}=\overrightarrow{AC}+\overrightarrow{CA}=\overrightarrow{AC}-\overrightarrow{AC}=\vec{0}$；

(2) 原式 $=\overrightarrow{EO}+\overrightarrow{OF}-(\overrightarrow{OD}+\overrightarrow{DO})=(\overrightarrow{EO}+\overrightarrow{OF})-\vec{0}=\overrightarrow{EF}$.

例 3. 用向量方法证明：对角线互相平分的四边形是平行四边形.

分析：要证明四边形是平行四边形只要证明某一组对边平行且相等.由相等向量的意义可知,只需证明其一组对边对应的向量是相等向量.

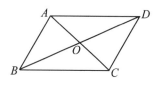

图 7-9

已知：如图 7-9，$ABCD$ 是四边形，对角线 AC 与 BD 交于 O，且 $AO=OC,DO=OB$.

求证：四边形 $ABCD$ 是平行四边形.

证明：由已知得 $\overrightarrow{AO}=\overrightarrow{OC}$，$\overrightarrow{BO}=\overrightarrow{OD}$，

$\because$ $\overrightarrow{AD}=\overrightarrow{AO}+\overrightarrow{OD}=\overrightarrow{OC}+\overrightarrow{BO}=\overrightarrow{BO}+\overrightarrow{OC}=\overrightarrow{BC}$，且 A,D,B,C 不在同一直线上，

故四边形 $ABCD$ 是平行四边形.

例 4. 已知平面上不共线的四点 O,A,B,C.若 $\overrightarrow{OA}-3\overrightarrow{OB}+2\overrightarrow{OC}=\vec{0}$，试求 $\dfrac{|\overrightarrow{AB}|}{|\overrightarrow{BC}|}$ 的值.

解：因为 $\overrightarrow{OA}+2\overrightarrow{OC}=3\overrightarrow{OB}$，   所以 $\overrightarrow{OB}-\overrightarrow{OA}=2(\overrightarrow{OC}-\overrightarrow{OB})$.

于是有 $\overrightarrow{AB}=2\overrightarrow{BC}$.

因此 $\dfrac{|\overrightarrow{AB}|}{|\overrightarrow{BC}|}=2$.

1. 若对 n 个向量 $\vec{a}_1,\vec{a}_2,\cdots,\vec{a}_n$ 存在 n 个不全为零的实数 $k_1,k_2,\cdots,k_n$，使得 $k_1\vec{a}_1+k_2\vec{a}_2+\cdots+k_n\vec{a}_n=\vec{0}$ 成立，则称向量 $\vec{a}_1,\vec{a}_2,\cdots,\vec{a}_n$ 为"线性相关"，依此规定，能说明 $\vec{a}_1=(1,0),\vec{a}_2=(1,-1),\vec{a}_3=(2,2)$"线性相关"的实数 k_1,k_2,k_3 依次可以取 _____.(写出一组数值即可,不必考虑所有情况)

2. 已知矩形 $ABCD$ 中，宽为 2，长为 $2\sqrt{3}$，$\overrightarrow{AB}=\vec{a}$，$\overrightarrow{BC}=\vec{b}$，$\overrightarrow{AC}=\vec{c}$，试作出向量 $\vec{a}+\vec{b}+\vec{c}$，并求出其模的大小.

3. 设 $\vec{a},\vec{b}$ 为两个相互垂直的单位向量.已知 $\overrightarrow{OP}=\vec{a}$，$\overrightarrow{OQ}=\vec{b}$，$\overrightarrow{OR}=r\vec{a}+k\vec{b}$.若 $\triangle PQR$ 为等边三角形，则 k,r 的取值为 (   ).

(A) $k=r=\dfrac{-1\pm\sqrt{3}}{2}$　　　　　　(B) $k=\dfrac{-1\pm\sqrt{3}}{2},r=\dfrac{1\pm\sqrt{3}}{2}$

(C) $k=r=\dfrac{1\pm\sqrt{3}}{2}$　　　　　　(D) $k=\dfrac{1\pm\sqrt{3}}{2},r=\dfrac{-1\pm\sqrt{3}}{2}$

4. 若 A,B,C,D 是平面内任意四点,则下列四式中正确的是 ( ).

① $\overrightarrow{AC}+\overrightarrow{BD}=\overrightarrow{BC}+\overrightarrow{AD}$ ② $\overrightarrow{AC}-\overrightarrow{BD}=\overrightarrow{DC}+\overrightarrow{AB}$

③ $\overrightarrow{AB}-\overrightarrow{AC}-\overrightarrow{DB}=\overrightarrow{DC}$ ④ $\overrightarrow{AB}+\overrightarrow{BC}-\overrightarrow{AD}=\overrightarrow{DC}$

(A) ①   (B) ②   (C) ③   (D) ④

5. 设 $\vec{a}$ 表示"向东走 5 km", $\vec{b}$ 表示"向西走 5 km", $\vec{c}$ 表示"向北走 10 km", $\vec{d}$ 表示"向南走 5 km".说明下列向量的意义.

(1) $\vec{a}+\vec{b}$;

(2) $\vec{b}+\vec{d}$;

(3) $\vec{d}+\vec{a}+\vec{d}$.

6. 在图 7-10 正六边形 $ABCDEF$ 中, $\overrightarrow{AB}=\vec{a}$, $\overrightarrow{AF}=\vec{b}$,求 $\overrightarrow{AC}$, $\overrightarrow{AD}$, $\overrightarrow{AE}$.

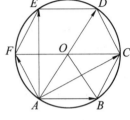

图 7-10

3. 实数与向量的乘法

如图 7-11,已知非零向量 $\vec{a}$,可以作出 $\vec{a}+\vec{a}+\vec{a}$ 和 $(-\vec{a})+(-\vec{a})+(-\vec{a})$.

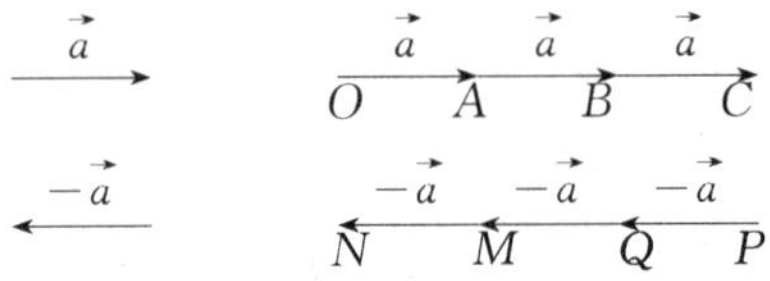

图 7-11

$\overrightarrow{OC}=\overrightarrow{OA}+\overrightarrow{AB}+\overrightarrow{BC}=\vec{a}+\vec{a}+\vec{a}$,简记 $\overrightarrow{OC}=3\vec{a}$;同理有

$\overrightarrow{PN}=\overrightarrow{PQ}+\overrightarrow{QM}+\overrightarrow{MN}=(-\vec{a})+(-\vec{a})+(-\vec{a})=-3\vec{a}$.观察得: $3\vec{a}$ 与 $\vec{a}$ 方向相同且 $|3\vec{a}|=3|\vec{a}|$; $-3\vec{a}$ 与 $\vec{a}$ 方向相反且 $|-3\vec{a}|=3|\vec{a}|$.

一般地,实数 λ 与向量 $\vec{a}$ 的积是一个向量,记作: $\lambda\vec{a}$. $\lambda\vec{a}$ 的模与方向规定如下:

(1) $|\lambda\vec{a}|=|\lambda||\vec{a}|$;

(2) $\lambda\vec{a}$ 的方向定义为: $\lambda>0$ 时 $\lambda\vec{a}$ 与 $\vec{a}$ 方向相同; $\lambda<0$ 时 $\lambda\vec{a}$ 与 $\vec{a}$ 方向相反;

$\lambda=0$ 或 $\vec{a}=\vec{0}$ 时规定: $\lambda\vec{a}=\vec{0}$.

以上规定的实数与向量求积的运算叫作**实数与向量的乘法**(简称**向量的数乘**).向量数乘的几何意义就是把向量 $\vec{a}$ 沿向量 $\vec{a}$ 的方向或反方向放大或缩小, $\lambda\vec{a}$ 与 $\vec{a}$ 是互相平行的向量.对于任意的非零向量 $\vec{a}$,与它同方向的单位向量叫作向量 $\vec{a}$ 的单位向量,记作 $\vec{a}_0$.易知 $\vec{a}_0=\dfrac{1}{|\vec{a}|}\vec{a}$.

向量共线定理

如果有一个实数 λ ,使 $\vec{b}=\lambda\vec{a}(\vec{a}\neq\vec{0})$,那么 $\vec{b}$ 与 $\vec{a}$ 是共线向量;反之,如果 $\vec{b}$ 与 $\vec{a}(\vec{a}\neq\vec{0})$ 是共线向量,那么有且只有一个实数 λ ,使得 $\vec{b}=\lambda\vec{a}$.

通过作图,可以验证向量数乘满足以下运算定律:当 $m,n\in\mathbf{R}$ 时,有

1. 第一分配律 $(m+n)\vec{a}=m\vec{a}+n\vec{a}$.

2. 第二分配律 $m(\vec{a}+\vec{b})=m\vec{a}+m\vec{b}$.

3. 结合律 $m(n\vec{a})=(mn)\vec{a}$.

例1. 计算:

(1) $6(3\vec{a}-2\vec{b})+9(-2\vec{a}+\vec{b})$;

(2) $\frac{1}{2}\left[(3\vec{a}+2\vec{b})-\frac{2}{3}\vec{a}-\vec{b}\right]-\frac{7}{6}\left[\frac{1}{2}\vec{a}+\frac{3}{7}\left(\vec{b}+\frac{7}{6}\vec{a}\right)\right]$;

(3) $6(\vec{a}-\vec{b}+\vec{c})-4(\vec{a}-2\vec{b}+\vec{c})-2(-2\vec{a}+\vec{c})$.

解: (1) 原式 $=18\vec{a}-12\vec{b}-18\vec{a}+9\vec{b}=-3\vec{b}$.

(2) 原式 $=\frac{1}{2}\left(3\vec{a}-\frac{2}{3}\vec{a}+2\vec{b}-\vec{b}\right)-\frac{7}{6}\left(\frac{1}{2}\vec{a}+\frac{1}{2}\vec{a}+\frac{3}{7}\vec{b}\right)$

$$=\frac{1}{2}\left(\frac{7}{3}\vec{a}+\vec{b}\right)-\frac{7}{6}\left(\vec{a}+\frac{3}{7}\vec{b}\right)=\frac{7}{6}\vec{a}+\frac{1}{2}\vec{b}-\frac{7}{6}\vec{a}-\frac{1}{2}\vec{b}=\vec{0}.$$

(3) 原式 $=6\vec{a}-6\vec{b}+6\vec{c}-4\vec{a}+8\vec{b}-4\vec{c}+4\vec{a}-2\vec{c}$

$$=(6\vec{a}-4\vec{a}+4\vec{a})+(-6\vec{b}+8\vec{b})+(6\vec{c}-4\vec{c}-2\vec{c})$$

$$=6\vec{a}+2\vec{b}.$$

例2. 如图 7-12,设 O 为 $\triangle ABC$ 内一点,$PQ \parallel BC$,且 $\frac{PQ}{BC}=t$,$\overrightarrow{OA}=\vec{a}$,$\overrightarrow{OB}=\vec{b}$,$\overrightarrow{OC}=\vec{c}$,试求 $\overrightarrow{OP}$,$\overrightarrow{OQ}$.

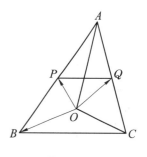

图 7-12

解: 由平面几何知,$\triangle APQ \backsim \triangle ABC$,且对应边之比为 t,

故 $\frac{AP}{AB}=\frac{AQ}{AC}=\frac{PQ}{BC}=t$,

又 A、P、B 与 A、Q、C 分别共线,即知 $\overrightarrow{AP}=t\overrightarrow{AB}$,$\overrightarrow{AQ}=t\overrightarrow{AC}$.

$\therefore \overrightarrow{OP}=\overrightarrow{OA}+\overrightarrow{AP}=\overrightarrow{OA}+t\overrightarrow{AB}=\overrightarrow{OA}+t(\overrightarrow{OB}-\overrightarrow{OA})=\vec{a}+t(\vec{b}-\vec{a})$,

即 $\overrightarrow{OP}=(1-t)\vec{a}+t\vec{b}$,

$\overrightarrow{OQ}=\overrightarrow{OA}+\overrightarrow{AQ}=\overrightarrow{OA}+t\overrightarrow{AC}=\overrightarrow{OA}+t(\overrightarrow{OC}-\overrightarrow{OA})=\vec{a}+t(\vec{c}-\vec{a})$,

即 $\overrightarrow{OQ}=(1-t)\vec{a}+t\vec{c}$.

例3. 设两非零向量 $\vec{e_1}$ 和 $\vec{e_2}$ 不共线.

(1) 如果 $\overrightarrow{AB}=\vec{e_1}+\vec{e_2}$,$\overrightarrow{BC}=2\vec{e_1}+8\vec{e_2}$,$\overrightarrow{CD}=3(\vec{e_1}-\vec{e_2})$,求证 A,B,D 三点共线;

(2) 试确定实数 k,使 $k\vec{e_1}+\vec{e_2}$ 和 $\vec{e_1}+k\vec{e_2}$ 共线.

(1) **证明:** $\because \overrightarrow{AB}=\vec{e_1}+\vec{e_2}$,$\overrightarrow{BD}=\overrightarrow{BC}+\overrightarrow{CD}=2\vec{e_1}+8\vec{e_2}+3\vec{e_1}-3\vec{e_2}=5(\vec{e_1}+\vec{e_2})=5\overrightarrow{AB}$,

$\therefore \overrightarrow{AB}$,$\overrightarrow{BD}$ 共线,又有公共点 B, $\therefore$ A,B,D 三点共线.

(2) **解:** $\because k\vec{e_1}+\vec{e_2}$ 与 $\vec{e_1}+k\vec{e_2}$ 共线, $\therefore$ 存在 λ 使 $k\vec{e_1}+\vec{e_2}=\lambda(\vec{e_1}+k\vec{e_2})$,

则 $(k-\lambda)\vec{e_1}=(\lambda k-1)\vec{e_2}$,由于 $\vec{e_1}$ 与 $\vec{e_2}$ 不共线,

只能有 $\begin{cases} k-\lambda=0, \\ \lambda k-1=0, \end{cases}$ 则 $k=\pm 1$.

1. 已知向量 $\vec{a}$，$\vec{b}$ 是两非零向量，在下列四个条件中，能使 $\vec{a}$，$\vec{b}$ 共线的
条件是　　　　　　　　　　　　　　　　　　　　　　　（　　）．

① $2\vec{a}-3\vec{b}=4\vec{e}$ 且 $\vec{a}+2\vec{b}=-3\vec{e}$；

② 存在相异实数 λ，μ，使 $\lambda\vec{a}+\mu\vec{b}=\vec{0}$；

③ $x\vec{a}+y\vec{b}=\vec{0}$（其中实数 x，y 满足 $x+y=0$）；

④ 已知梯形 $ABCD$，其中 $\overrightarrow{AB}=\vec{a}$、$\overrightarrow{CD}=\vec{b}$．

(A) ①②　　　　　　　　　　(B) ①③

(C) ②④　　　　　　　　　　(D) ③④

2. 判断下列命题的真假：

(1) 若 $\overrightarrow{AB}$ 与 $\overrightarrow{CD}$ 是共线向量，则 A，B，C，D 四点共线．

(2) 若 $\overrightarrow{AB}+\overrightarrow{BC}+\overrightarrow{CA}=\vec{0}$，则 A，B，C 三点共线．

(3) $\lambda\in\mathbf{R}$，则 $|\lambda a|>|a|$．

(4) 平面内任意三个向量中的每一个向量都可以用另外两个向量的线性组合表示．

3. 已知在 $\triangle ABC$ 中，D 是 BC 上的一点，且 $\dfrac{BD}{DC}=\lambda$，试证：$\overrightarrow{AD}=\dfrac{\overrightarrow{AB}+\lambda\overrightarrow{AC}}{1+\lambda}$．

4. 已知 $\overrightarrow{AD}=3\overrightarrow{AB}$，$\overrightarrow{DE}=3\overrightarrow{BC}$，试判断 $\overrightarrow{AC}$ 与 $\overrightarrow{AE}$ 是否共线．

5. 已知在四边形 $ABCD$ 中，$\overrightarrow{AB}=\vec{a}+2\vec{b}$，$\overrightarrow{BC}=-4\vec{a}-\vec{b}$，$\overrightarrow{CD}=-5\vec{a}-3\vec{b}$，求证：$ABCD$ 是梯形．

6. 已知梯形 $ABCD$ 中，$|\overrightarrow{AB}|=2|\overrightarrow{DC}|$，$M$，$N$ 分别是 DC，AB 的中点，若 $\overrightarrow{AB}=\vec{e_1}$，$\overrightarrow{AD}=\vec{e_2}$，用 $\vec{e_1}$，$\vec{e_2}$ 表示 $\overrightarrow{DC}$，$\overrightarrow{BC}$，$\overrightarrow{MN}$．

7. 在 $\triangle ABC$ 中，$AC=6$，$BC=7$，$\cos A=\dfrac{1}{5}$，O 是 $\triangle ABC$ 的内心，若 $\overrightarrow{OP}=x\overrightarrow{OA}+y\overrightarrow{OB}$，其中 $0\leqslant x\leqslant1$，$0\leqslant y\leqslant1$，则动点 P 的轨迹所覆盖的面积为　　　　．

8. 在平面直角坐标系中，O 为坐标原点，设向量 $\overrightarrow{OA}=(1,2)$，$\overrightarrow{OB}=(2,-1)$，若 $\overrightarrow{OP}=x\overrightarrow{OA}+y\overrightarrow{OB}$ 且 $1\leqslant x\leqslant y\leqslant2$，则求出点 P 所有可能的位置所构成的区域面积．

§7.2　向量的数量积

投影的定义

如果两个非零向量 $\vec{a}$ 与 $\vec{b}$ 的夹角为 θ，则向量 $\vec{b}$ 在 $\vec{a}$ 方向上的**投影向量**（投影向量简称**投影**）为 $(|\vec{b}|\cos\theta)\dfrac{\vec{a}}{|\vec{a}|}$（注意：投影也是一个向量）．

数量积定义

一般地，如果两个非零向量 $\vec{a}$ 与 $\vec{b}$ 的夹角为 θ，我们把数量 $|\vec{a}||\vec{b}|\cos\theta$ 叫作 $\vec{a}$ 与 $\vec{b}$ 的**数量积**（或**内积**），记作：$\vec{a}\cdot\vec{b}$，即 $\vec{a}\cdot\vec{b}=|\vec{a}||\vec{b}|\cos\theta$，其中记法"$\vec{a}\cdot\vec{b}$"中间的"·"不可以省略，也不可以用"×"代替．特别地，$\vec{a}\cdot\vec{a}$ 也可记作 $\vec{a}^2$．

规定：向量 $\mathbf{0}$ 与任何向量的数量积为 0．非零向量夹角 θ 的范围：$0\leqslant\theta\leqslant\pi$．

数量积的几何意义

如图 7-13,我们把 $|\vec{b}|\cos\theta$ 叫作向量 $\vec{b}$ 在向量 $\vec{a}$ 方向上的数量投影,它是一个数量,其绝对值等于向量 $\vec{b}$ 在向量 $\vec{a}$ 方向上的投影的模.

当 $0\leqslant\theta<\dfrac{\pi}{2}$ 时,OB_1 的数量等于向量 $\overrightarrow{OB_1}$ 的模 $|\overrightarrow{OB_1}|$;

当 $\dfrac{\pi}{2}<\theta\leqslant\pi$ 时,OB_1 的数量等于向量 $\overrightarrow{OB_1}$ 的模的相反数;

当 $\theta=\dfrac{\pi}{2}$ 时,OB_1 的数量等于零.

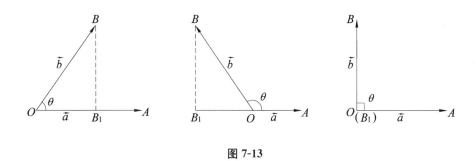

图 7-13

当然,$|\vec{a}|\cos\theta$ 即为 $\vec{a}$ 在 $\vec{b}$ 方向上的数量投影.

综上,数量积的几何意义:$\vec{a}\cdot\vec{b}$ 等于其中一个向量 $\vec{a}$ 的模 $|\vec{a}|$ 与另一个向量 $\vec{b}$ 在 $\vec{a}$ 方向上的数量投影 $|\vec{b}|\cos\theta$ 的乘积.

向量的数量积的运算律

① $\vec{a}\cdot\vec{b}=\vec{b}\cdot\vec{a}$.

② $(\lambda\vec{a})\cdot\vec{b}=\vec{a}\cdot(\lambda\vec{b})=\lambda(\vec{a}\cdot\vec{b})$($\lambda$ 为实数).

③ $(\vec{a}+\vec{b})\cdot\vec{c}=\vec{a}\cdot\vec{c}+\vec{b}\cdot\vec{c}$.

鉴于篇幅这里仅证明性质②:

证明:(1) 若 $\lambda>0$,

$(\lambda\vec{a})\cdot\vec{b}=\lambda|\vec{a}||\vec{b}|\cos\theta,\lambda(\vec{a}\cdot\vec{b})=\lambda|\vec{a}||\vec{b}|\cos\theta,\vec{a}\cdot(\lambda\vec{b})=\lambda|\vec{a}||\vec{b}|\cos\theta$.

(2) 若 $\lambda<0$,

$\lambda(\vec{a}\cdot\vec{b})=\lambda|\vec{a}||\vec{b}|\cos\theta$,

$(\lambda\vec{a})\cdot\vec{b}=|\lambda\vec{a}||\vec{b}|\cos(\pi-\theta)=-\lambda|\vec{a}||\vec{b}|(-\cos\theta)=\lambda|\vec{a}||\vec{b}|\cos\theta$,

$\vec{a}\cdot(\lambda\vec{b})=|\vec{a}||\lambda\vec{b}|\cos(\pi-\theta)=-\lambda|\vec{a}||\vec{b}|(-\cos\theta)=\lambda|\vec{a}||\vec{b}|\cos\theta$.

(3) 若 $\lambda=0$,则 $(\lambda\vec{a})\cdot\vec{b}=\lambda(\vec{a}\cdot\vec{b})=\vec{a}\cdot(\lambda\vec{b})=0$

综合(1)、(2)、(3),恒有 $(\lambda\vec{a})\cdot\vec{b}=\vec{a}\cdot(\lambda\vec{b})=\lambda(\vec{a}\cdot\vec{b})$.

例 1. 已知 $|\vec{a}|=4,|\vec{b}|=5$,当(1) $\vec{a}\;/\!/\;\vec{b}$;(2) $\vec{a}\perp\vec{b}$;(3) $\vec{a}$ 与 $\vec{b}$ 的夹角为 $30°$ 时,分别求 $\vec{a}$ 与 $\vec{b}$ 的数量积.

解:(1) $\vec{a}\;/\!/\;\vec{b}$,若 $\vec{a}$ 与 $\vec{b}$ 同向,则 $\theta=0°$,　$\therefore$　$\vec{a}\cdot\vec{b}=|\vec{a}|\cdot|\vec{b}|\cos0°=4\times5=20$;

若 $\vec{a}$ 与 $\vec{b}$ 反向,则 $\theta=180°$,　$\therefore$　$\vec{a}\cdot\vec{b}=|\vec{a}|\cdot|\vec{b}|\cos180°=4\times5\times(-1)=-20$.

(2) 当 $\vec{a} \perp \vec{b}$ 时, $\theta = 90°$, $\therefore$ $\vec{a} \cdot \vec{b} = |\vec{a}| \cdot |\vec{b}| \cos 90° = 0$.

(3) 当 $\vec{a}$ 与 $\vec{b}$ 的夹角为 $30°$ 时, $\vec{a} \cdot \vec{b} = |\vec{a}| \cdot |\vec{b}| \cos 30° = 4 \times 5 \times \dfrac{\sqrt{3}}{2} = 10\sqrt{3}$.

例 2. 空间四点 A, B, C, D 满足 $|\overrightarrow{AB}| = 3, |\overrightarrow{BC}| = 7, |\overrightarrow{CD}| = 11, |\overrightarrow{DA}| = 9$, 则 $\overrightarrow{AC} \cdot \overrightarrow{BD}$ 的取值有多少个?

解: 注意到 $3^2 + 11^2 = 130 = 7^2 + 9^2$, 由于 $\overrightarrow{AB} + \overrightarrow{BC} + \overrightarrow{CD} + \overrightarrow{DA} = \vec{0}$,

则 $DA^2 = \overrightarrow{DA}^2 = (\overrightarrow{AB} + \overrightarrow{BC} + \overrightarrow{CD})^2$

$\qquad = AB^2 + BC^2 + CD^2 + 2(\overrightarrow{AB} \cdot \overrightarrow{BC} + \overrightarrow{BC} \cdot \overrightarrow{CD} + \overrightarrow{CD} \cdot \overrightarrow{AB})$

$\qquad = AB^2 - BC^2 + CD^2 + 2(\overrightarrow{BC}^2 + \overrightarrow{AB} \cdot \overrightarrow{BC} + \overrightarrow{BC} \cdot \overrightarrow{CD} + \overrightarrow{CD} \cdot \overrightarrow{AB})$

$\qquad = AB^2 - BC^2 + CD^2 + 2(\overrightarrow{AB} + \overrightarrow{BC}) \cdot (\overrightarrow{BC} + \overrightarrow{CD})$,

即 $2\overrightarrow{AC} \cdot \overrightarrow{BD} = AD^2 + BC^2 - AB^2 - CD^2 = 0$, $\therefore$ $\overrightarrow{AC} \cdot \overrightarrow{BD}$ 只有一个值 0.

例 3. 已知 $\vec{a}, \vec{b}$ 都是非零向量, 且 $\vec{a} + 3\vec{b}$ 与 $7\vec{a} - 5\vec{b}$ 垂直, $\vec{a} - 4\vec{b}$ 与 $7\vec{a} - 2\vec{b}$ 垂直, 求 $\vec{a}, \vec{b}$ 的夹角.

解: 由 $(\vec{a} + 3\vec{b}) \cdot (7\vec{a} - 5\vec{b}) = 0 \Rightarrow 7\vec{a}^2 + 16\vec{a} \cdot \vec{b} - 15\vec{b}^2 = 0$. ①

$(\vec{a} - 4\vec{b}) \cdot (7\vec{a} - 2\vec{b}) = 0 \Rightarrow 7\vec{a}^2 - 30\vec{a} \cdot \vec{b} + 8\vec{b}^2 = 0$. ②

两式相减: $2\vec{a} \cdot \vec{b} = \vec{b}^2$ 代入①或②得: $\vec{a}^2 = \vec{b}^2$.

不妨设 $\vec{a}$、$\vec{b}$ 的夹角为 θ, 则 $\cos\theta = \dfrac{\vec{a} \cdot \vec{b}}{|\vec{a}||\vec{b}|} = \dfrac{\vec{b}^2}{2|\vec{b}|^2} = \dfrac{1}{2}$,

又因为 $0 \leqslant \theta \leqslant \pi$, $\therefore$ $\theta = \dfrac{\pi}{3}$.

例 4. 向量 OA 与 OB 已知夹角 θ, $|OA| = 1, |OB| = 2, \overrightarrow{OP} = (1-t)\overrightarrow{OA}, \overrightarrow{OQ} = t\overrightarrow{OB}$, $0 \leqslant t \leqslant 1$. $|PQ|$ 在 t_0 时取得最小值, 问当 $0 < t_0 < \dfrac{1}{5}$ 时, 求夹角 θ 的取值范围.

解: $\overrightarrow{PQ} = -(1-t)\overrightarrow{OA} + t\overrightarrow{OB}$,

$|\overrightarrow{PQ}| = (1-t)^2 + 4t^2 - 4t(1-t)\cos\theta$

$\qquad = (5 + 4\cos\theta)t^2 - (2 + 4\cos\theta)t + 1$.

$\because$ $0 < t_0 < \dfrac{1}{5}, 0 \leqslant t \leqslant 1$,

$\therefore$ $0 < \dfrac{1 + 2\cos\theta}{5 + 4\cos\theta} < \dfrac{1}{5}$, $\therefore$ $-\dfrac{1}{2} < \cos\theta < 0$.

$\therefore$ $\theta \in \left(\dfrac{\pi}{2}, \dfrac{2\pi}{3}\right)$.

例 5. 在 $\triangle ABC$ 中, 若 $\dfrac{\overrightarrow{AB} \cdot \overrightarrow{BC}}{3} = \dfrac{\overrightarrow{BC} \cdot \overrightarrow{CA}}{2} = \dfrac{\overrightarrow{AB} \cdot \overrightarrow{CA}}{1}$, 求 $\tan A$ 的值.

解: 设 $\dfrac{\overrightarrow{AB} \cdot \overrightarrow{BC}}{3} = \dfrac{\overrightarrow{BC} \cdot \overrightarrow{CA}}{2} = \dfrac{\overrightarrow{AB} \cdot \overrightarrow{CA}}{1} = \dfrac{t}{4R^2}$. 则

$\sin A \sin C \cos B = 3t$,

$\sin A \sin B \cos C = 2t$,

$\sin B \sin C \cos A = t$,

$$\tan A=3\tan B=2\tan C=k.$$

$$\tan(A+B+C)=\frac{-\frac{1}{2}k^3+\frac{11}{2}k}{3-3k^2}=0,$$

$$\tan A=k=\sqrt{11}.$$

例 6. 设 O 是锐角 $\triangle ABC$ 的外心，$AB=6$，$AC=10$，若 $\overrightarrow{AO}=x\overrightarrow{AB}+y\overrightarrow{AC}$，且 $2x+10y=5$，求 $\cos\angle BAC$.

解： 因为 $\overrightarrow{AO}\cdot\overrightarrow{AC}=x\overrightarrow{AB}\cdot\overrightarrow{AC}+y\cdot\overrightarrow{AC}^2$，

且 $\overrightarrow{AO}\cdot\overrightarrow{AC}=\frac{1}{2}(\overrightarrow{AC})^2=50$，$\overrightarrow{AB}\cdot\overrightarrow{AC}=60\cos A$，$\overrightarrow{AC}^2=100$，

所以 $50=60x\cdot\cos A+100y$，于是 $\cos A=\frac{5-10y}{6x}=\frac{2x}{6x}=\frac{1}{3}$.

例 7. 在凸四边形 $ABCD$ 中，P 和 Q 分别为对角线 BD 和 AC 的中点，求证：

$$AB^2+BC^2+CD^2+DA^2=AC^2+BD^2+4PQ^2.$$

证明： 连接 BQ,QD，因为 $\overrightarrow{BP}+\overrightarrow{PQ}=\overrightarrow{BQ}$，$\overrightarrow{DP}+\overrightarrow{PQ}=\overrightarrow{DQ}$，

所以 $\overrightarrow{BQ}^2+\overrightarrow{DQ}^2=(\overrightarrow{BP}+\overrightarrow{PQ})^2+(\overrightarrow{DP}+\overrightarrow{PQ})^2$

$\qquad=\overrightarrow{BP}^2+\overrightarrow{DP}^2+2\overrightarrow{PQ}^2+2\overrightarrow{BP}\cdot\overrightarrow{PQ}+2\overrightarrow{DP}\cdot\overrightarrow{PQ}$

$\qquad=\overrightarrow{BP}^2+\overrightarrow{DP}^2+2\overrightarrow{PQ}^2+2(\overrightarrow{BP}+\overrightarrow{DP})\cdot\overrightarrow{PQ}=\overrightarrow{BP}^2+\overrightarrow{DP}^2+2\overrightarrow{PQ}^2$ ①

又因为 $\overrightarrow{BQ}+\overrightarrow{QC}=\overrightarrow{BC}$，$\overrightarrow{BQ}+\overrightarrow{QA}=\overrightarrow{BA}$，$\overrightarrow{QA}+\overrightarrow{QC}=\overrightarrow{0}$，

同理，$\overrightarrow{BA}^2+\overrightarrow{BC}^2=\overrightarrow{QA}^2+\overrightarrow{QC}^2+2\overrightarrow{BQ}^2$ ②

$\overrightarrow{CD}^2+\overrightarrow{DA}^2=\overrightarrow{QA}^2+\overrightarrow{QC}^2+2\overrightarrow{QD}^2$ ③

由①②③可得 $\overrightarrow{BA}^2+\overrightarrow{BC}^2+\overrightarrow{CD}^2+\overrightarrow{DA}^2=4\overrightarrow{QA}^2+2(\overrightarrow{BQ}^2+\overrightarrow{QD}^2)$

$=\overrightarrow{AC}^2+2(2\overrightarrow{BP}^2+2\overrightarrow{PQ}^2)=\overrightarrow{AC}^2+\overrightarrow{BD}^2+4\overrightarrow{PQ}^2$. 得证.

1. 已知 $\vec{a}$，$\vec{b}$，$\vec{c}$ 是三个非零向量，则下列命题中真命题的个数为 （ ）．

① $|\vec{a}\cdot\vec{b}|=|\vec{a}|\cdot|\vec{b}|\Leftrightarrow\vec{a}//\vec{b}$

② $\vec{a}$，$\vec{b}$ 反向 $\Leftrightarrow\vec{a}\cdot\vec{b}=-|\vec{a}|\cdot|\vec{b}|$

③ $\vec{a}\perp\vec{b}\Leftrightarrow|\vec{a}+\vec{b}|=|\vec{a}-\vec{b}|$

④ $|\vec{a}|=|\vec{b}|\Leftrightarrow\vec{a}\cdot\vec{c}=|\vec{b}\cdot\vec{c}|$

(A) 1 　　(B) 2 　　(C) 3 　　(D) 4

2. 已知向量 $\vec{i}$，$\vec{j}$ 为相互垂直的单位向量，$\vec{a}+\vec{b}=2\vec{i}-8\vec{j}$，$\vec{a}-\vec{b}=-8\vec{i}+16\vec{j}$，求 $\vec{a}\cdot\vec{b}$.

3. 如图 7-14 所示，已知平行四边形 $ABCD$，$\overrightarrow{AB}=\vec{a}$，$\overrightarrow{AD}=\vec{b}$，$|\vec{a}|=4$，$|\vec{b}|=2$，求：$\overrightarrow{OA}\cdot\overrightarrow{OB}$.

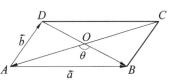

图 7-14

4. 设 $|\vec{a}|=6$，$|\vec{b}|=10$，$|\vec{a}-\vec{b}|=4\sqrt{6}$，求 $\vec{a}$ 与 $\vec{b}$ 的夹角 θ 的余弦值.

5. 已知 $\vec{a}\perp\vec{b}$，$|\vec{a}|=2$，$|\vec{b}|=3$，当 $(3\vec{a}-2\vec{b})\perp(\lambda\vec{a}+\vec{b})$

时,求实数 λ 的值.

6. 已知不共线向量 $\vec{a}$,$\vec{b}$,$|\vec{a}|=3$,$|\vec{b}|=2$,且向量 $\vec{a}+\vec{b}$ 与 $\vec{a}-2\vec{b}$ 垂直.求:$\vec{a}$ 与 $\vec{b}$ 的夹角 θ 的余弦值.

7. 已知 $|\vec{a}|=3$,$|\vec{b}|=4$,且 $\vec{a}$ 与 $\vec{b}$ 不共线,k 为何值时,向量 $\vec{a}+k\vec{b}$ 与 $\vec{a}-k\vec{b}$ 互相垂直?

8. 在 $\triangle ABC$ 中,已知 $\overrightarrow{AB}\cdot\overrightarrow{AC}=4$,$\overrightarrow{AB}\cdot\overrightarrow{BC}=-12$,求 $|\overrightarrow{AB}|$.

9. 在 $\triangle ABC$ 中,$\overrightarrow{AB}=\vec{a}$,$\overrightarrow{BC}=\vec{b}$,且 $\vec{a}\cdot\vec{b}>0$,则 $\triangle ABC$ 的形状是_____.

10. 已知向量 $\vec{a}=(2,4)$,$\vec{b}=(1,1)$.若向量 $\vec{b}\perp(\vec{a}+\lambda\vec{b})$,则实数 λ 的值是_____.

11. 如图 7-15,在四边形 $ABCD$ 中,$|\overrightarrow{AB}|+|\overrightarrow{BD}|+|\overrightarrow{DC}|=4$,$\overrightarrow{AB}\cdot\overrightarrow{BD}=\overrightarrow{BD}\cdot\overrightarrow{DC}=0$,$|\overrightarrow{AB}|\cdot|\overrightarrow{BD}|+|\overrightarrow{BD}|\cdot|\overrightarrow{DC}|=4$,求 $(\overrightarrow{AB}+\overrightarrow{DC})\cdot\overrightarrow{AC}$ 的值.

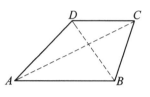

图 7-15

12. 如图 7-16,在 $\text{Rt}\triangle ABC$ 中,已知 $BC=a$,若长为 $2a$ 的线段 PQ 以点 A 为中点.问 PQ 与 BC 的夹角 θ 为何值时,$\overrightarrow{BP}\cdot\overrightarrow{CQ}$ 的值最大? 并求出这个最大值.

13. 已知 $\triangle ABC$ 中满足 $\overrightarrow{AB}^2=\overrightarrow{AB}\cdot\overrightarrow{AC}+\overrightarrow{BA}\cdot\overrightarrow{BC}+\overrightarrow{CA}\cdot\overrightarrow{CB}$,$a$,$b$,$c$ 分别是 $\triangle ABC$ 的三边.试判断 $\triangle ABC$ 的形状,并求 $\sin A+\sin B$ 的取值范围.

14. 设边长为 1 的正 $\triangle ABC$ 的边 BC 上有 n 等分点,沿点 B 到点 C 的方向,依次为 P_1,P_2,$\cdots$,P_{n-1},若 $S_n=\overrightarrow{AB}\cdot\overrightarrow{AP_1}+\overrightarrow{AP_1}\cdot\overrightarrow{AP_2}+\cdots+\overrightarrow{AP_{n-1}}\cdot\overrightarrow{AC}$,求证:$S_n=\dfrac{5n^2-2}{6n}$.

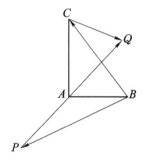

图 7-16

15. 在 $\triangle ABC$ 中,$\overrightarrow{AB}=\vec{a}$,$\overrightarrow{BC}=\vec{c}$,$\overrightarrow{CA}=\vec{b}$,又 $(\vec{c}\cdot\vec{b}):(\vec{b}\cdot\vec{a}):(\vec{a}\cdot\vec{c})=1:2:3$,则求 $\triangle ABC$ 三边长之比 $|\vec{a}|:|\vec{b}|:|\vec{c}|$.

16. 设 $\triangle ABC$ 垂心,外心分别为 H,O,外接圆的半径为 3,且 $|OH|=1$,$|BC|=a$,$|CA|=b$,$|AB|=c$,求 $a^2+b^2+c^2$ 的值.

17. 设 $\triangle ABC$ 是边长为 1 的正三角形,点 P_1,P_2,P_3 四等分线段 BC(如图 7-17 所示).

(1) 求 $\overrightarrow{AB}\cdot\overrightarrow{AP_1}+\overrightarrow{AP_1}\cdot\overrightarrow{AP_2}$ 的值;

(2) Q 为线段 AP_1 上一点,若 $\overrightarrow{AQ}=m\overrightarrow{AB}+\dfrac{1}{12}\overrightarrow{AC}$,求实数 m 的值;

(3) P 为边 BC 上一动点,当 $\overrightarrow{PA}\cdot\overrightarrow{PC}$ 取最小值时,求 $\cos\angle PAB$ 的值.

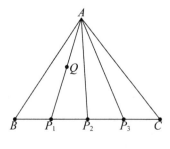

图 7-17

18. 平面四边形 $ABCD$ 中,$\overrightarrow{AB}=\vec{a}$,$\overrightarrow{BC}=\vec{b}$,$\overrightarrow{CD}=\vec{c}$,$\overrightarrow{DA}=\vec{d}$,且 $\vec{a}\cdot\vec{b}=\vec{b}\cdot\vec{c}=\vec{c}\cdot\vec{d}=\vec{d}\cdot\vec{a}$,判断四边形 $ABCD$ 的形状.

19. 如图 7-18,设 $\triangle ABC$ 的外心为 O,以线段 OA,OB 为邻边作平行四边形,第四个顶点为 D,再以 OC 与 OD 为邻边作平行四边形,它的第四个顶点为 H,

(1) 若 $\overrightarrow{OA}=\vec{a}$,$\overrightarrow{OB}=\vec{b}$,$\overrightarrow{OC}=\vec{c}$,试用 $\vec{a}$、$\vec{b}$、$\vec{c}$ 表示 $\overrightarrow{OH}$;

(2) 证明:$AH \perp BC$;

(3) 设 $\triangle ABC$ 的中,$\angle A=60°$,$\angle B=45°$,外接圆半径为 R,用 R 表示 $|\overrightarrow{OH}|$.

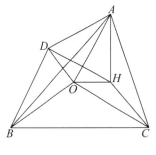

图 7-18

§7.3 向量的坐标表示

1. 向量基本定理

如果 $\vec{e_1}$,$\vec{e_2}$ 是一个平面内两个不平行的向量,那么该平面内的任意向量 $\vec{a}$,都可唯一地表示为 $\vec{e_1}$ 与 $\vec{e_2}$ 的线性组合,即存在唯一的一对实数 λ,μ,使得 $\vec{a}=\lambda \vec{e_1}+\mu \vec{e_2}$.

把不共线向量 $\vec{e_1}$,$\vec{e_2}$ 称作表示这一平面内所有向量的一组基(基底),$\vec{a}=\lambda \vec{e_1}+\mu \vec{e_2}$,称作向量 $\vec{a}$ 关于基底 $\{\vec{e_1},\vec{e_2}\}$ 的分解式.

例 已知 O 为原点,A,B,C 为平面内三点,求证:A,B,C 三点在一条直线上的充要条件是 $\overrightarrow{OC}=\alpha \overrightarrow{OA}+\beta \overrightarrow{OB}$,且 α,$\beta \in \mathbf{R}$,$\alpha+\beta=1$.

证明:(必要性) 设 A,B,C 三点共线,则 $\overrightarrow{AC}$ 与 $\overrightarrow{AB}$ 共线.于是存在实数 λ,使 $\overrightarrow{AC}=\lambda \overrightarrow{AB}$.
而 $\overrightarrow{AC}=\overrightarrow{OC}-\overrightarrow{OA}$,$\overrightarrow{AB}=\overrightarrow{OB}-\overrightarrow{OA}$,

$\therefore$ $\overrightarrow{OC}-\overrightarrow{OA}=\lambda(\overrightarrow{OB}-\overrightarrow{OA})$. $\therefore$ $\overrightarrow{OC}=\lambda \overrightarrow{OB}+(1-\lambda)\overrightarrow{OA}$.

令 $\lambda=\beta$,$1-\lambda=\alpha$,有 $\alpha+\beta=(1-\lambda)+\lambda=1$,

$\therefore$ $\overrightarrow{OC}=\alpha \overrightarrow{OA}+\beta \overrightarrow{OB}$,且 $\alpha+\beta=1$.

(充分性)

若 $\overrightarrow{OC}=\alpha \overrightarrow{OA}+\beta \overrightarrow{OB}$,且 $\alpha+\beta=1$,则
$\overrightarrow{OC}=(1-\beta)\overrightarrow{OA}+\beta \overrightarrow{OB}$,$\overrightarrow{OC}=\overrightarrow{OA}+\beta(\overrightarrow{OB}-\overrightarrow{OA})$,
$\overrightarrow{OC}-\overrightarrow{OA}=\beta(\overrightarrow{OB}-\overrightarrow{OA})$, $\therefore$ $\overrightarrow{AC}=\beta \overrightarrow{AB}$,$\beta \in \mathbf{R}$.

$\therefore$ $\overrightarrow{AC}$ 与 $\overrightarrow{AB}$ 共线,而 A 为 $\overrightarrow{AC}$ 与 $\overrightarrow{AB}$ 的公共端点,

$\therefore$ A,B,C 三点在一条直线上.

在证明必要性时,A,B,C 三点共线还可用 $\overrightarrow{AB}=k\overrightarrow{BC}$,$\overrightarrow{AC}=k\overrightarrow{BC}$ 表示.

本题的结论还可有更一般的形式:A,B,C 三点在一条直线上的充要条件是存在实数 h,k,l,使 $h\overrightarrow{OA}+k\overrightarrow{OB}+l\overrightarrow{OC}=0$,且 $h+k+l=1$,l,k,h 中至少有一个不为 0.

1. 设 $\vec{a}$、$\vec{b}$ 是不共线的两个非零向量,$\overrightarrow{OM}=m\vec{a}$,$\overrightarrow{ON}=n\vec{b}$,$\overrightarrow{OP}=\alpha \vec{a}+\beta \vec{b}$,其中 m,n,α,β 均为实数,$m \neq 0$,$n \neq 0$,若 M,P,N 三点共线,求证:$\dfrac{\alpha}{m}+\dfrac{\beta}{n}=1$.

2. 在等边三角形 ABC 中,点 O 是边 BC 的三等分点(靠近点 C),过点 O 的直线分别交直线 AB,AC 于不同的两点 M,N,若 $\overrightarrow{AB}=m\overrightarrow{AM}$,$\overrightarrow{AC}=n\overrightarrow{AN}$,求 mn 的最大值.

3. 在 $\triangle ABC$ 中,设 $\overrightarrow{AB}=\vec{a}$,$\overrightarrow{AC}=\vec{b}$,$\overrightarrow{AP}=\vec{c}$,$\overrightarrow{AD}=\lambda \vec{a}$,$(0<\lambda<1)$,$\overrightarrow{AE}=\mu \vec{b}$,$(0<\mu<1)$,

BE 与 CD 交于点 P,试用向量 $\vec{a}$,$\vec{b}$ 表示 $\vec{c}$.

4. 已知等差数列 $\{a_n\}$ 的前 n 项和为 S_n,向量 $\overrightarrow{OP} = \left(n, \dfrac{S_n}{n}\right)$,$\overrightarrow{OP_1} = \left(m, \dfrac{S_m}{m}\right)$,$\overrightarrow{OP_2} = \left(k, \dfrac{S_k}{k}\right)(n,m,k \in \mathbf{N}^*)$,且 $\overrightarrow{OP} = \lambda \cdot \overrightarrow{OP_1} + \mu \cdot \overrightarrow{OP_2}$,求 μ(用 n,m,k 表示).

5. $\triangle ABC$ 是直角边等于 4 的等腰直角三角形,D 是斜边 BC 的中点,$\overrightarrow{AM} = \dfrac{1}{4}\overrightarrow{AB} + m \cdot \overrightarrow{AC}$,向量 $\overrightarrow{AM}$ 的终点 M 在 $\triangle ACD$ 的内部(不含边界),求实数 m 的取值范围.

6. 在 $\triangle ABC$ 中,F 是 BC 中点,直线 l 分别交 AB,AF,AC 于点 D,G,E.如果 $\overrightarrow{AD} = \lambda \overrightarrow{AB}$,$\overrightarrow{AE} = \mu \overrightarrow{AC}$,$\lambda,\mu \in \mathbf{R}$.证明:$G$ 为 $\triangle ABC$ 重心的充分必要条件是 $\dfrac{1}{\lambda} + \dfrac{1}{\mu} = 3$.

7. M 为 $\triangle ABC$ 的中线 AD 的中点,过点 M 的直线分别交两边 AB,AC 于点 P,Q,设 $\overrightarrow{AP} = x \overrightarrow{AB}$,$\overrightarrow{AQ} = y \overrightarrow{AC}$,记 $y = f(x)$.

(1) 求函数 $y = f(x)$ 的表达式;

(2) 设 $g(x) = x^3 + 3a^2x + 2a$,$x \in [0,1]$.若对任意 $x_1 \in \left[\dfrac{1}{3},1\right]$,总存在 $x_2 \in [0,1]$,使得 $f(x_1) = g(x_2)$ 成立,求实数 a 的取值范围.

2. 向量的坐标表示

在平面直角坐标系中,每一个点都可用一对实数 (x,y) 表示,那么,每一个向量可否也用一对实数来表示?前面的平面向量分解告诉我们,只要选定一组基底,就有唯一确定的有序实数对与之一一对应.

我们分别选取与 x 轴、y 轴方向相同的单位向量 $\vec{i}$,$\vec{j}$ 作为基底,由平面向量的基本定理,对于任一向量 $\vec{a}$,存在唯一确定的实数对 (x,y) 使得 $\vec{a} = x\vec{i} + y\vec{j}$,$(x,y \in \mathbf{R})$,我们称实数对 (x,y) 叫向量 $\vec{a}$ 的坐标,记作 $\vec{a} = (x,y)$.其中 x 叫向量 $\vec{a}$ 在 x 轴上的坐标,y 叫向量 $\vec{a}$ 在 y 轴上的坐标,见图 7-19.

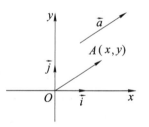

图 7-19

注意:(1) 与 $\vec{a}$ 相等的向量的坐标也是 (x,y).

(2) 所有相等的向量坐标相同;坐标相同的向量是相等的向量.

平面向量的坐标运算

(1) 设 $\vec{a} = (x_1,y_1)$,$\vec{b} = (x_2,y_2)$,则 $\vec{a} + \vec{b} = (x_1+x_2,y_1+y_2)$.

(2) 设 $\vec{a} = (x_1,y_1)$,$\vec{b} = (x_2,y_2)$,则 $\vec{a} - \vec{b} = (x_1-x_2,y_1-y_2)$.

(3) 设 $A(x_1,y_1)$,$B(x_2,y_2)$,则 $\overrightarrow{AB} = \overrightarrow{OB} - \overrightarrow{OA} = (x_2-x_1,y_2-y_1)$.

(4) 设 $\vec{a} = (x,y)$,$\lambda \in \mathbf{R}$,则 $\lambda\vec{a} = (\lambda x,\lambda y)$.

(5) 设 $\vec{a} = (x_1,y_1)$,$\vec{b} = (x_2,y_2)$,则 $\vec{a} \cdot \vec{b} = x_1x_2 + y_1y_2$.

向量平行的坐标表示

设 $\vec{a} = (x_1,y_1)$,$\vec{b} = (x_2,y_2)$,且 $\vec{b} \neq 0$,则 $\vec{a} // \vec{b} (\vec{b} \neq 0) \Leftrightarrow x_1y_2 - x_2y_1 = 0$.

向量的平行与垂直的充要条件

设 $\vec{a}=(x_1,y_1),\vec{b}=(x_2,y_2)$,且 $\vec{b}\neq\vec{0},\vec{a}\neq\vec{0}$ 则

$\vec{a}//\vec{b}\Leftrightarrow\vec{b}=\lambda\vec{a}\Leftrightarrow x_1y_2-x_2y_1=0.$

$\vec{a}\perp\vec{b}\Leftrightarrow\vec{a}\cdot\vec{b}=0\Leftrightarrow x_1x_2+y_1y_2=0.$

重要的公式

(1) 长度公式：$|\vec{a}|=\sqrt{|\vec{a}|^2}=\sqrt{\vec{a}^2}=\sqrt{x_1^2+y_1^2}$　（$\vec{a}=(x_1,y_1)$）

(2) 夹角公式：$\cos\theta=\dfrac{x_1x_2+y_1y_2}{\sqrt{x_1^2+y_1^2}\cdot\sqrt{x_2^2+y_2^2}}$ ($\vec{a}=(x_1,y_1),\vec{b}=(x_2,y_2)$).

(3) 平面两点间的距离公式：

$$d_{A,B}=|\overrightarrow{AB}|=\sqrt{\overrightarrow{AB}\cdot\overrightarrow{AB}}=\sqrt{(x_2-x_1)^2+(y_2-y_1)^2}\,(A(x_1,y_1),B(x_2,y_2)).$$

(4) 不等式：$|\vec{a}\cdot\vec{b}|=||\vec{a}||\vec{b}|\cos\theta|\leqslant|\vec{a}||\vec{b}|.$

例 1. 已知 $\vec{a}=(a_1,a_2),\vec{b}=(b_1,b_2)$,且 $a_1b_2-a_2b_1\neq0$,求证：

(1) 对平面内任一向量 $\vec{c}(c_1,c_2)$,都可以表示为 $x\vec{a}+y\vec{b}(x,y\in\mathbf{R})$ 的形式；

(2) 若 $x\vec{a}+y\vec{b}=0$,则 $x=y=0$.

证明： (1) 设 $\vec{c}=x\vec{a}+y\vec{b}$,即 $(c_1,c_2)=x(a_1,a_2)+y(b_1,b_2)=(a_1x+b_1y,a_2x+b_2y)$,

$\therefore$ $\begin{cases}a_1x+b_1y=c_1,\\a_2x+b_2y=c_2.\end{cases}$ $\because$ $a_1b_2-a_2b_1\neq0$, $\therefore$ 上述关于 x,y 的方程组有唯一解.

$\begin{cases}x=\dfrac{c_1b_2-c_2b_1}{a_1b_2-a_2b_1},\\y=\dfrac{a_1c_2-a_2c_1}{a_1b_2-a_2b_1}.\end{cases}$ $\therefore$ $\vec{c}=\dfrac{c_1b_2-c_2b_1}{a_1b_2-a_2b_1}\vec{a}+\dfrac{a_1c_2-a_2c_1}{a_1b_2-a_2b_1}\vec{b}.$

(2) 由(1)的结论,$\vec{c}=\vec{0}$,即 $c_1=c_2=0$,则

$$x=\dfrac{c_1b_2-c_2b_1}{a_1b_2-a_2b_1}=0,y=\dfrac{a_1c_2-a_2c_1}{a_1b_2-a_2b_1}=0,$$

$\therefore$ $x=y=0.$

小结： 证明(1)的过程就是求实数 x,y 的过程,而 $a_1b_2-a_2b_1\neq0$ 是上面二元一次方程组有唯一解的不可缺少的条件.另外,本题实际上是用向量的坐标形式表述平面向量基本定理,其中 $\lambda_1=x,\lambda_2=y$,这里给出了一个具体的求 λ_1,λ_2 的计算方法.

例 2. 已知 $\vec{a}=(1,0),\vec{b}=(2,1)$.

① 求 $|\vec{a}+3\vec{b}|$；

② 当 k 为何实数时,$k\vec{a}-\vec{b}$ 与 $\vec{a}+3\vec{b}$ 平行,平行时它们是同向还是反向？

解： ① $\vec{a}+3\vec{b}=(7,3)$, $\therefore$ $|\vec{a}+3\vec{b}|=\sqrt{7^2+3^2}=\sqrt{58}$.

② $k\vec{a}-\vec{b}=(k-2,-1)$.

设 $k\vec{a}-\vec{b}=\lambda(\vec{a}+3\vec{b})$,即 $(k-2,-1)=\lambda(7,3)$,

$\therefore$ $\begin{cases}k-2=7\lambda,\\-1=3\lambda\end{cases}\Rightarrow\begin{cases}k=-\dfrac{1}{3},\\\lambda=-\dfrac{1}{3},\end{cases}$ 故 $k=-\dfrac{1}{3}$ 时,它们反向平行.

例 3. 向量 $\overrightarrow{OA}=(1,0)$,$\overrightarrow{OB}=(1,1)$,$O$ 为坐标原点,动点 $P(x,y)$ 满足 $\begin{cases} 0\leqslant\overrightarrow{OP}\cdot\overrightarrow{OA}\leqslant1, \\ 0\leqslant\overrightarrow{OP}\cdot\overrightarrow{OB}\leqslant2, \end{cases}$

求点 $Q(x+y,y)$ 构成图形的面积.

解: 由题意得点 $P(x,y)$ 满足 $\begin{cases} 0\leqslant x\leqslant1, \\ 0\leqslant x+y\leqslant2, \end{cases}$ 令 $\begin{cases} x+y=u, \\ y=v, \end{cases}$

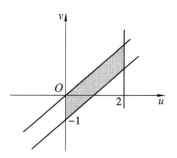

则点 $Q(u,v)$ 满足 $\begin{cases} 0\leqslant u-v\leqslant1, \\ 0\leqslant u\leqslant2, \end{cases}$ 在 uOv 平面内画出点

$Q(u,v)$ 构成图形如图 7-20 所示,　∴　其面积等于 $1\times2=2$.

例 4. 已知 $\vec{a}=\left(\cos\dfrac{2}{3}\pi,\sin\dfrac{2}{3}\pi\right)$,$\overrightarrow{OA}=\vec{a}-\vec{b}$,$\overrightarrow{OB}=\vec{a}+$

$\vec{b}$,若 $\triangle OAB$ 是以 O 为直角顶点的等腰直角三角形,求 $\triangle OAB$

图 7-20

面积.

解: ∵　$|\overrightarrow{OA}|=|\overrightarrow{OB}|$　∴　$\vec{a}^2-2\vec{a}\cdot\vec{b}+\vec{b}^2=\vec{a}^2+2\vec{a}\cdot\vec{b}+\vec{b}^2$,　∴　$\vec{a}\cdot\vec{b}=0$.

∵　$\overrightarrow{OA}\perp\overrightarrow{OB}$　∴　$\overrightarrow{OA}\cdot\overrightarrow{OB}=0$,　∴　$\vec{a}^2-\vec{b}^2=0$,　∴　$|\vec{b}|=|\vec{a}|=1$.

∴　$|\overrightarrow{OA}|=|\overrightarrow{OB}|=\sqrt{\vec{a}^2+\vec{b}^2}=\sqrt{2}$.

∴　$S=\dfrac{1}{2}|\overrightarrow{OA}|\cdot|\overrightarrow{OB}|=1$.

例 5. 已知向量 $\vec{a}=(0,1)$,$\vec{b}=\left(-\dfrac{\sqrt{3}}{2},-\dfrac{1}{2}\right)$,$\vec{c}=\left(\dfrac{\sqrt{3}}{2},-\dfrac{1}{2}\right)$,$x\vec{a}+y\vec{b}+z\vec{c}=(1,1)$.求

$x^2+y^2+z^2$ 的最小值.

解: $\begin{cases} -\dfrac{\sqrt{2}}{2}y+\dfrac{\sqrt{2}}{2}z=1, \\ x-\dfrac{1}{2}y-\dfrac{1}{2}z=1 \end{cases} \Rightarrow \begin{cases} z-y=\dfrac{2}{\sqrt{3}}, \\ \dfrac{x-y}{2}+\dfrac{x-z}{2}=1. \end{cases}$

$2=|x\vec{a}+y\vec{b}+z\vec{c}|^2=x^2+y^2+z^2-xy-yz-xz=\dfrac{(x-y)^2}{2}+\dfrac{(x-z)^2}{2}+\dfrac{(y-z)^2}{2}$.

令 $a=x-y,b=x-z$,

$\begin{cases} a+b=2, \\ a^2+b^2+\dfrac{4}{3}=4 \end{cases} \Rightarrow \begin{cases} a=1+\dfrac{1}{\sqrt{3}}, \\ b=1-\dfrac{1}{\sqrt{3}}. \end{cases}$

∴　$x=z+1+\dfrac{1}{\sqrt{3}}$,$y=z-\dfrac{2}{\sqrt{3}}$.

∴　$x^2+y^2+z^2=3\left(z+\dfrac{1-\sqrt{3}}{3}\right)^2+\dfrac{4}{3}$,

∴　$(x^2+y^2+z^2)_{\min}=\dfrac{4}{3}$.

例 6. 已知集合 $M=\{1,2,3\}$，$N=\{1,2,3,4\}$，定义函数 $f:M\to N$. 设点 $A(1,f(1))$，$B(2,f(2))$，$C(3,f(3))$，$\triangle ABC$ 的外接圆圆心为 D，且 $\overrightarrow{DA}+\overrightarrow{DC}=\lambda\overrightarrow{DB}(\lambda\in\mathbf{R})$，求满足条件的函数 $f(x)$ 的个数.

解： 由 $\overrightarrow{DA}+\overrightarrow{DC}=\lambda\overrightarrow{DB}$ 易得 $|\overrightarrow{BA}|=|\overrightarrow{BC}|$，

即 $(2-1)^2+(f(2)-f(1))^2=(3-2)^2+(f(3)-f(2))^2$，

所以有，$f(2)-f(1)=f(3)-f(2)$ 或 $f(1)=f(3)$.

若 $f(2)-f(1)=f(3)-f(2)$，则导致 A、B、C 三点共线，矛盾.

若 $f(1)=f(3)$，因为 A、B、C 三点不共线，所以 $f(1)=f(3)\neq f(2)$，

故这样的函数有：$4\times3=12$ 个，经验证，这 12 个函数均符合题设.

例 7. $\vec{a}=(1+\cos\alpha,\sin\alpha),\vec{b}=(1-\cos\beta,\sin\beta),\vec{c}=(1,0),\alpha\in(0,\pi),\beta\in(\pi,2\pi),\vec{a}$ 与 $\vec{c}$ 的夹角为 $\theta_1,\vec{b}$ 与 $\vec{c}$ 的夹角为 θ_2，且 $\theta_1-\theta_2=\dfrac{\pi}{3}$，求 $\sin\dfrac{\alpha-\beta}{2}$ 的值.

解： $\vec{a}=\left(2\cos^2\dfrac{\alpha}{2},2\sin\dfrac{\alpha}{2}\cos\dfrac{\alpha}{2}\right)=2\cos\dfrac{\alpha}{2}\left(\cos\dfrac{\alpha}{2},\sin\dfrac{\alpha}{2}\right)$，

$\therefore\ \vec{b}=\left(2\sin^2\dfrac{\beta}{2},2\sin\dfrac{\beta}{2}\cos\dfrac{\beta}{2}\right)=2\sin\dfrac{\beta}{2}\left(\sin\dfrac{\beta}{2},\cos\dfrac{\beta}{2}\right)$，$\because\ \alpha\in(0,\pi),\beta\in(\pi,2\pi)$，$\therefore\ \dfrac{\alpha}{2}\in\left(0,\dfrac{\pi}{2}\right),\dfrac{\beta}{2}\in\left(\dfrac{\pi}{2},\pi\right)$，

故有 $|\vec{a}|=2\cos\dfrac{\alpha}{2},|\vec{b}|=2\sin\dfrac{\beta}{2}$.

$\therefore\ \cos\theta_1=\dfrac{\vec{a}\cdot\vec{c}}{|\vec{a}|\cdot|\vec{c}|}=\dfrac{2\cos^2\dfrac{\alpha}{2}}{2\cos\dfrac{\alpha}{2}}=\cos\dfrac{\alpha}{2}$，$\therefore\ \theta_1=\dfrac{\alpha}{2}$，$\therefore\ \cos\theta_2=\dfrac{\vec{b}\cdot\vec{c}}{|\vec{b}|\cdot|\vec{c}|}=$

$\dfrac{2\sin^2\dfrac{\beta}{2}}{2\sin\dfrac{\beta}{2}}=\sin\dfrac{\beta}{2}$，$0<\dfrac{\beta}{2}-\dfrac{\pi}{2}<\dfrac{\pi}{2}$，$\therefore\ \theta_2=\dfrac{\beta}{2}-\dfrac{\pi}{2}$.　$\therefore\ \theta_1-\theta_2=\dfrac{\alpha}{2}-\dfrac{\beta}{2}+\dfrac{\pi}{2}$，

$\therefore\ \dfrac{\alpha-\beta}{2}=-\dfrac{\pi}{6}$，从而 $\sin\dfrac{\alpha-\beta}{2}=-\sin\dfrac{\pi}{6}=-\dfrac{1}{2}$.

例 8. 如图 7-21，半径为 1 的半圆 O 上有一动点 B，MN 为直径，A 为半径 ON 延长线上的一点，且 $OA=2$，$\angle AOB$ 的角平分线交半圆于点 C.

(1) 若 $\overrightarrow{AC}\cdot\overrightarrow{AB}=3$，求 $\cos\angle AOC$ 的值；

(2) 若 A,B,C 三点共线，求线段 AC 的长.

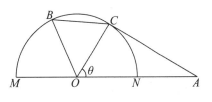

图 7-21

解： (1) 以 O 为原点，OA 为 x 轴正半轴建立平面直角坐标系，

设 $\angle AOC=\theta,A(2,0)$

$C(\cos\theta,\sin\theta),B(\cos2\theta,\sin2\theta)$，

$$\vec{AC}=(\cos\theta-2,\sin\theta),\vec{AB}=(\cos2\theta-2,\sin2\theta).$$

$$\vec{AC}\cdot\vec{AB}=(\cos\theta-2)(\cos2\theta-2)+\sin\theta\sin2\theta$$

$$=\cos\theta\cos2\theta-2\cos2\theta-2\cos\theta+\sin\theta\sin2\theta+4$$

$$=-2\cos2\theta-\cos\theta+4=-4\cos^2\theta-\cos\theta+6.$$

$$\therefore\ -4\cos^2\theta-\cos\theta+6=3.$$

$$\cos\theta=\frac{3}{4},\cos\theta=-1(\text{舍去}).$$

(2) A,B,C 三点共线，所以 $\dfrac{\cos2\theta-2}{\cos\theta-2}=\dfrac{\sin2\theta}{\sin\theta}$.

$$\therefore\ \cos\theta=\frac{3}{4}\quad\therefore\quad AC^2=1+4-2\times1\times2\times\cos\theta=2.$$

$$\therefore\ |AC|=\sqrt{2}.$$

例 9. 在直角坐标系中，已知两点 $A(x_1,y_1),B(x_2,y_2)$；x_1,x_2 是一元二次方程 $2x^2-2ax+a^2-4=0$ 两个不等实根，且 A、B 两点都在直线 $y=-x+a$ 上.

(1) 求 $\vec{OA}\cdot\vec{OB}$；(2) a 为何值时 $\vec{OA}$ 与 $\vec{OB}$ 夹角为 $\dfrac{\pi}{3}$.

解：(1) $\because\quad x_1$、x_2 是方程 $2x^2-2ax+a^2-4=0$ 两个不等实根，

$\therefore\ \Delta=4a^2-8(a^2-4)>0$，解之 $-2\sqrt{2}<a<2\sqrt{2}$.

$$x_1x_2=\frac{1}{2}(a^2-4),x_1+x_2=a.$$

又 $\because\quad A$、B 两点都在直线 $y=-x+a$ 上，

$\therefore\ y_1y_2=(-x_1+a)(-x_2+a)=x_1x_2-a(x_1+x_2)+a^2=\dfrac{1}{2}(a^2-4).$

$\therefore\ \vec{OA}\cdot\vec{OB}=x_1x_2+y_1y_2=a^2-4.$

(2) 由题意设 $x_1=\dfrac{a-\sqrt{8-a^2}}{2},x_2=\dfrac{a+\sqrt{8-a^2}}{2}$

$\therefore\ y_1=-x_1+a=\dfrac{a+\sqrt{8-a^2}}{2}=x_2$，同理 $y_2=x_1$.

$\therefore\ |\vec{OA}||\vec{OB}|=\sqrt{(x_1^2+y_1^2)(x_2^2+y_2^2)}=x_1^2+x_2^2=(x_1+x_2)^2-2x_1x_2=4.$

当 $\vec{OA}$ 与 $\vec{OB}$ 夹角为 $\dfrac{\pi}{3}$ 时，$\vec{OA}\cdot\vec{OB}=|\vec{OA}||\vec{OB}|\cos\dfrac{\pi}{3}=4\times\dfrac{1}{2}=2.$

$\therefore\ a^2-4=2$ 解之 $a=\pm\sqrt{6}\in(-2\sqrt{2},2\sqrt{2})\quad\therefore\quad a=\pm\sqrt{6}$ 即为所求.

1. 已知向量 $\vec{i}$，$\vec{j}$ 为相互垂直的单位向量，设 $\vec{a}=(m+1)\vec{i}-3\vec{j}$，$\vec{b}=\vec{i}+(m-1)\vec{j},(\vec{a}+\vec{b})\perp(\vec{a}-\vec{b})$，求 m 的值.

2. 平面内有三个已知点 $A(1,-2),B(7,0),C(-5,6)$，求：

(1) $\vec{AB},\vec{AC}$；

(2) $\vec{AB}+\vec{AC},\vec{AB}-\vec{AC}$；

(3) $2\overrightarrow{AB}+\dfrac{1}{2}\overrightarrow{AC}$，$\overrightarrow{AB}-3\overrightarrow{AC}$.

3. 已知向量 $\vec{a}=(1,2)$，$\vec{b}=(x,1)$，$\vec{u}=\vec{a}+2\vec{b}$，$\vec{v}=2\vec{a}-\vec{b}$，且 $\vec{u}\parallel\vec{v}$，求 x.

4. 已知 $\vec{a}=(2,3)$，$\vec{b}=(-1,4)$，$\vec{c}=(5,6)$，求 $(\vec{a}\cdot\vec{b})\cdot\vec{c}$ 和 $\vec{a}\cdot(\vec{b}\cdot\vec{c})$.

5. 已知两个非零向量 $\vec{a}$ 和 $\vec{b}$ 满足 $\vec{a}+\vec{b}=(2,-8)$，$\vec{a}-\vec{b}=(-6,-4)$，求 $\vec{a}$ 与 $\vec{b}$ 的夹角的余弦值.

6. 已知平面上三个向量 $\vec{a},\vec{b},\vec{c}$ 均为单位向量，且两两的夹角均为 $120°$，若 $|k\vec{a}+\vec{b}+\vec{c}|>1$ $(k\in\mathbf{R})$，求 k 的取值范围.

7. 已知向量 $\vec{a}=(\cos\alpha,\sin\alpha)$，$\vec{b}=(\cos\beta,\sin\beta)$，且 $\vec{a}$、$\vec{b}$ 满足关系式 $\sqrt{3}|k\vec{a}+\vec{b}|=|\vec{a}-k\vec{b}|$.($k$ 为正实数)

（1）求将 $\vec{a}$ 与 $\vec{b}$ 的数量积表示为关于 k 的函数 $f(k)$；

（2）求函数 $f(k)$ 的最小值及取得最小值时 $\vec{a}$ 与 $\vec{b}$ 的夹角 θ.

8. 知直角坐标系内有一点列 $\{A_n(x_n,y_n)\}$ 满足：$\begin{cases} x_1=1, \\ y_1=1, \end{cases}$

当 $n\geqslant2$ 时，$\begin{cases} x_n=\dfrac{1}{2}(x_{n-1}-y_{n-1}), \\ y_n=\dfrac{1}{2}(x_{n-1}+y_{n-1}), \end{cases}$ 设向量 $\vec{a_n}=\overrightarrow{OA_n}(n\in\mathbf{N}^*)$.

（1）求数列 $\{|\vec{a_n}|\}$ 的通项公式；

（2）设 $c_n=|\vec{a_n}|\cdot\log_2|\vec{a_n}|$，问数列 $\{c_n\}$ 中是否存在最小项？若存在，求出最小项；若不存在，请说明理由.

9. 对于一组向量 $\vec{a_1},\vec{a_2},\vec{a_3},\cdots,\vec{a_n}(n\in\mathbf{N}^*)$，令 $\vec{S_n}=\vec{a_1}+\vec{a_2}+\vec{a_3}+\cdots+\vec{a_n}$，如果存在 $\vec{a_p}$ $(p\in\{1,2,3\cdots,n\})$，使得 $|\vec{a_p}|\geqslant|\vec{S_n}-\vec{a_p}|$，那么称 $\vec{a_p}$ 是该向量组的"h 向量".

（1）设 $\vec{a_n}=(n,x+n)(n\in\mathbf{N}^*)$，若 $\vec{a_3}$ 是向量组 $\vec{a_1},\vec{a_2},\vec{a_3}$ 的"h 向量"，求实数 x 的取值范围；

（2）若 $\vec{a_n}=\left[\left(\dfrac{1}{3}\right)^{n-1},(-1)^n\right](n\in\mathbf{N}^*)$，向量组 $\vec{a_1},\vec{a_2},\vec{a_3},\cdots,\vec{a_n}$ 是否存在"h 向量"？给出你的结论并说明理由；

（3）已知 $\vec{a_1},\vec{a_2},\vec{a_3}$ 均是向量组 $\vec{a_1},\vec{a_2},\vec{a_3}$ 的"h 向量"，其中 $\vec{a_1}=(\sin x,\cos x)$，$\vec{a_2}=(2\cos x,2\sin x)$.求 $\vec{a_3}$.

10. 已知定点 $A(-2,0)$、$B(2,0)$，动点 C 在线段 AB 上，且 $\triangle PAC$、$\triangle QBC$ 均为等边三角形(P、Q 均在 x 轴上方).

（1）R 是线段 PQ 的中点，求点 R 的轨迹；

（2）求 $\angle ARB$ 的取值范围.

11. 设 x 轴、y 轴正方向上的单位向量分别是 $\vec{i}$、$\vec{j}$，坐标平面上点 A_n、$B_n(n\in\mathbf{N}^*)$ 分别满足下列两个条件：

① $\overrightarrow{OA_1}=4\vec{j}$ 且 $\overrightarrow{A_{n-1}A_n}=\vec{i}(n\in\mathbf{N}^*,n\geqslant2)$；

② $\overrightarrow{OB_1}=\vec{i}+\dfrac{1}{2}\vec{j}$ 且 $\overrightarrow{B_{n-1}B_n}=-\dfrac{1}{n(n+1)}\vec{j}(n\in\mathbf{N}^*,n\geqslant2)$.(其中 O 为坐标原点)

(1) 求向量 $\overrightarrow{OA_n}$ 及向量 $\overrightarrow{OB_n}$ 的坐标;

(2) 设 $a_n=\overrightarrow{OA_n}\cdot\overrightarrow{OB_n}$,求 a_n 的通项公式并求 a_n 的最小值;

(3) 对于(2)中的 a_n,设数列 $b_n=\dfrac{\sin\dfrac{n\pi}{2}\cos\dfrac{(n-1)\pi}{2}}{(n+1)a_n-6n+3}$,$S_n$ 为 b_n 的前 n 项和,证明:对所有 $n\in\mathbf{N}^*$ 都有 $S_n<\dfrac{89}{48}$.

§7.4 线段的定比分点公式与向量的应用

线段的定比分点公式

设点 P 是直线 P_1P_2 上异于 P_1、P_2 的任意一点,若存在一个实数 $\lambda(\lambda\neq-1)$,使 $\overrightarrow{P_1P}=\lambda\overrightarrow{PP_2}$,则 λ 叫作点 P 分有向线段 $\overrightarrow{P_1P_2}$ 所成的比,P 点叫作有向线段 $\overrightarrow{P_1P_2}$ 的以定比为 λ 的**定比分点**.

当 P 点在线段 P_1P_2 上时 $\Leftrightarrow\lambda>0$;

当 P 点在线段 P_1P_2 的延长线上时 $\Leftrightarrow\lambda<-1$;

当 P 点在线段 P_2P_1 的延长线上时 $\Leftrightarrow-1<\lambda<0$;

设 $P_1(x_1,y_1),P_2(x_2,y_2),P(x,y)$ 是线段 P_1P_2 的分点,λ 是实数且 $\overrightarrow{P_1P}=\lambda\overrightarrow{PP_2}$,则

$$\begin{cases}x=\dfrac{x_1+\lambda x_2}{1+\lambda},\\[2mm]y=\dfrac{y_1+\lambda y_2}{1+\lambda}\end{cases}\Leftrightarrow\overrightarrow{OP}=\dfrac{\overrightarrow{OP_1}+\lambda\overrightarrow{OP_2}}{1+\lambda}\Leftrightarrow\overrightarrow{OP}=t\overrightarrow{OP_1}+(1-t)\overrightarrow{OP_2}\left(t=\dfrac{1}{1+\lambda}\right).$$

由线段的定比分点公式得:

中点坐标公式:设 $P_1(x_1,y_1),P_2(x_2,y_2),P(x,y)$ 为 $\overrightarrow{P_1P_2}$ 的中点,(当 $\lambda=1$ 时)

得 $\begin{cases}x=\dfrac{x_1+x_2}{2},\\[2mm]y=\dfrac{y_1+y_2}{2}.\end{cases}$

三角形的重心坐标公式

$\triangle ABC$ 三个顶点的坐标分别为 $A(x_1,y_1),B(x_2,y_2),C(x_3,y_3)$,则 $\triangle ABC$ 的重心的坐标是 $G\left(\dfrac{x_1+x_2+x_3}{3},\dfrac{y_1+y_2+y_3}{3}\right)$.

利用向量可以解决许多与长度、距离及夹角有关的问题.向量兼具几何特性和代数特性,成为沟通代数、三角与几何的重要工具,同时在数学、物理以及实际生活中都有着广泛的应用.

三角形五"心"向量形式的充要条件

设 O 为 $\triangle ABC$ 所在平面上一点,角 A,B,C 所对边长分别为 a,b,c,则

(1) O 为 $\triangle ABC$ 的外心 $\Leftrightarrow\overrightarrow{OA}^2=\overrightarrow{OB}^2=\overrightarrow{OC}^2$.

(2) O 为 $\triangle ABC$ 的重心 $\Leftrightarrow \overrightarrow{OA}+\overrightarrow{OB}+\overrightarrow{OC}=\vec{0}$.

(3) O 为 $\triangle ABC$ 的垂心 $\Leftrightarrow \overrightarrow{OA}\cdot\overrightarrow{OB}=\overrightarrow{OB}\cdot\overrightarrow{OC}=\overrightarrow{OC}\cdot\overrightarrow{OA}$.

(4) O 为 $\triangle ABC$ 的内心 $\Leftrightarrow a\overrightarrow{OA}+b\overrightarrow{OB}+c\overrightarrow{OC}=\vec{0}$.

(5) O 为 $\triangle ABC$ 的 $\angle A$ 的旁心 $\Leftrightarrow a\overrightarrow{OA}=b\overrightarrow{OB}+c\overrightarrow{OC}$.

例 1. 已知 O 为 $\triangle ABC$ 所在平面内一点, 满足 $|\overrightarrow{OA}|^2+|\overrightarrow{BC}|^2=|\overrightarrow{OB}|^2+|\overrightarrow{CA}|^2=|\overrightarrow{OC}|^2+|\overrightarrow{AB}|^2$.

求证: O 点是 $\triangle ABC$ 的垂心.

证明: 由已知得 $|\overrightarrow{OA}|^2-|\overrightarrow{OB}|^2=|\overrightarrow{CA}|^2-|\overrightarrow{BC}|^2$

$\Rightarrow(\overrightarrow{OA}-\overrightarrow{OB})\cdot(\overrightarrow{OA}+\overrightarrow{OB})=(\overrightarrow{CA}-\overrightarrow{BC})\cdot(\overrightarrow{CA}+\overrightarrow{BC})$

$\Rightarrow\overrightarrow{BA}\cdot(\overrightarrow{OA}+\overrightarrow{OB})=(\overrightarrow{CA}+\overrightarrow{CB})\cdot\overrightarrow{BA}\Rightarrow\overrightarrow{BA}\cdot(\overrightarrow{OA}+\overrightarrow{OB}+\overrightarrow{AC}+\overrightarrow{BC})=0$

$\Rightarrow\overrightarrow{BA}\cdot2\overrightarrow{OC}=0,\quad\therefore\quad\overrightarrow{OC}\perp\overrightarrow{BA}$.

同理 $\overrightarrow{OA}\perp\overrightarrow{CB},\overrightarrow{OB}\perp\overrightarrow{AC}$.

例 2. 已知 O 是 $\triangle ABC$ 所在平面上的一点, 若 $(\overrightarrow{OA}+\overrightarrow{OB})\cdot\overrightarrow{AB}=(\overrightarrow{OB}+\overrightarrow{OC})\cdot\overrightarrow{BC}=(\overrightarrow{OC}+\overrightarrow{OA})\cdot\overrightarrow{CA}=0$, 则 O 点是 $\triangle ABC$ 的 （　　）.

(A) 外心　　　(B) 内心　　　(C) 重心　　　(D) 垂心

解: 由已知得:

$(\overrightarrow{OA}+\overrightarrow{OB})\cdot(\overrightarrow{OB}-\overrightarrow{OA})=(\overrightarrow{OB}+\overrightarrow{OC})\cdot(\overrightarrow{OC}-\overrightarrow{OB})=(\overrightarrow{OC}+\overrightarrow{OA})\cdot(\overrightarrow{OA}-\overrightarrow{OC})=0$

$\Leftrightarrow\overrightarrow{OB}^2-\overrightarrow{OA}^2=\overrightarrow{OC}^2-\overrightarrow{OB}^2=\overrightarrow{OA}^2-\overrightarrow{OC}^2=0$

$\Leftrightarrow|\overrightarrow{OA}|=|\overrightarrow{OB}|=|\overrightarrow{OC}|$. 所以 O 点是 $\triangle ABC$ 的外心. 选 A.

例 3. 已知 O 是平面上的一定点, A,B,C 是平面上不共线的三个点, 动点 P 满足 $\overrightarrow{OP}=\overrightarrow{OA}+\lambda\left(\dfrac{\overrightarrow{AB}}{|\overrightarrow{AB}|\cos B}+\dfrac{\overrightarrow{AC}}{|\overrightarrow{AC}|\cos C}\right),\lambda\in[0,+\infty)$, 则动点 P 的轨迹一定通过 $\triangle ABC$ 的 （　　）.

(A) 重心　　　(B) 垂心　　　(C) 外心　　　(D) 内心

解: 由已知得 $\overrightarrow{AP}=\lambda\left(\dfrac{\overrightarrow{AB}}{|\overrightarrow{AB}|\cos B}+\dfrac{\overrightarrow{AC}}{|\overrightarrow{AC}|\cos C}\right)$,

$\therefore\quad\overrightarrow{AP}\cdot\overrightarrow{BC}=\lambda\left(\dfrac{\overrightarrow{AB}\cdot\overrightarrow{BC}}{|\overrightarrow{AB}|\cos B}+\dfrac{\overrightarrow{AC}\cdot\overrightarrow{BC}}{|\overrightarrow{AC}|\cos C}\right)$

$\qquad=\lambda\left(\dfrac{|\overrightarrow{AB}|\cdot|\overrightarrow{BC}|\cos(\pi-B)}{|\overrightarrow{AB}|\cos B}+\dfrac{|\overrightarrow{AC}|\cdot|\overrightarrow{BC}|\cos C}{|\overrightarrow{AC}|\cos C}\right)$

$\qquad=\lambda(-|\overrightarrow{BC}|+|\overrightarrow{BC}|)=0$,

$\therefore\quad\overrightarrow{AP}\perp\overrightarrow{BC}$, 所以动点 P 的轨迹通过 $\triangle ABC$ 的垂心, 选 B.

例 4. 已知 O 是平面上的一定点, A,B,C 是平面上不共线的三个点, 动点 P 满足 $\overrightarrow{OP}=\dfrac{\overrightarrow{OB}+\overrightarrow{OC}}{2}+\lambda\left(\dfrac{\overrightarrow{AB}}{|\overrightarrow{AB}|\cos B}+\dfrac{\overrightarrow{AC}}{|\overrightarrow{AC}|\cos C}\right),\lambda\in[0,+\infty)$, 则动点 P 的轨迹一定通过 $\triangle ABC$ 的 （　　）.

(A) 重心　　　(B) 垂心　　　(C) 外心　　　(D) 内心

解: 设 BC 的中点为 D, 则 $\dfrac{\overrightarrow{OB}+\overrightarrow{OC}}{2}=\overrightarrow{OD}$,

则由已知得 $\overrightarrow{DP} = \lambda\left(\dfrac{\overrightarrow{AB}}{|\overrightarrow{AB}|\cos B} + \dfrac{\overrightarrow{AC}}{|\overrightarrow{AC}|\cos C}\right)$,

$$\therefore\quad \overrightarrow{DP} \cdot \overrightarrow{BC} = \lambda\left(\dfrac{\overrightarrow{AB} \cdot \overrightarrow{BC}}{|\overrightarrow{AB}|\cos B} + \dfrac{\overrightarrow{AC} \cdot \overrightarrow{BC}}{|\overrightarrow{AC}| \cdot \cos C}\right)$$

$$= \lambda\left(\dfrac{|\overrightarrow{AB}| \cdot |\overrightarrow{BC}|\cos(\pi - B)}{|\overrightarrow{AB}|\cos B} + \dfrac{|\overrightarrow{AC}| \cdot |\overrightarrow{BC}|\cos C}{|\overrightarrow{AC}|\cos C}\right)$$

$$= \lambda(-|\overrightarrow{BC}| + |\overrightarrow{BC}|) = 0.$$

$\therefore\quad DP \perp BC$,$P$ 点在 BC 的垂直平分线上,故动点 P 的轨迹通过 $\triangle ABC$ 的外心.选 C.

例 5. 三个不共线的向量 $\overrightarrow{OA}$,$\overrightarrow{OB}$,$\overrightarrow{OC}$ 满足 $\overrightarrow{OA} \cdot \left(\dfrac{\overrightarrow{AB}}{|\overrightarrow{AB}|} + \dfrac{\overrightarrow{CA}}{|\overrightarrow{CA}|}\right) = \overrightarrow{OB} \cdot$

$\left(\dfrac{\overrightarrow{BA}}{|\overrightarrow{BA}|} + \dfrac{\overrightarrow{CB}}{|\overrightarrow{CB}|}\right) = \overrightarrow{OC} \cdot \left(\dfrac{\overrightarrow{BC}}{|\overrightarrow{BC}|} + \dfrac{\overrightarrow{CA}}{|\overrightarrow{CA}|}\right) = 0$,则 O 点是 $\triangle ABC$ 的 　　　( ).

(A) 垂心　　　　　(B) 重心　　　　　(C) 内心　　　　　(D) 外心

解: $\dfrac{\overrightarrow{AB}}{|\overrightarrow{AB}|} + \dfrac{\overrightarrow{CA}}{|\overrightarrow{CA}|}$ 表示与 $\triangle ABC$ 中 $\angle A$ 的外角平分线共线的向量,由 $\overrightarrow{OA} \cdot$

$\left(\dfrac{\overrightarrow{AB}}{|\overrightarrow{AB}|} + \dfrac{\overrightarrow{CA}}{|\overrightarrow{CA}|}\right) = 0$ 知 OA 垂直 $\angle A$ 的外角平分线,因而 OA 是 $\angle A$ 的平分线,

同理,OB 和 OC 分别是 $\angle B$ 和 $\angle C$ 的平分线,故选 C.

例 6. 已知非零向量 $\overrightarrow{AB}$ 与 $\overrightarrow{AC}$ 满足 $\left(\dfrac{\overrightarrow{AB}}{|\overrightarrow{AB}|} + \dfrac{\overrightarrow{AC}}{|\overrightarrow{AC}|}\right) \cdot \overrightarrow{BC} = 0$ 且 $\dfrac{\overrightarrow{AB}}{|\overrightarrow{AB}|} \cdot \dfrac{\overrightarrow{AC}}{|\overrightarrow{AC}|} = \dfrac{1}{2}$,判断

$\triangle ABC$ 的形状.

解: 由 $\left(\dfrac{\overrightarrow{AB}}{|\overrightarrow{AB}|} + \dfrac{\overrightarrow{AC}}{|\overrightarrow{AC}|}\right) \cdot \overrightarrow{BC} = 0$,知角 A 的平分线垂直于 BC,故 $\triangle ABC$ 为等腰三角形,

即 $|AB| = |AC|$;由 $\dfrac{\overrightarrow{AB}}{|\overrightarrow{AB}|} \cdot \dfrac{\overrightarrow{AC}}{|\overrightarrow{AC}|} = \dfrac{1}{2} \Rightarrow \cos A = \dfrac{\overrightarrow{AB} \cdot \overrightarrow{AC}}{|\overrightarrow{AB}| \cdot |\overrightarrow{AC}|} = \dfrac{1}{2}$,

$\therefore\quad \angle A = 60°.$ 所以 $\triangle ABC$ 为等边三角形.

例 7. 已知 $\triangle ABC$,若对任意 $t \in \mathbf{R}$,$|\overrightarrow{BA} - t\overrightarrow{BC}| \geqslant |\overrightarrow{AC}|$,则 $\triangle ABC$ 　　　　　( ).

(A) 必为锐角三角形　　　　　(B) 必为钝角三角形

(C) 必为直角三角形　　　　　(D) 答案不确定

(解法一) $\because\ \overrightarrow{CA} = \overrightarrow{BA} - \overrightarrow{BC}$, $\therefore\ |\overrightarrow{CA}| = |\overrightarrow{AC}| = |\overrightarrow{BA} - \overrightarrow{BC}|$,

$\therefore\ |\overrightarrow{BA} - t\overrightarrow{BC}| \geqslant |\overrightarrow{BA} - \overrightarrow{BC}|$ ①

①式右边表示 A、C 两点之间的距离,记 $t\overrightarrow{BC} = \overrightarrow{BP}$,

则①式左边表示直线 BC 外一点 A 与直线 BC 上动点 P 之间的距离,

由 $|\overrightarrow{PA}| \geqslant |\overrightarrow{CA}|$ 恒成立知,A 在直线 BC 上的射影就是 C 点,所以 $AC \perp BC$,故选 C.

(解法二) 令 $\angle ABC = \alpha$,过点 A 作 $AD \perp BC$ 于点 D,由 $|\overrightarrow{BA} - t\overrightarrow{BC}| \geqslant |\overrightarrow{AC}|$,

得 $|\overrightarrow{BA}|^2 - 2t\overrightarrow{BA} \cdot \overrightarrow{BC} + t^2|\overrightarrow{BC}|^2 \geqslant |\overrightarrow{AC}|^2$,

令 $f(t) = |\overrightarrow{BA}|^2 - 2t\overrightarrow{BA} \cdot \overrightarrow{BC} + t^2|\overrightarrow{BC}|^2$,

则 $f(t) \geqslant |\overrightarrow{AC}|^2$ 恒成立,

只要 $f(t)$ 的最小值大于或等于 $|\overrightarrow{AC}|^2$,

而当 $t=\dfrac{\overrightarrow{BA}\cdot\overrightarrow{BC}}{|\overrightarrow{BC}|^2}$ 时,$f(t)$ 取最小值,此时:

$|\overrightarrow{BA}|^2-2|\overrightarrow{BA}|^2\cos^2\alpha+\cos^2\alpha|\overrightarrow{BA}|^2\geqslant|\overrightarrow{AC}|^2$,

即 $|\overrightarrow{BA}|^2\sin^2\alpha\geqslant|\overrightarrow{AC}|^2$, $\therefore$ $|\overrightarrow{BA}|\sin\alpha\geqslant|\overrightarrow{AC}|$,从而有 $|AD|\geqslant|AC|$,

$\therefore$ $\angle ACB=\dfrac{\pi}{2}$,故选 C.

1. 已知 O 是 $\triangle ABC$ 所在平面上的一点,若 $\overrightarrow{PO}=\dfrac{a\,\overrightarrow{PA}+b\,\overrightarrow{PB}+c\,\overrightarrow{PC}}{a+b+c}$

(其中 P 是 $\triangle ABC$ 所在平面内任意一点),则 O 点是 $\triangle ABC$ 的 (   ).

(A) 外心   (B) 内心

(C) 重心   (D) 垂心

2. 已知 O 是平面上一定点,A,B,C 是平面上不共线的三个点,动点 P 满足 $\overrightarrow{OP}=\overrightarrow{OA}+\lambda\left(\dfrac{\overrightarrow{AB}}{|\overrightarrow{AB}|}+\dfrac{\overrightarrow{AC}}{|\overrightarrow{AC}|}\right),\lambda\in[0,+\infty)$.则 P 点的轨迹一定通过 $\triangle ABC$ 的 (   ).

(A) 外心   (B) 内心   (C) 重心   (D) 垂心

3. 已知 O 是平面上一定点,A,B,C 是平面上不共线的三个点,动点 P 满足 $\overrightarrow{OP}=\overrightarrow{OA}+\lambda(\overrightarrow{AB}+\overrightarrow{AC}),\lambda\in[0,+\infty)$.则 P 点的轨迹一定通过 $\triangle ABC$ 的 (   ).

(A) 外心   (B) 内心   (C) 重心   (D) 垂心

4. 已知 O 是平面上的一定点,A,B,C 是平面上不共线的三个点,动点 P 满足 $\overrightarrow{OP}=\overrightarrow{OA}+\lambda\left(\dfrac{\overrightarrow{AB}}{|\overrightarrow{AB}|\sin B}+\dfrac{\overrightarrow{AC}}{|\overrightarrow{AC}|\sin C}\right),\lambda\in[0,+\infty)$,则动点 P 的轨迹一定通过 $\triangle ABC$ 的(   ).

(A) 重心   (B) 垂心   (C) 外心   (D) 内心

5. 设 P 为 $\triangle ABC$ 内一点,且 $\overrightarrow{AP}=\dfrac{2}{5}\overrightarrow{AB}+\dfrac{1}{5}\overrightarrow{AC}$,求 $\triangle ABP$ 的面积与 $\triangle ABC$ 的面积之比.

6. $AB/\!/DC,AB=2,BC=1,\angle ABC=60°$,点 E 和点 F 分别在线段 BC 和 CD 上,且 $\overrightarrow{BE}=\dfrac{2}{3}\overrightarrow{BC},\overrightarrow{DF}=\dfrac{1}{6}\overrightarrow{DC}$,则 $\overrightarrow{AE}\cdot\overrightarrow{AF}$ 的值为_____.

7. 已知 P 为 $\triangle ABC$ 内一点,且满足 $3\,\overrightarrow{PA}+4\,\overrightarrow{PB}+5\,\overrightarrow{PC}=\vec{0}$,那么 $S_{\triangle PAB}:S_{\triangle PBC}:S_{\triangle PCA}=$_____.

8. (1) 已知 $|\vec{a}|=4,|\vec{b}|=3,(2\,\vec{a}-3\,\vec{b})\cdot(2\,\vec{a}+\vec{b})=61$,求 $\vec{a}$ 与 $\vec{b}$ 的夹角 θ;

(2) 设 $\overrightarrow{OA}=(2,5),\overrightarrow{OB}=(3,1),\overrightarrow{OC}=(6,3)$,在 $\overrightarrow{OC}$ 上是否存在点 M,使 $\overrightarrow{MA}\perp\overrightarrow{MB}$,若存在,求出点 M 的坐标,若不存在,请说明理由.

9. 设 $\vec{a},\vec{b}$ 是两个不共线的非零向量 $(t\in\mathbf{R})$,

(1) 记 $\overrightarrow{OA}=\vec{a},\overrightarrow{OB}=t\,\vec{b},\overrightarrow{OC}=\dfrac{1}{3}(\vec{a}+\vec{b})$,那么当实数 t 为何值时,A,B,C 三点共线?

(2) 若 $|\vec{a}|=|\vec{b}|=1$ 且 $\vec{a}$ 与 $\vec{b}$ 夹角为 $120°$,那么实数 x 为何值时 $|\vec{a}-x\,\vec{b}|$ 的值最小?

10. O 为坐标原点,设平面内的向量 $\overrightarrow{OA}=(1,7),\overrightarrow{OB}=(5,1),\overrightarrow{OM}=(2,1)$,点 P 是直线 OM 上的一个动点,求当 $\overrightarrow{PA}\cdot\overrightarrow{PB}$ 取最小值时,$\overrightarrow{OP}$ 的坐标及 $\angle APB$ 的余弦值.

11. 已知向量 $\vec{m}=(1,1)$,向量 $\vec{n}$ 与向量 $\vec{m}$ 夹角为 $\dfrac{3}{4}\pi$,且 $\vec{m}\cdot\vec{n}=-1$.

（1）求向量 $\vec{n}$；

（2）若向量 $\vec{n}$ 与向量 $\vec{q}=(1,0)$ 的夹角为 $\dfrac{\pi}{2}$,向量 $\vec{p}=\left(2\sin A,4\cos^2\dfrac{A}{2}\right)$,求 $|2\,\vec{n}+\vec{p}|$ 的值.

12. 已知定点 $A(0,1),B(0,-1),C(1,0)$,动点 P 满足 $\overrightarrow{AP}\cdot\overrightarrow{BP}=k|\overrightarrow{PC}|^2$.

（1）求动点 P 的轨迹方程；

（2）当 $k=0$ 时,求 $|2\overrightarrow{AP}+\overrightarrow{BP}|$ 的最大值和最小值.

13. 在平行四边形 $ABCD$ 中,$A(1,1),\overrightarrow{AB}=(6,0)$,点 M 是线段 AB 的中点,线段 CM 与 BD 交于点 P.

（1）若 $\overrightarrow{AD}=(3,5)$,求点 C 的坐标；

（2）当 $|\overrightarrow{AB}|=|\overrightarrow{AD}|$ 时,求点 P 的轨迹.

14. 已知向量 $\vec{a}=(2,2)$,向量 $\vec{b}$ 与向量 $\vec{a}$ 的夹角为 $\dfrac{3\pi}{4}$,且 $\vec{a}\cdot\vec{b}=-2$,

（1）求向量 $\vec{b}$；

（2）若 $\vec{t}=(1,0)$ 且 $\vec{b}\perp\vec{t}$,$\vec{c}=\left(\cos A,2\cos^2\dfrac{C}{2}\right)$,其中 A,C 是 $\triangle ABC$ 的内角,若三角形的三内角 A,B,C 依次成等差数列,试求 $|\vec{b}+\vec{c}|$ 的取值范围.

15. 如图 7-22 所示,已知矩形 $ABCD$ 中,$A(2,1),B(5,4)$,$C(3,6)$,E 点是 CD 边的中点,连接 BE 与矩形的对角线 AC 交于 F 点,求 F 点坐标.

16. 证明:$\cos(\alpha-\beta)=\cos\alpha\cos\beta+\sin\alpha\sin\beta$.

17. 证明柯西不等式 $(x_1^2+y_1^2)\cdot(x_2^2+y_2^2)\geqslant(x_1x_2+y_1y_2)^2$.

18. 给定 $\triangle ABC$,求证:G 是 $\triangle ABC$ 重心的充要条件是 $\overrightarrow{GA}+\overrightarrow{GB}+\overrightarrow{GC}=\vec{O}$.

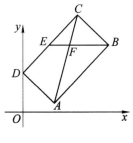

图 7-22

19. $\triangle ABC$ 外心为 O,垂心为 H,重心为 G.求证:O,G,H 为共线,且 $OG:GH=1:2$.

20. 已知 $\triangle ABC$,AD 为中线,求证 $AD^2=\dfrac{1}{2}(AB^2+AC^2)-\left(\dfrac{BC}{2}\right)^2$（中线长公式）.

21. 是否存在四个两两不共线的平面向量,其中任意两个向量之和均与其余两个向量之和垂直?

22. 已知向量 $\overrightarrow{OP_1},\overrightarrow{OP_2},\overrightarrow{OP_3}$ 满足条件 $\overrightarrow{OP_1}+\overrightarrow{OP_2}+\overrightarrow{OP_3}=\vec{0}$,$|\overrightarrow{OP_1}|=|\overrightarrow{OP_2}|=|\overrightarrow{OP_3}|=1$,求证:$\triangle P_1P_2P_3$ 是正三角形.

23. 已知 $\triangle AOB$ 中,边 $OA=\sqrt{2}$,$OB=\sqrt{3}$,令 $\overrightarrow{OA}=\vec{a},\overrightarrow{OB}=\vec{b}$,$\vec{a}\cdot\vec{b}=1$.过 AB 边上一点 P_1（异于端点）引边 OB 的垂线 P_1Q_1,垂足为 Q_1；再由 Q_1 引边 OA 的垂线 Q_1R_1,垂足为 R_1；

又由 R_1 引边 AB 的垂线 R_1P_2,垂足为 P_2.同样的操作连续进行,得到点列 $\{P_n\}$,$\{Q_n\}$,$\{R_n\}$. 设 $\overrightarrow{AP_n}=t_n(\vec{b}-\vec{a})(0<t_n<1)$.

（1）求 $|\overrightarrow{AB}|$；

（2）结论" $\overrightarrow{BQ_1}=-\dfrac{2}{3}(1-t_1)\vec{b}$ "是否正确？请说明理由；

（3）若对于任意 $n\in\mathbf{N}^*$,不等式 $\left|t_1+t_2+\cdots+t_n-\dfrac{n}{4}\right|<\dfrac{1}{2}$ 恒成立,求 t_1 的取值范围.

复　数
Complex Number

§8.1　复数的概念

为了解决负数的开方问题,人们引入了一个新数 i,叫作**虚数单位**,规定:$i^2=-1$,即 i 是 -1 的一个平方根,并且把形如 $a+bi(a,b\in \mathbf{R})$ 的数叫**复数**.复数全体所成的集合叫作**复数集**,一般用字母 **C** 表示.定义了复数运算后的复数集叫作**复数系(域)**.

复数通常用字母 z 表示,即 $z=a+bi(a,b\in \mathbf{R})$.其中 a 叫复数 z 的**实部**,记作 Rez;b 叫复数 z 的**虚部**,记作 Imz.并规定:$0i=0,0+bi=bi(b\in \mathbf{R})$.当 $b=0$ 时,复数 $z=a+bi=a$ 是实数;当 $b\neq0$,复数 $z=a+bi$ 称作**虚数**;当 $a=0$ 且 $b\neq0$ 时,$z=a+bi=bi$ 称作**纯虚数**;当且仅当 $a=b=0$,z 就是实数 0.把复数表示成 $a+bi(a,b\in \mathbf{R})$ 的形式,称作复数的**代数形式**.

实数集 **R** 是复数集 **C** 的真子集,即 $\mathbf{R} \subsetneqq \mathbf{C}$.

复数可以分类如下:

$$复数(z=a+bi,a,b\in \mathbf{R})\begin{cases}实数(b=0),\\虚数\begin{cases}纯虚数\qquad\qquad(a=0,b\neq0),\\非纯虚数的虚数\ (a\neq0,b\neq0).\end{cases}\end{cases}$$

如果两个复数 $z_1=a+bi(a,b\in \mathbf{R})$ 和 $z_2=c+di(c,d\in \mathbf{R})$ 的实部和虚部分别相等,即 $a=c$ 且 $b=d$,那么我们就说这**两个复数相等**.记作 $a+bi=c+di$.

如果两个复数都是实数,那么这两个复数具有大小关系;如果两个复数不都是实数,那么这两个复数只有相等和不相等的关系,而不能比较大小.例如 $30+51i$,-21 与 $42-31i$ 之间没有大小关系.

实部相等而虚部互为相反数的两个复数,叫作**互为共轭复数**,也称这两个复数互相共轭.例如 $30+51i$ 与 $30-51i$ 就是互为共轭复数.复数 z 的共轭复数用 $\bar{z}$ 来表示,也就是当 $z=a+bi(a,b\in \mathbf{R})$ 时,$\bar{z}=a-bi$.

对于复数 $z=a+bi(a,b\in \mathbf{R})$,我们把 $\sqrt{a^2+b^2}$ 称为该**复数的模**(或**绝对值**),记作 $|z|$,即 $|z|=|a+bi|=\sqrt{a^2+b^2}$.复数的模是一个非负实数,当且仅当 $z=0$ 时,$|z|=0$.特别地,若 $b=0$,则 $z\in \mathbf{R}$,且 $|z|=|a|$,这就是实数 a 的绝对值.由 $\bar{z}=a-bi$ 可知

$$|\bar{z}|=|a-bi|=\sqrt{a^2+(-b)^2}=\sqrt{a^2+b^2},即\ |z|=|\bar{z}|.$$

例 1. 已知 $m\in \mathbf{R}$,复数 $z=\dfrac{m(m+2)}{m-1}+(m^2+2m-3)i$,当 m 为何值时,(1) z 是实数?

（2）z 是虚数？（3）z 是纯虚数？（4）$z=\dfrac{1}{2}+4i$？

解：（1）当 $\begin{cases} m^2+2m-3=0, \\ m-1\ne0. \end{cases}$ 即 $m=-3$ 时，z 是实数.

（2）当 $m^2+2m-3\ne0$ 且 $m-1\ne0$，即 $m\ne1$ 且 $m\ne-3$ 时，z 是虚数.

（3）当 $\begin{cases} \dfrac{m(m+2)}{m-1}=0, \\ m^2+2m-3\ne0. \end{cases}$ 即 $m=0$ 或 $m=-2$ 时，z 是纯虚数.

（4）当 $\begin{cases} \dfrac{m(m+2)}{m-1}=\dfrac{1}{2}, \\ m^2+2m-3=4. \end{cases}$ 因为方程组无解，所以 z 不可能等于 $\dfrac{1}{2}+4i$.

例 2. 已知关于 x 的方程 $x^2-(2i-1)x+3m-i=0$ 有实根，求实数 m 的取值.

解：设方程的实根为 x_0，则 $x_0^2-(2i-1)x_0+3m-i=0$，

整理得：$x_0^2+x_0+3m-(2x_0+1)i=0$，

由复数相等的条件知：$\begin{cases} x_0^2+x_0+3m=0 \\ 2x_0+1=0 \end{cases} \Rightarrow m=\dfrac{1}{12}$.

例 3. 已知复数 $z_1=1+\cos\theta+i\sin\theta$，$z_2=1-\sin\theta+i\cos\theta$，且 $|z_1|^2+|z_2|^2\geqslant2$，求 θ 的取值范围.

解：$\because$ $|z_1|^2+|z_2|^2=(1+\cos\theta)^2+\sin^2\theta+(1-\sin\theta)^2+\cos^2\theta\geqslant2$，

$\therefore$ $4+2\cos\theta-2\sin\theta\geqslant2$，即 $\sin\theta-\cos\theta\leqslant1$，$\therefore$ $\sin\left(\theta-\dfrac{\pi}{4}\right)\leqslant\dfrac{\sqrt{2}}{2}$.

$\therefore$ $2k\pi-\dfrac{5}{4}\pi\leqslant\theta-\dfrac{\pi}{4}\leqslant2k\pi+\dfrac{\pi}{4}$，$k\in\mathbf{Z}$，$\therefore$ $2k\pi-\pi\leqslant\theta\leqslant2k\pi+\dfrac{\pi}{2}$，$k\in\mathbf{Z}$.

1. m 取何实数时，复数 $z=\dfrac{m^2-m-6}{m+3}+(m^2-2m-15)i$，（1）$z$ 是实数？（2）z 是虚数？（3）z 是纯虚数？

2. 设 z 是纯虚数，且 $z\cdot\bar z+iz-i\bar z=0$，求 z.

3. 已知复数 $z=\dfrac{(1-i)^2+3(1+i)}{2-i}$，若 $z^2+az+b=1-i$，求实数 a,b 的值.

4. 满足 $(2x^2+5x+2)+(y^2-y-2)i=0$ 的有序实数对 (x,y) 有＿＿＿＿组.

5. 若复数 $z=2m^2-3m-2+(m^2-3m+2)i$ 是纯虚数，求实数 m 的值.

6. 已知 $a,b\in\mathbf{R}$，则"$a=b$"是"复数 $(a-b)+(a+b)i$ 是纯虚数"的什么条件？

7. 已知 $z\in\mathbf{C}$，则命题"z 是纯虚数"是命题"$\dfrac{z^2}{1-z^2}\in\mathbf{R}$"的＿＿＿＿条件.

8. 使复数 z 为实数的充分而不必要条件是 （　　）.

（A）z^2 为实数　　　　　　　　　　（B）$z+\bar z$ 为实数

（C）$z=\bar z$　　　　　　　　　　　（D）$|z|=z$

9. 已知关于 x 的方程 $x^2+(k+2i)x+2+ki=0$ 有实根，求这个实根以及实数 k 的值.

能力提高

10. 已知复数 $z=\dfrac{(-1+3i)(1-i)-(1+3i)}{i}$, $\omega=z+ai(a\in\mathbf{R})$, 若 $\left|\dfrac{\omega}{z}\right|\leqslant\sqrt{2}$, 求 a 的取值范围.

11. 若 $f(z)=2z+\bar{z}-3i$, $f(\bar{z}+i)=6-3i$, 试求 $f(-z)$.

12. 已知复数 $z_1=m+(4-m^2)i(m\in\mathbf{R})$, $z_2=2\cos\theta-(\lambda+3\sin\theta)i(\lambda\in\mathbf{R})$, 若 $z_1=\overline{z_2}$, 求证: $-\dfrac{9}{16}\leqslant\lambda\leqslant 7$.

13. 设 $x,y,a\in\mathbf{R}$, $z_1=(x^2-ax)+5i$, $z_2=(x-4)-(ay^2+4y-1)i$, 若对所有 x,y, 都有 $z_1=z_2$, 求 a 的取值范围.

14. 已知方程 $x^2+(2+i)x+4ab+(2a-b)i=0$ $(a,b\in\mathbf{R})$ 有实根, 求实根的取值范围.

§8.2 复数的代数运算

我们知道,实数之间能进行加、减、乘、除等运算.同样,在复数之间也可以定义加、减、乘、除等运算.设复数 $z_1=a+bi$, $z_2=c+di(a,b,c,d\in\mathbf{R})$.

1. 复数的加减法

复数的加法规定为: $(a+bi)+(c+di)=(a+c)+(b+d)i$.

两个复数的和仍然是一个复数,它的实部是原来两个复数实部的和,它的虚部是原来两个复数虚部的和.

复数的减法是加法的逆运算,即 $a+bi$ 减去 $c+di$ 的差是指满足 $(x+yi)+(c+di)=a+bi$ 的复数 $x+yi(x,y\in\mathbf{R})$, 记作 $(a+bi)-(c+di)$. 根据复数的加法和复数相等的定义得: $x+c=a$, $y+d=b$, 所以 $x=a-c$, $y=b-d$. 因此 $(a+bi)-(c+di)=(a-c)+(b-d)i$.

两个复数的差仍然是一个复数,它的实部是原来两个复数实部的差,它的虚部是原来两个复数虚部的差.

容易验证,复数的加法满足交换律和结合律,即对任意复数 z_1,z_2,z_3, 有 $z_1+z_2=z_2+z_1$, $(z_1+z_2)+z_3=z_1+(z_2+z_3)$.

2. 复数的乘除法

复数的乘法规定为: $(a+bi)\cdot(c+di)=(ac-bd)+(bc+ad)i$.

两个复数的乘积还是一个复数.复数的乘法与多项式的乘法相类似,只是在运算过程要把 i^2 换成 -1, 并且把实部与虚部分别合并.即

$(a+bi)\cdot(c+di)=ac+adi+bci+bdi^2=(ac-bd)+(bc+ad)i$. 与实数的除法运算相类似,复数的除法是乘法运算的逆运算,即当 $c+di\neq 0$ 时, $a+bi$ 除以 $c+di$ 的商是指满足 $(x+yi)\cdot(c+di)=a+bi$ 的复数 $x+yi(x,y\in\mathbf{R})$, 记作 $\dfrac{a+bi}{c+di}$. 根据复数的乘法和复数相等

的定义得 $\begin{cases} cx - dy = a, \\ dx + cy = b. \end{cases}$ 解得 $\begin{cases} x = \dfrac{ac+bd}{c^2+d^2}, \\ y = \dfrac{bc-ad}{c^2+d^2}. \end{cases}$ 所以 $\dfrac{a+bi}{c+di} = \dfrac{ac+bd}{c^2+d^2} + \dfrac{bc-ad}{c^2+d^2}i.$

在求两个复数的商 $\dfrac{a+bi}{c+di}$ 时,也可以类比实数的运算性质,将分子、分母同时乘以分母的共

轭复数 $c - di$,使分母化为实数,即 $\dfrac{a+bi}{c+di} = \dfrac{(a+bi)(c-di)}{(c+di)(c-di)} = \dfrac{(ac+bd)+(bc-ad)i}{c^2+d^2} =$

$\dfrac{ac+bd}{c^2+d^2} + \dfrac{bc-ad}{c^2+d^2}i.$

容易验证,复数的乘法满足交换律、结合律以及分配律,即对任意复数 z_1, z_2, z_3,有 $z_1 \cdot z_2 = z_2 \cdot z_1, (z_1 \cdot z_2) \cdot z_3 = z_1 \cdot (z_2 \cdot z_3), z_1 \cdot (z_2 + z_3) = z_1 \cdot z_2 + z_1 \cdot z_3.$

3. 复数的乘方及开方

复数的乘方运算是指几个相同的复数相乘.因为复数的乘法满足交换律与结合律,所以实数集中正整数指数幂的运算法则在复数集中仍然成立,即对任意复数 z, z_1, z_2 及正整数 m, n,有 $z^m \cdot z^n = z^{m+n}, (z^m)^n = z^{mn}, (z_1 \cdot z_2)^n = z_1^n \cdot z_2^n.$

我们规定 $z^0 = 1, z^{-n} = \dfrac{1}{z^n}(z \neq 0)$,那么复数乘方的运算律对整数 m, n 也都成立.

在复数的乘法或乘方运算时,常常要用到虚数单位 i 的乘方:

$i^{4n} = (i^4)^n = 1, i^{4n+1} = i^{4n} \cdot i = (i^4)^n \cdot i = i,$

$i^{4n+2} = (i^4)^n \cdot i^2 = i^2 = -1, i^{4n+3} = (i^4)^n \cdot i^3 = i^3 = -i.$ 其中 $n \in \mathbf{N}.$

复数的开方是乘方的逆运算.如果复数 $z_1 = a + bi, z_2 = c + di(a, b, c, d \in \mathbf{R})$ 满足:

$$z_1^n = z_2, 即 (a+bi)^n = c + di(n \in \mathbf{Z}, n \geqslant 2),$$

则称 z_1 是 z_2 的一个 n 次方根.特别地,当 $n = 2$ 时,则称 z_1 是 z_2 的一个平方根,易知 $-z_1$ 也是 z_2 的一个平方根.例如,根据规定 $i^2 = -1$,则 i 是 -1 的一个平方根,$-i$ 也是 -1 的一个平方根.当 $n = 3$ 时,则称 z_1 是 z_2 的一个立方根.求一个复数的立方根或更高次的方根需要进一步的复数知识,将在以后介绍.这里只学习复数的平方根和 1 的立方根问题.

例 1. 复数 $z_1 = 1 + 2i, z_2 = -2 + i, z_3 = -1 - 2i$,它们在复平面上的对应点是一个正方形的三个顶点,求这个正方形的第四个顶点对应的复数.

解: 设复数 z_1, z_2, z_3 所对应的点分别为 A、B、C,正方形的第四个顶点 D 对应的复数为 $x + yi(x, y \in \mathbf{R})$,如图 8-1 所示,则

$\overrightarrow{AD} = \overrightarrow{OD} - \overrightarrow{OA} = (x + yi) - (1 + 2i)$

$\qquad = (x - 1) + (y - 2)i$

$\overrightarrow{BC} = \overrightarrow{OC} - \overrightarrow{OB} = (-1 - 2i) - (-2 + i) = 1 - 3i.$

$\because \quad \overrightarrow{AD} = \overrightarrow{BC}, \quad \therefore \quad (x - 1) + (y - 2)i = 1 - 3i.$

$\therefore \begin{cases} x - 1 = 1, \\ y - 2 = -3. \end{cases}$ 解得 $\begin{cases} x = 2, \\ y = -1. \end{cases}$

故点 D 对应的复数为 $2 - i.$

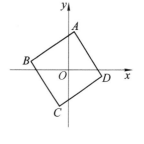

图 8-1

例 2. 已知 $z_1=a^2-3+(a+5)\mathrm{i}$，$z_2=a-1+(a^2+2a-1)\mathrm{i}(a\in\mathbf{R})$ 分别对应向量 $\overrightarrow{OZ_1}$，$\overrightarrow{OZ_2}$(O 为原点)，若向量 $\overrightarrow{Z_2Z_1}$ 对应的复数为纯虚数，求 a 的值.

分析：$\overrightarrow{Z_2Z_1}$ 对应的复数为纯虚数，利用复数减法先求出 $\overrightarrow{Z_2Z_1}$ 对应的复数，再利用复数为纯虚数的条件求解即得.

解：设向量 $\overrightarrow{Z_2Z_1}$ 对应复数 z，

$\because$ $\overrightarrow{Z_2Z_1}=\overrightarrow{OZ_1}-\overrightarrow{OZ_2}$，

$\therefore$ $\begin{aligned}z&=z_1-z_2=a^2-3+(a+5)\mathrm{i}-[a-1+(a^2+2a-1)\mathrm{i}]\\&=[(a^2-3)-(a-1)]+[(a+5)-(a^2+2a-1)]\mathrm{i}\\&=(a^2-a-2)+(-a^2-a+6)\mathrm{i}.\end{aligned}$

$\because$ z 为纯虚数， $\therefore$ $\begin{cases}a^2-a-2=0\\-a^2-a+6\neq0\end{cases}$，即 $\begin{cases}(a-2)(a+1)=0\\(a+3)(a-2)\neq0\end{cases}$.

$\therefore$ $a=-1$.

例 3. 计算：(1) $\left(\dfrac{1-\mathrm{i}}{1+\mathrm{i}}\right)^{2\,000}$； (2) $\dfrac{(2+2\mathrm{i})^4}{(1-\sqrt{3}\mathrm{i})^5}$.

解：(1) 原式 $=\left[\dfrac{(1-\mathrm{i})^2}{(1+\mathrm{i})(1-\mathrm{i})}\right]^{2\,000}=\left(\dfrac{-2\mathrm{i}}{2}\right)^{2\,000}=(-\mathrm{i})^{2\,000}=1$.

(2) 原式 $=\dfrac{2^4\,(1+\mathrm{i})^4}{-2^5\left(-\dfrac{1}{2}+\dfrac{\sqrt{3}}{2}\mathrm{i}\right)^5}=-\dfrac{1}{2}\cdot\dfrac{(2\mathrm{i})^2\left(-\dfrac{1}{2}+\dfrac{\sqrt{3}}{2}\mathrm{i}\right)}{\left(-\dfrac{1}{2}+\dfrac{\sqrt{3}}{2}\mathrm{i}\right)^6}$

$=-\dfrac{1}{2}\cdot(-4)\left(-\dfrac{1}{2}+\dfrac{\sqrt{3}}{2}\mathrm{i}\right)=-1+\sqrt{3}\mathrm{i}$.

注意：要记住 1 的立方根；1，$-\dfrac{1}{2}+\dfrac{\sqrt{3}}{2}\mathrm{i}$，$-\dfrac{1}{2}-\dfrac{\sqrt{3}}{2}\mathrm{i}$，以及它们的性质，对解答有关问题非常有益.

例 4. 求 $\left|\dfrac{\sqrt{2}\mathrm{i}(-4+3\mathrm{i})(1-\mathrm{i})}{(\sqrt{3}+\mathrm{i})(\sqrt{3}-\mathrm{i})(1+2\mathrm{i})}\right|$ 的值.

解：原式 $=\left|\dfrac{\sqrt{2}\mathrm{i}(-1+7\mathrm{i})}{4(1+2\mathrm{i})}\right|=\left|\dfrac{\sqrt{2}\mathrm{i}(-1+7\mathrm{i})(1-2\mathrm{i})}{4\times5}\right|$

$=\left|\dfrac{\sqrt{2}\mathrm{i}(13+9\mathrm{i})}{20}\right|=\left|-\dfrac{9\sqrt{2}}{20}+\dfrac{13\sqrt{2}}{20}\mathrm{i}\right|$

$=\sqrt{\left(-\dfrac{9\sqrt{2}}{20}\right)^2+\left(\dfrac{13\sqrt{2}}{20}\right)^2}=\sqrt{\dfrac{16^2}{20^2}+\dfrac{338}{20^2}}$

$=\sqrt{\dfrac{500}{400}}=\dfrac{\sqrt{5}}{2}$.

(此例用模的性质来解会更简洁)

例 5. 已知虚数 z 使得 $z_1 = \dfrac{z}{1+z^2}$ 和 $z_2 = \dfrac{z^2}{1+z}$（其中 z^2 表示 $z \cdot z$，下同）都是实数，求 z.

解： 设 $z = x + y\mathrm{i}(x, y \in \mathbf{R}, y \neq 0)$，则

$$z_1 = \frac{x+y\mathrm{i}}{1+(x+y\mathrm{i})^2} = \frac{x+y\mathrm{i}}{x^2-y^2+1+2xy\mathrm{i}} = \frac{x(x^2+y^2+1)+y(1-x^2-y^2)\mathrm{i}}{(x^2-y^2+1)^2+4x^2y^2}.$$

$\because \ z_1 \in \mathbf{R}$，$\therefore \ y(1-x^2-y^2) = 0, y \neq 0$，即 $x^2 + y^2 = 1$ ①

同理，$\because z_2 \in \mathbf{R}$，得 $x^2 + 2x + y^2 = 0$ ②

联合①、②解得：$\begin{cases} x = -\dfrac{1}{2}, \\ y = \dfrac{\sqrt{3}}{2}. \end{cases}$ 或 $\begin{cases} x = -\dfrac{1}{2}, \\ y = -\dfrac{\sqrt{3}}{2}. \end{cases}$ 因此，$z = -\dfrac{1}{2} \pm \dfrac{\sqrt{3}}{2}\mathrm{i}$.

例 6. 设 z 是虚数，$\omega = z + \dfrac{1}{z}$ 是实数，且 $-1 < \omega < 2$.

（1）求 $|z|$ 的值及 z 的实部的取值范围；

（2）设 $u = \dfrac{1-z}{1+z}$，求证：u 为纯虚数；

（3）求 $\omega - u^2$ 的最小值.

解：（1）设 $z = a + b\mathrm{i}, (a, b \in \mathbf{R}, b \neq 0)$. 则 $\omega = a + b\mathrm{i} + \dfrac{1}{a+b\mathrm{i}} = \left(a + \dfrac{a}{a^2+b^2}\right) + \left(b - \dfrac{b}{a^2+b^2}\right)\mathrm{i}.$

因为 ω 是实数，$b \neq 0$，所以 $a^2 + b^2 = 1$，即 $|z| = 1$.

于是 $\omega = 2a$，即 $-1 < 2a < 2$，即 $-\dfrac{1}{2} < a < 1$，

所以 z 的实部的取值范围是 $\left(-\dfrac{1}{2}, 1\right)$.

（2）$u = \dfrac{1-z}{1+z} = \dfrac{1-a-b\mathrm{i}}{1+a+b\mathrm{i}} = \dfrac{1-a^2-b^2-2b\mathrm{i}}{(1+a)^2+b^2} = \dfrac{-b}{a+1}\mathrm{i}.$

因为 $a \in \left(-\dfrac{1}{2}, 1\right), b \neq 0$，所以 u 为纯虚数.

（3）$\omega - u^2 = 2a + \dfrac{b^2}{(a+1)^2} = 2a + \dfrac{1-a^2}{(a+1)^2} = 2a - 1 + \dfrac{2}{a+1} = 2\left[(a+1) + \dfrac{1}{a+1}\right] - 3.$

因为 $a \in \left(-\dfrac{1}{2}, 1\right)$，所以 $a + 1 > 0$，故 $\omega - u^2 \geqslant 2 \times 2 \cdot \sqrt{(a+1) \cdot \dfrac{1}{a+1}} - 3 = 4 - 3 = 1.$

当 $a + 1 = \dfrac{1}{a+1}$，即 $a = 0$ 时，$\omega - u^2$ 取得最小值 1.

例 7. 设 1 的立方虚根是 ω.

（1）求 ω；

（2）求证：$\omega^2 = \bar{\omega}$；

（3）求证：$1 + \omega + \omega^2 = 0$.

解： (1) 设 $\omega = x + y\mathrm{i}(x, y \in \mathbf{R}, y \neq 0)$，则 $\omega^3 = 1$. $\therefore$ $(\omega - 1)(\omega^2 + \omega + 1) = 0$.

$\because$ ω 是虚数，$\therefore$ $\omega^2 + \omega + 1 = 0$，$\therefore$ $(x + y\mathrm{i})^2 + (x + y\mathrm{i}) + 1 = 0$，

即 $x^2 - y^2 + x + 1 + y(1 + 2x)\mathrm{i} = 0$.

$$\therefore \begin{cases} x^2 - y^2 + x + 1 = 0, \\ y(1 + 2x) = 0, \end{cases} \quad 解得 \begin{cases} x = -\dfrac{1}{2}, \\ y = \pm\dfrac{\sqrt{3}}{2}. \end{cases} \quad \therefore \quad \omega = -\dfrac{1}{2} \pm \dfrac{\sqrt{3}}{2}\mathrm{i}.$$

(2) 当 $\omega = -\dfrac{1}{2} + \dfrac{\sqrt{3}}{2}\mathrm{i}$ 时，$\omega^2 = \left(-\dfrac{1}{2} + \dfrac{\sqrt{3}}{2}\mathrm{i}\right)^2 = \dfrac{1}{4} - \dfrac{\sqrt{3}}{2}\mathrm{i} - \dfrac{3}{4} = -\dfrac{1}{2} - \dfrac{\sqrt{3}}{2}\mathrm{i} = \overline{\omega}$.

当 $\omega = -\dfrac{1}{2} - \dfrac{\sqrt{3}}{2}\mathrm{i}$ 时，同理：$\omega^2 = \overline{\omega}$.

(3) 当 $\omega = -\dfrac{1}{2} + \dfrac{\sqrt{3}}{2}\mathrm{i}$ 时，$1 + \omega + \omega^2 = 1 + \left(-\dfrac{1}{2} + \dfrac{\sqrt{3}}{2}\mathrm{i}\right) + \left(-\dfrac{1}{2} + \dfrac{\sqrt{3}}{2}\mathrm{i}\right)^2$

$$= 1 + \left(-\dfrac{1}{2} + \dfrac{\sqrt{3}}{2}\mathrm{i}\right) + \left(\dfrac{1}{4} - \dfrac{\sqrt{3}}{2}\mathrm{i} - \dfrac{3}{4}\right)$$

$$= 0.$$

当 $\omega = -\dfrac{1}{2} - \dfrac{\sqrt{3}}{2}\mathrm{i}$ 时，同理：$1 + \omega + \omega^2 = 0$.

例 8. (1) 已知 $\omega \neq 1, \omega^3 = 1$，求 $\displaystyle\sum_{k=1}^{30} k\omega^k = \omega + 2\omega^2 + \cdots + 30\omega^{30}$ 的值；

(2) 是否存在这样的正整数 n，使复数 $z = \left(\dfrac{3}{\dfrac{3}{2} + \dfrac{\sqrt{3}}{2}\mathrm{i}}\right)^n$ 是纯虚数？若存在，求出正整数 n 的值；若不存在，请说明理由.

解： (1) 原式 $= (1 + 4 + 7 + 10 + 13 + 16 + 19 + 22 + 25 + 28)\omega$

$\qquad\qquad + (2 + 5 + 8 + 11 + 14 + 17 + 20 + 23 + 26 + 29)\omega^2$

$\qquad\qquad + (3 + 6 + 9 + \cdots + 30)\omega^3 = 145\omega + 155\omega^2 + 165\omega^3$.

当 $\omega = -\dfrac{1}{2} + \dfrac{\sqrt{3}}{2}\mathrm{i}$ 时，原式 $= 145\left(-\dfrac{1}{2} + \dfrac{\sqrt{3}}{2}\mathrm{i}\right) + 155\left(-\dfrac{1}{2} - \dfrac{\sqrt{3}}{2}\mathrm{i}\right) + 165 = 15 - 5\sqrt{3}\mathrm{i}$；

当 $w = -\dfrac{1}{2} - \dfrac{\sqrt{3}}{2}\mathrm{i}$ 时，原式 $= 145\left(-\dfrac{1}{2} - \dfrac{\sqrt{3}}{2}\mathrm{i}\right) + 155\left(-\dfrac{1}{2} + \dfrac{\sqrt{3}}{2}\mathrm{i}\right) + 165 = 15 + 5\sqrt{3}\mathrm{i}$.

(2) $\because$ $z = \left(\dfrac{3 - \sqrt{3}\mathrm{i}}{2}\right)^n = \left[\sqrt{3}\mathrm{i}\left(-\dfrac{1}{2} - \dfrac{\sqrt{3}}{2}\mathrm{i}\right)\right]^n = (\sqrt{3})^n\mathrm{i}^n\omega^n$.

$\therefore$ 当 $n = 6k - 3(k \in \mathbf{N}^*)$ 时，复数 $z = \pm(\sqrt{3})^n\mathrm{i}$ 是纯虚数.

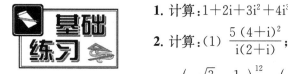

1. 计算：$1 + 2\mathrm{i} + 3\mathrm{i}^2 + 4\mathrm{i}^3 + \cdots + 1\,000\mathrm{i}^{999}$.

2. 计算：(1) $\dfrac{5(4 + \mathrm{i})^2}{\mathrm{i}(2 + \mathrm{i})}$；

$\qquad\qquad$ (2) $\left(-\dfrac{\sqrt{3}}{2} - \dfrac{1}{2}\mathrm{i}\right)^{12} + \left(\dfrac{2 + 2\mathrm{i}}{1 - \sqrt{3}\mathrm{i}}\right)^8$.

3. 已知两个复数 z_1 和 z_2，它们之和是 $(\sqrt{2}+1)+(1-\sqrt{2})\mathrm{i}$，它们之差是 $(\sqrt{2}-1)+(1+\sqrt{2})\mathrm{i}$，求 z_1、z_2.

4. 若复数 z 满足 $|z|=1$，求证：$\dfrac{z}{1+z^2}\in\mathbf{R}$.

5. 若 $x=\dfrac{1+\sqrt{5}\,\mathrm{i}}{2}$，则 $2x^3+(x+1)^2$ 的值为_____.

6. 若 $z+\dfrac{1}{z}=1$，求 $z^{2\,001}+\dfrac{1}{z^{2\,001}}$ 的值.

7. 求同时满足下列两个条件的复数 z：

(1) $1<z+\dfrac{10}{z}\leqslant 6$；

(2) z 的实部、虚部都是整数.

8. 设 $z\in\mathbf{C}$，求满足 $z+\dfrac{1}{z}\in\mathbf{R}$ 且 $|z-2|=2$ 的复数 z.

9. 已知复数 $z=x+y\mathrm{i}(x\,、y\in\mathbf{R})$，集合 $M=\{z\,\big|\,|z+1-y\mathrm{i}|=\sqrt{|z|^2+1}\,\}$.

(1) 若 $z_1\in M$，$z_2=\dfrac{2}{3}$，求 $|z_1-z_2|$ 的最小值；

(2) 若 $z'\in M$，$z''=a(a\in\mathbf{R})$，求 $|z'-z''|$ 的最小值 $d=f(a)$ 的表达式.

10. 已知 z,w 为复数，$(1+3\mathrm{i})z$ 为纯虚数，$\omega=\dfrac{z}{2+\mathrm{i}}$，且 $|\omega|=5\sqrt{2}$，求 ω.

11. 求所有整数 k，使 $\dfrac{(1+\mathrm{i})^{2k}}{1-\mathrm{i}}+\dfrac{(1-\mathrm{i})^{2k}}{1+\mathrm{i}}=2^k$ 成立.

12. 已知 a,b,c 分别为 1 的立方根，求 $\dfrac{1}{a^nb^n}+\dfrac{1}{b^nc^n}+\dfrac{1}{c^na^n}$ 的值 $(n\in\mathbf{N}^*)$.

13. 已知复数 z_1,z_2 满足 $(1+\mathrm{i})z_1=-1+5\mathrm{i}$，$z_2=a-2-\mathrm{i}$，其中 i 为虚数单位，$a\in\mathbf{R}$，若 $|z_1-\overline{z_2}|<|z_1|$，求 a 的取值范围.

§8.3　复数的模和共轭复数的运算性质

　　求几个复数积的模或两个复数商的模，可以先求得其积或商的实部和虚部，再用模的计算公式进行计算.然而，有时求多个复数积或两个复数商的实部和虚部却相当麻烦.实际上，求几个复数积的模或两个复数商的模，可以先分别计算这几个复数的模，然后把各个复数的模相乘或相除.

　　一般地，对任意复数 z,z_1,z_2，复数的模的运算有以下性质：

$$|z_1\cdot z_2|=|z_1|\cdot|z_2|;$$

$$\left|\frac{z_1}{z_2}\right|=\frac{|z_1|}{|z_2|}\,(z_2\neq 0);$$

$$|z^n|=|z|^n\,(n\in\mathbf{N}^*);$$

$$||z_1|-|z_2||\leqslant|z_1\pm z_2|\leqslant|z_1|+|z_2|.$$

下面我们来证明第一条性质.

设复数 $z_1 = a + bi, z_2 = c + di(a, b, c, d \in \mathbf{R})$,则

$$
\begin{aligned}
|z_1 \cdot z_2| &= |(a+bi) \cdot (c+di)| \\
&= |(ac-bd)+(bc+ad)i| \\
&= \sqrt{(ac-bd)^2+(bc+ad)^2} \\
&= \sqrt{a^2c^2-2acbd+b^2d^2+b^2c^2+2bcad+a^2d^2} \\
&= \sqrt{a^2c^2+b^2d^2+b^2c^2+a^2d^2} \\
&= \sqrt{(a^2+b^2)(c^2+d^2)} \\
&= \sqrt{a^2+b^2}\sqrt{c^2+d^2} \\
&= |z_1| \cdot |z_2|.
\end{aligned}
$$

其余性质也可以类似方法来证明.

对于复数 $z = a + bi(a, b \in \mathbf{R})$,则 $\bar{z} = a - bi$,因为 $z \cdot \bar{z} = (a+bi)(a-bi) = a^2 - (bi)^2 = a^2 + b^2$,又 $|z| = \sqrt{a^2+b^2}$,所以 $z \cdot \bar{z} = |z|^2$.

关于共轭复数,还有以下一些常用的运算性质:对任意复数 z, z_1, z_2,

$$\overline{z_1+z_2} = \overline{z_1} + \overline{z_2}, \overline{z_1-z_2} = \overline{z_1} - \overline{z_2},$$

$$\overline{z_1 \cdot z_2} = \overline{z_1} \cdot \overline{z_2}, \overline{z^n} = (\bar{z})^n,$$

$$\overline{\left(\frac{z_1}{z_2}\right)} = \frac{\overline{z_1}}{\overline{z_2}}(z_2 \neq 0).$$

例 1. 已知复数 z_1, z_2 满足 $|z_1| = |z_2| = 1$,且 $z_1 + \overline{z_2} = \frac{1}{2} + \frac{\sqrt{3}}{2}i$.求 z_1, z_2 的值.

解: 设 $z_1 = x + yi, (x, y \in \mathbf{R})$,由 $z_1 + \overline{z_2} = \frac{1}{2} + \frac{\sqrt{3}}{2}i$ 得:

$$\overline{z_2} = \frac{1}{2} + \frac{\sqrt{3}}{2}i - z_1 = \frac{1}{2} + \frac{\sqrt{3}}{2}i - (x+yi) = \left(\frac{1}{2}-x\right) + \left(\frac{\sqrt{3}}{2}-y\right)i.$$

∵ $|z_1| = |z_2| = 1$, ∴ $|\overline{z_2}| = 1$.

∴ $\begin{cases} x^2 + y^2 = 1, \\ \left(\frac{1}{2}-x\right)^2 + \left(\frac{\sqrt{3}}{2}-y\right)^2 = 1. \end{cases}$ 解得:$x = 1, y = 0$ 或 $x = -\frac{1}{2}, y = \frac{\sqrt{3}}{2}$.

所以 $\begin{cases} z_1 = 1, \\ z_2 = -\frac{1}{2} - \frac{\sqrt{3}}{2}i, \end{cases}$ 或 $\begin{cases} z_1 = -\frac{1}{2} + \frac{\sqrt{3}}{2}i, \\ z_2 = 1. \end{cases}$

例 2. 若对一切 $\theta \in \mathbf{R}$,复数 $z = (a+\cos\theta) + (2a-\sin\theta)i$ 的模不大于 2,则实数 a 的取值范围为_____.

解: 依题意,得 $|z| \leqslant 2 \Leftrightarrow (a+\cos\theta)^2 + (2a-\sin\theta)^2 \leqslant 4 \Leftrightarrow 2a(\cos\theta - 2\sin\theta) \leqslant 3 - 5a^2 \Leftrightarrow$

$-2\sqrt{5}a\sin(\theta-\varphi) \leqslant 3 - 5a^2 \left(\varphi = \arcsin\frac{1}{\sqrt{5}}\right)$(对任意实数 θ 成立)$\Rightarrow 2\sqrt{5}|a| \leqslant 3 - 5a^2 \Rightarrow$

$|a| \leqslant \dfrac{\sqrt{5}}{5}$.

故 a 的取值范围为 $\left[-\dfrac{\sqrt{5}}{5}, \dfrac{\sqrt{5}}{5}\right]$.

例 3. 已知非零复数 z_1 和 z_2 满足 $|z_1+z_2|=|z_1-z_2|$，求证：$\left(\dfrac{z_1}{z_2}\right)^2$ 一定是负数.

分析： 为证明结论，只需证明 $\dfrac{z_1}{z_2}$ 为纯虚数，即 $\dfrac{z_1}{z_2}+\overline{\left(\dfrac{z_1}{z_2}\right)}=0$.

证明： $\because$ $|z_1+z_2|=|z_1-z_2|$，$\therefore$ $|z_1+z_2|^2=|z_1-z_2|^2$.

即 $(z_1+z_2)\overline{(z_1+z_2)}=(z_1-z_2)\overline{(z_1-z_2)}$，化简得 $z_1\bar{z_2}+\bar{z_1}z_2=0$，

$\because$ $z_1\neq 0, z_2\neq 0$，两边同除以 $z_2\bar{z_2}$，得 $\dfrac{z_1}{z_2}+\overline{\left(\dfrac{z_1}{z_2}\right)}=0$.

例 4.（1）已知 $z_1,z_2\in\mathbf{C}$，求证：$|z_1+z_2|^2+|z_1-z_2|^2=2|z_1|^2+2|z_2|^2$；

（2）已知 $z_1,z_2\in\mathbf{C}$，且 $|z_1-\bar{z_2}|=|1-z_1z_2|$.

求证：$|z_1|,|z_2|$ 中至少有一个是 1.

证明：（1）$|z_1+z_2|^2+|z_1-z_2|^2$

$\qquad\quad =(z_1+z_2)\overline{(z_1+z_2)}+(z_1-z_2)\overline{(z_1-z_2)}$

$\qquad\quad =(z_1\bar{z_1}+\bar{z_1}z_2+z_1\bar{z_2}+z_2\bar{z_2})+(z_1\bar{z_1}-\bar{z_1}\cdot z_2-z_1\bar{z_2}+z_2\bar{z_2})$

$\qquad\quad =2(z_1\bar{z_1}+z_2\bar{z_2})=2|z_1|^2+2|z_2|^2$.

$\therefore$ $|z_1+z_2|^2+|z_1-z_2|^2=2|z_1|^2+2|z_2|^2$.

（2）$\because$ $|z_1-\bar{z_2}|=|1-z_1z_2|$，$\therefore$ $|z_1-\bar{z_2}|^2=|1-z_1z_2|^2$，

$(z_1-\bar{z_2})(\bar{z_1}-z_2)=(1-z_1z_2)(1-\overline{z_1z_2})$，

$z_1\bar{z_1}-\overline{z_1z_2}-z_1z_2+z_2\bar{z_2}=1-z_1z_2-\bar{z_1}\bar{z_2}+|z_1|^2|z_2|^2$，

即 $|z_1|^2+|z_2|^2=1+|z_1|^2\cdot|z_2|^2$，变形为 $(|z_1|^2-1)(1-|z_2|^2)=0$，

$|z_1|^2=1$ 或 $|z_2|^2=1$，可得 $|z_1|=1$，或 $|z_2|=1$，$\therefore$ $|z_1|,|z_2|$ 中至少有一个是 1.

例 5. 设复数 z_1 和 z_2 满足关系式 $z_1\bar{z_2}+\bar{A}z_1+A\bar{z_2}=0$，其中 A 为不等于 0 的复数.

求证：（1）$|z_1+A||z_2+A|=|A|^2$；（2）$\dfrac{z_1+A}{z_2+A}=\left|\dfrac{z_1+A}{z_2+A}\right|$.

证明：（1）$|z_1+A||z_2+A|=|z_1+A|\overline{|z_2+A|}=|(z_1+A)||(\bar{z_2}+\bar{A})|$

$\qquad\qquad\qquad\qquad\quad =|z_1\bar{z_2}+\bar{A}z_1+A\bar{z_2}+A\bar{A}|=|A\bar{A}|=||A|^2|=|A|^2$.

（2）$\because$ $A\neq 0$，由此得 $z_1+A\neq 0, z_2+A\neq 0$，

$\therefore$ $\dfrac{z_1+A}{z_2+A}=\dfrac{(z_1+A)(\bar{z_2}+\bar{A})}{(z_2+A)(\bar{z_2}+\bar{A})}=\dfrac{z_1\bar{z_2}+A\bar{z_2}+\bar{A}z_1+A\bar{A}}{|z_2+A|^2}=\dfrac{|A|^2}{|z_2+A|^2}$

$\qquad\quad =\dfrac{|z_1+A||z_2+A|}{|z_2+A|^2}=\dfrac{|z_1+A|}{|z_2+A|}=\left|\dfrac{z_1+A}{z_2+A}\right|$.

例 6. 记 $A=\{z_1,z_2,\cdots,z_{2005}\}$ 是复数的一个子集.若对任意的 $\mathrm{i}\in\{1,2,3,\cdots,2\,005\}$，满足

$A = \{z_iz_1, z_iz_2, \cdots, z_iz_{2\,005}\}.$

求证：(1) 对任意的 $i \in \{1, 2, 3, \cdots, 2\,005\}$，有 $|z_i| = 1$；(2) 对任意的 $z \in A$，有 $\bar{z} \in A$.

证明：(1) 对于固定的 $i \in \{1, 2, 3, \cdots, 2\,005\}$，由条件：$A = \{z_iz_1, z_iz_2, \cdots, z_iz_{2\,005}\}$，可得：

$\prod\limits_{j=1}^{2\,005} z_iz_j = \prod\limits_{j=1}^{2\,005} z_j$，即：$z_i^{2\,005}\prod\limits_{j=1}^{2\,005} z_j = \prod\limits_{j=1}^{2\,005} z_j$，如果对于某个 $j, z_j = 0$，则 $\{z_jz_1, z_jz_2, \cdots, z_jz_{2\,005}\} = \{0\} \neq A$，矛盾！所以 $\prod\limits_{j=1}^{2\,005} z_j \neq 0$，因此成立 $z_i^n = 1$，由此可得 $|z_i| = 1$.

(2) 由 $z \in A$，并且 $\{zz_1, zz_2, \cdots, zz_{2\,005}\} = A$，因此可得：$z = zz_i$，进而有 $z_i = 1$；所以存在某个 k 使得：$zz_k = 1$，所以 $\bar{z} = \dfrac{1}{z} = z_k \in A.$

1. 已知复数 z 满足 $|z-4| = |z-4i|$，且 $z + \dfrac{14-z}{z-1}$ 为实数，求复数 z.

2. 已知 $z_1 = x + y + (x^2 - xy - 2y)\mathrm{i}, z_2 = (2x - y) - (y - xy)\mathrm{i}(x, y \subseteq \mathbf{R})$，问 x, y 为何值时，z_1 与 z_2 为共轭复数.

3. 已知复数 z_1, z_2 满足 $|z_1| = 3, |z_2| = 5, |z_1 - z_2| = 7$，求 $\dfrac{z_1}{z_2}$.

4. 已知复数 z 满足 $|z| = 2$，求 $|1 + \sqrt{3}\mathrm{i} + z|$ 的最值.

5. 求复数 $z = \dfrac{(4-3\mathrm{i})^5}{\left(\dfrac{\sqrt{3}}{2} - \dfrac{1}{2}\mathrm{i}\right)^2 (\sqrt{2} - \sqrt{3}\mathrm{i})^4}$ 的模.

6. 设复数 z 满足 $|z| = 1$，求 $|z^2 - z + 2|$ 最大值与最小值，并求出相应的复数 z 的值.

7. (1) 已知 $z_1, z_2 \in \mathbf{C}, |z_1| = 1$，求 $\left|\dfrac{z_1 - z_2}{1 - \overline{z_1} \cdot z_2}\right|$ 的值；

(2) 若复数 z_1, z_2, z_3 的模均为 r，求 $\left|\dfrac{\dfrac{1}{z_1} + \dfrac{1}{z_2} + \dfrac{1}{z_3}}{z_1 + z_2 + z_3}\right|$ 的值.

8. 如果 z 是复数，$|z| = 1$，求 $f(z) = |z^3 - z + 2|$ 的最大值.

9. 已知复数 $z_1 = \cos\theta + \mathrm{i}, z_2 = \sin\theta + \mathrm{i}$，求 $|\overline{z_1}| \cdot |z_2|$ 的最大值和最小值.

10. 设复数 z_1, z_2 满足 $z_1z_2 + 2\mathrm{i}z_1 - 2\mathrm{i}z_2 + 1 = 0$.

(1) 若 z_1, z_2 满足 $\overline{z_2} - z_1 = 2\mathrm{i}$，求 z_1, z_2；

(2) 若 $|z_1| = \sqrt{3}$，是否存在常数 k，使得等式 $|z_2 - 4\mathrm{i}| = k$ 恒成立，若存在，试求出 k；若不存在说明理由.

§8.4　复数与复数的加法、减法的几何意义

1. 复数的几何意义

由复数相等的定义可知，复数 $z = a + b\mathrm{i}(a, b \in \mathbf{R})$ 与有序实数对 (a, b) 是一一对应关系.而有序实数对 (a, b) 与平面直角坐标系内的点 $Z(a, b)$ 也是一一对应的，因此，可以用平面直角

坐标系内的点 $Z(a,b)$ 来表示复数 $z=a+bi$,也可以用复数 $z=a+bi$ 来描述平面直角坐标系内的点 $Z(a,b)$.

如图 8-2 所示,点 Z 的横坐标是 a,纵坐标是 b,它表示复数 $z=a+bi$.建立了直角坐标系用来表示复数的平面叫作**复平面**,在这里 x 轴叫作**实轴**,y 轴叫作**虚轴**.表示实数的点都在实轴上,表示纯虚数的点都在虚轴上,原点表示实数 0.

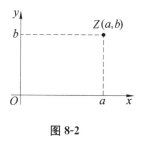

图 8-2

例如,在复平面内,实轴上的点 $(3,0)$ 表示实数 3,虚轴上的点 $(0,-3)$ 表示纯虚数 $-3i$,点 $(-20,30)$ 表示的复数是 $-20+30i$ 等.反之,复数 10 对应复平面内的点 $(10,0)$,复数 $-15-3i$ 对应复平面内的点 $(-15,-3)$.

按照这种表示方法,每一个复数都有复平面内唯一确定一个点和它对应;反过来,复平面内的每一个点也有唯一的一个复数与它对应.所以复数集 **C** 和复平面内所有的点所组成的集合的元素之间是一一对应关系,即

$$复数\ z=a+bi(a,b\in\mathbf{R})\xrightarrow{\text{一一对应}}复平面内的点\ Z(a,b).$$

复数 $z=a+bi(a,b\in\mathbf{R})$ 在复平面内所对应的点 $Z(a,b)$,连接 OZ,则向量 $\overrightarrow{OZ}$ 是由点 Z 唯一确定的;反过来,设向量 $\overrightarrow{OZ}=(a,b)$,则点 $Z(a,b)$ 是由向量 $\overrightarrow{OZ}$ 唯一确定的,即

$$复平面内的点\ Z(a,b)\xrightarrow{\text{一一对应}}平面向量\overrightarrow{OZ}.$$

而复平面内的点 $Z(a,b)$ 又对应唯一的复数 $z=a+bi$.所以,复数集 C 中的元素和复平面内以原点为起点的向量也是一一对应的(实数 0 与零向量对应),即

$$复数\ z=a+bi(a,b\in\mathbf{R})\xrightarrow{\text{一一对应}}平面向量\overrightarrow{OZ}.$$

所以,为方便起见,我们常把复数 $z=a+bi$ 看作点 $Z(a,b)$ 或看作向量 $\overrightarrow{OZ}$.并且规定,相等的向量表示同一个复数.

这就是复数的一种几何意义.也就是复数的另一种表示方法,即几何表示方法.

根据复数模的定义,可知 $z=a+bi$ 的模与表示 $z=a+bi$ 的向量 $\overrightarrow{OZ}$ 的模是一致的,所以复数的模也可以说成是其对应向量的模,即复数 $z=a+bi$ 的模就是其在复平面内所对应的点 $Z(a,b)$ 到坐标原点的距离.例如,复数 z 满足 $|z|=4$,就是复数 z 在复平面内所对应的点 Z 到坐标原点的距离等于 4.所以满足 $|z|=4$ 的点 Z 所组成的集合是以复平面上原点 O 为圆心、以 4 为半径的圆.同理,满足 $2\leqslant|z|\leqslant4$ 的复数 z 对应的点 Z 所组成的集合是以复平面上原点 O 为圆心、分别以 2,4 为半径的圆所围成的圆环(包括边界).

2. 复数加法、减法的几何意义

设向量 $\overrightarrow{OZ_1}$,$\overrightarrow{OZ_2}$ 分别与复数 $z_1=a+bi$,$z_2=c+di(a,b,c,d\in\mathbf{R})$ 对应,且 $\overrightarrow{OZ_1}$,$\overrightarrow{OZ_2}$ 不共线,以 $\overrightarrow{OZ_1}$,$\overrightarrow{OZ_2}$ 为两条邻边画平行四边形 OZ_1ZZ_2,则对角线 OZ 所表示的向量 $\overrightarrow{OZ}$ 就是复数 $z_1+z_2=(a+c)+(b+d)i$ 对应的向量(即平行四边形法则),如图 8-3 所示.

根据复数减法的定义和复数加法的几何意义,可以得到复数减法的几何意义(即三角形法则,过 O 作与其相等的向量).

设 $z_1=a+bi$,$z_2=c+di(a,b,c,d\in\mathbf{R})$,则

$$\overrightarrow{OZ_1}-\overrightarrow{OZ_2}=(a,b)-(c,d)=(a-c,b-d),$$

$$Z_1-Z_2=(a+bi)-(c+di)=(a-c)+(b-d)i.$$

故 $|Z_1-Z_2|=|\overrightarrow{Z_2Z_1}|=\sqrt{(a-c)^2+(b-d)^2}$.

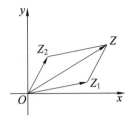

图 8-3

表明：两个复数的差的模就是复平面内与这两个复数对应的两点之间的距离.

例1. 已知 $a\in\mathbf{R}$，请判断复数 $z=a^2-2a+4-(a^2-2a+2)i$ 在复平面上所对应的点 Z 在第几象限？

解：∵ $a^2-2a+4=(a-1)^2+3>0,-(a^2-2a+2)=-(a-1)^2-1<0$,

∴ $\mathrm{Re}z>0,\mathrm{Im}z<0$, ∴ 复数 z 在复平面上所对应的点 Z 在第四象限.

例2. 平行四边形 $OABC$，顶点 O、A、C 分别表示 $0,3+2i,-2+4i$，试求：

(1) $\overrightarrow{AO}$ 所表示的复数，$\overrightarrow{BC}$ 所表示的复数.

(2) 对角线 $\overrightarrow{CA}$ 所表示的复数.

(3) 对角线 $\overrightarrow{OB}$ 所表示的复数及 $\overrightarrow{OB}$ 的长度.

解：(1) $\overrightarrow{AO}=-\overrightarrow{OA}$ ∴ $\overrightarrow{AO}$ 所表示的复数为 $-3-2i$.

∵ $\overrightarrow{BC}=\overrightarrow{AO}$, ∴ $\overrightarrow{BC}$ 所表示的复数为 $-3-2i$.

(2) $\overrightarrow{CA}=\overrightarrow{OA}-\overrightarrow{OC}$, ∴ $\overrightarrow{CA}$ 所表示的复数为 $(3+2i)-(-2+4i)=5-2i$.

(3) 对角线 $\overrightarrow{OB}=\overrightarrow{OA}+\overrightarrow{AB}=\overrightarrow{OA}+\overrightarrow{OC}$，它所对应的复数为

$$(3+2i)+(-2+4i)=1+6i,|\overrightarrow{OB}|=\sqrt{1^2+6^2}=\sqrt{37}.$$

例3. 设复数满足 $||z+4-3i|-2|=2-|z+4-3i|$，求 $|z|$ 的最大值和最小值.

分析：仔细观察、分析等式 $||z+4-3i|-2|=2-|z+4-3i|$，实质是一实数等式，由其特点，根据实数的性质知若 $|a|=-a$，则 $a\leqslant0$，因此已知等式可化为 $|z+4-3i|-2\leqslant0$.

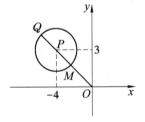

图 8-4

解：由已知等式得 $|z-(-4+3i)|-2\leqslant0$，即 $|z-(-4+3i)|\leqslant2$，它表示的以点 $P(-4,3)$ 为圆心，半径 $R=2$ 的圆面.

如图 8-4 所示，可知 $|z|=|OQ|$ 时，$|z|$ 有最大值 $|OP|+R=5+2=7$；$|z|=|OM|$ 时 $|z|$ 有最小值 $|OP|-R=5-2=3$.

例4. 已知复数 $z=\dfrac{\sqrt{3}}{2}-\dfrac{1}{2}i,\omega=\dfrac{\sqrt{2}}{2}+\dfrac{\sqrt{2}}{2}i$. 复数 $\overline{z\omega}$，$z^2\omega^3$ 在复数平面上所对应的点分别是 P、Q. 求证：$\triangle OPQ$ 是等腰直角三角形（其中 O 为原点）.

证明：∵ $z\omega=\left(\dfrac{\sqrt{3}}{2}-\dfrac{1}{2}i\right)\left(\dfrac{\sqrt{2}}{2}+\dfrac{\sqrt{2}}{2}i\right)=\dfrac{\sqrt{6}+\sqrt{2}}{4}+\dfrac{\sqrt{6}-\sqrt{2}}{4}i$,

∴ $\overline{z\omega}=\dfrac{\sqrt{6}+\sqrt{2}}{4}-\dfrac{\sqrt{6}-\sqrt{2}}{4}i$,

$z^2\omega^3=\left(\dfrac{\sqrt{3}}{2}-\dfrac{1}{2}i\right)^2\left(\dfrac{\sqrt{2}}{2}+\dfrac{\sqrt{2}}{2}i\right)^3=\left(\dfrac{1}{2}-\dfrac{\sqrt{3}}{2}i\right)\cdot\dfrac{\sqrt{2}}{2}(-1+i)=\dfrac{\sqrt{6}-\sqrt{2}}{4}+\dfrac{\sqrt{6}+\sqrt{2}}{4}i$,

∴ $\overrightarrow{OP}=\left(\dfrac{\sqrt{6}+\sqrt{2}}{4},-\dfrac{\sqrt{6}-\sqrt{2}}{4}\right),\overrightarrow{OQ}=\left(\dfrac{\sqrt{6}-\sqrt{2}}{4},\dfrac{\sqrt{6}+\sqrt{2}}{4}\right)$.

$$\therefore \overrightarrow{OP}\perp\overrightarrow{OQ}, 且 |\overrightarrow{OP}|=|\overrightarrow{OQ}|=1, 所以 \triangle OPQ 为等腰直角三角形.$$

1. 是否存在实数 a, 使得复数 $z=a^2-a-6+\dfrac{a^2+2a-15}{a^2-4}i$ 在复平面上对应的点在虚轴上, 若存在, 求出所有的实数 a, 若不存在, 请说明理由.

2. (1) 若 $z\in\mathbf{C}$ 且 $|z+2-2i|=1$, 求 $|z-2-2i|$ 的最小值;

(2) 若 $z\in\mathbf{C}$ 且 $|z+3+4i|\leqslant 2$, 求 $|z|$ 的最大值.

3. 已知复数 z 满足 $|z|=\sqrt{2}$, z^2 的虚部为 2.

(1) 求 z;

(2) 设 $z, z^2, z-z^2$ 在复平面上的对应点分别为 A, B, C, 求 $\triangle ABC$ 的面积.

4. 已知复数 z_1, z_2 满足 $|z_1|=\sqrt{7}+1$, $|z_2|=\sqrt{7}-1$, 且 $|z_1-z_2|=4$, 求 $\dfrac{z_1}{z_2}$ 与 $|z_1+z_2|$ 的值.

5. 已知 $|z|=1$, 且 $z^5+z=1$, 求复数 z.

6. 已知 z 为复数, $z+2i$ 和 $\dfrac{z}{2-i}$ 均为实数, 其中 i 是虚数单位.

(1) 求复数 z;

(2) 若复数 $(z+ai)^2$ 在复平面上对应的点在第一象限, 求实数 a 的取值范围.

7. 若 $|z+1-i|=1$, 求 $|z|$ 的最大值与最小值.

8. 设复数 z 满足 $|z|=2$, 求 $|z-i|$ 的最大值及此时的复数 z.

9. 已知 $z^2+\dfrac{16}{z^2}$ 是实数, 求复数 z 在复平面上所对应的点集的图形.

10. 设复数 $z=x+yi(x,y\in\mathbf{R})$ 在复平面上所对应的点是 Z, 画出满足下列条件的点 Z 的集合所表示的区域.

(1) $\text{Re}z>0$;

(2) $|\text{Re}z|\leqslant 4, 0<|\text{Im}z|<2$;

(3) $|z|\leqslant 2, \text{Re}z+\text{Im}z=2$.

11. 已知两个复数集: $M=\{z|z=t+(4-t^2)i, t\in\mathbf{R}\}$, $N=\{z|z=2\cos\theta+(\lambda+3\sin\theta)i, \lambda\in\mathbf{R}, \theta\in\mathbf{R}\}$ 的交集为非空集合, 求 λ 的取值范围.

12. 复数 $z=\dfrac{(1+i)^3(a+bi)}{1-i}$ 且 $|z|=4$, z 对应的点在第一象限, 若复数 $0, z, \bar{z}$ 对应的点是正三角形的三个顶点, 求实数 a, b 的值.

13. 已知复数 z_1 在 $|z_1|=1$ 的条件下变动, 而 $|z-2\,009-2\,010i|=|z_1^4+1-2z_1^2|$, 求复数 z 对应点的形成的区域图形的面积.

14. 关于 x 的二次方程 $x^2+z_1x+z_2+m=0$, z_1、z_2, m 均是复数, 且 $z_1^2-4z_2=16+20i$. 设这个方程的两个根为 α、β, 且满足 $|\alpha-\beta|=2\sqrt{7}$. 求 $|m|$ 的最大值和最小值.

15. 设复数 z 满足 $|z|=5$, 且 $(3+4i)z$ 在复平面上对应的点在第二、四象限的角平分线上, $|\sqrt{2}z-m|=5\sqrt{2}(m\in\mathbf{R})$, 求 z 和 m 的值.

16. 设 a 为实数,且存在复数 z 满足 $|z+\sqrt{2}|=\sqrt{a^2-3a+2}$ 和 $|z+\sqrt{2}\,i|<a$,求 a 的取值范围.

17. 设 z 是复数,求 $|z-1|+|z-i|+|z+1|$ 的最小值.

18. 在复平面上有两个动点 W 和 Z,它们分别对应于复数 w 与 z,且满足 $w=iz+2$,当 Z 沿曲线 $|z-1|+|z+1|=2\sqrt{2}$ 运动时,求 $|w|$ 的最值.

19. 已知 P 为直线 $x-y+1=0$ 上的动点,以 OP 为边作正 $\triangle OPQ$(O,P,Q 按顺时针方向排列).则点 Q 的轨迹方程为_____.

§8.5 复数的三角形式与运算

如图 8-5 所示,设非零复数 $z=a+bi(a,b\in \mathbf{R})$ 在复平面上所对应的点是 $Z(a,b)$,所对应的向量是 $\overrightarrow{OZ}$,则以实轴的正半轴为始边,向量 $\overrightarrow{OZ}$ 所在的射线为终边的角 θ 叫作**复数 z 的辐角**,记作 Argz.非零复数 z 的辐角有无限多个值,这些值中的任意两个相差 2π 的整数倍.我们把适合 $\theta\in[0,2\pi)$ 的辐角 θ 的值,叫作**复数 z 的辐角主值**,记作 argz.易知复数 z 的辐角与辐角主值满足关系 $\mathrm{Arg}z=2k\pi+\mathrm{arg}z(k\in \mathbf{Z})$.

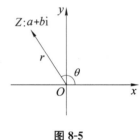

图 8-5

这样,非零复数与它的一组模和辐角主值是一一对应的.两个非零复数当且仅当它们的模与辐角主值分别相等时才相等.

若复数 $z=0$,则所对应的向量 $\overrightarrow{OZ}$ 是零向量.零向量的方向是任意的,所以复数 0 的辐角也是任意的,辐角主值可以取 $[0,2\pi)$ 内的任意一个值.

设 $|\overrightarrow{OZ}|=r(r>0)$,根据三角比的定义,我们有 $\cos\theta=\dfrac{a}{r}$,$\sin\theta=\dfrac{b}{r}$,即 $a=r\cos\theta$,$b=r\sin\theta$,所以 $z=a+bi=r\cos\theta+ir\sin\theta=r(\cos\theta+i\sin\theta)$.

这里 $r=\sqrt{a^2+b^2}$ 就是复数 $a+bi$ 的模,θ 是 $a+bi$ 的一个辐角.特别地,复数 0 也可以写作 $0=0(\cos\theta+i\sin\theta)$.由此可见,任意复数 $a+bi$ 都可以表示成 $r(\cos\theta+i\sin\theta)(r\geqslant 0)$ 的形式.

我们把 $r(\cos\theta+i\sin\theta)$ 叫作**复数 $a+bi$ 的三角形式**.其中 r 是复数 $a+bi$ 的模,θ 是 $a+bi$ 的一个辐角.

下面,我们利用复数的三角形式来研究复数的乘法、除法、乘方及开方运算.

设复数 $z_1=r_1(\cos\alpha+i\sin\alpha)(r_1\geqslant 0)$,$z_2=r_2(\cos\beta+i\sin\beta)(r_2\geqslant 0)$,按复数的代数形式的乘法法则有

$$z_1\cdot z_2=r_1(\cos\alpha+i\sin\alpha)\cdot r_2(\cos\beta+i\sin\beta)$$
$$=r_1r_2[(\cos\alpha\cos\beta-\sin\alpha\sin\beta)+i(\cos\alpha\sin\beta+\sin\alpha\cos\beta)]$$
$$=r_1r_2[\cos(\alpha+\beta)+i\sin(\alpha+\beta)].$$

则 $r_1(\cos\alpha+i\sin\alpha)\cdot r_2(\cos\beta+i\sin\beta)=r_1r_2[\cos(\alpha+\beta)+i\sin(\alpha+\beta)]$.

即两个复数相乘,积的模等于两个复数模的积,积的辐角等于两个辐角的和.

除法是乘法的逆运算,即当 $z_2\neq 0$ 时,商 $\dfrac{z_1}{z_2}$ 是指满足 $z_2\cdot z=z_1$ 的复数 z.

因为 $r_2(\cos\beta+\mathrm{isin}\beta)\cdot\dfrac{r_1}{r_2}[\cos(\alpha-\beta)+\mathrm{isin}(\alpha-\beta)]=r_1(\cos\alpha+\mathrm{isin}\alpha)$,

所以 $\dfrac{z_1}{z_2}=\dfrac{r_1(\cos\alpha+\mathrm{isin}\alpha)}{r_2(\cos\beta+\mathrm{isin}\beta)}=\dfrac{r_1}{r_2}[\cos(\alpha-\beta)+\mathrm{isin}(\alpha-\beta)]$.

即**两个复数相除,商的模等于被除数的模除以除数的模所得的商,商的辐角等于被除数的辐角减去除数的辐角所得的差**.

复数三角形式的乘法法则可以推广到 n 个复数:

$$r_1(\cos\theta_1+\mathrm{isin}\theta_1)\cdot r_2(\cos\theta_2+\mathrm{isin}\theta_2)\cdot\cdots\cdot r_n(\cos\theta_n+\mathrm{isin}\theta_n)$$
$$=r_1r_2\cdots r_n[\cos(\theta_1+\theta_2+\cdots+\theta_n)+\mathrm{isin}(\theta_1+\theta_2+\cdots+\theta_n)].$$

如果在上式中取 $r_1=r_2=\cdots=r_n=r,\theta_1=\theta_2=\cdots=\theta_n=\theta$,即得

$$[r(\cos\theta+\mathrm{isin}\theta)]^n=r^n(\cos n\theta+\mathrm{isin}n\theta),(n\in\mathbf{N}).$$

即**复数的 $n(n\in\mathbf{N})$ 次幂的模等于这个复数的模的 n 次幂,它的辐角等于这个复数辐角的 n 倍**,这个定理叫作**棣莫弗**(Abraham de Moivre,1667—1754,英国)**定理**.

设复数 $z_0=r(\cos\theta+\mathrm{isin}\theta)(r>0,n\geqslant2,n\in\mathbf{N})$ 的 n 次方根为 $z=\rho(\cos\varphi+\mathrm{isin}\varphi)(\rho\geqslant0)$,则 $z^n=z_0$,即 $[\rho(\cos\varphi+\mathrm{isin}\varphi)]^n=\rho^n(\cos n\varphi+\mathrm{isin}n\varphi)=r(\cos\theta+\mathrm{isin}\theta)$.

所以 $\begin{cases}\rho^n=r,\\ n\varphi=\theta+2k\pi,k\in\mathbf{Z}.\end{cases}$ 得 $\rho=\sqrt[n]{r}$,$\varphi=\dfrac{\theta+2k\pi}{n}$.

因此 $r(\cos\theta+\mathrm{isin}\theta)$ 的 n 次方根为 $\sqrt[n]{r}\left(\cos\dfrac{\theta+2k\pi}{n}+\mathrm{isin}\dfrac{\theta+2k\pi}{n}\right)$.显然复数 0 的 n 次方根仍然是 0.

当 k 取 $0,1,2,\cdots,n-1$ 各值时,可以得到 $\sqrt[n]{r}\left(\cos\dfrac{\theta+2k\pi}{n}+\mathrm{isin}\dfrac{\theta+2k\pi}{n}\right)$ 的 n 个不同的值(因为它们中任意两个的商都不为1).而当 k 取其他的整数值时,可以证明所得到的值必与前面已取得的 n 个值重复.所以,**非零复数 $r(\cos\theta+\mathrm{isin}\theta)$ 的 n 次方根是 n 个复数**,它们是

$$\sqrt[n]{r}\left(\cos\dfrac{\theta+2k\pi}{n}+\mathrm{isin}\dfrac{\theta+2k\pi}{n}\right)(k=0,1,2,\cdots,n-1).$$

例1. 将下列复数表示成三角形式:

(1) $2\left(\cos\dfrac{\pi}{5}-\mathrm{isin}\dfrac{\pi}{5}\right)$;

(2) $-2\left(\cos\dfrac{\pi}{5}+\mathrm{isin}\dfrac{\pi}{5}\right)$;

(3) $\tan\theta+\mathrm{i},\theta\in\left(0,\dfrac{\pi}{2}\right)\cup\left(\dfrac{\pi}{2},\pi\right)$;

(4) $1+\cos\alpha+\mathrm{isin}\alpha,\alpha\in[0,2\pi)$.

解:(1) $2\left(\cos\dfrac{\pi}{5}-\mathrm{isin}\dfrac{\pi}{5}\right)=2\left[\cos\left(\dfrac{-\pi}{5}\right)+\mathrm{isin}\left(\dfrac{-\pi}{5}\right)\right]$.

(2) $-2\left(\cos\dfrac{\pi}{5}+\mathrm{isin}\dfrac{\pi}{5}\right)=2\left(\cos\dfrac{6\pi}{5}+\mathrm{isin}\dfrac{6\pi}{5}\right)$.

(3) $\because$ $\tan\theta+\mathrm{i}=\dfrac{\sin\theta}{\cos\theta}+\mathrm{i}=\dfrac{1}{\cos\theta}(\sin\theta+\mathrm{i}\cos\theta)$,

当 $\theta\in\left(0,\dfrac{\pi}{2}\right)$ 时，$\cos\theta>0$，$\therefore$ $\tan\theta+\mathrm{i}=\dfrac{1}{\cos\theta}\left[\cos\left(\dfrac{\pi}{2}-\theta\right)+\mathrm{i}\sin\left(\dfrac{\pi}{2}-\theta\right)\right]$；

当 $\theta\in\left(\dfrac{\pi}{2},\pi\right)$ 时，$\cos\theta<0$，$\therefore$ $\tan\theta+\mathrm{i}=-\dfrac{1}{\cos\theta}\left[\cos\left(\dfrac{3\pi}{2}-\theta\right)+\mathrm{i}\sin\left(\dfrac{3\pi}{2}-\theta\right)\right]$.

(4) $1+\cos\alpha+\mathrm{i}\sin\alpha=2\cos^2\dfrac{\alpha}{2}+\mathrm{i}\cdot2\sin\dfrac{\alpha}{2}\cdot\cos\dfrac{\alpha}{2}=2\cos\dfrac{\alpha}{2}\left(\cos\dfrac{\alpha}{2}+\mathrm{i}\sin\dfrac{\alpha}{2}\right)$，

当 $0\leqslant\alpha<\pi$ 时，$0\leqslant\dfrac{\alpha}{2}<\dfrac{\pi}{2}$，$\cos\dfrac{\alpha}{2}>0$，$\therefore$ $1+\cos\alpha+\mathrm{i}\sin\alpha=2\cos\dfrac{\alpha}{2}\cdot$

$\left(\cos\dfrac{\alpha}{2}+\mathrm{i}\sin\dfrac{\alpha}{2}\right)$；

当 $\pi\leqslant\alpha<2\pi$ 时，$\dfrac{\pi}{2}\leqslant\dfrac{\alpha}{2}<\pi$，$\cos\dfrac{\alpha}{2}<0$，

$\therefore$ $1+\cos\alpha+\mathrm{i}\sin\alpha=-2\cos\dfrac{\alpha}{2}\left(-\cos\dfrac{\alpha}{2}-\mathrm{i}\sin\dfrac{\alpha}{2}\right)=-2\cos\dfrac{\alpha}{2}\left[\cos\left(\pi+\dfrac{\alpha}{2}\right)+\mathrm{i}\sin\left(\pi+\dfrac{\alpha}{2}\right)\right]$.

例 2. 求 $1-\mathrm{i}$ 的立方根.

解： $1-\mathrm{i}$ 的三角形式为：$\sqrt{2}\left(\cos\dfrac{7\pi}{4}+\mathrm{i}\sin\dfrac{7\pi}{4}\right)$，所以它的立方根是：

$$\sqrt[6]{2}\left(\cos\dfrac{\dfrac{7\pi}{4}+2k\pi}{3}+\mathrm{i}\sin\dfrac{\dfrac{7\pi}{4}+2k\pi}{3}\right)，k=0,1,2$$

即：$\sqrt[6]{2}\left(\cos\dfrac{7\pi}{12}+\mathrm{i}\sin\dfrac{7\pi}{12}\right)$，$\sqrt[6]{2}\left(\cos\dfrac{5\pi}{4}+\mathrm{i}\sin\dfrac{5\pi}{4}\right)$，$\sqrt[6]{2}\left(\cos\dfrac{23\pi}{12}+\mathrm{i}\sin\dfrac{23\pi}{12}\right)$.

例 3. 已知 $z_1=1+\cos\alpha+\mathrm{i}\sin\alpha$，$z_2=1-\cos\beta+\mathrm{i}\sin\beta$ $(0<\alpha<\pi<\beta<2\pi)$，且 $\arg z_1+\arg z_2=\dfrac{13\pi}{6}$，$|z_1z_2|=\sqrt{3}-1$，求 $\tan(\alpha+\beta)$ 的值.

解： 由于涉及辐角主值与模，所以，不妨将 z_1,z_2 写成三角形式.

由 $z_1=1+\cos\alpha+\mathrm{i}\sin\alpha=2\cos^2\dfrac{\alpha}{2}+2\mathrm{i}\sin\dfrac{\alpha}{2}\cos\dfrac{\alpha}{2}=2\cos\dfrac{\alpha}{2}\left(\cos\dfrac{\alpha}{2}+\mathrm{i}\sin\dfrac{\alpha}{2}\right)$，

$z_2=1-\cos\beta+\mathrm{i}\sin\beta=2\sin^2\dfrac{\beta}{2}+2\mathrm{i}\sin\dfrac{\beta}{2}\cos\dfrac{\beta}{2}$

$=2\sin\dfrac{\beta}{2}\left[\cos\left(\dfrac{\pi}{2}-\dfrac{\beta}{2}\right)+\mathrm{i}\sin\left(\dfrac{\pi}{2}-\dfrac{\beta}{2}\right)\right]$.

且 $0<\alpha<\pi<\beta<2\pi$，所以，$\arg z_1=\dfrac{\alpha}{2}$，$\arg z_2=\dfrac{5\pi}{2}-\dfrac{\beta}{2}$.

又 $\arg z_1+\arg z_2=\dfrac{13\pi}{6}$，$|z_1z_2|=\sqrt{3}-1$，所以，

$$\dfrac{\beta}{2}-\dfrac{\alpha}{2}=\dfrac{\pi}{3}，\cos\dfrac{\alpha}{2}\sin\dfrac{\beta}{2}=\dfrac{\sqrt{3}-1}{4}.$$

又 $\cos\dfrac{\alpha}{2}\sin\dfrac{\beta}{2}=\dfrac{1}{2}\left(\sin\dfrac{\alpha+\beta}{2}-\sin\dfrac{\alpha-\beta}{2}\right)$，

所以 $\sin\dfrac{\alpha+\beta}{2}=-\dfrac{1}{2}$.

又由 $0<\alpha<\pi<\beta<2\pi$ 可知：$\dfrac{\pi}{2}<\dfrac{\alpha+\beta}{2}<\dfrac{3\pi}{2}$，所以，$\dfrac{\alpha+\beta}{2}=\dfrac{7\pi}{6}$.

所以，$\tan(\alpha+\beta)=\tan\dfrac{7\pi}{3}=\sqrt{3}$.

例 4. 已知复数 z_1,z_2 满足 $|z_1|=|z_2|=1$，且 $z_1+z_2=\dfrac{1+\sqrt{3}\,i}{2}$，求 $z_1\cdot z_2$ 的值.

解： 设 $z_1=\cos\alpha+i\sin\alpha$，$z_2=\cos\beta+i\sin\beta$，

因为 $z_1+z_2=\dfrac{1+\sqrt{3}\,i}{2}$，所以，
$$\begin{cases}\cos\alpha+\cos\beta=\dfrac{1}{2} & \text{①}\\[2mm]\sin\alpha+\sin\beta=\dfrac{\sqrt{3}}{2} & \text{②}\end{cases}$$

和差化积，$\dfrac{②}{①}$ 得 $\tan\dfrac{\alpha+\beta}{2}=\sqrt{3}$，

所以，$\sin(\alpha+\beta)=\dfrac{\sqrt{3}}{2}$，$\cos(\alpha+\beta)=-\dfrac{1}{2}$. 所以，$z_1\cdot z_2=-\dfrac{1}{2}+\dfrac{\sqrt{3}}{2}i$.

例 5. 已知 $z=\cos\theta-\sin\theta+\sqrt{2}+i(\cos\theta+\sin\theta)$.

(1) 当 θ 为何值时，$|z|$ 取得最大值，并求此最大值；

(2) 若 $\theta\in(\pi,2\pi)$，求 $\arg z$（用 θ 表示）.

解： (1) $|z|=\sqrt{(\cos\theta-\sin\theta+\sqrt{2})^2+(\cos\theta+\sin\theta)^2}$

$\qquad\quad =\sqrt{4+2\sqrt{2}(\cos\theta-\sin\theta)}$

$\qquad\quad =2\sqrt{1+\cos\left(\theta+\dfrac{\pi}{4}\right)}$.

所以，当 $\cos\left(\theta+\dfrac{\pi}{4}\right)=1$ 时，$|z|$ 取最大值 $2\sqrt{2}$.

(2) 要求 $\arg z$，可以把 z 写成三角形式，但较为困难，故可先求出 $\arg z$ 的正切值. 设 $\arg z=\alpha$，则由于

$$z=\cos\theta-\sin\theta+\sqrt{2}+i(\cos\theta+\sin\theta)=\sqrt{2}\left[1+\sin\left(-\theta+\dfrac{\pi}{4}\right)+i\sin\left(\theta+\dfrac{\pi}{4}\right)\right].$$

所以，$\tan\alpha=\dfrac{\sqrt{2}\sin\left(\theta+\dfrac{\pi}{4}\right)}{\sqrt{2}\left[1+\sin\left(-\theta+\dfrac{\pi}{4}\right)\right]}=\dfrac{\sin\left(\theta+\dfrac{\pi}{4}\right)}{1+\cos\left(\theta+\dfrac{\pi}{4}\right)}=\tan\left(\dfrac{\theta}{2}+\dfrac{\pi}{8}\right)$.

因为 $\theta\in(\pi,2\pi)$，所以，z 的实部 $=\sqrt{2}\left[1+\sin\left(-\theta+\dfrac{\pi}{4}\right)\right]>0$，$z$ 的虚部 $=\sqrt{2}\sin\left(\theta+\dfrac{\pi}{4}\right)$.

当 $\theta\in\left(\pi,\dfrac{7\pi}{4}\right)$ 时，$\sqrt{2}\sin\left(\theta+\dfrac{\pi}{4}\right)<0$，$Z$ 所对应的点位于第四象限. 由于 $\dfrac{5\pi}{8}<\dfrac{\theta}{2}+\dfrac{\pi}{8}<\pi$，所以，$\arg z=\alpha=\left(\dfrac{\theta}{2}+\dfrac{\pi}{8}\right)+\pi=\dfrac{\theta}{2}+\dfrac{9\pi}{8}$.

当 $\theta\in\left[\dfrac{7\pi}{4},2\pi\right)$ 时，$\sqrt{2}\sin\left(\theta+\dfrac{\pi}{4}\right)\geqslant0$，$Z$ 所对应的点位于第一象限（或 x 轴正半轴）. 由于

$\pi < \dfrac{\theta}{2} + \dfrac{\pi}{8} < \dfrac{9\pi}{8}$，所以，$\arg z = \alpha = \left(\dfrac{\theta}{2} + \dfrac{\pi}{8}\right) - \pi = \dfrac{\theta}{2} - \dfrac{7\pi}{8}$.

例 6. 若复平面内单位圆上三点所对应的复数 z_1, z_2, z_3，满足 $z_2^2 = z_1 z_3$ 且 $z_2 + iz_3 - i = 0$，求复数 z_1, z_2, z_3.

解： 设 $z_1 = \cos\alpha + i\sin\alpha$，$z_2 = \cos\beta + i\sin\beta$，$z_3 = \cos\gamma + i\sin\gamma$，则由 $z_2 + iz_3 - i = 0$ 可得：$\begin{cases} \cos\beta - \sin\gamma = 0, \\ \sin\beta + \cos\gamma - 1 = 0. \end{cases}$

利用 $\cos^2\beta + \sin^2\beta = 1$，可解得：$\begin{cases} \cos\gamma = \dfrac{1}{2}, \\ \sin\gamma = \pm\dfrac{\sqrt{3}}{2}. \end{cases}$

所以，$z_3 = \dfrac{1 \pm \sqrt{3}\,i}{2}$.

当 $z_3 = \dfrac{1 + \sqrt{3}\,i}{2}$ 时，$z_2 = -i(z_3 - 1) = \dfrac{\sqrt{3} + i}{2}$，$z_1 = \dfrac{z_2^2}{z_3} = 1$；

当 $z_3 = \dfrac{1 - \sqrt{3}\,i}{2}$ 时，$z_2 = -i(z_3 - 1) = \dfrac{-\sqrt{3} + i}{2}$，$z_1 = \dfrac{z_2^2}{z_3} = 1$.

例 7. 设非零复数 a, b, c 满足 $|a| = |a - b| = |c|$，$|a + b| = \sqrt{3}\,|c|$，$|c| \neq 1$，$|c|^n = |(a\bar{b})^{2\,000} + (\bar{a}b)^{2\,000}|$，求 n 的值.

解： $|c|^2 = |a - b|^2 = |a|^2 + |b|^2 - (a\bar{b} + \bar{a}b)$，

$3|c|^2 = |a + b|^2 = |a|^2 + |b|^2 + (a\bar{b} + \bar{a}b)$，

则 $2|c|^2 = |a|^2 + |b|^2$ 且 $|b| = |c|$，$a\bar{b} + \bar{a}b = |c|^2$ 又 $|a\bar{b}| = |\bar{a}b| = |c|^2$，

设 $a\bar{b} = |c|^2(\cos\theta + i\sin\theta)$，则 $\bar{a}b = |c|^2(\cos\theta - i\sin\theta)$ 且 $\cos\theta = \dfrac{1}{2}$.

$\therefore \quad \theta = 2k\pi \pm \dfrac{\pi}{3}, (k \in \mathbf{Z})$.

利用棣莫弗定理可知 $|(a\bar{b})^{2\,000} + (\bar{a}b)^{2\,000}| = |-|c|^{4\,000}| = |c|^{4\,000}$.

例 8. 设复数 $z = \cos\theta + i\sin\theta(0 < \theta < \pi)$，$\omega = \dfrac{1 - (\bar{z})^4}{1 + z^4}$，并且 $|\omega| = \dfrac{\sqrt{3}}{3}$，$\arg\omega < \dfrac{\pi}{2}$，求 θ.

解： $\because \quad \omega = \dfrac{1 - [\cos(-\theta) + i\sin(-\theta)]^4}{1 + [\cos\theta + i\sin\theta]^4} = \dfrac{1 - \cos(-4\theta) - i\sin(-4\theta)}{1 + \cos4\theta + i\sin4\theta}$

$\qquad = \dfrac{2\sin^2 2\theta + 2i\sin2\theta\cos2\theta}{2\cos^2 2\theta + 2i\sin2\theta\cos2\theta} = \tan2\theta(\sin4\theta + i\cos4\theta)$.

$\therefore \quad |\omega| = |\tan2\theta| \cdot |\sin4\theta + i\cos4\theta| = |\tan2\theta| = \dfrac{\sqrt{3}}{3}$，$\tan2\theta = \pm\dfrac{\sqrt{3}}{3}$.

因为 $0 < \theta < \pi$，所以

（1）当 $\tan2\theta = \dfrac{\sqrt{3}}{3}$ 时，得 $\theta = \dfrac{\pi}{12}$ 或 $\theta = \dfrac{7\pi}{12}$，这时都有 $\omega = \dfrac{\sqrt{3}}{3}\left(\cos\dfrac{\pi}{6} + i\sin\dfrac{\pi}{6}\right)$，得

$\arg\omega = \dfrac{\pi}{6} < \dfrac{\pi}{2}$，适合题意.

（2）当 $\tan 2\theta = -\dfrac{\sqrt{3}}{3}$ 时，得 $\theta = \dfrac{5\pi}{12}$ 或 $\theta = \dfrac{11\pi}{12}$，这时都有 $\omega = \dfrac{\sqrt{3}}{3}\left(\cos\dfrac{11\pi}{6}+\mathrm{i}\sin\dfrac{11\pi}{6}\right)$，得 $\arg\omega = \dfrac{11\pi}{6} > \dfrac{\pi}{2}$，不适合题意，舍去.

综合（1）、（2）知 $\theta = \dfrac{\pi}{12}$ 或 $\theta = \dfrac{7\pi}{12}$.

1. 下列复数是不是复数的三角形式？

（1）$\dfrac{1}{2}\left(\cos\dfrac{\pi}{4}-\mathrm{i}\sin\dfrac{\pi}{4}\right)$;　　　　（2）$-\dfrac{1}{2}\left(\cos\dfrac{\pi}{3}+\mathrm{i}\sin\dfrac{\pi}{3}\right)$;

（3）$\dfrac{1}{2}\left(\sin\dfrac{3\pi}{4}+\mathrm{i}\cos\dfrac{3\pi}{4}\right)$;　　　　（4）$\cos\dfrac{7\pi}{5}+\mathrm{i}\sin\dfrac{7\pi}{5}$.

2.（1）计算：$2\left(\cos\dfrac{\pi}{9}+\mathrm{i}\sin\dfrac{\pi}{9}\right)\cdot 3\left(\cos\dfrac{\pi}{18}+\mathrm{i}\sin\dfrac{\pi}{18}\right)$;

（2）已知 A,B,C 是 $\triangle ABC$ 的三个内角，三个复数 $z_1 = 1-\cos 2A+\mathrm{i}\sin 2A$，$z_2 = 1-\cos 2B+\mathrm{i}\sin 2B$，$z_3 = 1-\cos 2C+\mathrm{i}\sin 2C$，试求 $\dfrac{z_1\cdot z_2\cdot z_3}{\sin 2A+\sin 2B+\sin 2C}$ 的值.

3. 若复数 $z_1 = \cos\alpha+\mathrm{i}(1-\sin\alpha)$ 和 $z_2 = 1+\mathrm{i}$ 在复平面上的对应点的距离为 1，求复数 z_1 的模与辐角主值.

4. 已知复数 z 满足 $|z| = 2$，$\arg(z+2) = \dfrac{\pi}{3}$，求 z.

5. 有一个人在草原上漫步，开始时从 O 出发，向东行走，每走 1 千米后，便向左转 $\dfrac{\pi}{6}$ 角度，他走过 n 千米后，首次回到原出发点，则 $n =$ _____.

6. 设复平面上单位圆内接正 20 边形的 20 个顶点所对应的复数依次为 $z_1, z_2, \cdots, z_{20}$ 则复数 $z_1^{1995}, z_2^{1995}, \cdots, z_{20}^{1995}$ 所对应的不同点的个数是_____.

7. 已知 $z = 1+\mathrm{i}$，

（1）设 $\omega = z^2+3\bar{z}-4$，求 ω 的三角形式；

（2）如果 $\dfrac{z^2+az+b}{z^2-z+1} = 1-\mathrm{i}$，求实数 a,b 的值.

8. 在复平面上，一个正方形的四个顶点按照逆时针方向依次为 Z_1, Z_2, Z_3, O（O 为原点），已知 Z_2 对应复数 $z_2 = 1+\sqrt{3}\mathrm{i}$，求点 Z_1 和 Z_3 所对应的复数.

9. 方程 $z^7 = -1+\sqrt{3}\mathrm{i}$ 的 7 个根在复平面上对应了 7 个点，这些点在四个象限中只有 1 个点的象限是_____.

10. 若复数 z_1, z_2 满足 $|z_1| = |z_2|$，且 $z_1 - z_2 = 2-\mathrm{i}$，则 $\dfrac{z_1 z_2}{|z_1 z_2|}$ 的值为_____.

11. 设复数 $z_1 = \sqrt{3}+\mathrm{i}$，复数 z_2 满足 $|z_2| = 2$，已知 $z_1\cdot z_2^2$ 的对应点在虚轴的负半轴上，且 $\arg z_2 \in (0,\pi)$，求 z_2 的代数形式.

12. 已知 $z = \dfrac{-1+\mathrm{i}}{\mathrm{i}} - 2\mathrm{i}$，$z_1 - \bar{z}z_2 = 0$，$\arg z_2 = \dfrac{7\pi}{12}$，若 z_1, z_2 在复平面上分别对应点 A, B，

且 $|AB| = \sqrt{2}$,求 z_1 的立方根.

13. 已知 k 是实数,ω 是非零复数,且满足 $\arg \omega = \dfrac{3}{4}\pi$,$(1+\bar{\omega})^2 + (1+i)^2 = 1 + k\omega$.

(1) 求 ω 的值;

(2) 设 $z = \cos\theta + i\sin\theta$,$\theta \in [0, 2\pi]$,若 $|z - \omega| = 1 + \sqrt{2}$,求 θ 的值.

14. 已知 $\arg(z^4 + 1) = \dfrac{\pi}{3}$,$\arg(z^4 - 1) = \dfrac{5}{6}\pi$,求复数 z .

15. 已知复数 z_1, z_2 满足 $\dfrac{z_2}{z_1} = \dfrac{\bar{z_1}}{z_2}$,且 $\arg z_1 = \dfrac{\pi}{3}$,$\arg z_2 = \dfrac{\pi}{6}$,$\arg z_3 = \dfrac{7}{8}\pi$,则求 $\arg \dfrac{z_1 + z_2}{z_3}$ 的值.

16. 设 A, B, C 为 $\triangle ABC$ 的三内角,复数 $z = \dfrac{\sqrt{65}}{5}\sin\dfrac{A+B}{2} + i\cos\dfrac{A-B}{2}$,$|z| = \dfrac{3\sqrt{5}}{5}$,求 C 的最大值.

17. 求证:$\sin\dfrac{\pi}{n} \cdot \sin\dfrac{2\pi}{n} \cdot \cdots \cdot \sin\dfrac{(n-1)\pi}{n} = \dfrac{n}{2^{n-1}}\ (n \geqslant 2)$.

18. 设复数 $z_1 = 2 - \sqrt{3}a + ai$,$z_2 = \sqrt{3}b - 1 + (\sqrt{3} - b)i$ 的模相等,且 $\arg \dfrac{z_2}{z_1} = \dfrac{\pi}{2}$,求实数 a ,b 的值.

19. 若 $x + \dfrac{1}{x} = 2\cos\theta$,求证:$x^n + \dfrac{1}{x^n} = 2\cos n\theta$.

20. 设复数 $z = 3\cos\theta + 2i\sin\theta$,求函数 $y = \theta - \arg z\left(0 < \theta < \dfrac{\pi}{2}\right)$ 的最大值以及对应的 θ 值.

21. 已知复数 $z_1 = i(1-i)^3$,

(1) 求 $\arg z_1$ 及 $|z_1|$;

(2) 当复数 z 满足 $|z| = 1$ 时,求 $|z - z_1|$ 的最大值.

§8.6　复数乘除法的几何意义

前面我们曾研究了复数的加法与减法的几何意义,现在应用复数三角形式的乘法、除法法则,可以继续研究复数乘法、除法的几何意义.

如图 8-6 所示,设复数 $z_1 = r_1(\cos\alpha + i\sin\alpha)\ (r_1 \geqslant 0)$ 对应的向量为 $\overrightarrow{OZ_1}$,$z_2 = r_2(\cos\beta + i\sin\beta)\ (r_2 \geqslant 0)$,由 $z_1 \cdot z_2 = r_1(\cos\alpha + i\sin\alpha) \cdot r_2(\cos\beta + i\sin\beta) = r_1 r_2[\cos(\alpha + \beta) + i\sin(\alpha + \beta)]$ 可知,把向量 $\overrightarrow{OZ_1}$ 绕点 O 逆时针旋转角 β (当 $\beta < 0$ 时,实际上是顺时针旋转角 $-\beta$);再把 $\overrightarrow{OZ_1}$ 的模换成 $r_2 \cdot |\overrightarrow{OZ_1}|$,即得积 $z_1 \cdot z_2$ 对应的向量 $\overrightarrow{OZ}$.

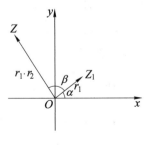

图 8-6

由复数三角形式的除法法则 $\dfrac{z_1}{z_2} = \dfrac{r_1(\cos\alpha + i\sin\alpha)}{r_2(\cos\beta + i\sin\beta)} =$

$\frac{r_1}{r_2}[\cos(\alpha-\beta)+\mathrm{isin}(\alpha-\beta)],(r_2\neq0)$知,把向量$\overrightarrow{OZ_1}$绕点$O$顺时针旋转角$\beta$(当$\beta<0$时,实际上是逆时针旋转角$-\beta$);再把$\overrightarrow{OZ_1}$的模换成$\frac{1}{r_2}\cdot|\overrightarrow{OZ_1}|$,即得商$\frac{z_1}{z_2}$对应的向量.

例1. 已知非零复数z_1,z_2满足$z_1^2-2z_1z_2+4z_2^2=0$,设z_1,z_2分别对应于复平面的点A,B,O为坐标原点.

① 试判断$\triangle AOB$的形状;

② 若$z_1-2z_2=-1+\mathrm{i}$,求$\triangle AOB$的面积.

解: (1) $\left(\frac{z_1}{z_2}\right)^2-2\left(\frac{z_1}{z_2}\right)+4=0$,解得$\frac{z_1}{z_2}=1\pm\sqrt{3}\,\mathrm{i}$,因此$\left|\frac{z_1}{z_2}\right|=2$.

$|AB|=|z_1-z_2|=|(1\pm\sqrt{3}\,\mathrm{i})z_2-z_2|=\sqrt{3}\,|z_2|$.

又$|z_1|=2|z_2|$,所以$\triangle AOB$是以B为直角顶点且$\angle AOB=60°$的直角三角形.

(2) $\begin{cases}z_1-2z_2=-1+\mathrm{i}\\z_1=(1\pm\sqrt{3}\,\mathrm{i})z_2\end{cases}$,得$(-1\pm\sqrt{3}\,\mathrm{i})z_2=-1+\mathrm{i}$,因此$|z_2|=\frac{\sqrt{2}}{2}$,$|z_1|=\sqrt{2}$,

$S=\frac{1}{2}\times\frac{\sqrt{2}}{2}\times\sqrt{2}\sin60°=\frac{\sqrt{3}}{4}$.

例2. 设点O为复平面的原点,Z_1和Z_2为复平面内的两动点,并且满足:①Z_1和Z_2所对应的复数的辐角分别为定值θ和$-\theta\left(0<\theta<\frac{\pi}{2}\right)$,②$\triangle OZ_1Z_2$的面积为定值$S$.求$\triangle OZ_1Z_2$的重心$Z$所对应的复数的模的最小值.

解: 设Z_1,Z_2和Z对应的复数分别为z_1,z_2和z,其中

$z_1=r_1(\cos\theta+\mathrm{isin}\theta),z_2=r_2(\cos\theta-\mathrm{isin}\theta)$.

由于Z是$\triangle OZ_1Z_2$的重心,根据复数加法的几何意义,则有

$3z=z_1+z_2=(r_1+r_2)\cos\theta+(r_1-r_2)\mathrm{isin}\theta$.

于是$|3z|^2=(r_1+r_2)^2\cos^2\theta+(r_1-r_2)^2\sin^2\theta$

$=(r_1-r_2)^2\cos^2\theta+4r_1r_2\cos^2\theta+(r_1-r_2)^2\sin^2\theta$

$=(r_1-r_2)^2+4r_1r_2\cos^2\theta$.

又知$\triangle OZ_1Z_2$的面积为定值S及$\sin2\theta>0\left(\because\ 0<\theta<\frac{\pi}{2}\right)$,所以$\frac{1}{2}r_1r_2\sin2\theta=S$,即$r_1r_2=\frac{2S}{\sin2\theta}$,

由此,$|3z|^2=(r_1-r_2)^2+\frac{8S\cos^2\theta}{\sin2\theta}=(r_1-r_2)^2+4S\cot\theta$,故当$r_1=r_2=\sqrt{\frac{2S}{\sin2\theta}}$时,$|z|$最小,且$|z|_{\min}=\frac{2}{3}\sqrt{S\cot\theta}$.

例3. 设复数z_1,z_2满足:$z_1^2-z_1z_2+\frac{1}{4}(1+a^2)z_2^2=0,(a>0)$,它们在复平面内分别对应于不同的点$A$、点$B$,$O$为坐标原点,若$|z_2|=\sqrt{1-\frac{a^2}{4}}$,求使得$\triangle AOB$有最大面积时的$a$的

值,并求出最大面积.

解:由于 $S_{\triangle AOB}=\dfrac{1}{2}|OA|\cdot|OB|\cdot\sin\angle AOB=\dfrac{1}{2}|z_1|\cdot|z_2|\cdot\sin\angle AOB$,所以,首先应结合题目条件,考虑 z_1 与 z_2 的关系.

首先,$z_2\neq 0$,所以,$\left(\dfrac{z_1}{z_2}\right)^2-\left(\dfrac{z_1}{z_2}\right)+\dfrac{1}{4}(1+a^2)=0$,解这个关于 $\dfrac{z_1}{z_2}$ 的方程,得:$\dfrac{z_1}{z_2}=\dfrac{1\pm a\mathrm{i}}{2}$.

所以,$\left|\dfrac{z_1}{z_2}\right|=\left|\dfrac{1\pm a\mathrm{i}}{2}\right|=\dfrac{\sqrt{1+a^2}}{2}$,$\tan\angle AOB=\pm a$,所以,$\sin\angle AOB=\dfrac{a}{\sqrt{1+a^2}}$.

所以,$S_{\triangle AOB}=\dfrac{1}{2}|OA|\cdot|OB|\cdot\sin\angle AOB=\dfrac{1}{2}|z_1|\cdot|z_2|\cdot\sin\angle AOB$

$$=\dfrac{1}{2}\cdot\dfrac{\sqrt{1+a^2}}{2}\cdot\left(1-\dfrac{a^2}{4}\right)\cdot\dfrac{a}{\sqrt{1+a^2}}$$

$$=\dfrac{a(4-a^2)}{4^2}=\dfrac{\sqrt{2a^2(4-a^2)(4-a^2)}}{\sqrt{2}\cdot 4^2}$$

$$\leqslant\dfrac{1}{16\sqrt{2}}\cdot\sqrt{\left(\dfrac{2a^2+(4-a^2)+(4-a^2)}{3}\right)^3}=\dfrac{\sqrt{3}}{9}.$$

等号当且仅当 $2a^2=4-a^2$,即 $a=\dfrac{2\sqrt{3}}{3}$ 时取得.此时,$\triangle AOB$ 取得最大面积 $\dfrac{\sqrt{3}}{9}$.

例 4. 设 A,B,C 三点对应的复数分别为 z_1,z_2,z_3 满足 $\begin{cases} z_1+z_2+z_3=0 & ① \\ |z_1|=|z_2|=|z_3|=1 & ② \end{cases}$

(1) 证明:$\triangle ABC$ 是内接于单位圆的正三角形;

(2) 求 $S_{\triangle ABC}$;

(3) 当 $z_1=\dfrac{\sqrt{2}}{2}+\dfrac{\sqrt{2}}{2}\mathrm{i}$ 时,求 z_2,z_3,并求 $\triangle ABC$ 的内切圆方程.

解:(1) 由②知 A,B,C 三点都在单位圆上.再结合①得

$z_1=-(z_2+z_3)$

$\Leftrightarrow 1=z_1\overline{z_1}=(z_2+z_3)(\overline{z_2}+\overline{z_3})=|z_2|^2+|z_3|^2+\overline{z_2}z_3+z_2\overline{z_3}$

$\Leftrightarrow \overline{z_2}z_3+z_2\overline{z_3}=-1$

$\Leftrightarrow |z_2-z_3|^2=(z_2-z_3)(\overline{z_2}-\overline{z_3})=|z_2|^2+|z_3|^2-(\overline{z_2}z_3+z_2\overline{z_3})=3$

$\Leftrightarrow |z_2-z_3|=\sqrt{3}$

同理可证 $|z_1-z_2|=|z_1-z_3|=\sqrt{3}$,所以 $\triangle ABC$ 为正三角形.

(2) $S_{\triangle ABC}=\dfrac{1}{2}|AB|\cdot|AC|\cdot\sin A=\dfrac{1}{2}\cdot\sqrt{3}\cdot\sqrt{3}\cdot\dfrac{\sqrt{3}}{2}=\dfrac{3\sqrt{3}}{4}$.

(3) $z_2=(\cos 120°+\mathrm{i}\sin 120°)\cdot z_1=\left(-\dfrac{1}{2}+\dfrac{\sqrt{3}}{2}\mathrm{i}\right)\cdot\dfrac{\sqrt{2}}{2}(1+\mathrm{i})=-\dfrac{\sqrt{2}+\sqrt{6}}{4}+\dfrac{\sqrt{6}-\sqrt{2}}{4}\mathrm{i}$.

$z_3=(\cos 120°-\mathrm{i}\sin 120°)\cdot z_1=\dfrac{\sqrt{6}-\sqrt{2}}{4}-\dfrac{\sqrt{6}+\sqrt{2}}{4}\mathrm{i}$.

设 BC 中点为 D，它对应复数为 z_4，那么 $z_4 = \dfrac{z_2 + z_3}{2} = -\dfrac{\sqrt{2}}{4} - \dfrac{\sqrt{2}}{4}\mathrm{i} \Rightarrow |z_4| = \dfrac{1}{2}$.

由于正三角形的外接圆与内切圆的圆心合一，因此 $\triangle ABC$ 的内切圆圆心也在坐标原点，半径为 $|z_4|$.

因此内切圆方程为 $|z| = \dfrac{1}{2}$.

例 5. 求证：自 $\odot O$ 上任意一点 P 到内接正多边形 $A_1 A_2 \cdots A_n$ 各个顶点的距离的平方和为定值.

证明： 取此圆为单位圆，O 为原点，射线 OA_n 为实轴正半轴建立复平面，顶点 A_1 对应复数设为 $\varepsilon = e^{\frac{2\pi}{n}\mathrm{i}}$，则顶点 $A_1, A_2, \cdots, A_n$ 对应复数分别为 $\varepsilon^2, \varepsilon^3, \cdots, \varepsilon^n$.

设点 P 对应复数 z，则 $|z| = 1$，且

$$= 2n - \sum_{k=1}^{n} |pA_k|^2 = \sum_{k=1}^{n} |z - \varepsilon^k|^2 = \sum_{k=1}^{n} (z - \varepsilon^k)(\bar{z} - \overline{\varepsilon^k}) = \sum_{k=1}^{n} (2 - \varepsilon^k \bar{z} - \overline{\varepsilon^k} z)$$

$$= 2n - \bar{z} \sum_{k=1}^{n} \varepsilon^k - z \sum_{k=1}^{n} \overline{\varepsilon^{-k}} = 2n - \bar{z} \sum_{k=1}^{n} \varepsilon^k - z \overline{\sum_{k=1}^{n} \varepsilon^k} = 2n.$$

命题得证.

例 6. 已知 z 是虚数，$z + \dfrac{4}{z}$ 是实数.

(1) 求 z 对应复平面内动点 A 的轨迹；

(2) 设 $u = 3\mathrm{i}z + 1$，求 u 对应复平面内动点 B 的轨迹；

(3) 设 $v = \dfrac{1}{z} + z$，求 v 对应复平面内动点 C 的轨迹.

解： (1) $z + \dfrac{4}{z} \in \mathbf{R} \Leftrightarrow z + \dfrac{4}{z} = \overline{z + \dfrac{4}{z}} \Leftrightarrow \dfrac{(z - \bar{z})(z\bar{z} - 4)}{|z|^2} = 0$

因为 z 是虚数，所以 $z - \bar{z} \neq 0$，

于是 $|z|^2 = 4$，即 $|z| = 2$，且 $z \neq \pm 2$，

因此动点 A 轨迹是中心在原点，半径等于 2 的圆，但去掉两个点 $(2,0)$ 与 $(-2,0)$.

(2) 由 $u = 3\mathrm{i}z + 1$ 得 $u - 1 = 3\mathrm{i}z$.

由 (1) 及题设知 $|z| = 2$，且 $z \neq \pm 2$，所以 $|u - 1| = 6$，且 $u - 1 \neq \pm 6\mathrm{i}$，

因此动点 B 的轨迹是圆，中心在 $(1,0)$，半径等于 6，但去掉两点 $(1,6)$ 与 $(1,-6)$.

(3) 设 $z = 2(\cos\theta + \mathrm{i}\sin\theta)$，$(\theta \neq 0, \pi)$，则

$$v = 2(\cos\theta + \mathrm{i}\sin\theta) + \dfrac{1}{2(\cos\theta + \mathrm{i}\sin\theta)} \Leftrightarrow v = \dfrac{5}{2}\cos\theta + \dfrac{3}{2}\mathrm{i}\sin\theta.$$

再令 $v = x + y\mathrm{i}(x, y \in \mathbf{R})$，则

$$\begin{cases} x = \dfrac{5}{2}\cos\theta, \\ y = \dfrac{3}{2}\sin\theta \end{cases} \Leftrightarrow \dfrac{4x^2}{25} + \dfrac{4y^2}{9} = 1, \text{其中 } x \in \left(-\dfrac{5}{2}, \dfrac{5}{2}\right).$$

因此，动点 C 的轨迹是一个焦点在 x 轴上的椭圆，中心在原点，长半轴长 $\dfrac{5}{2}$，短半轴长 $\dfrac{3}{2}$，

但去掉左右端点.

1. 复平面内,已知等边三角形的两个顶点所表示的复数分别为 2,$\frac{1}{2}+\frac{\sqrt{3}}{2}i$,求第三个顶点所表示的复数.

2. 已知向量 $\overrightarrow{OZ}$ 所表示的复数 z 满足 $(z-2)i=1+i$,将 $\overrightarrow{OZ}$ 绕原点 O 按顺时针方向旋转 $\frac{\pi}{4}$ 得 $\overrightarrow{OZ'}$,设 $\overrightarrow{OZ'}$ 所表示的复数为 z',求复数 $z'+\sqrt{2}i$ 的辐角主值.

3. 设 $\omega=z+ai$,其中 $a\in\mathbf{R}$,i 是虚数单位,$z=\dfrac{(1-4i)(1+i)+2+4i}{3+4i}$,且 $|\omega|\leqslant\sqrt{2}$,求 ω 的辐角主值 θ 的取值范围.

4. 已知复数 z_1,z_2,z_1+z_2 在复平面上分别对应点 A,B,C,O 为复平面的原点.

(1) 若 $z_1=\dfrac{\sqrt{3}}{2}+\dfrac{1}{2}i$,向量 $\overrightarrow{OA}$ 逆时针旋转 $\dfrac{\pi}{2}$,模变为原来的 2 倍后与向量 $\overrightarrow{OC}$ 重合,求 z_2;

(2) 若 $z_1-z_2=2i(z_1+z_2)$,试判断四边形 $OACB$ 的形状.

5. 已知复数 z_1,z_2 分别对应复平面上的点 Z_1,Z_2,且 z_1,z_2 满足条件:$z_2=-az_1i$ $(a\in\mathbf{R}^+)$,$|z_1|+|z_2|+|z_1-z_2|=10$.

(1) 当 a 为何值时,$\triangle Z_1OZ_2$ 的面积取得最大值? 并求出这个最大值;

(2) 当 $\triangle Z_1OZ_2$ 面积取得最大值时,求动点 Z_1 的轨迹.

6. 设 $\omega=-\dfrac{1}{2}+\dfrac{\sqrt{3}}{2}i$,$z_1=\omega-z$,$z_2=\omega+z$,$z_1$,$z_2$ 对应复平面上的点 A,B,点 O 为原点,$\angle AOB=\dfrac{\pi}{2}$,$|AO|=|BO|$,则 $\triangle OAB$ 面积是_____.

7. 复平面上,非零复数 Z_1,Z_2 对应的点 z_1,z_2 在以 $(0,1)$ 为圆心,1 为半径的圆上,$\overline{z_1}\cdot z_2$ 的实部为零,z_1 的辐角主值为 $\dfrac{\pi}{6}$,则 $z_2=$_____.

8. 复数列 $\{a_n\}$ 的通项公式为 $a_n=\left(\dfrac{\sqrt{2}}{2}\right)^{n-1}\left(\cos\dfrac{n-1}{6}\pi+i\sin\dfrac{n-1}{6}\pi\right)$ $(n\in\mathbf{N}^*)$.

(1) 将数列 $\{a_n\}$ 的各项与复平面上的点对应,问从第几项开始,以后所有各项对应的点都落在圆 $x^2+y^2=\dfrac{1}{16}$ 的内部;

(2) 将数列 $\{a_n\}$ 中的实数项按原来的顺序排成一个新数列 $\{b_n\}$,求数列 $\{b_n\}$ 的通项以及所有项的和.

§8.7　复数集内的方程

我们知道在实数集中解一元二次方程 $ax^2+bx+c=0$ $(a,b,c\in\mathbf{R},a\neq0)$ 时,如果判别式 $\Delta=b^2-4ac<0$,那么这一方程没有实数解.现在,我们先来讨论实系数一元二次方程在复数集 $\mathbf{C}$ 中的解的问题.

设一元二次方程 $ax^2+bx+c=0(a,b,c\in\mathbf{R},a\neq0)$.因为 $a\neq0$,所以原方程可变形为

$$x^2+\frac{b}{a}x+\frac{c}{a}=0.$$

配方得 $\left(x+\frac{b}{2a}\right)^2=\left(\frac{b}{2a}\right)^2-\frac{c}{a}$,即 $\left(x+\frac{b}{2a}\right)^2=-\frac{4ac-b^2}{4a^2}$.

当 $\Delta=b^2-4ac>0$ 时,方程有两个不相等的实数根 $x=-\frac{b}{2a}\pm\frac{\sqrt{b^2-4ac}}{2a}$;

当 $\Delta=b^2-4ac=0$ 时,方程有两个相等的实数根 $x=-\frac{b}{2a}$;

当 $\Delta=b^2-4ac<0$ 时,因为 $-\frac{4ac-b^2}{4a^2}$ 的平方根为 $\pm\frac{\sqrt{4ac-b^2}}{2a}$i,此方程有两个不相等的

虚数根 $x=-\frac{b}{2a}\pm\frac{\sqrt{4ac-b^2}}{2a}$i.

这样实系数一元二次方程在复数集中一定有解,当 $\Delta=b^2-4ac<0$ 时,实系数一元二次方程 $ax^2+bx+c=0(a,b,c\in\mathbf{R},a\neq0)$ 在复数集中有一对互相共轭的虚数根 $x=-\frac{b}{2a}\pm\frac{\sqrt{4ac-b^2}}{2a}$i.

容易验证,上述两个共轭虚数根同样满足一元二次方程中根与系数的关系,

即 $$x_1+x_2=-\frac{b}{a},x_1\cdot x_2=\frac{c}{a}.$$

在复数集中,因为实系数的二次三项式 ax^2+bx+c 所对应的方程 $ax^2+bx+c=0$ 总有两个解 x_1,x_2,所以 ax^2+bx+c 在复数集中总可以分解成两个一次因式的乘积,即

$$ax^2+bx+c=a(x-x_1)(x-x_2).$$

对于实系数一元 n 次方程,还有下面两个重要的定理:

(1) 共轭虚根定理

如果虚数 z 是实系数一元 n 次方程

$$a_nx^n+a_{n-1}x^{n-1}+\cdots+a_1x+a_0=0(a_n,a_{n-1},\cdots,a_1,a_0\in\mathbf{R},a_n\neq0)$$

的根,那么 $\bar{z}$ 也是这个方程的根.

(2) 实系数一元 n 次方程 $a_nx^n+a_{n-1}x^{n-1}+\cdots+a_1x+a_0=0(a_n,a_{n-1},\cdots,a_1,a_0\in\mathbf{R}$, $a_n\neq0)$在复数集内一定有 n 个根:$x_1,x_2,\cdots,x_{n-1},x_n$.并且有

$$a_nx^n+a_{n-1}x^{n-1}+\cdots+a_1x+a_0=a_n(x-x_1)(x-x_2)\cdots(x-x_{n-1})(x-x_n).$$

例1. 已知关于 x 的方程 $x^2-px+1=0(p\in\mathbf{R})$的两个根为 x_1,x_2,若 $|x_1-x_2|=1$,求实数 p 的值.

解: $\because \Delta=p^2-4$,

(1) 当 $\Delta\geqslant0$,即 $p\geqslant2$ 或 $p\leqslant-2$ 时,$x_1,x_2\in\mathbf{R}$,则

$|x_1-x_2|=1\Leftrightarrow|x_1-x_2|^2=1\Leftrightarrow(x_1-x_2)^2=1\Leftrightarrow(x_1+x_2)^2-4x_1x_2=1$,

由根与系数的关系可知:$p^2-4=1$, $\therefore p=\pm\sqrt{5}$.

(2) 当 $\Delta<0$,即 $-2<p<2$ 时, $\therefore x_1,x_2$ 是共轭复数,x_1-x_2 是纯虚数,则

$|x_1-x_2|=1 \Leftrightarrow |x_1-x_2|^2=1 \Leftrightarrow (x_1-x_2)^2=-1 \Leftrightarrow (x_1+x_2)^2-4x_1x_2=-1$,

由根与系数的关系可知:$p^2-4=-1$,　∴　$p=\pm\sqrt{3}$.

综上所述:$p=\pm\sqrt{3}$ 或 $p=\pm\sqrt{5}$.

例 2. 已知方程 $2x^3-13x^2+46x-65=0$ 有一个根是 $2-3i$,求方程的其他的根.

解: ∵　$2-3i$ 是方程的根,　∴　$2+3i$ 是方程的根.设第三个根为 x_3,则

$2x^3-13x^2+46x-65=2(x-2-3i)(x-2+3i)(x-x_3)=2(x^2-4x+13)(x-x_3)$.

∴　$x-x_3=\dfrac{2x^3-13x^2+46x-65}{2(x^2-4x+13)}=x-\dfrac{5}{2}$.

∴　方程另两个根为 $2+3i$,$\dfrac{5}{2}$.

例 3. 已知方程 $(4+3i)x^2+mx+4-3i=0$ 有实根.

(1)若 $m \in \mathbf{R}$,求 m 的值;(2)若 $m \in \mathbf{C}$,求 $|m|$ 的最小值.

解: (1) 设 α 为方程的实根,则 $(4\alpha^2+m\alpha+4)+(3\alpha^2-3)i=0$

∴　$\begin{cases} \alpha=1, \\ m=-8. \end{cases}$　$\begin{cases} \alpha=-1, \\ m=8. \end{cases}$

(2) 设 α 为方程的实根,则 $m=-\dfrac{1}{\alpha}\left[(4\alpha^2+4)+(3\alpha^2-3)i\right]$

∴　$|m|^2=\dfrac{1}{\alpha^2} \cdot \left[(4\alpha^2+4)^2+(3\alpha^2-3)^2\right]$

$=25\alpha^2+\dfrac{25}{\alpha^2}+14 \geqslant 64$.

∴　$|m|$ 的最小值为 8.

例 4. 已知 α,β 是实系数一元二次方程 $ax^2+bx+c=0$ 的两个虚根,且 $\dfrac{\alpha^2}{\beta} \in \mathbf{R}$,求 $\dfrac{\alpha}{\beta}$.

解: ∵　α,β 是实系数一元二次方程 $ax^2+bx+c=0$ 的两个虚根,　∴　$\alpha=\bar{\beta}$.

又 $\dfrac{\alpha^2}{\beta} \in \mathbf{R}$,　∴　$\dfrac{\alpha^2}{\beta}=\overline{\left(\dfrac{\alpha^2}{\beta}\right)}$,即 $\dfrac{\alpha^2}{\beta}=\dfrac{\bar{\alpha}^2}{\bar{\beta}}$.

∴　$\dfrac{\alpha^2}{\beta}=\dfrac{\beta^2}{\alpha}$,即 $\left(\dfrac{\alpha}{\beta}\right)^3=1$.

∴　$\left(\dfrac{\alpha}{\beta}-1\right)\left(\left(\dfrac{\alpha}{\beta}\right)^2+\dfrac{\alpha}{\beta}+1\right)=0$.

∵　$\dfrac{\alpha}{\beta} \notin R$,　∴　$\left(\dfrac{\alpha}{\beta}\right)^2+\dfrac{\alpha}{\beta}+1=0$.

∴　$\dfrac{\alpha}{\beta}=-\dfrac{1}{2}\pm\dfrac{\sqrt{3}}{2}i$.

例 5. 已知复数 z 满足 $|z|=1$ 和 $z^2+az+a^2=1$,则这样的实数 a 共有几个.

解: 设 $f(x)=x^2+ax+a^2-1$,则 z 是方程 $f(x)=0$ 的一个根.

若 $\Delta=a^2-4(a^2-1) \geqslant 0$,则方程 $f(x)=0$ 有两个实根,依题意 $f(x)=0$ 至少有一根为 1 或 -1.由 $f(1)=a(a+1)=0$,$f(-1)=a(a-1)=0$,得 $a=1$ 或 -1 或 0.

若 $\Delta = a^2 - 4(a^2-1) < 0$,则方程 $f(x)=0$ 的两根为共轭虚根.

因此,$\begin{cases} \Delta < 0, \\ x_1 x_2 = 1. \end{cases}$ 解得 $a = \pm\sqrt{2}$.

故符合条件的 a 有:$1, -1, 0, \sqrt{2}, -\sqrt{2}$,共 5 个.

例 6. 已知关于 t 的一元二次方程 $t^2 + (2+i)t + 2xy + (x-y)i = 0, (x, y \in \mathbf{R})$,

(1) 当方程有实根时,求点 (x, y) 的轨迹方程.

(2) 求方程的实根的取值范围.

解:(1) 设实根为 t,则 $t^2 + (2+i)t + 2xy + (x-y)i = 0$,

即 $(t^2 + 2t + 2xy) + (t + x - y)i = 0$.

根据复数相等的充要条件得 $\begin{cases} t^2 + 2t + 2xy = 0 & \quad\quad ① \\ t + x - y = 0 & \quad\quad ② \end{cases}$

由②得 $t = y - x$ 代入①得 $(y-x)^2 + 2(y-x) + 2xy = 0$,

即 $(x-1)^2 + (y+1)^2 = 2$ \qquad\qquad ③

∴ 所求点的轨迹方程为 $(x-1)^2 + (y+1)^2 = 2$,轨迹是以 $(1, -1)$ 为圆心,$\sqrt{2}$ 为半径的圆.

(2) 由③得圆心为 $(1, -1)$,半径 $r = \sqrt{2}$,

直线 $x - y + t = 0$ 与圆有公共点,则 $\dfrac{|1 - (-1) + t|}{\sqrt{2}} \leqslant \sqrt{2}$,

即 $|t+2| \leqslant 2$ ∴ $-4 \leqslant t \leqslant 0$,故方程的实根的取值范围为 $[-4, 0]$.

例 7. 已知复数 $z = \dfrac{-1+i}{i} - 2i$,且 $z_1 - \bar{z} \cdot z_2 = 0$,$\arg z_2 = \dfrac{7\pi}{12}$,若复数 z_1, z_2 在复平面上分别对应点 A, B,且 $|AB| = \sqrt{2}$,求 z_1 的四次方根.

解:由已知得 $z = 1 - i$,因为 $|AB| = \sqrt{2}$,即 $|z_1 - z_2| = \sqrt{2}$,

所以 $|z_1 - z_2| = |\bar{z} z_2 - z_2| = |(1+i)z_2 - z_2| = |iz_2| = |z_2| = \sqrt{2}$,

又 $\arg z_2 = \dfrac{7\pi}{12}$,所以 $z_2 = \sqrt{2}\left(\cos\dfrac{7\pi}{12} + i\sin\dfrac{7\pi}{12}\right)$,

而 $z_1 = \bar{z} z_2 = (1+i)z_2 = \sqrt{2}\left(\cos\dfrac{\pi}{4} + i\sin\dfrac{\pi}{4}\right) \cdot \sqrt{2}\left(\cos\dfrac{7\pi}{12} + i\sin\dfrac{7\pi}{12}\right) = 2\left(\cos\dfrac{5\pi}{6} + i\sin\dfrac{5\pi}{6}\right)$,

所以 z_1 的四次方根为 $\sqrt[4]{2}\left(\cos\dfrac{\dfrac{5\pi}{6} + 2k\pi}{4} + i\sin\dfrac{\dfrac{5\pi}{6} + 2k\pi}{4}\right), k = 0, 1, 2, 3$.

即 $\sqrt[4]{2}\left(\cos\dfrac{5\pi}{24} + i\sin\dfrac{5\pi}{24}\right)$, $\sqrt[4]{2}\left(\cos\dfrac{17\pi}{24} + i\sin\dfrac{17\pi}{24}\right)$, $\sqrt[4]{2}\left(\cos\dfrac{29\pi}{24} + i\sin\dfrac{29\pi}{24}\right)$, $\sqrt[4]{2}\left(\cos\dfrac{41\pi}{24} + i\sin\dfrac{41\pi}{24}\right)$

例 8. 方程 $x^{10} + (13x-1)^{10} = 0$ 有 10 个复数根 $r_1, \overline{r_1}, r_2, \overline{r_2}, r_3, \overline{r_3}, r_4, \overline{r_4}, r_5, \overline{r_5}$,其中 $\overline{r_i}$ 是 r_i 的共轭复数 $(i = 1, 2, 3, 4, 5)$,求 $\dfrac{1}{r_1 \overline{r_1}} + \dfrac{1}{r_2 \overline{r_2}} + \dfrac{1}{r_3 \overline{r_3}} + \dfrac{1}{r_4 \overline{r_4}} + \dfrac{1}{r_5 \overline{r_5}}$ 的值.

解：由 $x^{10}+(13x-1)^{10}=0$，得 $\left(\dfrac{x}{13x-1}\right)^{10}=-1.$

记 $y^{10}=-1$ 的十个复数根为 $w_1,\overline{w_1},w_2,\overline{w_2},w_3,\overline{w_3},w_4,\overline{w_4},w_5,\overline{w_5}$，则 $\dfrac{x}{13x-1}=w_i$ 或 $\overline{w_i}(i=1,2,3,4,5)$，它们都是一次方程，各有一个根，所以不妨设 $\dfrac{r_i}{13r_i-1}=w_i$，则 $\dfrac{\overline{r_i}}{13\overline{r_i}-1}=\overline{w_i}$，

由此推知 $r_i=\dfrac{w_i}{13w_i-1},\overline{r_i}=\dfrac{\overline{w_i}}{13\overline{w_i}-1}.$

于是，$\dfrac{1}{r_i\,\overline{r_i}}=\dfrac{(13w_i-1)(13\overline{w_i}-1)}{w_i\,\overline{w_i}}=170-13(w_i+\overline{w_i})$，

从而有 $\displaystyle\sum_{i=1}^{5}\dfrac{1}{r_i\,\overline{r_i}}=5\times170-13\sum_{i=1}^{5}(w_i+\overline{w_i})=850.$

(2) 求解三次方程式——卡当公式

考虑如下之三次方程式：$x^3+ax^2+bx+c=0.$

首先令 $x=y-\dfrac{a}{3}$，则上式改为 $\left(y-\dfrac{a}{3}\right)^3+a\left(y-\dfrac{a}{3}\right)^2+b\left(y-\dfrac{a}{3}\right)+c=0$，整理得

$$y^3+\left(b-\dfrac{a^2}{3}\right)y=-\left(\dfrac{2a^3}{27}-\dfrac{ab}{3}+c\right).$$

再令 $p=b-\dfrac{a^2}{3},q=-\left(\dfrac{2a^3}{27}-\dfrac{ab}{3}+c\right)$，则上式可写为 $y^3+py=q$ ①

换句话说，任意三次方程式都能经由 $x=y-\dfrac{a}{3}$ 的变数转换后，改写成上式.

若是令 $f(y)=y^3+py-q$，则由多项式的特性可知 $f(y)=y^3+py-q=0$ 可能具有一个或三个实数解，那么何时具有三个实数解，根据微积分知识可知，须存在 $y_1、y_2$，使得 $f'(y_1)=f'(y_2)=0$，且 $f'(y_1)\cdot f'(y_2)<0$，换句话说，$f'(y)=3y^2+p=0$ 必须有两个根，显然的，p 必须小于 0，因而求得 $y_1=-\sqrt{\left|\dfrac{p}{3}\right|}$ 及 $y_2=\sqrt{\left|\dfrac{p}{3}\right|}$，使得

$$\begin{aligned}f(y_1)\cdot f(y_2)&=\left(-\left|\dfrac{p}{3}\right|\sqrt{\left|\dfrac{p}{3}\right|}-p\sqrt{\left|\dfrac{p}{3}\right|}-q\right)\left(\left|\dfrac{p}{3}\right|\sqrt{\left|\dfrac{p}{3}\right|}+p\sqrt{\left|\dfrac{p}{3}\right|}-q\right)\\&=-\left(\left|\dfrac{p}{3}\right|\sqrt{\left|\dfrac{p}{3}\right|}+p\sqrt{\left|\dfrac{p}{3}\right|}\right)^2+q^2\\&=q^2+4\left(\dfrac{p}{3}\right)^3<0.\end{aligned}$$

事实上，$q^2+4\left(\dfrac{p}{3}\right)^3<0$ 亦代表 $p<0$，故当 $q^2+4\left(\dfrac{p}{3}\right)^3<0$，方程有三个实数解；$q^2+4\left(\dfrac{p}{3}\right)^3\geqslant0$ 时，方程只有一个实数解，下面将利用 $q^2+4\left(\dfrac{p}{3}\right)^3$ 的正负性来求得 $q^2+4\left(\dfrac{p}{3}\right)^3\geqslant0$ 及 $q^2+4\left(\dfrac{p}{3}\right)^3<0$ 两种情况的实数解.

首先选一组方程式如下：$\begin{cases} u^3 - v^3 = q & \text{②} \\ uv = \dfrac{p}{3} & \text{③} \end{cases}$

整理得：$u^3 - v^3 = (u-v)^3 + 3uv(u-v) = (u-v)^3 + p(u-v) = q$.

显然，当 $y = u - v$ 时，上式可改写为 $y^3 + py = q$，也就是说，只要从方程组②③中求出 u，v，即可得到原方程的解 $y = u - v$. 具体解法如下：

将①式乘上 v^3，则 $(uv)^3 - v^6 = qv^3$，再利用③式可得 $\left(\dfrac{p}{3}\right)^3 - v^6 = qv^3$，即

$$(v^3)^2 + qv^3 - \left(\dfrac{p}{3}\right)^3 = 0 \qquad\qquad ④$$

判别式为 $\Delta = q^2 + 4\left(\dfrac{p}{3}\right)^3$.

当 $q^2 + 4\left(\dfrac{p}{3}\right)^3 \geqslant 0$ 时，(4)存在 v^3 的实数解，为

$$v^3 = -\dfrac{q}{2} \pm \dfrac{1}{2}\sqrt{q^2 + 4\left(\dfrac{p}{3}\right)^3} = -\dfrac{q}{2} \pm \sqrt{\left(\dfrac{q}{2}\right)^2 + \left(\dfrac{p}{3}\right)^3}.$$

再由②式可得 $u^3 = \dfrac{q}{2} \pm \sqrt{\left(\dfrac{q}{2}\right)^2 + \left(\dfrac{p}{3}\right)^3}$.

所以，$\qquad y = u - v$

$$= \begin{cases} \sqrt[3]{\dfrac{q}{2} + \sqrt{\left(\dfrac{q}{2}\right)^2 + \left(\dfrac{p}{3}\right)^3}} - \sqrt[3]{-\dfrac{q}{2} + \sqrt{\left(\dfrac{q}{2}\right)^2 + \left(\dfrac{p}{3}\right)^3}} \\ \sqrt[3]{\dfrac{q}{2} - \sqrt{\left(\dfrac{q}{2}\right)^2 + \left(\dfrac{p}{3}\right)^3}} - \sqrt[3]{-\dfrac{q}{2} - \sqrt{\left(\dfrac{q}{2}\right)^2 + \left(\dfrac{p}{3}\right)^3}} \end{cases}$$

$$= \begin{cases} \sqrt[3]{\dfrac{q}{2} + \sqrt{\left(\dfrac{q}{2}\right)^2 + \left(\dfrac{p}{3}\right)^3}} + \sqrt[3]{\dfrac{q}{2} - \sqrt{\left(\dfrac{q}{2}\right)^2 + \left(\dfrac{p}{3}\right)^3}} \\ \sqrt[3]{\dfrac{q}{2} - \sqrt{\left(\dfrac{q}{2}\right)^2 + \left(\dfrac{p}{3}\right)^3}} + \sqrt[3]{\dfrac{q}{2} + \sqrt{\left(\dfrac{q}{2}\right)^2 + \left(\dfrac{p}{3}\right)^3}} \end{cases}$$

$$= \sqrt[3]{\dfrac{q}{2} + \sqrt{\left(\dfrac{q}{2}\right)^2 + \left(\dfrac{p}{3}\right)^3}} + \sqrt[3]{\dfrac{q}{2} - \sqrt{\left(\dfrac{q}{2}\right)^2 + \left(\dfrac{p}{3}\right)^3}}.$$

此为方程唯一实数解，进一步利用因式分解，可继续求得另外两个复数解.

当 $q^2 + 4\left(\dfrac{p}{3}\right)^3 < 0$ 时，④不存在 v^3 的实数解，其复数解为：

$$v^3 = -\dfrac{q}{2} \pm \dfrac{1}{2}\sqrt{q^2 + 4\left(\dfrac{p}{3}\right)^3} = -\dfrac{q}{2} \pm \mathrm{i}\sqrt{-\left[\left(\dfrac{q}{2}\right)^2 + \left(\dfrac{p}{3}\right)^3\right]} = \sqrt{\left|\dfrac{p}{3}\right|^3}\, e^{\pm \mathrm{i}\vartheta}.$$

其中，$\cos(3\theta) = \dfrac{-\dfrac{q}{2}}{\sqrt{\left|\dfrac{p}{3}\right|^3}}$，

则 $v=-\sqrt{\left|\dfrac{p}{3}\right|}\,e^{\pm i\theta}$，$-\sqrt{\left|\dfrac{p}{3}\right|}\,e^{\pm i\left(\frac{2\pi}{3}+\theta\right)}$，$-\sqrt{\left|\dfrac{p}{3}\right|}\,e^{\pm i\left(\frac{4\pi}{3}+\theta\right)}$．

再由③可得相对应的 $u=-\sqrt{\left|\dfrac{p}{3}\right|}\,e^{\mp i\theta}$，$-\sqrt{\left|\dfrac{p}{3}\right|}\,e^{\mp i\left(\frac{2\pi}{3}+\theta\right)}$，$-\sqrt{\left|\dfrac{p}{3}\right|}\,e^{\mp i\left(\frac{4\pi}{3}+\theta\right)}$．

显然 $y=u-v$ 有六种可能的组合方式，归纳后成为下面三个实数解：

$$y=\begin{cases}-\sqrt{\left|\dfrac{p}{3}\right|}\,e^{\mp i\theta}-\sqrt{\left|\dfrac{p}{3}\right|}\,e^{\mp i\theta}=-2\sqrt{\left|\dfrac{p}{3}\right|}\cos\theta,\\[3mm]-\sqrt{\left|\dfrac{p}{3}\right|}\,e^{\mp i\left(\frac{2\pi}{3}+\theta\right)}-\sqrt{\left|\dfrac{p}{3}\right|}\,e^{\pm i\left(\frac{2\pi}{3}+\theta\right)}=-2\sqrt{\left|\dfrac{p}{3}\right|}\cos\left(\dfrac{2\pi}{3}+\theta\right),\\[3mm]-\sqrt{\left|\dfrac{p}{3}\right|}\,e^{\mp i\left(\frac{4\pi}{3}+\theta\right)}-\sqrt{\left|\dfrac{p}{3}\right|}\,e^{\pm i\left(\frac{4\pi}{3}+\theta\right)}=-2\sqrt{\left|\dfrac{p}{3}\right|}\cos\left(\dfrac{4\pi}{3}+\theta\right).\end{cases}$$

1. 在复数范围内分解因式 $2x^2-5x+8$．

2. 已知方程 $x^5-3x^4+5x^3-5x^2+4x-2=0$ 有两个根是 1，i，求方程的其他的根．

3. 求实数 k 的值，使方程 $x^2+(k+2i)x+2+ki=0$ 至少有一个实根．

4. 设 $\lambda\in\mathbf{R}$，若二次方程 $(1-i)x^2+(\lambda+i)x+1+\lambda i=0$ 有两个虚根，求 λ 需满足的充要条件．

5. 在复数范围内解方程 $|z|^2+(z+\bar{z})i=\dfrac{3-i}{2+i}$（i 为虚数单位）．

6. 已知复数 ω 满足 $\omega-4=(3-2\omega)i$（i 为虚数单位），$z=\dfrac{5}{\omega}+|\omega-2|$，求一个以 z 为根的实系数一元二次方程．

7. 已知关于 t 的方程 $t^2-2t+a=0$ 的一个根为 $1+\sqrt{3}\,i$．$(a\in\mathbf{R})$

（1）求方程的另一个根及实数 a 的值；

（2）是否存在实数 m，使对 $x\in\mathbf{R}$ 时，不等式 $\log_a(x^2+a)\geqslant m^2-2km+2k$ 对 $k\in[-1,2]$ 恒成立？若存在，试求出实数 m 的取值范围；若不存在，请说明理由．

8. 设复数 $z=(a^2-4\sin^2\theta)+(1+2\cos\theta)i$，其中 i 为虚数单位，$a$ 为实数，$\theta\in(0,\pi)$．若 z 是方程 $x^2-2x+5=0$ 的一个根，且 z 在复平面内所对应的点在第一象限，求 θ 与 a 的值．

9. 已知 α，β 是关于 x 的方程 $x^2+2x+m=0$（$m\in\mathbf{R}$）的两个根，求 $|\alpha|+|\beta|$ 的值．

10. 已知关于 x 的实系数方程 $x^2-2ax+a^2-4a+4=0$（$a\in\mathbf{R}$）的两根分别为 x_1，x_2，且 $|x_1|+|x_2|=3$，求 a 的值．

11. 设复数列 $\{x_n\}$ 满足 $x_n\neq a-1,0$ 且 $x_{n+1}=\dfrac{ax_n}{x_n+1}$．若对任意 $n\in\mathbf{N}^*$ 都有 $x_{n+3}=x_n$，求 a 的值．

12. 已知 α、β 为方程 $x^2-(2-i)x+(4+3i)=0$ 的根，求：

（1）$\alpha^2+\beta^2$；（2）$\alpha^3+\beta^3$；（3）$\dfrac{1}{\alpha}+\dfrac{1}{\beta}$．

13. 已知关于 x 的二次方程 $x^2-(\tan\theta+i)x-(i+2)=0$．

（1）如果此方程有一个实根,求锐角 θ 和这个实根；

（2）试证无论 θ 取任何实数,此方程不可能有纯虚数根.

14. 设虚数 z_1,z_2 满足 $z_1^2=z_2$.

（1）若 z_1,z_2 是一个实系数一元二次方程的两个根,求 z_1,z_2；

（2）若 $z_1=1+m\mathrm{i}$（i 为虚数单位）, $|z_1|\leqslant\sqrt{2}$,复数 $\omega=z_2+3$,求 $|\omega|$ 的取值范围.

15. 对任意一个非零复数 z ,定义集合 $M_z=\{\omega\,|\,\omega=z^{2n-1},n\in\mathbf{N}^*\}$.

（1）设 α 是方程 $x+\dfrac{1}{x}=\sqrt{2}$ 的一个根,试用列举法表示集合 M_α；

（2）设复数 $\omega\in M_z$,求证: $M_\omega\subseteq M_z$.

16. 定义数列 $\{a_n\}$: a_1,a_2 是方程 $z^2+\mathrm{i}z-1=0$ 的两根,且当 $n\geqslant2$ 时,有 $(a_{n+1}a_{n-1}-a_n^2)+\mathrm{i}(a_{n+1}+a_{n-1}-2a_n)=0$,求证:对一切自然数 n ,有 $a_n^2+a_{n+1}^2+a_{n+2}^2=a_na_{n+1}+a_{n+1}a_{n+2}+a_{n+2}a_n$.

§8.8　复数的综合应用

例 1. 已知关于 x 的实系数方程 $x^2-2x+2=0$ 和 $x^2+2mx+1=0$ 的四个不同的根在复平面上对应的点共圆,求 m 的取值范围.

解： 易知方程 $x^2-2x+2=0$ 的两根为 $x_1=1+\mathrm{i},x_2=1-\mathrm{i}$.

当 $\Delta=4m^2-4<0$,即 $-1<m<1$ 时,方程 $x^2+2mx+1=0$ 有两个共轭的虚根 x_3,x_4 ,且 x_3,x_4 的实部为 $-m\neq1$,这时 x_1,x_2,x_3,x_4 在复平面内对应的点构成等腰梯形或矩形,它们共圆.

当 $\Delta=4m^2-4>0$,即 $m<-1$ 或 $m>1$ 时,方程 $x^2+2mx+1=0$ 有两个不等的实根 x_3,x_4 ,则 x_1,x_2 对应的点在以 x_3,x_4 对应的点为直径端点的圆上,该圆的方程为 $(x-x_3)(x-x_4)+y^2=0$,

即 $x^2+y^2-(x_3+x_4)x+x_3x_4=0$,将 $x_3+x_4=-2m,x_3x_4=1$ 及 x_1,x_2 对应点的坐标 $(1,\pm1)$ 代入方程,即得 $m=-\dfrac{3}{2}$.

故 m 的取值范围是 $\left\{m\,\middle|\,-1<m<1\ 或\ m=-\dfrac{3}{2}\right\}$.

例 2. 已知实系数多项式 $f(z)=z^n+c_{n-1}z^{n-1}+c_{n-2}z^{n-2}+\cdots+c_1z+c_0$,且 $|f(\mathrm{i})|<1$,i 为虚数单位,求证:存在 $a,b\in\mathbf{R}$,满足 $f(a+b\mathrm{i})=0$ 且 $(a^2+b^2+1)^2<4b^2+1$.

证明： $(a^2+b^2+1)^2<4b^2+1\Leftrightarrow(a^2+b^2+1)^2-4b^2<1\Leftrightarrow\sqrt{a^2+(b-1)^2}\sqrt{a^2+(b+1)^2}<1$.

故原结论 $\Leftrightarrow$ 方程 $f(z)=0$ 存在一根 $\alpha=a+b\mathrm{i}$,使得 $|\mathrm{i}-\alpha|\cdot|\mathrm{i}-\bar\alpha|<1$.

设 $\alpha_k,\overline{\alpha_k}$ 为 $f(z)=0$ 的共轭虚根, β_j 是它的实根,所以 $f(z)=\prod_j(z-\beta_j)\prod_k(z-\alpha_k)(z-\overline{\alpha_k})$,

又 $|f(\mathrm{i})|=\prod_j|\mathrm{i}-\beta_j|\prod_k|\mathrm{i}-\alpha_k||\mathrm{i}-\overline{\alpha_k}|<1$ 而 $|\mathrm{i}-\beta_j|=\sqrt{1+\beta_j^2}\geqslant1$.

所以必存在一对共轭虚根 $\alpha_k,\overline{\alpha_k}$,使得 $|\mathrm{i}-\alpha_k|\cdot|\mathrm{i}-\overline{\alpha_k}|<1$.

令 $\alpha_k = a + bi \ (a, b \in \mathbf{R})$ 即可.

例 3. 已知 $k \in \mathbf{R}$,复数 $z = \cos\theta + i\sin\theta$.

(1) 当 k 和 θ 分别为何值时,复数 $z^3 + k\bar{z}^3$ 是纯虚数;

(2) 当 θ 变化时,求出 $|z^3 + k\bar{z}^3|$ 的最大值和最小值.

解: (1) $\because \quad z^3 + k\bar{z}^3 = (\cos\theta + i\sin\theta)^3 + k \ (\cos\theta - i\sin\theta)^3$

$$= (\cos 3\theta + i\sin 3\theta) + k (\cos 3\theta - i\sin 3\theta)$$

$$= (1+k)\cos 3\theta + (1-k)i\sin 3\theta.$$

$\therefore$ 当复数 $z^3 + k\bar{z}^3$ 是纯虚数时,有 $(1+k)\cos 3\theta = 0, (1-k)\sin 3\theta \neq 0$.

$\therefore$ 当 $k = -1, \theta \neq \dfrac{n\pi}{3}, n \in \mathbf{Z}$ 或 $k \neq 1, \theta = \dfrac{n\pi}{3} + \dfrac{\pi}{6}, n \in \mathbf{Z}$ 时,$z^3 + k\bar{z}^3$ 是纯虚数.

(2) $\because \quad |z^3 + k\bar{z}^3| = |(1+k)\cos 3\theta + (1-k)i\sin 3\theta|$

$$= \sqrt{(1+k)^2 \cos^2 3\theta + (1-k)^2 \sin^2 3\theta}$$

$$= \sqrt{1 + k^2 + 2k\cos 6\theta}.$$

$\therefore$ 当 $k \geqslant 0$ 时,最大值为 $1+k$,最小值为 $|1-k|$;当 $k < 0$ 时,最大值为 $1-k$,最小值为 $|1+k|$.

例 4. 设 $a_0, a_1, \cdots, a_n$ 均为实数,λ 是关于 x 的实系数方程 $\sum\limits_{i=0}^{n} a_i x^i = 0$ 的复数根,且 $|\lambda| \geqslant a_n \geqslant \cdots \geqslant a_1 \geqslant a_0 \geqslant 1$.求证:$\lambda^{n+1} = 1$.

证明: 因为 λ 是方程 $\sum\limits_{i=0}^{n} a_i x^i = 0$ 的根,所以,

$$\sum_{i=0}^{n} a_i \lambda^i = 0 \Rightarrow (\lambda - 1) \sum_{i=0}^{n} a_i \lambda^i = 0 \Rightarrow a_n \lambda^{n+1} = \sum_{i=1}^{n} (a_i - a_{i-1})\lambda^i + a_0,$$

其中,$a_i - a_{i-1} (i = 1, 2, \cdots, n)$ 为非负数.又

$|\lambda| \geqslant 1 \Rightarrow |\lambda|^n \geqslant |\lambda|^i \geqslant 1 (i = 1, 2, \cdots, n)$

$$\Rightarrow |a_n \lambda^{n+1}| \leqslant \sum_{i=1}^{n} (a_i - a_{i-1}) |\lambda|^i + a_0 \leqslant \sum_{i=1}^{n} (a_i - a_{i-1}) |\lambda|^n + a_0 \leqslant a_n |\lambda|^n$$

$$\Rightarrow |\lambda| \leqslant 1 \Rightarrow |\lambda| = 1 \Rightarrow a_n = a_{n-1} = \cdots = a_1 = a_0 = 1.$$

$$\Rightarrow \lambda^{n+1} = 1.$$

例 5. 设 A, B, C 分别是复数 $z_0 = ai, z_1 = \dfrac{1}{2} + bi, z_2 = 1 + ci$(其中 a, b, c 都是实数)对应的不共线的三点.试证明:曲线 $z = z_0 \cos^4 t + 2z_1 \cos^2 t \sin^2 t + z_2 \sin^4 t (t \in \mathbf{R})$ 与 $\triangle ABC$ 中平行于 AC 的中位线只有一个公共点,并求出此点.

证明: 设 $z = x + yi(x, y \in \mathbf{R})$,则

$z = x + yi = a\cos^4 t \cdot i + 2(\dfrac{1}{2} + bi)\cos^2 t \sin^2 t + (1 + ci)\sin^4 t$,实虚部分离,可得

$x = \cos^2 t \sin^2 t + \sin^4 t = \sin^2 t, y = a (1-x)^2 + 2b(1-x)x + cx^2, (0 \leqslant x \leqslant 1)$

即 $y = (a + c - 2b)x^2 + 2(b - a)x + a$, ①

又因为 A, B, C 三点不共线,故 $a + c - 2b \neq 0$,可知所给曲线是抛物线段(如图 8-7)

AB,BC 的中点分别是 $D\left(\dfrac{1}{4},\dfrac{a+b}{2}\right),E\left(\dfrac{3}{4},\dfrac{b+c}{2}\right)$，

所以直线 DE 的方程为

$$y=(c-a)x+\dfrac{1}{4}(3a+2b-c)$$

由①,②联立得 $(a+c-2b)\left(x-\dfrac{1}{2}\right)^2=0.$

由于 $a+c-2b\neq0$，得 $x=\dfrac{1}{2}$，

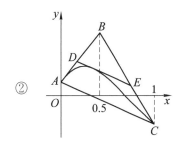

图 8-7

注意到 $\dfrac{1}{4}<\dfrac{1}{2}<\dfrac{3}{4}$，所以,抛物线与 $\triangle ABC$ 平行于 AC 的中位线 DE 有且只有一个公共

点,此点的坐标为 $\left(\dfrac{1}{2},\dfrac{a+c+2b}{4}\right)$，其对应的复数为 $z=\dfrac{1}{2}+\dfrac{a+c+2b}{4}\mathrm{i}.$

例 6. 设复数 $\beta=x+y\mathrm{i}(x,y\in\mathbf{R})$ 与复平面上点 $P(x,y)$ 对应.

(1) 若 β 是关于 t 的一元二次方程 $t^2-2t+m=0(m\in\mathbf{R})$ 的一个虚根,且 $|\beta|=2$，求实数 m 的值;

(2) 设复数 β 满足条件 $|\beta+3|+(-1)^n|\beta-3|=3a+(-1)^na$ $\left[其中\ n\in\mathbf{N}^*、常数\ a\in\left(\dfrac{3}{2},3\right)\right]$，当 n 为奇数时,动点 $P(x,y)$ 的轨迹为 C_1，当 n 为偶数时,动点 $P(x,y)$ 的轨迹为 C_2，且两条曲线都经过点 $D(2,\sqrt{2})$，求轨迹 C_1 与 C_2 的方程;

(3) 在(2)的条件下,轨迹 C_2 上存在点 A，使点 A 与点 $B(x_0,0)(x_0>0)$ 的最小距离不小于 $\dfrac{2\sqrt{3}}{3}$，求实数 x_0 的取值范围.

解: (1) β 是方程的一个虚根,则 $\bar{\beta}$ 是方程的另一个虚根,则 $\beta\cdot\bar{\beta}=m=|\beta|^2=4$，所以 $m=4.$

(2)(**方法一**)① 当 n 为奇数时,$|\beta+3|-|\beta-3|=2a$，常数 $a\in\left(\dfrac{3}{2},3\right)$，

轨迹 C_1 为双曲线,其方程为 $\dfrac{x^2}{a^2}-\dfrac{y^2}{9-a^2}=1(x>0)$；

② 当 n 为偶数时,$|\beta+3|+|\beta-3|=4a$，常数 $a\in\left(\dfrac{3}{2},3\right)$，

轨迹 C_2 为椭圆,其方程为 $\dfrac{x^2}{4a^2}+\dfrac{y^2}{4a^2-9}=1$；

依题意得方程组 $\begin{cases}\dfrac{4}{4a^2}+\dfrac{2}{4a^2-9}=1,\\[2mm]\dfrac{4}{a^2}-\dfrac{2}{9-a^2}=1\end{cases}\Rightarrow\begin{cases}4a^4-45a^2+99=0,\\ a^4-15a^2+36=0.\end{cases}$ 解得 $a^2=3$，

因为 $\dfrac{3}{2}<a<3$，所以 $a=\sqrt{3}$，

此时轨迹为 C_1 与 C_2 的方程分别是:$\dfrac{x^2}{3}-\dfrac{y^2}{6}=1(x>0),\dfrac{x^2}{12}+\dfrac{y^2}{3}=1.$

(方法二)依题意得

$$\begin{cases} |\beta+3|+|\beta-3|=4a, \\ |\beta+3|-|\beta-3|=2a. \end{cases} \Rightarrow \begin{cases} |\beta+3|=3a, \\ |\beta-3|=a. \end{cases}$$

轨迹为 C_1 与 C_2 都经过点 $D(2,\sqrt{2})$,且点 $D(2,\sqrt{2})$ 对应的复数 $\beta=2+\sqrt{2}\,\mathrm{i}$,

代入上式得 $a=\sqrt{3}$,

即 $|\beta+3|-|\beta-3|=2\sqrt{3}$ 对应的轨迹 C_1 是双曲线,方程为 $\dfrac{x^2}{3}-\dfrac{y^2}{6}=1(x>0)$;

$|\beta+3|+|\beta-3|=4\sqrt{3}$ 对应的轨迹 C_2 是椭圆,方程为 $\dfrac{x^2}{12}+\dfrac{y^2}{3}=1$.

(3) 由(2)知,轨迹 $C_2:\dfrac{x^2}{12}+\dfrac{y^2}{3}=1$,设点 A 的坐标为 (x,y),

则 $|AB|^2=(x-x_0)^2+y^2=(x-x_0)^2+3-\dfrac{1}{4}x^2$

$$=\dfrac{3}{4}x^2-2x_0x+x_0^2+3=\dfrac{3}{4}\left(x-\dfrac{4}{3}x_0\right)^2+3-\dfrac{1}{3}x_0^2,x\in[-2\sqrt{3},2\sqrt{3}].$$

当 $0<\dfrac{4}{3}x_0\leqslant2\sqrt{3}$ 即 $0<x_0\leqslant\dfrac{3\sqrt{3}}{2}$ 时,$|AB|^2_{\min}=3-\dfrac{1}{3}x_0^2\geqslant\dfrac{4}{3}\Rightarrow0<x_0\leqslant\sqrt{5}$.

当 $\dfrac{4}{3}x_0>2\sqrt{3}$ 即 $x_0>\dfrac{3\sqrt{3}}{2}$ 时,$|AB|_{\min}=|x_0-2\sqrt{3}|\geqslant\dfrac{2\sqrt{3}}{3}\Rightarrow x_0\geqslant\dfrac{8\sqrt{3}}{3}$,

综上 $0<x_0\leqslant\sqrt{5}$ 或 $x_0\geqslant\dfrac{8\sqrt{3}}{3}$.

例7. 给定实数 $r\in(0,1)$,n 个复数 $z_1,z_2,\cdots,z_n$ 满足 $|z_k-1|\leqslant r(k=1,2,\cdots,n)$.

试证明:$|z_1+z_2+\cdots+z_n|\cdot\left|\dfrac{1}{z_1}+\dfrac{1}{z_2}+\cdots+\dfrac{1}{z_n}\right|\geqslant n^2(1-r^2)$.

证明: 设 $z_i=x_i+y_i\cdot\mathrm{i}(i=1,2,\cdots,n),x_i,y_i\in\mathbf{R}$ 故 $\left|\displaystyle\sum_{i=1}^{n}z_i\right|\geqslant\displaystyle\sum_{i=1}^{n}x_i$.

又 $\left|\displaystyle\sum_{i=1}^{n}\dfrac{1}{z_i}\right|=\left|\displaystyle\sum_{i=1}^{n}\dfrac{\overline{z_i}}{|z_i|^2}\right|\geqslant\displaystyle\sum_{i=1}^{n}\dfrac{x_i}{|z_i|^2}$ 故左边 $\geqslant\displaystyle\sum_{i=1}^{n}x_i\cdot\displaystyle\sum_{i=1}^{n}\dfrac{x_i}{|z_i|^2}$.

由 Cauchy 不等式,左边 $\geqslant\left(\displaystyle\sum_{i=1}^{n}\dfrac{x_i}{|z_i|}\right)^2$.

而由 $|z_i-1|\leqslant r\Rightarrow|x_i-1+y_i-\mathrm{i}|\leqslant r\Rightarrow(x_i-1)^2+y_i^2\leqslant r^2\Rightarrow x_i^2+y_i^2\leqslant r^2-1+2x_i$,

而由 $(r^2+x_i-1)^2\geqslant0$,可得

$$x_i^2\geqslant(1-r^2)(2x_i-1+r^2)\geqslant(1-r^2)(x_i^2+y_i^2)=(1-r^2)|z_i|^2.$$

故 $x_i\geqslant|z_i|\cdot\sqrt{1-r^2}$,即 $\dfrac{x_i}{|z_i|}\geqslant\sqrt{1-r^2}$

$\therefore\left(\displaystyle\sum_{i=1}^{n}\dfrac{x_i}{|z_i|}\right)^2\geqslant(n\cdot\sqrt{1-r^2})^2=n^2\cdot(1-r^2)=$ 右边

故原式成立,即 $\left|\displaystyle\sum_{i=1}^{n}z_i\right|\cdot\left|\displaystyle\sum_{i=1}^{n}\dfrac{1}{z_i}\right|\geqslant n^2(1-r^2)$.得证.

例 8. 设 $P(x)=x^n+a_1x^{n-1}+\cdots+a_n$ 有复根 $x_1,x_2,\cdots,x_n,\alpha=\dfrac{1}{n}\sum\limits_{j=1}^{n}x_j,\beta^2=\dfrac{1}{n}\sum\limits_{j=1}^{n}|x_j|^2,\beta^2<1+|\alpha|^2$，若复数 x_0 满足 $|a-x_0|^2<1-\beta^2+|a|^2$，试证明：$|P(x_0)|<1$.

证明： 依题设 $P(x)=(x-x_1)(x-x_2)\cdots(x-x_n)$，从而

$$|P(x_0)|^2=P(x_0)\overline{P(x_0)}=\prod_{j=1}^{n}(x_0-x_j)(\bar{x}_0-\bar{x}_j)$$

$$=\prod_{j=1}^{n}(|x_0|^2-x_0\bar{x}_j-\bar{x}_0x_j+|x_j|^2).$$

根据均值不等式，有

$$\Big[\prod_{j=1}^{n}(|x_0|^2-x_0\bar{x}_j-\bar{x}_0x_j+|x_j|^2)\Big]^{\frac{1}{n}}$$

$$\leqslant\frac{1}{n}\sum_{j=1}^{n}(|x_0|^2-x_0\bar{x}_j-\bar{x}_0x_j+|x_j|^2)$$

$$=\frac{1}{n}\Big[\sum_{j=1}^{n}|x_0|^2-x_0\sum_{j=1}^{n}\bar{x}_j-\bar{x}_0\sum_{j=1}^{n}x_j+\sum_{j=1}^{n}|x_j|^2\Big].$$

$\because\ \alpha=\dfrac{1}{n}\sum\limits_{j=1}^{n}x_j,\beta^2=\dfrac{1}{n}\sum\limits_{j=1}^{n}|x_j|^2,|\alpha-x_0|^2<1-\beta^2+|\alpha|^2$，

$\therefore\ \dfrac{1}{n}\Big[\sum\limits_{j=1}^{n}|x_0|^2-x_0\sum\limits_{j=1}^{n}\bar{x}_j-\bar{x}_0\sum\limits_{j=1}^{n}x_j+\sum\limits_{j=1}^{n}|x_j|^2\Big]$

$=\dfrac{1}{n}\big[n|x_0|^2-x_0n\bar{\alpha}-\bar{x}_0n\alpha+n\beta^2\big]$

$=|x_0|^2-x_0\bar{\alpha}-\bar{x}_0\alpha+\beta^2=(x_0-\alpha)(\bar{x}_0-\bar{\alpha})+\beta^2-|\alpha|^2$

$=|x_0-\alpha|^2+\beta^2-|\alpha|^2<(1-\beta^2+|\alpha|^2)+\beta^2-|\alpha|^2=1.$

$\therefore\ |P(x_0)|<1.$

1. 实数 m 取什么值时，复数 $z=\dfrac{m(m-2)}{m-1}+(m^2+2m-3)\mathrm{i}$，

（1）是实数；（2）是纯虚数；（3）z 对应的点位于第二象限；（4）z 对应的点在直线 $x+y+3=0$ 上.

2. x^4-16 分解成一次式的乘积为_____.

3. $|z+3+4\mathrm{i}|\leqslant2$，则 $|z|$ 的最大值为_____.

4. 复数 $\left(\dfrac{1-\mathrm{i}}{1+\mathrm{i}}\right)^{10}$ 的值是_____.

5. 已知复数 $z=x+y\mathrm{i}$，其中实数 x,y 满足方程 $2^{x+y}+\mathrm{i}\log_2 x-8=(1-\log_2 y)\mathrm{i}$，则 $z=$_____.

6. 已知 $z_1\in\mathbf{C}$，且 $|z-1+\mathrm{i}|+|z+2|=16$，则在复平面内对应的点的轨迹是_____.

7. 复数 $z_1=1,z_2=a+b\mathrm{i},z_3=b+a\mathrm{i}(a>0,b\in\mathbf{R})$，且 z_1,z_2,z_3 成等比数列，则 $z_2=$_____.

8. 复数 z 满足 $|z-1|+|z+1|=\sqrt{5}$，那么 $|z|$ 的取值范围是_____.

9. 已知函数 $f(x)=\dfrac{x^2}{1+x^2}$，那么，$f(1)+f(2\mathrm{i})+f\left(\dfrac{1}{2\mathrm{i}}\right)+f(3\mathrm{i})+f\left(\dfrac{1}{3\mathrm{i}}\right)+f(4\mathrm{i})+$
$f\left(\dfrac{1}{4\mathrm{i}}\right)=$ _____.

10. 复数 z 满足 $|z+\mathrm{i}|+|z-\mathrm{i}|=2$，则 $|z+\mathrm{i}+1|$ 的最小值是 _____.

11. 设 O 为复平面的原点，A,B 为单位圆上两点，A,B 所对应的复数分别为 z_1,z_2,z_1,z_2 的辐角主值分别为 α,β. 若 $\triangle AOB$ 的重心 G 对应的复数为 $\dfrac{1}{3}+\dfrac{1}{15}\mathrm{i}$，求 $\tan(\alpha+\beta)$.

12. 设非零复数 a_1,a_2,a_3,a_4,a_5 满足

$$\begin{cases} \dfrac{a_2}{a_1}=\dfrac{a_3}{a_2}=\dfrac{a_4}{a_3}=\dfrac{a_5}{a_4}, \\ a_1+a_2+a_3+a_4+a_5=4\left(\dfrac{1}{a_1}+\dfrac{1}{a_2}+\dfrac{1}{a_3}+\dfrac{1}{a_4}+\dfrac{1}{a_5}\right)=S, \end{cases}$$ 其中 S 为实数且 $|S|\leqslant 2$，

求证：复数 a_1,a_2,a_3,a_4,a_5 在复平面上所对应的点位于同一圆周上.

13. 若 $z\in\mathbf{C}$，且 $|z|=1$，$u=z^4-z^3-3z^2\mathrm{i}-z+1$. 求 u 的最大值和最小值，并求取得最大值，最小值时的复数 z.

14. 给定实数 a,b,c，已知复数 z_1,z_2,z_3 满足 $\begin{cases} |z_1|=|z_2|=|z_3|=1, \\ \dfrac{z_1}{z_2}+\dfrac{z_2}{z_3}+\dfrac{z_3}{z_1}=1, \end{cases}$ 求 $|az_1+bz_2+cz_3|$ 的值.

第九章 空间直线与平面
Spatial Line and Plane

§9.1 平面及其基本性质

几何里的平面与直线一样,是无限延伸的,我们不能把一个无限延伸的平面在纸上表现出来,通常用平面的一部分表示平面.例如,我们常用平行四边形表示平面,但我们要把它想象成无限延展的.通常我们用希腊字母如:α,β,γ…来表示平面,也可以用表示平面的平行四边形的对角顶点的字母来表示,如平面 AC(见图 9-1).

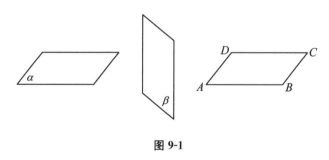

图 9-1

平面的基本性质

1. 公理及其推论

公理 1   如果一条直线上的两点在一个平面内,那么这条直线上所有的点都在这个平面内(见图 9-2).

符号语言:$A \in l, B \in l, A \in \alpha, B \in \alpha \Rightarrow l \subset \alpha$.

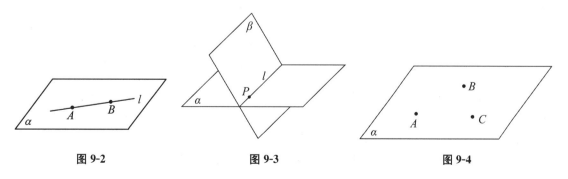

图 9-2   图 9-3   图 9-4

公理 2   如果两个平面有一个公共点,那么它们有且只有一条通过这个公共点的公共直线(见图 9-3).

符号语言：$P \in \alpha \cap \beta \Rightarrow \alpha \cap \beta = l$ 且 $P \in l$.

公理 3 经过不在同一条直线上的三点，有且只有一个平面(见图 9-4).

符号语言：$A，B，C$ 不共线 $\Rightarrow A，B，C$ 确定一个平面.

推论 1 经过一条直线和这条直线外的一点，有且只有一个平面(见图 9-5).

符号语言：$A \notin a \Rightarrow$ 有且只有一个平面 α，使 $A \in \alpha，a \subset \alpha$.

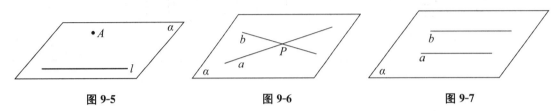

图 9-5   图 9-6   图 9-7

推论 2 经过两条相交直线，有且只有一个平面(见图 9-6).

符号语言：$a \cap b = P \Rightarrow$ 有且只有一个平面 α，使 $a \subset \alpha，b \subset \alpha$.

推论 3 经过两条平行直线，有且只有一个平面(见图 9-7).

符号语言：$a /\!/ b \Rightarrow$ 有且只有一个平面 α，使 $a \subset \alpha，b \subset \alpha$.

公理 4 平行于同一条直线的两条直线平行(亦称"平行公理"，见图 9-8).

符号语言：$\left.\begin{array}{l} a /\!/ b \\ c /\!/ b \end{array}\right\} \Rightarrow a /\!/ c.$ 图形语言：

图 9-8

例 1. 如图 9-9，在正方体 $ABCD\text{-}A_1B_1C_1D_1$ 中，点 E、F 分别是棱 AA_1、CC_1 的中点，试画出过点 D_1、E、F 三点的截面.

分析：本题考查作多面体截面的能力，主要依据是公理 1 和公理 2，画出所要求的截面与正方体各个侧面的交线.

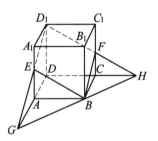

图 9-9

解：连 D_1F 并延长与 DC 的延长线交于点 H，连接 D_1E 并延长与 DA 的延长线交于点 G，连接 GH 与 AB、BC 两条棱交于点 B，连接 BE、BF，则 BED_1F 就是过点 D_1、E、F 三点的截面.

例 2. 如图 9-10，在正方体 $ABCD\text{-}A_1B_1C_1D_1$ 中，E、F 分别为 CC_1 和 AA_1 上的中点，画出平面 BED_1F 与平面 $ABCD$ 的交线.

分析：可根据公理 2，如果两个平面有一个公共点，它们就有过这点的一条公共直线，也只有这一条公共直线；这条直线的位置还须借助于另一个条件来确定.

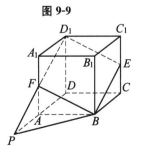

图 9-10

解：在平面 AA_1D_1D 内，延长 D_1F，$\because$ D_1F 与 DA 不平行，因此 D_1F 与 DA 延长后必相交于一点，设为 P 则 $P \in FD_1$，$P \in DA$.

又$\because$ $FD_1 \subset$ 平面 BED_1F，$AD \subset$ 平面 $ABCD$ 内， $\therefore$ $P \in$ 平面 BED_1F，$P \in$ 平面

$ABCD$.

又 B 为平面 $ABCD$ 与平面 BED_1F 的公共点,

∴　连接 PB,PB 即为平面 BED_1F 与平面 $ABCD$ 的交线.

例 3. 已知 E、F、G、H 分别是空间四边形 $ABCD$(四条线段首尾相接,且连接点不在同一平面内.所组成的空间图形叫空间四边形.)各边 AB、AD、CB、CD 上的点,且直线 EF 和 HG 交于点 P,如图 9-11,求证:点 B、D、P 在同一条直线上.

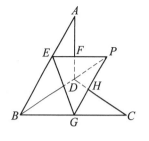

图 9-11

证明: 如图 9-11,　∵　直线 $EF \cap$ 直线 $HG = P$,

∴　$P \in$ 直线 EF,而 $EF \subset$ 平面 ABD,

∴　$P \in$ 平面 ABD.

同理,$P \in$ 平面 CBD,即点 P 是平面 ABD 和平面 CBD 的公共点.

显然,点 B、D 也是平面 ABD 和平面 CBD 的公共点,

由公理 2 知,点 B、D、P 都在平面 ABD 和平面 CBD 的交线上,

即点 B、D、P 在同一条直线上.

2. 空间几何体的直观图

(1) 斜二测画法及其规则

对于平面多边形,我们常用斜二测画法画它们的直观图.斜二测画法是一种特殊的画直观图的方法,其画法规则是:

① 在已知图形中取互相垂直的 x 轴和 y 轴,两轴相交于点 O.画直观图时,把它们画成对应的 x' 轴和 y' 轴,两轴相交于点 O',且使 $\angle x'O'y' = 45°$(或 $135°$),它们确定的平面表示水平面.

② 已知图形中平行于 x 轴或 y 轴的线段,在直观图中分别画成平行于 x' 轴或 y' 轴的线段.

③ 已知图形中平行于 x 轴的线段,在直观图中保持原长度不变,平行于 y 轴的线段,长度为原来的一半.

(2) 用斜二测画法画空间几何体的直观图的步骤

① 在已知图形所在的空间中取水平平面,作互相垂直的轴 Ox,Oy,再作 Oz 轴使 $\angle xOz = 90°$,且 $\angle yOz = 90°$.

② 画直观图时,把它们画成对应的轴 $O'x'$,$O'y'$,$O'z'$,使 $\angle x'O'y' = 45°$(或 $135°$),$\angle x'O'z' = 90°$,$x'O'y'$ 所确定的平面表示水平平面.

③ 已知图形中,平行于 x 轴、y 轴或 z 轴的线段,在直观图中分别画成平行于 x' 轴、y' 轴或 z' 轴的线段,并使它们和所画坐标轴的位置关系与已知图形中相应线段和原坐标轴的位置关系相同.

④ 已知图形中平行于 x 轴或 z 轴的线段,在直观图中保持长度不变,平行于 y 轴的线段,长度变为原来的一半.

⑤ 画图完成以后,擦去作为辅助线的坐标轴,就得到了空间图形的直观图.

(3) 直观图的面积与原图面积之间的关系

① 原图形面积 S 与直观图的面积 S' 之比为 $\dfrac{S}{S'} = 2\sqrt{2}$,即原图面积是直观图面积的

$2\sqrt{2}$ 倍,

② 直观图面积是原图面积的 $\dfrac{1}{2\sqrt{2}}=\dfrac{\sqrt{2}}{4}$ 倍.

例 4. 坐标平面中,点的直观图的画法.

画法:(1) 如图 9-12(a)设点 $C(a,b)$,作坐标系 $x'O'y'$,见图 9-12(b),使 $\angle x'O'y'=45°$;

(2) 在 x 轴上的点 A,画在 x' 轴上点 A' 处,使 $O'A'=OA$;

(3) 在 y 轴上的点 B,画在 y' 轴上点 B' 处,使 $O'B'=\dfrac{1}{2}OB$;

(4) 在 $x'O'y'$ 中,过 B' 作 x' 轴平行线,过 A' 作 y' 轴平行线,交于点 C'.点 C' 即为点 C 的直观图.

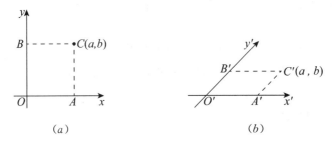

(a) (b)

图 9-12

例 5. 水平放置的正六边形的直观图.

画法:(1) 在图 9-13(a)的已知正六边形 $ABCDEF$ 中,取对角线 AD 所在的直线为 x 轴,取对称轴 GH 为 y 轴,x 轴、y 轴相交于点 O;任取点 O',画出对应的 x' 轴、y' 轴,使 $\angle x'O'y'=45°$,见图 9-12(b);

(2) 以点 O' 为中点,在 x' 轴上取 $A'D'=AD$,在 y' 轴上取 $G'H'=\dfrac{1}{2}GH$,以点 H' 为中点作 $F'E'/\!/x'$ 轴,并使 $F'E'=FE$;再以 G' 为中点作 $B'C'/\!/x'$ 轴,并使 $B'C'=BC$;

(3) 顺次连接 $A'B'$,$C'D'$,$D'E'$,$F'A'$,所得到的六边形 $A'B'C'D'E'F'$ 就是水平放置的正六边形 $ABCDEF$ 的直观图.

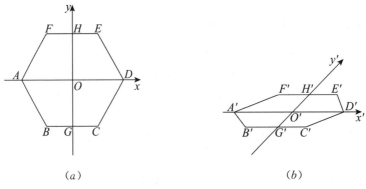

(a) (b)

图 9-13

说明:图画好后,要擦去辅助线.

1. 用符号语言表示下列语句:

(1) 点 A 在平面 α 内,但在平面 β 外;

(2) 直线 a 经过平面 α 外一点 M;

(3) 直线 a 在平面 α 内,又在平面 β 内,即平面 α 和 β 相交于直线 a.

2. 如图 9-14 所示,正方体 $ABCD$-$A_1B_1C_1D_1$ 中,M,N 分别是 A_1B_1,B_1C_1 的中点.AM 和 CN 是否共面? 说明理由.

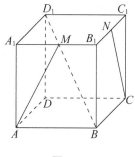

图 9-14

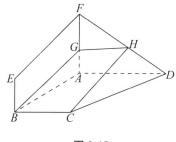

图 9-15

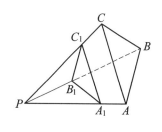

图 9-16

3. 如图 9-15 所示,四边形 $ABEF$ 和四边形 $ABCD$ 都是梯形,$BC \parallel AD$,$BE \parallel AF$,$BC = \frac{1}{2}AD$,$BE = \frac{1}{2}AF$,G,H 分别为 FA,FD 的中点.

(1) 证明:四边形 $BCHG$ 是平行四边形;

(2) C,D,F,E 四点是否共面? 说明理由.

4. 如图 9-16 所示,$\triangle ABC$ 与 $\triangle A_1B_1C_1$ 不在同一个平面内,如果三直线 AA_1、BB_1、CC_1 两两相交,证明:三直线 AA_1、BB_1、CC_1 交于同一点.

5. 已知 $\triangle ABC$ 在平面 α 外,它的三边所在的直线分别交平面 α 于 P,Q,R 三点,证明 P,Q,R 三点在同一条直线上.

6. 在四棱锥 P-$ABCD$ 中,底面 $ABCD$ 为平行四边形,E,F 分别为侧棱 PC,PB 的中点,则 EF 与平面 PAD 的位置关系为_____,平面 AEF 与平面 $ABCD$ 的交线是_____.

7. 如图 9-17 所示,在空间四边形 $ABCD$ 中,点 E,H 分别是边 AB,AD 的中点,点 F,G 分别是边 BC,CD 上的点,且 $\dfrac{CF}{CB}=\dfrac{CG}{CD}=\dfrac{2}{3}$,有以下四个结论.

① EF 与 GH 平行;

② EF 与 GH 异面;

③ EF 与 GH 的交点 M 可能在直线 AC 上,也可能不在直线 AC 上;

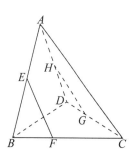

图 9-17

④ EF 与 GH 的交点 M 一定在直线 AC 上.

其中正确结论的序号为_____.

§9.2 空间直线与直线之间的位置关系

空间两直线的位置有下述三种关系:(1) 相交;(2) 平行;(3) 异面.

共面直线 $\begin{cases} 相交直线:同一平面内,有且只有一个公共点; \\ 平行直线:同一平面内,没有公共点. \end{cases}$

例 1. 如图 9-18 所示,设 E,F,G,H 分别是空间四边形 $ABCD$ 的边 AB,BC,CD,DA 上的点,且 $\dfrac{AE}{AB}=\dfrac{AH}{AD}=\lambda$,$\dfrac{CF}{CB}=\dfrac{CG}{CD}=\mu$,求证:

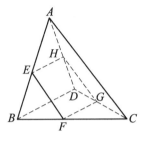

图 9-18

(1) 当 $\lambda=\mu$ 时,四边形 $EFGH$ 是平行四边形;

(2) 当 $\lambda\neq\mu$ 时,四边形 $EFGH$ 是梯形.

分析: 只需利用空间等角定理证明 $EH/\!/FG$ 即可.

证明: 连接 BD,

在 $\triangle ABD$ 中,$\dfrac{AE}{AB}=\dfrac{AH}{AD}=\lambda$,$\therefore$ $EH/\!/BD$,且 $EH=\lambda BD$.

在 $\triangle CBD$ 中,$\dfrac{CF}{CB}=\dfrac{CG}{CD}=\mu$,$\therefore$ $FG/\!/BD$,且 $FG=\mu BD$.

$\therefore$ $EH/\!/FG$,

$\therefore$ 顶点 E,F,G,H 在由 EH 和 FG 确定的平面内.

(1) 当 $\lambda=\mu$ 时,$EH=FG$,故四边形 $EFGH$ 为平行四边形;

(2) 当 $\lambda\neq\mu$ 时,$EH\neq FG$,故四边形 $EFGH$ 是梯形.

异面直线 不同在任何一个平面内的两条直线称作**异面直线**.

画异面直线时,为了充分显示它们既不平行又不相交的特点,即不共面的特点,常常要以辅助平面作为衬托,以增强其直观性,通常画成以下几种情形:

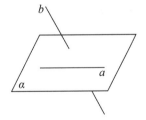 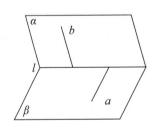 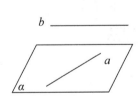

图 9-19

异面直线所成的角:如图 9-20 所示,已知两条异面直线 a,b,可经过空间任一点 O 作直线 $a'/\!/a,b'/\!/b,a',b'$ 所成的角的大小与点 O 的选择无关,把 a',b' 所成的锐角(或直角)称作**异面直线 a,b 所成的角(或夹角)**.为了简便,点 O 通常取在异面直线中的一条上.**异面直线所成的角的范围:** $\left(0,\dfrac{\pi}{2}\right]$.

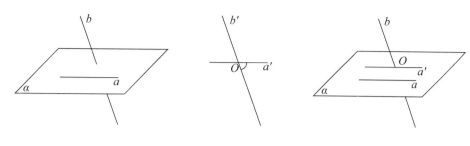

图 9-20

异面直线垂直:如图 9-20 所示,如果两条异面直线所成的角是直角,则称**两条异面直线垂直**.两条异面直线 a,b 垂直,记作 $a \perp b$.

两条异面直线距离:和两条异面直线都垂直相交的直线,我们称之为异面直线的公垂线.在这两条异面直线间的线段(公垂线段)的长度,称作两条异面直线间的距离.

注意:

1."不同在任何一个平面内",指这两条直线永不具备确定平面的条件.因此,异面直线既不相交,也不平行,即要把握异面直线的不共面性.

2.不能把异面直线误解为分别在不同平面内的两条直线.

3.两条异面直线的公垂线有且只有一条.

例 2. 过平面外一点与平面内一点的直线,与平面内不经过该点的直线是异面直线.

如图 9-21,已知 $a \subset \alpha$,$A \notin \alpha$,$B \in \alpha$,$B \notin a$,

求证:直线 AB 和 a 是异面直线.

证明: 假设直线 AB 和 a 不是异面直线,

则 AB 与 a 一定共面,设为 β,则 $a \subset \beta$,$B \in \beta$.

因为 $B \notin a$,所以由公理 3 的推论 1:经过一条直线及该直线外的一点,有且只有一个平面,可知,直线 a 与点 B 确定一个平面,即为 α,则 α 与 β 重合.

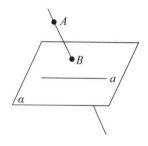

图 9-21

所以 $A \in \alpha$,这与 $A \notin \alpha$ 矛盾.

所以直线 AB 与 a 是异面直线.

例 3. 如图 9-22 所示,空间四边形 $ABCD$ 中,$AD = BC = 2$,E,F 分别是 AB,CD 的中点,$EF = \sqrt{3}$,求异面直线 AD,BC 所成的角.

解: 取 BD 中点 G,连接 EG,FG,EF,　∵　E,F 分别是 AB,CD 的中点,

∴　$EG /\!/ AD$,$FG /\!/ BC$,且 $EG = \dfrac{1}{2}AD = 1$,$FG = \dfrac{1}{2}BC = 1$,

∴　异面直线 AD,BC 所成的角即为 EG,FG 所成的角,

在 $\triangle EGF$ 中,$\cos \angle EGF = \dfrac{EG^2 + FG^2 - EF^2}{2EG \cdot FG} = -\dfrac{1}{2}$,

∴　$\angle EGF = 120°$,异面直线 AD,BC 所成的角为 $60°$.

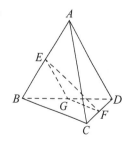

图 9-22

说明：异面直线所成的角是锐角或直角，当三角形△EGF 内角∠EGF 是钝角时，表示异面直线 AD,BC 所成的角是它的补角.

例 4. 如图 9-23 所示的空间四边形 $ABCD$ 中，$AB=BD=AD=2,BC=CD=\dfrac{\sqrt{7}}{2},AC=\dfrac{3}{2}$，延长 BC 到 E，取 BD 中点 F，求异面直线 AF 与 DE 的距离和他们所成的角.

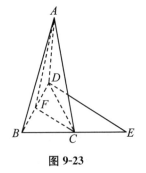

图 9-23

解：（1）∵　$AB=AD=BD=2$，

∴　三角形 ABD 为等边三角形.

∵　F 为 BD 中点，

∴　$AF \perp BD$，即 $AF \perp FD$.

∵　$BC=CD=CE=\dfrac{\sqrt{7}}{2}$，　∴　∠$BDE=90°$，　∴　$DF \perp DE$.

DF 长即为异面直线 AF,DE 的距离，又 $DF=\dfrac{1}{2}BD=1$，

∴　AF 与 DE 的距离为 1.

（2）连接 CF，∵　F,C 分别是 BD,BF 的中点，

∴　FC 平行且等于 $\dfrac{1}{2}DE$，　∴　∠AFC 即为异面直线 AF 与 DE 所成的角.

在等边三角形 ABD 中，$AF=\dfrac{\sqrt{3}}{2}AB=\sqrt{3}$，

在直角三角形 BDE 中，$CF=\dfrac{1}{2}DE=\dfrac{1}{2}\sqrt{(\sqrt{7})^2-2^2}=\dfrac{\sqrt{3}}{2}$，

三角形 AFC 中，由余弦定理得

$$\cos\angle AFC=\frac{AF^2+FC^2-AC^2}{2\times AF\times FC}=\frac{1}{2}.$$

∴　∠$AFC=60°$，即异面直线 AF 与 DE 成 $60°$ 角.

例 5. S 是矩形 $ABCD$ 所在平面外一点，$SA \perp BC$，$SB \perp CD$，SA 与 CD 成 $60°$ 角，SD 与 BC 成 $30°$ 角，$SA=a$，求：

（1）直线 SA 与 CD 的距离；

（2）求直线 SB 与 AD 的距离.

分析：要求出 SA 与 CD，SB 与 AD 的距离，必须找到它们的公垂线段，公垂线段的长度即为异面直线间的距离.

解：如图 9-24 所示，在矩形 $ABCD$ 中，$BC // AD$.

∵　$SA \perp BC$，　∴　$SA \perp AD$.

又 $CD \perp AD$，　∴　AD 是异面直线 SA,CD 的公垂线段，

其长度为异面直线 SA、CD 的距离.

在 Rt△SAD 中，∵　∠SDA 是 SD 与 BC 所成的角，

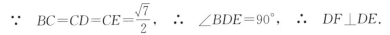

图 9-24

∴　$\angle SDA=30°$. 又 $SA=a$，　∴　$AD=\sqrt{3}a$.

(2) 在矩形 $ABCD$ 中，$AB/\!/CD$，$SB\perp AD$，

∴　$SB\perp AB$，又 $AB\perp AD$，

∴　AB 是直线 SB，AD 的公垂线段，其长度为异面直线 SB，AD 的距离.

在 Rt$\triangle SAB$ 中，$\angle SAB$ 异面直线 SA 与 CD 所成的角，　∴　$\angle SAB=60°$.

又 $SA=a$，　∴　$AB=a\cos 60°=\dfrac{a}{2}$，

∴　直线 SB 与 AD 的距离为 $\dfrac{a}{2}$.

1. 从正方体的 12 条棱和 12 条面对角线中选出 n 条，使得其中任意两条线段所在的直线都是异面直线，则 n 的最大值为_____.

2. 已知 a，b 是两条异面直线，直线 a 上的两点 A，B 的距离为 6，直线 b 上的两点 C，D 的距离为 8，AC，BD 的中点分别为 M，N，且 $MN=5$（见图 9-25），求异面直线 a，b 所成的角.

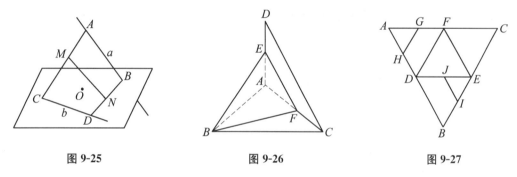

图 9-25　　　　　　　　图 9-26　　　　　　　　图 9-27

3. 已知四面体 S-ABC 的所有棱长均为 a. 求：

(1) 异面直线 SC，AB 的公垂线段 EF 及 EF 的长；

(2) 异面直线 EF 和 SA 所成的角.

4. 如图 9-26，等腰直角三角形 ABC 中，$\angle A=90°$，$BC=\sqrt{2}$，$DA\perp AC$，$DA\perp AB$，若 $DA=1$，且 E 为 DA 的中点. 求异面直线 BE 与 CD 所成角的余弦值.

5. 如图 9-27，在正三角形 ABC 中，D，E，F 分别为各边的中点，G，H，I，J 分别为 AF，AD，BE，DE 的中点. 将 $\triangle ABC$ 沿 ED，EF，DF 折成三棱锥以后，求 GH 与 IJ 所成角的度数.

6. 空间两条异面直线 a，b 所成角为 α，过空间一定点 O 与 a，b 所成角都是 θ 的直线 l 有多少条?

§9.3　空间直线与平面

空间中直线 l 与平面 α 的位置关系，按照它们交点的个数分成以下三种情况：

若直线 l 与平面 α 没有公共点，那么称直线 l 与平面 α **平行**，记作 $l/\!/\alpha$；

若直线 l 与平面 α 仅有一个公共点，那么直线 l 与平面 α 是**相交**的；

若直线 l 与平面 α 有一个以上的公共点，由公理1可知直线 l 在平面 α 上.

我们将直线与平面平行和相交统称为**直线在平面外**.

线面平行的判定定理　如果平面外一条直线和这个平面内的一条直线平行，那么这条直线和这个平面平行.

符号语言：$l \not\subset \alpha, m \subset \alpha, l /\!/ m \Rightarrow l /\!/ \alpha$. 图形语言见图9-28.

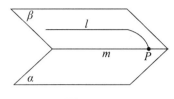

图9-28

证明：假设直线 l 与平面 α 不平行，

∵ $l \not\subset \alpha$，∴ $l \cap \alpha = P$，

若 $P \in m$，则和 $l /\!/ m$ 矛盾，

若 $P \notin m$，则 l 和 m 成异面直线，也和 $l /\!/ m$ 矛盾，

∴ $l /\!/ \alpha$.

线面平行的性质定理　如果一条直线和一个平面平行，经过这条直线的平面和这个平面相交，那么这条直线和交线平行.

符号语言：$l /\!/ \alpha, l \subset \beta, \alpha \cap \beta = m \Rightarrow l /\!/ m$. 图形语言见图9-29.

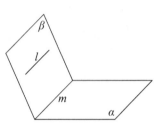

图9-29

证明：∵ $l /\!/ \alpha$，∴ l 和 α 没有公共点，

又∵ $m \subset \alpha$，∴ l 和 m 没有公共点；

l 和 m 都在 β 内，且没有公共点，

∴ $l /\!/ m$.

例1. 如图9-30，已知 P 是平行四边形 $ABCD$ 所在平面外一点，M, N 分别是 AB, PC 的中点.

(1) 求证：$MN /\!/$ 平面 PAD；

(2) 若 $MN = BC = 4, PA = 4\sqrt{3}$，

求异面直线 PA 与 MN 所成的角的大小.

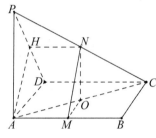

图9-30

(1) 证明：取 PD 的中点 H，连接 AH，

$\Rightarrow NH /\!/ DC, NH = \dfrac{1}{2}DC$

$\Rightarrow NH /\!/ AM, NH = AM \Rightarrow AMNH$ 为平行四边形

$\Rightarrow MN /\!/ AH, MN \not\subset$ 平面 $PAD, AH \subset$ 平面 $PAD \Rightarrow MN /\!/$ 平面 PAD.

(2) 解：连接 AC 并取其中点为 O，连接 OM、ON，则 OM 平行且等于 BC 的一半，ON 平行且等于 PA 的一半，所以 $\angle ONM$ 就是异面直线 PA 与 MN 所成的角，由 $MN = BC = 4$，$PA = 4\sqrt{3}$ 得，$OM = 2, ON = 2\sqrt{3}$.

所以 $\angle ONM = 30°$，即异面直线 PA 与 MN 成 $30°$ 的角.

例2. 正方体 $ABCD\text{-}A_1B_1C_1D_1$ 中，E、G 分别是 BC、C_1D_1 的中点，如图9-31所示.求证：$EG /\!/$ 平面 BB_1D_1D.

分析：要证明 $EG /\!/$ 平面 BB_1D_1D，根据线面平等的判定定理，需要在平面 BB_1D_1D 内找到与 EG 平行的直线，要充分借助于 E、G 为中点这一条件.

证明：取 BD 的中点 F，连接 EF、D_1F.

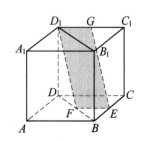

图9-31

∵　E 为 BC 的中点,

∴　EF 为△BCD 的中位线,则 $EF/\!/DC$,且 $EF=\dfrac{1}{2}CD$.

∵　G 为 C_1D_1 的中点,　∴　$D_1G/\!/CD$ 且 $D_1G=\dfrac{1}{2}CD$,

∴　$EF/\!/D_1G$ 且 $EF=D_1G$,　∴　四边形 EFD_1G 为平行四边形,

∴　$D_1F/\!/EG$,而 $D_1F\subset$ 平面 BDD_1B_1,$EG\not\subset$ 平面 BDD_1B_1,

∴　$EG/\!/$ 平面 BDD_1B_1.

直线 l 与平面 α 相交,且与平面内所有直线都垂直,称直线 l 垂直平面 α,记作 $l\perp\alpha$,直线 l 称为平面 α 的垂线,l 与平面 α 的交点称为垂足.

线面垂直的判定定理　如果一条直线和一个平面内的两条相交直线都垂直,那么这条直线垂直于这个平面.

符号语言:　$\left.\begin{array}{r}l\perp m\\l\perp n\\(m\subset\alpha,n\subset\alpha),m\bigcap n=B\end{array}\right\}\Rightarrow l\perp\alpha$ 图形语言

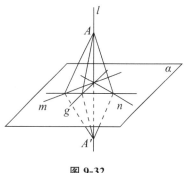

图 9-32

见图 9-32.

证明:(1) 设 g 是 α 内的任一直线,$m\bigcap n=B$,当 g 不与 m,n 平行时先证明 l,g 都通过 B 点的情况.如图 9-32,在直线 m,n 上分别取点 $M,N,MN\bigcap g=G$,在 l 上取关于 O 点对称的两点 A,A' 连接 AM,AG,AN.因为 $l\perp m,l\perp n$,

所以 $AM=A'M,AN=A'N\Rightarrow\triangle AMN\cong\triangle A'MN$.

所以 $\angle ANM=\angle A'NM\Rightarrow\triangle ANG\cong\triangle A'NG$.

得 $AG=A'G$,又 $AO=A'O$,所以 $l\perp g$.

(2) 若直线 l 与直线 g 不都经过点 B,则过 B 引 l 与直线 g 的平行线 l_1 与直线 g_1,由(1)可知 $l_1\perp g_1$.可知 $l\perp g$.综上所述,$l\perp\alpha$.

(3) 若直线 l 与直线 g 不都经过点 B,则过 B 引 l 与直线 g 的平行线 l_1 与直线 g_1,由(1)可知 $l_1\perp g_1$.可知 $l\perp g$.综上所述,$l\perp\alpha$.

说明:过空间一点 P 有且仅有一条直线 l 和一个平面 α 垂直,反之过一点 P 有且仅有一个平面 α 与直线 l 垂直,垂足 Q 称为点 P 在平面 α 上的射影,线段 PQ 的长度称为点 P 到平面 α 的距离.

若一条直线与一个平面平行,则这条直线上任意一点到平面的距离,叫作这条**直线到平面的距离**.

若一条直线与一个平面 α 相交且不垂直,称直线 l 与平面 α **斜交**,直线 l 为平面 α 的**斜线**,交点称为**斜足**.平面的斜线与其在平面上的射影所成的角称为直线与平面所成的角.

例 3. 如图 9-33,四棱锥 P-$ABCD$ 的底面为正方形,侧棱 $PA\perp$ 底面 $ABCD$,且 $PA=AD=2$. E,F,H 分别是线段 PA,PD,AD 的中点,求证:(1) $PB/\!/$ 平面 EFH;(2) $PD\perp$ 平面 AHF.

证明:(1) ∵　E,H 分别是线段 PA,AB 的中点,　∴　$EH/\!/PB$.

又∵　$EH\subset$ 平面 EFH,$PB\not\subset$ 平面 EFH,　∴　$PB/\!/$ 平面 EFH.

（2）∵ F 为 PD 的中点，且 $PA=AD$，∴ $PD \perp AF$，

又∵ $PA \perp$ 底面 $ABCD$，$BA \subset$ 底面 $ABCD$，∴ $AB \perp PA$.

又∵ 四边形 $ABCD$ 为正方形，∴ $AB \perp AD$.

又∵ $PA \cap AD=A$，∴ $AB \perp$ 平面 PAD.

又∵ $PD \subset$ 平面 PAD，∴ $AB \perp PD$.

又∵ $AB \cap AF=A$，∴ $PD \perp$ 平面 AHF.

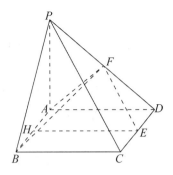

图 9-33

例 4. 如图 9-34，已知两个正四棱锥 $P\text{-}ABCD$ 与 $Q\text{-}ABCD$ 的高都是 2，$AB=4$.

（1）证明 $PQ \perp$ 平面 $ABCD$；

（2）求异面直线 AQ 与 PB 所成的角余弦值；

（3）求点 P 到平面 QAD 的距离.

（1）**证明：** 取 AD 的中点 M，连接 PM，QM.

因为 $P\text{-}ABCD$ 与 $Q\text{-}ABCD$ 都是正四棱锥，

所以 $AD \perp PM$，$AD \perp QM$. 从而 $AD \perp$ 平面 PQM.

又 $PQ \subset$ 平面 PQM，所以 $PQ \perp AD$.

同理 $PQ \perp AB$，所以 $PQ \perp$ 平面 $ABCD$.

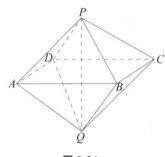

图 9-34

（2）**解：** 连接 AC、BD 设 $AC \cap BD=O$，由 $PQ \perp$ 平面 $ABCD$ 及正四棱锥的性质可知 O 在 PQ 上，从而 P、A、Q、C 四点共面. 因为 $OA=OC$，$OP=OQ$，所以 $PAQC$ 为平行四边形，$AQ /\!/ PC$. 从而 $\angle BPC$（或其补角）是异面直线 AQ 与 PB 所成的角.

因为 $PB=PC=\sqrt{OC^2+OP^2}=\sqrt{(2\sqrt{2})^2+2^2}=2\sqrt{3}$，

所以 $\cos\angle BPC=\dfrac{PB^2+PC^2-BC^2}{2PB \cdot PC}=\dfrac{12+12-16}{2\times 2\sqrt{3}\times 2\sqrt{3}}=\dfrac{1}{3}$.

从而异面直线 AQ 与 PB 所成的角余弦值是 $\dfrac{1}{3}$.

（3）**解：** 连接 OM，则 $OM=\dfrac{1}{2}AB=2=\dfrac{1}{2}PQ$. 所以 $\angle PMQ=90°$，即 $PM \perp MQ$.

由（1）知 $AD \perp PM$，所以 $PM \perp$ 平面 QAD. 从而 PM 的长是点 P 到平面 QAD 的距离.

在直角 $\triangle PMO$ 中，$PM=\sqrt{PO^2+OM^2}=\sqrt{2^2+2^2}=2\sqrt{2}$.

即点 P 到平面 QAD 的距离是 $2\sqrt{2}$.

例 5. 相交成 $60°$ 的两条直线 AB，AC 和平面 α 所成的角分别为 $30°$ 和 $45°$，求这两条斜线在平面 α 内的射影所成的角.

解： 如图 9-35，作平面 $AO \perp$ 平面 α，垂足为 O，

则 $\angle ABO=30°$，$\angle ACO=45°$，

设 $AO=h$，则 $AB=2h$，$AC=\sqrt{2}h$，$BO=\sqrt{3}h$，$CO=h$，

在三角形 ABC 中，根据余弦定理

有 $BC^2=(2h)^2+(\sqrt{2}h)^2-4\sqrt{2}h\times h\cos 60°=6h^2-2\sqrt{2}h^2$.

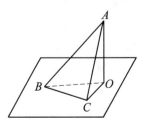

图 9-35

同理,在三角形 BOC 中,令 $\angle BOC = \theta$,则有 $BC^2 = (\sqrt{3}h)^2 + h^2 - 2\sqrt{3}h \times h \times \cos\theta = 4h^2 - 2\sqrt{3}h^2\cos\theta$.

$\therefore$ $6h^2 - 2\sqrt{2}h^2 = 4h^2 - 2\sqrt{3}h^2\cos\theta$.

$\therefore$ $\cos\theta = \dfrac{\sqrt{2} - \sqrt{1}}{\sqrt{3}} = \dfrac{\sqrt{6} - \sqrt{3}}{3}$, $\therefore$ $\theta = \arccos\dfrac{\sqrt{6} - \sqrt{3}}{3}$.

例 6. 如图 9-36,在三角形 ABC 中,$\angle B = 90°$,$SA\perp$平面 BAC,点 A 在 SB 和 SC 上的射影分别为 M,N,求证:$MN\perp SC$.

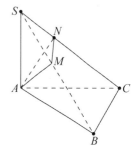

证明: $\because$ $SA\perp$平面 ABC, $\therefore$ AB 为 SB 在平面 ABC 上的射影,

$\because$ $AB\perp BC$, $\therefore$ $SB\perp BC$.

已知 $AM\perp SB$,$AN\perp SC$, $\therefore$ AM,AN 分别是直角三角形 SAB,SAC 斜边上的高,

$\therefore$ 有 $SA^2 = SM\cdot SB$,$SA^2 = SN\cdot SC$.

$\therefore$ $SM\cdot SB = SN\cdot SC$,即得 $\dfrac{SM}{SC} = \dfrac{SN}{SB}$.

又 $\angle MSN = \angle BSC$, $\therefore$ 三角形 SMN 相似于三角形 SBC.

$\because$ $SB\perp BC$, $\therefore$ $\angle SNM = \angle SBC = 90°$.

$\therefore$ $MN\perp SC$.

图 9-36

1. 如果三个平面 α,β,γ 两两相交于三条交线 a,b,c,讨论三条交线的位置关系,并证明你的结论.

2. 在正方体 $ABCD\text{-}A_1B_1C_1D_1$ 中,P 为棱 AB 上一点,过点 P 在空间作直线 l,使 l 与平面 $ABCD$ 和平面 ABC_1D_1 均成 $30°$ 角,求这样的直线条数.

3. 已知空间四边形 $ABCD$,P,Q 分别是 $\triangle ABC$ 和 $\triangle BCD$ 的重心,求证:$PQ\text{//}$平面 ACD.

4. 在棱长为 a 正方体 $ABCD\text{-}A_1B_1C_1D_1$ 中,(1) 求证:$B_1D\perp CD_1$;(2) 求证:$B_1D\perp$平面 ACD_1;(3) 求点 D 到平面 ACD_1 的距离.

5. 正方体 $ABCD\text{-}A_1B_1C_1D_1$ 中,求 BD_1 与平面 ABC_1D_1 所成角的大小.

6. 正方体 $ABCD\text{-}A'B'C'D'$ 的棱长为 a,求异面直线 CD' 与 BD 间的距离等于_____.

7. 正方形 $ABCD$ 与正方形 $ABEF$ 所在平面相交于 AB,在 AE、BD 上各取一点 P,Q,且 $AP = DQ$.求证:$PQ\text{//}$平面 BCE.

8. 如图 9-37,已知三棱锥 $S\text{-}ABC$ 中,$\angle ABC = 90°$,侧棱 $SA\perp$底面 ABC,点 A 在棱 SB 和 SC 上的射影分别是点 E、F,求证:$EF\perp SC$.

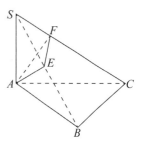

图 9-37

9. 如图 9-38,已知 $\angle AOB$ 在平面 M 上,P 为平面外一点,满足 $\angle POA = \angle POB = \theta$ (θ 为锐角),点 P 在平面上的射影为 Q.

(1) 求证点 Q 在 $\angle AOB$ 的平分线 OT 上;

(2) 讨论 $\angle POA$、$\angle POQ$、$\angle QOA$ 之间的关系.

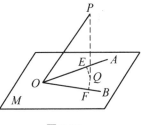

图 9-38

10. 若直线 l 与平面 α 成角 $\frac{\pi}{3}$,直线 a 在平面 α 内,且和直线 l 异面,则 l 与 a 所成角的取值范围是多少?

11. 如图 9-39,AB 为平面 α 的斜线,B 为斜足,AH 垂直平面 α 于 H 点,BC 为平面 α 内的直线,$\angle ABH = \theta$,$\angle HBC = \alpha$,$\angle ABC = \beta$,求证:$\cos\beta = \cos\alpha \cdot \cos\theta$.

12. 如图 9-40,在正方体 $ABCD\text{-}A_1B_1C_1D_1$ 中,EF 为异面直线 A_1D 与 AC 的公垂线,求证:$EF \parallel BD_1$,$BD_1 \perp A_1D$ 及 $BD_1 \perp AC$.

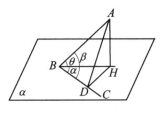

图 9-39

13. 如图 9-41 所示,$\angle BAC = 90°$.在平面 α 内,PA 是 α 的斜线,$\angle PAB = \angle PAC = 60°$.求 PA 与平面 α 所成的角.

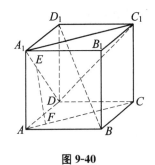

图 9-40

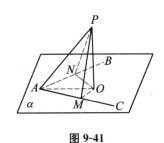

图 9-41

§9.4 空间平面与平面的位置关系

空间两个平面根据交点的个数可以分为:

若两个平面没有交点则称两个平面互相平行;

若两个平面有交点则称两个平面是相交的.

位置关系	两平面平行	两平面相交
公共点	没有公共点	有一条公共直线(无数个公共点)
符号表示	$\alpha \parallel \beta$	$\alpha \parallel \beta = a$
图形表示		

面面平行的判定定理 如果一个平面内有两条相交直线都平行于另一个平面,那么这两个平面平行.

符号语言为: 若 $a \subset \alpha, b \subset \alpha, a \cap b = A$, 且 $a // \beta, b // \beta$,则 $\alpha // \beta$. 图形语言见图 9-42.

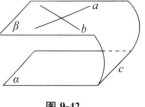

证明: 假设 $\alpha \cap \beta = c$,

$\because$ $a // \alpha, a \subset \beta$, $\therefore$ $a // c$(线面平行$\Rightarrow$线线平行).

同理 $b // c$. $\therefore$ $a // b$. 这与题设 a、b 是相交直线相矛盾.

$\therefore$ $\alpha // \beta$.

图 9-42

结论: 垂直于同一直线的两个平面平行.

例 1. 已知:$\alpha \perp AA', \beta \perp AA'$,见图 9-43.求证:$\alpha // \beta$.

证明: 设经过 AA' 的两个平面 r、δ 分别与平面 α、β 相交于直线 a、a' 和 b、b'.

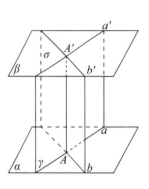

$\because$ $AA' \perp \alpha, AA' \perp \beta$. $\therefore$ $AA' \perp a, AA' \perp a'$.

又 $a \subset \gamma, a' \subset \gamma$, $\therefore$ $a // a'$,于是 $a' // \alpha$

同理可证 $b' // \alpha$.又 $a' \cap b' = A'$, $\therefore$ $\alpha // \beta$.

面面平行的性质定理 如果两个平行平面都和第三个平面相交,那么它们的交线平行.

图 9-43

符号语言为: $\alpha // \beta, \alpha \cap \gamma = l, \beta \cap \gamma = d \Rightarrow l // d$. 图形语言见图 9-44.

证明: 因为 $\alpha // \beta$ 所以 $\alpha \cap \beta = \varphi$.

$\alpha \cap \gamma = l, \beta \cap \gamma = d \Rightarrow l \cap d$.

又因为 $d \subset \gamma, l \subset \gamma \Rightarrow l // d$.

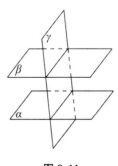

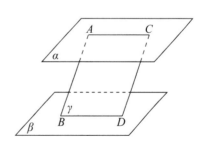

图 9-44   图 9-45

例 2. 求证夹在两个平行平面间的平行线段相等.

已知:$\alpha // \beta, AB // CD, A \in \alpha, C \in \alpha, B \in \beta, D \in \beta$,见图 9-45.

求证:$AB = CD$.

证明: 因为 $AB // CD$,所以过 AB、CD 可作平面 γ,

且平面 γ 与平面 α 和 β 分别相交于 AC 和 BD,

因为 $\alpha // \beta$,所以 $BD // AC$,因此,四边形 $ABDC$ 是平行四边形,所以 $AB = CD$.

注意: 与两个平行平面同时垂直的直线,称作这两个平行平面的**公垂线**.它夹在这两个平行平面间的部分叫这两个平行平面的**公垂线段**.公垂线段的长度叫作**两个平行平面的距离**.

① 两个平面平行,其中一个平面内的直线必平行于另一个平面.但这两个平面内的所有直线并不一定相互平行.它们可能是平行直线,也可能是异面直线,但不可能是相交直线.

② 两个平面平行的性质定理指出两个平面平行时所具有的性质:如果两个平面平行同时与第三个平面相交,那么它们的交线平行.

③ 一条直线垂直于两个平行平面中的一个平面,它也垂直于另一个平面.

例 3. 平行四边形 $ABCD$ 与平行四边形 $ABEF$ 不在同一平面内,M,N 分别为对角线 AC,BF 上的点,且 $\dfrac{AM}{FN}=\dfrac{AC}{FB}$,求证:$MN$∥平面 BEC.

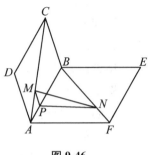

图 9-46

证明: 如图 9-46,在平行四边形 $ABCD$ 中,过 M 作 $MP\parallel BC$ 交 BC 于 P,连接 PN.

∵ $\dfrac{AM}{AC}=\dfrac{AP}{AB}$,又 $\dfrac{AM}{FN}=\dfrac{AC}{BF}$,即 $\dfrac{AM}{AC}=\dfrac{FN}{BF}$,

∴ $\dfrac{AP}{AB}=\dfrac{FN}{BF}$, ∴ $PN\parallel AF\parallel BE$.

又 $MP\parallel BC$, ∴ 平面 MPN∥平面 CBE.

又 $MN\subset$平面 MPN, ∴ MN∥平面 BEC.

例 4. 如图 9-47 所示,平面 α∥平面 β,点 A,$C\in\alpha$,点 B、$D\in\beta$,$AB=a$ 是 α,β 的公垂线,CD 是斜线.若 $AC=BD=b$,$CD=c$,M,N 分别是 AB 和 CD 的中点,

(1) 求证:MN∥β;(2) 求 MN 的长.

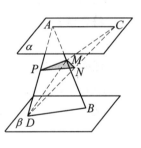

图 9-47

(1) **证明:** 连接 AD,设 P 是 AD 的中点,分别连接 PM、PN.

∵ M 是 AB 的中点, ∴ $PM\parallel BD$.

又 $BD\subset\beta$, ∴ $PM\parallel\beta$.

同理 ∵ N 是 CD 的中点, ∴ $PN\parallel AC$. ∵ $AC\subset\alpha$,

∴ $PN\parallel\alpha$.

∵ $\alpha\parallel\beta$,$PN\cap PM=P$, ∴ 平面 $PMN\parallel\beta$.

∵ $MN\subset$平面 PMN, ∴ $MN\parallel\beta$.

(2) **解:** 分别连接 MC、MD.

∵ $AC=BD=b$,$AM=BM=\dfrac{1}{2}a$,

又∵ AB 是 α,β 的公垂线, ∴ $\angle CAM=\angle DBM=90°$,

∴ $\mathrm{Rt}\triangle ACM\cong\mathrm{Rt}\triangle BDM$, ∴ $CM=DM$, ∴ $\triangle DMC$ 是等腰三角形.

又 N 是 CD 的中点, ∴ $MN\perp CD$.

在 $\mathrm{Rt}\triangle CMN$ 中,$MN=\sqrt{CM^2-CN^2}=\dfrac{1}{2}\sqrt{4b^2+a^2-c^2}$.

一般地,当两个平面相交时,它们的交线 l 将各平面分割为两个半平面,由两个半平面 α、β 及其交线 l 组成的空间图形叫作**二面角**(dihedral angle),记作 α-l-β.交线 l 称为**二面角的棱**,

两个半平面 α,β 叫作**二面角的面**.如果 α,β 上分别有点 P、Q,那么二面角 α-l-β 也可以记作 P-l-Q.为了刻画二面角的大小,我们在棱 l 上任取一点 O,在面 α、β 上分别作棱 l 的垂线 OM、ON,则 $\angle MON = \theta(\theta \in [0,\pi])$ 称为二面角 α-l-β 的**平面角**.若 $\theta = \dfrac{\pi}{2}$,则称平面 $\alpha \perp \beta$.

例5. 如图 9-48,在正三棱柱 ABC-$A_1B_1C_1$ 中,$AB=2$,$AA_1=2$,由顶点 B 沿棱柱侧面经过棱 AA_1 到顶点 C_1 的最短路线与 AA_1 的交点记为 M,求:

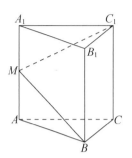

图 9-48

(1) 三棱柱的侧面展开图的对角线长;

(2) 该最短路线的长及 $\dfrac{A_1M}{AM}$ 的值;

(3) 平面 C_1MB 与平面 ABC 所成二面角(锐角)的大小.

解:(1) 正三棱柱 ABC-$A_1B_1C_1$ 的侧面展开图是长为 6,宽为 2 的矩形,其对角线长为 $\sqrt{6^2+2^2} = 2\sqrt{10}$.

(2) 如图 9-49,将侧面 AA_1B_1B 绕棱 AA_1 旋转 $120°$ 使其与侧面 AA_1C_1C 在同一平面上,点 B 运动到点 D 的位置,连接 DC_1,交 AA_1 于 M,则 DC_1 就是由顶点 B 沿棱柱侧面经过棱 AA_1 到顶点 C_1 的最短路线,其长为

$$\sqrt{DC^2+CC_1^2} = \sqrt{4^2+2^2} = 2\sqrt{5}.$$

∵ $\triangle DMA \cong \triangle C_1MA_1$, ∴ $AM = A_1M$, 故 $\dfrac{A_1M}{AM} = 1$.

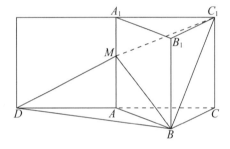

图 9-49

(3) 连接 DB,C_1B,则 DB 就是平面 C_1MB 与平面 ABC 的交线.

在 $\triangle DCB$ 中,∵ $\angle DBC = \angle CBA + \angle ABD = 60° + 30° = 90°$, ∴ $CB \perp DB$,

又 $C_1C \perp$ 平面 CBD, 得 $C_1B \perp DB$.

∴ $\angle C_1BC$ 就是平面 C_1MB 与平面 ABC 所成二面角的平面角(锐角),

∵ 侧面 C_1B_1BC 是正方形, ∴ $\angle C_1BC = 45°$.

故平面 C_1MB 与平面 ABC 所成的二面角(锐角)为 $45°$.

例6. 已知:平行四边形 $ABCD$ 中,$AB=3\sqrt{2}$,$AD=2\sqrt{3}$,$BD=\sqrt{6}$,如图 9-50 所示.沿 BD 将其折成一个二面角 A-BD-C,若折后 $AB \perp CD$,

(1) 求二面角 A-BD-C 的大小;

(2) 求折后点 C 到平面 ABD 的距离.

解:(1) 在平行四边形 $ABCD$ 中 $AB=3\sqrt{2}$,$AD=2\sqrt{3}$,$BD=\sqrt{6}$,

∴ $AB^2 = AD^2 + BD^2$, ∴ $AD \perp BD$,$BC \perp BD$.

作 $AH \perp$ 平面 BDC,连接 DH.

∵ $AD \perp BD$,由三垂线定理逆定理得 $DH \perp BD$,

∴ $\angle ADH$ 是二面角 A-BD-C 的平面角.

连接 BH , $\because$ $AB \perp DC$,由三垂线定理的逆定理,

得 $BH \perp DC$,设垂足为 E,

在直角三角形 BCD 中, $BE = \dfrac{BD \cdot BC}{DC} = \dfrac{\sqrt{6} \cdot 2\sqrt{3}}{3\sqrt{2}} = 2$,

$\therefore$ $DE = \sqrt{DB^2 - BE^2} = \sqrt{(\sqrt{6})^2 - 2^2} = \sqrt{2}$.

$\because$ 三角形 DHB 与三角形 DBE 相似, $\therefore$ $\dfrac{DH}{DB} = \dfrac{DE}{BE}$,

即 $DH = \dfrac{DE \cdot BD}{BE} = \dfrac{\sqrt{2} \cdot \sqrt{6}}{2} = \sqrt{3}$.

在直角三角形 ADH 中, $\cos\angle ADH = \dfrac{DH}{AD} = \dfrac{\sqrt{3}}{2\sqrt{3}} = \dfrac{1}{2}$,

$\therefore$ $\angle ADH = \dfrac{\pi}{3}$ 即二面角 A-BD-C 的大小为 $\dfrac{\pi}{3}$.

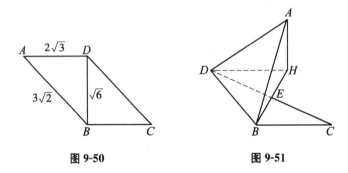

图 9-50　　　　　　　图 9-51

(2) 由对称性,C 到平面 ABD 的距离等于 A 到平面 ABD 的距离.

$\because$ $AH \perp$ 平面 BCD,

$\therefore$ 点 A 到平面 BCD 的距离即是线段 AH 的长,

直角三角形 ADH 中,$AH = AD \cdot \sin\angle ADH = 2\sqrt{3} \cdot \dfrac{\sqrt{3}}{2} = 3$,

$\therefore$ 点 C 到平面 ABD 的距离为 3.

例 7. 如图 9-52 所示,已知:两条异面直线 a,b 所成的角为 θ,它们的公垂线段 AA_1 的长度为 d,在直线 a,b 上分别取点 E,F,设 $A_1E = m$,$AF = n$,求证:$EF = \sqrt{d^2 + m^2 + n^2 \pm 2mn\cos\theta}$.

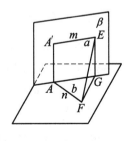

图 9-52

证明: 设经过 b 与 a 平行的平面为 α,经过 a 和 AA_1 的平面为 β,$\alpha \cap \beta = c$,则 $c // a$,因而 b,c 所成的角等于 θ,且 $AA_1 \perp c$,又 $\because$ $AA_1 \perp b \Rightarrow AA_1 \perp \alpha$,由两个平面垂直的性质定理有 $EG \perp \alpha$.连接 FG,则 $EG \perp FG$,

在 Rt$\triangle EFG$ 中,$EF^2 = EG^2 + FG^2$.

$\because$ $AG = m$, $\therefore$ 在 $\triangle AFG$ 中,$FG^2 = m^2 + n^2 - 2mn\cos\theta$.

$\because$ $EG = d$, $\therefore$ $EF^2 = d^2 + m^2 + n^2 - 2mn\cos\theta$.

如果点 F（或 E）在点 A（或 A_1）的另一侧，则

$$EF^2 = d^2 + m^2 + n^2 + 2mn\cos\theta.$$

因此，$EF = \sqrt{d^2 + m^2 + n^2 \pm 2mn\cos\theta}$.

1. 已知平面 $\alpha /\!/ \beta$，AB，CD 为夹在 α，β 间的异面线段，E、F 分别为 AB、CD 的中点.

求证：$EF /\!/ \alpha$，$EF /\!/ \beta$.

2. 如果 $\alpha /\!/ \beta$，AB 和 AC 是夹在平面 α 与 β 之间的两条线段，$AB \perp AC$，且 $AB = 2$，直线 AB 与平面 α 所成的角为 $30°$，求线段 AC 长的取值范围.

3. 如图 9-53，已知正方体 $ABCD$-$A_1B_1C_1D_1$ 中，E、F 分别为 AB、AA_1 的中点.

求平面 CEB_1 与平面 D_1FB_1 所成二面角的平面角的正弦值.

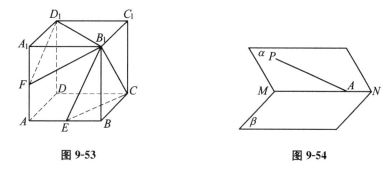

图 9-53　　　　　　　　　　　　图 9-54

4. 如图 9-54，点 A 在锐二面角 α-MN-β 的棱 MN 上，在面 α 内引射线 AP，使 AP 与 MN 所成的角 $\angle PAM$ 为 $45°$，与面 β 所成的角大小为 $30°$，求二面角 α-MN-β 的大小.

5. 正方形 $ABCD$ 边长为 4，点 E 是边 CD 上的一点，将 $\triangle AED$ 沿 AE 折起到 AED_1 的位置时，有平面 $ACD_1 \perp$ 平面 $ABCE$，并且 $BD_1 \perp CD_1$.

（1）判断并证明 E 点的具体位置；

（2）求点 D' 到平面 $ABCE$ 的距离.

6. 在正三角形 ABC 中，E，F，P 分别是 AB，AC，BC 边上的点，满足 AE：$EB = CF$：$FA = CP$：$PB = 1$：2，如图 9-55(a).将 $\triangle AEF$ 沿 EF 折起到 $\triangle A_1EF$ 的位置，使二面角 A_1-EF-B 成直二面角，连接 A_1B，A_1P，如图 9-55(b).

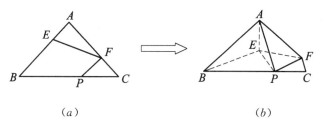

(a)　　　　　　　　　　　　(b)

图 9-55

（1）求证：$A_1E \perp$ 平面 BEP；

(2) 求直线 A_1E 与平面 A_1BP 所成角的大小;

(3) 求二面角 $B-A_1P-F$ 的大小(用反三角函数表示).

7. 如图 9-56 所示,将边长为 a 的正三角形 ABC 以它的高 AD 为折痕折成一个二面角 $C'-AD-C$.

(1) 指出这个二面角的面、棱、平面角;

(2) 若二面角 $C'-AD-C$ 是直二面角,求 $C'C$ 的长;

(3) 求 AC' 与平面 $C'CD$ 所成的角;

(4) 若二面角 $C'-AD-C$ 的平面角为 $120°$,求二面角 $A-C'C-D$ 的平面角的正切值.

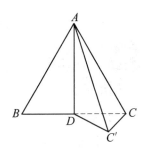

图 9-56

8. 在棱长为 a 的正方体中,求异面直线 BD 和 B_1C 之间的距离.

9. 设由一点 S 发出三条射线 SA、SB、SC,$\angle ASB = \alpha$,$\angle BSC = \beta$,$\angle ASC = \theta$,α,β,θ 均为锐角,且 $\cos\alpha \cdot \cos\beta = \cos\theta$.求证:平面 $ASB \perp$ 平面 BSC.

10. 如图 9-57,矩形 $ABCD$,$PD \perp$ 平面 $ABCD$,若 $PB = 2$,PB 与平面 PCD 所成的角为 $45°$,PB 与平面 PCD 成 $30°$ 角,求:

(1) CD 的长;

(2) 求 PB 与 CD 所在的角;

(3) 求二面角 $C-PB-D$ 的余弦值.

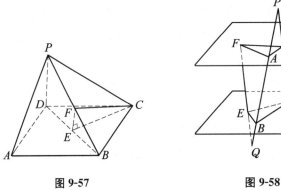

图 9-57

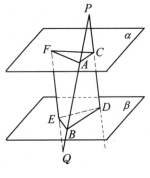

图 9-58

11. 如图 9-58,线段 PQ 分别交两个平行平面 α,β 于 A,B 两点,线段 PD 分别交 α,β 于 C,D 两点,线段 QF 分别交 α,β 于 F,E 两点,若 $PA = 9$,$AB = 12$,$BQ = 12$,$\triangle ACF$ 的面积为 72,求 $\triangle BDE$ 的面积.

12. 如图 9-59(a) 所示,已知正方形 $ABCD$.E、F 分别是 AB、CD 的中点,将 $\triangle ADE$ 沿 DE 折起,使 $\triangle ADC$ 为正三角形,如图 9-59(b) 所示,记二面角 $A-DE-C$ 的大小为 $\theta(0 < \theta < \pi)$.

(1) 求证:$BF /\!/$ 平面 ADE.

(2) 求 θ 的余弦值.

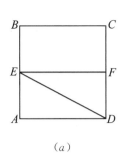
（a）

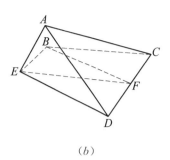
（b）

图 9-59

13. 在矩形 $ABCD$ 中,已知 $AB=1$,$BC=a$,$PA\perp$ 平面 $ABCD$,且 $PA=1$.

(1) 在 BC 边上是否存在点 Q,使得 $PQ\perp QD$,说明理由;

(2) 若 BC 边上有且仅有一个点 Q,使 $PQ\perp QD$,求 AD 与平面 PDQ 所成角的正弦值;

(3) 在(2)的条件下,求出平面 PQD 与平面 PAB 所成角的大小.

§9.5 空间向量及其坐标表示

我们把平面具有大小和方向的量叫作**向量**.同向且大小相等的两个向量是**同一个向量**或**相等的向量**.

1. 空间向量的概念

在空间,我们把具有大小和方向的量称作**向量**.

注:(1) 向量一般用有向线段表示.同向等长的有向线段表示同一或相等的向量.

(2) 向量具有平移不变性.

2. 空间向量的运算

(1) **定义**:与平面向量运算一样,空间向量的加法、减法与数乘运算如下(如图).

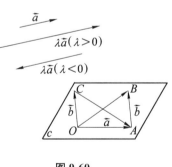

$$\overrightarrow{OB}=\overrightarrow{OA}+\overrightarrow{AB}=\vec{a}+\vec{b}\,;\overrightarrow{CA}=\overrightarrow{OA}-\overrightarrow{OC}=\vec{a}-\vec{b}\,;$$
$$\overrightarrow{OP}=\lambda\,\vec{a}\,(\lambda\in\mathbf{R})$$

(2) **运算律**:(1) 加法交换律:$\vec{a}+\vec{b}=\vec{b}+\vec{a}$.

(2) 加法结合律:$(\vec{a}+\vec{b})+\vec{c}=\vec{a}+(\vec{b}+\vec{c})$.

图 9-60

(3) 数乘分配律:$\lambda(\vec{a}+\vec{b})=\lambda\,\vec{a}+\lambda\,\vec{b}$.

3. 共线向量

(1) **定义**:如果表示空间向量的有向线段所在的直线平行或重合,那么这些向量也叫作**共线向量**或**平行向量**,$\vec{a}$ 平行于 $\vec{b}$,记作 $\vec{a}\,/\!/\,\vec{b}$.

(2) **共线向量定理**:空间任意两个向量 $\vec{a}$、$\vec{b}(\vec{b}\neq\vec{0})$,$\vec{a}\,/\!/\,\vec{b}$ 存在实数 λ 使 $\vec{a}=\lambda\,\vec{b}$.

(3) **三点共线**:A,B,C 三点共线 $\Leftrightarrow\overrightarrow{AB}=\lambda\,\overrightarrow{AC}$
$$\Leftrightarrow\overrightarrow{OC}=x\,\overrightarrow{OA}+y\,\overrightarrow{OB}\text{,其中 }x+y=1.$$

(4) 与 $\vec{a}$ 共线的**单位向量**为 $\pm\dfrac{\vec{a}}{|\vec{a}|}$.

4. 共面向量

（1）**定义**：一般地，能平移到同一平面内的向量叫作**共面向量**.

说明：空间任意的两向量都是共面的.

（2）**共面向量定理**：如果两个向量 $\vec{a}$，$\vec{b}$ 不共线，$\vec{p}$ 与向量 $\vec{a}$，$\vec{b}$ 共面的条件是存在实数 x，y 使 $\vec{p} = x\vec{a} + y\vec{b}$.

（3）**四点共面**：若 A、B、C、P 四点共面 $\Leftrightarrow \overrightarrow{AP} = x\overrightarrow{AB} + y\overrightarrow{AC}$.
$$\Leftrightarrow \overrightarrow{OP} = x\overrightarrow{OA} + y\overrightarrow{OB} + z\overrightarrow{OC}，其中 x+y+z=1.$$

5. 空间向量基本定理

如果三个向量 $\vec{a}$，$\vec{b}$，$\vec{c}$ 不共面，那么对空间任一向量 $\vec{p}$，存在一个唯一的有序实数组 x，y，z，使 $\vec{p} = x\vec{a} + y\vec{b} + z\vec{c}$.

若三向量 $\vec{a}$，$\vec{b}$，$\vec{c}$ 不共面，我们把 $\{\vec{a}, \vec{b}, \vec{c}\}$ 叫作空间的一个基底，$\vec{a}$，$\vec{b}$，$\vec{c}$ 叫作基向量，空间任意三个不共面的向量都可以构成空间的一个基底.

推论：设 O，A，B，C 是不共面的四点，则对空间任一点 P，都存在唯一的三个有序实数 x，y，z，使 $\overrightarrow{OP} = x\overrightarrow{OA} + y\overrightarrow{OB} + z\overrightarrow{OC}$.

6. 空间向量的直角坐标系

（1）空间直角坐标系中的坐标

在空间直角坐标系 $O\text{-}xyz$ 中，对空间任一点 A，存在唯一的有序实数组 (x, y, z)，使 $\overrightarrow{OA} = x\vec{i} + y\vec{j} + z\vec{k}$（$\vec{i}, \vec{j}, \vec{k}$ 分别为 x，y，z 轴正方形单位向量），有序实数组 (x, y, z) 叫作向量 A 在空间直角坐标系 $O\text{-}xyz$ 中的坐标，记作 $A(x, y, z)$，x 叫横坐标，y 叫纵坐标，z 叫竖坐标. 如图 9-61 所示.

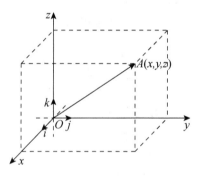

图 9-61

（2）空间向量的直角坐标运算律

① 若 $\vec{a} = (a_1, a_2, a_3)$，$\vec{b} = (b_1, b_2, b_3)$，则 $\vec{a} + \vec{b} = (a_1 + b_1, a_2 + b_2, a_3 + b_3)$，

$\vec{a} - \vec{b} = (a_1 - b_1, a_2 - b_2, a_3 - b_3)$，$\lambda\vec{a} = (\lambda a_1, \lambda a_2, \lambda a_3)$ $(\lambda \in \mathbf{R})$，

② 若 $A(x_1, y_1, z_1)$，$B(x_2, y_2, z_2)$，则 $\overrightarrow{AB} = (x_2 - x_1, y_2 - y_1, z_2 - z_1)$.

一个向量在直角坐标系中的坐标等于表示这个向量的有向线段的终点的坐标减去起点的坐标.

③ 中点坐标公式：若 $A(x_1, y_1, z_1)$，$B(x_2, y_2, z_2)$，

当 P 为 AB 中点时，$P\left(\dfrac{x_1+x_2}{2}, \dfrac{y_1+y_2}{2}, \dfrac{z_1+z_2}{2}\right)$.

④ $\triangle ABC$ 中，$A(x_1, y_1, z_1)$，$B(x_2, y_2, z_2)$，$C(x_3, y_3, z_3)$，三角形重心坐标为 $P\left(\dfrac{x_1+x_2+x_3}{3}, \dfrac{y_1+y_2+y_3}{3}, \dfrac{z_1+z_2+z_3}{3}\right)$.

（3）两点间的距离公式

若 $A(x_1, y_1, z_1)$，$B(x_2, y_2, z_2)$，则 $|\overrightarrow{AB}| = \sqrt{(x_1-x_2)^2 + (y_1-y_2)^2 + (z_1-z_2)^2}$

或 $d_{A,B}=\sqrt{(x_2-x_1)^2+(y_2-y_1)^2+(z_2-z_1)^2}$.

7. 空间向量的数量积

（1）空间向量的夹角及其表示

已知两非零向量 $\vec{a},\vec{b}$，在空间任取一点 O，作 $\overrightarrow{OA}=\vec{a},\overrightarrow{OB}=\vec{b}$，则 $\angle AOB$ 叫作向量 $\vec{a}$ 与 $\vec{b}$ 的夹角，记作 $\langle\vec{a},\vec{b}\rangle$；且规定 $0\leqslant\langle\vec{a},\vec{b}\rangle\leqslant\pi$，显然有

$\langle\vec{a},\vec{b}\rangle=\langle\vec{b},\vec{a}\rangle$；若 $\langle\vec{a},\vec{b}\rangle=\dfrac{\pi}{2}$，则称 $\vec{a}$ 与 $\vec{b}$ 互相垂直，记作：$\vec{a}\perp\vec{b}$.

（2）向量的模

设 $\overrightarrow{OA}=\vec{a}$，则有向线段 $\overrightarrow{OA}$ 的长度称作**向量 $\vec{a}$ 的长度或模**，记作：$|\vec{a}|$.

若 $\vec{a}=(a_1,a_2,a_3),\vec{b}=(b_1,b_2,b_3)$，

则 $|\vec{a}|=\sqrt{\vec{a}\cdot\vec{a}}=\sqrt{a_1^2+a_2^2+a_3^2}$，$|\vec{b}|=\sqrt{\vec{b}\cdot\vec{b}}=\sqrt{b_1^2+b_2^2+b_3^2}$.

（3）向量的数量积

已知向量 $\vec{a},\vec{b}$，则 $|\vec{a}|\cdot|\vec{b}|\cdot\cos\langle\vec{a},\vec{b}\rangle$ 称作 $\vec{a},\vec{b}$ 的数量积，记作 $\vec{a}\cdot\vec{b}$，即 $\vec{a}\cdot\vec{b}=|\vec{a}|\cdot|\vec{b}|\cdot\cos\langle\vec{a},\vec{b}\rangle$.

若 $\vec{a}=(a_1,a_2,a_3),\vec{b}=(b_1,b_2,b_3)$. 则

$\vec{a}\cdot\vec{b}=(a_1,a_2,a_3)\cdot(b_1,b_2,b_3)=(a_1\vec{i}+a_2\vec{j}+a_3\vec{k})\cdot(b_1\vec{i}+b_2\vec{j}+b_3\vec{k})=a_1b_1+a_2b_2+a_3b_3$.

（4）夹角公式

$$\cos\langle\vec{a},\vec{b}\rangle=\frac{\vec{a}\cdot\vec{b}}{|\vec{a}|\cdot|\vec{b}|}=\frac{a_1b_1+a_2b_2+a_3b_3}{\sqrt{a_1^2+a_2^2+a_3^2}\sqrt{b_1^2+b_2^2+b_3^2}}.$$

（5）空间向量数量积的性质

① $\vec{a}\perp\vec{b}\Leftrightarrow\vec{a}\cdot\vec{b}=0$

② $\vec{a}^2=\vec{a}\cdot\vec{a}=|\vec{a}|^2$.

（6）空间向量数量积运算律

① $(\lambda\vec{a})\cdot\vec{b}=\lambda(\vec{a}\cdot\vec{b})=\vec{a}\cdot(\lambda\vec{b})$.

② $\vec{a}\cdot\vec{b}=\vec{b}\cdot\vec{a}$（交换律）.

③ $\vec{a}\cdot(\vec{b}+\vec{c})=\vec{a}\cdot\vec{b}+\vec{a}\cdot\vec{c}$（分配律）.

④ 不满足乘法结合律：$(\vec{a}\cdot\vec{b})\cdot\vec{c}\neq\vec{a}\cdot(\vec{b}\cdot\vec{c})$.

例 1. 在三棱锥 $P\text{-}ABC$ 中，$PA\perp$ 平面 ABC，$\angle BAC=90°$，D,E,F 分别是棱 AB,BC,CP 的中点，$AB=AC=1,PA=2$，试建立适当的空间直角坐标系并确定各点坐标.

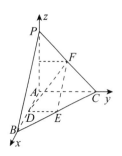

解：$\because\ PA\perp$ 平面 ABC　$\therefore\ PA\perp AB,PA\perp AC$.

$\because\ \angle BAC=90°$　$\therefore\ PA,AB,AC$ 两两垂直.

以 AP,AB,AC 为轴建立直角坐标系，

坐标轴上的点：$A(0,0,0),B(1,0,0),C(0,1,0),P(0,0,2)$.

图 9-62

中点:$D:AB$ 中点$\left(\dfrac{1}{2},0,0\right)$,$E:BC$ 中点$\left(\dfrac{1}{2},\dfrac{1}{2},0\right)$,$F:PC$ 中点$\left(0,\dfrac{1}{2},1\right)$.

综上所述:$B(1,0,0)$,$C(0,1,0)$,$P(0,0,2)$,$D\left(\dfrac{1}{2},0,0\right)$,$E\left(\dfrac{1}{2},\dfrac{1}{2},0\right)$,$F:\left(0,\dfrac{1}{2},1\right)$.

例2. 如图 9-63,已知四棱锥 $P\text{-}ABCD$ 的底面是菱形,对角线 AC,BD 交于点 O,$OA=4$,$OB=3$,$OP=4$,且 $OP\perp$平面 $ABCD$,点 M 为 PC 的三等分点(靠近 P),建立适当的直角坐标系并求 M 点坐标.

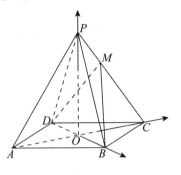

图 9-63

解: $\because$ $OP\perp$平面 $ABCD$,$\therefore$ $OP\perp OB$,$OP\perp OC$.

$\because$ 菱形 $ABCD$,$\therefore$ $OB\perp OC$. $\therefore$ OP,OB,OC 两两垂直.

以 OP,OB,OC 为坐标轴如图 9-63 建系,

可得:$P(0,0,4)$,$B(3,0,0)$,$C(0,4,0)$,$A(0,-4,0)$,$D(-3,0,0)$.

设 $M(x,y,z)$,由 $PM=\dfrac{1}{3}PC$ 可得:$\overrightarrow{PM}=\dfrac{1}{3}\overrightarrow{PC}$.

$\overrightarrow{PM}=(x,y,z-4)$,$\overrightarrow{PC}=(0,4,-4)$.

$\therefore$ $\begin{cases} x=0, \\ y=\dfrac{4}{3}, \\ z-4=-\dfrac{4}{3} \end{cases} \Rightarrow \begin{cases} x=0, \\ y=\dfrac{4}{3}, \\ z=\dfrac{8}{3}. \end{cases}$ $\therefore$ $M\left(0,\dfrac{4}{3},\dfrac{8}{3}\right)$.

例3. 如图 9-64 所示的多面体中,已知正方形 $ABCD$ 与直角梯形 $BDEF$ 所在的平面互相垂直,$EF\,//\,BD$,$ED\perp BD$,$AD=\sqrt{2}$,$EF=ED=1$,试建立适当的空间直角坐标系并确定各点坐标.

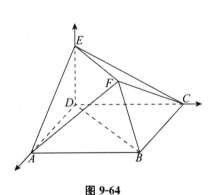

图 9-64

解: $\because$ 平面 $EFBD\perp$平面 $ABCD$,

又因为直角梯形 $BDEF$,$\therefore$ $ED\perp DB$.

$\therefore$ $ED\perp$平面 $ABCD$.

$\because$ 正方形 $ABCD$,$\therefore$ $AD\perp BD$.

$\therefore$ ED,DA,DC 两两垂直.

以 DE,DA,DC 为轴建立直角坐标系,

坐标轴上的点:$A(\sqrt{2},0,0)$,$C(0,\sqrt{2},0)$,$E(0,0,1)$.

底面上的点:$B(\sqrt{2},\sqrt{2},0)$.

F 点两种确定方式:

① 可看其投影,落在 BD 中点处$\left(\dfrac{\sqrt{2}}{2},\dfrac{\sqrt{2}}{2},0\right)$,且高度为 1,所以 $F\left(\dfrac{\sqrt{2}}{2},\dfrac{\sqrt{2}}{2},1\right)$.

② 设 $F(x,y,z)$ $\therefore$ $\overrightarrow{EF}=(x,y,z-1)$,$\overrightarrow{DB}=(\sqrt{2},\sqrt{2},0)$.

$$\because \vec{EF}=\frac{1}{2}\vec{DB}, \quad \therefore \begin{cases} x=\dfrac{\sqrt{2}}{2}, \\ y=\dfrac{\sqrt{2}}{2} \Rightarrow F\left(\dfrac{\sqrt{2}}{2},\dfrac{\sqrt{2}}{2},1\right), \\ z-1=0. \end{cases}$$

综上所述：$A(\sqrt{2},0,0),C(0,\sqrt{2},0),E(0,0,1),B(\sqrt{2},\sqrt{2},0),F\left(\dfrac{\sqrt{2}}{2},\dfrac{\sqrt{2}}{2},1\right)$.

例 4. 如图 9-65 所示,已知空间四边形 $ABCD$ 的每条边和对角线长都等于 1,点 E,F,G 分别是 AB,AD,CD 的中点,计算:

(1) $\vec{EF}\cdot\vec{BA}$;(2) $\vec{EG}\cdot\vec{BD}$.

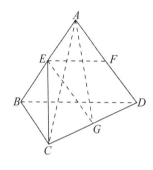

解：设 $\vec{AB}=a,\vec{AC}=b,\vec{AD}=c$,

则 $|a|=|b|=|c|=1,\langle a,b\rangle=\langle b,c\rangle=\langle c,a\rangle=60°$.

(1) 因为 $\vec{EF}=\dfrac{1}{2}\vec{BD}=\dfrac{1}{2}(AD-AB)=\dfrac{1}{2}c-a$, $\vec{BA}=-a$,

所以 $\vec{EF}\cdot\vec{BA}=\left(\dfrac{1}{2}c-\dfrac{1}{2}a\right)\cdot(-a)=\dfrac{1}{2}a^2-\dfrac{1}{2}a\cdot c=\dfrac{1}{4}$.

(2) $\vec{EG}\cdot\vec{BD}=(\vec{EA}+\vec{AG})\cdot(\vec{AD}-\vec{AB})$

$$=\left(-\frac{1}{2}a+\frac{1}{2}b+\frac{1}{2}c\right)\cdot(c-a)$$

$$=-\frac{1}{4}+\frac{1}{2}+\frac{1}{4}-\frac{1}{4}+\frac{1}{2}-\frac{1}{4}=\frac{1}{2}.$$

图 9-65

例 5. 求证:若空间 P,A,B,C 四点共面,且 A,B,C 三点不共线,则对于空间不与 P,A,B,C 共面的任意一点 O,存在实数 x,y,z 使得 $\vec{OP}=x\vec{OA}+y\vec{OB}+z\vec{OC}$ 且 $x+y+z=1$;反之,若 $\vec{OP}=x\vec{OA}+y\vec{OB}+z\vec{OC}$ 且 $x+y+z=1$,则 P,A,B,C 四点共面,见图 9-66.

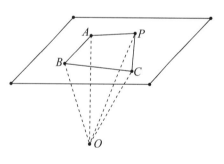

证明：P,A,B,C 四点共面,$\vec{AP}=\lambda\vec{AB}+\mu\vec{AC}=\lambda(\vec{OB}-\vec{OA})+\mu(\vec{OC}-\vec{OA})$

所以,$\vec{OP}=\vec{OA}+\vec{AP}=\vec{OA}+\lambda\vec{AB}+\mu\vec{AC}$

$$=\vec{OA}+\lambda(\vec{OB}-\vec{OA})+\mu(\vec{OC}-\vec{OA})$$

$$=(1-\lambda-\mu)\vec{OA}+\lambda\vec{OB}+\mu\vec{OC}.$$

图 9-66

显然其系数和 $x+y+z=1$.

反之,若 $\vec{OP}=x\vec{OA}+y\vec{OB}+z\vec{OC}$ 且 $x+y+z=1$,

$\vec{OP}=x\vec{OA}+y\vec{OB}+(1-x-y)\vec{OC}=x(\vec{OA}-\vec{OC})+y(\vec{OB}-\vec{OC})+\vec{OC}$.

$\vec{OP}-\vec{OC}=x(\vec{OA}-\vec{OC})+y(\vec{OB}-\vec{OC})$.

$\vec{CP}=x\vec{CA}+y\vec{CB}$,$P,A,B,C$ **四点共面**.

例 6. 如图 9-67,已知四面体 $O\text{-}ABC$ 中,E,F 分别为 AB,OC 上的点,且 $AE=\dfrac{1}{3}AB$,F 为 OC 之中点,若 $AB=3,BC=1,BO=2$,且 $\angle ABC=90°$,$\angle OBA=\angle OBC=60°$,求异面直线 OE 与 BF 所成角的余弦值.

解： $\because \overrightarrow{BF}=\dfrac{1}{2}(\overrightarrow{BO}+\overrightarrow{BC}), \overrightarrow{OE}=\dfrac{2}{3}\overrightarrow{BA}-\overrightarrow{BO}$,

$\therefore |\overrightarrow{BF}|^2=\dfrac{1}{4}(|\overrightarrow{BO}|^2+|\overrightarrow{BC}|^2+2\overrightarrow{BO}\cdot\overrightarrow{BC})$

$\qquad =\dfrac{1}{4}(4+1+2|\overrightarrow{BO}||\overrightarrow{BC}|\cos 60°)=\dfrac{7}{4}$,

$|\overrightarrow{BF}|=\dfrac{\sqrt{7}}{2}$; $|\overrightarrow{OE}|^2=\dfrac{4}{9}|\overrightarrow{BA}|^2+|\overrightarrow{BO}|^2-\dfrac{4}{3}\overrightarrow{BA}\cdot\overrightarrow{BO}$

$\qquad =4+4-4=4$,

$|\overrightarrow{OE}|=2$.

又 $\overrightarrow{BF}\cdot\overrightarrow{OE}=\dfrac{1}{2}\left(\dfrac{2}{3}\overrightarrow{BA}\cdot\overrightarrow{BO}-|\overrightarrow{BO}|^2+\dfrac{2}{3}\overrightarrow{BC}\cdot\overrightarrow{BA}-\overrightarrow{BC}\cdot\overrightarrow{BO}\right)=\dfrac{1}{2}(2-4-1)=-\dfrac{3}{2}$,

$\therefore \cos\langle\overrightarrow{BF},\overrightarrow{OE}\rangle=\dfrac{\overrightarrow{BF}\cdot\overrightarrow{OE}}{|\overrightarrow{BF}||\overrightarrow{OE}|}=\dfrac{-\dfrac{3}{2}}{2\sqrt{7}}=-\dfrac{3\sqrt{7}}{14}$,

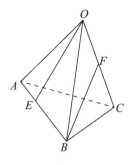

图 9-67

故异面直线 OE 与 BF 所成的角的余弦值为 $\dfrac{3\sqrt{7}}{14}$.

1. 已知空间三点 $A(-2,0,2), B(-2,1,2), C(-3,0,3)$.设 $a=\overrightarrow{AB}$, $b=\overrightarrow{AC}$,是否存在实数 k,使向量 $ka+b$ 与 $ka-2b$ 互相垂直,若存在,求 k 的值;若不存在,说明理由.

2. 菱形 $ABCD$ 的边长为 1,$\angle ABC=120°$,若 E 为 BC 延长线上任意一点,AE 交 CD 于点 F,求向量 $\overrightarrow{BF}$ 与 $\overrightarrow{ED}$ 夹角的大小.

3. 如图 9-68,在三棱柱 $ABC\text{-}A_1B_1C_1$ 中,H 是正方形 AA_1B_1B 的中心,$AA_1=2\sqrt{2}$,$C_1H\perp$ 平面 AA_1B_1B,$C_1H=\sqrt{5}$,建立适当的坐标系并确定各点坐标.

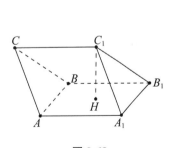

图 9-68

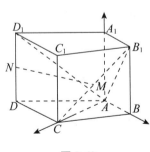

图 9-69

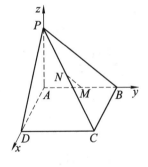

图 9-70

4. 如图 9-69,在四棱柱 $ABCD\text{-}A_1B_1C_1D_1$ 中,侧棱 $A_1A\perp$ 底面 $ABCD$,$AB\perp AC$,$AB=1$,$AC=AA_1=2$,$AD=CD=\sqrt{5}$,且点 M 和 N.分别为 B_1C 和 D_1D 的中点.建立的空间直角坐标系并写出各点坐标.

5. 如图 9-70,已知矩形 $ABCD$,$PA\perp$ 平面 $ABCD$,M、N 分别是 AB、PC 的中点,$\angle PDA$ 为 θ,能否确定 θ,使直线 MN 是直线 AB 与 PC 的公垂线?若能确定,求出 θ 的值;若不能确定,说明理由.

§9.6　空间直线的方向向量和平面的法向量

与平面直线的方向向量类似,若对于直线 l 上任意两点 P、Q 满足 $\overrightarrow{PQ}\;/\!/\;\vec{d}$,则称向量 $\vec{d}$ 是直线 l 的方向向量.

对于直线 l_1 与 l_2 的方向向量分别为 $\overrightarrow{d_1}$ 与 $\overrightarrow{d_2}$,直线 l_1 与 l_2 的夹角为 α,$\overrightarrow{d_1}$ 与 $\overrightarrow{d_2}$ 的夹角为 β,那么有 $\alpha=\beta$ 或 $\alpha=\pi-\beta$,即

$$\cos\alpha=|\cos\beta|=\frac{|\overrightarrow{d_1}\cdot\overrightarrow{d_2}|}{|\overrightarrow{d_1}||\overrightarrow{d_2}|}.特别地,l_1\perp l_2\Leftrightarrow\overrightarrow{d_1}\cdot\overrightarrow{d_2}=0.$$

题型1:异面直线所成的角

例1. 如图 9-71,在四棱锥 $O\text{-}ABCD$ 中,底面 $ABCD$ 四边长为 1 的菱形,$\angle ABC=\dfrac{\pi}{4}$,$OA\perp$ 底面 $ABCD$,$OA=2$,M 为 OA 的中点.求异面直线 AB 与 MD 所成角的大小.

解: 作 $AP\perp CD$ 于点 P,如图,分别以 AB,AP,AO 所在直线为 x,y,z 轴建立坐标系,

则 $A(0,0,0),B(1,0,0),P\left(0,\dfrac{\sqrt{2}}{2},0\right),D\left(-\dfrac{\sqrt{2}}{2},\dfrac{\sqrt{2}}{2},0\right)$,

$O(0,0,2),M(0,0,1)$,设 AB 与 MD 所成的角为 θ,

$\because\ \overrightarrow{AB}=(1,0,0),\overrightarrow{MD}=\left(-\dfrac{\sqrt{2}}{2},\dfrac{\sqrt{2}}{2},-1\right)$,

$\therefore\ \cos\theta=\dfrac{|\overrightarrow{AB}\cdot\overrightarrow{MD}|}{|\overrightarrow{AB}|\cdot|\overrightarrow{MD}|}=\dfrac{1}{2}$,　$\therefore\ \theta=\dfrac{\pi}{3}$,

$\therefore\ AB$ 与 MD 所成角的大小为 $\dfrac{\pi}{3}$.

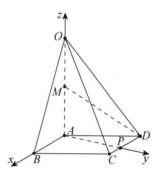

图 9-71

$\overrightarrow{n_1}$、$\overrightarrow{n_2}$ 分别与为平面 α,γ 垂直,则称向量 $\overrightarrow{n_1}$、$\overrightarrow{n_2}$ 分别与为平面 α,γ 的法向量.

同一平面的法向量共线.如图 9-72:两个平面构成的二面角的平面角 θ,与它们的法向量的夹角 β 之间满足:$\theta=\beta$ 或 $\theta=\pi-\beta$.

由图可知,当法向量同时指向或同时远离两个平面时 $\theta=\pi-\beta$,反之则 $\theta=\beta$.

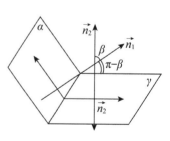

图 9-72

题型2:直线与平面所成的角

例2. 如图 9-73 所示,已知正方体 $ABCD\text{-}A_1B_1C_1D_1$ 的棱长为 2,点 E 为棱 AB 的中点.

求:D_1E 与平面 BC_1D 所成角的大小(用正弦值表示)

解: 建立坐标系如图,

则 $A(2,0,0),B(2,2,0),C(0,2,0),A_1(2,0,2),B_1(2,2,2),D_1(0,0,2),E(2,1,0),\overrightarrow{AC}(-2,2,-2),\overrightarrow{D_1E}=(2,1,-2),\overrightarrow{AB}=(0,2,0),\overrightarrow{BB_1}=(0,0,2)$.

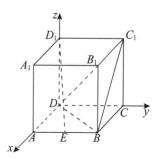

图 9-73

不难证明$\overrightarrow{A_1C}$为平面BC_1D的法向量,

$\therefore \quad \cos\langle \overrightarrow{A_1C},\overrightarrow{D_1E}\rangle=\dfrac{\overrightarrow{A_1C}\cdot\overrightarrow{D_1E}}{|\overrightarrow{A_1C}||\overrightarrow{D_1E}|}=\dfrac{\sqrt{3}}{9}.$

$\therefore \quad D_1E$ 与平面BC_1D所成的角的正弦值为$\dfrac{\sqrt{3}}{9}$.

题型3:二面角

例3. 在长方体$ABCD\text{-}A_1B_1C_1D_1$中,E,F分别是棱BC,CC_1上的点,$CF=AB=2CE$,$AB:AD:AA_1=1:2:4$.

(1) 求异面直线EF,A_1D所成角的余弦值.

(2) 证明:$AF\perp$平面A_1ED.

(3) 求二面角$A_1\text{-}ED\text{-}F$正弦值.

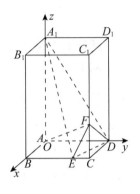

图 9-74

解: 由长方体$ABCD\text{-}A_1B_1C_1D_1$得:AA_1,AB,AD两两垂直,

$\therefore$ 以AA_1,AB,AD为轴建立空间直角坐标系

(1) $E\left(1,\dfrac{3}{2},0\right),F(1,2,1),A_1(0,0,4),D(0,2,0)$,

$\therefore \quad \overrightarrow{EF}\left(0,\dfrac{1}{2},1\right),\overrightarrow{A_1D}=(0,2,-4),\quad \therefore \quad \cos\langle\overrightarrow{EF},\overrightarrow{A_1D}\rangle=$

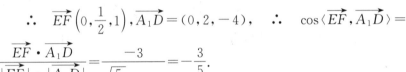

$\dfrac{\overrightarrow{EF}\cdot\overrightarrow{A_1D}}{|\overrightarrow{EF}|\cdot|\overrightarrow{A_1D}|}=\dfrac{-3}{\sqrt{\dfrac{5}{4}}\cdot\sqrt{20}}=-\dfrac{3}{5}.$

$\therefore \quad \cos\theta=\dfrac{3}{5}.$

(2) $\overrightarrow{AF}=(1,2,1)$,设平面$A_1ED$的法向量为$\vec{n}=(x,y,z)$,

$\overrightarrow{A_1D}=(0,2,-4),\overrightarrow{DE}=\left(1,-\dfrac{1}{2},0\right).$

$\therefore \quad \begin{cases}2y-4z=0,\\ x-\dfrac{1}{2}y=0\end{cases}\Rightarrow x:y:z=1:2:1,\quad \therefore \quad \vec{n}=(1,2,1).$

$\therefore \quad \overrightarrow{AF}/\!/\vec{n},\quad \therefore \quad AF\perp$平面$A_1ED$.

(3) 设平面EDF的法向量$\vec{m}=(x,y,z),\overrightarrow{DE}=\left(1,-\dfrac{1}{2},0\right),\overrightarrow{DF}=(1,0,1).$

$\therefore \quad \begin{cases}x-\dfrac{1}{2}y=0,\\ x+z=0\end{cases}\Rightarrow x:y:z=1:2:(-1),\quad \therefore \quad \vec{m}=(1,2,-1).$

$\because \quad \vec{n}=(1,2,1),\quad \therefore \quad \cos\langle\vec{m},\vec{n}\rangle=\dfrac{\vec{m}\cdot\vec{n}}{|\vec{m}||\vec{n}|}=\dfrac{4}{6}=\dfrac{2}{3},\quad \therefore \quad \sin\theta=\dfrac{\sqrt{5}}{3}.$

例4. 如图,在六面体$ABCD\text{-}A_1B_1C_1D_1$中,四边形$ABCD$是边长为2的正方形,四边形$A_1B_1C_1D_1$是边长为1的正方形,$DD_1\perp$平面$A_1B_1C_1D_1$,$DD_1\perp$平面$ABCD$,$DD_1=2$.

(1) 求证:A_1C_1与AC共面,B_1D_1与BD共面;

（2）求证：平面 $A_1ACC_1 \perp$ 平面 B_1BDD_1；

（3）求二面角 A-BB_1-C 的大小（用反三角函数值表示）.

证明：以 D 为原点，以 DA,DC,DD_1 所在直线分别为 x 轴，y 轴，z 轴建立空间直角坐标系 D-xyz 如图 9-75，

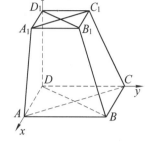

则有 $\begin{cases} A(2,0,0),B(2,2,0),C(0,2,0), \\ A_1(1,0,2),B_1(1,1,2),C_1(0,1,2),D_1(0,0,2). \end{cases}$

图 9-75

（1）证明：$\because \overrightarrow{A_1C_1}=(-1,1,0),\overrightarrow{AC}=(-2,2,0)$，

$\overrightarrow{D_1B_1}=(1,1,0),\overrightarrow{DB}=(2,2,0)$.

$\therefore \overrightarrow{AC}=2\overrightarrow{A_1C_1},\overrightarrow{DB}=2\overrightarrow{D_1B_1}$.

$\therefore \overrightarrow{AC}$ 与 $\overrightarrow{A_1C_1}$ 平行，$\overrightarrow{DB}$ 与 $\overrightarrow{D_1B_1}$ 平行，于是 A_1C_1 与 AC 共面，B_1D_1 与 BD 共面.

（2）证明：$\overrightarrow{DD_1} \cdot \overrightarrow{AC}=(0,0,2) \cdot (-2,2,0)=0$，

$\overrightarrow{DB} \cdot \overrightarrow{AC}=(2,2,0) \cdot (-2,2,0)=0$，$\quad \therefore \overrightarrow{DD_1} \perp \overrightarrow{AC},\overrightarrow{DB} \perp \overrightarrow{AC}$.

DD_1 与 DB 是平面 B_1BDD_1 内的两条相交直线.

$\therefore AC \perp$ 平面 B_1BDD_1. 又平面 A_1ACC_1 过 AC. $\therefore$ 平面 $A_1ACC_1 \perp$ 平面 B_1BDD_1.

（3）解：$\overrightarrow{AA_1}=(-1,0,2),\overrightarrow{BB_1}=(-1,-1,2),\overrightarrow{CC_1}=(0,-1,2)$.

设 $\vec{n}=(x_1,y_1,z_1)$ 为平面 A_1ABB_1 的法向量，$n \cdot \overrightarrow{AA_1}=-x_1+2z_1=0,n \cdot \overrightarrow{BB_1}=-x_1-y_1+2z_1=0$.于是 $y_1=0$，取 $z_1=1$，则 $x_1=2,n=(2,0,1)$.

设 $m=(x_2,y_2,z_2)$ 为平面 B_1BCC_1 的法向量，

$m \cdot \overrightarrow{BB_1}=-x_2-y_2+2z_2=0,m \cdot \overrightarrow{CC_1}=-y_2+2z_2=0$.

于是 $x_2=0$，取 $z_2=1$，则 $y_2=2,m=(0,2,1)$.

$\cos\langle m,n \rangle=\dfrac{m \cdot n}{|m||n|}=\dfrac{1}{5}$. $\therefore$ 二面角 A-BB_1-C 的大小为 $\pi-\arccos\dfrac{1}{5}$.

1. 用向量方法证明直线与平面垂直的判定定理：

已知直线 l 垂直平面 α 内两条相交直线 a、b，求证：直线 l 垂直平面 α.

2. 如图 9-76 所示，在长方体 $ABCD$-$A_1B_1C_1D_1$ 中 $AD=D_1D=2$，$AB=4$.求二面角 B-AC-D_1 的平面角大小.

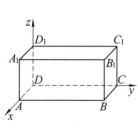

图 9-76

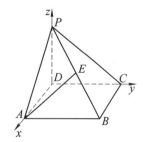

图 9-77

3. 如图 9-77 所示，PD 垂直于正方形 $ABCD$ 所在平面，$AB=2$，E 是 PB 的中点，$\overrightarrow{DP}$ 与

$\overrightarrow{AE}$ 夹角的余弦值为 $\dfrac{\sqrt{3}}{3}$.

(1) 建立适当的空间坐标系,写出点 E 的坐标;

(2) 在平面 PAD 内是否存在一点 F,使 $EF\perp$ 平面 PCB?

4. 如图 9-78 所示,在正三棱柱 ABC-$A_1B_1C_1$ 中,所有棱的长度都是 2,M 是 BC 边的中点,问:在侧棱 CC_1 上是否存在点 N,使得异面直线 AB_1 和 MN 所成的角等于 $45°$?

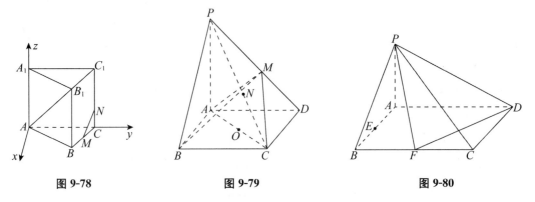

图 9-78　　　　　　　　图 9-79　　　　　　　　图 9-80

5. 如图 9-79 所示,在四棱锥 P-$ABCD$ 中,底面 $ABCD$ 是矩形,$PA\perp$ 平面 $ABCD$,$PA=AD=4$,$AB=2$,若 MN 分别为棱 PD,PC 上的点,O 为 AC 中点,且 $AC=2OM=2ON$.

(1) 求证:平面 $ABM\perp$ 平面 PCD;

(2) 求直线 CD 与平面 ACM 所成角的正弦值;

(3) 求点 N 到平面 ACM 的距离.

6. 如图 9-80 所示,已知在四棱锥 P-$ABCD$ 中,底面 $ABCD$ 是矩形,且 $AD=2$,$AB=1$,$PA\perp$ 平面 $ABCD$,E,F 分别是线段 AB,BC 的中点.

(1) 求证:$PF\perp FD$;

(2) 在线段 PA 上是否存在点 G,使得 $EG\,/\!/$ 平面 PFD,若存在,确定点 G 的位置;若不存在,请说明理由;

(3) 若 PB 与平面 $ABCD$ 所成的角为 $45°$,求二面角 A-PD-F 的余弦值.

§9.7　空间向量在度量问题中的应用

直线与平面所成的角

如图 9-81 所示,直线 AB 与平面 M 的夹角为 θ,平面 M 的法向量为 $\vec{n}$,则 $\theta+\alpha=90°$,其中 α 为平面的垂线与直线 AB 的夹角,则 $\sin\theta=\cos\alpha=\dfrac{|\overrightarrow{AB}\cdot\vec{n}|}{|\overrightarrow{AB}||\vec{n}|}$.

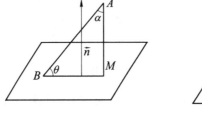

图 9-81　　　　　　　　图 9-82

点到平面的距离

类比点到直线的距离的求法我们可以给出点到平面距离的确定方式：

如图 9-82 所示，点 P 到平面 M 的距离 $h=|PQ|$，

$$h=|PQ|=|\overrightarrow{AP}|\cos\alpha=|\overrightarrow{AP}|\times\frac{|\overrightarrow{AP}\cdot\vec{n}|}{|\overrightarrow{AP}|\cdot|\vec{n}|}=\frac{|\overrightarrow{AP}\cdot\vec{n}|}{|\vec{n}|}.$$

关于空间直线与平面的位置关系我们有如下结论：

（1）两条直线平行或重合的充要条件是它们的方向向量共线.

（2）一条直线与一个平面平行或在一个平面内的充要条件是这条直线的方向向量垂直于该平面的法向量.

证明： 已知平面 α 的法向量为 $\vec{n}$，直线 l 的方向向量为 $\vec{d}$，若 $\vec{n}\perp\vec{d}$ 则直线 l 在平面 α 内或与 α 平行.

证明： 设平面 α 的一组基底为 $\vec{a}$，$\vec{b}$，则 $\vec{b}$，$\vec{a}$ 与 $\vec{n}$ 构成空间的一组正交基底，即 $\vec{d}$ 可以被 $\vec{a}$，$\vec{b}$，$\vec{n}$ 唯一表示为：$\vec{d}=x\vec{n}+y\vec{a}+z\vec{b}(x^2+y^2+z^2\neq0)$.

则 $\vec{n}\cdot\vec{d}=x\vec{n}\cdot\vec{n}+y\vec{a}\cdot\vec{n}+z\vec{b}\cdot\vec{n}=x|\vec{n}|^2+0+0=0\Rightarrow x=0$.

即 $\vec{d}=y\vec{a}+z\vec{b}(y^2+z^2\neq0)$，因此向量 $\vec{d}$，$\vec{a}$，$\vec{b}$ 共面.

（3）两个平面平行或重合的充要条件是它们的法向量互相平行.

证明： 若平面 α 与平面 β 相交，不妨设交线的方向向量为 $\vec{a}$，则在平面 α 内存在向量 $\vec{b}$，$\vec{b}\perp\vec{a}$，则 $\vec{a}$，$\vec{b}$，$\vec{n}$ 三个向量构成空间的三个两两垂直的正交基底，对平面 β 内任意向量 $\vec{c}$ 有：$\vec{c}=x\vec{a}+y\vec{b}+z\vec{n}(x^2+y^2+z^2\neq0)$.

$0=\vec{c}\cdot\vec{n}=x\vec{a}\cdot\vec{n}+y\vec{b}\cdot\vec{n}+z|\vec{n}|^2=x\cdot0+y\cdot0+z\cdot|\vec{n}|^2$. 即 $z=0$.

因此 $\vec{c}=x\vec{a}+y\vec{b}z\vec{n}(x^2+y^2+z^2\neq0)$，$z=0\Rightarrow\vec{c}=x\vec{a}+y\vec{b}(x^2+y^2\neq0)$，

则向量 $\vec{a}$，$\vec{b}$，$\vec{c}$ 共面，即平面 α 与平面 β 平行或重合.

题型 1：异面直线间距离

例 1. 如图 9-83，正四棱锥 $S\text{-}ABCD$ 的高 $SO=2$，底边长 $AB=\sqrt{2}$. 求异面直线 BD 和 SC 之间的距离？

解： 建立如图 9-83 所示的直角坐标系，则

$A\left(\frac{\sqrt{2}}{2},-\frac{\sqrt{2}}{2},0\right)$，$B\left(\frac{\sqrt{2}}{2},\frac{\sqrt{2}}{2},0\right)$，$C\left(-\frac{\sqrt{2}}{2},\frac{\sqrt{2}}{2},0\right)$，

$D\left(-\frac{\sqrt{2}}{2},-\frac{\sqrt{2}}{2},0\right)$，$S(0,0,2)$.

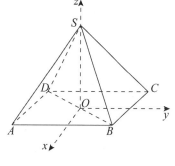

图 9-83

$\therefore$　$\overrightarrow{DB}=(\sqrt{2},\sqrt{2},0)$，$\overrightarrow{CS}=\left(\frac{\sqrt{2}}{2},-\frac{\sqrt{2}}{2},2\right)$.

令向量 $\vec{n}=(x,y,1)$，且 $\vec{n}\perp\overrightarrow{DB}$，$\vec{n}\perp\overrightarrow{CS}$，

则 $\begin{cases}\vec{n}\cdot\overrightarrow{DB}=0,\\ \vec{n}\cdot\overrightarrow{CS}=0.\end{cases}$　$\therefore$　$\begin{cases}(x,y,1)\cdot(\sqrt{2},\sqrt{2},0)=0,\\ (x,y,1)\cdot\left(\frac{\sqrt{2}}{2},-\frac{\sqrt{2}}{2},2\right)=0,\end{cases}\begin{cases}x+y=0,\\ x-y+2\sqrt{2}=0.\end{cases}$

$$\therefore \begin{cases} x=-\sqrt{2}, \\ y=\sqrt{2}, \end{cases} \quad \therefore \quad \vec{n}=(-\sqrt{2},\sqrt{2},1).$$

$\therefore$ 异面直线 BD 和 SC 之间的距离为:

$$d=\frac{|\overrightarrow{OC}\cdot\vec{n}|}{|\vec{n}|}=\frac{\left|\left(-\frac{\sqrt{2}}{2},\frac{\sqrt{2}}{2},0\right)\cdot(-\sqrt{2},\sqrt{2},1)\right|}{|(-\sqrt{2},\sqrt{2},1)|}=\frac{|1+1+0|}{\sqrt{(-\sqrt{2})^2+(\sqrt{2})^2+1^2}}=\frac{2\sqrt{5}}{5}.$$

题型 2:点到平面距离

例 2. 如图 9-84,在四棱锥 $O\text{-}ABCD$ 中,底面 $ABCD$ 四边长为 1 的菱形,$\angle ABC=\frac{\pi}{4}$,$OA\perp$ 底面 $ABCD$,$OA=2$,M 为 OA 的中点,N 为 BC 的中点.

(1) 证明:直线 MN // 平面 OCD;

(2) 求点 B 到平面 OCD 的距离.

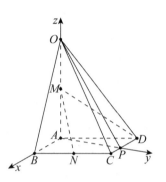

图 9-84

解: 作 $AP\perp CD$ 于点 P,如图 9-84,分别以 AB,AP,AO 所在直线为 x,y,z 轴建立坐标系.

$A(0,0,0)$,$B(1,0,0)$,$P\left(0,\frac{\sqrt{2}}{2},0\right)$,$D\left(-\frac{\sqrt{2}}{2},\frac{\sqrt{2}}{2},0\right)$,

$O(0,0,2)$,$M(0,0,1)$,$N\left(1-\frac{\sqrt{2}}{4},\frac{\sqrt{2}}{4},0\right)$,

(1) $\overrightarrow{MN}=\left(1-\frac{\sqrt{2}}{4},\frac{\sqrt{2}}{4},-1\right)$,$\overrightarrow{OP}=\left(0,\frac{\sqrt{2}}{2},-2\right)$,$\overrightarrow{OD}=\left(-\frac{\sqrt{2}}{2},\frac{\sqrt{2}}{2},-2\right)$,

设平面 OCD 的法向量为 $\vec{n}=(x,y,z)$,则 $\vec{n}\cdot\overrightarrow{OP}=0$,$\vec{n}\cdot\overrightarrow{OD}=0$.

即 $$\begin{cases} \frac{\sqrt{2}}{2}y-2z=0, \\ -\frac{\sqrt{2}}{2}x+\frac{\sqrt{2}}{2}y-2z=0. \end{cases}$$

取 $z=\sqrt{2}$,解得 $\vec{n}=(0,4,\sqrt{2})$.

$\because$ $\overrightarrow{MN}\cdot\vec{n}=\left(1-\frac{\sqrt{2}}{4},\frac{\sqrt{2}}{4},-1\right)\cdot(0,4,\sqrt{2})=0$,

$\therefore$ MN // 平面 OCD.

(2) 设点 B 到平面 OCD 的交流为 d,则 d 为 $\overrightarrow{OB}$ 在向量 $\vec{n}=(0,4,\sqrt{2})$ 上的投影的绝对值,由 $\overrightarrow{OB}=(1,0,-2)$,得 $d=\frac{|\overrightarrow{OB}\cdot n|}{|n|}=\frac{2}{3}$.所以点 B 到平面 OCD 的距离为 $\frac{2}{3}$.

题型 3:线面距离

例 3. 如图 9-85,已知边长为 $4\sqrt{2}$ 的正三角形 ABC 中,E、F 分别为 BC 和 AC 的中点,$PA\perp$ 面 ABC,且 $PA=2$,设平面 α 过 PF 且与 AE 平行.求 AE 与平面 α 间的距离?

解: 设 $\overrightarrow{AP}$、$\overrightarrow{AE}$、$\overrightarrow{EC}$ 的单位向量分别为 $\vec{e_1}$,$\vec{e_2}$,$\vec{e_3}$,选取 $\{\vec{e_1},\vec{e_2},\vec{e_3}\}$ 作为空间向量的一组基底.

易知 $\overrightarrow{e_1} \cdot \overrightarrow{e_2} = \overrightarrow{e_1} \cdot \overrightarrow{e_3} = \overrightarrow{e_2} \cdot \overrightarrow{e_3} = 0, \overrightarrow{AP} = 2\overrightarrow{e_1}, \overrightarrow{AE} = 2\sqrt{6}\,\overrightarrow{e_2}, \overrightarrow{EC} = 2\sqrt{2}\,\overrightarrow{e_3},$

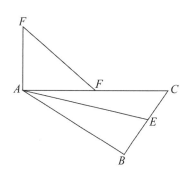

$$\overrightarrow{PF} = \overrightarrow{PA} + \overrightarrow{AF} = \overrightarrow{PA} + \frac{1}{2}\overrightarrow{AC} = \overrightarrow{PA} + \frac{1}{2}(\overrightarrow{AE} + \overrightarrow{EC}) = -2\overrightarrow{e_1} + \sqrt{6}\,\overrightarrow{e_2} + \sqrt{2}\,\overrightarrow{e_3},$$

设 $\overrightarrow{n} = x\overrightarrow{e_1} + y\overrightarrow{e_2} + \overrightarrow{e_3}$ 是平面 α 的一个法向量,则 $\overrightarrow{n} \perp \overrightarrow{AE}$, $\overrightarrow{n} \perp \overrightarrow{PF}$,

$$\therefore \begin{cases} \overrightarrow{n} \cdot \overrightarrow{AE} = 0, \\ \overrightarrow{n} \cdot \overrightarrow{PF} = 0. \end{cases}$$

图 9-85

即 $\begin{cases} 2\sqrt{6}\,y|\overrightarrow{e_2}|^2 = 0, \\ -2x|\overrightarrow{e_1}|^2 + \sqrt{6}\,y|\overrightarrow{e_2}|^2 + \sqrt{2}\,|\overrightarrow{e_3}|^2 = 0 \end{cases} \Rightarrow \begin{cases} y = 0, \\ x = \dfrac{\sqrt{2}}{2}. \end{cases}$

$$\therefore \quad \overrightarrow{n} = \frac{\sqrt{2}}{2}\overrightarrow{e_1} + \overrightarrow{e_3}, \quad \therefore \quad \text{直线 } AE \text{ 与平面 } \alpha \text{ 间的距离 } d = \frac{|\overrightarrow{AP} \cdot \overrightarrow{n}|}{|\overrightarrow{n}|} =$$

$$\frac{\left| 2\overrightarrow{e_1} \cdot \left(\frac{\sqrt{2}}{2}\overrightarrow{e_1} + \overrightarrow{e_3} \right) \right|}{\sqrt{\left| \frac{\sqrt{2}}{2}\overrightarrow{e_1} \right|^2 + |\overrightarrow{e_3}|^2}} = \frac{2\sqrt{3}}{3}.$$

题型 4:探索性问题

例 4. 如图 9-86,在三棱锥 $V\text{-}ABC$ 中,$VC \perp$ 底面 ABC,$AC \perp BC$,D 是 AB 的中点,且 $AC = BC = a$,$\angle VDC = \theta \left(0 < \theta < \dfrac{\pi}{2}\right)$.

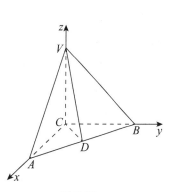

(1) 求证:平面 $VAB \perp$ 平面 VCD;

(2) 试确定角 θ 的值,使得直线 BC 与平面 VAB 所成的角为 $\dfrac{\pi}{6}$.

解:(1) 以 CA,CB,CV 所在的直线分别为 x 轴、y 轴、z 轴,建立如图 9-86 所示的空间直角坐标系,则

图 9-86

$$C(0,0,0), A(a,0,0), B(0,a,0), D\left(\frac{a}{2}, \frac{a}{2}, 0\right), V\left(0,0, \frac{\sqrt{2}}{2}a\tan\theta\right),$$

于是,$\overrightarrow{VD} = \left(\dfrac{a}{2}, \dfrac{a}{2}, -\dfrac{\sqrt{2}}{2}a\tan\theta\right), \overrightarrow{CD} = \left(\dfrac{a}{2}, \dfrac{a}{2}, 0\right), \overrightarrow{AB} = (-a, a, 0).$

从而 $\overrightarrow{AB} \cdot \overrightarrow{CD} = (-a, a, 0) \cdot \left(\dfrac{a}{2}, \dfrac{a}{2}, 0\right) = -\dfrac{1}{2}a^2 + \dfrac{1}{2}a^2 + 0 = 0$,即 $AB \perp CD$.

同理 $\overrightarrow{AB} \cdot \overrightarrow{VD} = (-a, a, 0) \cdot \left(\dfrac{a}{2}, \dfrac{a}{2}, -\dfrac{\sqrt{2}}{2}a\tan\theta\right) = -\dfrac{1}{2}a^2 + \dfrac{1}{2}a^2 + 0 = 0$,

即 $AB \perp VD$. 又 $CD \cap VD = D$, $\therefore \quad AB \perp$ 平面 VCD.

又 $AB \subset$ 平面 VAB.

∴ 平面 $VAB \perp$ 平面 VCD.

(2) 设平面 VAB 的一个法向量为 $\vec{n}=(x,y,z)$,则由 $\vec{n}\cdot\overrightarrow{AB}=0,\vec{n}\cdot\overrightarrow{VD}=0$.

得 $\begin{cases} -ax+ay=0, \\ \dfrac{a}{2}x+\dfrac{a}{2}y-\dfrac{\sqrt{2}}{2}az\tan\theta=0. \end{cases}$

可取 $\vec{n}=(1,1,\sqrt{2}\cot\theta)$,又 $\overrightarrow{BC}=(0,-a,0)$,

于是,$\sin\dfrac{\pi}{6}=\left|\dfrac{\vec{n}\cdot\overrightarrow{BC}}{|n|\cdot|\overrightarrow{BC}|}\right|=\dfrac{a}{a\cdot\sqrt{2+2\cot^2\theta}}=\dfrac{\sqrt{2}}{2}\sin\theta$,

即 $\sin\theta=\dfrac{\sqrt{2}}{2}$ ∵ $0<\theta<\dfrac{\pi}{2}$, ∴ $\theta=\dfrac{\pi}{4}$.

故交 $\theta=\dfrac{\pi}{4}$ 时,直线 BC 与平面 VAB 所成的角为 $\dfrac{\pi}{6}$.

例 5. 在如图 9-87 所示的多面体中,$EA\perp$ 平面 ABC,$DB\perp$ 平面 ABC,$AC\perp BC$,且 $AC=BC=BD=2AE=2$,M 是 AB 中点.

(1) 求证:$CM\perp EM$;

(2) 求平面 EMC 与平面 BCD 所成的锐二面角的余弦值;

(3) 在棱 DC 上是否存在一点 N,使得直线 MN 与平面 EMC 所成的角为 $60°$? 若存在,指出点 N 的位置,若不存在,请说明理由.

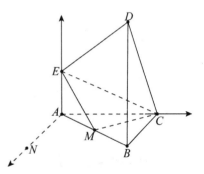

图 9-87

解: 过 A 在平面 ABC 上作 BC 的平行线 AN.

∵ $AC\perp BC$, ∴ $AN\perp AC$.

∵ $EA\perp$ 平面 ABC, ∴ $AE\perp AN,AE\perp AC$.

∴ AE,AC,AN 两两垂直.

如图 9-87 建系:$B(2,2,0),C(0,2,0),D(2,2,2),M(1,1,0),E(0,0,1)$,

(1) ∴ $\overrightarrow{CM}=(1,-1,0),\overrightarrow{EM}=(1,1,-1)$.

∴ $\overrightarrow{CM}\cdot\overrightarrow{EM}=0$, ∴ $\overrightarrow{CM}\perp\overrightarrow{EM}$.

∴ $CM\perp EM$.

(2) 设平面 EMC 的法向量为 $\vec{n_1}=(x,y,z)$,

∵ $\overrightarrow{CM}=(1,-1,0),\overrightarrow{EM}=(1,1,-1)$,

∴ $\begin{cases} x-y=0, \\ x+y-z=0 \end{cases} \Rightarrow \vec{n_1}=(1,1,2)$.

设平面 BCD 的法向量为 $\vec{n_2}=(x,y,z)$,

$\overrightarrow{BD}=(0,0,2),\overrightarrow{CB}=(2,0,0)$, ∴ $\begin{cases} 2z=0, \\ 2x=0. \end{cases} \Rightarrow \vec{n_1}=(0,1,0)$.

设平面 EMC 与平面 BCD 所成的锐二面角的余弦值为 θ,

则 $\cos\theta=|\cos\langle\overrightarrow{n_1},\overrightarrow{n_2}\rangle|=\left|\dfrac{\overrightarrow{n_1}\cdot\overrightarrow{n_2}}{|\overrightarrow{n_1}|\cdot|\overrightarrow{n_2}|}\right|=\dfrac{1}{\sqrt{6}}=\dfrac{\sqrt{6}}{6}.$

(3) 设 $N(x,y,z)$, $\because$ N 在 CD 上,

$\therefore$ $\overrightarrow{CN}=\lambda\overrightarrow{CD}$, $\overrightarrow{CD}=(2,0,2)$, $\overrightarrow{CN}=(x,y-2,z)$.

$\therefore$ $\lambda\overrightarrow{CD}=(2\lambda,0,2\lambda)$.

$\therefore$ $\begin{cases}x=2\lambda,\\y-2=0,\Rightarrow\\z=2\lambda\end{cases}\begin{cases}x=2\lambda,\\y=2,\\z=2\lambda.\end{cases}$

$\therefore$ $N(2\lambda,2,2\lambda)$, $\therefore$ $\overrightarrow{MN}=(2\lambda-1,1,2\lambda).$

$\therefore$ $\sin\theta=|\cos\langle\overrightarrow{MN},\overrightarrow{n_1}\rangle|=\left|\dfrac{\overrightarrow{MN}\cdot\overrightarrow{n_1}}{|\overrightarrow{MN}|\cdot|\overrightarrow{n_1}|}\right|=\left|\dfrac{6\lambda}{\sqrt{6}\cdot\sqrt{(2\lambda-1)^2+1+(2\lambda)^2}}\right|=\dfrac{\sqrt{3}}{2},$

$\therefore$ $\left|\dfrac{6\lambda}{\sqrt{6}\cdot\sqrt{8\lambda^2-4\lambda+2}}\right|=\dfrac{\sqrt{3}}{2}$,解得:$\lambda=\dfrac{1}{2}$, $\therefore$ $\overrightarrow{CN}=\dfrac{1}{2}\overrightarrow{CD}.$

$\therefore$ 存在点 N,当 N 为 CD 中点时,直线 MN 与平面 EMC 所成的角为 $60°$.

例 6. 如图 9-88,在四棱锥 $P\text{-}ABCD$ 中,底面 $ABCD$ 是平行四边形,$PA\perp$ 平面 $ABCD$,点 M,N 分别为 BC,PA 的中点,且 $AB=AC=1,AD=\sqrt{2}$.

(1) 证明:$MN/\!/$ 平面 PCD;

(2) 设直线 AC 与平面 PBC 所成角为 α,当 α 在 $\left(0,\dfrac{\pi}{6}\right)$ 内变化时,求二面角 $P\text{-}BC\text{-}A$ 的取值范围.

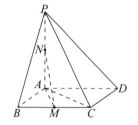

图 9-88

解:$\because$ $AB^2+AC^2=AD^2$, $\therefore$ $AB\perp AC$.

$\because$ $PA\perp$ 平面 $ABCD$, $\therefore$ $PA\perp AB,PA\perp AC$.

以 PA,AB,AC 为轴建立直角坐标系,设 $|PA|=h$,

$B(1,0,0),C(0,1,0),D(-1,1,0),P(0,0,h),N\left(0,0,\dfrac{h}{2}\right),M\left(\dfrac{1}{2},\dfrac{1}{2},0\right).$

(1) $\overrightarrow{MN}=\left(-\dfrac{1}{2},-\dfrac{1}{2},\dfrac{h}{2}\right)$,设平面 PCD 的法向量为 $\overrightarrow{n}=(x,y,z)$,$\overrightarrow{CD}=(-1,0,0)$,$\overrightarrow{PC}=(0,1,-h)$,

$\therefore$ $\begin{cases}\overrightarrow{CD}\cdot\overrightarrow{n}=0,\\\overrightarrow{PC}\cdot\overrightarrow{n}=0\end{cases}\Rightarrow\begin{cases}-x=0,\\y-zh=0,\end{cases}$ $\therefore$ $\overrightarrow{n}=(0,h,1).$

$\therefore$ $\overrightarrow{MN}\cdot\overrightarrow{n}=-\dfrac{1}{2}h+\dfrac{1}{2}h=0.$

$\therefore$ $MN/\!/$ 平面 PCD.

(2) 设平面 PBC 的法向量为 $\overrightarrow{m}=(x,y,z)$,

$\overrightarrow{BC}=(-1,1,0)$,$\overrightarrow{PB}=(1,0,-h)$,

$\therefore$ $\begin{cases}\overrightarrow{BC}\cdot\overrightarrow{m}=0,\\\overrightarrow{PB}\cdot\overrightarrow{m}=0\end{cases}\Rightarrow\begin{cases}-x+y=0,\\x-zh=0.\end{cases}$ $\therefore$ $\overrightarrow{m}=(h,h,1).$

∵ $\overrightarrow{AC}=(0,1,0)$.

$\sin\alpha=|\cos\langle\overrightarrow{AC},\vec{m}\rangle|=\left|\dfrac{h}{\sqrt{2h^2+1}}\right|$, ∵ $\alpha\in\left(0,\dfrac{\pi}{6}\right)$,

∴ $\sin\alpha\in\left(0,\dfrac{1}{2}\right)$, 即 $0<\dfrac{h}{\sqrt{2h^2+1}}<\dfrac{1}{2}$.

∴ $\dfrac{h^2}{2h^2+1}<\dfrac{1}{4}\Rightarrow h\in\left(0,\dfrac{\sqrt{2}}{2}\right)$.

平面 BCA 的法向量为 $\overrightarrow{n_1}=(0,0,1)$, ∴ $\vec{m}=(h,h,1)$.

∴ $\cos\langle\vec{m},\overrightarrow{n_1}\rangle=\dfrac{\vec{m}\cdot\overrightarrow{n_1}}{|\vec{m}|\cdot|\overrightarrow{n_1}|}=\dfrac{1}{\sqrt{2h^2+1}}$.

由 $h\in\left(0,\dfrac{\sqrt{2}}{2}\right)$, 可得 $2h^2+1\in(1,2)$. ∴ $\cos\langle\vec{m},\overrightarrow{n_1}\rangle\in\left(\dfrac{\sqrt{2}}{2},1\right)$.

设二面角 $P\text{-}BC\text{-}A$ 的平面角为 θ,

则 $\cos\theta\in\left(\dfrac{\sqrt{2}}{2},1\right)$, ∴ $\theta\in\left(0,\dfrac{\pi}{4}\right)$.

例 7. 如图 9-89,在四棱锥 $P\text{-}ABCD$ 中,$PA\perp$ 底面 $ABCD$,$AD\perp AB$,$AB\parallel DC$,$AD=DC=AP=2$,$AB=1$,点 E 为棱 PC 的中点.

(1) 证明:$BE\perp DC$;

(2) 求直线 BE 与平面 PBD 所成角的正弦值;

(3) 若 F 为棱 PC 上一点,满足 $BF\perp AC$,求二面角 $F\text{-}AB\text{-}P$ 的余弦值.

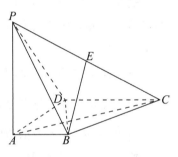

图 9-89

解: ∵ $PA\perp$ 底面 $ABCD$,

∴ $PA\perp AD$,$PA\perp AB$.

∴ PA,AD,AB 两两垂直,如图 9-90 建系:

$P(0,0,2)$,$B(1,0,0)$,$D(0,2,0)$,$C(2,2,0)$,$E(1,1,1)$.

(1) $\overrightarrow{BE}=(0,1,1)$,$\overrightarrow{DC}=(2,0,0)$,

∴ $\overrightarrow{BE}\cdot\overrightarrow{DC}=0\Rightarrow\overrightarrow{BE}\perp\overrightarrow{DC}$, ∴ $BE\perp DC$.

(2) 设平面 PBD 的法向量为 $\vec{n}=(x,y,z)$,

$\overrightarrow{PB}=(1,0,-2)$,$\overrightarrow{BD}=(-1,2,0)$,

∴ $\begin{cases}x-2z=0,\\-x+2y=0\end{cases}\Rightarrow\vec{n}=(2,1,1)$.

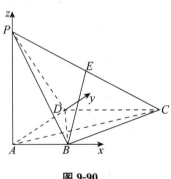

图 9-90

设直线 BE 与平面 PBD 所成角为 θ,

∴ $\sin\theta=|\cos\langle\overrightarrow{BE},\vec{n}\rangle|=\left|\dfrac{\overrightarrow{BE}\cdot\vec{n}}{|\overrightarrow{BE}|\cdot|\vec{n}|}\right|=\dfrac{2}{\sqrt{2}\cdot\sqrt{6}}=\dfrac{\sqrt{3}}{3}$.

(3) 设 $F(x,y,z)$, ∴ $\overrightarrow{PF}=(x,y,z-2)$,$\overrightarrow{PC}=(2,2,-2)$.

∵ P,F,C 三点共线, ∴ $\overrightarrow{PF}=\lambda\overrightarrow{PC}=(2\lambda,2\lambda,-2\lambda)$.

$$\therefore \begin{cases} x=2\lambda, \\ y=2\lambda, \\ z-2=-2\lambda. \end{cases} \qquad \therefore \quad F(2\lambda,2\lambda,2-2\lambda),$$

$$\therefore \quad \overrightarrow{BF}=(2\lambda-1,2\lambda,2-2\lambda),\overrightarrow{AC}=(2,2,0).$$

$$\because \quad BF\perp AC, \quad \therefore \quad \overrightarrow{BF}\cdot\overrightarrow{AC}=2(2\lambda-1)+2\cdot2\lambda=0,解得:\lambda=\frac{1}{4},$$

$$\therefore \quad F\left(\frac{1}{2},\frac{1}{2},\frac{3}{2}\right).$$

设平面 FAB 的法向量为 $\overrightarrow{m}=(x,y,z),\overrightarrow{AB}=(1,0,0),\overrightarrow{AF}=\left(\frac{1}{2},\frac{1}{2},\frac{3}{2}\right).$

$$\therefore \begin{cases} x=0, \\ \dfrac{1}{2}x+\dfrac{1}{2}y+\dfrac{3}{2}z=0 \end{cases} \Rightarrow \overrightarrow{m}=(0,3,-1).$$

平面 ABP 的法向量为 $\overrightarrow{n}=(0,1,0),$ $\therefore$ $\cos\langle\overrightarrow{m},\overrightarrow{n}\rangle=\dfrac{\overrightarrow{m}\cdot\overrightarrow{n}}{|\overrightarrow{m}|\cdot|\overrightarrow{n}|}=\dfrac{3}{\sqrt{10}}=\dfrac{3}{10}\sqrt{10}.$

$\therefore$ 二面角 $F\text{-}AB\text{-}P$ 的余弦值为 $\dfrac{3}{10}\sqrt{10}.$

例 8. 如图 9-91,在三棱柱 $ABC\text{-}A_1B_1C_1,H$ 是正方形 AA_1B_1B 的中心,$AA_1=2\sqrt{2},C_1H\perp$ 平面 AA_1B_1B,且 $C_1H=\sqrt{5}.$

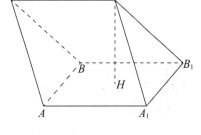

（1）求异面直线 AC 与 A_1B_1 所成角的余弦值;

（2）求二面角 $A\text{-}A_1C_1\text{-}B_1$ 的正弦值;

（3）设 N 为棱 B_1C_1 的中点,点 M 在平面 AA_1B_1B 内,且 $MN\perp$ 平面 A_1B_1C,求线段 BM 的长.

图 9-91

解: 连接 A_1B,AB_1,因为 H 是正方形 AA_1B_1B 的中心

$\therefore$ A_1B,AB_1 交于 H,且 $HA_1\perp HB_1$

$\because$ $C_1H\perp$ 平面 AA_1B_1B,

$\therefore$ 如图 9-91 建系:$A_1(2,0,0),B_1(0,2,0),A(0,-2,0),B(-2,0,0),C_1(0,0,\sqrt{5}).$

设 $C(x,y,z),$ $\therefore$ $\overrightarrow{C_1C}=\overrightarrow{A_1A}=(-2,-2,0).$

$$\therefore \begin{cases} x=-2, \\ y=-2, \\ z-\sqrt{5}=0. \end{cases} \qquad \therefore \quad C(-2,-2,\sqrt{5}).$$

（1）$\overrightarrow{AC}=(-2,0,\sqrt{5}),\overrightarrow{A_1B_1}=(-2,2,0),$ $\therefore$ $\cos\langle\overrightarrow{AC},\overrightarrow{A_1B_1}\rangle=\dfrac{4}{3\times2\sqrt{2}}=\dfrac{\sqrt{2}}{3}.$

（2）设平面 AA_1C_1 的法向量为 $\overrightarrow{n}=(x,y,z),\overrightarrow{A_1A}=(-2,-2,0),\overrightarrow{A_1C_1}=(-2,0,\sqrt{5}).$

$$\therefore \begin{cases} -2x-2y=0, \\ -2x+\sqrt{5}z=0 \end{cases} \Rightarrow \begin{cases} x=-y, \\ 2x=\sqrt{5}z. \end{cases} \qquad \therefore \quad \overrightarrow{n}=(\sqrt{5},-\sqrt{5},2).$$

设平面 $A_1C_1B_1$ 的法向量为 $\overrightarrow{m}=(x,y,z)$，

$\overrightarrow{A_1C_1}=(-2,0,\sqrt{5})$，$\overrightarrow{B_1C_1}=(0,-2,\sqrt{5})$，

$\therefore \begin{cases} -2x+\sqrt{5}z=0, \\ -2y+\sqrt{5}z=0 \end{cases} \Rightarrow \begin{cases} 2x=\sqrt{5}z, \\ 2y=\sqrt{5}z. \end{cases}$ $\therefore \overrightarrow{m}=(\sqrt{5},\sqrt{5},2)$.

$\therefore \cos\langle\overrightarrow{m},\overrightarrow{n}\rangle=\dfrac{\overrightarrow{m}\cdot\overrightarrow{n}}{|\overrightarrow{m}|\cdot|\overrightarrow{n}|}=\dfrac{4}{14}=\dfrac{2}{7}$.

设二面角 $A\text{-}A_1C_1\text{-}B_1$ 的平面角为 θ，则 $\cos\theta=\dfrac{2}{7}$ $\therefore \sin\theta=\sqrt{1-\cos^2\theta}=\dfrac{3\sqrt{5}}{7}$.

(3) $N\left(0,1,\dfrac{\sqrt{5}}{2}\right)$，因 为 M 在 底 面 AA_1B_1B 上，所 以 设 $M(x,y,0)$,

$\therefore \overrightarrow{NM}=\left(x,y-1,-\dfrac{\sqrt{5}}{2}\right)$.

平面 $A_1B_1C_1$ 的法向量为 $\overrightarrow{m}=(\sqrt{5},\sqrt{5},2)$，$\because MN\perp$平面 A_1B_1C，$\therefore MN /\!\!/ \overrightarrow{m}$.

$\therefore \dfrac{x}{\sqrt{5}}=\dfrac{y-1}{\sqrt{5}}=\dfrac{-\dfrac{\sqrt{5}}{2}}{2}$，可解得：$\begin{cases} x=-\dfrac{5}{4}, \\ y=-\dfrac{1}{4}. \end{cases}$

$\therefore M\left(-\dfrac{5}{4},-\dfrac{1}{4},0\right)$，$\therefore |BM|=\sqrt{\left(-\dfrac{5}{4}+2\right)^2+\left(-\dfrac{1}{4}\right)^2}=\dfrac{\sqrt{10}}{4}$.

1. 如图 9-92，已知 $ABCD\text{-}A_1B_1C_1D_1$ 是底面为正方形的长方体，$\angle AD_1A_1=60°$，$AD_1=4$，点 P 是 AD_1 上的动点.

(1) 试判断不论点 P 在 AD_1 上的任何位置，是否都有平面 B_1PA_1 垂直于平面 AA_1D_1？并证明你的结论；

(2) 当 P 为 AD_1 的中点时，求异面直线 AA_1 与 B_1P 所成角的余弦值；

(3) 求 PB_1 与平面 AA_1D_1 所成角的正切值的最大值.

2. 如图 9-93，正方形 $ABCD$ 所在平面与平面四边形 $ABEF$ 所在平面互相垂直，$\triangle ABE$ 是等腰直角三角形，$AB=AE$，$FA=FE$，$\angle AEF=45°$.

(1) 求证：$EF\perp$平面 BCE；

(2) 设线段 CD，AE 的中点分别为 P，M，求证：$PM /\!\!/$ 平面 BCE；

(3) 求二面角 $F\text{-}BD\text{-}A$ 大小的余弦值.

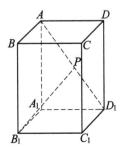

图 9-92

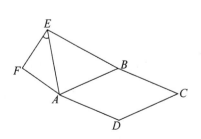

图 9-93

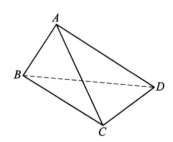

图 9-94

3. 在底面是菱形的四棱锥 $P\text{-}ABCD$ 中,$\angle ABC=\dfrac{\pi}{3}$,$PA=AC=a$,$PB=PD=\sqrt{2}\,a$,点 E 在 PD 上,且 $PE:ED=2:1$.

(1) 证明 $PA\perp$ 平面 $ABCD$;

(2) 求以 AC 为棱,EAC 与 DAC 为面的二面角 θ 的大小;

(3) 在棱 PC 上是否存在一点 F,使 $BF /\!/$ 平面 AEC?证明你的结论.

4. 如图 9-94,在三棱锥 $A\text{-}BCD$ 中,侧面 ABD、ACD 是全等的直角三角形,AD 是公共的斜边,且 $AD=\sqrt{3}$,$BD=CD=1$,另一个侧面是正三角形.

(1) 求证:$AD\perp BC$;

(2) 求二面角 $B\text{-}AC\text{-}D$ 的大小;

(3) 在直线 AC 上是否存在一点 E,使 ED 与面 BCD 成 $30°$角?若存在确定 E 的位置;若不存在,说明理由.

5. 如图 9-95,正三棱柱 $ABC\text{-}A_1B_1C_1$ 中,D 是 BC 的中点,$AA_1=AB=1$.

(1) 求证:$A_1C /\!/$ 平面 AB_1D;

(2) 求二面角 $B\text{-}AB_1\text{-}D$ 的大小;

(3) 求点 C 到平面 AB_1D 的距离.

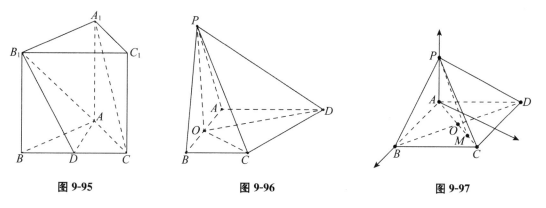

图 9-95　　　　　　图 9-96　　　　　　图 9-97

6. 如图 9-96 所示,四棱锥 $P\text{-}ABCD$ 中,平面 $PAB\perp$ 平面 $ABCD$,$BC\perp AB$,$AD\perp AB$,$BC=1$,$AB=2$,$AD=3$,O 是 AB 中点.

(1) 求证:$CD\perp$ 平面 POC;

(2) 求二面角 $C\text{-}PD\text{-}O$ 的平面角的余弦值;

(3) 在侧棱 PC 上是否存在点 M,使得 $BM /\!/$ 平面 POD,若存在,求出 $\dfrac{CM}{PC}$ 的值;若不存在,请说明理由.

7. 如图 9-97 所示,已知四棱锥 $P\text{-}ABCD$ 中,$PA\perp$ 平面 $ABCD$,底面 $ABCD$ 是边长为 a 的菱形,$\angle BAD=120°$,$PA=b$.

(1) 求证:平面 $PBD\perp$ 平面 PAC;

(2) 设 AC 与 BD 交于点 O,M 为 OC 中点,若二面角 $O\text{-}PM\text{-}D$ 的正切值是 $2\sqrt{6}$,求 $a:b$ 的值.

8. 如图 9-98(a)，在边长为 4 的菱形 $ABCD$ 中，$\angle BAD = 60°$，$DE \perp AB$ 于点 E，将 $\triangle ADE$ 沿 DE 折起到 $\triangle A_1DE$ 的位置，使得 $A_1D \perp DC$，如图 9-98(b)，

（1）求证：$A_1E \perp$ 平面 $BCDE$；

（2）求二面角 $E\text{-}A_1B\text{-}C$ 的余弦值；

（3）判断在线段 EB 上是否存在一点 P，使平面 $A_1DP \perp$ 平面 A_1BC，若存在，求出 $\dfrac{EP}{PB}$ 的值，若不存在，请说明理由.

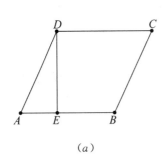

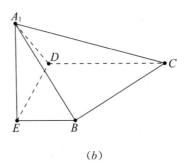

(a) (b)

图 9-98